개념 학습 ●

정리책

중학 역사 ②

이 책의 구성과 특징

올쏘와 함께하는
중학 역사 정복 비법

비법 1

개념 학습 정리책

6종 교과서를 야무지게 담은
내용 정리로 **개념 마스터**

➕

STEP 1-2-3의 단계별 문제로
반복 학습

비법 2

실력 확인 문제책

핵심 정리에 빈칸을 채우며
내용 복습

➕

실력 확인 문제로 성취도를
확인하고 **최종 점검**

개념 학습 정리책

군더더기 없는 내용 정리

시간은 없는데 공부할 내용은 많아서 부담되었죠? 꼭
필요한 내용만 꾹꾹 눌러 담았으니 이것만은 반드시 알
아 두도록 해요.

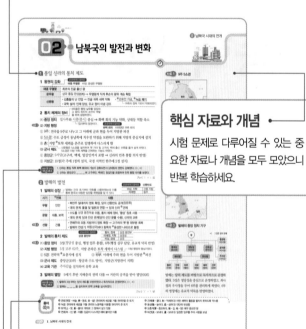

개념 이해를 돕는 용어 해설

역사 공부에서 중요한 개념을 제대로 이해하기 위해서
는 용어를 바르게 아는 것이 중요합니다. 이제 무조건 암
기하지 말고 쉽게 이해하세요.

시험에 꼭 나오는 개념 체크

내용 정리에서 반드시 알아야 하는 개념을 가볍게 체크
하세요.

개념 확인

빈칸 채우기, 선 잇기 등 간단한
문제를 풀다 보면 주요 개념을
자연스럽게 내 것으로 만들 수
있어요.

대표 문제

핵심 내용을 철저히 분석하여 반드시 풀어
보아야 하는 문제만 골라 넣었어요. 비슷한
문제에도 대응할 수 있도록 답보다는 해결
방법 위주로 접근하세요.

핵심 자료와 개념

시험 문제로 다루어질 수 있는 중
요한 자료나 개념을 모두 모았으니
반복 학습하세요.

주관식 · 서술형

서술형 평가가 중요해지는 만큼 서술형 문제도 대비할
수 있도록 했어요. 꼭 풀어 보고 넘어가세요.

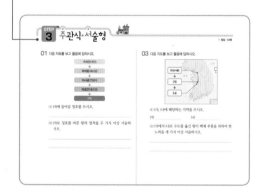

비법 3
정답과 해설
꼼꼼한 해설로
문제 해결 방법을 익히고
왜 틀렸지? 로 **오답까지 챙기기**

비법 4
든든한 보충 수업
무료 동영상 강의로 아는 내용은
한 번 더 공부하고 모르는 문제는
완벽하게 이해하기

든든한 보충 수업

정리책을 공부하다가 설명을 더 듣고 싶거나
애매한 것이 있다면?
그럴 땐 **무료 동영상 강의**가 있는 **동아출판 홈
페이지(www.bookdonga.com)**를 이용하
세요. 선생님의 든든한 강의를 듣다 보면 모르
는 문제도 어느새 머리에 쏙쏙~!

실력 확인 문제책

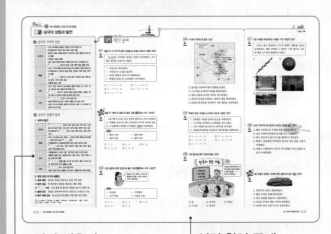

• 대단원 한눈에 정리하기

대단원의 전체적인 내용을 한눈에 파악할 수 있도록 정
리해 두었으니 꼭 확인하고 넘어가세요~!

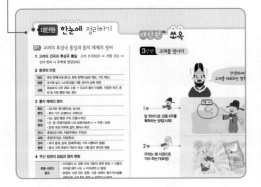

• 대단원 마무리 문제

실제 시험에 출제되기 쉬운 문제들만 골라 대단원별로
구성하였어요. 대단원 마무리 문제로 이보다 더 좋을 순
없겠죠?

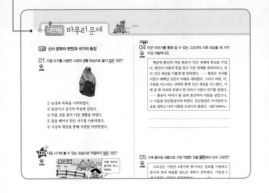

• 빈칸 채우기

실력 확인 문제를 풀기 전 정리책
에서 학습한 내용을 완벽하게 이
해했는지 점검하도록 하였어요.

• 실력 확인 문제

복습은 가장 효율적인 학습 방법~!!! 정리책으로 학
습하고, 문제책으로 복습하세요. 문제를 많이 틀렸거
나 머릿속 개념이 명확하게 정립되지 않은 느낌이라
면 정리책으로 돌아가 다시 한 번 공부하세요.

정답과 해설

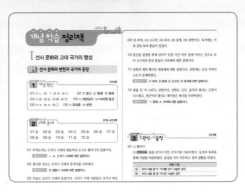

꼼꼼한 해설로 자료를 해석하고
정답을 찾는 방법을 익히도록 하였
어요. 틀린 보기를 상세하게 설명
하여 왜 답이 아닌지도 알 수 있어
요. 문제 풀이에 필요한 보충 자료
를 제시하여 작은 부분도 놓치지
않아요!

이 책의 차례

01 선사 문화의 변천과 국가의 등장

① 선사 문화의 전개

1 구석기 시대

	시기	약 70만 년 전부터 만주와 한반도 지역에 인류가 살기 시작
자료 1	도구	뗀석기
	생활	• 사냥·채집·고기잡이 ➡ 무리 생활, 이동 생활 • 동굴이나 바위 그늘, 강가의 막집에 거주
자료 2	유적	평안남도 상원 검은모루 동굴, 경기도 연천 전곡리, 충청남도 공주 석장리 등

2 신석기 시대

┌─ 토기를 이용하여 음식을 조리하거나 식량을 저장하였다.

	시기	약 1만 년 전 빙하기가 끝나고 오늘날의 자연환경과 비슷해지면서 시작
	도구	간석기, 빗살무늬 토기, 가락바퀴와 뼈바늘
	생활	• 농경과 목축 시작 ➡ 정착 생활 ┌ 가락바퀴로 실을 뽑고 뼈바늘로 옷을 만들어 • 강가나 바닷가에 움집을 짓고 거주 └ 입었다.
자료 3	유적	서울 암사동, 부산 동삼동, 양양 오산리, 제주도 한경 고산리 등
	신앙	자연물 ❶숭배(애니미즘), 특정 동물·식물 숭배(토테미즘), 영혼 숭배

▲ 간석기

▲ 빗살무늬 토기

▲ 가락바퀴

▲ 움집(서울 암사동)

> **시험에 꼭 나오는 개념 체크**
> 1. 구석기 시대에는 농경과 목축이 시작되었다. (○, ×)
> 2. 신석기 시대에는 돌을 갈아서 만든 _ _ _ _를 사용하였다.
>
> 답 | 1. × 2. 간석기

② 청동기 문화와 고조선의 성장

1 청동기 시대

(1) **청동기 시대의 시작** 기원전 2000년경부터 만주와 한반도 곳곳에 청동기 문화 확산

(2) **청동기 시대의 도구** ❷비파형 동검, 반달 돌칼, 민무늬 토기 등

(3) **청동기 시대의 사회 변화**

교과서마다 달라요	동아	벼농사 확대
벼농사 보급	비상, 금성	벼농사 시작

① 농경이 본격적으로 이루어짐: 조·보리·콩 등을 재배, 일부 지역에 벼농사 ❸보급

② 계급의 발생: 농업 생산력 증가 ➡ ❹사유 재산 발생 ➡ ❺빈부 격차 ➡ 계급 발생

③ 족장(군장)의 등장: 부족을 이끌고 제사 주관(❻제정일치 사회), 지배층이 죽으면 ❼고인돌 제작 ┌ 집단 간의 정복 전쟁이 확대되며 등장하였다.

청동기는 재료가 귀하고 만들기 어려워 농기구는 돌이나 나무로 제작되었다.

▲ 비파형 동검

▲ 민무늬 토기

▲ 반달 돌칼

▲ 고인돌

자료 1 구석기 시대의 도구

▲ 주먹도끼   ▲ 슴베찌르개

초기에는 찍개, 주먹도끼 등의 석기를 만들어 여러 용도로 사용하다가 후기에는 슴베찌르개와 같은 날카롭고 정교한 석기를 만들어 사용하였다.

자료 2 구석기 시대의 유적

구석기 시대 유적은 전국에 분포되어 있는데 평안남도 상원 검은모루 동굴, 경기도 연천 전곡리, 충청남도 공주 석장리 등이 대표적이다.

자료 3 신석기 시대의 유적

신석기 시대 사람들은 주로 강가나 바닷가에 움집을 짓고 정착 생활을 하였다.

용어 쏙쏙

❶ 숭배(崇-높다, 拜-절하다): 종교적 대상을 우러러 받듦

❷ 비파형 동검: 중국의 악기인 비파 모양의 청동 칼

❸ 보급(普-널리, 及-미치다): 널리 퍼져서 여러 사람이 누리게 함

❹ 사유(私-개인, 有-있다) 재산: 개인이 마음대로 사들이거나 처분할 수 있는 재산

❺ 빈부(貧-가난하다, 富-부유하다): 가난함과 부유함

❻ 제정일치(祭-제사, 政-정치, 一-하나, 致-이르다): 종교(제사장)와 정치(정치적 지배자)가 일치한다는 사상

❼ 고인돌: 돌이 고여 있다는 뜻으로 청동기 시대의 무덤

2 고조선의 성립과 변천

자료 4 **(1) 고조선의 성립**

① 청동기 문화를 바탕으로 우리 역사상 최초의 국가인 고조선 성립(기원전 2333)

② 단군 이야기를 통해 알 수 있는 고조선의 사회 모습

— 홍익인간 이념 ── 농경 사회

> 옛날에 …… 환인이 아들의 뜻을 알고 지상 세계를 내려다보니, 널리 인간 세상을 이롭게 할 만하였다. …… 환웅은 무리를 이끌고 태백산 신단수 아래로 내려왔다. 그는 바람, 비, 구름을 다스리는 신하와 함께 …… 인간 세상을 다스렸다. 이때 곰 한 마리와 호랑이 한 마리가 환웅에게 사람이 되기를 빌었다. …… 환웅이 여자가 된 곰과 혼인하여 아들을 낳았으니, 그 이름을 단군왕검이라 하였다. 단군왕검은 아사달에 도읍을 정하고 나라 이름을 조선이라 불렀다. — 일연, 『삼국유사』 —

— 토착 세력과의 결합, 특정 동물 숭배   — 제정일치 사회('단군' – 제사장, '왕검' – 정치적 지배자)

(2) 고조선의 발전

기원전 4세기경	철기 문화 보급, '왕' 칭호 사용, 중국의 연과 대립할 정도로 ❶강성
기원전 2세기경	위만의 ❷집권(기원전 194) → 철기 문화 본격 수용, ❸중계 무역 발달
기원전 108	한의 침략 → 지배층의 분열로 왕검성이 함락되어 멸망 → 한 군현의 설치

— 한 무제가 고조선을 멸망시킨 후 설치한 네 개의 군현으로 낙랑군, 임둔군, 진번군, 현도군이 있다.

자료 5 **(3) 고조선의 사회**

① 신분제 사회: 지배층과 피지배층으로 나뉘어 있었음

② 8조법: 사회 질서를 유지하기 위해 제정

> **시험에 꼭 나오는 개념 체크**
> 1. 청동기 시대에는 계급이 발생하였다. (○, ×)
> 2. 고조선은 _ _ _ _ 을 통해 질서를 유지하였다.
>
> 립 1. ○ 2. 8조법

3 여러 나라의 성장

1 철기의 보급과 사회 변화

— 철은 매장량이 많아 쉽게 구할 수 있었고, 청동보다 재질이 단단하여 무기와 농기구로 적합하였다.

(1) **철제 농기구의 사용** 농업 생산력 향상, 인구 증가

(2) **철제 무기의 사용** 정복 활동 활발 → 부여, 고구려, 옥저, 동예, 삼한 등 성립

(3) **청동기** 점차 의식용 도구로 변화, 독자적인 청동기 문화 형성(세형 동검, 거푸집)

(4) **생활 모습** 무덤(널무덤, 독무덤), 주거(지상 가옥)

자료 6 **2 여러 나라의 성장**

— 철기 문화를 바탕으로 만주와 한반도에 여러 나라가 성립하였다.
— 왕 아래에 있는 마가, 우가, 구가, 저가 등의 관리이다.

더 알기

	위치	정치	사회
부여	쑹화강 유역	왕은 중앙, 여러 가는 각자의 영역을 다스림(사출도)	• 풍습: ❹순장, 엄격한 법 존재 • 제천 행사: 영고(12월)
고구려	압록강 중류 졸본 지역	• 왕과 각 부의 대가들이 각자의 영역을 다스림 • 제가 회의: 국가의 중대사 결정	• 산간 지역 → 주변 소국 정복 • 풍습: 서옥제, 무예 중시 • 제천 행사: 동맹(10월)
옥저	한반도 북부 동해안 지역	읍군, 삼로라 불리는 군장이 각 지역을 다스림	• 농경 발달, 소금과 해산물 풍부 • 풍습: 민며느리제, 가족 공동 묘
동예	강원도 동해안		• 풍습: ❺책화, ❻족외혼 • 특산물: 단궁, 과하마, 반어피 • 제천 행사: 무천(10월)
삼한	한반도 남부 지방	• 목지국의 지배자가 삼한을 대표 • 제정 분리 사회: 정치(신지, 읍차 등의 군장이 담당), 종교(천군, 소도)	• 벼농사 발달 • 제천 행사: 계절제(5월, 10월) • 변한: 철이 풍부하여 낙랑과 왜에 수출, 철을 화폐처럼 사용

— 신성한 지역으로 죄인이 이곳으로 도망치면 잡지 못하였다.

> **시험에 꼭 나오는 개념 체크**
> 1. 옥저에는 서옥제라는 혼인 풍습이 있었다. (○, ×)
> 2. 삼한에서는 신지와 읍차가 정치를 담당하고 제사장인 _ _ _이 종교를 주관하였다.
>
> 립 1. × 2. 천군

자료 4 고조선과 관련된 문화 범위

> ⚒ 탁자식 고인돌 분포 지역
> ⚔ 비파형 동검 출토 지역

— 비파형 동검과 탁자식 고인돌의 분포를 통해 고조선과 관련된 문화 범위를 추측해 볼 수 있다.

교과서마다 달라요
미래엔, 금성, 지학은 미송리식 토기도 포함

자료 5 고조선의 8조법

— 생명 중시

> 백성들에게 금하는 법 8조가 있었다. 사람을 죽인 자는 즉시 죽이고, 남에게 상처를 입힌 자는 곡식으로 갚는다. 도둑질을 한 자는 노비로 삼는데, 용서받고자 하는 자는 한 사람마다 50만 전을 내야 한다. — 『한서 지리지』 —

— 농경 사회   — 사유 재산 존재   — 신분제 사회

자료 6 여러 나라의 성립

더 알기 서옥제와 민며느리제

서옥제는 혼인이 결정되면 남자가 일정 기간 여자 집에 살다가 돌아오는 풍습이고, 민며느리제는 여자가 어렸을 때부터 남자 집에서 살다가 성장한 후에 혼인하는 풍습이다.

용어 쏙쏙

❶ 강성(强 – 강하다, 盛 – 성하다): 힘이 강하고 번성함
❷ 집권(執 – 잡다, 權 – 권력): 권력이나 정권을 잡음
❸ 중계(中 – 가운데, 繼 – 잇다) 무역: 다른 나라에서 수입한 물건을 그대로 제3국에 수출하는 무역 형태
❹ 순장(殉 – 따라 죽다, 葬 – 장례): 왕이 죽으면 신하나 노비를 함께 묻는 장례 풍습
❺ 책화(責 – 꾸짖다, 禍 – 죄): 다른 마을을 침범하였을 때 노예, 말 등으로 배상하는 동예의 풍습
❻ 족외혼(族 – 씨족, 外 – 바깥, 婚 – 혼인하다): 같은 씨족끼리 혼인하지 않는 풍습

01 다음 설명에 해당하는 국가를 보기 에서 골라 기호를 쓰시오.

보기
ㄱ. 동예   ㄴ. 부여
ㄷ. 옥저   ㄹ. 고구려

(1) 순장   (   ) (2) 책화   (   )
(3) 서옥제   (   ) (4) 민며느리제   (   )

02 ㉠~㉢에 들어갈 말을 쓰시오.

국가	제천 행사
부여	(㉠)
고구려	(㉡)
(㉢)	무천

㉠   ㉡   ㉢

03 서로 관련 있는 것끼리 연결하시오.

(1) 구석기 시대 •   • ㉠ 독무덤
(2) 신석기 시대 •   • ㉡ 가락바퀴
(3) 청동기 시대 •   • ㉢ 주먹도끼
(4) 철기 시대 •   • ㉣ 반달 돌칼

04 다음 중 알맞은 말에 ○표를 하시오.

(1) 단군왕검 칭호를 통해 고조선이 (제정일치, 제정 분리) 사회였음을 알 수 있다.
(2) (비파형 동검, 빗살무늬 토기)와(과) 탁자식 고인돌 등의 분포를 통해 고조선과 관련된 문화권을 추측해 볼 수 있다.

05 다음 설명이 맞으면 ○표, 틀리면 X표 하시오.

(1) 빗살무늬 토기는 구석기 시대에 사용한 토기이다.
(   )
(2) 청동기는 쉽게 구할 수 있고 재질이 단단하여 무기와 농기구로 사용되었다.
(   )
(3) 고조선은 위만이 집권하면서 철기 문화를 본격적으로 수용하였다.
(   )

06 다음 빈칸에 알맞은 말을 쓰시오.

(1) 동예에는 같은 씨족끼리 혼인하지 않는 풍습인 (   )이(가) 있었다.
(2) (   )에서는 철을 낙랑과 왜에 수출하였고 화폐처럼 사용하기도 하였다.

01 다음 유물을 사용하던 시대의 생활 모습으로 옳은 것을 보기 에서 모두 고르면?

중 난이도

보기
ㄱ. 무리를 지어 이동하면서 생활하였다.
ㄴ. 처음으로 농경과 목축을 시작하였다.
ㄷ. 돌을 떼어서 만든 도구를 사용하였다.
ㄹ. 강가나 바닷가에 움집을 짓고 살았다.

① ㄱ, ㄴ   ② ㄱ, ㄷ   ③ ㄴ, ㄷ
④ ㄴ, ㄹ   ⑤ ㄷ, ㄹ

02 다음 지도와 관련된 시대의 생활 모습으로 옳지 않은 것은?

중 난이도

① 빗살무늬 토기를 사용하였다.
② 돌을 갈아 간석기를 만들었다.
③ 뼈바늘로 옷을 만들어 입었다.
④ 조개껍데기로 장신구를 만들었다.
⑤ 거대한 규모의 고인돌을 만들었다.

같은 주제 다른 문제

● 위 지도와 관련된 시대의 유물로 옳지 않은 것은? 답 ②

①   ②   ③

④   ⑤

03 다음 질문에 대한 답변으로 옳지 <u>않은</u> 것은?

^하 난이도

이 유적에 대해 설명해 줄래?

① 신석기인이 살던 움집이야.
② 서울 암사동에서 볼 수 있어.
③ 정착 생활을 했음을 알 수 있어.
④ 주로 강가나 바닷가에 지어졌어.
⑤ 군장의 권위를 나타내는 집이야.

04 ㉠에 해당하는 시대의 생활 모습으로 옳은 것은?

^하 난이도

검색어: ㉠

A. 이 시대에는 농경이 본격적으로 이루어져 조, 보리, 콩 등이 재배되었고, 한반도 남부 지역에서는 벼농사가 확대되었습니다.

① 사유 재산이 발생하였어요.
② 농경과 목축이 시작되었어요.
③ 계급이 없는 평등 사회였어요.
④ 빗살무늬 토기를 사용하였어요.
⑤ 동굴이나 바위 그늘에 주로 거주하였어요.

05 다음 유물을 사용하던 시기의 생활 모습으로 옳지 <u>않은</u> 것은?

^중 난이도

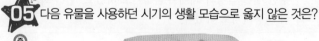

① 계급이 발생하였다.
② 사유 재산이 생겨났다.
③ 농업 생산력이 늘어났다.
④ 민무늬 토기를 만들었다.
⑤ 청동 농기구를 사용하였다.

06 선생님의 질문에 대한 답변으로 옳은 것을 보기에서 모두 고르면?

^중 난이도

고조선과 관련된 문화의 범위를 추측해 볼 수 있는 유물에는 무엇이 있을까요?

> **보기**
> ㄱ. 명도전　　　　　　ㄴ. 반달 돌칼
> ㄷ. 비파형 동검　　　　ㄹ. 탁자식 고인돌

① ㄱ, ㄴ　　② ㄱ, ㄷ　　③ ㄴ, ㄷ
④ ㄴ, ㄹ　　⑤ ㄷ, ㄹ

07 ㉠~㉣을 통해 알 수 있는 고조선의 사회 모습으로 옳지 <u>않은</u> 것은?

^상 난이도

> 옛날에 환인의 아들 환웅이 인간 세상에 관심을 두었다. 환인이 아들의 뜻을 알고 지상 세계를 내려다보니, ㉠ <u>널리 인간 세상을 이롭게 할 만하였다.</u> …… 환웅은 무리를 이끌고 태백산 신단수 아래로 내려왔다. 그는 ㉡ <u>바람, 비, 구름을 다스리는 신하와 함께</u> …… 인간 세상을 다스렸다. 이때 곰 한 마리와 호랑이 한 마리가 환웅에게 사람이 되기를 빌었다. …… ㉢ <u>환웅이 여자가 된 곰과 혼인하여 아들을 낳았으니,</u> 그 이름을 ㉣ <u>단군왕검</u>이라 하였다. 단군왕검은 아사달에 도읍을 정하고 나라 이름을 조선이라 불렀다.
> – 일연, 「삼국유사」 –

① ㉠ - 홍익인간 이념을 알 수 있다.
② ㉡ - 농경 사회였음을 알 수 있다.
③ ㉢ - 특정 동물을 숭배하였음을 알 수 있다.
④ ㉢ - 토착 세력과 결합하였음을 알 수 있다.
⑤ ㉣ - 제정 분리 사회였음을 알 수 있다.

🎈 **같은 주제 다른 문제**

● 위 자료에 나타나 있는 국가에 대한 설명으로 옳지 <u>않은</u> 것은? 🔲 ①
① 고구려의 공격을 받아 멸망하였다.
② 중계 무역을 통해 많은 이익을 얻었다.
③ 기원전 4세기경에는 '왕' 칭호를 사용하였다.
④ 기원전 4세기경에는 연과 대립할 정도로 강성하였다.
⑤ 위만이 집권한 후 철기 문화를 본격적으로 수용하였다.

08 밑줄 친 '이 도구'를 사용하던 시대의 사회 모습으로 옳지 <u>않은</u> 것은?

(하) 난이도

> 이 도구는 매장량이 많아 쉽게 구할 수 있다는 장점이 있다. 또한 청동보다 재질이 단단하여 도구로 쓰이기 적합하였다.

① 널무덤이나 독무덤이 만들어졌다.
② 철제 무기와 농기구가 사용되었다.
③ 직사각형의 지상 가옥을 짓고 거주하였다.
④ 우리 역사상 최초의 나라인 고조선이 세워졌다.
⑤ 청동기는 점차 의식용 도구로 성격이 변화하였다.

09 밑줄 친 '이 나라'에 해당하는 지역으로 옳은 것은?

(중) 난이도

> 이 나라는 가족 공동 묘를 만들어 가족이 죽으면 시신을 임시로 묻어 두었다가 나중에 그 뼈를 추려서 무덤에 매장하였다.

① (가)　② (나)　③ (다)　④ (라)　⑤ (마)

 같은 주제 다른 문제

● 위 지도의 (나) 국가에 대한 설명으로 옳은 것은? 답 ③
① 한반도 북부 동해안에 위치하였다.
② 12월에 영고라는 제천 행사를 열었다.
③ 제가 회의에서 국가의 중대사를 결정하였다.
④ 다른 마을의 경계를 침범하면 배상해야 했다.
⑤ 혼인을 약속한 여자가 남자 집에서 살다가 결혼하였다.

10 다음 풍습이 있었던 나라와 그 명칭을 바르게 연결한 것은?

(중) 난이도

> 혼인할 때는 말로 미리 약속하고 여자 집에 작은 별채를 짓는다. …… 이때 남자는 돈과 비단 등을 낸다. 그리고 자식을 낳아 자식이 자라면 여자를 데리고 집으로 돌아간다.

① 동예 – 서옥제
② 옥저 – 서옥제
③ 옥저 – 민며느리제
④ 고구려 – 서옥제
⑤ 고구려 – 민며느리제

11 다음과 같은 제천 행사가 있었던 나라에 대한 설명으로 옳은 것은?

(중) 난이도

> 5월에는 씨뿌리기를 마치고 귀신에게 제사를 지낸다. 떼를 지어 모여서 노래를 부르고 춤을 추며 노는데 밤낮을 가리지 않는다. …… 10월에 농사일을 마친 후에도 이와 같이 한다.
> － 『삼국지』 －

① 쑹화강 주변에 위치하였다.
② 신성한 지역인 소도가 있었다.
③ 다른 마을의 경계를 침범하면 배상해야 했다.
④ 산간 지역에 위치하여 주변 지역을 정복하였다.
⑤ 가족이 죽으면 그 뼈를 추려 무덤에 매장하였다.

12 밑줄 친 '이 나라'에 대한 설명으로 옳은 것을 [보기]에서 모두 고르면?

(중) 난이도

> 이 나라는 풍부한 철을 바탕으로 성장한 국가이다. 풍부한 철을 낙랑과 왜에 수출하기도 하였고, 철을 화폐처럼 사용하기도 하였다.

[보기]
ㄱ. 10월에 무천이라는 제천 행사를 지냈다.
ㄴ. 신지, 읍차라고 불리는 군장들이 다스렸다.
ㄷ. 정치적 지배자와 제사장이 따로 존재하였다.
ㄹ. 왕 아래 마가, 우가, 저가, 구가 등의 관리가 있었다.

① ㄱ, ㄴ　② ㄱ, ㄷ　③ ㄴ, ㄷ
④ ㄴ, ㄹ　⑤ ㄷ, ㄹ

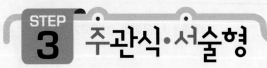
01 다음 글을 읽고 물음에 답하시오.

> 구석기 시대에는 돌을 깨뜨리거나 떼어서 만든 (㉠)을(를) 사용하였다. 구석기 시대 사람들은 채집, 사냥과 고기잡이를 통해 식량을 마련하였다. 또한 동굴이나 바위 그늘, 강가의 막집에 살기도 하였다.

(1) ㉠에 들어갈 도구의 명칭을 쓰시오.

_____

(2) 윗글을 바탕으로 구석기 시대와 비교되는 신석기 시대의 사회 모습을 두 가지 이상 서술하시오.

_____

02 다음 자료를 보고 물음에 답하시오.

(1) 위 유적의 이름을 쓰시오.

_____

(2) 위 유적을 통해 알 수 있는 청동기 시대의 특징을 서술하시오.

_____

03 다음 글을 읽고 물음에 답하시오.

> 백성들에게 금하는 법 8조가 있었다. 사람을 죽인 자는 즉시 죽이고, 남에게 상처를 입힌 자는 곡식으로 갚는다. 도둑질을 한 자는 노비로 삼는데, 용서받고자 하는 자는 50만 전을 내야 한다.
> ─ 『한서 지리지』 ─

(1) 위와 같은 법이 있었던 나라를 쓰시오.

_____

(2) 위 법을 통해 알 수 있는 당시의 사회 모습을 세 가지 이상 서술하시오.

_____

04 다음 글을 읽고 물음에 답하시오.

> 삼한에서는 하늘에 지내는 제사를 주관하는 사람을 (㉠)(이)라고 불렀다. 또한 신성한 지역이 있었는데, 이를 (㉡)(이)라고 하였다. 이곳에는 큰 나무를 세우고 방울과 북을 매달아 놓았다. 이 지역은 신성 지역이었기 때문에 죄인도 이곳에 오면 잡지 못하였다.

(1) ㉠, ㉡에 들어갈 말을 쓰시오.

㉠ _____   ㉡ _____

(2) 위 자료를 통해 알 수 있는 삼한의 정치 형태를 서술하시오.

_____

02 삼국의 성립과 발전

1 삼국과 가야의 성장

1 고구려의 건국과 성장

교과서마다 달라요
왕위의 부자 상속 확립

금성	2세기 태조왕 이후 왕위 세습
천재	3세기 이후 부자 계승이 굳어짐
미래엔	왕위 계승 점차 확립
비상, 지학	다루지 않음

건국	부여 출신의 주몽이 졸본 지역에 건국(기원전 37), 이후 국내성 ❶천도
태조왕	옥저 정복, 요동 지역으로의 진출을 꾀함
왕권의 강화	• 5부를 행정적 성격으로 개편, 각 부의 족장은 중앙 귀족으로 편입 　계루부, 소노부, 절노부, 순노부, 관노부의 5부가 행정적 　성격을 가진 동, 서, 남, 북, 중의 5부로 개편되었다. • 왕위의 부자 상속 확립
미천왕	낙랑군 병합(대동강 유역으로 영토 확장)
위기	• 중국 전연의 침입으로 수도 함락　**교과서마다 달라요** • 백제의 공격으로 고국원왕 ❷전사　**낙랑군 병합** 동아는 중국 군현 세력을 　몰아내고 대동강 유역으로 영토 확장
소수림왕	중국의 전진에서 불교 수용, 태학 설립, ❸율령 ❹반포

2 백제의 건국과 성장

교과서마다 달라요		
고구려계 유이민	미래엔, 비상	부여·고구려계 유이민
	금성	주몽의 아들 온조

건국	고구려계 ❺유이민과 한강 유역 세력이 연합하여 건국(기원전 18)
고이왕	• 좌평을 비롯한 관직과 관리의 등급 마련 • 관리의 등급에 따라 관복의 색깔 제정 • 목지국 병합 → 한반도 중부 지방 확보　**교과서마다 달라요** 　**목지국 병합** 미래엔, 비상은 마한의 소국을 　병합(복속)
근초고왕 (4세기) 〈자료1〉〈자료2〉	• 고구려 공격 → 황해도 일부 지역 차지 • 마한의 남은 세력 정복 → 남해안까지 진출 • 중국의 동진 및 가야, 왜와 교류
침류왕	중국의 동진에서 불교 수용

교과서마다 달라요	**황해도 일부 지역 차지**
동아, 비상, 천재, 금성	황해도 일부 지역
지학	대동강 이남의 땅
미래엔	고국원왕 격퇴

▲ 고구려의 장군총

▲ 백제의 석촌동 고분

— 백제 석촌동 고분은 백제 초기의 무덤이다. 돌을 쌓아서 만든 돌무지무덤으로 고구려와 무덤 양식이 비슷하다. 이는 고구려 계통의 유이민이 백제를 세웠다는 건국 설화를 뒷받침한다.

3 신라의 건국과 성장

교과서마다 달라요	**3성의 왕위 차지**
미래엔, 비상, 지학은 이사금 자리 차지	

교과서마다 달라요	
내물왕	천재는 내물 마립간

건국	• 진한의 한 소국인 사로국에서 출발(기원전 57) • 박씨, 석씨, 김씨의 3성이 돌아가며 왕위에 오름 • 고구려, 백제에 비해 정치적으로 발전이 늦음
내물왕 〈자료3〉	• 낙동강 동쪽의 진한 지역 대부분 차지 • 김씨의 왕위 ❻세습 확립 • 왕의 칭호를 마립간으로 바꿈 • 고구려 광개토 대왕의 도움으로 왜의 침입 격퇴 → 고구려의 　영향력 아래 놓였으나 고구려를 통해 선진 문물 수용

— 한반도 동남쪽에 위치하여 선진 문물 수용이 어려웠기 때문이다.

거서간(귀인)
↓
차차웅(제사장)
↓
이사금(연장자)
↓
마립간(대군장)
↓
왕

▲ 신라의 왕호 변천

4 가야의 성립과 금관가야의 발전

(1) **가야의 성립** 낙동강 유역의 변한 지역에서 성립

(2) **금관가야의 발전** ┌ 김해 지역에 위치하였고, 전기
　가야 연맹을 주도하였다.

① 풍부한 철 자원 보유

② 낙동강 하류의 해상 교통 ❼요지에 위치 → 낙랑과 왜를 잇는 해상 교역 발달

▲ 가야의 덩이쇠 — 가야는 철이 풍부하여 철을 화폐로 사용하기도 하였다.

자료1 4세기 백제의 세력 범위

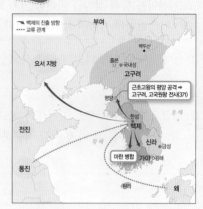

백제는 4세기 근초고왕 때 고구려를 공격하여 황해도 일부 지역을 차지하였고, 남쪽으로는 마한의 남은 세력을 정복하여 남해안까지 진출하였다.

자료2 칠지도

백제의 왕세자가 왜의 왕에게 하사한 것이라고 전해진다. 근초고왕 시기에 만들어진 것으로 추정되며, 이를 통해 백제와 왜의 정치적 관계를 알 수 있다.

자료3 호우명 그릇

廣開土地好太王
광개토지호태왕

신라 호우총에서 발견된 청동 그릇으로 바닥에 '광개토지호태왕'이라는 글씨가 새겨져 있다. 이는 당시 고구려와 신라의 관계가 긴밀하였음을 보여 준다.

용어 쏙쏙

❶ 천도(遷 – 옮기다, 都 – 도읍): 도읍을 옮김
❷ 전사(戰 – 싸우다, 死 – 죽다): 전쟁터에서 적과 싸우다 죽음
❸ 율령(律 – 법률, 令 – 명령): 형법과 법률을 아울러 이르는 말
❹ 반포(頒 – 널리 퍼뜨리다, 布 – 펴다): 세상에 널리 퍼뜨려 모두 알게 함
❺ 유이민(流 – 흐르다, 移 – 옮기다, 民 – 백성): 한 지역에서 다른 지역으로 떠돌아다니는 사람
❻ 세습(世 – 세대, 襲 – 계승하다): 한 집안의 신분이나 직업을 자손이 이어받음
❼ 요지(要 – 중요하다, 地 – 땅): 정치, 문화, 교통, 군사적으로 중요한 곳

자료4 **(3) 금관가야의 쇠퇴** 신라의 도움 요청을 받은 고구려의 공격 → 대가야로 연맹의 주도권 이동

 시험에 꼭 나오는 **개념 체크**
1. 고구려는 소수림왕 때 불교를 수용하고 율령을 반포하였다. (○, ×)
2. 내물왕은 왕의 칭호를 _ _ _으로 바꾸었다.

답 1. ○ 2. 마립간

2 삼국의 경쟁과 발전

자료5 1 고구려의 발전

광개토 대왕	• 백제 공격(한강 이북 지역 차지), 만주와 요동 지역 대부분 차지 • 신라를 도와 왜군 ❶격퇴(400) → 한반도 남부 지역에 영향력 확대 • '영락' ❷연호 사용: 중국과 대등한 국가라는 자신감 표출	교과서마다 달라요 **광개토 대왕** 천재는 광개토왕
장수왕 (5세기)	• 평양 천도, 남진 정책 ❸추진 → 한성 ❹함락, 한강 유역 차지 • 중국의 분열과 대립을 이용한 안정적인 외교 정책을 펼침 → 다원적 국제 질서 형성 └─ 충주 고구려비를 통해 알 수 있다.	

2 백제의 위기와 중흥

┌ 이후 동성왕은 신라와 혼인 관계를 맺으며 나제 동맹을 강화하였다.

위기	고구려의 남진 정책 → 나제 동맹 체결 → 한성 함락, 한강 유역 상실 → 웅진(공주) 천도(475)
무령왕	• 22담로에 왕족 ❺파견 → 지방에 대한 통제 강화 • 중국 남조의 양과 활발하게 교류 ┘ 부여 계승 의식을 보여 준다.
성왕	• 사비(부여) 천도, 나라 이름을 남부여로 바꿈 • 중앙과 지방의 통치 제도 정비, 불교 ❻장려 • 진흥왕과 연합하여 한강 유역 차지 → 신라에 한강 유역을 빼앗기고 관산성에서 전사

└ 중앙 관청을 22부로 확대하고 수도를 5부, 지방을 5방으로 정비하였다.

▲ 백제의 수도 변천

자료6 3 신라의 발전

└ 이차돈의 순교를 계기로 공인하였다.

지증왕	나라 이름을 '신라'로 정함, '왕' 칭호 사용, 지방관 파견, 우경 보급, 우산국 복속
법흥왕	• '건원' 연호 사용, 불교 ❼공인, 관등제와 골품제 정비, 율령 반포, 병부 설치, 상대등 설치 • 금관가야 병합(532) └ 관리를 17등급으로 나누고 관복의 색을 제정하였다.
진흥왕 (6세기)	• 화랑도를 국가적인 조직으로 정비, 황룡사 건립 • 한강 유역 차지, 대가야 정복(562), 이 과정에서 단양 신라 적성비와 순수비 건립

4 대가야의 발전과 가야 연맹의 멸망

┌ 고령 지역에 위치하였다.

(1) 대가야의 발전 후기 가야 연맹 주도 → 삼국이 경쟁하는 틈을 타 세력 확대

(2) 가야 연맹의 멸망 ┌ 이러한 대내외적 요인으로 인하여 가야는 중앙 집권 국가로 성장하지 못하였다.

① 대내적 요인: 각 소국이 독자적인 정치권력을 유지함

② 대외적 요인: 백제와 신라의 압력으로 위축됨

③ 법흥왕 때 금관가야 병합(532), 진흥왕 때 대가야 병합(562)

5 중앙 집권 국가의 공통점

(1) 영토 확장 튼튼한 국력을 바탕으로 주변 지역을 정복하며 영토를 확장함

(2) 왕위 세습 한 집안에서 왕위를 잇는 왕위 세습 제도를 확립함

(3) 불교 수용 불교를 수용하여 사상을 통합하고 왕실의 권위를 높임

(4) 율령 반포 법령을 정비하여 백성을 하나의 ❽규범으로 다스림

(5) 통치 체제 정비 왕을 중심으로 하는 관등제나 지방 행정 제도를 갖춤

 시험에 꼭 나오는 **개념 체크**
1. 광개토 대왕은 수도를 평양을 옮기고 남진 정책을 추진하였다. (○, ×)
2. 백제는 장수왕의 공격으로 한강 유역을 빼앗기고 _ _으로 수도를 옮겼다.

답 1. × 2. 웅진

자료4 가야 연맹의 변천

전기 가야 연맹의 중심지는 금관가야였으나 고구려 광개토 대왕의 공격으로 쇠퇴하자 고령에 위치한 대가야가 후기 가야 연맹을 이끌었다.

자료5 5세기 고구려의 영토 확장

5세기에 고구려는 만주에서 한반도 중부까지 영토를 확장하였다.

자료6 6세기 신라의 영토 확장

진흥왕은 한강 유역을 장악한 후 대가야를 정복하고, 함흥평야까지 진출하였다. 정복한 지역에는 단양 신라 적성비와 4개의 순수비를 세웠다.

 용어 쏙쏙

❶ 격퇴(擊-부딪치다, 退-물러나다): 적을 쳐서 물리침
❷ 연호(年-년, 號-부르다): 왕의 재위 기간 동안 연도 앞에 붙이던 이름
❸ 추진(推-밀다, 進-나아가다): 목표를 향하여 밀고 나아감
❹ 함락(陷-빠지다, 落-떨어지다): 적의 성을 공격하여 무너뜨림
❺ 파견(派-보내다, 遣-보내다): 임무를 주어 사람을 보냄
❻ 장려(奬-권하다, 勵-힘쓰다): 좋은 일이나 좋은 것에 힘쓰도록 북돋아 줌
❼ 공인(公-공적이다, 認-인정하다): 공식적으로 인정함
❽ 규범(規-법, 範-법): 인간이 행동할 때에 따르고 지켜야 할 기준

01 다음 설명에 해당하는 인물을 보기 에서 골라 기호를 쓰시오.

> **보기**
> ㄱ. 내물왕   ㄴ. 법흥왕
> ㄷ. 지증왕   ㄹ. 진흥왕

(1) 우산국 복속   (   )   (2) 대가야 정복   (   )
(3) 금관가야 병합   (   )   (4) 김씨 왕위 세습   (   )

02 ㉠~㉢에 들어갈 말을 쓰시오.

소수림왕	불교 수용, 율령 반포, (㉠) 설립
(㉡)	만주 진출, '영락' 연호 사용
장수왕	(㉢) 천도, 한강 유역 차지

㉠ _____   ㉡ _____   ㉢ _____

03 서로 관련 있는 것끼리 연결하시오.

(1) 성왕   •   • ㉠ 불교 수용
(2) 고이왕   •   • ㉡ 사비 천도
(3) 무령왕   •   • ㉢ 관리의 등급 마련
(4) 침류왕   •   • ㉣ 22담로에 왕족 파견

04 다음 중 알맞은 말에 ○표를 하시오.

(1) 내물왕은 왕의 칭호를 (이사금, 마립간)으로 바꾸었다.
(2) 전기 가야 연맹의 중심지는 (대가야, 금관가야)이다.
(3) 백제는 한강 유역을 빼앗기고 (웅진, 사비)(으)로 수도를 옮겼다.

05 다음 설명이 맞으면 ○표, 틀리면 X표 하시오.

(1) 칠지도를 통해 백제와 왜의 교류를 알 수 있다. (   )
(2) 소수림왕은 중국의 동진에서 불교를 수용하였다.
(   )
(3) 법흥왕은 불교를 공인하고 황룡사를 건립하였다.
(   )

06 다음 빈칸에 알맞은 말을 쓰시오.

(1) 백제 (   )은(는) 일시적으로 나라 이름을 남부여로 바꾸었다.
(2) (   )은(는) 나라 이름을 '신라'로 정하고 '왕'이라는 칭호를 사용하였다.
(3) (   )은(는) 영토 확장을 기념하며 단양 신라 적성비와 4개의 순수비를 건립하였다.

01 ㉠에 들어갈 왕으로 옳은 것은?
(하 난이도)

> 검색어: ㉠
>
> A. 고구려의 왕으로 중국의 전진으로부터 불교를 수용하였다. 인재를 양성하기 위하여 태학을 세웠으며, 율령을 반포하여 통치 체제를 정비하였다.

① 태조왕   ② 장수왕
③ 고국천왕   ④ 소수림왕
⑤ 광개토 대왕

02 고구려의 발전 과정을 순서대로 바르게 나열한 것은?
(상 난이도)

> ㄱ. 5부를 행정적 성격으로 개편하였다.
> ㄴ. 졸본에서 국내성으로 수도를 옮겼다.
> ㄷ. 낙랑군을 병합하여 영토를 확장하였다.
> ㄹ. 율령을 반포하여 통치 조직을 정비하였다.

① ㄱ - ㄴ - ㄷ - ㄹ   ② ㄴ - ㄱ - ㄷ - ㄹ
③ ㄴ - ㄱ - ㄹ - ㄷ   ④ ㄷ - ㄱ - ㄴ - ㄹ
⑤ ㄷ - ㄴ - ㄱ - ㄹ

03 다음 유적을 통해 추론할 수 있는 사실로 옳은 것은?
(중 난이도)

▲ 장군총   ▲ 석촌동 고분

① 고구려 건국 세력은 부여 계통이다.
② 백제 건국 세력은 고구려 계통이다.
③ 신라는 사로국의 한 소국에서 시작하였다.
④ 주몽이 졸본 지역에 고구려를 건국하였다.
⑤ 신라와 백제는 동맹을 체결하여 고구려에 대항하였다.

04 (가) 왕에 대한 설명으로 옳지 <u>않은</u> 것은?

중
난이도

① 22담로에 왕족을 파견하였다.
② 중국의 동진과 외교 관계를 맺었다.
③ 가야의 여러 나라에 영향력을 행사하였다.
④ 고구려를 공격하여 황해도 일부를 차지하였다.
⑤ 마한의 남은 세력을 정복하여 남해안까지 진출하였다.

05 (가) 왕호를 사용했던 시기의 신라에 대한 설명으로 옳은 것은?

중
난이도

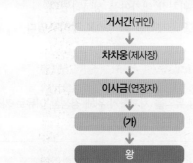

① 금관가야를 병합하였다.
② 나라 이름을 '신라'로 정하였다.
③ 김씨의 왕위 세습권을 확립하였다.
④ 율령을 반포하고 불교를 공인하였다.
⑤ 이사부를 보내 우산국을 정벌하였다.

06 다음 질문에 대한 답변으로 가장 적절한 것은?

중
난이도

  이 유물을 통해 알 수 있는 사실은 무엇일까요?

① 신라의 공격으로 대가야가 멸망하였어요.
② 백제의 공격으로 고구려 왕이 전사하였어요.
③ 백제는 고구려 계통의 세력이 건국하였어요.
④ 고구려의 도움으로 신라는 왜를 격퇴하였어요.
⑤ 백제와 신라가 고구려에 맞서 동맹을 맺었어요.

07 (가), (나) 국가에 대한 설명으로 옳지 <u>않은</u> 것은?

중
난이도

① (가) - 진흥왕 대에 복속되었다.
② (가) - 낙동강 하류에 위치하였다.
③ (나) - 풍부한 철을 바탕으로 번영하였다.
④ (나) - 광개토 대왕의 공격으로 쇠퇴하였다.
⑤ (나) - 낙랑과 왜를 잇는 해상 교역으로 번영하였다.

08 ㉠에 들어갈 인물에 대한 설명으로 옳은 것을 보기 에서 모두 고르면?

중
난이도

> 신라는 왜와 가야가 침입하자 고구려 (㉠)에게 도움을 요청하였다. 신라는 (㉠)의 도움으로 왜를 격퇴하였고, 이후 고구려의 정치적 영향력 아래에 놓이게 되었다.

보기
ㄱ. 평양으로 수도를 옮겼다.
ㄴ. '영락'이라는 연호를 사용하였다.
ㄷ. 한성을 함락하고 한강 유역을 차지하였다.
ㄹ. 요동을 포함한 만주 지역 대부분을 차지하였다.

① ㄱ, ㄴ   ② ㄱ, ㄷ   ③ ㄴ, ㄷ
④ ㄴ, ㄹ   ⑤ ㄷ, ㄹ

09 다음 유물을 통해 알 수 있는 사실로 옳은 것은?

중
난이도

▲ 충주 고구려비

① 태조왕이 옥저를 정복하였다.
② 소수림왕이 불교를 받아들였다.
③ 장수왕이 한강 유역을 차지하였다.
④ 고국원왕이 평양성에서 전사하였다.
⑤ 고국천왕이 5부의 성격을 개편하였다.

10 다음 시기의 삼국에 대한 설명으로 옳은 것을 보기 에서 모두
(상)
난이도 고르면?

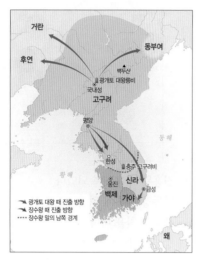

보기
ㄱ. 백제와 신라가 동맹을 맺었다.
ㄴ. 백제가 사비로 수도를 옮겼다.
ㄷ. 고구려가 평양으로 천도하였다.
ㄹ. 신라가 금관가야를 복속하였다.

① ㄱ, ㄴ   ② ㄱ, ㄷ   ③ ㄴ, ㄷ
④ ㄴ, ㄹ   ⑤ ㄷ, ㄹ

11 백제가 (가)로 수도를 옮긴 이유로 옳은 것은?
(하)
난이도

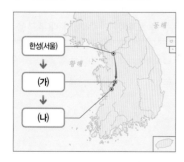

① 지방 세력 견제   ② 광개토 대왕의 공격
③ 근초고왕의 영토 확장   ④ 신라의 한강 유역 차지
⑤ 고구려의 남진 정책 추진

🎈같은 주제 다른 문제 ·······························

● (나)로 수도를 옮긴 왕에 대한 설명으로 옳지 않은 것은? 답 ①
① 22담로에 왕족을 파견하였다.
② 중앙 행정 조직을 정비하였다.
③ 불교를 적극적으로 장려하였다.
④ 나라 이름을 '남부여'로 바꾸었다.
⑤ 한강 유역을 되찾았다가 신라에 빼앗겼다.

12 (가) 왕에 대한 설명으로 옳지 않은 것은?
(중)
난이도

① 한강 유역을 장악하였다.
② 단양 신라 적성비를 세웠다.
③ 우산국(울릉도)을 복속하였다.
④ 고령에 위치한 대가야를 정복하였다.
⑤ 화랑도를 국가적인 조직으로 정비하였다.

13 삼국이 한강 유역을 차지하기 위해 경쟁한 이유로 가장 적절한
(하)
난이도 것을 보기 에서 모두 고르면?

보기
ㄱ. 넓은 초원 지대로 목축이 발달하였다.
ㄴ. 산악 지대에 위치하여 방어에 유리하였다.
ㄷ. 농경이 발달하여 인구와 물자가 풍부하였다.
ㄹ. 한반도의 중심에 위치하여 교통이 편리하였다.

① ㄱ, ㄴ   ② ㄱ, ㄷ   ③ ㄴ, ㄷ
④ ㄴ, ㄹ   ⑤ ㄷ, ㄹ

14 ㉠에 들어갈 말로 적절하지 않은 것은?
(하)
난이도

고구려, 백제, 신라는 건국 초기에 연맹 국가의 형태
로 시작하였으나, 점차 국가 체제를 정비하여 중앙 집권
국가로 성장하였다. 중앙 집권 국가로 성장하는 과정에
서 삼국은 _____㉠_____

① 계급이 발생하였다.   ② 불교를 수용하였다.
③ 영토를 확장하였다.   ④ 왕위를 세습하였다.
⑤ 율령을 반포하였다.

STEP 3 주관식·서술형

01 다음 자료를 보고 물음에 답하시오.

(1) (가)에 들어갈 칭호를 쓰시오.

_____

(2) (가)로 칭호를 바꾼 왕의 업적을 두 가지 이상 서술하시오.

_____
_____

02 다음 지도를 보고 물음에 답하시오.

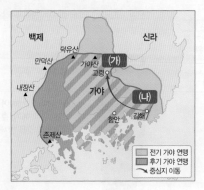

(1) (가), (나)에 해당하는 나라를 쓰시오.

(가) _____ (나) _____

(2) 위와 같이 가야 연맹의 중심지가 이동하게 된 원인을 서술하시오.

_____
_____

03 다음 지도를 보고 물음에 답하시오.

(1) (가), (나)에 해당하는 지역을 쓰시오.

(가) _____ (나) _____

(2) (가)에서 (나)로 수도를 옮긴 왕이 백제 부흥을 위하여 한 노력을 세 가지 이상 서술하시오.

_____
_____

04 다음 글을 읽고 물음에 답하시오.

> 삼국은 중앙 집권화 과정에서 (㉠)을(를) 수용하여 왕의 권위를 사상적으로 뒷받침하고 다양한 집단을 통합하고자 하였다.

(1) ㉠에 들어갈 말을 쓰시오.

_____

(2) 위 내용 이외에 삼국의 중앙 집권화 과정에서 나타난 공통점을 두 가지 이상 서술하시오.

_____
_____

02. 삼국의 성립과 발전 **019**

03 삼국의 문화와 대외 교류

1 삼국의 종교와 학문

1 불교의 수용

'왕은 곧 부처'라는 사상을 바탕으로 왕의 권위를 뒷받침하였다.

(1) **수용** 중앙 집권 체제를 정비하는 과정에서 중국으로부터 ❶수용

(2) **목적** 왕권 강화, 사상 통합, 지방 세력 ❷포용

(3) **발전** 왕실의 보호를 받으며 국가적 종교로 발전 → 국가 주도로 사원과 탑 ❸건립

(4) **영향** 불교와 함께 중국과 서역의 선진 문물 수용 → 삼국의 문화 발전에 이바지

2 불교 예술의 발달

사원	황룡사(신라 진흥왕), 미륵사(백제 무왕)
탑	• 초기에는 목탑을 주로 만들다가 점차 석탑을 만듦 • 예: 익산 미륵사지 석탑(백제), 경주 분황사 모전 석탑(신라)
불상	미륵 신앙의 유행으로 미륵보살상이 많이 만들어짐

자료 1

삼국의 불상

'백제의 미소'라고도 불린다.

▲ 금동 연가 7년명 여래 입상 (고구려)　　▲ 서산 용현리 마애 여래 삼존상(백제)　　▲ 경주 배동 석조 여래 삼존 입상 (신라)

3 도교의 수용

자료 2

불로장생을 추구한다.

(1) **특징** 신선 사상과 ❹산천 ❺숭배 사상 등이 결합 → 귀족 사회를 중심으로 유행

(2) **유물** 고구려 고분 벽화의 사신도, 백제 금동 대향로, 산수무늬 벽돌 등

도교의 방위신인 청룡, 백호, 주작, 현무를 그린 그림이다.

4 학문과 과학 기술의 발달

자료 3

유학	• 고구려: 수도에 태학을 세워 유교 ❻경전을 가르침 • 백제: 오경박사를 두어 유교 경전을 가르침 • 신라: 임신서기석을 통해 유학이 발달하였음을 알 수 있음
역사서	나라의 역사를 정리하고 왕의 ❼권위를 높이기 위해 ❽편찬
천문학	왕의 권위를 높이고 농업을 발전시키기 위해 중시(신라의 첨성대, 고구려의 천문도)

교과서마다 달라요

역사서	동아, 비상만 다룸
천문학	동아, 미래엔, 비상만 다룸

백제는 근초고왕 때 『서기』를 편찬하고, 신라는 진흥왕 때 『국사』를 편찬하였다.

시험에 꼭 나오는 개념 체크

1. 삼국은 왕권 강화를 위해 불교를 받아들였다. (○, ×)
2. 백제 금동 대향로와 산수무늬 벽돌에는 ＿＿ 사상이 나타나 있다.

답 1. ○ 2. 도교

2 삼국의 생활 모습과 고분 문화

1 삼국의 의식주

교과서마다 달라요
동아는 6세기 이후 벼농사의 확대로 쌀을 먹었다고만 서술

의(衣)	비단옷과 장신구(귀족), 베로 만든 옷(평민), 저고리와 바지 착용
식(食)	쌀밥과 고기(귀족), 조·보리·기장 등의 잡곡(평민)
주(住)	기와집(귀족), 귀틀집이나 초가집(평민)

통나무를 쌓은 후 흙과 돌을 이용하여 벽을 만든 집이다.

자료 1　삼국의 탑

▲ 익산 미륵사지 석탑　　▲ 경주 분황사 모전 석탑

익산 미륵사지 석탑은 목탑의 양식을 하고 있는 석탑으로 무왕 때 만들어졌다. 경주 분황사 모전 석탑은 돌을 벽돌 모양으로 다듬어 쌓은 탑으로 현재 3층만 남아 있다.

자료 2　백제의 도교

▲ 산수무늬 벽돌　　▲ 백제 금동 대향로

백제의 산수무늬 벽돌에는 신선 사상을 바탕으로 자연과 조화롭게 살아가고자 하는 생각이 반영되어 있다. 백제 금동 대향로는 뚜껑 부분에 신선의 세계가 그려져 있다. 이를 통해 두 유물 모두 도교의 영향을 받았음을 알 수 있다.

자료 3　임신서기석

임신년에 맹세하여 적는다. …… 시경, 상서, 예기, 춘추 좌전을 3년 동안 익힐 것을 맹세한다.

임신서기석에는 신라 두 청년의 유교 경전 학습에 대한 다짐이 적혀 있어 신라의 유학이 발달하였음을 알 수 있다.

용어 쏙쏙

❶ 수용(受－받다, 容－받아들이다): 어떠한 것을 받아들임
❷ 포용(包－감싸다, 容－받아들이다): 남을 너그럽게 감싸주고 받아들임
❸ 건립(建－세우다, 立－서다): 건물이나 탑 등을 세움
❹ 산천(山－산, 川－냇가): 산과 하천을 아울러 이르는 말
❺ 숭배(崇－높다, 拜－절하다): 종교적 대상을 우러러 받듦
❻ 경전(經－경서, 典－법): 옛 성인(聖人)이 남긴 글
❼ 권위(權－권세, 威－위엄): 남을 통솔하여 따르게 하는 힘
❽ 편찬(編－엮다, 纂－모으다): 자료를 모아 정리하여 책으로 만듦

2 삼국의 [1]고분 문화

(1) 삼국의 고분 양식

고구려	• 초기: 돌무지무덤 • 점차 굴식 돌방무덤으로 바뀜
백제	• 한성 시기: 고구려와 유사한 형태의 계단식 돌무지무덤 • 웅진 시기: 굴식 돌방무덤, 벽돌무덤(예: 무령왕릉) • 사비 시기: 굴식 돌방무덤
신라	• 초기: 돌무지덧널무덤 • 점차 굴식 돌방무덤으로 바뀜 — 고구려와 백제의 영향을 받아 무덤 양식이 바뀌었다.

삼국의 고분

▲ 돌무지무덤 — 시신을 넣은 돌널 위에 돌을 쌓아 만든 무덤이다.

▲ 굴식 돌방무덤 — 돌로 널방을 만들어 통로를 연결한 후, 그 위에 흙을 덮은 무덤이다. 벽과 천장에 벽화를 그렸고, 구조상 도굴이 쉬웠다.

▲ 벽돌무덤 — 중국 남조의 영향을 받은 무덤 양식으로 널방을 벽돌로 쌓았다.

▲ 돌무지덧널무덤 — 나무로 덧널을 만든 후 돌을 쌓고 흙으로 덮은 무덤이다. 구조상 도굴이 어려워 껴묻거리가 많이 발견되었다.

(2) 고대의 고분 문화

① 죽은 후에도 [2]현세의 삶이 이어진다고 생각하여 [3]껴묻거리와 노비 등을 함께 묻음 — 신라, 가야 등이다.

② 벽화: 초기에는 생활 모습이나 [4]풍속 등을 그림, 후기에는 사신도를 그림
— 주로 벽면과 천장이 있는 굴식 돌방무덤에 그려졌다. — 도교의 영향을 알 수 있다.

개념 체크
1. 고구려는 초기에 돌무지덧널무덤을 만들었다. (○, ×)
2. 백제의 ____은 중국 남조의 영향을 받은 벽돌무덤이다.

정답 1. × 2. 무령왕릉

3 삼국 및 가야의 문화 교류

1 중국, [5]서역과의 문화 교류

고구려	• 지리적으로 가까운 중국 북조의 문화를 받아들임 • 남조, 중앙아시아의 여러 민족과 교류
백제	중국 동진을 비롯한 남조와 활발하게 교류
신라	• 초기: 고구려와 백제를 통해 중국의 문화 수용 • 한강 유역을 차지한 이후에는 중국과 직접 교류
가야	바다를 통해 중국 및 왜와 교류

▲ 아프라시아브 궁전 벽화 — 벽화에 고구려 사신으로 추정되는 인물이 그려져 있어 삼국과 서역의 교류를 알 수 있다.

2 일본과의 문화 교류

(1) **교류 양상** 중국과 서역의 문화를 받아들여 [6]독자적으로 발전시킨 후 일본에 전파
➡ 일본의 고대 문화 형성에 [7]기여

(2) **각국의 교류**

		교과서마다 달라요	동아, 지학	고대 문화
		고대 문화	금성, 미래엔, 비상, 천재	아스카 문화

— 담징 ┐ ┌ 아직기

고구려	종이와 먹 제조법 전달	백제	한문, 유교 경전, 불교 등 전파
신라	배 만드는 기술과 [8]둑 쌓는 기술 전파	가야	철기 문화와 토기 제작 기술 전파

— 왕인(천자문, 논어)
— 가야 토기의 영향으로 일본에서 스에키 토기가 만들어졌다.

개념 체크
1. 삼국은 중국 및 서역, 일본과 활발하게 교류하였다. (○, ×)
2. 삼국과 가야는 ___의 고대 문화 형성에 영향을 끼쳤다.

정답 1. ○ 2. 일본

왕이 쓰는 관모의 장식이다.

중국 남조에서 유행하던 것으로 백제와 남조의 교류를 보여 준다.

▲ 무령왕릉 금제 관식   ▲ 무령왕릉 석수

무령왕릉에서 출토된 껴묻거리를 통해 당시 백제의 문화와 대외 교류 양상을 알 수 있다.

자료 5 **삼국의 고분 벽화**

▲ 무용도   ▲ 강서 대묘 현무도

삼국은 초기에 고분의 벽면이나 천장에 생활 모습과 풍속을 반영한 벽화를 그렸다. 후기에는 도교의 영향을 받아 사신도를 많이 그렸다.

자료 6 **삼국 및 가야와 일본의 교류**

삼국은 중국과 서역으로부터 받아들인 문화를 발전시켜 일본에 전파하였다.

자료 7 **삼국 및 가야의 영향을 받은 일본 문화**

▲ 고구려 수산리 고분 벽화   ▲ 일본 다카마쓰 고분 벽화

두 벽화의 내용과 화풍이 비슷하여 삼국이 일본 문화에 영향을 주었음을 알 수 있다.

용어 쏙쏙

[1] 고분(古-옛날, 墳-무덤): 고대에 만들어진 무덤
[2] 현세(現-지금, 世-세상): 지금 살고 있는 세상
[3] 껴묻거리: 무덤에 시신과 함께 묻는 물건
[4] 풍속(風-모습, 俗-관습): 옛날부터 전해 내려오는 습관이나 관습

[5] 서역(西-서쪽, 域-나라): 중국 서쪽에 있던 나라들을 통틀어 이르는 말
[6] 독자적(獨-홀로, 自-스스로, 的-~의): 다른 것과 구분되는 혼자만의 특유한 것
[7] 기여(寄-보내다, 與-돕다): 도움이 되도록 이바지함
[8] 둑: 하천이나 호수의 물이 넘치지 않도록 쌓는 건축물

STEP 1 개념 확인

01 ⑤~ⓒ에 알맞은 말을 쓰시오.

고구려	(⑤)을(를) 세워 유학 교육을 시행함
백제	(ⓛ)을(를) 두어 유교 경전을 가르침
신라	(ⓒ)을(를) 통해 유학의 발달을 알 수 있음

⑤ _____ ⓛ _____ ⓒ _____

02 서로 관련 있는 것끼리 연결하시오.

(1) 도교 •　　　　　• ⑤ 첨성대
(2) 불교 •　　　　　• ⓛ 고분 벽화의 사신도
(3) 천문학 •　　　　• ⓒ 경주 분황사 모전 석탑

03 다음 중 알맞은 말에 ○표를 하시오.

(1) (벽돌무덤, 돌무지덧널무덤)은 구조상 도굴이 어려워 껴묻거리가 많이 남아 있다.
(2) (고구려, 신라)는 초기에 중국과 직접 교류하지 못하였으나 한강 유역을 차지한 이후 직접 교류하였다.
(3) (가야, 백제)는 일본에 토기 문화를 전파하여 스에키 제작에 영향을 주었다.

04 다음 설명이 맞으면 ○표, 틀리면 X표 하시오.

(1) 삼국 시대 초기에는 주로 석탑을 제작하였으나 점차 목탑을 제작하였다. ( )
(2) 삼국 시대에는 미륵 신앙의 유행으로 미륵보살상이 많이 만들어졌다. ( )
(3) 삼국의 도교는 산천 숭배 사상과 결합하여 피지배층의 호응을 얻었다. ( )
(4) 삼국은 농업을 발전시키고 왕의 권위를 높이기 위해 천문학을 중시하였다. ( )

05 다음 빈칸에 알맞은 말을 쓰시오.

(1) 백제의 산수무늬 벽돌과 금동 대향로에는 공통적으로 ( ) 사상이 반영되어 있다.
(2) 백제는 한성 시기에 고구려와 유사한 ( ) 양식으로 무덤을 축조하였다.
(3) 백제의 무령왕릉은 중국 남조의 영향을 받아 ( ) 양식으로 축조되었다.

STEP 2 대표 문제

01 ⑤에 들어갈 종교에 대한 설명으로 옳지 않은 것은?

중
난이도

> (⑤)은(는) 법흥왕 때 이차돈의 순교를 계기로 공인되었다. (⑤)와(과) 함께 중국과 서역의 문물이 삼국에 들어왔다.

① 왕의 권위를 뒷받침하였다.
② 삼국의 문화 발전에 이바지하였다.
③ 신선 사상과 산천 숭배 사상이 결합하였다.
④ 왕실의 보호를 받으며 국가 종교로 발전하였다.
⑤ 중앙 집권 체제를 정비하는 과정에서 수용되었다.

같은 주제 다른 문제

● 삼국이 ⑤에 들어갈 종교를 수용한 목적으로 가장 적절한 것은? **답** ②
① 농업의 발전을 위하여 수용하였다.
② 왕권을 강화하기 위하여 수용하였다.
③ 중국을 견제하기 위하여 수용하였다.
④ 문화 발전을 이룩하기 위하여 수용하였다.
⑤ 부처의 힘으로 나라를 지키기 위하여 수용하였다.

02 다음에서 설명하고 있는 문화유산으로 옳은 것은?

상
난이도

> 바위에 조각한 불상으로 온화한 미소를 띠고 있어 '백제의 미소'라고도 불립니다.

① 　　② 　　③

④ 　　⑤

03 다음 유적에 대한 설명으로 옳지 <u>않은</u> 것은?

① 불교와 관련된 유적이다.
② 익산 미륵사의 터에 남아 있다.
③ 목탑 양식으로 만들어진 석탑이다.
④ 우리나라 석탑 중 가장 오래되었다.
⑤ 고구려의 뛰어난 석탑 제작 기술을 알 수 있다.

04 다음 유물에 대한 설명으로 옳지 <u>않은</u> 것은?

① 뚜껑에는 신선 사상이 반영되어 있다.
② 도교 사상이 반영된 대표적인 유물이다.
③ 백제의 뛰어난 금속 공예 기술을 알 수 있다.
④ 유교 경전을 공부하겠다는 내용이 적혀 있다.
⑤ 몸통의 연꽃을 통해 불교의 영향을 받았음을 알 수 있다.

🎈같은 주제 다른 문제

● 위 유물과 관련 있는 종교가 반영된 유물로 옳은 것을 모두 고르면? 답 ③, ⑤

①   ②   ③

④   ⑤

05 삼국의 유학 발달에 대한 설명으로 옳은 것을 보기 에서 모두 고르면?

보기
　ㄱ. 고구려는 수도에 태학을 세웠다.
　ㄴ. 신라는 선덕 여왕 때 첨성대를 만들었다.
　ㄷ. 고구려는 고분 벽화에 사신도를 그려 넣었다.
　ㄹ. 백제는 오경박사를 두어 유교 경전을 가르쳤다.

① ㄱ, ㄴ　　　② ㄱ, ㄹ　　　③ ㄴ, ㄷ
④ ㄴ, ㄹ　　　⑤ ㄷ, ㄹ

06 다음을 통해 알 수 있는 학문이나 사상에 대한 설명으로 옳은 것은?

　"임신년에 맹세하여 쓴다. …… 시경, 상서, 예기, 춘추 좌전을 3년 동안 익힐 것을 맹세한다."

① 농업을 발전시키기 위해 이 학문을 중시하였다.
② 백제의 오경박사는 이 학문의 교육을 담당하였다.
③ 삼국에서는 이 사상에 신선 사상 등이 결합하였다.
④ 삼국은 이 사상을 수용하여 지방 세력을 포용하였다.
⑤ 이 사상은 왕실의 보호를 받으면서 국가적인 종교로 발전하였다.

🎈같은 주제 다른 문제

● 삼국의 학문과 과학 기술 발달에 대한 내용으로 옳지 <u>않은</u> 것은? 답 ⑤

① 첨성대를 통해 천문학의 발달을 알 수 있다.
② 고구려는 태학을 세워 유교 경전을 가르쳤다.
③ 천문학의 발달은 왕의 권위 강화와 관련이 있다.
④ 임신서기석을 통해 신라의 유학 발전을 알 수 있다.
⑤ 역사서를 편찬하여 백성의 지식 수준을 높이고자 하였다.

07 삼국의 생활 모습에 대한 설명으로 가장 적절한 것을 보기 에서 모두 고르면?

보기
　ㄱ. 삼국의 백성들은 주로 쌀을 먹었다.
　ㄴ. 귀족들은 주로 베로 만든 옷을 입었다.
　ㄷ. 평민들은 주로 귀틀집이나 초가집에 살았다.
　ㄹ. 삼국의 사람들은 주로 저고리와 바지를 입었다.

① ㄱ, ㄴ　　　② ㄱ, ㄷ　　　③ ㄴ, ㄷ
④ ㄴ, ㄹ　　　⑤ ㄷ, ㄹ

08 다음 유물이 출토된 무덤에 대한 설명으로 옳은 것을 보기에서 모두 고르면?

(상) 난이도

보기
ㄱ. 백제 무령왕과 왕비의 무덤이다.
ㄴ. 무덤의 양식은 중국 남조의 영향을 받았다.
ㄷ. 나무로 널을 만들어 돌을 쌓은 후 흙으로 덮었다.
ㄹ. 무덤의 구조상 도굴이 어려워 껴묻거리가 보존되어 있다.

① ㄱ, ㄴ 　② ㄱ, ㄷ 　③ ㄴ, ㄷ
④ ㄴ, ㄹ 　⑤ ㄷ, ㄹ

09 다음 무덤 양식에 대한 설명으로 옳은 것은?

(중) 난이도

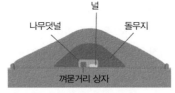

① 돌로 널방을 만들고 흙을 덮었다.
② 대표적인 무덤으로 무령왕릉이 있다.
③ 도굴이 어려워 껴묻거리가 남아 있다.
④ 벽과 천장에 벽화를 그리기도 하였다.
⑤ 중국 남조의 영향을 받은 무덤 양식이다.

10 다음 자료를 활용한 탐구 주제로 가장 적절한 것은?

(하) 난이도

▲ 아프라시아브 궁전 벽화

① 삼국의 불교 수용 　② 삼국의 고분 벽화
③ 삼국의 고분 양식 　④ 삼국과 서역의 교류
⑤ 삼국 문화의 일본 전파

11 삼국 및 가야의 대외 교류에 대한 설명으로 옳은 것을 보기에서 모두 고르면?

(중) 난이도

보기
ㄱ. 백제는 중국의 동진, 남조와 활발하게 교류하였다.
ㄴ. 고구려는 가까이에 위치한 북조의 문화를 수용하였다.
ㄷ. 가야는 남쪽에 치우쳐 있어 대외 교류를 하기 어려웠다.
ㄹ. 신라는 고구려, 백제와 일본 사이의 중계 무역을 담당하였다.

① ㄱ, ㄴ 　② ㄱ, ㄷ 　③ ㄴ, ㄷ
④ ㄴ, ㄹ 　⑤ ㄷ, ㄹ

12 (가)~(라)에 들어갈 교류 양상을 바르게 연결한 것은?

(하) 난이도

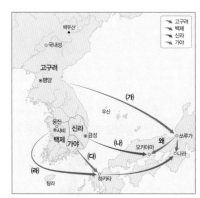

① (가) – 둑 쌓는 기술 　② (나) – 토기 제작 기술
③ (다) – 배 만드는 기술 　④ (라) – 한문, 유학, 불교
⑤ (라) – 종이의 제조 방법

13 (가)~(라)에 들어갈 내용으로 옳은 것을 보기에서 모두 고르면?

(중) 난이도

〈모둠 탐구 계획서〉
• 주제: 삼국의 영향을 받은 일본 문화
 – 1모둠: _____(가)_____
 – 2모둠: _____(나)_____
 – 3모둠: _____(다)_____
 – 4모둠: _____(라)_____

보기
ㄱ. (가) – 스에키 토기의 모양을 분석한다.
ㄴ. (나) – 익산 미륵사지 석탑의 건축 양식을 조사한다.
ㄷ. (다) – 무용도와 일본 다카마쓰 고분 벽화의 화풍을 비교한다.
ㄹ. (라) – 고류사 목조 미륵보살 반가 사유상의 모양을 분석한다.

① ㄱ, ㄷ 　② ㄱ, ㄹ 　③ ㄴ, ㄷ
④ ㄴ, ㄹ 　⑤ ㄷ, ㄹ

01 다음 자료를 보고 물음에 답하시오.

임신년에 맹세하여 적는다. ……
시경, 상서, 예기, 춘추 좌전을 3년
동안 익힐 것을 맹세한다.

(1) 위 유물의 이름을 쓰시오.

_____

(2) 위 유물을 통해 알 수 있는 신라의 학문과 사상의 발달
을 서술하시오.

_____

_____

02 다음 자료를 보고 물음에 답하시오.

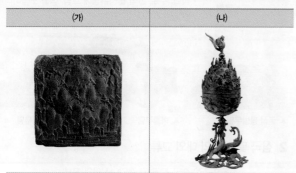

(가)	(나)

(1) (가), (나)와 공통적으로 관련된 종교를 쓰시오.

_____

(2) 삼국 시대에 위 종교의 특징을 서술하시오.

_____

_____

03 다음 자료를 보고 물음에 답하시오.

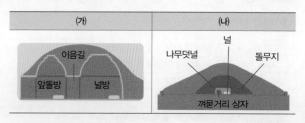

(가)	(나)

(1) (가), (나)의 무덤 양식을 쓰시오.

(가) _____ (나) _____

(2) 벽화와 껴묻거리를 중심으로 두 무덤 양식의 특징을
비교하여 두 가지 서술하시오.

_____

_____

04 다음 자료를 보고 물음에 답하시오.

이 토기는 가야의 토기입니다. 가야
의 토기는 일본에서 (㉠) 토기가
제작되는 데에 영향을 미쳤습니다.

(1) ㉠에 들어갈 말을 쓰시오.

_____

(2) 위 유물을 통해 알 수 있는 삼국과 가야의 문화가 일본
에 끼친 영향을 서술하시오.

_____

_____

01 선사 문화의 변천과 국가의 등장

1 선사 문화의 변천

구석기 시대	• 도구: 뗀석기 사용 • 경제: 사냥과 채집 • 주거: 동굴이나 막집(무리 생활, 이동 생활)
신석기 시대	• 도구: 간석기 사용 • 경제: 농경과 목축 시작 • 주거: 움집(정착 생활)
청동기 시대	• 도구: 청동기, 반달 돌칼, 민무늬 토기 • 경제: 조·보리·콩 재배, 벼농사 보급 • 사회: 계급 발생, 군장 등장(고인돌 제작)
고조선	• 성립: 청동기 문화를 바탕으로 성립 • 사회: 홍익인간 이념, 농경 사회, 제정일치 사회, 8조법(질서 유지) • 발전: 위만의 집권 ➡ 철기 문화 본격 수용, 중계 무역 실시 • 멸망: 한의 침략으로 멸망 ➡ 한 군현 설치
철기 문화	• 철제 농기구의 사용 ➡ 농업 생산력 향상, 인구 증가 • 철제 무기의 사용 ➡ 정복 활동 활발 ➡ 여러 나라의 성립

▲ 주먹도끼

▲ 빗살무늬 토기

▲ 고인돌

2 여러 나라의 성장

부여	왕 아래 관리를 둠, 순장, 엄격한 법 존재, 영고(12월)
고구려	제가 회의, 서옥제, 동맹(10월)
옥저	민며느리제, 가족 공동 묘
동예	책화, 족외혼, 무천(10월), 특산물(단궁, 과하마, 반어피)
삼한	제정 분리 사회, 계절제(5월, 10월), 풍부한 철 보유(변한)

02 삼국의 성립과 발전

고구려		• 건국: 부여에서 내려온 주몽이 건국(기원전 37) • 왕권의 강화: 5부를 행정적 성격으로 개편, 왕위의 부자 상속 확립 • 미천왕: 낙랑군 병합 • 위기: 중국 전연의 침입, 백제의 평양성 공격(고국원왕 전사) • 소수림왕: 불교 수용, 태학 설립, 율령 반포 • 광개토 대왕: 한강 이북 지역~만주까지 영토 확장, 신라를 도와 왜군 격퇴, 연호 '영락' • 장수왕: 평양 천도, 남진 정책, 한강 유역 차지
백제	한성	• 건국: 고구려 계통 유이민과 한강 유역 세력 연합(기원전 18) • 고이왕: 관리의 등급 마련, 관복의 색 제정, 목지국 병합 • 근초고왕: 고구려 공격, 마한 정복, 동진·가야·왜와 교류 • 침류왕: 불교 수용
	웅진	• 고구려의 남진 정책으로 한강 유역 상실 ➡ 웅진 천도 • 무령왕: 22담로에 왕족 파견, 중국 남조의 양과 교류
	사비	성왕: 사비 천도, 국호 '남부여', 통치 체제 정비
신라		• 건국: 사로국에서 출발(기원전 57), 박·석·김 3성의 왕위 차지 • 내물왕: 김씨의 왕위 세습 확립, '마립간' 호칭 사용 • 지증왕: 국호 '신라', '왕' 호칭 사용, 우산국 복속 • 법흥왕: 율령 반포, 불교 공인, 연호 '건원', 금관가야 병합 • 진흥왕: 화랑도 개편, 대가야 정복, 한강 유역 차지

가야	성립	변한 지역에서 여러 가야가 성립
	금관 가야	• 발전: 풍부한 철 보유, 낙랑과 왜를 잇는 해상 교역 ➡ 전기 가야 연맹 주도 • 쇠퇴: 고구려 광개토 대왕의 공격 ➡ 대가야로 연맹의 주도권 이동
	대가야	후기 가야 연맹 주도
	멸망	금관가야(법흥왕 때 복속), 대가야(진흥왕 때 병합)

03 삼국의 문화와 대외 교류

1 삼국의 문화

삼국의 종교와 학문	불교	• 목적: 왕의 권위 뒷받침, 사상 통합 • 발전: 왕실의 보호 ➡ 국가 종교로 발전 • 사원: 황룡사(신라), 미륵사(백제) • 탑: 익산 미륵사지 석탑(백제), 경주 분황사 모전 석탑(신라)
	도교	• 발전: 산천 숭배 사상 및 신선 사상과 결합, 귀족 사회에서 유행 • 사신도(고구려), 백제 금동 대향로(백제)
	학문과 과학 기술	• 유학: 태학(고구려), 오경박사(백제), 임신서기석(신라) • 역사서: 역사 정리 및 왕의 권위를 높이기 위해 편찬 • 천문학: 농업 발전 및 왕의 권위를 높이기 위해 중시
삼국의 의식주		• 의: 비단옷과 장신구(귀족), 베로 만든 옷(평민), 저고리와 바지 • 식: 쌀밥과 고기(귀족), 조·보리·기장 등의 잡곡(평민) • 주: 기와집(귀족), 귀틀집과 초가집(평민)
삼국의 고분	고분 양식	• 고구려: 돌무지무덤 ➡ 굴식 돌방무덤 • 백제: 돌무지무덤 ➡ 굴식 돌방무덤, 벽돌무덤 • 신라: 돌무지덧널무덤 ➡ 굴식 돌방무덤
	고분 문화	• 껴묻거리: 사후 세계에 대한 믿음 반영 • 벽화: 주로 굴식 돌방무덤에 그림, 생활 모습이나 풍속 반영(초기), 사신도(후기)

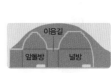
▲ 굴식 돌방무덤

▲ 벽돌무덤   ▲ 돌무지덧널무덤

2 삼국 및 가야의 대외 교류

중국 및 서역	• 고구려: 중국 북조 및 중앙아시아와 교류 • 백제: 중국 동진을 비롯한 남조와 교류 • 신라: 고구려와 백제를 통해 중국 문화 수용 ➡ 한강 유역을 차지한 이후에는 직접 교류
일본	• 고구려: 종이와 먹 제조법 전달 • 백제: 한문, 유교 경전, 불교 전파 • 신라: 배 만드는 기술, 둑 쌓는 기술 전파 • 가야: 토기 제작 기술 전파 ➡ 일본 스에키 토기에 영향 • 삼국의 문화를 바탕으로 일본 고대 문화가 형성됨

1단원 삼국의 왕 정리

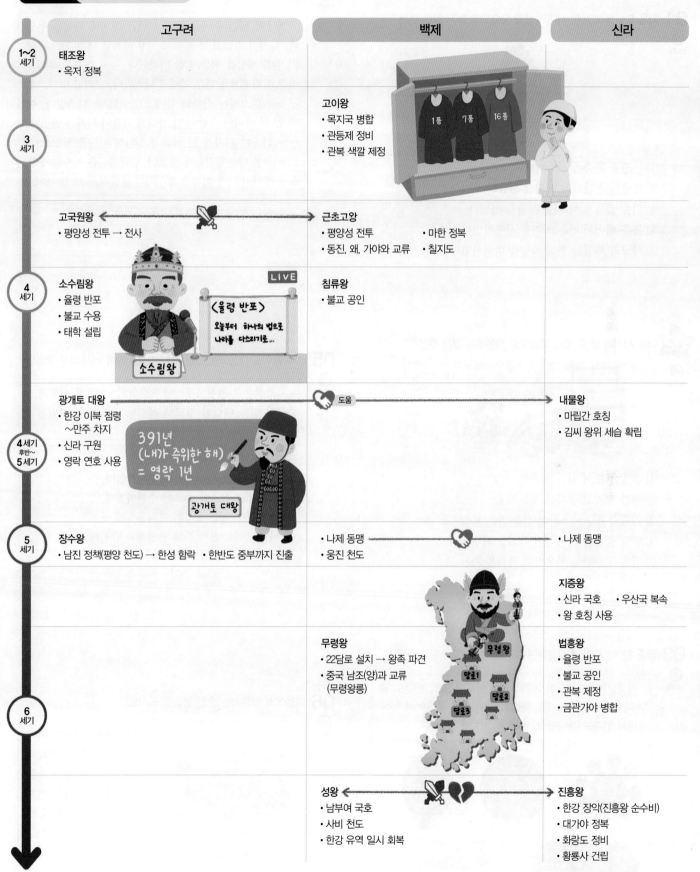

	고구려	백제	신라
1~2세기	**태조왕** • 옥저 정복		
3세기		**고이왕** • 목지국 병합 • 관등제 정비 • 관복 색깔 제정	
	고국원왕 • 평양성 전투 → 전사	**근초고왕** • 평양성 전투 • 마한 정복 • 동진, 왜, 가야와 교류 • 칠지도	
4세기	**소수림왕** • 율령 반포 • 불교 수용 • 태학 설립	**침류왕** • 불교 공인	
4세기 후반~5세기	**광개토 대왕** • 한강 이북 점령 ~만주 차지 • 신라 구원 • 영락 연호 사용		**내물왕** • 마립간 호칭 • 김씨 왕위 세습 확립
5세기	**장수왕** • 남진 정책(평양 천도) → 한성 함락 • 한반도 중부까지 진출	• 나제 동맹 • 웅진 천도	• 나제 동맹
6세기			**지증왕** • 신라 국호 • 우산국 복속 • 왕 호칭 사용
		무령왕 • 22담로 설치 → 왕족 파견 • 중국 남조(양)과 교류 (무령왕릉)	**법흥왕** • 율령 반포 • 불교 공인 • 관복 제정 • 금관가야 병합
		성왕 • 남부여 국호 • 사비 천도 • 한강 유역 일시 회복	**진흥왕** • 한강 장악(진흥왕 순수비) • 대가야 정복 • 화랑도 정비 • 황룡사 건립

01 선사 문화의 변천과 국가의 등장

01 다음 도구를 사용한 시대의 생활 모습으로 옳지 <u>않은</u> 것은?

(하) 난이도

① 농경과 목축을 시작하였다.
② 동굴이나 강가의 막집에 살았다.
③ 먹을 것을 찾아 이동 생활을 하였다.
④ 돌을 떼어서 만든 석기를 사용하였다.
⑤ 사냥과 채집을 통해 식량을 마련하였다.

02 다음 시기에 볼 수 있는 모습으로 적절하지 <u>않은</u> 것은?

(중) 난이도

① 움집에 모여 있는 가족의 모습
② 씨를 뿌리고 농사를 짓는 모습
③ 가락바퀴를 사용하여 실을 뽑는 모습
④ 반달 돌칼을 사용하여 곡식을 거두는 모습
⑤ 갈돌과 갈판을 사용하여 곡식을 가는 모습

03 밑줄 친 '이 시기'에 사용하던 도구로 적절하지 <u>않은</u> 것은?

(중) 난이도

이 시기에는 농경이 본격적으로 이루어졌고, 한반도 남부 지역에서는 벼농사도 확대되었다. 농업 생산력이 높아지면서 인구도 늘어났고, 사유 재산도 생겨났다.

04 단군 이야기를 통해 알 수 있는 고조선의 사회 모습을 세 가지 이상 서술하시오.

(상) 난이도

옛날에 환인의 아들 환웅이 인간 세계에 관심을 두었다. 환인이 아들의 뜻을 알고 지상 세계를 내려다보니, 널리 인간 세상을 이롭게 할 만하였다. …… 환웅은 무리를 이끌고 태백산 신단수 아래로 내려왔다. 그리고 바람, 비, 구름을 다스리는 신하와 함께 인간 세상을 다스렸다. 이때 곰 한 마리와 호랑이 한 마리가 사람이 되기를 빌었다. …… 환웅이 여자가 된 곰과 혼인하여 아들을 낳았으니, 그 이름을 단군왕검이라 하였다. 단군왕검은 아사달에 도읍을 정하고 나라 이름을 조선이라 불렀다. - 일연, 「삼국유사」-

05 ㉠에 들어갈 내용으로 가장 적절한 것을 보기에서 모두 고르면?

(상) 난이도

고조선은 기원전 4세기에 '왕'이라는 칭호를 사용하고 중국의 연과 대립할 정도로 세력이 강하였다. 기원전 2세기경에는 위만이 집권하면서 _____ ㉠ _____

보기

ㄱ. 철기 문화를 본격적으로 수용하였다.
ㄴ. 제사장인 천군이 종교를 주관하였다.
ㄷ. 중계 무역으로 경제적 이익을 얻었다.
ㄹ. 마한, 변한, 진한 등의 연맹체가 발전하였다.

① ㄱ, ㄴ　　　　② ㄱ, ㄷ　　　　③ ㄴ, ㄷ
④ ㄴ, ㄹ　　　　⑤ ㄷ, ㄹ

06 다음에서 설명하는 혼인 풍습을 쓰시오.

(중) 난이도

여자 나이 10살이 되기 전에 미리 혼인을 약속하고, 신랑 집에서는 여자를 데려와 기른다. 이후 여자가 어른이 되면 여자 집에 돈을 내고 다시 데려온다.

[07~08] 다음 지도를 보고 물음에 답하시오.

07 다음에서 설명하는 나라가 있던 지역으로 옳은 것은?
(하) 난이도

> 이 나라는 다른 마을의 경계를 침범하면 노비나 소, 말 등으로 배상하게 하였다. 또한 같은 씨족과는 혼인을 하지 않았다.

① (가)　② (나)　③ (다)　④ (라)　⑤ (마)

08 (가) 국가에 대한 설명으로 옳지 <u>않은</u> 것은?
(중) 난이도

① 왕이 죽으면 노비 등을 함께 묻었다.
② 민며느리제라는 혼인 풍습이 있었다.
③ 12월에 영고라는 제천 행사를 열었다.
④ 여러 가들은 각자의 영역을 다스렸다.
⑤ 왕 아래 가축의 이름을 딴 관리가 있었다.

---

02 **삼국의 성립과 발전**

09 고구려의 발전 과정을 순서대로 바르게 나열한 것은?
(상) 난이도

> ㄱ. 신라에 침입한 왜군을 격퇴하였다.
> ㄴ. 중국의 전진에서 불교를 받아들였다.
> ㄷ. 졸본에서 국내성으로 수도를 옮겼다.
> ㄹ. 백제를 공격하여 한강 유역을 차지하였다.

① ㄱ-ㄴ-ㄷ-ㄹ　　② ㄴ-ㄷ-ㄱ-ㄹ
③ ㄴ-ㄷ-ㄹ-ㄱ　　④ ㄷ-ㄱ-ㄴ-ㄹ
⑤ ㄷ-ㄴ-ㄱ-ㄹ

10 (가) 왕이 재위하던 시기에 백제의 상황으로 옳은 것을 **보기**에서 모두 고르면?
(중) 난이도

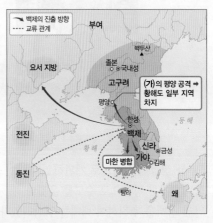

보기
> ㄱ. 마한의 남은 세력을 정복하였다.
> ㄴ. 한성에서 웅진으로 수도를 옮겼다.
> ㄷ. 평양성에서 고국원왕을 전사시켰다.
> ㄹ. 신라와 연합하여 한강 유역을 되찾았다.

① ㄱ, ㄴ　　② ㄱ, ㄷ　　③ ㄴ, ㄷ
④ ㄴ, ㄹ　　⑤ ㄷ, ㄹ

주관식
11 다음은 신라의 왕호 변천 과정이다. (가)에 들어갈 호칭을 쓰시오.
(하) 난이도

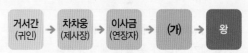

12 가야 연맹의 중심이 지도와 같이 바뀌게 된 계기로 옳은 것은?
(중) 난이도

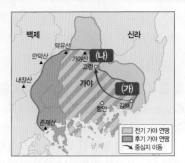

① 광개토 대왕의 공격을 받았다.
② 백제가 신라와 동맹을 맺었다.
③ 진흥왕이 대가야를 정복하였다.
④ 고구려가 평양으로 천도하였다.
⑤ 법흥왕이 금관가야를 복속하였다.

13 다음과 관련된 고구려 왕에 대한 설명으로 옳지 <u>않은</u> 것은?
(중) 난이도

① 5부를 행정적 성격으로 개편하였다.
② 국내성에서 평양으로 수도를 옮겼다.
③ 남진 정책을 추진하여 백제를 압박하였다.
④ 한성을 함락하고 한강 유역을 차지하였다.
⑤ 중국에 대한 안정적인 외교 정책을 펼쳤다.

14 (가), (나) 시기 사이에 일어난 일로 가장 적절한 것은?
(상) 난이도

> (가) 고구려의 공격으로 백제는 웅진으로 천도하였다.
> (나) 성왕이 수도를 사비로 옮기고 나라 이름을 남부여라 하였다.

① 고이왕이 관등제를 정비하였다.
② 백제가 신라와 동맹을 체결하였다.
③ 근초고왕이 마한 지역을 정복하였다.
④ 무령왕이 22담로에 왕족을 파견하였다.
⑤ 백제가 신라와 연합하여 한강 유역을 되찾았다.

15 신라의 왕과 업적을 바르게 연결한 것을 보기 에서 모두 고
(중) 르면?
난이도

> **보기**
> ㄱ. 지증왕 – 소를 활용한 농사법을 도입하였다.
> ㄴ. 진흥왕 – 불교를 공인하여 사상 통합을 꾀하였다.
> ㄷ. 진흥왕 – 화랑도를 국가적인 조직으로 정비하였다.
> ㄹ. 법흥왕 – 우산국을 복속하고 대가야를 정복하였다.

① ㄱ, ㄴ ② ㄱ, ㄷ ③ ㄴ, ㄷ
④ ㄴ, ㄹ ⑤ ㄷ, ㄹ

16 다음 제도에 대한 설명으로 적절하지 <u>않은</u> 것은?
(중) 난이도

관등	⑰ 조위	⑯ 소오	⑮ 대오	⑭ 길사	⑬ 사지	⑫ 대사	⑪ 나마	⑩ 대나마	⑨ 급벌찬	⑧ 사찬	⑦ 일길찬	⑥ 아찬	⑤ 대아찬	④ 파진찬	③ 잡찬	② 이찬	① 이벌찬
골품별 승진의 상한	진골																
	6두품																
	5두품																
	4두품																
복색	황색						청색			비색				자색			
건축 규모의 상한	15척						18척			21척				24척			

① 골품에 따라 관등에 제한이 있었다.
② 주요 관직은 진골 귀족이 차지하였다.
③ 건국 초기부터 확립된 신분 제도이다.
④ 6두품은 학문과 종교 분야에서 활약하였다.
⑤ 골품에 따라 일상생활에서도 차별이 있었다.

17 삼국이 중앙 집권 국가로 성장하면서 나타난 특징을 세 가지 이
(중) 상 서술하시오.
난이도 [서술형]

_____

_____

03 삼국의 문화와 대외 교류

18 (가), (나)에 대한 설명으로 옳은 것을 보기 에서 모두 고르면?
(중) 난이도

(가)	(나)

> **보기**
> ㄱ. (가) – 목탑 양식으로 된 석탑이다.
> ㄴ. (가) – 부여 정림사터에 남아 있다.
> ㄷ. (나) – 몽골의 침입으로 불에 탔다.
> ㄹ. (나) – 돌을 벽돌 모양으로 다듬어 쌓은 탑이다.

① ㄱ, ㄷ ② ㄱ, ㄹ ③ ㄴ, ㄷ
④ ㄴ, ㄹ ⑤ ㄷ, ㄹ

19 삼국의 불교에 대한 설명으로 옳은 것을 보기 에서 모두 고르면?

중 난이도

보기
ㄱ. 신선 사상과 결합하여 발전하였다.
ㄴ. 불교와 함께 중국과 서역의 문화가 들어왔다.
ㄷ. 백제는 오경박사를 두어 불교 경전을 가르쳤다.
ㄹ. 왕실의 보호를 받으며 국가 종교로 발전하였다.

① ㄱ, ㄴ   ② ㄱ, ㄷ   ③ ㄴ, ㄷ
④ ㄴ, ㄹ   ⑤ ㄷ, ㄹ

20 다음 질문에 대한 답변으로 적절하지 <u>않은</u> 것은?

중 난이도

삼국 시대의 학문과 사상 발달에 대하여 이야기해 볼까요?

① 첨성대를 통해 신라의 천문학 발달을 알 수 있어요.
② 임신서기석을 통해 신라의 유학 발달을 알 수 있어요.
③ 금동 대향로를 통해 백제의 유학 발달을 알 수 있어요.
④ 고구려는 유학 교육을 위해 수도에 태학을 설립하였어요.
⑤ 도교는 신선 사상과 결합하여 귀족 사회에서 유행하였어요.

21 삼국의 생활 모습을 정리한 표이다. (가)~(마)에 들어갈 내용으로 옳지 <u>않은</u> 것은?

중 난이도

	귀족	평민
의복	(가)	(나)
주거	(다)	(라)
식생활	가축, 과일 등을 먹음	(마)

① (가) - 비단옷을 입고 장신구를 착용하였다.
② (나) - 베로 만든 옷을 입고 저고리와 바지를 입었다.
③ (다) - 기와집에 살고 곡식을 보관하는 창고도 있었다.
④ (라) - 귀틀집이나 초가집 등에서 생활하였다.
⑤ (마) - 벼농사의 확대로 주로 쌀을 먹었다.

22 다음 무덤 양식에 대한 설명으로 옳은 것을 보기 에서 모두 고르면?

중 난이도

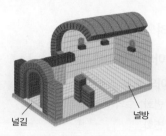
널길   널방

보기
ㄱ. 대표적으로 무령왕릉이 있다.
ㄴ. 중국 남조의 영향을 받은 무덤 양식이다.
ㄷ. 내부 공간이 없어 벽화를 그릴 수 없었다.
ㄹ. 노굴이 어려워 껴묻거리가 많이 남아 있다.

① ㄱ, ㄴ   ② ㄱ, ㄷ   ③ ㄴ, ㄷ
④ ㄴ, ㄹ   ⑤ ㄷ, ㄹ

23 삼국의 대외 교류에 대한 설명으로 옳지 <u>않은</u> 것은?

중 난이도

① 고구려는 서역의 상인과 교류하였다.
② 가야는 바다를 통해 일본과 교류하였다.
③ 백제는 일본과 가장 활발하게 교류하였다.
④ 백제는 중국 동진 및 남조와 활발하게 교류하였다.
⑤ 신라는 건국 초기부터 중국과 직접 교류하며 문물을 받아들였다.

서술형

24 다음을 통해 알 수 있는 삼국과 일본의 문화 교류를 서술하시오.

중 난이도

▲ 고구려 수산리 고분 벽화   ▲ 일본 다카마쓰 고분 벽화

조건
벽화를 근거로 들어 서술할 것

_____
_____
_____

01 신라의 삼국 통일과 발해의 건국

1 고구려와 수·당 전쟁

자료1 **1 동아시아의 국제 정세 변화**

(1) 동아시아의 변화

① 중국의 변화: 수의 중국 통일(589)

② 삼국의 변화

신라	삼국의 주도권을 잡음 ➡ 고구려와 백제의 신라 공격 ➡ 수에 도움 요청
고구려	북쪽으로 ❶돌궐과 남쪽으로 백제, 왜와 연합하여 신라 압박

(2) 6세기 말 동아시아의 국제 정세 돌궐 – 고구려 – 백제 – 왜 ⟷ 신라 – 수(당)

2 고구려와 수의 전쟁

(1) 수의 팽창 정책 추진 고구려에 복속 요구 ➡ 고구려가 거절 후 요서 지역 선제공격

(2) 수 문제의 침공 30만 군대를 보내 고구려 침공 ➡ 실패

자료2 **(3) 수 양제의 침공과 살수 대첩** 113만 대군의 고구려 침공 ➡ 요동성 함락에 실패 ➡ 우중문이 이끄는 ❷별동대의 평양성 공격 ➡ 을지문덕이 살수(청천강)에서 수의 군대를 물리침(살수 대첩, 612) ➡ 수 멸망
└ 무리한 전쟁으로 인한 국력 소모와 내란으로 멸망하였다.

자료3 **3 고구려와 당의 전쟁**

(1) 고구려와 당의 관계 초기에는 친선 관계 유지 ➡ 당 태종 즉위 후 팽창 정책 추진 ➡ 고구려의 천리장성 축조
┌ 고구려의 최고 관직이다.

(2) 연개소문의 집권 ❸정변을 일으켜 권력을 장악한 후 대막리지가 되어 실권 행사

(3) 당의 고구려 침공 당 태종의 고구려 침입(연개소문의 정변을 ❹구실로 삼음) ➡ 요동성, 백암성 등 함락 ➡ 당의 안시성 공격(안시성 전투, 645) ➡ 당군의 퇴각

4 고구려와 수·당 전쟁
┌ 자연 지형을 이용하여 성벽을 쌓고, 성과 성을 연결한 집단 방어 체제를 활용하였다.

교과서마다 달라요	안시성 전투
동아, 미래엔, 지학, 금성	안시성 전투
비상, 천재	안시성 싸움

(1) 고구려 승리의 원동력 견고한 성벽 방어 체제, 강력한 철제 무기

(2) 고구려와 수·당 전쟁의 의의 중국으로부터 한반도를 보호하는 ❺방파제 역할 수행
요동 지역의 풍부한 철광석과 우수한 제철 기술로 철제 무기를 생산하였다.

시험에 꼭 나오는 개념 체크
1. 고구려의 장군 을지문덕은 살수에서 수의 군대를 크게 무찔렀다. (○, ×)
2. 고구려는 당의 침입에 대비하기 위해 국경 지역에 ＿＿＿＿＿을 축조하였다.

답 | 1. ○ 2. 천리장성

2 삼국 통일 전쟁

1 신라와 당의 연합

교과서마다 달라요	나당 연합
동아, 미래엔, 천재	나당 연합
금성, 비상, 지학	나당 동맹

(1) 나당 연합 이전 삼국의 정세

고구려	수·당과의 거듭된 전쟁
백제	• 의자왕의 신라 공격 ➡ 대야성 등 40여 개의 성을 ❻함락 • 고구려와 연합하여 신라와 당의 연합을 막기 위해 노력
신라	백제와의 대립으로 위기 ➡ 김춘추가 고구려에 도움 요청 ➡ 고구려의 거절

┌ 고구려가 신라에 빼앗긴 죽령 이북의 땅(한강 유역)을 돌려 달라고 하였기 때문에 협상은 실패하였다.

(2) 나당 연합(648) 고구려 공격에 실패한 당이 대동강 이북의 땅을 넘겨받는 조건으로 신라의 제안 수용

자료1 **6세기 말~7세기경 동아시아의 정세**

고구려는 수(당)가 압박하자 북쪽의 돌궐과 동맹을 맺고, 남쪽으로는 백제, 왜와 연합하였다. 신라는 고구려와 백제의 공격이 계속되자 수(당)에 도움을 요청하였다. 이에 동아시아에서는 남북 세력인 돌궐, 고구려, 백제, 왜와 동서 세력인 신라, 수(당)가 대립하였다.

자료2 **을지문덕의 시**

> 신묘한 계책은 천문을 꿰뚫어 볼 만하고 오묘한 전술은 땅의 이치를 모조리 알도다. 전쟁에 이겨서 공이 이미 높아졌으니 만족함을 알거든 그만두기를 바라노라.
> – 「삼국사기」 –

을지문덕이 우중문에게 보낸 시이다. 우중문이 이끄는 30만 별동대는 을지문덕의 유인 작전에 속아 살수에서 패하고 퇴각하였다.

자료3 **고구려와 수·당 전쟁**

고구려는 수와 당의 침략을 막아 내면서 중국으로부터 한반도의 국가들을 보호하는 방파제 역할을 하였다.

용어 쏙쏙

❶ 돌궐: 6세기 중엽부터 약 200년 동안 몽골고원과 중앙아시아에 걸친 지역을 지배한 튀르크계 유목 민족
❷ 별동대(別 – 특별하다, 動 – 움직이다, 隊 – 떼): 공격을 위해 특별히 양성된 군대
❸ 정변(政 – 정치, 變 – 변하다): 비합법적인 방법으로 정권이 바뀌는 일
❹ 구실(口 – 입, 實 – 내용): 핑계로 대는 말이나 논리
❺ 방파제(防 – 막다, 波 – 파도, 堤 – 둑): 파도를 막기 위해 쌓은 둑으로 어떠한 것을 보호하는 역할을 하는 물체에 쓰이는 말
❻ 함락(陷 – 빠지다, 落 – 떨어지다): 적의 성을 공격하여 무너뜨림

2 백제의 멸망과 ❶부흥 운동

(1) 백제의 멸망

① 배경: 잦은 전쟁과 귀족의 반발 ➡ 지배층의 분열로 인한 정치 혼란

② 경과: 나당 연합군의 공격 ➡ 황산벌에서 계백의 결사대가 김유신이 이끄는 신라군에게 패배(황산벌 전투, 660) ➡ 사비성 함락 ➡ 백제 멸망(660)

자료4 ### (2) 백제 부흥 운동

① 전개: 복신과 도침, 왕자 부여풍(주류성), 흑치상지(임존성)

② 결과: 지배층의 내분, 백강 전투 패배 ➡ 부흥 운동 실패

3 고구려의 멸망과 부흥 운동

(1) 고구려의 멸망

지배층의 분열이 일어나자 안승은 검모잠을 죽인 후 신라에 망명하였다.

① 배경: 계속된 전쟁으로 국력 약화, 연개소문 사후 권력 다툼으로 인한 정치 혼란

② 경과: 나당 연합군의 공격 ➡ 평양성 함락 ➡ 고구려 멸망(668)

자료5 ### (2) 고구려 부흥 운동 검모잠, 안승(한성), 고연무 ➡ 지배층의 분열로 실패

> **시험에 꼭 나오는 개념 체크**
> 1. 백제 부흥 운동은 지배층의 분열과 황산벌 전투의 패배로 실패하였다. (○, ×)
> 2. 검모잠, 안승, 고연무 등은 ＿＿＿ 부흥 운동을 이끈 인물들이다.
>
> 답 1. × 2. 고구려

3 신라의 삼국 통일과 발해의 성립

1 신라와 당의 전쟁

(1) 당의 한반도 지배 야욕 표출 한반도에 ❷도호부와 ❸도독부 설치 ➡ 백제(웅진도독부), 신라(계림도독부), 고구려(안동도호부)

(2) 신라의 대응

문무왕 14년(674)에 고구려의 유민 안승이 금마저에 세운 나라이다.

① 백제 ❹유민에게 관직 수여, 안승을 보덕국 왕으로 임명

자료6 ② 나당 전쟁: 매소성에서 당의 육군을 몰아냄(675), 기벌포에서 당의 수군을 몰아냄(676) ➡ 당이 안동도호부를 요동으로 옮기며 철수 ➡ 신라의 삼국 통일(676)

2 신라 삼국 통일의 한계와 의의

(1) 한계

① 외세의 힘을 이용한 통일

② 통일 과정에서 대동강 이북의 고구려 땅을 상실

(2) 의의

① 고구려, 백제 유민과 힘을 합쳐 당을 몰아내는 ❺자주 의식을 보임

② 새로운 민족 문화 발전의 ❻기반 마련

3 발해의 건국

거란인이 당에 반란을 일으킨 틈을 타 고구려 장수 출신 대조영은 고구려 유민과 말갈인을 이끌고 요동 지역으로 이동하였다.

(1) 건국 대조영이 고구려 유민과 말갈인을 모아 만주의 동모산 부근에 발해 건국(698)

(2) 주민 구성 고구려 유민과 다수의 말갈인

(3) 의의

> **교과서마다 달라요**
> 고구려 계승 의식의 표출 미래엔은 Ⅱ-2에서 다룸

① 남북국 시대의 형성: 남쪽의 통일 신라와 북쪽의 발해가 ❼공존

자료7 ② 고구려 계승 의식의 표출: 고구려 유민이 중심이 되어 건국, 지배층에 고구려인의 비중이 높음, 일본에 보낸 외교 문서에 '고려(고구려) 국왕' 명칭을 사용한 점 등

> **시험에 꼭 나오는 개념 체크**
> 1. 신라는 매소성과 기벌포에서 당군을 물리치고 삼국을 통일하였다. (○, ×)
> 2. 발해는 일본에 보낸 문서에 '고려 국왕'의 명칭을 사용하여 ＿＿＿ 계승 의식을 드러냈다.
>
> 답 1. ○ 2. 고구려

자료4 **백강 전투**

> 나당 연합군이 백강에서 왜의 군사를 만나 모두 이기고, 그들의 배 400척을 불사르니 …… 이때 부여풍은 탈출하여 도망갔으므로 그의 거처를 알지 못하게 되었다.
> – 『삼국사기』 –

왜는 백제의 부흥 운동을 도와 나당 연합군에 맞서기 위해 군대를 보냈으나 결국 패하였다. 이에 백강 전투는 동아시아 국제전의 성격을 띤다.

자료5 **백제와 고구려의 부흥 운동**

백제와 고구려의 부흥 운동은 실패하였으나 신라와 힘을 합쳐 당에 저항하는 과정에서 하나라는 민족의식이 형성되었다.

자료6 **나당 전쟁**

자료7 **고구려를 계승한 발해**

> • 대조영은 본래 고(구)려의 별종이다. – 『구당서』 –
> • 우리(발해)는 고(구)려의 옛 땅을 회복하고 ……
> – 『발해 무왕이 일본에 보낸 국서』 –

대조영이 고구려 유민이라는 점과 발해가 고구려의 옛 땅에 세운 나라라는 부분을 통해 발해의 고구려 계승 의식을 알 수 있다.

01 다음은 6세기 말~7세기경 동아시아의 정세이다. ㉠, ㉡에 들어갈 알맞은 국가를 쓰시오.

남북 세력	돌궐-(㉠)-백제-왜
동서 세력	(㉡)-수(당)

㉠ _____ ㉡ _____

02 서로 관련 있는 것끼리 연결하시오.

(1) 계백 • • ㉠ 발해 건국
(2) 대조영 • • ㉡ 살수 대첩
(3) 연개소문 • • ㉢ 황산벌 전투
(4) 을지문덕 • • ㉣ 천리장성 축조

03 다음 설명이 맞으면 ○표, 틀리면 X표 하시오.

(1) 고구려는 수의 침입에 대비하여 천리장성을 쌓았다. ( )
(2) 나당 연합군은 연개소문 사후 정치적 혼란을 틈타 평양성을 공격하였다. ( )
(3) 당은 매소성과 기벌포에서 신라에 승리한 후 금성에 계림도독부를 설치하였다. ( )
(4) 대조영은 고구려 유민과 말갈인을 이끌고 발해를 건국하였다. ( )

04 다음 빈칸에 알맞은 말을 쓰시오.

(1) 고구려 을지문덕이 수의 30만 별동대를 유인하여 승리를 거둔 전투는 ( )이다.
(2) 백제 멸망 후 복신과 도침은 왕자 ( )을(를) 왕으로 추대하면서 부흥 운동을 전개하였다.
(3) 백제 부흥군과 왜의 지원군이 연합하여 나당 연합군을 상대로 싸운 전투는 ( )이다.

05 다음은 신라의 삼국 통일 과정을 정리한 표이다. ㉠~㉢에 들어갈 알맞은 말을 쓰시오.

시기	사건
648	(㉠) 연합 체결
660	(㉡) 전투 ➡ 백제 멸망
668	고구려 멸망
675~676	매소성·(㉢) 전투
676	신라의 삼국 통일

㉠ _____ ㉡ _____ ㉢ _____

01 6세기 말에서 7세기경 동아시아의 정세에 대한 설명으로 옳지 않은 것은?
(하 난이도)

① 백제는 고구려, 왜와 교류를 강화하였다.
② 수는 고구려와 연합하여 돌궐을 공격하였다.
③ 고구려와 백제는 연합하여 신라를 공격하였다.
④ 수는 남북조로 분열되어 있던 중국을 통일하였다.
⑤ 고구려·백제의 공격을 받은 신라는 수에 도움을 요청하였다.

02 다음 시와 관련된 사건에 대한 설명으로 옳은 것은?
(중 난이도)

> 신묘한 계책은 천문을 꿰뚫어 볼 만하고 오묘한 전술은 땅의 이치를 모조리 알도다. 전쟁에 이겨서 공이 이미 높아졌으니 만족함을 알거든 그만두기를 바라노라.
> – 「삼국사기」

① 을지문덕이 살수에서 수의 군대를 크게 무찔렀다.
② 전쟁의 과정에서 요동성, 백암성 등이 함락되었다.
③ 수 문제가 고구려의 요서 지역을 먼저 공격하였다.
④ 당 태종이 즉위 후 팽창 정책을 실시하면서 고구려를 압박하였다.
⑤ 안시성의 성주와 백성이 결사적으로 저항하여 당의 공격을 물리쳤다.

 같은 **주제** 다른 **문제**

◈ 다음 두 사건의 역사적 의의로 가장 적절한 것은? 답 ⑤

• 살수 대첩	• 안시성 전투

① 현재의 국경선이 확정되었다.
② 철제 무기와 농기구 사용이 본격화되었다.
③ 민족 문화가 발전하는 토대를 마련하였다.
④ 한반도에 불교가 전래되는 계기를 마련하였다.
⑤ 중국의 한반도 침략을 막아 내는 방파제 역할을 수행하였다.

03 (가) 시기에 일어난 일로 옳은 것은?
(중 난이도)

살수 대첩 → (가) → 안시성 전투

① 황산벌 전투
② 연개소문의 정변
③ 나당 연합의 체결
④ 수 문제의 고구려 침략
⑤ 신라의 한강 유역 점령

04 지도와 관련된 설명으로 옳지 <u>않은</u> 것은?

난이도 (상)

① 천리장성은 고구려가 당의 팽창 정책에 맞서 쌓은 것이다.
② 당 태종은 연개소문의 정변을 구실로 고구려를 침입하였다.
③ 당은 요동성과 백암성 등을 함락한 뒤 안시성을 공격하였다.
④ 당이 침입하자 을지문덕은 군대를 이끌고 살수에서 항전을 펼쳤다.
⑤ 고구려는 견고한 성과 방어 체제로 당의 공격을 막아낼 수 있었다.

같은 주제 다른 문제

● 위의 지도에 대한 설명으로 옳은 것을 〈보기〉에서 모두 고르면? 답 ①

〈보기〉
ㄱ. 당 태종이 즉위한 후 팽창 정책을 실시하였다.
ㄴ. 안시성의 성주와 백성이 항전하여 당의 공격을 물리쳤다.
ㄷ. 우중문과 30만 별동대가 살수에서 고구려군에 크게 패배하였다.
ㄹ. 당은 무리한 전쟁에 따른 국력 소모와 내란으로 인해 멸망하였다.

① ㄱ, ㄴ   ② ㄱ, ㄹ   ③ ㄴ, ㄷ
④ ㄴ, ㄹ   ⑤ ㄷ, ㄹ

05 고구려가 수·당과의 전쟁에서 승리할 수 있었던 요인으로 가장 적절한 것을 〔보기〕에서 모두 고르면?

주요 난이도 (중)

〔보기〕
ㄱ. 백제와 신라의 지원으로 협공이 가능하였다.
ㄴ. 강력한 왕권을 바탕으로 지방 세력을 통제하였다.
ㄷ. 자연 지형을 이용하여 산성을 쌓아 방어 체제가 견고하였다.
ㄹ. 뛰어난 제련 기술을 바탕으로 강력한 철제 무기를 생산하였다.

① ㄱ, ㄴ   ② ㄱ, ㄷ   ③ ㄴ, ㄷ
④ ㄴ, ㄹ   ⑤ ㄷ, ㄹ

06 ㉠, ㉡에 해당하는 인물을 바르게 연결한 것은?

난이도 (하)

오늘은 삼국 통일에서 주요 역할을 하였던 인물을 알아보겠습니다. (㉠)은(는) 당에 동맹을 제안하여 나당 연합을 체결하였고, 통일의 기반을 다졌습니다. (㉡)은(는) 신라의 장군으로 계백이 이끄는 백제 군대를 황산벌에서 물리쳤어요.

	㉠	㉡
①	김유신	김춘추
②	김유신	연개소문
③	김춘추	김유신
④	김춘추	연개소문
⑤	연개소문	김유신

07 백제의 멸망과 부흥 운동에 대한 설명으로 옳은 것을 〔보기〕에서 모두 고르면?

난이도 (중)

〔보기〕
ㄱ. 백제 멸망 후 웅진도독부가 설치되었다.
ㄴ. 계백은 황산벌에서 신라군에 저항하였다.
ㄷ. 백제와 신라 연합군은 백강에서 당에 항전하였다.
ㄹ. 복신과 도침은 안승을 왕으로 추대하며 부흥 운동을 주도하였다.

① ㄱ, ㄴ   ② ㄱ, ㄷ   ③ ㄴ, ㄷ
④ ㄴ, ㄹ   ⑤ ㄷ, ㄹ

08 고구려의 멸망과 부흥 운동에 대한 설명으로 옳은 것은?

난이도 (중)

① 멸망 – 황산벌 전투에서 패배하였다.
② 멸망 – 나당 연합군의 공격으로 평양성이 함락되었다.
③ 멸망 – 고구려 멸망 후 당은 고구려의 옛 중심지에 계림도독부를 설치하였다.
④ 부흥 운동 – 흑치상지는 임존성에서 부흥 운동을 일으켰다.
⑤ 부흥 운동 – 고구려 부흥군은 백강에서 나당 연합군에 항전하였다.

09 다음과 관련된 설명으로 적절하지 <u>않은</u> 것은?

상
난이도

> …… 백강에서 …… 군사를 만나 모두 이기고, 그들의 배 400척을 불사르니 …… 이때 부여풍은 탈출하여 도망 갔으므로 그의 거처를 알지 못하게 되었다.　　－「삼국사기」－

① 백제 부흥 운동 과정에서 일어난 전투이다.
② 이 전투는 동아시아 국제전의 성격을 띤다.
③ 백제는 왜에 군대를 파견해 줄 것을 요청하였다.
④ 신라는 당의 한반도 지배 야욕에 맞서 백제를 지원하였다.
⑤ 이 전투의 패배는 백제 부흥 운동 실패의 원인이 되기도 하였다.

10 ㉠, ㉡에 들어갈 기구로 옳은 것은?

하
난이도

> 당은 백제가 멸망한 뒤 백제의 옛 중심지에 (㉠), 고구려가 멸망한 뒤에는 고구려의 옛 중심지에 (㉡) 을(를) 설치하여 한반도 전체를 지배하고자 하였다.

	㉠	㉡
①	계림도독부	웅진도독부
②	안동도호부	계림도독부
③	안동도호부	웅진도독부
④	웅진도독부	계림도독부
⑤	웅진도독부	안동도호부

11 신라의 삼국 통일 과정을 순서대로 바르게 나열한 것은?

상
난이도

> ㄱ. 평양성 함락　　　ㄴ. 황산벌 전투
> ㄷ. 나당 연합 체결　　ㄹ. 매소성·기벌포 전투

① ㄴ－ㄱ－ㄹ－ㄷ　　② ㄴ－ㄱ－ㄷ－ㄹ
③ ㄷ－ㄹ－ㄱ－ㄴ　　④ ㄷ－ㄱ－ㄴ－ㄹ
⑤ ㄷ－ㄴ－ㄱ－ㄹ

같은 주제 다른 문제

● (가)~(마) 시기에 대한 설명으로 옳은 것은? 답 ⑤

살수 대첩	안시성 전투	나당 연합 체결	백제 멸망	고구려 멸망	삼국 통일
	(가)	(나)	(다)	(라)	(마)

① (가)－수가 중국을 통일하였다.
② (나)－고구려가 당의 공격에 대비하여 천리장성을 쌓기 시작하였다.
③ (다)－백제·왜 연합군이 백강 전투에서 패배하였다.
④ (라)－대조영이 동모산 부근에 발해를 건국하였다.
⑤ (마)－신라가 매소성·기벌포 전투에서 승리하였다.

12 삼국 통일의 한계로 옳은 것을 보기에서 모두 고르면?

하
난이도

> **보기**
> ㄱ. 통일 과정에서 외세를 끌어들였다.
> ㄴ. 고구려와 백제의 문화를 수용하지 못하였다.
> ㄷ. 통일 과정에서 고구려, 백제 유민의 도움을 받았다.
> ㄹ. 대동강 이북의 고구려 땅 대부분을 차지하지 못하였다.

① ㄱ, ㄴ　　② ㄱ, ㄹ　　③ ㄴ, ㄷ
④ ㄴ, ㄹ　　⑤ ㄷ, ㄹ

13 다음 자료를 바탕으로 추론한 내용으로 옳지 <u>않은</u> 것은?

중
난이도

> 대조영은 본래 고구려의 유민이다. 대조영은 고구려가 멸망하자 그 무리를 이끌고 영주로 옮겨와 살았다. …… 훗날 동모산 부근에 성곽을 쌓고 거주하였다. …… 대조영은 용감하고 병사를 잘 다루었으므로 말갈의 무리와 고구려의 남은 무리가 점차 모여들었다.　－「구당서」－

① 발해 건국과 관련된 사료이다.
② 발해는 고구려를 계승한 국가일 것이다.
③ 발해 건국 초기 중심지는 동모산 부근일 것이다.
④ 발해의 주민 구성은 고구려 유민과 말갈인일 것이다.
⑤ 대조영은 고구려 유민으로서 건국 초기 당과 친선 관계를 맺었을 것이다.

14 발해가 고구려를 계승한 근거로 적절하지 <u>않은</u> 것은?

하
난이도

① 고구려 유민이 중심이 되어 세운 나라이다.
② 발해 지배층에서 고구려인의 비중이 높았다.
③ 일본은 발해에 보낸 사신을 '견고려사'라 하였다.
④ 일본에 보낸 외교 문서에 '고려 국왕'이라 하였다.
⑤ 고구려 부흥 운동 과정에서 신라가 지원하여 세워진 나라이다.

01 다음 지도를 보고 물음에 답하시오.

(1) (가), (나)에 들어갈 전투의 명칭을 쓰시오.

(가) _____ (나) _____

(2) 고구려가 수·당과의 전쟁에서 승리할 수 있었던 요인을 두 가지 서술하시오.

_____

_____

02 다음 글을 읽고 물음에 답하시오.

> 백제 멸망 이후, 백제 부흥 운동이 일어났고 백제 부흥군은 왜에 지원군을 요청하였다. 이에 왜는 백제에 군사를 파견하여 부흥 운동을 도왔다. 663년에는 백제와 왜의 군대가 연합하여 백강 하구에서 나당 연합군과 전투를 벌였으나 결국 패하였다.

(1) 밑줄 친 전투의 명칭을 쓰시오.

_____

(2) 위 전투에 참여한 국가를 고려하여 밑줄 친 전투의 성격을 서술하시오.

_____

_____

03 다음 글을 읽고 물음에 답하시오.

> 신라는 당의 한반도 지배 야욕에 맞서 당을 몰아내기 위해 전쟁을 벌였다. 그 결과 신라는 (㉠)에서 당의 육군을 물리쳤고, (㉡)에서 당의 수군을 무찔렀다. 이후 당은 안동도호부를 요동으로 옮긴 후 한반도에서 물러났고, 신라는 삼국 통일을 이루었다.

(1) ㉠, ㉡에 들어갈 지역의 명칭을 쓰시오.

㉠ _____ ㉡ _____

(2) 윗글에서 알 수 있는 삼국 통일의 의의를 서술하시오.

_____

_____

04 다음 글을 읽고 물음에 답하시오.

> 부여씨가 망하고 고씨가 망하자 ㉠ 김씨가 그 남쪽을 차지하였다. 훗날 ㉡ 대씨는 그 북쪽을 차지하고 …… 이것을 남북국이라 한다. 그러니 마땅히 남북국사가 있어야 한다. …… 대씨는 …… 바로 고구려 사람이다. 그들이 소유하였던 땅은 …… 바로 고구려 땅이다.
> – 유득공, 「발해고」 –

(1) ㉠, ㉡이 가리키는 나라를 각각 쓰시오.

㉠ _____ ㉡ _____

(2) 윗글을 바탕으로 유득공이 바라본 ㉡ 국가가 표방한 계승 의식을 서술하시오.

_____

_____

02 남북국의 발전과 변화

① 통일 신라의 통치 제도

1 왕권의 강화

교과서마다 달라요
태종 무열왕 비상, 금성은 무열왕

태종 무열왕	최초의 진골 출신 왕
문무왕	삼국 통일 완성(676) ➡ 무열왕계 직계 후손의 왕위 계승 확립
신문왕	• 김흠돌의 난 진압 ➡ 진골 귀족 세력 약화 ・❶관료전 지급, ❷녹읍 폐지 • 국학 설치: 인재 양성, 유교 정치 이념 강조 └ 귀족의 경제 기반이 약화되었다.

2 통치 체제의 정비
└ 6두품은 행정 실무를 담당하고 왕의 정치적 조언자 역할을 하며 성장하였다.

(1) **중앙 정치** 집사부와 시중(중시) 중심 ➡ 화백 회의 기능 약화, 상대등 역할 축소
└ 집사부의 장관이다.

교과서마다 달라요
화백 회의 미래엔은 귀족 회의

자료1 (2) **지방 행정**

① 9주: 전국을 9주로 나누고 그 아래에 군과 현을 두어 지방관 파견

② 5소경: 수도 금성이 동남쪽에 치우친 약점을 보완하기 위해 지방의 중심지에 설치

③ 촌: 지방 ❸토착 세력을 촌주로 임명하여 다스리게 함

(3) **군사 제도** └ 신문왕은 5소경을 설치하여 옛 가야 및 고구려, 백제 출신 귀족을 옮겨 살게 하였다. 5소경은 지방 귀족 세력을 견제하는 기능도 하였다.

① 중앙군: 9서당(고구려, 백제, 말갈인까지 포함 ➡ 신라의 민족 통합 의지 반영)

② 지방군: 10정(각 주에 1정씩 설치, 국경 지역인 한주에 2정 설치)

> 시험에 꼭 나오는 **개념체크**
> 1. 신라는 통일 직후 화백 회의의 기능이 강화되면서 상대등의 권한도 강해졌다. (○, ×)
> 2. 신라는 중앙군인 ＿＿＿에 고구려인, 백제인, 말갈인을 포함하여 민족 통합 의지를 보였다.
>
> 답 1. × 2. 9서당

② 발해의 발전

1 발해의 성장
└ 발해는 건국 초기부터 연호를 사용하였는데 이를 통해 중국과 대등한 입장을 취했음을 알 수 있다.

교과서마다 달라요 **산둥반도**
| 비상, 지학 | 산둥 지방 |
| 미래엔 | 등주 |

시기	❹연호	내용
무왕	인안	• 북만주 일대까지 영토 확장, 당의 산둥반도 공격(장문휴) • 대외 관계: 돌궐 및 일본과 연합 ➡ 당과 신라 ❺견제
문왕	대흥, 보력	• 수도를 상경 용천부로 이동, 통치 체제 정비, '황상' 칭호 사용 • 대외 관계: 당과 친선 관계(당의 선진 문물 수용), 신라와 교류
자료2 선왕	건흥	• 연해주와 요동 지방까지 영토 확장 ➡ 고구려의 옛 땅 대부분 회복 • 발해의 전성기: 해동성국(바다 동쪽의 ❻융성한 나라)으로 불림

2 발해의 통치 제도

교과서마다 달라요 **상경 용천부**
동아, 천재	상경 용천부
미래엔, 지학	상경성
비상, 금성	상경

자료3 (1) **중앙 정치** 3성(정당성 중심, 행정 업무 총괄), 6부(행정 실무 담당, 유교적 덕목 반영)

(2) **지방 행정** 5경 15부 62주, 지방 촌락은 토착 세력이 다스림 └ 지방 행정의 중심지였다.

① 5경: 전략적 ❼요충지에 설치 ② 15부: 아래에 주와 현을 두어 지방관 ❽파견

(3) **군사 제도** 중앙군(10위 – 왕궁과 수도 방어), 지방군(지방관이 지휘)

(4) **교육 기관** 주자감을 설치하여 유학 교육

3 발해의 멸망 9세기 후반 지배층의 권력 다툼 ➡ 거란의 공격을 받아 멸망(926)

> 시험에 꼭 나오는 **개념체크**
> 1. 발해의 3성 6부는 당의 제도를 모방하였으나 독자적으로 운영하였다. (○, ×)
> 2. 발해는 ＿＿＿을 설치하여 유학 교육을 실시하였다.
>
> 답 1. ○ 2. 주자감

자료1 9주 5소경

신문왕은 신라, 옛 백제, 옛 고구려 땅에 각각 3주를 설치하여 전국을 9주로 나누었다. 수도 금성이 동남쪽에 치우쳐 있는 것을 보완하기 위하여 지방 거점에는 5소경을 설치하였다.

자료2 발해의 영역

자료3 발해의 중앙 정치 기구

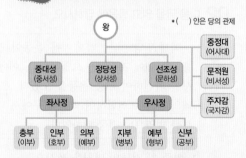

발해는 당의 제도를 바탕으로 독자적으로 운영하였다. 3성은 정당성을 중심으로 운영하였고, 좌사정과 우사정을 두어 6부를 관리하게 하였다. 6부의 명칭에는 유교적 덕목을 반영하였다.

 용어 쏙쏙

❶ 관료전(官 – 벼슬, 僚 – 동료, 田 – 밭): 관리에게 세금을 거둘 권리만을 준 토지
❷ 녹읍: 관리에게 세금을 거둘 권리와 노동력을 이용할 권리까지 준 토지
❸ 토착(土 – 땅, 着 – 붙다): 대대로 그 땅에서 살고 있음
❹ 연호(年 – 년, 號 – 이름): 임금이 다스리던 해에 붙이던 이름
❺ 견제(牽 – 끌다, 制 – 억제하다): 어떤 세력이 활동을 펼치지 못하도록 억누름
❻ 융성(隆 – 높이다, 盛 – 성하다): 대단히 번성함
❼ 요충지(要 – 중요하다, 衝 – 길, 地 – 땅): 매우 중요한 땅
❽ 파견(派 – 보내다, 遣 – 보내다): 일정한 임무를 주어 사람을 보냄

③ 신라 사회의 동요

1 귀족의 왕위 다툼

(1) **배경** 소수의 진골 귀족에게 권력 집중, 왕권 약화 ➡ 지방 통제력 약화, 골품제 동요

(2) **내용**

신라의 지배층을 서열화한 신분 제도로 └ 골품에 따라 관직 진출에 제한이 있었다.

① 중앙 정치 혼란: 혜공왕 ❶피살 이후 150여 년 동안 20명의 왕 교체 ➡ 정치적 혼란, 왕권 약화

② 지방의 반란 [교과서마다 달라요] 웅천주 비상, 지학, 금성은 웅주

자료4	김헌창의 난	웅천주 도독 김헌창이 왕위 계승에 불만을 품고 반란을 일으킴
	장보고의 난	청해진에서 해상 활동으로 세력을 키운 장보고가 왕위 다툼에 관여

2 농민의 봉기

[교과서마다 달라요] 원종과 애노의 난

	동아, 비상, 금성	원종과 애노의 난
	미래엔	원종·애노의 난
	지학	원종·애노의 봉기

(1) **배경** 녹읍 부활, 귀족의 대토지 소유 증가 ➡ 정부는 국가 재정 ❷확충을 위해 농민에게 과도한 세금 부과

자료5 (2) **전개** 9세기 말 진성 여왕 때 조세 납부 ❸독촉으로 가장 극심하게 일어남, 원종과 애노의 난(상주, 889)을 시작으로 전국으로 봉기 확산 └ 적고적은 수도 금성까지 쳐들어갔다.

> [시험에 꼭 나오는 개념 체크]
> 1. 신라 말에 웅천주 도독 장보고는 왕위 계승에 불만을 품고 반란을 일으켰다. (○, ×)
> 2. 진성 여왕 때 조세 납부 독촉에 대항하여 상주에서 ___과 ___의 난이 일어났다.
>
> 답 | 1. × 2. 원종, 애노

[교과서마다 달라요] 상주

	동아, 금성	상주
	미래엔	사벌주
	지학, 비상, 천재	사벌주와 상주 혼용

④ 후삼국의 성립

1 새로운 세력의 성장

호족	• 배경: 중앙의 통제력 약화 ➡ 지방의 호족 성장(촌주 출신, ❹군진 세력, 해상 세력 등)
	• 특징: 독자적으로 군사 보유, 스스로 성주 또는 장군이라 칭함
6두품	• 골품제의 모순으로 관직 승진에 제한, 일상생활에서의 차별을 받음
	• 골품제 및 현실 비판, 호족과 손을 잡고 새로운 사회의 건설 추진

2 새로운 사상의 유행 [교과서마다 달라요] 선종 금성은 Ⅱ-3에서 다룸

(1) **선종의 유행** 호족의 지원과 백성의 호응으로 성장

구분	특징	지지 세력
교종	경전과 ❺교리 중시	왕실과 귀족
선종	일상에서의 깨달음 중시, 승려의 사리를 모시는 승탑 제작	호족과 백성

(2) **풍수지리설의 유행** 수도 금성을 벗어나 다른 지방의 중요성 강조

➡ 선종과 함께 호족의 사상적 ❻기반 [교과서마다 달라요] 풍수지리설 천재는 Ⅱ-3에서 다룸

└ 선종 승려 도선이 보급하였다.

▲ 화순 쌍봉사 철감선사 승탑

자료6 **3 후삼국의 성립** └ 신라의 서남쪽 해안을 지키던 군인 출신이다.

(1) **후백제** 견훤이 완산주를 도읍으로 건국(900) ➡ 전라도와 충청도 일대 차지

(2) **후고구려** 궁예가 경기도와 강원도 일대 ❼장악 ➡ 송악을 도읍으로 건국(901) ➡ 나라 이름을 마진으로 바꾸고 철원 ❽천도, 나라 이름을 다시 태봉으로 바꿈

└ 신라의 왕족 출신으로 알려져 있으며 양길의 부하였다가 독립하였다.

> [시험에 꼭 나오는 개념 체크]
> 1. 신라 말 6두품은 골품제를 비판하고 사회 혼란을 바로잡고자 하였다. (○, ×)
> 2. ___은 일상에서 깨달음을 중시하는 불교 종파로 호족과 백성의 호응을 얻었다.
>
> 답 | 1. ○ 2. 선종

자료4 **김헌창의 난**

> 헌덕왕 14년 3월, 웅천주 도독 김헌창은 아버지 김주원이 왕이 되지 못한 것을 이유로 반란을 일으켰다. 국호는 장안이라 하고 연호를 세워 경운 원년이라 하였다.
> – 『삼국사기』 –

김주원의 아들 김헌창은 자신의 아버지가 무열왕의 후손이지만 원성왕에 밀려 왕위에 오르지 못한 것에 불만을 품고 반란을 일으켰다.

자료5 **신라 말의 봉기**

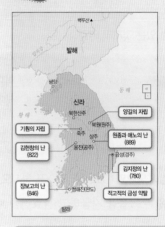

> 진성 여왕 3년, 공물과 조세를 바치지 않으니, …… 나라가 궁핍해졌다. 왕이 관리를 보내어 독촉하자, …… 도적이 벌 떼 같이 일어났다. 이에 원종과 애노 등이 사벌주(상주)에서 반란을 일으켰다.

신라 말 조세 독촉이 심해지자 원종과 애노의 난을 시작으로 전국에서 농민 봉기가 일어났다.

자료6 **후삼국의 영역**

신라 말에 중앙의 지방 통제력이 약화되자 수도와 그 주변 지역을 제외하고 대부분 호족이 지배하게 되었다. 이 상황에서 후백제와 후고구려가 세워져 후삼국이 성립되었다.

용어 쏙쏙

❶ 피살(被-당하다, 殺-죽이다): 죽임을 당함
❷ 확충(擴-넓히다, 充-가득하다): 늘리고 넓혀 충분하게 함
❸ 독촉(督-감독하다, 促-재촉하다): 일이나 행동을 빨리하도록 재촉함
❹ 군진(軍-군사, 陣-진을 치다) 세력: 국경 지역을 방어하던 세력
❺ 교리(敎-종교, 理-이치): 종교의 원리나 이치
❻ 기반: 기초가 되는 바탕
❼ 장악(掌-손바닥, 握-잡다): 마음대로 할 수 있게 권력을 잡음
❽ 천도(遷-옮기다, 都-도읍): 도읍을 옮김

STEP 1 개념 확인

01 다음은 통일 신라의 통치 제도를 정리한 표이다. ㉠~㉢에 알맞은 말을 쓰시오.

중앙 정치	(㉠)와(과) 그 장관인 시중(중시) 중심
지방 행정	• 전국을 9주로 나누어 지방관 파견 • (㉡) 설치: 수도의 지리적 약점 보완
군사 제도	중앙군 – (㉢), 지방군 – 10정

㉠ _____ ㉡ _____ ㉢ _____

02 서로 관련 있는 것끼리 연결하시오.

(1) 무왕 •   • ㉠ 산둥반도 공격
(2) 문왕 •   • ㉡ 최대 영토 확보
(3) 선왕 •   • ㉢ 상경 용천부로 천도

03 다음 설명이 맞으면 ○표, 틀리면 X표 하시오.

(1) 신문왕은 녹읍을 지급하고 관료전을 폐지하였다.
( )
(2) 발해의 중앙 정치 기구는 당의 제도를 모방하였으나 독자적으로 운영하였다. ( )
(3) 교종은 호족과 백성의 호응을 얻었다. ( )
(4) 견훤은 철원을 도읍으로 삼아 후백제를 건국하였다.
( )

04 다음 중 알맞은 말에 ○표를 하시오.

(1) 통일 신라는 교육 기관으로 (국학, 주자감)을 설치하여 인재를 양성하였다.
(2) 신라 말에는 일상에서의 깨달음을 중시하는 (교종, 선종)이 유행하였다.

05 다음 빈칸에 알맞은 답을 쓰시오.

(1) 진성 여왕 대에 ( )와(과) ( )의 난을 시작으로 전국에서 농민 봉기가 일어났다.
(2) 골품제의 모순을 비판하며 새로운 사회를 건설하고자 했던 세력은 ( )이다.
(3) ( )은(는) 송악(개성)을 도읍으로 삼고 고구려의 부흥을 내세우며 후고구려를 건국하였다.

STEP 2 대표 문제

01 다음 설명과 관련된 시기에 해당하는 내용으로 옳은 것은?

(중 난이도)

> 이 시기에는 그동안 왕권에 눌려 있던 진골 귀족들이 반란을 모의하였다. 당시 왕의 장인인 김흠돌이 반란의 중심이었다.

① 진골 귀족 간의 왕위 다툼이 빈번하게 일어났다.
② 화백 회의의 기능과 상대등의 역할이 축소되었다.
③ 6두품은 골품제의 모순을 비판하며 관직을 떠났다.
④ 자연재해와 조세 독촉으로 농민들이 전국에서 봉기하였다.
⑤ 스스로 성주 또는 장군이라 부르는 세력이 지방에서 성장하였다.

02 다음 수업 내용 중 옳지 <u>않은</u> 것은?

(중 난이도)

> 수업 주제: 통일 이후 신라의 통치 체제 정비 내용
> ① 중앙 정치: 집사부와 시중을 중심으로 운영
> ② 지방 제도: 전국을 9주로 나누고 군현 설치
> ③ 군사 제도: 9서당의 중앙군과 10정의 지방군 편성
> ④ 경제 제도: 녹읍을 폐지하고 관리에게 관료전을 지급
> ⑤ 인재 양성 기관: 5소경을 설치하여 지방 인재 양성에 힘씀

같은 주제 다른 문제

◎ 다음 정책을 시행한 공통적인 목적으로 가장 적절한 것은? 답 ①

• 국학 설치	• 관료전 지급
• 집사부 기능 강화	• 시중(중시) 역할 증대

① 왕권 강화   ② 농민 생활 안정
③ 유학 교육 확대   ④ 지방 세력 통제
⑤ 조세 수취 제도 개편

03 다음에서 설명하는 신라의 제도는?

(하 난이도)

> 신라인뿐만 아니라 고구려 유민, 백제 유민, 말갈인까지 포함하여 편성하였다. 이는 신라의 민족 통합 의지를 반영한 것으로 볼 수 있다.

① 5소경   ② 9서당
③ 상대등   ④ 주자감
⑤ 독서삼품과

04 다음 기구의 공통점으로 옳은 것은?
(하) 난이도

| • 국학 | • 주자감 |

① 군사 훈련 기관이다.
② 귀족 대표 회의 기구이다.
③ 국왕의 직속 비서 기구이다.
④ 유학 교육 장려를 위한 기관이다.
⑤ 지방 문화 양성을 위한 기관이다.

05 발해 왕의 업적에 대한 설명으로 옳은 것은?
(중) 난이도

① 무왕 - 수도를 상경 용천부로 옮겼다.
② 무왕 - 말갈인과 함께 나라를 건국하였다.
③ 문왕 - 돌궐 및 일본과 연합하여 당과 신라를 견제하였다.
④ 문왕 - 장문휴에게 당의 산둥반도를 공격하도록 하였다.
⑤ 선왕 - 연해주와 요동 지방까지 영토를 넓혔다.

06 발해의 대외 관계에 대한 설명으로 옳은 것을 보기 에서 모두 고르면?
(중) 난이도

보기

ㄱ. 거란의 공격으로 멸망하였다.
ㄴ. 신라와는 전혀 교류하지 않았다.
ㄷ. 돌궐에 대응하기 위하여 당과 연합하였다.
ㄹ. 무왕 시기에 당의 산둥반도를 공격하였다.

① ㄱ, ㄴ   ② ㄱ, ㄷ   ③ ㄱ, ㄹ
④ ㄴ, ㄷ   ⑤ ㄴ, ㄹ

07 밑줄 친 용어가 의미하는 바로 가장 적절한 것은?
(중) 난이도

공주는 대흥 56년(792) 사망하였는데 …… 시호를 정효 공주라 하였다. …… 황상은 비통해 하시며 …… 노래와 춤추는 것도 중지하였다.
  – 정효 공주 묘비 –

① 영토 확장 의지를 드러냄
② 고구려 계승 의식의 표출
③ 유교를 통치 이념으로 확립
④ 신라와 적대적 관계임을 표시
⑤ 중국과 대등한 국가임을 표시

08 발해의 중앙 정치 기구에 대한 설명으로 옳은 것은?
(중) 난이도

① 3성은 중대성을 중심으로 운영하였다.
② 좌사정과 우사정에서 국정을 총괄하였다.
③ 유교 교육 기관으로 문적원을 설치하였다.
④ 정당성 아래 귀족 합의 기구인 6부를 두었다.
⑤ 당의 제도를 모방하였으나 발해의 실정에 맞게 독자적으로 운영하였다.

09 (가) 시기에 일어난 일로 옳은 것을 보기 에서 모두 고르면?
(상) 난이도

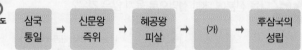

삼국 통일 → 신문왕 즉위 → 혜공왕 피살 → (가) → 후삼국의 성립

보기

ㄱ. 국학을 설치하여 유학 교육을 실시하였다.
ㄴ. 수행을 중시하는 불교 종파가 유행하였다.
ㄷ. 정부의 조세 납부 독촉에 맞서 농민 봉기가 일어났다.
ㄹ. 김흠돌의 난을 진압하여 진골 귀족 세력을 약화시켰다.

① ㄱ, ㄴ   ② ㄱ, ㄷ   ③ ㄴ, ㄷ
④ ㄴ, ㄹ   ⑤ ㄷ, ㄹ

10 (가), (나) 지역에서 일어난 사건의 공통점으로 가장 적절한 것은?
(중) 난이도

① 6두품 세력의 주도 아래 일어난 봉기이다.
② 왕위 쟁탈전이 치열한 가운데 발생하였다.
③ 두 사건의 진압을 통해 왕권이 강화되었다.
④ 신분 제도로 차별을 받자 분노하여 봉기하였다.
⑤ 조세 납부를 독촉하자 이에 분노하여 봉기하였다.

11 밑줄 친 부분에 해당하는 사건으로 가장 적절한 것은?

(중) 난이도

> 진성 여왕 3년, 여러 주와 군에서 공물과 조세를 바치지 않아 나라의 재정이 궁핍해졌다. 이에 왕이 각 지방에 관리를 보내 조세 납부를 독촉하였다. 여기에 흉년과 자연재해가 겹쳐 전국 각지에서 <u>농민 봉기가 일어났다.</u>

① 묘청의 난   ② 김헌창의 난
③ 김흠돌의 난   ④ 장보고의 난
⑤ 원종과 애노의 난

12 다음 신분에 대한 설명으로 옳지 <u>않은</u> 것은?

(중) 난이도

> 나는 당에서 빈공과에도 급제했는데, 주요 관직은 진골이 독점하다니!

① 폐쇄적 신분제로 일상생활에서 차별을 받았다.
② 골품제의 모순과 한계로 관직 승진에 제한이 있었다.
③ 자신의 능력에도 불구하고 나라에서 대우를 받지 못하였다.
④ 중앙의 지방 통제력이 약화되었을 때 지방에서 성장한 세력이다.
⑤ 이들 중 일부는 호족과 손을 잡고 새로운 사회의 건설을 추진하였다.

13 다음 문화유산과 관련된 사상에 대한 설명으로 옳은 것을 [보기]에서 모두 고르면?

(중) 난이도

[보기]
ㄱ. 승려 도선이 보급하였다.
ㄴ. 일상에서의 깨달음을 중시하였다.
ㄷ. 호족과 백성으로부터 호응을 얻었다.
ㄹ. 땅의 모양이 인간의 길흉화복과 관련되어 있다는 사상이다.

① ㄱ, ㄴ   ② ㄱ, ㄷ   ③ ㄴ, ㄷ
④ ㄴ, ㄹ   ⑤ ㄷ, ㄹ

14 다음 사상에 대한 설명으로 옳지 <u>않은</u> 것은?

(중) 난이도

> 산과 땅의 모양이나 물의 흐름 등이 인간의 운명에 영향을 미친다고 믿는 사상이에요.

① 신라 말에 유행하였다.
② 선종 승려에 의해 보급되었다.
③ 호족의 사상적 기반이 되었다.
④ 수도를 벗어나 지방의 중요성을 강조하였다.
⑤ 일상생활에서의 수행과 깨달음을 중시하였다.

15 다음 사건을 순서대로 바르게 나열한 것은?

(상) 난이도

> ㄱ. 김헌창의 난   ㄴ. 김흠돌의 난
> ㄷ. 후백제 건국   ㄹ. 후고구려 건국

① ㄱ - ㄴ - ㄷ - ㄹ   ② ㄱ - ㄴ - ㄹ - ㄷ
③ ㄱ - ㄷ - ㄹ - ㄴ   ④ ㄴ - ㄱ - ㄷ - ㄹ
⑤ ㄴ - ㄱ - ㄹ - ㄷ

16 (가) 국가에 대한 설명으로 옳지 <u>않은</u> 것은?

(중) 난이도

① 고구려 부흥을 내세우며 건국하였다.
② 양길의 부하였던 인물이 세운 나라이다.
③ 나라 이름을 태봉으로 바꾸기도 하였다.
④ 초기 도읍은 철원으로 삼았으나 이후 송악으로 도읍을 옮겼다.
⑤ 새로운 관제를 마련하고 능력 중심으로 인재를 등용하고자 하였다.

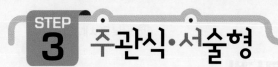
01 다음 지도를 보고 물음에 답하시오.

(1) (가)에 해당하는 행정 구역의 명칭을 쓰시오.

_____

(2) 위와 같은 지방 행정 구역을 설치한 목적과 기능을 서술하시오.

_____

_____

02 다음 글을 읽고 물음에 답하시오.

> 신라의 군사 제도는 중앙군인 (㉠)와(과) 지방군인 (㉡)이(가) 있었다. 중앙군은 총 9개의 부대가 있었는데, 신라인 부대 3개, 고구려인 부대 3개, 백제인 부대 2개, 말갈인 부대 1개로 구성되었다. 지방군은 각 주에 1정씩을 두었고, 국경 지역인 한주에 2정을 두었다.

(1) ㉠, ㉡에 알맞은 말을 쓰시오.

㉠ _____ ㉡ _____

(2) 신라가 밑줄 친 부분과 같이 중앙군을 편성한 이유를 서술하시오.

_____

_____

03 다음 자료를 보고 물음에 답하시오.

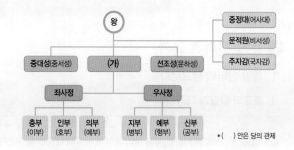

(1) (가)에 들어갈 기구의 명칭을 쓰시오.

_____

(2) 당의 제도와 비교할 때, 발해 중앙 정치 조직의 독자적인 특징을 두 가지 이상 서술하시오.

_____

_____

04 다음 글을 읽고 물음에 답하시오.

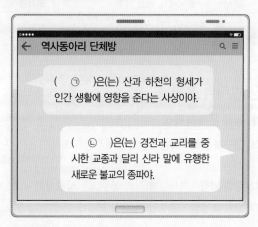

(1) ㉠, ㉡에 알맞은 말을 쓰시오.

㉠ _____ ㉡ _____

(2) 위 두 사상이 지방 호족 사이에서 유행한 이유를 서술하시오.

_____

_____

03 남북국의 문화와 대외 관계

1 통일 신라의 문화

1 통일 신라의 불교문화

(1) 불교의 발달과 대중화 ┌─ 아미타 신앙이라고 한다.

원효	• '나무아미타불'만 외우면 극락에 갈 수 있다고 주장 → 불교의 대중화에 기여 • 화쟁 사상을 통해 여러 종파의 사상적 대립을 해결하기 위해 노력 • 일심 사상: 모든 것이 한마음에서 비롯된다는 사상
의상	• 화엄 사상: 모든 것은 서로 조화를 이루고 있다는 사상 • 부석사 등의 사원 건립
혜초	인도와 중앙아시아 등을 ❶순례한 후 『왕오천축국전』 저술

(2) 불교 예술의 발달

사원	• 불국사: 불교의 이상 세계 ❷구현 ┌─ 경주 불국사 다보탑 • 석굴암: 완벽한 비례와 정교한 조각술을 보여 주는 인공 석굴 사원
탑	주로 3층 석탑이 유행, 독특한 형식의 탑도 조성
승탑	선종의 유행으로 승려의 ❸사리를 모신 승탑과 일대기를 적은 탑비 유행
범종	신라의 뛰어난 금속 ❹주조 기술을 보여 줌(상원사 동종, 성덕 대왕 신종)

┌─ 경주 불국사 3층 석탑 ┌─ 남아 있는 범종 중 가장 오래되었다. ┌─ 우리나라에서 가장 큰 종으로 '에밀레종'이라고도 한다.

2 통일 신라의 유학 보급과 학문 발달

(1) 유학의 보급 [교과서마다 달라요] 통일 신라의 유학 동아는 Ⅱ-2에서 다룸

① 목적: 왕권 강화 및 체제 안정

② 실시: 국학 설치(신문왕 대 국립 유학 교육 기관), 독서삼품과 실시(원성왕 대 경전의 이해 정도를 바탕으로 인재 등용)

┌─ 국학 졸업자가 유교 경전을 익힌 정도를 시험하여 상·중·하의 세 등급으로 심사하고 관리로 등용하던 제도이다. 이는 별다른 성과를 거두지 못하였다.

(2) 대표적 유학자 [교과서마다 달라요] 통일 신라의 유학자 동아는 다루지 않음

┌─ 당에서 외국인을 대상으로 시행하던 과거 시험이다.

설총	❺이두 정리	강수	외교 문서 작성에 능함
김대문	『화랑세기』 저술	최치원	당의 빈공과에 합격

└─ 화랑들의 전기를 기록한 책이다.

[시험에 꼭 나오는 개념 체크]
1. 원효는 '나무아미타불'만 외우면 극락에 갈 수 있다고 주장하였다. (○, ×)
2. 설총은 ___를 정리하여 유교 경전을 우리말로 쉽게 풀이하였다.

답 1. ○ 2. 이두

2 발해의 문화

1 발해 문화의 특징
┌─ 발해의 문화는 고구려 문화를 계승하고 당과 말갈의 문화를 독자적으로 수용하여 국제적인 성격을 띤다.

(1) 고구려 문화 ❻계승 굴식 돌방무덤과 모줄임천장 구조(정혜 공주 묘), 기와, 온돌 유적 등
┌─ 내부의 천장은 고구려 양식으로 융합적인 발해의 문화를 보여 준다.

(2) 당의 영향 벽돌무덤(정효 공주 묘), 상경성의 구조, 발해 삼채, 영광탑 등

(3) 말갈의 영향 흙무덤, 말갈식 토기 등
┌─ 발해의 수도로 당의 장안성을 본떠 건설하였다. ┌─ 당의 삼채 기법을 받아들여 독자적으로 발전시켰다.

2 발해의 불교문화

(1) 고구려 불교문화 계승 사원 건축에 ❼반영, 기와나 불상도 제작(이불병좌상)

(2) 지배층을 중심으로 유행 발해의 수도 주변에 많은 절터 유적이 발견됨, 문왕은 스스로를 불교적 성왕이라 칭함
┌─ '금륜', '성법' 등의 불교식 명칭을 사용하였다.

자료1 무구정광대다라니경

경주 불국사 3층 석탑에서 『무구정광대다라니경』이 발견되었다. 이는 세계에서 가장 오래된 목판 인쇄물로 통일 신라의 인쇄술과 제지술이 뛰어났음을 알 수 있다.

자료2 모줄임천장 구조

계단 모양처럼 천장이 위로 갈수록 좁아지는 고구려 무덤의 천장 축조 양식이다.

자료3 발해의 기와와 고구려의 기와

▲ 발해 기와   ▲ 고구려 기와

발해 기와의 모양이 고구려 기와와 유사한 점을 통해 발해 문화가 고구려 문화를 계승하였음을 알 수 있다.

자료4 발해의 불교문화

발해의 수도였던 상경성에는 많은 절터 유적이 있다. 이를 통해 발해의 불교는 왕실과 귀족을 중심으로 융성했음을 알 수 있다. 발해의 수도에서는 높이가 6m에 이르는 거대한 석등도 발견되었다.

◀ 발해 석등

용어 쏙쏙

❶ 순례(巡-돌다, 禮-예절): 종교의 발생지나 종교적으로 의미가 있는 장소를 방문하는 일

❷ 구현(具-갖추다, 現-나타나다): 어떤 내용이 구체적인 사실로 나타나게 함

❸ 사리: 석가모니나 성자를 화장한 후 남은 뼈

❹ 주조(鑄-쇠 부어 만들다, 造-만들다): 녹인 쇠붙이를 거푸집에 부어 물건을 만듦

❺ 이두: 한자의 음과 뜻을 빌려 우리말을 적는 표기법

❻ 계승(繼-잇다, 承-받들다): 조상의 전통이나 문화유산을 물려받거나 이어 나감

❼ 반영(反-기인하다, 映-비추다): 어떠한 것의 영향을 받아 나타남

3 발해의 유학 발달 6부의 명칭에 유교 ❶덕목 사용, 주자감 설치 등

교과서마다 달라요
발해의 유학 동아, 미래엔, 천재는 II-2에서 다룸

1. 발해 문화는 고구려 문화를 바탕으로 당, 말갈 등의 문화를 받아들였다. (ㅇ, ×)
2. 발해의 수도였던 상경성은 ___의 장안성을 모방하여 설계되었다.

답 1. ㅇ 2. 당

③ 통일 신라와 발해의 대외 교류

1 통일 신라의 대외 교류

자료5 **(1) 통일 신라의 국제 무역항**

교과서마다 달라요
당항성 미래엔은 당은포

자료6 ① 당항성: 서해안 ❷부근에 위치

② 울산항: 수도 금성 부근에 위치, 아라비아 상인도 ❸왕래

교과서마다 달라요

산둥반도와 중국 동쪽 해안가	
동아, 금성	산둥반도와 중국(당) 동쪽 해안가
비상	산둥반도 일대
미래엔, 천재, 지학	산둥반도와 창장강 하류 일대

(2) 주변 국가와의 교류

당	• 교류가 활발 → 산둥반도와 중국 동쪽 해안가에 신라인 마을(신라방), 감독 관청(신라소), 사원(신라원), 숙박 시설(신라관) 설치, 외교 ❹사절·유학생·승려·상인 등 왕래 • 수출품(금·은 세공품, 인삼, 모피류 등), 수입품(비단, 약재, 공예품, 서적 등)
일본	• 신라는 당과 일본 사이의 ❺중계 무역으로 경제적 이익을 얻음 • 일본에 불교문화 전래, 선진 학문 전수 • 수출품(유기그릇, 약재, 금속 제품, 모직물 등), 수입품(풀솜, 견직물 등)

(3) 장보고의 활약

교과서마다 달라요 법화원 금성은 다루지 않음

① 청해진 설치(완도): 해적 소탕, 당-신라-일본을 연결하는 해상 무역 ❻장악

② 법화원 설립(산둥반도): 장보고가 산둥반도 적산에 세운 절, 신라인의 신앙 거점

2 발해의 대외 교류

더알기 **(1) 특징** 주변국과 교류하기 위하여 5개의 교통로 설치

(2) 주변 국가와의 교류

당	• 문왕 때 우호 관계 맺음 → 승려, 유학생, 상인 등 왕래 • 발해관 설치: 산둥반도에 설치, 사신 접대 목적 및 발해인의 숙소 • 수출품(모피류, 말, 약재 등), 수입품(비단, 서적, 문구류, 공예품 등)
자료7 일본	• 건국 초기 당과 신라 견제 목적으로 교류 → 이후에도 꾸준히 교류 • 수출품(모피류, 인삼 등), 수입품(비단, 귀금속 등)
신라	건국 초기 대립하였으나, 이후 신라도를 통해 교류

발해 동경 용원부에서 신라 국경까지 이어져 있었다.

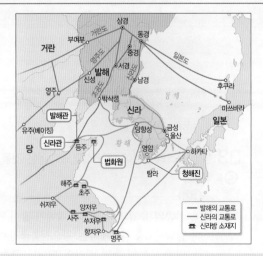

—— 발해의 교통로
—— 신라의 교통로
🏛 신라방 소재지

1. 장보고는 발해관을 설립하여 해적을 소탕하고 해상 무역을 장악하였다. (ㅇ, ×)
2. 발해는 초기에 신라와 대립하였으나, 점차 ___를 통해 활발히 교류하였다.

답 1. × 2. 신라도

자료 5 **괘릉의 무인석**

괘릉의 무인석은 우람한 체격, 곱슬머리, 높은 코 등 서역인의 모습을 나타내고 있다. 이를 통해 신라가 서역과 교류하였음을 알 수 있다.

자료 6 **송림사 금동 사리장엄구와 유리그릇**

금동 사리장엄구 내부의 녹색 유리그릇은 서역의 유리그릇과 비슷하다. 이를 통해 신라가 서역과 교류하였음을 알 수 있다.

더알기 **발해의 교통로**

발해는 주변 국가와 교류하기 위하여 5개의 교통로(5도)를 설치하였다. 5도에는 거란도, 영주도, 조공도, 신라도, 일본도가 있었다. 거란도는 거란과 연결되어 있었고, 영주도는 요서를 거쳐 장안과 연결되어 있었다. 조공도를 통해서는 당으로 가는 사신이나 유학생이 왕래하였다. 신라도를 통해서는 신라와, 일본도를 통해서는 일본과 교류하였다.

자료 7 **발해와 일본의 교류**

발해사 ←

→ 교역

▲ 발해사 목간

일본에서 출토된 목간에는 '발해사(渤海使)'와 '교역(交易)'이라는 글자가 발견되었다. 이를 통해 발해와 일본의 교류를 알 수 있다.

용어 쏙쏙

❶ 덕목(德-덕, 目-항목): 덕을 분류하는 명목
❷ 부근(附-붙다, 近-가깝다): 어떤 곳을 중심으로 하여 가까운 곳
❸ 왕래(往-가다, 來-오다): 가고 오고 함
❹ 사절(使-부리다, 節-예절): 나라를 대표하여 일정한 임무를 가지고 파견되는 사람

❺ 중계 무역(中-가운데, 繼-잇다, 貿-바꾸다, 易-바꾸다): 제3국에서 산 물건을 그대로 다른 나라에 수출하는 무역의 형태
❻ 장악(掌-손바닥, 握-쥐다): 손바닥 안에 잡아 쥔다는 뜻으로 무엇을 마음대로 할 수 있게 된 상태

01 다음이 어느 나라 문화의 영향을 받은 것인지 보기 에서 골라 기호를 쓰시오.

> 보기
> ㄱ. 당의 영향   ㄴ. 고구려 계승

(1) 온돌 양식   (   ) (2) 상경성 구조   (   )
(3) 벽돌무덤 양식   (   ) (4) 모줄임천장 구조   (   )

02 다음 설명이 맞으면 ○표, 틀리면 ×표 하시오.

(1) 원성왕은 인재 양성을 위해 국학을 설치하였다. (   )
(2) 신라 말에는 선종이 유행하면서 승려의 사리를 넣은 승탑이 유행하였다.   (   )
(3) 발해의 이불병좌상은 당의 영향을 받은 것이다. (   )
(4) 발해의 굴식 돌방무덤, 온돌 유적 등은 고구려 문화를 계승한 것이다.   (   )

03 서로 관련 있는 것끼리 연결하시오.

(1) 강수   •   • ㉠ 이두 정리
(2) 설총   •   • ㉡ 일심 사상
(3) 원효   •   • ㉢ 화엄 사상
(4) 의상   •   • ㉣『화랑세기』
(5) 혜초   •   • ㉤『왕오천축국전』
(6) 김대문 •   • ㉥ 외교 문서 작성

04 다음 빈칸에 알맞은 말을 쓰시오.

(1) (   )은(는) 불교의 이상 세계를 구현한 통일 신라의 사원이다.
(2) 장보고는 완도에 (   )을(를) 설치하고 해상 무역을 장악하였다.
(3) 발해는 신라와 건국 초기에 대립하였으나 이후에는 (   )을(를) 통해 활발히 교류하였다.

05 다음 중 알맞은 말에 ○표를 하시오.

(1) (정혜 공주 묘, 정효 공주 묘)는 굴식 돌방무덤으로 고구려의 무덤 양식과 유사하다.
(2) 발해는 유학을 중요시하여 통치 이념에 반영하였고, (국학, 주자감)을 설치하여 유학을 가르쳤다.
(3) (벽란도, 울산항)을(를) 통해 신라와 아라비아 상인의 교류가 이루어졌다.

01 의상의 업적으로 옳은 것은?
(하 난이도)

① 『왕오천축국전』을 저술하였다.
② 불국사 등의 사원을 건립하였다.
③ 『무구정광대다라니경』을 제작하였다.
④ 인도와 중앙아시아 등을 순례하였다.
⑤ 화엄 사상을 강조하여 사회 통합에 힘썼다.

02 원효가 주장한 사상으로 옳은 것을 보기 에서 모두 고르면?
(중 난이도)

> 보기
> ㄱ. 모든 것이 한마음에서 비롯된다.
> ㄴ. 모든 것은 서로 조화를 이루고 있다.
> ㄷ. 교종을 중심으로 선종을 통합해야 한다.
> ㄹ. '나무아미타불'만 외우면 극락에 갈 수 있다.

① ㄱ, ㄴ   ② ㄱ, ㄷ   ③ ㄱ, ㄹ
④ ㄴ, ㄷ   ⑤ ㄴ, ㄹ

03 통일 신라의 문화에 대한 설명으로 옳은 것을 보기 에서 모두 고르면?
(중 난이도)

> 보기
> ㄱ. 선종의 유행으로 승탑과 탑비가 많이 만들어졌다.
> ㄴ. 불국사 3층 석탑에서는 『왕오천축국전』이 발견되었다.
> ㄷ. 범종을 통해 통일 신라의 뛰어난 금속 주조 기술을 알 수 있다.
> ㄹ. 현재 남아 있는 범종 중 가장 오래된 성덕 대왕 신종이 만들어졌다.

① ㄱ, ㄴ   ② ㄱ, ㄷ   ③ ㄴ, ㄷ
④ ㄴ, ㄹ   ⑤ ㄷ, ㄹ

04 다음 질문에 대한 답변으로 옳은 것은?

난이도 하

> 유교 경전의 이해 정도를 시험하여 상·중·하로 등급을 매긴 후 관리 등용에 참고하던 제도는 무엇일까?

① 6부   ② 국학   ③ 주자감
④ 빈공과   ⑤ 독서삼품과

05 통일 신라의 유학 발달에 대한 설명으로 옳은 것은?

난이도 중

① 최치원은 『화랑세기』를 저술하였다.
② 원성왕은 독서삼품과를 실시하여 큰 성과를 거두었다.
③ 김대문은 유명한 문장가로 외교 문서 작성에 능하였다.
④ 강수는 국립 유교 교육 기관인 국학 설치를 건의하였다.
⑤ 설총은 이두를 정리하여 유교 경전 보급에 기여하였다.

 같은 주제 다른 문제

● 통일 신라의 유학자와 그의 업적이 바르게 연결된 것을 〈보기〉에서 모두 고르면?

답 ④

〈보기〉
ㄱ. 강수 - 『화랑세기』 저술   ㄴ. 설총 - 이두 정리
ㄷ. 김대문 - 국학 설치 건의   ㄹ. 최치원 - 당의 빈공과 합격

① ㄱ, ㄴ   ② ㄱ, ㄷ   ③ ㄴ, ㄷ
④ ㄴ, ㄹ   ⑤ ㄷ, ㄹ

06 ㉠ 나라의 문화를 계승한 발해의 문화유산으로 가장 적절한 것은?

난이도 중

> 발해는 (㉠)의 고분 양식을 계승하여 고분 내부의 천장을 계단 모양처럼 위로 올라갈수록 좁아지는 구조로 쌓았다.

① 벽돌무덤   ② 발해 삼채
③ 온돌 유적   ④ 말갈식 토기
⑤ 상경성의 구조

07 밑줄 친 유적에 대한 설명으로 옳은 것을 보기 에서 고르면?

난이도 상

> 정효 공주는 발해 문왕의 딸이다. <u>그녀의 무덤</u> 구조를 살펴보면 벽은 벽돌로 쌓고, 천장은 공간을 점차 줄여 나가는 모양으로 만들어졌다. 무덤 내부에 그려져 있는 벽화의 인물은 뺨이 둥글고 얼굴이 통통하다.

보기
ㄱ. 말갈 전통 양식을 찾아볼 수 있다.
ㄴ. 발해 문화의 국제성을 보여 주는 유적이다.
ㄷ. 고분 내부의 천장은 당의 양식을 모방하였다.
ㄹ. 무덤의 양식은 당의 영향을 받은 벽돌무덤이다.

① ㄱ, ㄴ   ② ㄱ, ㄷ   ③ ㄴ, ㄷ
④ ㄴ, ㄹ   ⑤ ㄷ, ㄹ

08 발해의 문화에 대한 설명으로 옳지 <u>않은</u> 것은?

난이도 중

① 유교 교육을 위하여 주자감을 설치하였다.
② 발해의 불교는 지배층을 중심으로 유행하였다.
③ 문왕은 금륜, 성법 등 불교식 명칭을 사용하였다.
④ 고구려 전통 양식을 계승하여 수도를 설계하였다.
⑤ 상경성과 중경성 일대에는 절터 유적이 많이 남아 있다.

09 ㉠에 들어갈 말로 가장 적절한 것은?

난이도 하

> 산둥반도를 비롯한 중국 동쪽 해안 지역에 신라인 마을인 신라방, 감독 관청인 신라소, 사원인 신라원이 세워졌어.

> 아~ 너의 말을 들으니까 ___㉠___ 을 알 수 있겠네.

① 신라는 당과 활발하게 교류하였음
② 신라의 영토는 산둥반도까지 확장되었음
③ 신라는 일본을 견제하기 위하여 당과 교류하였음
④ 당은 발해와 교류하지 않고 신라와만 교류하였음
⑤ 신라는 산둥반도에서 아라비아 상인과 교류하였음

10 다음 설명에 해당하는 지역의 위치로 옳은 것은?

(하) 난이도

> 장보고는 이곳을 설치하여 해적을 소탕하였으며 당 – 신라 – 일본을 연결하는 해상 무역을 장악하였다.

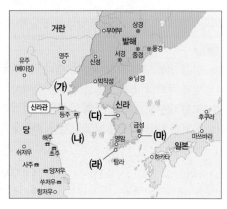

① (가) ② (나) ③ (다) ④ (라) ⑤ (마)

11 통일 신라의 대외 교류에 대한 설명으로 옳지 <u>않은</u> 것은?

(중) 난이도

① 신라는 당과 가장 활발하게 교류하였다.
② 당의 빈공과에 급제하는 유학생도 존재하였다.
③ 신라는 당으로부터 귀족의 사치품을 수입하였다.
④ 당항성은 수도 부근에 위치하여 국제 무역항으로 번성하였다.
⑤ 신라는 당과 일본 사이의 중계 무역으로 경제적 이익을 얻었다.

12 다음 장소를 통해 알 수 있는 대외 관계 모습으로 가장 적절한 것은?

(하) 난이도

> • 발해관   • 신라관   • 법화원

① 당과 발해의 교류   ② 당과 신라의 교류
③ 남북국과 당의 교류 ④ 일본과 발해의 교류
⑤ 발해와 신라의 교류

13 다음 자료를 통해 알 수 있는 사실로 가장 적절한 것은?

(상) 난이도

① 발해와 신라의 교류가 이루어졌다.
② 발해는 당과 활발하게 교류하였다.
③ 발해에 아라비아 상인이 왕래하였다.
④ 발해는 당의 빈공과 합격자를 배출하였다.
⑤ 발해는 일본과 친선 관계를 유지하며 교류하였다.

14 (가)에 대한 설명으로 옳은 것은?

(하) 난이도

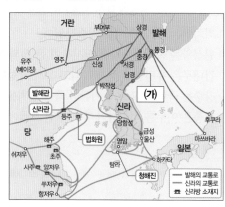

① 국제 무역항으로 번성한 곳이다.
② 장보고가 설치한 해상 무역의 거점이다.
③ 수도 금성을 중심으로 연결된 교통로이다.
④ 지방 세력을 견제하기 위한 행정 구역이다.
⑤ 발해가 신라와 교류하기 위하여 설치한 교통로이다.

15 발해의 대외 교류에 대한 설명으로 옳지 <u>않은</u> 것은?

(중) 난이도

① 당의 산둥반도에는 발해관이 설치되었다.
② 발해와 신라는 신라도를 통해 교류하였다.
③ 발해는 5개의 교통로를 통해 주변 나라와 교류하였다.
④ 발해는 문왕 때 당과 우호 관계를 맺고 교류를 하였다.
⑤ 발해는 건국 초기에 신라를 견제하기 위하여 일본과 교류하지 않았다.

01 다음 글을 읽고 물음에 답하시오.

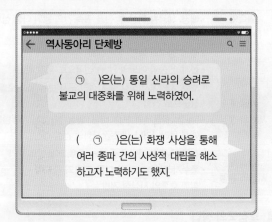

> **역사동아리 단체방**
>
> (㉠)은(는) 통일 신라의 승려로 불교의 대중화를 위해 노력하였어.
>
> (㉠)은(는) 화쟁 사상을 통해 여러 종파 간의 사상적 대립을 해소하고자 노력하기도 했지.

(1) ㉠에 들어갈 인물을 쓰시오.

_____

(2) 위 인물이 불교 대중화를 위하여 행하였던 노력을 서술하시오.

_____

_____

02 다음 자료를 보고 물음에 답하시오.

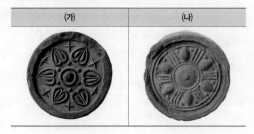

(가)	(나)

(1) (가)는 어느 나라의 문화유산인지 쓰시오.

_____

(2) (가)와 (나)를 통해 알 수 있는 (가) 나라 문화의 특징을 서술하시오.

_____

_____

03 다음 지도를 보고 물음에 답하시오.

(1) (가)에 들어갈 알맞은 말을 쓰시오.

_____

(2) (가)를 통해 이루어졌던 무역 형태를 서술하시오.

_____

_____

04 다음 지도를 보고 물음에 답하시오.

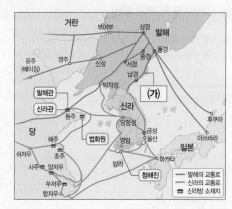

(1) (가)에 들어갈 발해 교통로의 명칭을 쓰시오.

_____

(2) 발해가 (가)를 정비함으로써 대외 교류 양상이 어떻게 변화하였는지 서술하시오.

_____

_____

01 신라의 삼국 통일과 발해의 건국

1 신라의 삼국 통일

동아시아의 국제 정세		돌궐 – 고구려 – 백제 – 왜 ⟷ 신라 – 수(당)
고구려와 수·당 전쟁	수	• 배경: 수가 고구려에 복속 요구 ➡ 고구려가 요서 지역 선제공격 • 전개: 수 양제의 침입 ➡ 우중문의 별동대가 평양성 공격 ➡ 을지문덕이 살수에서 승리(살수 대첩, 612)
	당	• 배경: 당 태종의 팽창 정책 추진 • 전개: 당이 연개소문의 정변을 구실로 침입 ➡ 안시성에서 고구려군 승리(안시성 전투, 645)
나당 연합		백제의 신라 공격 ➡ 고구려에 도움 요청(실패) ➡ 당에 동맹 제안 ➡ 나당 연합 체결(648)
백제의 멸망		• 과정: 지배층의 분열 ➡ 나당 연합군의 공격 ➡ 황산벌 전투 ➡ 사비성 함락 ➡ 백제 멸망(660) • 부흥 운동: 복신, 도침, 부여풍, 흑치상지 등
고구려 멸망		• 과정: 연개소문 사후 권력 다툼 ➡ 나당 연합군의 공격 ➡ 평양성 함락 ➡ 고구려 멸망(668) • 부흥 운동: 검모잠, 안승, 고연무 등
나당 전쟁		• 당의 한반도 지배 야심 표출: 웅진도독부(백제), 계림도독부(신라), 안동도호부(고구려) • 당을 한반도에서 몰아내기 위해 맞서 싸움 ➡ 매소성·기벌포 전투 승리 ➡ 신라의 삼국 통일(676)

2 발해의 건국

건국	대조영이 동모산 부근에 건국(698)
의의	고구려 계승 의식 표출, 남북국 시대의 성립

02 남북국의 발전과 변화

1 통일 신라의 통치 체제 정비

왕권 강화	• 무열왕: 최초의 진골 출신 왕 • 문무왕: 나당 전쟁 승리 ➡ 삼국 통일 완성(676) • 신문왕: 통치 체제 정비, 진골 귀족 세력 약화, 관료전 지급
중앙	집사부, 시중(중시) 강화 ➡ 화백 회의의 기능 축소, 상대등 약화
지방	• 전국을 9주로 나누고 군과 현에 지방관 파견 • 5소경: 수도의 지리적 약점 보완, 지방 세력의 견제 목적
군사	• 9서당(중앙군): 신라의 민족 통합 의지 반영 • 10정(지방군): 각 주에 1정, 한주에 2정 배치
교육	국학: 인재 양성 및 유교 통치 이념 보급

2 발해의 발전과 멸망

성장과 멸망	• 무왕: 당의 산둥반도 공격, 연호 '인안' • 문왕: 상경 용천부로 천도, 연호 '대흥, 보력', 당의 문물 수용 • 선왕: 해동성국이라 불림, 최대 영토 확보, 연호 '건흥' • 멸망: 거란의 침입으로 멸망(926)
통치 체제	• 중앙: 3성(정당성 중심), 6부(유교적 명칭 사용) • 지방: 5경 15부 62주, 촌은 토착 세력이 다스림 • 군사: 중앙군(10위), 지방군(지방관이 지휘) • 교육 기관: 주자감

3 신라 사회의 동요

귀족의 왕위 다툼	• 배경: 혜공왕 피살 후 진골 귀족 간의 왕위 다툼 심화 • 영향: 골품제 동요, 왕권 약화
농민 봉기	• 배경: 정부의 농민 수탈 심화 • 전개: 원종과 애노의 난 ➡ 전국으로 봉기 확산
새로운 세력의 성장	• 호족: 지방에서 성장, 독자적인 군사 보유, 스스로를 성주나 장군으로 칭함 • 6두품: 골품제의 모순 비판, 일상생활에서 차별받음, 관직에서 물러나거나 새로운 사회의 건설 추진
새로운 사상의 유행	• 선종: 수행과 깨달음 중시 ➡ 호족과 농민의 환영 • 풍수지리설: 수도 외 다른 지방의 중요성 강조 ➡ 선종과 함께 호족의 사상적 기반

4 후삼국의 성립

후백제	견훤이 완산주를 도읍으로 충청도와 전라도 일대에 건국(900)
후고구려	궁예가 송악을 도읍으로 경기도와 강원도 일대에 건국(901)

03 남북국의 문화와 대외 관계

1 통일 신라의 문화

통일 신라의 불교	불교의 발전	• 원효: '나무아미타불', 일심 사상, 화쟁 사상 • 의상: 화엄 사상, 부석사 건립 • 혜초: 『왕오천축국전』 저술
	불교 예술의 발달	• 사원: 불국사, 석굴암 • 탑: 3층 석탑의 유행(불국사 3층 석탑) • 승탑: 선종의 유행 ➡ 승탑과 탑비 유행 • 범종: 상원사 동종, 성덕 대왕 신종 등
통일 신라의 유학과 학문 발달		• 신문왕(국학 설치), 원성왕(독서삼품과 실시) • 강수: 외교 문서 작성에 능함 • 설총: 이두 정리 ➡ 유교 경전 보급에 기여 • 최치원: 당의 빈공과에 합격 • 김대문: 『화랑세기』 저술

2 발해의 문화

발해 문화의 국제성	• 고구려: 굴식 돌방무덤, 모줄임천장 구조, 기와, 온돌 유적 • 당: 벽돌무덤, 상경성의 구조, 영광탑 • 말갈: 흙무덤, 말갈식 토기
유학	6부의 명칭에 유교 덕목 사용, 주자감 설치
불교	• 고구려의 불교문화 계승 • 왕실과 귀족의 후원: 상경성과 중경성 일대에 절터 유적, 불교식 명칭 사용

3 남북국의 대외 교류

통일 신라의 대외 교류	• 당항성, 울산항 등의 국제 무역항 존재 • 당: 산둥반도에 신라방, 신라소 등 설치 • 일본: 불교문화 전래, 선진 학문 전수 • 장보고: 청해진 설치, 당 – 신라 – 일본의 해상 무역 장악
발해의 대외 교류	• 당: 문왕 이후 우호 관계 맺음, 발해관 설치 • 일본: 건국 초기부터 활발한 교류 • 신라: 건국 초기 대립 ➡ 이후 신라도를 통해 교류

2단원 제1회 삼국 영화제

주 연 을지문덕, 수 양제

줄거리 고구려의 장군인 을지문덕은 수의 대군을 물리치기 위해 계책을 세우게 되는데......

주 연 양만춘, 당 태종

줄거리 당 태종은 요동성을 함락하고 안시성에 이른다. 안시성의 성주 양만춘은 당의 침략에 맞서 격렬히 저항하는데......

수 건국	살수 대첩	당 건국	안시성 전투
581	612	618	645

제1회 삼국 영화제

676	668	660	648
삼국 통일 나당 전쟁	고구려 멸망	• 백제 멸망 • 황산벌 전투	나당 연합

주 연 문무왕

줄거리 한반도 전체를 차지하고자 했던 당과의 전투에서 승리한 문무왕은 드디어 삼국을 통일하게 되는데......

주 연 계백, 김유신

줄거리 신라와 당 연합군은 백제를 무너뜨리기 위해 침략한다. 이에 계백은 황산벌에서 최후의 결전을 맞이하게 되는데......

주 연 김춘추, 당 태종

줄거리 고구려 연개소문에게 도움을 요청했으나 거절당한 김춘추는 당을 찾아가게 되는데......

01 신라의 삼국 통일과 발해의 건국

01 6세기 말~7세기경 동아시아의 정세를 고려할 때 연합 관계에
(하) 있는 국가로 옳은 것은?
난이도

① 수(당) – 돌궐
② 신라 – 왜 – 백제
③ 신라 – 고구려 – 백제
④ 돌궐 – 고구려 – 백제 – 왜
⑤ 돌궐 – 수(당) – 고구려 – 백제

02 ㉠에 들어갈 내용으로 가장 적절한 것은?
(하)
난이도

> 당 건국 초기에는 고구려와 친선 관계를 유지하였다. 그러나 당 태종이 즉위 후 팽창 정책을 실시하자, 고구려는 ____㉠____ 국경 지역에 천리장성을 쌓았다.

① 당의 침략에 대비하여
② 돌궐과 연합하기 위하여
③ 당의 사신을 접대하기 위하여
④ 당과의 교류를 확대하기 위하여
⑤ 요서 지역을 먼저 공격하기 위하여

03 고구려가 수·당과의 전쟁에서 승리한 원동력에 대한 설명으로
(상) 옳지 않은 것은?
난이도

> 고구려는 ㉠ 자연 지형을 활용하여 산성을 쌓았는데, 이때 험한 산세를 활용하였다. 산성은 화강암을 이용하여 쌓았으며, 성문을 지키기 위하여 이중으로 성벽을 쌓았다. 또한 ㉡ 수많은 성을 지은 뒤 이들을 연결하는 집단 방어 체제를 구축하였다. 성벽의 일부를 돌출시켜 적을 공격하기 편리하도록 치를 만들기도 하였다. 이외에도 장기전에 대비할 수 있도록 식량 창고와 물 공급 시설 등을 갖추었다.
> 이뿐만 아니라 ㉢ 고구려는 왜와의 교류를 통해 철광석을 수입하였고 ㉣ 우수한 제철 기술로 철제 무기와 갑옷을 직접 생산하였다. ㉤ 무장한 기병은 전투에서 큰 활약을 하였다.

① ㉠   ② ㉡   ③ ㉢   ④ ㉣   ⑤ ㉤

04 (가) 시기에 일어난 사건으로 옳지 않은 것은?
(중)
난이도

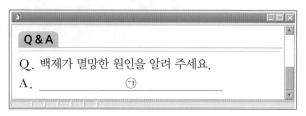

| 당 태종 즉위 | → | (가) | → | 고구려 멸망 |

① 백강 전투   ② 백제 멸망   ③ 살수 대첩
④ 안시성 전투   ⑤ 나당 연합 체결

05 ㉠에 들어갈 내용으로 가장 적절한 것은?
(상)
난이도

> **Q & A**
> Q. 백제가 멸망한 원인을 알려 주세요.
> A. _____㉠_____

① 지방 세력이 성장하였기 때문이에요.
② 당과 연합을 체결하지 않았기 때문이에요.
③ 폐쇄적인 신분 제도가 존재하였기 때문이에요.
④ 전국 각지에서 농민 봉기가 일어났기 때문이에요.
⑤ 귀족의 반발과 지배층의 분열로 정치가 혼란스러웠기 때문이에요.

06 다음 질문에 대한 답변으로 옳은 것은?
(하)
난이도

① 삼국에 불교를 전파한 인물들입니다.
② 나당 연합 결성을 주도한 인물들입니다.
③ 고구려 부흥 운동을 일으킨 인물들입니다.
④ 백제 부흥 운동에 도움을 준 왜의 지원군들입니다.
⑤ 고구려와 수의 전쟁에서 활약한 고구려의 장군들입니다.

07 다음 사건을 일어난 순서대로 바르게 나열한 것은?

난이도

> ㄱ. 나당 전쟁　　　　ㄴ. 발해 건국
> ㄷ. 사비성 함락　　　ㄹ. 안시성 전투

① ㄷ - ㄱ - ㄴ - ㄹ　　　② ㄷ - ㄴ - ㄱ - ㄹ
③ ㄷ - ㄹ - ㄱ - ㄴ　　　④ ㄹ - ㄱ - ㄷ - ㄴ
⑤ ㄹ - ㄷ - ㄱ - ㄴ

08 다음은 어떤 학생이 작성한 수행 평가 답안지이다. 이 학생이
종　받게 될 점수로 옳은 것은?
난이도

역사 수행 평가

※ 신라 삼국 통일의 의의와 한계에 대한 내용이 맞으면
　○표, 틀리면 ×표 하시오.

문항	내용	답
1	의의 – 새로운 민족 문화가 발전하는 기반을 마련하였다.	○
2	의의 – 삼국이 힘을 합쳐 당을 몰아내는 자주 의식을 보였다.	○
3	한계 – 외세의 힘을 이용한 통일이었다.	×
4	한계 – 당과의 전쟁에서 졌기 때문에 대동강 이남 지역만 확보하게 되었다.	○
합계		

(답이 맞으면 1점, 틀리면 0점을 부여한다.)

① 0　　② 1　　③ 2　　④ 3　　⑤ 4

09 밑줄 친 '나라'에 대한 설명으로 옳은 것은?
중
난이도

> 당의 지배 아래에 있던 돌궐이 독립하자 거란족은 당에 저항하여 반란을 일으켰다. 이를 틈타 대조영은 고구려 유민과 말갈인을 이끌고 동쪽으로 이동하였다. 대조영은 추격해 오는 당의 군대를 물리치고 동모산 부근에 나라를 세웠다(698).

① 고구려 계승 의식을 내세웠다.
② 건국의 중심 세력은 호족이었다.
③ 피지배층은 주로 고구려 유민이었다.
④ 건국 초기 당과 활발한 교류를 통해 성장하였다.
⑤ 전국을 9주로 나누고 지방 주요 지역에 5소경을 설치하였다.

02 남북국의 발전과 변화

10 다음 사건을 순서대로 바르게 나열한 것은?
중
난이도

> ㄱ. 관료전을 지급하고 녹읍을 폐지하였다.
> ㄴ. 나당 전쟁을 승리로 이끌고 삼국을 통일하였다.
> ㄷ. 김유신의 도움을 받아 진골 출신으로는 최초로 왕위에 올랐다.

① ㄱ - ㄴ - ㄷ　　② ㄱ - ㄷ - ㄴ　　③ ㄴ - ㄱ - ㄷ
④ ㄴ - ㄷ - ㄱ　　⑤ ㄷ - ㄴ - ㄱ

11 신문왕의 정책으로 옳지 <u>않은</u> 것은?

중
난이도

① 인재 양성 기관으로 국학을 설치하였다.
② 관리들의 녹읍을 폐지하고 관료전을 지급하였다.
③ 화백 회의의 기능과 상대등의 역할을 강화하였다.
④ 전국을 9주로 나누고 중요한 지역에 5소경을 설치하였다.
⑤ 신라인뿐만 아니라 고구려, 백제, 말갈인을 포함한 9서당을 조직하였다.

12 다음 자료를 보고 물음에 답하시오.

중
난이도

관등 수여	옛 고구려, 백제의 귀족에게도 관등을 주었다.
(㉠) 설치	삼국의 옛 땅에 각각 3개의 주를 설치하였다.
(㉡) 설치	신라인뿐만 아니라 옛 고구려인, 옛 백제인, 말갈인도 포함된 중앙군을 편성하였다.

(1) ㉠, ㉡에 들어갈 알맞은 말을 쓰시오.

㉠ _____　　㉡ _____

(2) 위 세 가지 정책을 실시한 공통적인 목적을 서술하시오.

_____

_____

13 발해 왕과 업적이 바르게 연결되지 <u>않은</u> 것은?

(중) 난이도

① 무왕 – 산둥반도를 공격하였다.
② 문왕 – 당과 친선 관계를 맺었다.
③ 문왕 – 중앙과 지방 제도를 정비하였다.
④ 선왕 – 수도를 상경 용천부로 이동하였다.
⑤ 선왕 – 고구려의 옛 땅을 대부분 회복하였다.

14 다음 자료를 통해 추론할 수 있는 사실로 가장 적절한 것은?

(중) 난이도

① 고구려 계승 의식
② 신라와의 대립 관계
③ 유교적 통치 이념의 확립
④ 말갈인과의 민족 통합 의지
⑤ 중국과 대등한 국가임을 표출

15 발해의 통치 제도에 대한 설명으로 옳지 <u>않은</u> 것은?

(중) 난이도

① 5경은 전략적 요충지에 설치되었다.
② 6부의 명칭에 유교의 덕목을 사용하였다.
③ 주자감은 유교 교육을 담당하는 기관이다.
④ 중앙군 10위는 왕궁과 수도를 방어하였다.
⑤ 각 지방의 촌락은 대부분 고구려 유민으로 구성되었다.

16 다음과 같은 정치 혼란이 시작된 계기로 가장 적절한 것은?

(하) 난이도

① 김헌창의 난
② 김흠돌의 난
③ 혜공왕 피살
④ 6두품의 반발
⑤ 지방 호족의 성장

17 다음 사건이 일어난 지역으로 옳은 것은?

(중) 난이도

진성 여왕 3년, 여러 주와 군에서 공물과 조세를 바치지 않으니 나라가 궁핍해졌다. 왕이 관리를 보내어 독촉하자 이로 인해 곳곳에서 도적이 벌 떼 같이 일어났다. 그러자 원종과 애노 등이 반란을 일으켰다.

– 『삼국사기』 –

① (가) ② (나) ③ (다) ④ (라) ⑤ (마)

18 밑줄 친 '이들'에 대한 설명으로 옳지 <u>않은</u> 것은?

(중) 난이도

<u>이들</u>은 뛰어난 학식을 가졌음에도 골품제의 한계로 관직 승진에 제한이 있었고 일상생활에서도 차별을 받았다. 신라 말에 <u>이들</u>은 골품제의 모순에 불만을 품고 사회 개혁을 추진하고자 하였으나 받아들여지지 않자 관직에서 물러나거나 지방에서 성장한 세력과 손잡고 새로운 사회를 꿈꾸었다.

① 중앙의 왕위 쟁탈전에 가담하였다.
② 최치원, 최승우, 최언위 등이 대표적이다.
③ 주로 학문과 종교 분야에 두각을 나타내었다.
④ 당으로 유학을 가서 빈공과에 합격하기도 하였다.
⑤ 개인의 능력보다는 혈통을 중시하는 골품제를 비판하였다.

19 호족에 대한 설명으로 옳지 <u>않은</u> 것은?

(하) 난이도

신라 말 중앙의 통제력이 약화된 틈을 타 ㉠ 지방에서 독자적인 세력으로 성장하였다. 이들은 독자적으로 군사를 보유하고 ㉡ 스스로를 성주 또는 장군이라고 칭하였다. 이들 대부분은 ㉢ 촌주 출신이었고, 중앙에서 지방으로 내려온 귀족, 군진 세력, 해상 세력 등도 있었다. 이들은 ㉣ 진골 귀족과 함께 새로운 사회 건설을 추구하였다. ㉤ 대표적인 인물은 견훤, 궁예 등이 있다.

① ㉠ ② ㉡ ③ ㉢ ④ ㉣ ⑤ ㉤

서술형

20 다음을 읽고 물음에 답하시오.

종
난이도

> 산과 땅의 모양이나 물의 흐름 등에 따라 형성되는 기운이 있어 이에 따라 인간과 국가의 운명이 결정된다. 그러므로 복을 얻고 재앙을 피하려면 기운이 좋은 곳에 자리를 잡아야 한다.

(1) 위 사상의 명칭을 쓰시오.

_____

(2) 위 사상을 호족들이 환영한 이유를 서술하시오.

_____

_____

21 후삼국의 성립에 대한 설명으로 옳은 것은?

하
난이도

① 후백제는 경기도와 강원도 일대에 건국되었다.
② 후고구려는 완산주를 중심으로 영역을 확장하였다.
③ 후백제를 세운 견훤은 스스로 미륵불이라고 칭하였다.
④ 후고구려를 세운 궁예는 서남 해안을 지키던 군인 출신이다.
⑤ 이 시기에 신라는 수도인 금성과 그 주변만을 다스리게 되었다.

03 · 남북국의 문화와 대외 관계

22 신라의 불교에 대한 설명으로 옳은 것을 **보기** 에서 고르면?

종
난이도

보기

ㄱ. 신라 시대에는 3층 목탑이 주로 만들어졌다.
ㄴ. 현존하는 가장 오래된 범종인 상원사 동종이 만들어졌다.
ㄷ. 교종의 유행으로 승려의 일대기를 적은 탑비가 많이 만들어졌다.
ㄹ. 신라 시대에 만들어진 불국사는 불교적 이상 세계를 구현한 사원이다.

① ㄱ, ㄴ   ② ㄱ, ㄷ   ③ ㄴ, ㄷ
④ ㄴ, ㄹ   ⑤ ㄷ, ㄹ

23 발해의 불교와 유학에 대한 설명으로 옳지 <u>않은</u> 것은?

종
난이도

① 고구려의 불교문화를 계승하였다.
② 유학 교육을 위하여 주자감이 설치되었다.
③ 불교를 중요하게 여겨 통치 이념으로 삼았다.
④ 수도 상경성 일대에는 많은 절터 유적이 존재한다.
⑤ 이불병좌상은 고구려의 영향을 알 수 있는 유물이다.

24 (가)~(다)는 발해의 문화이다. 발해에 다음과 같은 영향을 끼친 나라를 바르게 연결한 것은?

상
난이도

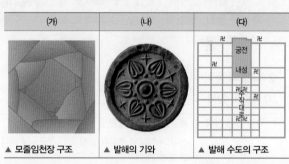

(가)	(나)	(다)
▲ 모줄임천장 구조	▲ 발해의 기와	▲ 발해 수도의 구조

	(가)	(나)	(다)
①	당	수	고구려
②	당	고구려	고구려
③	수	고구려	고구려
④	고구려	당	수
⑤	고구려	고구려	당

25 남북국의 대외 교류에 대한 설명으로 가장 적절한 것은?

종
난이도

① 신라는 벽란도를 통해 당과 교류하였다.
② 신라와 발해는 직접적으로 교류하지 않았다.
③ 당의 산둥반도에는 신라인 마을이 형성되었다.
④ 발해에 위치한 울산항에는 아라비아 상인도 왕래하였다.
⑤ 일본에 설치된 발해관은 발해와 일본의 활발한 교류를 보여 준다.

01 고려의 후삼국 통일과 통치 체제의 정비

① 고려의 후삼국 통일

자료1 **1 고려의 건국과 후삼국 통일**

> 궁예는 자신을 '미륵불'이라 칭하며 나라를 다스렸고, 이후 민심을 잃었다.

(1) **왕건의 성장** 송악 출신 호족인 왕건이 궁예의 부하가 되어 큰 공을 세움 ➡ 태봉의 최고 관직인 시중 자리에 오름

(2) **건국** 호족 세력이 궁예를 몰아낸 후 왕건을 왕으로 추대 ➡ 고려 건국(918), 송악 천도(919)

(3) **후삼국 통일**

> 고려는 공산 전투(927)에서 후백제에 패배하였으나, 고창 전투(930)에서 승리한 뒤 후삼국의 주도권을 차지하였다.

① 견훤의 **❶귀순**: 후백제의 내분으로 왕위에서 쫓겨난 견훤이 고려로 귀순(935)

② 신라의 항복: 신라의 경순왕이 항복(935)

③ 후삼국 통일: 신검의 후백제군을 격파하고 후삼국 통일(936)

지도 설명: 고려 건국 초의 영토, 태조 북진 후의 영토, 백두산, 발해 유민의 포용, 안북부(안주), 서경(평양), 화주(영흥), 동해, 송악(개성), 철원, 고려 건국(918), 고려의 천도(919), 고려, 북원(원주), 황해, 후백제 멸망(936), 후백제, 완산주(전주), 신라, 금성(경주), 신라의 항복(935), 금성(나주), 무진주(광주), 견훤의 귀순(935), 건국 전 왕건의 점령지, 탐라

2 태조의 통치

(1) **태조의 정책**

민생 안정 정책	세금을 낮추고 ❷빈민을 구제함(흑창 설치 등)
민족 통합 정책	신라, 후백제의 백성과 발해 유민 ❸포용(발해의 세자인 대광현이 무리를 이끌고 고려 귀순)
북진 정책	서경(평양) 중시, 영토 확장(청천강~영흥만), 거란 ❹배척
호족 정책	혼인 정책, 토지·관직·성씨 하사, ❺사심관 제도, ❻기인 제도

자료2 (2) **훈요 10조** 후대 왕이 지켜야 할 교훈을 담은 글

3 왕권의 안정

(1) **태조 사후** 혜종, 정종 시기에 왕위 계승 다툼 발생 ➡ 왕권이 불안정해짐

(2) **광종**

① 노비안검법 시행: 호족이 불법으로 차지한 노비를 양인으로 해방

② 과거제 실시: 쌍기의 건의로 실시, 유교적 지식과 능력에 따라 관리 선발

③ 황제 칭호 및 독자적 연호 사용

④ 관리의 공복을 정함 — '광덕', '준풍' 등 독자적 연호를 사용하였다.

⑤ 공신 및 호족 세력 숙청

자료3 (3) **성종**

① 최승로의 시무 28조 수용: 유교 이념에 따른 통치 체제 마련

② 제도 정비: 중앙 정치 기구 개편(2성 6부), 학교 제도 정비, 12목에 지방관 파견

> **시험에 꼭 나오는 개념 체크**
> 1. 고려는 발해의 유민을 포용하여 민족의 통합을 이루었다. (○, ×)
> 2. 광종은 _____을 실시하여 호족이 불법으로 차지하고 있던 노비를 양인으로 해방하였다.
> 정답 1. ○ 2. 노비안검법

자료1 고려의 후삼국 통일

918	고려 건국
919	송악 천도
935	견훤의 귀순
935	신라의 항복
936	후삼국 통일

자료2 훈요 10조

> **제1조** 우리나라(고려)의 대업은 부처 덕분이니, 불교를 장려하라.
> **제4조** 중국의 문물과 예악을 따르되, 반드시 같게 할 필요는 없다. 거란은 짐승의 나라이니 그 풍속을 본받지 말라.
> **제5조** 서경은 수덕이 순조로워 우리나라 지맥의 근본이니, 1년에 100일은 그곳에서 머물도록 하라.
> **제6조** 연등회와 팔관회의 행사를 성대하게 열고 늘리거나 줄이지 말라.
> — 「고려사」 —

제1조와 제6조를 통해 불교를 장려하였음을 알 수 있다. 제4조와 제5조를 통해 태조의 북진 정책에 대한 의지를 엿볼 수 있다.

자료3 최승로의 시무 28조

> **제7조** 왕이 백성을 다스리는 데 집집마다 가서 돌보고 날마다 볼 수는 없습니다. 그러므로 수령을 파견하여 백성의 이익과 손해를 살피게 하는 것입니다.
> **제20조** 불교를 믿는 것은 자신을 다스리는 근본이고, 유교를 행하는 것은 나라를 다스리는 근원을 구하는 것입니다. 자신을 다스리는 것은 내세에 복을 구하는 일이며, 나라를 다스리는 것은 오늘의 급한 일입니다. 오늘은 아주 가까운 것이고, 내세는 지극히 먼 것입니다. 가까운 것을 버리고 먼 것을 구하는 것은 또한 그릇된 것이 아니겠습니까? — 「고려사」 —

제7조를 통해 최승로가 지방관 파견을 건의하였음을 알 수 있다. 제20조를 통해 유교 이념에 따른 정치를 추구하였음을 알 수 있다.

용어 쏙쏙

❶ 귀순(歸-돌아가다, 順-따르다, 순하다): 적이었던 사람이 반항심을 버리고 스스로 돌아서서 복종하거나 순종함

❷ 빈민(貧-가난하다, 民-백성): 가난한 백성

❸ 포용(包-싸다, 容-담다): 남을 너그럽게 감싸주거나 받아들임

❹ 배척(排-물리치다, 斥-물리치다): 따돌리거나 거부하여 밀어 내침

❺ 사심관 제도: 호족이나 공신을 출신 지역의 사심관으로 삼아 지역을 통제하도록 한 제도

❻ 기인 제도: 호족의 자제를 수도에 머물게 하고, 그 출신 지역의 행정 자문 역할을 맡김

2 통치 체제의 정비

자료4 1 중앙 정치 제도

교과서마다 달라요
문하시중 비상, 미래엔, 지학만 다룸

2성	중서문하성	국가 정책 심의·결정, 문하시중이 국정 총괄
	상서성	6부를 통해 정책 집행
중추원		군사 기밀과 ❶왕명 출납 담당
어사대		관리의 비리 ❷감찰
삼사		국가 재정의 출납과 회계 담당
대간		• 중서문하성의 낭사+어사대의 관원으로 구성 • 관리 감찰 및 국왕의 잘못된 정치 행위를 비판·견제
회의 기구	도병마사	국방과 군사 문제 논의
	식목도감	제도와 시행 규칙 제정

교과서마다 달라요
대간 천재, 미래엔만 다룸

자료5 2 지방 행정 제도

5도	일반 행정 구역, 안찰사 파견, 도 아래에 주·군·현 설치
군·현	• 주현(지방관이 파견되는 지역)과 속현(지방관이 파견되지 않는 지역)으로 나뉨 • 주현의 지방관이 속현까지 ❸관할(실질적인 행정 업무는 향리가 담당) • 주현보다 속현의 수가 많음
❹양계	군사 행정 구역, 국경 지역에 설치, 병마사 파견
경기	수도인 개경과 그 주변 지역
3경	개경(개성), 서경(평양), 동경(경주) ➡ 이후 남경(서울)이 동경을 대신함
특수 행정 구역	• 향·부곡·소로 이루어짐 • 군현 지역에 거주하는 사람에 비해 차별 대우를 받음

교과서마다 달라요
3경 비상, 미래엔, 지학만 다룸

특수 행정 구역 주민들은 거주 이전에 제한을 받았고, 많은 세금을 내는 등 차별을 받았다.

향·부곡의 주민들은 주로 농업에 종사하였고, 소의 주민들은 국가에 필요한 특정 물품을 생산하였다.

3 군사 제도

(1) **중앙군** 2군(궁궐과 왕실 호위), 6위(수도와 국경의 방어 및 치안 담당)

(2) **지방군** 주현군(5도의 군사 및 치안 담당), 주진군(양계의 국경 방어)

4 교육 제도

(1) **태조** 개경과 서경에 학교 설치

(2) **성종** 국자감(중앙)과 향교(지방) 설치, 지방에 경학박사·의학박사 등을 파견

5 관리 등용 제도

자료6 (1) 과거

문과는 문학적 재능과 정책들을 시험하는 제술과와 유교 경전의 이해 능력을 시험하는 명경과로 나뉘었다.

문과	제술과, 명경과로 나뉨 ➡ 문관 선발
승과	승려를 대상으로 실시 ➡ 승려에게 ❺품계를 내림
잡과	법률, 회계, 의학, 지리 등 기술관 선발
무과	거의 실시되지 않음 ➡ 무예 실력이 뛰어나거나 신체가 건강한 사람을 뽑아 무관으로 삼음

(2) **음서** ❻종실이나 공신, 5품 이상 관료의 자손을 시험을 거치지 않고 관료로 임명하는 제도

음서로 출세하는 경우가 많았지만, 음서로 관리가 된 이후에도 과거를 보는 경우가 많았고 고려 후기로 갈수록 과거가 중요해졌다.

(3) **천거** 학식이나 덕행이 뛰어난 인물을 추천하여 관직을 내려 주는 제도

시험에 꼭 나오는 개념 체크
1. 고려는 ___ 6부를 중심으로 중앙 정치를 운영하였다.
2. 국자감은 성종 때 설치된 최고 교육 기관이다. (○, ×)

답 1. 2성 2. ○

자료4 고려의 중앙 정치 제도

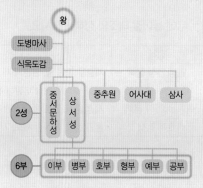

고려는 당의 3성 6부를 수용하였고, 이를 고려의 실정에 맞게 바꾸어 2성 6부로 정비하였다.

자료5 고려의 지방 행정 제도

성종 때 주요 지역에 12목이 설치되었다. 이후 고려는 5도, 양계, 경기로 지방 제도를 정비하였다. 또한 풍수지리설에 따라 3경을 설치하였다.

자료6 과거제 실시

광종이 쌍기의 말을 받아들여 과거를 통해 선비를 뽑았으며, 이로부터 학문을 숭상하는 분위기가 일어나기 시작하였다. …… 그 법을 세우고 제도를 만든 초기에는 인재를 기르는 방법과 관리를 선발하여 뽑는 제도, 인사를 관리하는 법이 정연하여 조리가 있었다.
– 「고려사」 –

과거제가 실시되면서 능력에 따라 관리를 선발하게 되었다. 이에 학문을 숭상하는 분위기가 조성되었고, 인재 선발과 관련된 제도가 정비되었다.

용어 쏙쏙

❶ 왕명 출납: 왕의 명령을 관청에 전달하거나 신하들이 왕에게 올리는 문서 혹은 건의 사항을 보고하는 업무

❷ 감찰(監–보다, 경계하다, 察–살피다): 관리들의 비리나 법을 어긴 사실이 있는지 감독하여 살피는 업무

❸ 관할(管–맡다, 轄–관리하다): 일정 권한을 가지고 맡아서 관리함

❹ 양계(兩–둘, 界–경계): 동계, 북계 두 지역을 가리킴

❺ 품계(品–등급, 階–관등): 관직의 등급

❻ 종실(宗–근본, 室–집): 왕실의 친척

01 ㉠, ㉡에 들어갈 태조의 정책을 쓰시오.

정책	내용
민생 안정 정책	세금을 줄여 줌, 빈민 구제 기관 설치
(㉠) 정책	신라, 후백제 백성과 발해 유민 포용
(㉡) 정책	서경 중시, 영토 확장(청천강~영흥만)
호족 정책	혼인 정책, 사심관 제도, 기인 제도

㉠ _____ ㉡ _____

02 다음 설명에 해당하는 기구를 보기 에서 골라 기호를 쓰시오.

> 보기
> ㄱ. 삼사   ㄴ. 도병마사
> ㄷ. 식목도감   ㄹ. 중서문하성

(1) 국가 정책 심의·결정 ( )
(2) 국방과 군사 문제 논의 ( )
(3) 제도와 시행 규칙 제정 ( )
(4) 국가 재정의 출납과 회계 담당 ( )

03 서로 관련 있는 것끼리 연결하시오.

(1) 태조 •   • ㉠ 시무 28조
(2) 광종 •   • ㉡ 훈요 10조
(3) 성종 •   • ㉢ 노비안검법

04 다음 중 알맞은 말에 ○표를 하시오.

(1) 성종은 최승로의 의견을 받아들여 (유교, 불교) 이념에 입각한 통치 체제를 마련하였다.
(2) (사심관, 기인) 제도는 호족이나 공신을 출신 지역의 관리로 삼아 지역을 통제하도록 한 제도이다.

05 다음 설명이 맞으면 ○표, 틀리면 ×표 하시오.

(1) 5도에 안찰사를 파견하였다. ( )
(2) 속현은 지방관이 파견된 지역이다. ( )
(3) 고려 시대의 향리는 실질적인 행정 업무를 담당하였다. ( )

06 다음 빈칸에 알맞은 말을 쓰시오.

(1) 개경에 최고 교육 기관인 ( )을(를) 설치하였다.
(2) ( )은(는) 고위 관료의 자손을 시험을 거치지 않고 관료로 임명하는 제도이다.

01 다음 사건을 순서대로 바르게 나열한 것은?

중 난이도

> ㄱ. 고려 건국
> ㄴ. 송악 천도
> ㄷ. 신라의 항복
> ㄹ. 견훤의 귀순
> ㅁ. 후백제 멸망

① ㄱ - ㄴ - ㄷ - ㄹ - ㅁ
② ㄱ - ㄴ - ㄹ - ㄷ - ㅁ
③ ㄱ - ㄷ - ㄹ - ㄴ - ㅁ
④ ㄷ - ㅁ - ㄹ - ㄴ - ㄱ
⑤ ㅁ - ㄷ - ㄹ - ㄴ - ㄱ

02 다음 자료와 관련된 왕의 업적으로 옳은 것은?

중 난이도

> 제1조 우리나라(고려)의 대업은 부처 덕분이니, 불교를 장려하라.
> 제5조 서경은 수덕이 순조로워 우리나라 지맥의 근본이니, 1년에 100일은 그곳에서 머물도록 하라.
> – 『고려사』 –

① 과거제를 실시하였다.
② 노비안검법을 실시하였다.
③ 개경에 국자감을 설치하였다.
④ 호족에게 왕씨 성을 하사하였다.
⑤ '광덕', '준풍' 등 독자적인 연호를 사용하였다.

03 ㉠, ㉡에 들어갈 말을 바르게 연결한 것은?

하 난이도

> • 왕은 호족이나 공신을 출신 지역의 (㉠)으로 삼아 해당 지역을 통제하도록 하였다.
> • 왕은 호족의 자제를 수도에 머물게 하고, 그 출신 지역의 행정 자문 역할을 맡겼다. 이를 (㉡) 제도라 한다.

	㉠	㉡
①	기인	공신
②	기인	문벌
③	기인	사심관
④	사심관	기인
⑤	사심관	문벌

04 다음 자료를 통해 알 수 있는 태조의 정책으로 가장 적절한 것은?

ⓗ 난이도

> 발해국 세자 대광현이 수만 명을 이끌고 귀순하였다. 태조는 그에게 '왕계'라는 성명을 주고 종실 족보에 넣었다.
> – 「고려사」 –

① 민족 통합 정책을 펼쳤다.
② 중앙 집권 체제를 강화하였다.
③ 서경을 중시하고 북진 정책을 추진하였다.
④ 호족들을 회유하고 통제하기 위해 노력하였다.
⑤ 백성의 세금을 줄이고 빈민을 구제하기 위해 노력하였다.

05 다음 정책을 시행한 왕의 업적으로 옳은 것은?

ⓒ 난이도

> 노비안검법은 호족이 불법으로 거느리고 있던 노비를 양인으로 해방한 법이다.

① 수도를 송악으로 옮겼다.
② 개경과 서경에 학교를 세웠다.
③ 중앙 정치 기구를 2성 6부로 개편하였다.
④ 개혁 정책에 반발한 호족과 공신을 제거하였다.
⑤ 호족을 포섭하기 위해 호족의 딸들과 혼인 관계를 맺었다.

06 밑줄 친 '이 왕'에 대한 설명으로 옳지 않은 것은?

ⓒ 난이도

> 용두사지 철당간에는 이 왕이 사용한 독자적인 연호인 '준풍'이 새겨져 있다.

① 관리의 공복을 정하였다.
② 황제 칭호를 사용하였다.
③ 기인 제도를 처음으로 실시하였다.
④ 쌍기의 건의로 과거제를 실시하였다.
⑤ 호족이 불법으로 소유한 노비를 양인으로 해방하였다.

07 다음 건의안을 수용하여 왕이 시행한 정책으로 가장 적절한 것은?

ⓒ 난이도

> 왕이 백성을 다스리는 데 집집마다 가서 돌보고 날마다 볼 수는 없습니다. 그러므로 수령을 파견하여 백성의 이익과 손해를 살피게 하는 것입니다. – 「고려사」 –

① 과거제를 도입하였다.
② 북진 정책을 추진하였다.
③ 양계에 병마사를 파견하였다.
④ 전국에 12목을 설치하고 지방관을 파견하였다.
⑤ 기인 제도를 실시하여 호족 세력을 통제하였다.

같은 주제 다른 문제

● 위 정책을 실시한 왕의 업적으로 옳은 것을 〈보기〉에서 모두 고르면? **답** ④

> 〈보기〉
> ㄱ. 훈요 10조를 남겼다.
> ㄴ. 중앙에 국자감을 설치하였다.
> ㄷ. 빈민 구제 기관인 흑창을 설치하였다.
> ㄹ. 중앙 정치 기구를 2성 6부로 개편하였다.

① ㄱ, ㄴ   ② ㄱ, ㄷ   ③ ㄴ, ㄷ
④ ㄴ, ㄹ   ⑤ ㄷ, ㄹ

08 고려의 중앙 정치 기구에 대한 설명으로 옳은 것은?

ⓢ 난이도

① 중서문하성 – 재정과 회계를 담당하였다.
② 상서성 – 문하시중이 국정을 총괄하였다.
③ 중추원 – 제도와 시행 규칙을 제정하였다.
④ 도병마사 – 군사와 국방 문제를 논의하였다.
⑤ 삼사 – 군사 기밀과 왕명 출납을 담당하였다.

같은 주제 다른 문제

● 고려의 독자적인 회의 기구로 옳은 것을 〈보기〉에서 모두 고르면? **답** ③

> 〈보기〉
> ㄱ. 중추원   ㄴ. 식목도감
> ㄷ. 도병마사   ㄹ. 중서문하성

① ㄱ, ㄴ   ② ㄱ, ㄷ   ③ ㄴ, ㄷ
④ ㄴ, ㄹ   ⑤ ㄷ, ㄹ

09 빗금 친 행정 구역에 대한 설명으로 옳은 것을 보기 에서 모두 고르면?

보기
ㄱ. 병마사를 파견하였다.
ㄴ. 국경 지역에 설치하였다.
ㄷ. 일반 행정 구역으로 주·군·현이 설치되었다.
ㄹ. 특수 행정 구역인 향·부곡·소로 향리가 행정 업무를 담당하였다.

① ㄱ, ㄴ   ② ㄱ, ㄷ   ③ ㄴ, ㄷ
④ ㄴ, ㄹ   ⑤ ㄷ, ㄹ

10 고려의 지방 행정 제도에 대한 설명으로 옳지 <u>않은</u> 것은?

① 풍수지리설에 따라 3경을 설치하였다.
② 경기, 5도, 양계로 지방 제도를 정비하였다.
③ 일반 행정 구역인 5도에는 안찰사를 파견하였다.
④ 지방관이 파견되는 속현보다 지방관이 파견되지 않은 주현이 많았다.
⑤ 특수 행정 구역에 거주하는 사람들은 군현 지역에 사는 사람보다 세금을 많이 냈다.

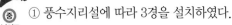
같은 주제 다른 문제

● 고려의 지방 행정 제도에 대한 설명으로 옳은 것을 〈보기〉에서 모두 고르면? 답 ⑤

〈보기〉
ㄱ. 속현보다 주현의 수가 많았다.
ㄴ. 주현의 지방관이 속현까지 관할하였다.
ㄷ. 특수 행정 구역에는 향·부곡·소가 있었다.
ㄹ. 경기는 수도인 개경과 그 주변 지역을 말한다.

① ㄱ, ㄴ   ② ㄱ, ㄷ   ③ ㄴ, ㄷ
④ ㄱ, ㄷ, ㄹ   ⑤ ㄴ, ㄷ, ㄹ

11 ㉠~㉢에 들어갈 말을 바르게 연결한 것은?

고려의 중앙군인 (㉠)은 왕을 호위하는 임무를 맡았고, 6위는 수도와 국경의 방어 및 치안을 담당하였다. 지방군인 (㉡)은 5도에서 군사 및 치안 업무를 담당하였고 여러 공사에 동원되었다. (㉢)은 양계의 국경 방어를 맡았다.

	㉠	㉡	㉢
①	2군	9서당	10정
②	2군	주진군	주현군
③	2군	주현군	주진군
④	9서당	주진군	주현군
⑤	9서당	주현군	주진군

12 선생님의 질문에 대한 학생의 답변으로 적절하지 <u>않은</u> 것은?

고려의 관리 등용 제도에 대해 발표해 볼까요?

① 기술관을 뽑는 잡과가 시행되었어요.
② 주로 과거와 음서로 관리를 선발하였어요.
③ 고려는 불교를 중시했기 때문에 승과를 설치하였어요.
④ 문과 중 제술과는 유교 경전의 이해 능력을 시험하였어요.
⑤ 음서는 고위 관료의 자손들이 시험을 거치지 않고 관료로 임명되는 제도였어요.

13 ㉠에 들어갈 기구로 옳은 것은?

고려의 최고 교육 기관인 (㉠)은(는) 성종 때 개경에 세워졌다. (㉠)에는 유학 학부와 잡학 학부가 있었고, 3년간 재학을 하면 과거에 응시할 수 있는 자격을 얻었다.

① 태학   ② 국학   ③ 향교
④ 국자감   ⑤ 주자감

01 다음 글을 읽고 물음에 답하시오.

> 제5조 (㉠)은(는) 수덕이 순조로워 우리나라 지맥의
> 근본이니, 1년에 100일은 그곳에서 머물도록 하라.
> ─ 「고려사」 ─

(1) ㉠에 들어갈 지명을 쓰시오.

_____

(2) 위 자료와 관련 있는 태조의 정책과 시행 결과를 서술
하시오.

_____

_____

03 다음 자료를 보고 물음에 답하시오.

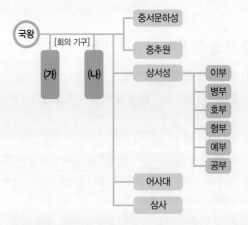

(1) (가), (나)의 명칭을 쓰시오.

(가) _____   (나) _____

(2) (가), (나)의 기능을 각각 서술하시오.

_____

_____

02 다음 글을 읽고 물음에 답하시오.

> (㉠)을(를) 믿는 것은 자신을 다스리는 근본이고,
> (㉡)을(를) 행하는 것은 나라를 다스리는 근원을 구
> 하는 것입니다. 자신을 다스리는 것은 내세에 복을 구하
> 는 일이며, 나라를 다스리는 것은 오늘의 급한 일입니
> 다. 오늘은 아주 가까운 것이고, 내세는 지극히 먼 것입
> 니다. 가까운 것을 버리고 먼 것을 구하는 것은 또한 그
> 릇된 것이 아니겠습니까? ─ 「고려사」 ─

(1) ㉠, ㉡에 들어갈 사상을 쓰시오.

㉠ _____   ㉡ _____

(2) 위 건의안을 수용한 왕의 정책을 두 가지 서술하시오.

_____

_____

04 다음 자료를 보고 물음에 답하시오.

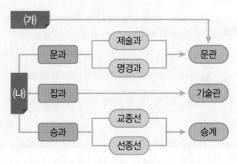

(1) (가), (나)에 들어갈 관리 등용 제도의 명칭을 쓰시오.

(가) _____   (나) _____

(2) (가)에 대해 서술하시오.

_____

_____

02 무신 정권의 성립과 고려 전기의 대외 관계

1 무신 정권의 성립과 변천

1 흔들리는 문벌 사회

(1) **문벌** 과거와 음서를 통해 여러 대에 걸쳐 ❶고위 관직을 차지한 가문, 왕실과의 혼인으로 권력 유지

(2) **이자겸의 난**
　　└ 경원 이씨 가문은 문종 대부터 왕실과 혼인 관계를 맺으며 약 80년간 권력을 차지하였다. 특히 이자겸은 인종의 외할아버지이자 장인으로서 최고 권력을 누렸다.
① 배경: 경원 이씨 가문의 권력 ❷독점 ➡ 인종의 이자겸 제거 시도
② 전개: 이자겸이 반란을 일으킴(1126) ➡ 인종이 내부 분열을 이용하여 반란 진압

자료 1
더 알기 (3) **묘청의 서경 천도 운동**
① 배경: 인종이 왕실의 권위 회복을 위해 정치 개혁 추진 ➡ 개경 세력과 서경 세력의 대립 ➡ 개경 세력의 반대로 서경 천도 실패
　　└ 인종은 왕권을 회복하기 위해 정지상, 묘청 등 서경 출신의 인물들을 등용하여 개혁을 추진하였다.
② 전개: 묘청이 서경에서 반란을 일으킴(1135) ➡ 김부식이 이끄는 관군에 의해 진압
　　└ 국호를 '대위', 연호를 '천개'라 하고 서경에서 반란을 일으켰다.

2 무신 ❸정변
　　　　　　　　　　　　└ 문신이 군대의 최고 지휘관을 맡았고, 무신은 관직 승진에 제한이 있었다. 또한 무과는 거의 시행되지 않았다.

(1) **배경** 의종의 ❹실정, 일부 문신의 권력 독점, 무신에 대한 경제적·사회적 차별 ➡ 이의방, 정중부 등이 정변을 일으킴(1170)

(2) **무신 정권 초기 상황** ❺중방을 중심으로 국가의 중대사 처리 ➡ 무신 간의 권력 다툼으로 집권자가 자주 교체되면서 정권이 불안정해짐

3 최씨 무신 정권의 수립
　　　　　　　　　　　　　　└ 좌별초, 우별초, 신의군을 합하여 부른 이름이다.
(1) **최충헌** 교정도감 설치(국가 주요 정책 결정), ❻도방 확대
　　　　　　　　　　　　　　　　　[교과서마다 달라요]
(2) **최우** 정방 설치(인사권 장악), 삼별초 조직(군사적 기반), 문신 등용 **문신 등용** 비상, 금성, 천재만 다룸

1170	1174	1179	1183	1196	1219	1249	1257	1258	1268	1270	1270
이의방	정중부	경대승	이의민	최충헌		최우		최항	최의	김준	임연	임유무
중방				교정도감		교정도감, 정방						

자료 2
4 농민과 천민의 봉기
(1) **배경**
　　└ 고려 왕조를 부정하고 고구려, 백제, 신라를 부흥시키기 위한 운동도 전개되었다.
① 무신 간의 권력 다툼으로 정치적 혼란 지속 ➡ 지방 통제력 약화
② 지배층의 과도한 ❼수탈 ➡ 농민의 고통 심화
③ 천민 출신 집권자의 등장 ➡ 농민과 천민의 신분 상승에 대한 욕구 증가
　　└ 이의민 등 천민 출신의 집권자가 등장하였다.

자료 3 (2) **대표 봉기**
① 망이·망소이의 봉기: 특수 행정 구역인 공주 명학소에서 과도한 세금 부과에 저항하며 봉기함
② 김사미·효심의 봉기: 경상도의 운문과 초전에서 지방관의 수탈에 저항하며 봉기함
③ 만적의 봉기: 최충헌의 사노비였던 만적이 개경에서 신분 해방을 주장하며 봉기함

> **[시험에 꼭 나오는 개념 체크]**
> 1. 만적은 공주 명학소에서 봉기를 일으켰다. (ㅇ, ×)
> 2. 무신 정변 직후에는 국가의 중요한 일을 무신의 회의 기구인 ___ 에서 처리하였다.
>
> 방중 .2 × .1 **답**

용어 쏙쏙

❶ 고위(高 - 높다, 位 - 자리): 높고 귀한 자리
❷ 독점(獨 - 홀로, 占 - 차지하다): 혼자서 모두 독차지함
❸ 정변(政 - 정치, 變 - 변하다): 혁명이나 쿠데타 따위의 비합법적인 수단으로 생긴 정치상의 큰 변동

❹ 실정(失 - 잃다, 政 - 정치): 정치를 잘못함
❺ 중방: 무신의 회의 기구
❻ 도방: 무신 정권 시기의 사병 집단
❼ 수탈(收 - 거두다, 奪 - 빼앗다): 강제로 빼앗음

자료 1 서경 세력과 개경 세력 비교

	서경 세력	개경 세력
인물	묘청, 정지상	김부식
사상	풍수지리설	유교
주장	· 서경 천도 찬성 · 금 정벌 주장	· 서경 천도 반대 · 금에 사대 주장

더 알기 묘청의 서경 천도 운동에 대한 평가

> 이 전쟁(서경 천도)은 즉 화랑, 불가 대 유가의 싸움이고, 국풍파 대 한학파의 싸움이고, 독립당 대 사대당의 싸움이고, 진취 사상 대 보수 사상의 싸움이다. 묘청은 곧 전자의 대표이고, 김부식은 곧 후자의 대표였던 것이다. …… 만일 이와 반대로 김부식이 패하고 묘청 등이 이겼더라면 조선사는 독립적, 진취적 방면으로 진전하였을 것이니, 이 전쟁을 어찌 1천 년 이래 최대 사건이라 하지 않겠는가.
> — 신채호, 「조선사연구초」 —

신채호는 당시 금의 세력이 강했음에도 금 정벌을 주장했던 묘청을 자주적, 개혁적인 측면에서 높이 평가하였다.

자료 2 농민과 천민의 봉기

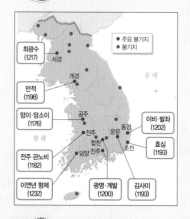

자료 3 만적의 봉기

> 무신 정변 이후 높은 관리가 천민과 노비에서 많이 나왔다. 장군과 재상이 본래 씨가 따로 있겠는가? 때가 되면 누구나 그 자리를 차지할 수 있는 것이다. 각자 자신의 주인을 죽이고 노비 문서를 불태우자.

노비 만적은 신분 해방을 주장하며 봉기를 계획하였다. 만적의 봉기는 하층민의 사회의식이 성장하는 계기가 되었다.

자료 4 **2 고려 전기의 대외 관계**

1 10세기 동아시아 ❶정세의 변화

(1) **거란** 요 건국, 발해를 멸망시키고 세력 확대

(2) **중국** 5대 10국의 혼란기를 거쳐 송이 중국 재통일

(3) **고려** 북진 정책 추진 → 발해를 멸망시킨 거란을 견제, 송과 ❷친선 관계 수립

2 거란의 침입

(1) **배경** 고려의 거란 ❸배척, 송과 대립하던 거란이 고려를 경계

자료 5 (2) **전개**

① 1차 침입(993): 서희의 외교 회담으로 강동 6주 획득

② 2차 침입: 고려가 송과 계속 교류하자 거란이 재침입 → 개경 함락, 양규의 활약으로 거란군 격퇴

> **교과서마다 달라요** **거란의 재침입**
> 비상은 강조의 정변을 구실로 거란이 고려를 다시 침략했다고 표기

③ 3차 침입: 강감찬이 귀주에서 거란군을 크게 격파(귀주 대첩, 1019)

④ 결과: 고려·송·거란의 세력 균형, 나성(개경)과 천리장성 축조

> **교과서마다 달라요**
> **나성** 동아, 미래엔은 다루지 않음

— 초기에 여진은 고려를 부모의 나라로 섬기고 특산품을 바쳤다.

3 여진과의 관계

— 신기군(기병), 신보군(보병), 항마군(승려)으로 편성되었다.

(1) **12세기 무렵** 여진은 부족을 통합하고 세력 확장 → 국경 부근에서 고려와 잦은 충돌

(2) **고려의 여진 정벌** 윤관의 건의로 별무반 조직 → 여진 정벌 후 동북 9성 설치(1107) → 여진의 9성 반환 요구와 방어의 어려움으로 9성을 여진에게 돌려줌

(3) **여진의 금 건국(1115)** 금 건국 이후 고려에 ❹군신 관계를 요구 → 당시 정권을 잡고 있던 이자겸이 금의 요구 수용

자료 6 **4 활발한 대외 교류**

— 고려의 사신과 학자는 중국의 문물을 배우기 위해 송으로 건너갔다.

(1) 고려는 건국 초부터 주변 나라와 교류

(2) **벽란도** 개경과 가까운 예성강 하구에 위치, 국제 무역항으로 번성

(3) **송과의 교류** 고려는 송과 가장 활발히 교류(문화적·경제적 실리 추구 목적), 송은 안정적인 국제 관계를 유지하기 위해 고려와 교류

수입품	서적, 비단, 약재, 악기 등	수출품	❺나전 칠기, ❻화문석, 인삼 등

(4) **거란·여진과의 교류** — 거란으로부터 들여온 대장경은 고려에서 대장경(초조대장경 등)이 제작되는 데 영향을 주었다.

수입품	은, 모피, 말 등	수출품	농기구, 식량 등

(5) **일본과의 교류**

수입품	수은, 유황 등	수출품	식량, 인삼, 서적 등

(6) **아라비아 상인과의 교류** 벽란도를 통해 교류 → 아라비아 상인에 의해 고려(코리아)가 서방 세계에 알려짐

수입품	수은, 향료, 산호 등	수출품	금, 비단 등

> **시험에 꼭 나오는 개념 체크**
> 1. 서희는 귀주에서 거란의 대군을 격파하였다. (○, ×)
> 2. 윤관은 _ _ _ _을 이끌고 여진을 정벌한 후 동북 9성을 쌓았다.
>
> 답 1. × 2. 별무반

자료 4 **고려 전기 동아시아의 정세**

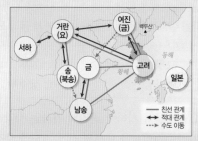

고려 전기에는 거란(요), 송, 고려가 각자의 힘을 가지고 세력 균형을 이루는 다원적 국제 질서를 형성하였다.

자료 5 **강동 6주와 천리장성**

거란이 침략하자 서희는 거란의 장수인 소손녕과 외교 회담에 나섰다. 이 과정에서 서희는 여진이 차지하고 있는 땅을 고려에 준다면 거란과 교류하겠다고 약속을 하였다. 이로 인해 고려는 강동 6주를 획득할 수 있었다.

자료 6 **고려의 대외 교류**

건국 초부터 고려는 대외 교류에 개방적이었고 활발한 무역 활동을 전개하였다. 이에 벽란도가 국제 무역항으로 번성하였다.

 용어 쏙쏙

❶ 정세(政 − 정치, 勢 − 형세, 기세): 정치상의 방향이나 상황

❷ 친선(親 − 친하다, 가깝다, 善 − 좋다): 서로 친하고 가까워 사이가 좋음

❸ 배척(排 − 밀어내다, 斥 − 내쫓다, 물리치다): 상대방을 따돌리거나 거부하여 밀어서 내쫓음

❹ 군신(君 − 임금, 臣 − 신하): 임금과 신하를 아울러 이르는 말

❺ 나전 칠기: 광채가 나는 조개껍데기 조각을 여러 가지 모양으로 박아 넣거나 붙인 공예품

❻ 화문석: 꽃무늬 등을 수놓아 만든 돗자리

01 다음 설명과 관련된 인물을 보기에서 골라 쓰시오.

보기

　ㄱ. 묘청　　　　　　ㄴ. 최우
　ㄷ. 이자겸　　　　　ㄹ. 정중부

(1) 정방을 설치하여 관리의 인사권 장악　　　(　　　)
(2) 풍수지리설을 내세워 서경 천도를 주장　　(　　　)
(3) 무신 정변을 일으켜 의종을 폐위하고 정권 장악
　　　　　　　　　　　　　　　　　　　　　(　　　)
(4) 인종의 외할아버지이자 장인으로 반란을 일으켜 왕권을 위협함　　　　　　　　　　　　　　(　　　)

02 ㉠, ㉡에 들어갈 알맞은 말을 쓰시오.

구분	서경 세력	개경 세력
인물	묘청	김부식
사상	(　㉠　)	(　㉡　)
주장	• 서경 천도 찬성 • 금 정벌 주장	• 서경 천도 반대 • 금에 사대 주장

㉠ ＿＿＿＿＿＿＿＿　　㉡ ＿＿＿＿＿＿＿＿

03 다음 중 알맞은 말에 ○표를 하시오.

(1) 천민 출신인 (망이, 만적)은(는) 신분 해방을 주장하며 봉기를 일으켰다.
(2) (최우, 최충헌)은(는) 교정도감을 설치하여 국가의 주요 정책을 결정한다.

04 서로 관련 있는 것끼리 연결하시오.

(1) 윤관　　•　　　　　　• ㉠ 강동 6주
(2) 서희　　•　　　　　　• ㉡ 동북 9성
(3) 강감찬 •　　　　　　• ㉢ 귀주 대첩

05 다음 빈칸에 알맞은 말을 쓰시오.

(1) 윤관은 (　　　　)을(를) 이끌고 여진을 정벌하였다.
(2) 고려는 건국 초부터 북진 정책을 추진하여 발해를 멸망시킨 (　　　　)을(를) 경계하였다.

06 다음 설명이 맞으면 ○표, 틀리면 ×표 하시오.

(1) 고려는 송과 가장 활발하게 교류하였다.　　(　　　)
(2) 벽란도는 국제 무역항으로 번성하였다.　　　(　　　)
(3) 고려는 거란의 침입을 물리친 후 거란과 교류하지 않았다.　　　　　　　　　　　　　　　　　(　　　)

01 (가)와 같은 세력에 대한 설명으로 옳은 것은?
중 난이도

16대 예종 － 문경 태후
((가)의 딸)

17대 인종 － 폐비 이씨 폐비 이씨
((가)의 딸) ((가)의 딸)

① 금 정벌을 주장하였다.
② 서경으로 수도를 옮길 것을 주장하였다.
③ 과거와 음서를 통해 고위 관직을 차지하였다.
④ 무신에 대한 차별에 불만을 품고 정변을 일으켰다.
⑤ 교정도감을 설치하여 국가의 주요 정책을 결정하였다.

같은 주제 다른 문제

● (가) 인물에 대한 설명으로 옳은 것을 〈보기〉에서 모두 고르면? 답 ⑤

〈보기〉
ㄱ. (가)은(는) 요 정벌을 주장하였다.
ㄴ. (가)은(는) 독자적인 연호를 사용하자고 주장하였다.
ㄷ. (가)은(는) 딸들을 왕비로 들여 최고 권력을 차지하였다.
ㄹ. 인종은 내부 분열을 이용하여 (가)이(가) 일으킨 반란을 진압하였다.

① ㄱ, ㄴ　　　　② ㄱ, ㄷ　　　　③ ㄴ, ㄷ
④ ㄴ, ㄹ　　　　⑤ ㄷ, ㄹ

02 다음 인물에 대한 설명으로 옳은 것을 보기에서 모두 고르면?
중 난이도

고려도 이제는 왕을 황제라 부르고 독자적인 연호를 사용해야 합니다.

보기

ㄱ. 금에 사대할 것을 주장하였다.
ㄴ. 사상적으로 풍수지리설의 영향을 받았다.
ㄷ. 서경으로 수도를 옮기는 것에 반대하였다.
ㄹ. 국호를 '대위'라 하고 서경에서 반란을 일으켰다.

① ㄱ, ㄴ　　　　② ㄱ, ㄷ　　　　③ ㄴ, ㄷ
④ ㄴ, ㄹ　　　　⑤ ㄷ, ㄹ

03 ㉠에 들어갈 내용으로 옳은 것은?

(하) 난이도

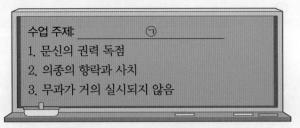

수업 주제: _____ ㉠
1. 문신의 권력 독점
2. 의종의 향락과 사치
3. 무과가 거의 실시되지 않음

① 무신 정변 배경
② 김헌창의 난 배경
③ 이자겸의 난 배경
④ 망이·망소이의 봉기 배경
⑤ 묘청의 서경 천도 운동 배경

04 ㉠~㉢에 들어갈 말을 바르게 연결한 것은?

(상) 난이도

> 최충헌은 (㉠)을(를) 설치하여 국가의 주요 정책을 결정하였다. 최충헌의 뒤를 이은 최우는 (㉡)을(를) 설치하여 인사권을 장악하였다. 또한 (㉢)을(를) 조직하여 군사적 기반으로 삼았다.

	㉠	㉡	㉢
①	중방	도방	정방
②	중방	도방	삼별초
③	정방	교정도감	삼별초
④	교정도감	중방	도방
⑤	교정도감	정방	삼별초

같은 주제 다른 문제

● (가)에 대한 설명으로 가장 적절한 것은? **답** ⑤

> 무신 정권 초기에는 무신 간의 권력 다툼으로 인해 집권자가 자주 교체되면서 정권이 불안정해졌다. 이후 이의민을 제거한 ((가))이(가) 권력을 잡으면서 안정을 찾았다.

① 서방을 설치하여 문신을 등용하였다.
② 삼별초를 설치하여 군사적 기반을 강화하였다.
③ 정방을 설치하여 관리의 인사권을 장악하였다.
④ 도방을 중심으로 국가의 중요한 일을 처리하였다.
⑤ 교정도감을 설치하여 국가의 중요 정책을 결정하였다.

05 밑줄 친 '봉기'와 관련된 사건으로 옳은 것을 **보기**에서 모두 고르면?

(하) 난이도

> 무신 간의 권력 다툼으로 인해 정치적 혼란이 계속되어 지방 통제력이 약화되었다. 또한 천민 출신 집권자가 등장하면서 농민과 천민은 봉기를 시도하였다.

보기
ㄱ. 김헌창의 난
ㄴ. 장보고의 난
ㄷ. 만적의 봉기
ㄹ. 망이·망소이의 봉기

① ㄱ, ㄴ ② ㄱ, ㄷ ③ ㄴ, ㄷ
④ ㄴ, ㄹ ⑤ ㄷ, ㄹ

06 다음 사건을 순서대로 바르게 나열한 것은?

(중) 난이도

> ㄱ. 무신 정변
> ㄴ. 만적의 봉기
> ㄷ. 이자겸의 난
> ㄹ. 묘청의 서경 천도 운동

① ㄱ-ㄴ-ㄷ-ㄹ ② ㄴ-ㄱ-ㄷ-ㄹ
③ ㄴ-ㄷ-ㄱ-ㄹ ④ ㄷ-ㄹ-ㄱ-ㄴ
⑤ ㄷ-ㄹ-ㄴ-ㄱ

07 (가)와 관련된 역사적 사실로 가장 적절한 것은?

(중) 난이도

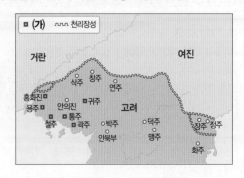

① 윤관이 여진을 정벌한 후 9성을 쌓았다.
② 만적이 노비를 모아 봉기를 계획하였다.
③ 서희가 거란의 장수와 외교 회담을 하였다.
④ 묘청이 서경 천도를 주장하며 반란을 일으켰다.
⑤ 각국의 상인이 들어와 교역하면서 국제 무역지로 번성하였다.

 08 ⊙, ⓒ에 대한 설명으로 옳은 것은?

(중) 난이도

> 서희: 고려는 고구려의 후예이다. 그래서 나라 이름도 고려라고 하였다. 압록강 근처도 우리 땅인데 현재 (⊙)이(가) 차지하여 길을 막아 (ⓒ)와(과) 국교를 맺지 못하고 있다. (⊙)을(를) 쫓아내면 국교를 통할 수 있을 것이다.

① ⊙에 해당하는 나라는 송이다.
② ⓒ에 해당하는 나라는 여진이다.
③ ⓒ은 세력을 키워 금을 건국하였다.
④ 윤관은 별무반을 이끌고 ⓒ을 정벌하였다.
⑤ 고려는 건국 초부터 발해를 멸망시킨 ⓒ을 견제하였다.

 같은 주제 다른 문제

⬥ ⓒ에 대한 설명으로 옳은 것을 〈보기〉에서 모두 고르면? **답 ②**

> 〈보기〉
> ㄱ. 10세기 무렵 ⓒ은 요를 건국하였다.
> ㄴ. 을지문덕이 귀주에서 ⓒ의 대군을 격파하였다.
> ㄷ. 12세기 무렵 강성해진 ⓒ은 고려 국경을 침입하였다.
> ㄹ. ⓒ의 침략 이후에 고려는 개경에 나성을 축조하였다.

① ㄱ, ㄴ   ② ㄱ, ㄹ   ③ ㄴ, ㄷ
④ ㄴ, ㄹ   ⑤ ㄷ, ㄹ

09 (가), (나) 시기 사이에 일어난 일로 옳은 것은?

(중) 난이도

> (가) 서희가 외교 회담을 통해 송과 관계를 끊기로 약속하고 강동 6주를 얻었다.
>
> ↓
>
> (나) 귀주에서 강감찬이 거란의 대군을 격파하고 큰 승리를 거두었다.

① 동북 9성을 축조하였다.
② 천리장성을 축조하였다.
③ 윤관이 별무반 편성을 건의하였다.
④ 양규의 활약으로 거란군을 물리쳤다.
⑤ 고려·송·거란이 세력 균형을 이루었다.

10 ⊙에 대한 설명으로 옳은 것은?

(중) 난이도

> 세력을 키운 여진은 (⊙)을(를) 세우고 거란을 멸망시켰다. 그리고 (⊙)은(는) 고려에 군신 관계를 요구하였다.

① 을지문덕은 귀주에서 ⊙의 군대를 물리쳤다.
② 이자겸은 ⊙의 군신 관계 요구를 수용하였다.
③ 고려는 ⊙의 침입을 막아낸 후에 천리장성을 쌓았다.
④ 김부식은 ⊙을 정벌하고 연호를 사용할 것을 주장하였다.
⑤ 고려는 ⊙의 침략을 물리치기 위해 초조대장경을 조판하였다.

11 고려의 대외 교류에 대한 설명으로 옳은 것을 **보기**에서 모두 고르면?

(중) 난이도

> **보기**
> ㄱ. 거란, 여진과는 국교를 단절하였다.
> ㄴ. 벽란도가 국제 무역항으로 번성하였다.
> ㄷ. 장보고가 해상 무역으로 이름을 떨쳤다.
> ㄹ. 고려는 서방 세계에 '코리아'라는 이름으로 알려졌다.

① ㄱ, ㄴ   ② ㄱ, ㄷ   ③ ㄴ, ㄷ
④ ㄴ, ㄹ   ⑤ ㄷ, ㄹ

12 (가)~(마)에 대한 설명으로 옳지 <u>않은</u> 것은?

(상) 난이도

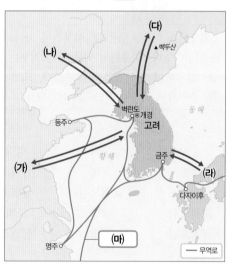

① 고려는 (가)에 학자, 유학생을 보내 선진 문물을 받아들였다.
② (나)는 주로 모피와 말을 고려에 수출하였다.
③ (다)에서 들여온 대장경은 고려의 대장경 편찬에 영향을 끼쳤다.
④ (라)는 주로 수은, 유황 등을 고려에 수출하였다.
⑤ (마) 상인을 통해 서방 세계에 고려의 이름이 알려졌다.

01 다음 글을 읽고 물음에 답하시오.

(가)	(나)
풍수지리설에 의하면 고려의 상황이 좋지 않은 것은 바로 개경의 기운이 약해졌기 때문입니다. 고려가 더욱 강해지려면 일단 수도를 서경으로 옮기는 것이 마땅합니다.	이번 여름에 서경에 지은 대화궁의 30여 곳에 벼락이 떨어지는 것을 보고도 서경의 기운이 좋다고 할 수 있습니까? 이런 곳에 가서 재앙을 피한다는 것은 잘못된 생각이라고 봅니다.

(1) (가), (나) 세력에 해당하는 대표적인 인물을 쓰시오.

(가) _____   (나) _____

(2) (가)의 주장을 두 가지 서술하시오.

_____

_____

02 다음 글을 읽고 물음에 답하시오.

(가)	(나)
나의 고향(명학소)을 충순현으로 승격하고 수령을 보내 위로하더니 다시 군대를 보내 토벌하러 와서 우리 어머니와 아내를 옥에 가두니 그 뜻은 어디에 있는가? 차라리 싸우다가 죽을지언정 항복하여 포로가 되지 않을 것이며, 반드시 개경까지 갈 것이다.	무신 정변 이후 높은 관리가 천민과 노비에서 많이 나왔다. 장군과 재상이 본래 씨가 따로 있겠는가? 때가 되면 누구나 그 자리를 차지할 수 있는 것이다. 각자 자신의 주인을 죽이고 노비 문서를 불태우자.

(1) (가), (나) 사건을 주도한 인물을 쓰시오.

(가) _____   (나) _____

(2) 무신 집권기에 (가), (나)와 같은 봉기가 일어난 배경을 두 가지 서술하시오.

_____

_____

03 다음 글을 읽고 물음에 답하시오.

> 고려는 옛 신라 땅에 나라를 세웠고, 고구려의 옛 땅은 (㉠)의 소유인데 고려가 차지하였다. 고려는 우리와 국경을 맞대고 있는데 어찌 송을 섬기느냐!

◀ 소손녕

(1) ㉠에 들어갈 나라를 쓰시오.

_____

(2) 서희의 입장이 되어 소손녕의 주장을 반박하는 글을 다음 **조건**에 맞춰 서술하시오.

조건
1. 근거를 두 가지 제시하여 서술할 것
2. '고구려', '여진' 키워드를 넣어 서술할 것

_____

_____

04 다음 글을 읽고 물음에 답하시오.

> 세력이 강성해진 여진은 국경에서 고려와 자주 충돌하였다. 이에 윤관은 (㉠)을(를) 이끌고 여진을 정벌하여 동북 지방에 9개의 성을 쌓았다. 이후 세력을 키운 여진은 (㉡)을(를) 세운 후 송을 남쪽으로 몰아내고 고려에 군신 관계를 강요하였다.

(1) ㉠, ㉡에 들어갈 용어를 쓰시오.

㉠ _____   ㉡ _____

(2) 밑줄 친 부분에 대해 고려 정부가 어떻게 대응하였는지 서술하시오.

_____

_____

03 ● 고려의 대몽 항쟁
04 ● 몽골의 간섭과 고려의 개혁

1 고려의 대몽 항쟁

1 몽골과의 접촉

(1) **몽골의 성장** 13세기에 칭기즈 칸이 몽골족 통일 ➡ 몽골군이 금(여진) 공격

(2) **몽골과 외교 관계 수립** 몽골군에 쫓긴 거란이 고려에 침입 ➡ 고려와 몽골군이 연합하여 거란 격퇴 ➡ 몽골과 외교 관계를 맺음

교과서마다 달라요 **몽골과 외교 관계**

동아	몽골과 우호 관계를 맺었다로 표기
비상	몽골과 국교를 맺었다로 표기
지학	몽골과 화친을 맺었다로 표기

2 몽골과의 전쟁

(1) **몽골의 침략**

① 배경: 몽골의 과도한 공물 요구로 양국의 갈등 심화 ➡ 몽골 사신 피살 사건을 구실로 침략(1231)

교과서마다 달라요 **박서의 항전** 동아만 다룸

② 전개: 박서의 항전(귀주성) ➡ 개경 포위 ➡ 몽골과 강화 체결

└ 몽골군은 점령 지역과 개경에 다루가치를 두고 철수하였다.

(2) **강화도 천도** 최씨 무신 정권은 장기 항전을 위해 강화도로 천도

└ 고려는 몽골군이 해전에 익숙하지 않다는 점을 이용하였다.

(3) **고려의 저항** 몽골의 재침략 ➡ 김윤후의 활약(처인성·충주성 전투), 팔만대장경 제작

└ 김윤후와 처인 부곡민들은 몽골군 사령관인 살리타를 사살하며 승리를 거두었다.

3 몽골과의 강화

(1) **개경 ❶환도** 최씨 무신 정권의 붕괴 ➡ 몽골과의 강화 추진 ➡ 강화 체결 후 개경으로 환도(1270)

└ 최씨 무신 정권은 전쟁 중에 사치를 하고 백성에게 과도한 세금을 부과하였다. 이에 지배층 내부의 불만이 커졌고 민심을 잃게 되었다.

자료 1 (2) **삼별초의 항쟁** 몽골과의 강화를 거부하고 진도, 제주도로 이동하며 항전 ➡ 고려 정부와 몽골 연합군에 의해 진압(1273)

(3) **전쟁의 영향** 막대한 인명 피해, 농토의 ❷황폐화, 문화재 ❸소실(황룡사 9층 목탑, 부인사의 초조대장경 등)

시험에 꼭 나오는 개념 체크

1. ___는 처인성 전투에서 몽골군 사령관 살리타를 사살하였다.
2. 삼별초는 몽골과의 강화를 거부하고 진도, 벽란도에서 항전하였다. (○, ×)

답 1. 김윤후 2. ×

자료 2

2 원의 간섭과 공민왕의 개혁

1 원의 간섭

교과서마다 달라요 **탐라총관부** 미래엔은 다루지 않음

영토 상실	동녕부(서경), 쌍성총관부(화주), 탐라총관부(제주) 설치
내정 간섭	정동행성 설치: 일본 정벌을 위해 설치 ➡ 이후 고려의 내정을 간섭
고려 왕실 간섭 (자료 3)	고려 왕과 원의 공주가 혼인, 왕실의 호칭과 관제 격하
자원 수탈	❹공녀·❺환관 요구, 금은·인삼·매 등 공물 요구

더 알기

2 권문세족의 성장

(1) **형성** 원 간섭기에 원의 세력을 배경으로 권세를 누리며 지배 세력으로 성장

(2) **특징** 친원적 성향, 주요 관직 차지, 음서를 통해 권력 세습, 대규모 농장 소유

(3) **영향** 많은 백성이 농장의 노비로 전락 ➡ 국가 재정 악화

└ 충선왕, 충목왕 등이 개혁을 시도했으나 권문세족의 반발로 실패하였다.

자료 1 삼별초의 항쟁

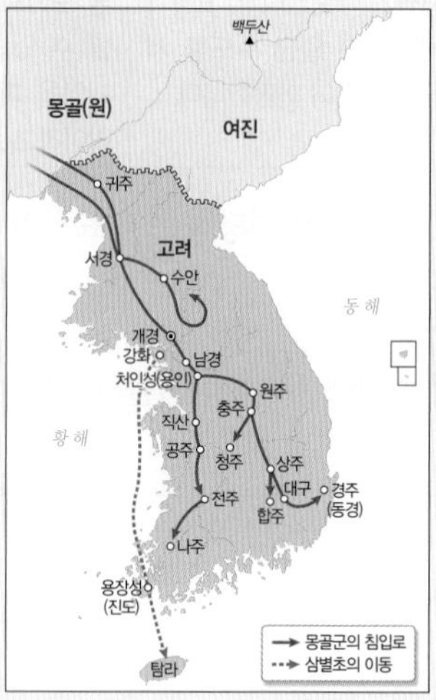

무신 정권의 군사적 기반이었던 삼별초는 몽골과의 강화와 개경 환도에 반대하며 진도와 제주도로 이동하면서 항전하였다. 그러나 고려·몽골 연합군에 의해 진압되었다.

자료 2 몽골 풍습의 유행

복식	변발, 몽골식 복장 등 유행
음식	만두, 소주 등이 소개
언어	• 수라: 왕에게 올리는 밥 • 무수리: 궁중에서 잔심부름을 하던 종 • '치': 직업을 나타내는 몽골어의 끝 글자 '치'

원 간섭기에는 고려와 몽골의 문물 교류가 활발해졌다. 이에 고려에서는 몽골식 복장과 머리 모양 등이 유행하였다(몽골풍). 몽골에는 고려의 의복과 음식 등이 전해졌다(고려양).

자료 3 왕실의 호칭 격하

변경 전	변경 후
조(祖), 종(宗)	충○왕(忠○王)
폐하	전하
태자	세자

더 알기 권문세족의 성장

몽골의 침입에 도움을 준 사람, 원과 혼인 관계를 맺은 가문의 사람(기철), 몽골어 통역관, 응방의 관리 등이 주로 권문세족으로 성장하였다.

└ 매를 기르는 관청이다.

용어 쏙쏙

❶ 환도(還-돌아오다, 都-수도): 전쟁 등의 국난으로 인하여 정부가 한때 수도를 버리고 다른 곳으로 옮겼다가 다시 옛 수도로 돌아옴
❷ 황폐(荒-거칠다, 廢-못 쓰게 되다): 집, 토지, 삼림 따위가 거칠어져 못 쓰게 됨
❸ 소실(燒-불사르다, 失-잃다): 불에 타서 사라짐
❹ 공녀(貢-바치다, 女-여자): 고려 시대와 조선 전기에 중국 왕조의 요구에 따라 공물로 바쳤던 여자
❺ 환관(宦-벼슬, 관직, 官-관리): 고려·조선 시대에 임금의 시중을 들거나 숙직과 관련된 일을 맡아보던 남자

자료4 **3 공민왕의 개혁 정치**

(1) **배경** 14세기 중엽 원의 세력 약화 ➡ 공민왕이 ❶반원 정책 추진

(2) **개혁 내용**

> **교과서마다 달라요**
> 정방 폐지 동아, 금성, 지학, 비상은 다루지 않음

반원 정책	• 기철 등 친원 세력 제거 • 정방 폐지 • 정동행성 축소 • 쌍성총관부 공격 ➡ ❷철령 이북의 땅 회복 • 왕실의 호칭과 관제 복구 • 변발 등 몽골풍 금지

> **교과서마다 달라요** **정동행성 축소**
> | 비상 | 정동행성이문소를 폐지하였다로 표기 |
> | 금성, 미래엔 | 정동행성의 일부 기능을 폐지하였다로 표기 |

충렬왕 시기에 동녕부와 탐라총관부를 원에게 돌려받았지만, 쌍성총관부는 돌려받지 못하였다.

자료5 **개혁 정책**
• 신돈을 등용하여 전민변정도감을 설치하고 개혁 추진
• 성균관 개편 ➡ 인재 양성, 유학 교육 강화

(3) **결과** 권문세족의 반발, 홍건적과 왜구의 침략으로 국내 정세가 불안정해짐 ➡ 신돈 제거, 공민왕의 ❸시해로 개혁 중단

> **시험에 꼭 나오는 개념 체크**
> 1. 원은 고려에 정동행성을 설치하여 내정을 간섭하였다. (○, ×)
> 2. 공민왕은 신돈을 등용하여 _____을 설치하고 개혁을 추진하였다.
>
> 답 1. ○ 2. 전민변정도감

---

3 새로운 정치 세력의 성장

> **교과서마다 달라요** **고려의 멸망**
> | 금성, 천재 | 신진 사대부의 분열까지만 다룸 |
> | 미래엔 | 고려의 멸망을 Ⅳ-1에서 다룸 |
> | 지학 | 위화도 회군까지만 다룸 |

1 신진 ❹사대부와 ❺신흥 무인 세력의 성장

(1) **신진 사대부의 성장**

원 말기에 일어난 한족 반란군으로 머리에 붉은 두건을 써서 홍건적이라 불렸다. 이들의 침략으로 한때 개경이 함락되어 공민왕이 복주(안동)로 피난을 갔다.

① **배경**: 공민왕의 성균관 정비, 유학 교육 강화 ➡ 과거를 통해 중앙 관리로 진출, 공민왕의 개혁 정치에 적극적으로 참여

② **특징**: ❻성리학 수용, 권문세족의 비리 비판, 명과 ❼우호 관계 유지 주장

자료6 (2) **신흥 무인 세력의 성장** 홍건적과 왜구의 침입을 물리치는 과정에서 성장(최영, 이

화포 제작 ─ 성계, 최무선, 박위 등)
└─ 쓰시마섬 토벌

해안 지방을 주로 약탈하였다. 이로 인해 조세 운송에 차질이 생기면서 국가 재정이 악화되었다.

2 고려의 멸망

더알기 (1) **위화도 ❽회군(1388)**

① **배경**: 명이 철령 이북의 땅을 직할령으로 삼겠다고 통보 ➡ 우왕과 최영의 요동 정벌 추진

② **전개**: 이성계가 요동 정벌에 반대하여 위화도에서 개경으로 회군 ➡ 우왕과 최영을 제거하고 정권을 잡음

(2) **신진 사대부의 분열** 위화도 회군 이후 신진 사대부가 정권 장악 ➡ 고려의 개혁 방법을 둘러싸고 온건파와 급진파로 분열

구분	온건파	급진파
대표 인물	이색, 정몽주	정도전
주장	고려 왕조 유지	새 왕조 개창

(3) **조선 건국** 정도전 등이 이성계와 손잡고 조선 건국(1392)

> **시험에 꼭 나오는 개념 체크**
> 1. _____는 명분과 도덕을 중시하는 성리학을 수용하였다.
> 2. 최영은 명의 철령위 설치에 반대하여 요동 정벌을 추진하였다. (○, ×)
>
> 답 1. 신진 사대부 2. ○

자료4 **공민왕의 영토 회복**

공민왕은 쌍성총관부를 공격하여 원에 빼앗겼던 영토(철령 이북의 땅)를 회복하였다.

자료5 **전민변정도감 설치**

> 근래에 기강이 크게 무너져 종묘, 학교 및 백성이 대대로 농사를 지어 온 땅을 권세가가 거의 다 빼앗았다. …… 이제 도감을 설치하여 바로잡고자 하니, 잘못을 알고 스스로 고치는 자는 죄를 묻지 않을 것이나, 기한을 넘겨 일이 발각되는 자는 죄를 조사하여 다스릴 것이다.
> – 『고려사』 –

전민변정도감은 권문세족이 불법적으로 차지한 토지를 본래 주인에게 돌려주고, 억울하게 노비가 된 백성을 양인으로 해방하기 위해 만든 임시 기구(도감)이다.

자료6 **홍건적과 왜구의 격퇴**

더알기 **이성계의 요동 정벌 반대**

이성계는 작은 나라가 큰 나라를 공격하면 안 되고, 여름에 전쟁하는 것은 옳지 않으며 요동 정벌을 틈타 왜구가 침략해 올 위험이 있다고 생각하였다. 요동 정벌에 반대한 그는 위화도에서 군대를 돌려 우왕을 폐위하고 최영을 제거하였다.

---

01 다음 설명에 해당하는 인물을 **보기**에서 골라 기호를 쓰시오.

> **보기**
> ㄱ. 신돈 ㄴ. 최우
> ㄷ. 김윤후 ㄹ. 배중손

(1) 강화도 천도 단행 ( )
(2) 처인성 전투에서 항전 ( )
(3) 공민왕이 등용하여 개혁 추진 ( )
(4) 삼별초를 지휘하고 진도에서 항쟁 ( )

02 다음 설명이 맞으면 ○표, 틀리면 ×표 하시오.

(1) 삼별초는 몽골과의 강화에 반대하여 지역을 옮기며 항전하였다. ( )
(2) 최씨 무신 정권은 몽골과 맞서 싸울 의지를 다지며 수도를 강화도로 옮겼다. ( )
(3) 고려 정부는 몽골을 물리치려는 종교적 염원을 담아 초조대장경을 제작하였다. ( )

03 다음 중 알맞은 말에 ○표를 하시오.

(1) 원은 (동녕부, 정동행성)을(를) 설치하여 고려의 내정을 간섭하였다.
(2) 고려에서는 몽골식 복장과 변발 등 (고려양, 몽골풍)이 유행하였다.

04 다음 빈칸에 알맞은 말을 쓰시오.

(1) 공민왕은 ( )을(를) 공격하여 철령 이북의 땅을 회복하였다.
(2) 신돈은 ( )을(를) 설치하여 권문세족이 빼앗은 토지를 본래 주인에게 돌려주고, 강제로 노비가 된 사람들을 양인으로 해방하였다.

05 ㉠, ㉡에 들어갈 정치 세력을 쓰시오.

구분	특징
(㉠)	• 원의 세력을 배경으로 권세를 누림 • 주로 음서를 통해 관직 진출, 대농장 소유
(㉡)	• 공민왕의 개혁 정치에 적극적으로 참여 • 성리학 수용, 과거를 통해 관직 진출

㉠ _____ ㉡ _____

06 서로 관련 있는 것끼리 연결하시오.

(1) 권문세족 •   • ㉠ 기철
(2) 신진 사대부 •   • ㉡ 이성계
(3) 신흥 무인 세력 •   • ㉢ 정몽주

01 (가) 시기에 일어난 일로 옳은 것을 **보기**에서 모두 고르면?

상 난이도

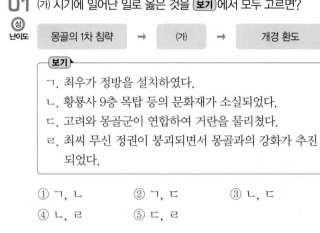

몽골의 1차 침략 → (가) → 개경 환도

> **보기**
> ㄱ. 최우가 정방을 설치하였다.
> ㄴ. 황룡사 9층 목탑 등의 문화재가 소실되었다.
> ㄷ. 고려와 몽골군이 연합하여 거란을 물리쳤다.
> ㄹ. 최씨 무신 정권이 붕괴되면서 몽골과의 강화가 추진되었다.

① ㄱ, ㄴ ② ㄱ, ㄷ ③ ㄴ, ㄷ
④ ㄴ, ㄹ ⑤ ㄷ, ㄹ

같은 **주제** 다른 **문제**

● (가) 시기에 일어난 일로 옳지 않은 것은? **답** ③

① 최씨 무신 정권은 강화도로 수도를 옮겼다.
② 김윤후는 충주성에서 몽골군을 격퇴하였다.
③ 윤관이 별무반을 이끌고 몽골의 침입에 맞섰다.
④ 몽골군은 점령 지역과 개경에 다루가치를 두고 철수하였다.
⑤ 부처의 힘으로 몽골군을 물리치기 위해 팔만대장경을 만들었다.

02 다음 상황이 나타난 시기를 연표에서 옳게 고른 것은?

중 난이도

> 김윤후와 처인 부곡민들이 몽골군 사령관 살리타를 사살하며 승리를 거두었다.

	(가)		(나)		(다)		(라)		(마)	
고려 건국		무신 정변		몽골의 1차 침략		개경 환도		공민왕 즉위		위화도 회군

① (가) ② (나) ③ (다) ④ (라) ⑤ (마)

03 고려의 대몽 항쟁에 대한 설명으로 옳은 것을 **보기**에서 모두 고르면?

중 난이도

> **보기**
> ㄱ. 박서가 귀주성에서 항전하였다.
> ㄴ. 강감찬이 귀주에서 몽골군을 격퇴하였다.
> ㄷ. 김윤후가 처인성에서 몽골군을 격퇴하였다.
> ㄹ. 서희의 외교 회담을 통해 강동 6주를 획득하였다.

① ㄱ, ㄴ ② ㄱ, ㄷ ③ ㄴ, ㄷ
④ ㄴ, ㄹ ⑤ ㄷ, ㄹ

04 (가)에 대한 설명으로 옳은 것을 보기 에서 모두 고르면?
(중) 난이도

보기
ㄱ. 고려 정부와 몽골 연합군에 의해 진압되었다.
ㄴ. 고려 정부의 개경 환도에 반대하며 항전하였다.
ㄷ. 최충헌이 조직한 부대로 최씨 무신 정권의 군사적 기반이었다.
ㄹ. 윤관이 지휘한 부대로 여진을 정벌하여 동북 지방을 차지하였다.

① ㄱ, ㄴ   ② ㄱ, ㄷ   ③ ㄴ, ㄷ
④ ㄴ, ㄹ   ⑤ ㄷ, ㄹ

05 밑줄 친 '이 시기'에 볼 수 있는 모습으로 옳지 않은 것은?
(중) 난이도

이 시기에는 어떤 변화가 있었을까?

폐하를 전하로, 태자를 세자로 부르는 등 왕실 용어가 격하되었어.

① 몽골식 변발을 한 권문세족
② 공녀로 끌려가는 고려 여성
③ 요동 정벌을 추진하는 최영
④ 탐라총관부를 관리하는 다루가치
⑤ 정동행성을 통해 고려 정치에 간섭하는 원의 관리

같은주제 다른 문제 ·········

● 원 간섭기의 고려 정치 및 사회 모습으로 옳지 않은 것은? 답 ⑤
① 왕실의 호칭과 관제가 격하되었다.
② 고려 왕은 원의 공주와 혼인하였다.
③ 몽골의 만두, 소주 등이 고려에 소개되었다.
④ 고려는 금은, 인삼, 매 등 많은 공물을 원에 바쳤다.
⑤ 원에서는 직업을 나타내는 '-치' 등의 고려 말이 유행하였다.

06 다음 지역을 수복한 왕의 업적으로 옳지 않은 것은?
(중) 난이도

① 변발 등 몽골풍을 금지하였다.
② 기철 등 친원 세력을 제거하였다.
③ 정방을 설치하여 인사권을 장악하였다.
④ 고려의 내정을 간섭하던 정동행성을 축소하였다.
⑤ 원의 연호와 관제를 폐지하고 고려의 제도를 복구하였다.

07 ㉠에 들어갈 기구로 옳은 것은?
(하) 난이도

공민왕은 신돈을 등용하여 (㉠)을(를) 설치하였다. 이를 통해 권문세족이 불법으로 취득한 토지를 원래 주인에게 돌려주고, 농장의 노비를 양인으로 해방하였다.

① 정치도감   ② 식목도감   ③ 도병마사
④ 교정도감   ⑤ 전민변정도감

08 다음 인물과 같은 정치 세력에 대한 설명으로 옳은 것을 보기 에서 모두 고르면?
(상) 난이도

내 동생은 원의 황제와 결혼하여 황후가 되었어. 그래서 우리 가문은 막강한 권력을 누리게 되었지.

보기
ㄱ. 친원적인 성향이 강하였다.
ㄴ. 주로 과거를 통해 관직에 진출하였다.
ㄷ. 백성들의 토지를 빼앗아 대규모 농장을 경영하였다.
ㄹ. 홍건적과 왜구의 침입을 격퇴하는 과정에서 성장하였다.

① ㄱ, ㄴ   ② ㄱ, ㄷ   ③ ㄴ, ㄷ
④ ㄴ, ㄹ   ⑤ ㄷ, ㄹ

[09~10] 다음 글을 읽고 물음에 답하시오.

(가)	(나)
명과 화친할 것을 주장하였고, 권문세족의 친원 정책에 반대하면서 고려 사회의 개혁을 주장하였다.	고려 말 홍건적과 왜구를 물리치는 과정에서 새로운 정치 세력으로 성장하였다.

09 (가), (나)에 해당하는 고려의 정치 세력을 바르게 연결한 것은?

 난이도 하

	(가)	(나)
①	호족	문벌
②	호족	신진 사대부
③	문벌	신흥 무인 세력
④	신진 사대부	신흥 무인 세력
⑤	신흥 무인 세력	신진 사대부

10 (가)에 대한 설명으로 옳은 것은?

중 난이도

① 성리학을 공부한 학자 출신이다.
② 대표적인 인물은 최영과 이성계이다.
③ 주로 음서를 통해 관직에 진출하였다.
④ 무신 정변을 일으켜 정권을 장악하였다.
⑤ 대규모 농장을 경영하며 경제력을 키워 나갔다.

11 (가), (나)에 대한 설명으로 옳지 않은 것은?

상 난이도

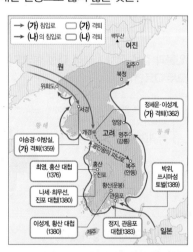

① (가) - 원 말기에 일어난 한족의 반란군이다.
② (가) - (가)의 침략으로 공민왕이 복주로 피난을 갔다.
③ (나) - (나)의 침략으로 한때 개경이 함락되었다.
④ (나) - 최무선은 화포를 제작하여 (나)를 격퇴하였다.
⑤ (가), (나) - (가), (나)의 침략을 격퇴하는 과정에서 신흥 무인 세력이 성장하였다.

12 다음 지도와 관련된 탐구 활동으로 가장 적절한 것은?

 중 난이도

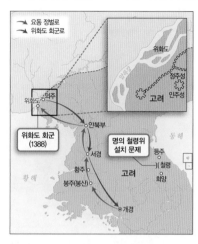

① 이성계가 요동 정벌을 반대한 이유를 조사한다.
② 신진 사대부가 성장할 수 있었던 배경을 파악한다.
③ 「단심가」를 통해 온건파 사대부의 입장을 분석한다.
④ 최무선이 왜구를 격퇴할 수 있었던 이유를 조사한다.
⑤ 홍건적과 왜구의 침입이 고려 사회에 끼친 영향을 분석한다.

13 다음 사건을 순서대로 바르게 나열한 것은?

중 난이도

```
ㄱ. 조선 건국
ㄴ. 공민왕 즉위
ㄷ. 위화도 회군
ㄹ. 쌍성총관부 수복
ㅁ. 최영의 요동 정벌 추진
```

① ㄴ - ㄷ - ㄹ - ㅁ - ㄱ
② ㄴ - ㄷ - ㅁ - ㄹ - ㄱ
③ ㄴ - ㄹ - ㄷ - ㅁ - ㄱ
④ ㄴ - ㄹ - ㅁ - ㄷ - ㄱ
⑤ ㄴ - ㅁ - ㄹ - ㄱ - ㄷ

 같은 주제 다른 문제 ....

● (가) 시기에 일어난 일로 옳은 것을 〈보기〉에서 모두 고르면? 답 ③

위화도 회군	→	(가)	→	조선 건국

〈보기〉
ㄱ. 한양으로 수도를 옮겼다.
ㄴ. 우왕과 최영이 제거되었다.
ㄷ. 정몽주 등 온건파가 제거되었다.
ㄹ. 고려 정부가 개경으로 환도하였다.

① ㄱ, ㄴ　　② ㄱ, ㄷ　　③ ㄴ, ㄷ
④ ㄴ, ㄹ　　⑤ ㄷ, ㄹ

01 다음 지도를 보고 물음에 답하시오.

(1) (가)에 해당하는 군대의 명칭을 쓰시오.

_____

(2) (가)가 항전하게 된 직접적인 계기를 서술하시오.

_____

_____

02 다음 지도를 보고 물음에 답하시오.

(1) (가)에 들어갈 명칭을 쓰시오.

_____

(2) (가)를 수복한 왕이 펼친 반원 개혁 정책을 두 가지 서술하시오.

_____

03 다음 글을 읽고 물음에 답하시오.

(가)	(나)
이들은 몽골의 침입에 도움을 주거나 원과 혼인 관계를 맺으며 권력을 누리게 되었고, 친원적인 성향이 강하였다.	이들은 공민왕이 성균관을 정비하고 유교 교육을 강화하면서 성장하였고, 공민왕의 개혁 정치에 적극적으로 참여하였다.

(1) (가), (나)에 들어갈 고려의 정치 세력을 쓰시오.

(가) _____ (나) _____

(2) (나) 세력의 특징을 두 가지 서술하시오.

_____

_____

04 다음 지도를 보고 물음에 답하시오.

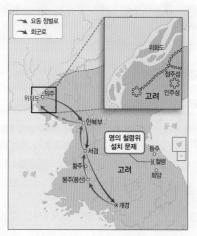

(1) 지도와 관련된 사건의 명칭과 사건을 주도한 인물을 쓰시오.

_____

(2) 위 사건의 결과를 서술하시오.

_____

_____

05 고려의 생활과 문화

1 고려 사회의 모습

1 신분 제도 [교과서마다 달라요]
신분 제도 미래엔, 지학만 다룸

(1) **신분제 사회** 법적으로 양인과 천인으로 구분

— 양인의 대부분을 차지한다.

양인	• 양인은 문벌, 문무 관료, 향리 등의 지배층과 양민으로 구분 • 양민: ❶백정이라고도 불림, 일반 군현에 거주, 조세·공납(특산물)·역(노동력)을 바침
천인	• 대다수가 노비, 매매·증여·상속의 대상, 공노비와 사노비로 구분 • 부모 중 한 명이 노비이면 그 자녀도 노비가 됨 —┘ 관청에 소속된 공노비와 개인 혹은 사원이 소유한 사노비로 나뉘었다.

(2) **농민을 위한 사회 정책** [교과서마다 달라요] 농민을 위한 사회 정책 동아만 다룸

① 정책: 농번기에는 농민의 노동력 동원 금지, 자연재해로 피해를 입을 시 세금 감면

② 구제 기관: 의창, 동서 대비원 ┐ 국립 의료 기관이자 구제 기관이다.

└ 백성에게 곡식을 빌려주었다가 추수한 다음 갚도록 하였다.

2 혼인 및 가족 제도

[자료1] **(1) 가족 제도**

① 가족 구성: 부부와 자녀로 이루어진 소가족이 중심

② 혼인: ❷일부일처제가 일반적, 이혼과 재혼이 가능, 사위가 처가살이를 하는 경우가 많았음, 사위와 외손자도 음서의 대상이 됨, 고려 후기에는 ❸조혼 풍속이 유행

③ 상속: 자녀 ❹균분 상속이 원칙

(2) 여성의 지위 ┐ 고려의 여성은 관직 진출 등 사회 활동에는 제한이 있었지만,
일상생활에서는 남성과 거의 대등한 위치에 있었다.

① 태어난 순서대로 호적에 기록

② 남녀 구분 없이 부모를 모시고 제사를 지냄

③ 혼인 후 여성은 자신의 재산을 가지고 사회 활동을 함

④ 여성이 한 집안의 대표로 가족을 부양하는 ❺호주가 되기도 함

> **[시험에 꼭 나오는 개념 체크]**
> 1. 고려 시대의 혼인 풍속은 ＿＿＿＿＿＿＿가 일반적이었다.
> 2. 고려 시대에는 재산을 자녀에게 골고루 나누어 주었다. (○, ×)

답 | 1. 일부일처제 2. ○

2 고려의 사상

1 불교의 발달

고려 초기	• 특징: 건국 초부터 국가의 지원을 받으며 발전 — 선종은 참선과 수행을 통해 깨달음을 얻는 것을 중시한다. • 연등회·팔관회 등 불교 행사 개최, 승과 설치, 대장경 간행
[자료2] 고려 중기	의천: 해동 천태종 창시, 교종을 중심으로 선종을 통합
[자료3] 무신 집권기	지눌: 수선사(송광사)를 중심으로 불교 개혁 운동 전개, 선종을 중심으로 교종을 포용 └ 교종은 경전 연구와 부처의 가르침을 공부하며 깨달음을 얻는 것을 중시한다.
원 간섭기	권문세족과 ❻결탁하여 ❼폐단을 드러냄

2 도교와 풍수지리설의 발달 [교과서마다 달라요]
도교와 풍수지리설의 발달 동아, 비상만 다룸

(1) **도교** 왕실과 지배층 사이에서 유행, 국가의 평안을 기원하는 행사 개최

(2) **풍수지리설** 도읍을 정하거나 궁궐·사찰·주택 등을 짓는 데 활용, 미래를 예언하는 ❽도참사상과 결합(묘청의 서경 천도 운동에 영향)

[자료1] **자녀 균분 상속**

> 나익희는 어려서부터 무예를 익혀 독서할 겨를이 없었으나 성품이 강직하여 절의를 숭모하면서 다른 사람과 다투는 것을 부끄러워하였다. 그의 어머니가 재산을 나누어 주면서 나익희에게 따로 노비 40명을 주려고 하자, 사양하며 말하기를 "제가 1남 5녀의 사이에 있으면서 어찌 차마 구차하게 더 얻어 여러 자녀들이 화목하게 살게 하고자 한 어머니의 인자한 뜻에 누를 끼칠 수 있겠습니까?"라고 하니 어머니가 의롭게 여기면서 이를 따랐다.
> – 「고려사」 –

고려 시대에는 부모가 자녀에게 재산을 물려줄 때 아들, 딸의 구분 없이 재산을 균등하게 분배하였다.

[자료2] **의천** [교과서마다 달라요]
의천 금성은 다루지 않음

고려는 교종과 선종이 함께 발전하였다. 이에 문종의 아들이자 승려였던 의천은 교종을 중심으로 선종을 통합해야 한다고 주장하였다. 그러나 의천이 사망한 후 교단은 분열하였다.

[교과서마다 달라요]
불교의 폐단
비상, 금성, 미래엔만 다룸

[자료3] **지눌**

당시 불교는 지배층의 지원을 받고 많은 토지를 소유하면서 점차 타락하였다. 이에 지눌은 불교의 세속화를 비판하며 수선사를 중심으로 불교를 개혁하기 위한 운동을 전개하였다.

용어 쏙쏙

❶ 백정(白 – 희다, 丁 – 장정): 고려 시대에 토지를 직접 경작하는 일반 농민을 이르던 말
❷ 일부일처(— – 하나, 夫 – 지아비, — – 하나, 妻 – 아내): 한 남편이 한 아내만 둠
❸ 조혼(早 – 이르다, 婚 – 혼인하다): 어린 나이에 일찍 결혼함
❹ 균분(均 – 고르다, 分 – 나누다): 고르게 나눔
❺ 호주(戶 – 집, 主 – 주인): 한 집안의 대표가 되는 주인
❻ 결탁(結 – 맺다, 託 – 부탁하다): 주로 나쁜 일을 꾸미려고 서로 한통속이 됨
❼ 폐단(弊 – 폐단, 端 – 폐단): 좋지 못하고 해로운 점
❽ 도참(圖 – 책, 讖 – 예언하다): 앞날의 길흉을 예언하는 내용을 적은 책

3 유학의 발달과 역사서 편찬

자료4 (1) 유학의 발달 교과서마다 달라요
유학의 발달 미래엔, 금성은 원 간섭기 성리학의 수용만 다룸

> 고려 정부는 장학 재단을 정비하고, 전문 강좌를 개설하면서 관학을 진흥시키고자 하였다.

고려 초기	• 과거제 실시 ─ 성종 때 설치한 국자감은 고려 후기에 성균관 으로 명칭이 바뀌었다. • 국자감(개경), 향교(지방) 설치
고려 중기	사학 교육 발달: 최충이 9재 학당 설립(이후 사학 12도 발전) → 관학이 위축됨
무신 집권기	유학 교육이 크게 ❶위축
원 간섭기	• 성리학의 ❷도입: 안향이 성리학 소개 ─ 충선왕이 원의 연경(베이징)에 설치한 서재이다. • 성리학의 발전: 이제현 등이 만권당에서 원의 학자와 교류, 신진 사대부를 중심으로 성리학 발전(불교의 사회적·경제적 폐단 비판) • 성리학 수용의 의의: 성리학은 조선 건국의 사상적 기반이 됨

자료5 (2) 역사서 편찬 ─ 무신 정변과 몽골의 침략을 거치면서 자주 의식을 강조한 역사서가 편찬되었다.

교과서마다 달라요
고려 초기 동아, 미래엔, 지학은 다루지 않음

고려 초기	『7대 실록』, 『삼국사』: ❸편찬하였으나 현존하지 않음
고려 중기	『삼국사기』: 김부식이 유교적 입장에서 편찬, 현존하는 가장 오래된 역사서
무신 정변 이후	• 『동명왕편』: 이규보가 편찬, 고구려 계승 의식 반영 • 『제왕운기』: 이승휴가 편찬, 우리나라와 중국의 역사를 시의 형식으로 정리, 고조선 역사 수록 • 『삼국유사』: 일연이 편찬, 고대의 ❹설화와 신화 수록(고조선 건국 이야기)
고려 후기	『사략』: 이제현이 편찬, 성리학적 ❺사관 반영 ─ 교과서마다 달라요 고려 후기 비상, 미래엔만 다룸

시험에 꼭 나오는 **개념 체크**
1. 지눌은 교종을 중심으로 선종을 통합하고자 하였다. (○, ×)
2. _____은 고려 사회의 모순을 개혁하기 위한 사상으로 자리 잡았다.

답 1. × 2. 성리학

자료4 신진 사대부의 불교 비판

> 성균관의 박초가 다음과 같은 글을 올렸다. …… 무릇 부처는 본래 오랑캐 사람으로 중국과 말이 다르고 의복도 같지 않습니다. …… 위로는 선대 왕께서 남긴 뜻을 계승하고 아래로는 우리 유학자들의 평소 희망을 받아들이시어 승려들을 향리로 돌려보내는 한편 이들을 병역과 부역에 동원하고 절을 집으로 바꾸어 호구 숫자를 늘려야 할 것입니다. …… 예의로써 가르치고 도덕으로써 기르면 몇 년 되지 않아 백성의 뜻이 정해지고 교화가 이루어질 것입니다.
> ─ 『고려사』 ─

신진 사대부는 성리학을 바탕으로 개혁을 추진하였고, 불교의 폐단을 비판하였다.

자료5 삼국사기와 삼국유사

	『삼국사기』	『삼국유사』
저자	김부식	일연
편찬 시기	인종(1145)	충렬왕(1281)
특징	• 유교적 합리주의 사관 • 신라 계승 의식	• 고대의 신화, 설화 수록 • 고조선 건국 이야기 수록

자료6 고려의 불상

▲ 논산 관촉사 석조   ▲ 하남 하사창동 철조 석가
미륵보살 입상   여래 좌상

3 고려의 불교문화와 예술

1 불교문화의 발달

자료6 (1) 석불 초기에는 지방 문화가 발달하여 거대한 석불이 많이 만들어짐, 일부 지역에서는 대형 철불이 제작됨

공포가 기둥 위에 있는 주심포 양식으로 기둥 가운데가 불룩한 배흘림기둥이 특징이다.

자료7 (2) 석탑 신라의 양식을 계승한 3층 석탑이 만들어짐, 다각 다층탑 유행, 승탑 제작

(3) **회화** 지배층의 후원으로 불화가 주로 그려짐(「수월관음도」)

(4) **건축** 궁궐과 사원이 많이 세워짐(봉정사 극락전, 부석사 무량수전, 수덕사 대웅전)
현재 남아 있는 가장 오래된 목조 건축물이다.

2 인쇄술의 발달

(1) **배경** 국가 차원에서 대장경을 만들고 불교 서적을 간행

(2) **목판 인쇄술** 초조대장경, 팔만대장경 ─ 몽골이 침입을 막기 위해 제작한 대장경으로, 유네스코 세계 기록 유산에 등재되어 있다.

(3) **금속 활자** 『상정고금예문』(현존하지 않음), 『직지』(남아 있는 가장 오래된 금속 활자본)

3 공예

교과서마다 달라요
『직지』 동아, 미래엔은 『직지심체요절』로 표기

(1) **청자** 초기에는 ❻순청자를 주로 제작 → 12세기 초 상감 청자 제작 ─ 자기 표면에 무늬를 파고 다른 색의 흙을 넣는 방식이다.

(2) **목공예** 나전 칠기 발전 ─ 청동의 표면을 얇게 파낸 후 은실로 박아 꾸미는 기법이다.

(3) **금속 공예** 은입사 기법 발달

▲ 청자 상감운학문   ▲ 청동 은입사 포류
매병   수금문 정병

시험에 꼭 나오는 **개념 체크**
1. 건국 초부터 상감 청자가 제작되었다. (○, ×)
2. 『___』는 현존하는 세계에서 가장 오래된 금속 활자본이다.

답 1. × 2. 직지

자료7 고려의 석탑과 승탑

▲ 개성 경천사지   ▲ 여주 고달사지 승탑
10층 석탑

용어 쏙쏙

❶ 위축(萎 - 시들다, 縮 - 줄이다): 어떤 힘에 눌려 졸아들고 기를 펴지 못함
❷ 도입(導 - 이끌다, 入 - 들이다): 기술, 방법, 물자 따위를 끌어들임
❸ 편찬(編 - 기록하다, 纂 - 모으다): 여러 가지 자료를 모아 체계적으로 정리하여 책을 만듦
❹ 설화(說 - 말하다, 話 - 말하다): 각 민족 사이에 전승되어 오는 신화, 전설, 민담 등을 통틀어 이르는 말
❺ 사관(史 - 역사, 觀 - 생각): 역사에 대한 체계적인 견해
❻ 순청자: 상감 또는 다른 재료로 장식하지 않은 청자

STEP 1 개념 확인

01 다음 설명이 맞으면 ○표, 틀리면 ✕표 하시오.

(1) 고려 시대에 재혼한 여성의 자녀는 사회적으로 차별받았다. ( )

(2) 부모가 자녀에게 재산을 물려줄 때는 자녀 균분 상속이 원칙이었다. ( )

02 ㉠, ㉡에 들어갈 인물을 쓰시오.

구분	특징
(㉠)	• 해동 천태종 창시 • 교종을 중심으로 선종을 통합
(㉡)	• 선종을 중심으로 교종을 포용 • 수선사를 중심으로 불교 개혁 운동 전개

㉠ _____ ㉡ _____

03 다음 중 알맞은 말에 ○표를 하시오.

(1) (최충, 최승로)은(는) 9재 학당을 설립하였다.

(2) (안향, 이제현)은 고려에 처음으로 성리학을 소개하였다.

04 서로 관련 있는 것끼리 연결하시오.

(1) 일연 •　　　　　　• ㉠『동명왕편』

(2) 김부식 •　　　　　• ㉡『삼국사기』

(3) 이승휴 •　　　　　• ㉢『삼국유사』

(4) 이규보 •　　　　　• ㉣『제왕운기』

05 다음 빈칸에 알맞은 말을 쓰시오.

(1) 고려 시대에는 옻칠한 바탕에 자개를 붙여 장식하는 ( )이(가) 발전하였다.

(2) 몽골의 침입을 막기 위해 제작한 ( )은(는) 고려 목판 인쇄술의 높은 수준을 보여 준다.

06 다음 설명에 해당하는 고려의 문화재를 보기에서 골라 기호를 쓰시오.

보기
ㄱ. 『상정고금예문』
ㄴ. 부석사 무량수전
ㄷ. 청자 상감운학문 매병
ㄹ. 논산 관촉사 석조 미륵보살 입상

(1) 최초의 금속 활자본으로 현존하지 않음 ( )

(2) 고려 중기에 상감 기법으로 만들어진 청자 ( )

(3) 인체 표현이 과장된 고려 초기의 거대한 석불 ( )

(4) 배흘림기둥이 특징인 고려의 대표적인 목조 건축물 ( )

STEP 2 대표 문제

01 ㉠, ㉡에 대한 설명으로 옳은 것은?
(중 난이도)

> 고려 시대의 신분 제도는 법적으로 (㉠)와(과) (㉡)(으)로 구분되었다. 여기서 (㉠)은(는) 문벌, 문무 관료, 향리 등의 지배층과 일반 양민으로 나뉘었다.

① ㉠ - 과거 응시가 가능하였다.

② ㉠ - 매매·상속·증여의 대상이다.

③ ㉡ - 백정이라 불렸다.

④ ㉡ - 국가에 조세, 공납, 역을 바쳤다.

⑤ ㉡ - 향·소·부곡민은 ㉡에 해당한다.

02 다음을 통해 추론할 수 있는 고려 시대의 사회 모습으로 가장 적절한 것은?
(하 난이도)

> 나익희는 어려서부터 무예를 익혀 독서할 겨를이 없었으나 성품이 강직하여 절의를 숭모하면서 다른 사람과 다투는 것을 부끄러워하였다. 그의 어머니가 재산을 나누어 주면서 나익희에게 따로 노비 40명을 주려고 하자, 사양하며 말하기를 "제가 1남 5녀의 사이에 있으면서 어찌 차마 구차하게 더 얻어 여러 자녀들이 화목하게 살게 하고자 한 어머니의 인자한 뜻에 누를 끼칠 수 있겠습니까?"라고 하니 어머니가 의롭게 여기면서 이를 따랐다.
> ─ 『고려사』 ─

① 여성은 호주가 될 수 없었다.

② 아들이 없으면 양자를 들였다.

③ 자녀 균분 상속을 원칙으로 하였다.

④ 큰아들이 부모를 모시고 제사를 지냈다.

⑤ 혼인 후 신부는 신랑 집으로 가서 생활하였다.

03 고려 시대 사회 모습에 대한 설명으로 옳지 <u>않은</u> 것은?
(중 난이도)

① 일반 양민은 주로 백정이라 불렸다.

② 노비는 매매·상속·증여의 대상이 되었다.

③ 국가는 의창을 설치하여 농민을 보호하였다.

④ 국립 의료 기관인 동서 대비원이 설립되었다.

⑤ 재산 상속과 제사는 장자 중심으로 이루어졌다.

04 (가), (나) 인물에 대한 설명으로 옳은 것을 보기 에서 모두 고르면?
(상) 난이도

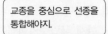
교종을 중심으로 선종을 통합해야지.

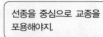
선종을 중심으로 교종을 포용해야지.

(가)  (나)

보기
ㄱ. (가) – 해동 천태종을 창시하였다.
ㄴ. (가) – 인도를 순례한 후에 『왕오천축국전』을 저술하였다.
ㄷ. (나) – 수선사를 중심으로 불교 개혁 운동을 전개하였다.
ㄹ. (나) – '나무아미타불'을 외우면 성불할 수 있다고 가르쳐 불교의 대중화에 기여하였다.

① ㄱ, ㄴ   ② ㄱ, ㄷ   ③ ㄴ, ㄷ
④ ㄴ, ㄹ   ⑤ ㄷ, ㄹ

05 ㉠에 들어갈 사상으로 옳은 것은?
(하) 난이도

고려 시대에는 (㉠)이(가) 유행하여 도읍을 정할 때 활용되었고, 묘청의 서경 천도 운동에도 영향을 끼쳤다.

① 도교   ② 교종   ③ 선종
④ 성리학   ⑤ 풍수지리설

06 ㉠에 들어갈 학문에 대한 설명으로 옳은 것을 보기 에서 모두 고르면?
(중) 난이도

안향은 충렬왕과 원에 갔다가 귀국하여 고려에 처음으로 (㉠)을(를) 소개하였다.

보기
ㄱ. 국가와 왕실의 안녕을 기원하였다.
ㄴ. 신진 사대부들이 개혁 사상으로 삼았다.
ㄷ. 우주의 원리, 인간의 심성을 탐구 대상으로 삼았다.
ㄹ. 도읍을 정하거나 궁궐, 사찰, 주택 등을 짓는 데 활용되었다.

① ㄱ, ㄴ   ② ㄱ, ㄹ   ③ ㄴ, ㄷ
④ ㄴ, ㄹ   ⑤ ㄷ, ㄹ

07 다음 자료와 관련된 탐구 활동으로 가장 적절한 것은?
(중) 난이도

성균관의 박초가 다음과 같은 글을 올렸다. …… 무릇 부처는 본래 오랑캐 사람으로 중국과 말이 다르고 의복도 같지 않습니다. …… 위로는 선대 왕께서 남긴 뜻을 계승하고 아래로는 우리 유학자들의 평소 희망을 받아들이시어 승려들을 향리로 돌려보내는 한편 이들을 병역과 부역에 동원하고 절을 집으로 바꾸어 호구 숫자를 늘려야 할 것입니다. …… 예의로써 가르치고 도덕으로써 기르면 몇 년 되지 않아 백성의 뜻이 정해지고 교화가 이루어질 것입니다.
– 『고려사』 –

① 성리학을 수용한 과정을 조사한다.
② 고려 정부의 과학 진흥책을 분석한다.
③ 사학 12도가 번성한 배경을 파악한다.
④ 신진 사대부가 비판한 불교의 폐단을 조사한다.
⑤ 『제왕운기』, 『삼국유사』가 편찬된 배경을 파악한다.

08 (가), (나)에 대한 설명으로 옳은 것을 보기 에서 모두 고르면?
(중) 난이도

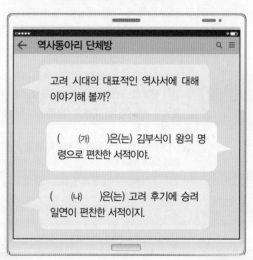

보기
ㄱ. (가) – 불교 설화, 신화 등의 내용을 담고 있다.
ㄴ. (가) – 유교적 합리주의 사관에 입각하여 서술하였다.
ㄷ. (나) – 고조선 건국 이야기를 수록하였다.
ㄹ. (나) – 현존하는 가장 오래된 역사서이다.

① ㄱ, ㄴ   ② ㄱ, ㄷ   ③ ㄴ, ㄷ
④ ㄴ, ㄹ   ⑤ ㄷ, ㄹ

같은 주제 다른 문제

◈ (나)가 편찬된 시기를 연표에서 옳게 고른 것은? **답** ④

㉠	㉡	㉢	㉣	㉤
고려 건국	무신 정변	몽골의 1차 침략	개경 환도	공민왕 즉위	위화도 회군

① ㉠   ② ㉡   ③ ㉢   ④ ㉣   ⑤ ㉤

09 (가), (나)에 해당하는 역사서를 바르게 연결한 것은?

중
난이도

> (가) 고구려를 건국한 주몽을 영웅으로 묘사하면서 고구려 계승 의식을 강조하였다.
> (나) 우리나라와 중국의 역사를 시의 형식으로 정리하였고, 단군 조선을 우리 민족 최초의 국가로 기록하였다.

	(가)	(나)
①	『사략』	『동명왕편』
②	『동명왕편』	『삼국유사』
③	『동명왕편』	『제왕운기』
④	『제왕운기』	『삼국사기』
⑤	『제왕운기』	『동명왕편』

10 다음은 어떤 학생이 작성한 수행 평가 답안지이다. 이 학생이 받게 될 점수로 옳은 것은?

중
난이도

역사 수행 평가

※ 고려의 불교문화에 대한 내용이 맞으면 ○표, 틀리면 ×표 하시오.

문항	내용	답
1	부석사 무량수전은 배흘림기둥이 특징이다.	○
2	고려 시대에는 승탑이 거의 제작되지 않았다.	○
3	불국사 3층 석탑은 고려의 대표적인 다각 다층탑이다.	○
4	팔만대장경은 고려 목판 인쇄술의 높은 수준을 보여 준다.	×
5	고려 초기에는 지방 문화가 발달하여 거대 석불이 제작되었다.	○
합계		

(답이 맞으면 1점, 틀리면 0점을 부여한다.)

① 1　　② 2　　③ 3　　④ 4　　⑤ 5

11 ㉠에 들어갈 유물로 옳은 것은?

하
난이도

> (㉠)은(는) 1377년 청주 흥덕사에서 인쇄되었고, 현존하는 세계에서 가장 오래된 금속 활자본으로 인정받았다. 이에 2001년에 유네스코 세계 기록 유산으로 지정되었다.

① 『사략』　　　② 『직지』
③ 초조대장경　　④ 팔만대장경
⑤ 『상정고금예문』

12 다음에서 설명하는 고려의 문화유산으로 옳은 것은?

중
난이도

> 고려의 대표적인 다각 다층탑으로, 형태나 제작 방식은 원의 영향을 받았다. 현재 국립중앙박물관에 보관되어 있다.

같은 주제 다른 문제

● 고려 시대의 문화유산으로 옳은 것을 〈보기〉에서 모두 고르면? 답 ⑤

〈보기〉
ㄱ. 익산 미륵사지 석탑　　　ㄴ. 경주 분황사 모전 석탑
ㄷ. 개성 경천사지 10층 석탑　ㄹ. 평창 월정사 8각 9층 석탑

① ㄱ, ㄴ　　② ㄱ, ㄹ　　③ ㄴ, ㄷ
④ ㄴ, ㄹ　　⑤ ㄷ, ㄹ

13 다음 대화에서 고려의 문화를 바르게 말한 사람을 모두 고르면?

중
난이도

> 갑: 고려는 건국 초부터 상감 기법을 적용한 청자를 만들었다지?
> 을: 심지어 옻칠한 바탕에 자개를 붙여서 장식하는 나전 칠기도 발전했어.
> 병: 그뿐만이 아니야. 청동의 표면을 파내고 은실을 박아 꾸미는 은입사 기법도 발달했다고!
> 정: 하지만 고려 인쇄술의 높은 수준을 보여 주는 『직지』가 현존하지 않는 점은 아쉬울 따름이야.

① 갑, 을　　② 갑, 병　　③ 을, 병
④ 을, 정　　⑤ 병, 정

01 다음 글을 읽고 물음에 답하시오.

> 〈수행 평가 보고서〉
> **고려 시대의 사회 모습**
> 고려 시대의 가족 구성은 소가족이 중심이었다. 혼인 풍속은 일반적으로 (㉠)였다. 한편 고려의 여성은 사회 활동에는 제한이 있었지만 <u>일상생활에서는 남성과 거의 대등한 위치에 있었다.</u>

(1) ㉠에 들어갈 용어를 쓰시오.

_____

(2) 밑줄 친 부분에 해당하는 사례를 두 가지 서술하시오.

_____

_____

02 다음 글을 읽고 물음에 답하시오.

> 검색어: (㉠)의 수용
>
> 안향은 인간의 심성과 우주의 원리 문제를 철학적으로 탐구하는 학문인 (㉠)을(를) 고려에 소개하였다. (㉡)은(는) 만권당에서 원의 학자와 교류하며 성리학 이해의 폭을 넓혔다.

(1) ㉠, ㉡에 들어갈 말을 쓰시오.

㉠ _____ ㉡ _____

(2) ㉠이 신진 사대부에게 끼친 영향을 서술하시오.

_____

_____

03 다음 글을 읽고 물음에 답하시오.

 이규보가 저술한 (㉠)은(는) 고구려 계승 의식을 반영하여 서술하였어.

 일연이 저술한 (㉡)은(는) 불교 설화나 고조선 건국 이야기와 같은 신화가 수록되어 있어.

(1) ㉠, ㉡에 들어갈 역사서를 쓰시오.

㉠ _____ ㉡ _____

(2) 위의 역사책이 편찬된 배경을 서술하시오.

_____

_____

04 다음 글을 읽고 물음에 답하시오.

(가)	(나)
몽골의 침략을 막기 위해 제작한 대장경으로, 현재 해인사 장경판전에 보관되어 있다.	청주 흥덕사에서 인쇄된 현존하는 세계에서 가장 오래된 금속 활자본으로, 현재 프랑스국립도서관에 보관되어 있다.

(1) (가), (나)에 들어갈 유물의 명칭을 쓰시오.

(가) _____ (나) _____

(2) 고려 시대에 인쇄술이 발달한 배경을 서술하시오.

_____

_____

01 고려의 후삼국 통일과 통치 체제의 정비

1 고려의 건국과 후삼국 통일
고려 건국(918) ➡ 견훤 귀순 ➡ 신라 항복 ➡ 후백제 멸망(936)

2 왕권의 안정

태조	북진 정책(서경 중시), 호족 정책(사심관 제도, 기인 제도)
광종	과거제 실시, 노비안검법 시행, 관리의 공복 제정
성종	최승로의 시무 28조 수용 ➡ 유교의 통치 이념화, 지방관 파견, 중앙 및 지방 행정 제도 정비

3 통치 체제의 정비

중앙 행정	• 2성 6부: 중서문하성, 상서성 • 회의 기구: 도병마사, 식목도감
지방 행정	• 5도: 일반 행정 구역, 안찰사 파견 • 군·현: 주현(지방관○)과 속현(지방관×) ➡ 주현＜속현 • 양계: 국경 지역에 설치, 병마사 파견
군사	중앙(2군 6위), 지방(주현군, 주진군)
교육	중앙(국자감), 지방(향교)
관리 등용	• 과거: 문과, 승과, 잡과(무과는 거의 시행되지 않음) • 음서: 고위 관료의 자손이 대상, 시험 없이 관리로 등용

02 무신 정권의 성립과 고려 전기의 대외 관계

1 무신 정권의 성립과 정치 변화

문벌 사회의 동요	• 이자겸의 난: 경원 이씨 가문의 권력 독점 ➡ 인종의 이자겸 제거 시도 ➡ 이자겸의 난 발생 • 묘청의 서경 천도 운동: 서경 세력이 풍수지리설을 바탕으로 서경 천도 주장 ➡ 묘청의 난 발생
무신 정변	• 배경: 무신에 대한 사회적·경제적 차별 • 최씨 무신 정권: 최충헌(교정도감 설치), 최우(정방 설치, 삼별초 조직)
농민·천민 봉기	망이·망소이의 봉기, 만적의 봉기

2 거란과의 전쟁

배경	고려의 거란 배척, 거란이 고려를 경계
전개	• 1차 침입: 서희의 외교 회담 ➡ 강동 6주 획득 • 2차 침입: 양규의 활약 • 3차 침입: 강감찬이 귀주에서 거란군 격파(귀주 대첩)

3 여진과의 전쟁

배경	12세기에 여진이 부족을 통합하고 세력 확장 ➡ 고려 침략
전개	윤관과 별무반의 여진 정벌 ➡ 동북 9성 축조

4 고려의 대외 교류

특징	• 송과 가장 활발히 교류 • 아라비아 상인과도 교류 ➡ 고려가 서방 세계에 알려짐
벽란도	개경과 가까운 예성강 하구의 국제 무역항

03 고려의 대몽 항쟁 ~ 04 몽골의 간섭과 고려의 개혁

1 고려의 대몽 항쟁

배경	몽골 사신 피살 사건을 구실로 침략(1231)
전개	최씨 무신 정권의 강화도 천도 ➡ 몽골의 재침략 ➡ 김윤후의 활약(처인성, 충주성 전투) ➡ 최씨 무신 정권의 붕괴 ➡ 몽골과 강화 체결 ➡ 개경 환도(1270)
삼별초의 항쟁	강화도 ➡ 진도 ➡ 제주도로 이동하며 항쟁

2 원의 간섭

내정 간섭	쌍성총관부 설치, 정동행성 설치, 왕실의 호칭 및 관제 격하
자원 수탈	공녀·환관 요구, 금은·인삼·매 등 수탈

3 권문세족의 성장
친원적 성향, 음서를 통해 관직 진출, 대농장 소유

4 공민왕의 개혁 정치

반원 정책	친원 세력 제거, 정동행성 축소, 쌍성총관부 공격, 관제 복구, 변발 등 몽골풍 금지
개혁 정책	전민변정도감 설치(신돈), 성균관 개편

5 새로운 정치 세력의 성장
신진 사대부, 신흥 무인 세력

6 고려의 멸망

위화도 회군	• 배경: 명의 철령위 설치 통보 ➡ 최영의 요동 정벌 추진 • 전개: 이성계의 요동 정벌 반대 ➡ 위화도에서 회군(1388)
고려 멸망	신진 사대부의 권력 장악 ➡ 조선 건국(1392)

05 고려의 생활과 문화

1 고려의 사회 모습

신분 제도	양인(지배층, 양민)과 천인(노비)으로 구분
사회 정책	의창, 동서 대비원
가족 제도	일부일처제, 여성과 남성의 지위 대등

2 고려의 사상

불교	• 의천: 해동 천태종 창시, 교종 중심 선종 통합 • 지눌: 수선사 결사 운동, 선종 중심 교종 포용
유학	• 최충의 9재 학당 ➡ 사학 12도로 발전 • 성리학 수용 ➡ 신진 사대부를 중심으로 발전
역사서	『삼국사기』(김부식), 『삼국유사』(일연)

3 고려의 불교문화와 예술

건축	주심포 양식, 배흘림기둥
석탑	다각 다층탑 유행, 승탑 제작
불상	거대 석불 및 대형 철불 제작
인쇄술	• 목판 인쇄술: 초조대장경, 팔만대장경 • 금속 활자: 『상정고금예문』, 『직지』
공예	상감 청자, 나전 칠기, 은입사 기법

대단원 쏙쏙

3단원 고려를 만나다

안녕하세요. MC 문하시중 왕고려입니다.
고려를 대표하는 셀럽들의 토크 콘서트에 오신 걸 환영합니다!

1부

말 한마디로 강동 6주를
획득하는 방법(서희)

거란의 소손녕이 거란이랑 고려는 국경을 맞대고 있는데 왜 송을 섬기냐고 그러더라구요. 그래서 제가 여진을 쫓아내고 강동 6주 지역을 우리에게 주면 거란과 국교를 맺겠다고 했죠. 이렇게 강동 6주 지역을 획득한 거예요.

2부

우리는 왜 서경으로
가야 하는가(묘청)

여러분, 현재 고려의 상황이 좋지 않은 이유를 아십니까? 현 수도인 개경의 기운이 쇠약해졌기 때문이에요. 그런데 왜 서경이냐구요? 서경은 풍수지리학적으로 좋은 지역이기 때문이지요. 고려가 강해져서 금이 우리에게 항복하는 것을 원한다면 서경으로 수도를 옮겨야만 합니다!

3부

승려에서 장군이 되기까지
(김윤후)

저는 처인성에서 주민들과 함께 **몽골군**과 맞서게 되었어요. 그러다 제 눈에 몽골군 사령관이던 살리타가 보이더군요. 저는 마음을 가다듬고 활을 당겼고, 말 위에서 휘청이는 살리타의 모습이 보였어요. 당황한 몽골군이 급하게 말을 돌려 철수하였고 그렇게 우리는 승리를 거두었어요.

4부

원 간섭기에서 살아남기
(기황후)

저는 원 순제와 혼인하여 원의 황후가 된 기황후입니다. 옆은 제 남편이구요. 요즘 고려에서 원과 밀접한 관계를 맺고 권력을 누리고 있는 사람이 많다고 들었는데요. 세계의 중심인 **원**에 붙어야만 저처럼 이렇게 권세를 누리고, 고려를 안전하게 지킬 수 있답니다.

5부

그는 왜 군대를 돌렸는가
(이성계)

들어보세요. 고려는 작은 나라고, **명**은 큰 나라입니다. 작은 나라가 큰 나라를 치는 것은 말도 안 되는 일입니다. 또한 현재 장마철이기 때문에 활을 쏘기도 어려운 상황입니다. 더군다나 군사가 없는 틈을 타서 왜구가 침략하면 고려는 누가 책임지나요? 이래서 제가 **위화도**에서 군대를 돌린 것입니다. 엣헴!

01 고려의 후삼국 통일과 통치 체제의 정비

01 다음 사건을 순서대로 바르게 나열한 것은?

(상)
난이도

> ㄱ. 고려 건국
> ㄴ. 공산 전투
> ㄷ. 견훤의 귀순
> ㄹ. 신라의 항복
> ㅁ. 후백제 멸망

① ㄱ - ㄴ - ㄷ - ㄹ - ㅁ
② ㄱ - ㄷ - ㄴ - ㄹ - ㅁ
③ ㄱ - ㅁ - ㄷ - ㄴ - ㄹ
④ ㄱ - ㅁ - ㄷ - ㄹ - ㄴ
⑤ ㅁ - ㄷ - ㄹ - ㄴ - ㄱ

 02 다음은 태조의 훈요 10조이다. ㉠, ㉡에 들어갈 용어를 쓰시오.

(중)
난이도

> 제4조 중국의 문물과 예악을 따르되, 반드시 같게 할 필요는 없다. (㉠)은(는) 짐승의 나라이니 그 풍속을 본받지 말라.
> 제5조 (㉡)은(는) 수덕이 순조로워 우리나라 지맥의 근본이니, 1년에 100일은 그곳에서 머물도록 하라.
> ― 「고려사」 ―

㉠ _____   ㉡ _____

03 다음은 어떤 학생이 작성한 수행 평가 답안지이다. 이 학생이 받게 될 점수로 옳은 것은?

(중)
난이도

역사 수행 평가

※ 광종의 정책에 대한 내용이 맞으면 ○표, 틀리면 ×표 하시오.

문항	내용	답
1	과거제를 실시하였다.	×
2	노비안검법을 실시하였다.	×
3	관리의 공복을 제정하였다.	○
4	기인 제도를 처음으로 실시하였다.	○
5	사심관 제도를 처음으로 실시하였다.	○
합계		

(답이 맞으면 1점, 틀리면 0점을 부여한다.)

① 1   ② 2   ③ 3   ④ 4   ⑤ 5

04 다음 건의안을 수용하여 왕이 시행한 정책으로 적절하지 <u>않은</u> 것은?

(중)
난이도

> 제7조 왕이 백성을 다스리는 데 집집마다 가서 돌보고 날마다 볼 수는 없습니다. …… 수령을 파견하여 백성의 이익과 손해를 살피게 하는 것입니다.
> 제20조 불교를 믿는 것은 자신을 다스리는 근본이고, 유교를 행하는 것은 나라를 다스리는 근원을 구하는 것입니다.
> ― 「고려사」 ―

① 과거제를 도입하였다.
② 2성 6부를 정비하였다.
③ 개경에 국자감을 설치하였다.
④ 12목을 설치하고 지방관을 파견하였다.
⑤ 지방에 경학박사와 의학박사를 파견하였다.

05 ㉠, ㉡에 대한 설명으로 옳은 것은?

(상)
난이도

> • (㉠)은(는) 중서문하성의 낭사와 함께 대간이라 불렸으며 정치 권력의 균형을 잡는 역할을 하였다.
> • (㉡)은(는) 국방과 군사 문제를 논의하였다.

① ㉠ - 감찰 기능을 담당한 어사대이다.
② ㉠ - 6부를 관리하며 정책을 집행하였다.
③ ㉡ - 재정과 회계를 담당하였다.
④ ㉡ - 군사 기밀과 왕명 출납을 담당하였다.
⑤ ㉠, ㉡ - 고려의 독자적인 회의 기구였다.

06 빗금 친 지역에 대한 설명으로 옳지 <u>않은</u> 것은?

(중)
난이도

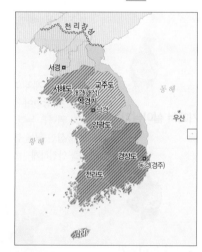

① 주현보다 속현의 수가 많았다.
② 군사 행정 구역으로 병마사를 파견하였다.
③ 주현의 지방관이 인근의 속현도 관할하였다.
④ 향·부곡은 농업을, 소는 수공업을 담당하였다.
⑤ 특수 행정 구역민은 군현민에 비해 세금을 많이 냈다.

07 고려 시대의 관리 등용 제도에 대한 설명으로 옳지 <u>않은</u> 것은?

(중)
난이도

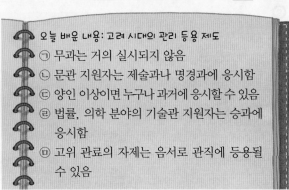

오늘 배운 내용: 고려 시대의 관리 등용 제도
ⓐ 무과는 거의 실시되지 않음
ⓑ 문관 지원자는 제술과나 명경과에 응시함
ⓒ 양인 이상이면 누구나 과거에 응시할 수 있음
ⓓ 법률, 의학 분야의 기술관 지원자는 승과에 응시함
ⓔ 고위 관료의 자제는 음서로 관직에 등용될 수 있음

① ⓐ   ② ⓑ   ③ ⓒ   ④ ⓓ   ⑤ ⓔ

---

02 무신 정권의 성립과 고려 전기의 대외 관계

08 ㉠ 세력에 대한 설명으로 옳은 것은?

(중)
난이도

고려의 대표적 (㉠)인 경원 이씨 가문은 왕실의 외척으로 권력을 오래 장악하였다. 특히 이자겸은 딸들을 예종, 인종의 왕비로 들여 최고 권력을 누렸다.

① 신라 말에 지방에서 성장한 세력이다.
② 원의 세력을 배경으로 권세를 누렸다.
③ 경제적·사회적 차별을 받아 정변을 일으켰다.
④ 홍건적과 왜구의 침략을 격퇴하면서 성장하였다.
⑤ 과거와 음서를 통해 여러 대에 걸쳐 고위 관직을 차지하였다.

09 ㉠에 대한 설명으로 옳은 것은?

(중)
난이도

신채호가 (㉠) 사건을 조선 역사상 1천 년 이래 최대 사건으로 평가한 이유는 무엇일까?

신채호는 (㉠) 사건이 성공했더라면 조선의 역사는 독립적이고 진취적인 방면으로 발전했을 것이라고 하였어.

① 묘청이 서경 천도를 주장하였다.
② 삼별초가 대몽 항쟁을 전개하였다.
③ 정중부, 이의방 등이 무신 정변을 일으켰다.
④ 이자겸이 반란을 일으켜 왕권을 위협하였다.
⑤ 노비 만적이 신분 해방을 위해 봉기를 일으켰다.

---

10 (가)~(다)에 들어갈 정치 기구에 대한 설명으로 옳은 것은?

(상)
난이도

1170	1174	1179	1183	1196		1219	1249	1257	1258	1268	1270	1270
이의방	정중부	경대승	이의민	최충헌		최우	최항	최의	김준	임연	임유무	

(가)   (나)   (나), (다)

① (가) - 국가의 주요 정책을 결정한 교정도감이다.
② (가) - 무신 정권의 군사적 기반이었던 삼별초이다.
③ (나) - 무신의 회의 기구인 중방이다.
④ (나) - 문신의 자문을 받기 위해 설치한 서방이다.
⑤ (다) - 관리의 인사를 담당한 정방이다.

11 다음 사건이 일어난 배경으로 가장 적절한 것은?

(중)
난이도

무신 정변 이후 높은 관리가 천민과 노비에서 많이 나왔다. 장군과 재상이 본래 씨가 따로 있겠는가? 때가 되면 누구나 그 자리를 차지할 수 있는 것이다. 각자 자신의 주인을 죽이고 노비 문서를 불태우자.

① 문벌의 농민 수탈이 심화되었다.
② 하층민의 신분 상승 욕구가 커졌다.
③ 성리학을 바탕으로 고려를 개혁하고자 하였다.
④ 의종의 사치와 향락으로 백성의 삶이 곤궁해졌다.
⑤ 서경 천도와 금 정벌을 주장하는 세력이 등장하였다.

12 ㉠에 들어갈 나라에 대한 설명으로 옳은 것은?

(중)
난이도

소손녕: 고려는 왜 우리 (㉠)을(를) 외면하고 송과 교류하는가?
서희: 압록강 동쪽에 있는 여진족을 몰아낸다면 어찌 그대들과 교류하지 않겠는가?

① 강감찬이 ㉠의 대군을 격파하였다.
② 태조는 금을 멸망시킨 ㉠을 적대시하였다.
③ ㉠을 정벌하기 위해 별무반이 조직되었다.
④ ㉠에 항쟁하기 위해 고려는 강화도로 천도하였다.
⑤ ㉠의 침입을 물리치기 위해 팔만대장경을 제작하였다.

13 ㉠, ㉡에 해당하는 용어를 쓰시오.

（하 난이도）

> 12세기 초 부족을 통일한 여진은 고려 국경을 자주 침범하였다. 이에 고려는 여진의 기병에 대항하기 위해 （ ㉠ ）을(를) 창설하였다. 윤관은 （ ㉠ ）을(를) 이끌고 여진을 정벌한 뒤 （ ㉡ ）을(를) 축조하였다.

㉠ _____   ㉡ _____

14 다음 대화에서 고려의 대외 교류를 바르게 말한 사람을 모두 고르면?

（중 난이도）

> 갑: 고려는 경제적 이득을 얻기 위해 송과 가장 활발하게 교류했어.
> 을: 고려는 송뿐만 아니라 아라비아 상인과도 교류했어. 그래서 서방 세계에 고려의 이름이 알려지게 되었지.
> 병: 그래서 개경과 가까운 곳에 위치한 당항성이 국제 무역항으로 번성했대.
> 정: 하지만 거란의 침략 이후에 거란과의 국교가 단절되면서 양국이 교류하지 않은 점은 아쉬워.

① 갑, 을　　② 갑, 병　　③ 을, 병
④ 을, 정　　⑤ 병, 정

03 고려의 대몽 항쟁 ~ 04 몽골의 간섭과 고려의 개혁

15 ㉠에 들어갈 내용으로 적절하지 않은 것은?

（중 난이도）

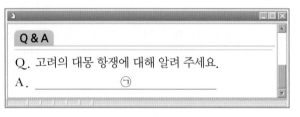

> **Q & A**
> Q. 고려의 대몽 항쟁에 대해 알려 주세요.
> A. ㉠

① 김윤후와 부곡민들은 처인성에서 몽골군을 물리쳤어요.
② 삼별초는 고려와 몽골의 강화를 반대하며 항쟁하였어요.
③ 고려 정부는 몽골에 맞서기 위해 강화도 천도를 단행하였어요.
④ 김윤후와 노비들은 몽골의 침략으로부터 충주성을 지켜냈어요.
⑤ 고려 정부는 몽골의 침략을 물리치기 위해 초조대장경을 제작하였어요.

16 다음에서 설명하는 군사 조직을 쓰시오.

（하 난이도）

> 최우가 조직한 군대로 최씨 무신 정권의 군사적 기반이었다. 이들은 고려 정부의 개경 환도 결정에 반대하여 진도, 제주도로 이동하면서 항쟁하였다.

_____

17 ㉠에 들어갈 내용으로 적절하지 않은 것은?

（중 난이도）

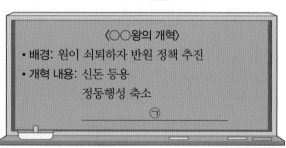

> **모둠 탐구 계획서**
> • 탐구 주제: 원 간섭기 고려의 모습
> • 조사할 내용: ㉠

① 몽골풍 유행과 그 사례
② 정동행성이 고려 정치에 끼친 영향
③ 위화도 회군의 배경과 역사적 의의
④ 공녀가 고려의 혼인 풍습에 끼친 영향
⑤ 기철의 생애를 통해 알아본 권문세족의 성장

18 ㉠에 들어갈 내용으로 옳은 것을 보기 에서 모두 고르면?

（중 난이도）

> **〈○○왕의 개혁〉**
> • 배경: 원이 쇠퇴하자 반원 정책 추진
> • 개혁 내용: 신돈 등용
>   정동행성 축소
>   ㉠

보기
ㄱ. 삼별초 설치
ㄴ. 탐라총관부 공격
ㄷ. 전민변정도감 설치
ㄹ. 기철 등 친원 세력 제거

① ㄱ, ㄴ　　② ㄱ, ㄷ　　③ ㄴ, ㄷ
④ ㄴ, ㄹ　　⑤ ㄷ, ㄹ

19 ㉠~㉢에 들어갈 정치 세력을 바르게 연결한 것은?

（중 난이도）

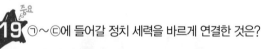

(㉠)	성리학 수용, 주로 과거로 관직 진출
(㉡)	홍건적과 왜구의 침략을 격퇴하며 성장
(㉢)	친원적 성향, 주로 음서를 통해 관직 진출, 대농장 경영

	㉠	㉡	㉢
①	호족	권문세족	신진 사대부
②	권문세족	신진 사대부	신흥 무인 세력
③	권문세족	신흥 무인 세력	신진 사대부
④	신진 사대부	권문세족	신흥 무인 세력
⑤	신진 사대부	신흥 무인 세력	권문세족

20 (가), (나) 시기 사이에 일어난 일로 옳은 것은?

> (가) 이성계는 최영의 지시로 군대를 이끌고 요동 정벌에 나섰다.
> (나) 신진 사대부는 고려의 개혁 방향을 놓고 분열하였다.

① 조선이 건국되었다.
② 정몽주 등 새 왕조 개창에 반대한 세력이 제거되었다.
③ 이성계가 위화도에서 군대를 돌려 개경으로 향하였다.
④ 최무선이 화포를 제작하여 진포에서 왜구를 격퇴하였다.
⑤ 명이 철령 이북의 땅을 직할령으로 삼겠다고 통보하였다.

05 고려의 생활과 문화

21 ㉠에 들어갈 내용으로 옳지 않은 것은?

 고려 시대의 사회 모습에 대해 발표해 볼까요?

 고려 시대에는 소가족이 중심이었어요.

㉠

① 고려의 여성은 관직에 오를 수 있었어요.
② 여성이 한 집안의 호주가 되기도 하였어요.
③ 혼인 풍속은 일부일처제가 일반적이었어요.
④ 사위가 처가의 호적에 오르는 경우도 있었어요.
⑤ 사위나 외손자도 음서의 혜택을 누릴 수 있었어요.

서술형
22 다음 글을 읽고 물음에 답하시오.

(가)	(나)
고려 문종의 아들로 해동 천태종 개창하였다.	수선사를 중심으로 불교 개혁 운동을 전개하였다.

(1) (가), (나)에 해당하는 인물을 쓰시오.

(가) _____ (나) _____

(2) (가), (나) 인물의 주장을 각각 서술하시오.

> **조건**
> 불교 종파의 통합에 대한 주장을 서술할 것

_____

_____

23 무신 정변 이후 자주 의식을 강조하기 위해 편찬한 역사서로 옳은 것을 **보기**에서 모두 고르면?

> **보기**
> ㄱ.『사략』　　　　　　ㄴ.『제왕운기』
> ㄷ.『삼국사기』　　　　ㄹ.『삼국유사』

① ㄱ, ㄴ　　　② ㄱ, ㄷ　　　③ ㄴ, ㄷ
④ ㄴ, ㄹ　　　⑤ ㄷ, ㄹ

24 ㉠에 들어갈 사진으로 옳은 것은?

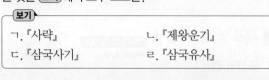
[유물 카드] No.1

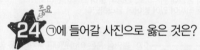
㉠
• 제작 시기: 고려 시대
• 위치: 경북 영주
• 특징: 주심포 양식, 배흘림기둥

① 　② 　③

④ 　⑤

25 고려의 문화유산에 대한 설명으로 옳지 않은 것을 **보기**에서 모두 고르면?

> **보기**
> ㄱ. 목판 인쇄물:『직지』
> ㄴ. 석불: 논산 관촉사 석조 미륵보살 입상
> ㄷ. 건축: 봉정사 극락전, 부석사 무량수전
> ㄹ. 다각 다층탑: 월정사 8각 9층 석탑, 여주 고달사지 승탑

① ㄱ, ㄴ　　　② ㄱ, ㄹ　　　③ ㄴ, ㄷ
④ ㄴ, ㄹ　　　⑤ ㄷ, ㄹ

01 통치 체제 정비와 대외 관계

1 새로운 나라 조선

| 교과서마다 달라요 | 위화도 회군 | 동아, 비상, 금성, 지학 | 위화도 회군의 상세한 내용을 Ⅲ-3에서 다룸 |

자료1 **1 조선의 건국**

(1) **위화도 회군** 이성계와 신진 사대부(정도전 등)의 권력 장악 ➡ 명과 친선 관계 도모

(2) **과전법 실시** 전·현직 관리에게 등급에 따라 경기 지역의 ❶수조권을 나눠 줌 ➡ 신진 관리들의 경제 기반 마련, 농민의 생활 안정

(3) **반대 세력 제거** 왕조 교체에 반대하던 정몽주 등을 제거

(4) **조선 건국** 이성계를 왕으로 추대, 국호를 '조선'으로 변경(고조선 ❷계승 의식 반영)

(5) **한양 ❸천도** 풍수지리설에 따라 천도 ➡ 유교 이념을 반영하여 한양에 궁궐, 종묘 등을 세움 ┗ 한양은 나라의 중앙에 위치하고, 한강이 흘러 교통이 편리하였다. 또한 산으로 둘러싸여 있어 방어에 유리하였다.

2 국가 기틀의 확립

자료2 태조	정도전 등 소수의 공신과 통치 ┌─ 이에 불만을 품은 이방원(태종)은 반란을 일으켜 └ 정도전과 세자를 제거하였다(왕자의 난).
자료3 태종	• 사병 ❹혁파: 공신들이 개인적으로 거느렸던 사병을 없앰 ➡ 군사권 장악, 왕권 강화 • 토지 및 호구 조사 실시 • 호패법 실시: 16세 이상의 모든 남자에게 호패 발급 ➡ 인구 파악, 국가 재정 안정
세종	• 집현전 설치: 학문과 정책 연구 ┌ 교과서마다 달라요 ┐ 왕권과 신권의 조화 추구 • 경연 실시: 왕과 신하가 함께 정책을 토론 └ 동아, 천재, 지학만 다룸 ┘ • 왕권과 신권의 조화 추구: ❺재상에게 많은 권한을 부여
세조	• 왕 중심의 정치 체제 강화: 집현전과 경연 폐지, 의정부 권한 축소 • 직전법 실시: 현직 관리에게만 수조권 부과 ➡ 국가 재정 안정 • 국방 강화: 군사의 수를 늘림, 군사 제도 개편
성종	• 홍문관 설치: 집현전을 계승한 기구 ➡ 경연 실시 • 『경국대전』 완성: 중앙의 6조 체제에 맞춰 이·호·예·병·형·공전 등 6전으로 구성 ➡ 중앙 및 지방 통치 제도 정비, 유교적 ❻법치 국가의 토대 마련 ┗ 『경국대전은 세조 때부터 편찬하기 시작하였다.

> **시험에 꼭 나오는 개념 체크**
> 1. 성종 때 조선의 기본 법전인 「_____」이 완성되었다.
> 2. 왕자의 난을 통해 권력을 잡은 태종은 신권 중심의 정치를 강화하였다. (ㅇ, ×)
>
> 답 1. 경국대전 2. ×

교과서마다 달라요 세조의 정책	금성	세조를 다루지 않음
	천재, 지학, 미래엔	직전법을 다루지 않음
	지학, 미래엔	국방 강화를 다루지 않음

2 통치 체제의 정비

자료4 **1 중앙 정치 제도**

(1) **의정부** 3정승의 합의를 통해 나랏일을 총괄하는 최고 통치 기구

(2) **6조** 나라의 주요 행정 업무를 나누어 맡아 집행

(3) **3사** 사헌부, 사간원, 홍문관 ➡ 권력의 독점과 부정 방지

(4) **기타** ┗ 사헌부는 관리의 비리를 감찰하고, 사간원은 잘못된 정치를 비판하였으며, 홍문관은 국왕의 정책 자문과 경연을 담당하였다.

① 승정원: 왕명 출납 담당(왕의 비서 기관) ┐ 왕권을 뒷받침하는 기구이다.
② 의금부: 나라의 중대한 죄인을 다스림 ┘
③ 춘추관: 역사서 편찬 기관
④ 성균관: 최고 교육 기관
⑤ 한성부: 수도의 행정과 치안 담당

자료1 조선의 건국 과정

1388	위화도 회군
1391	과전법 실시
1392	조선 건국
1394	한양 천도

자료2 정도전과 왕도 정치

> 임금은 어리석을 수도 있고, 현명할 수도 있다. 이에 재상은 임금의 좋은 점은 따르고 나쁜 점은 바로잡고, 옳은 일은 받들고 옳지 않은 일은 막아서, 임금이 가장 올바른 경지에 들게 해야 한다.
> – 정도전, 『조선경국전』 –

정도전은 현명한 재상을 중심으로 정치를 운영해야 한다고 주장하였다. 그는 왕이란 백성을 근본으로 여기고, 도덕적으로 백성을 다스리는 왕도 정치를 해야 한다고 주장하였다.

자료3 호패법 실시

조선 시대에는 16세 이상의 모든 남자에게 일종의 신분증인 호패를 발급하였다. 호패법의 실시로 인구를 파악하고, 세금 및 군역 부과의 기초 자료를 마련할 수 있었다.

자료4 조선의 중앙 정치 제도

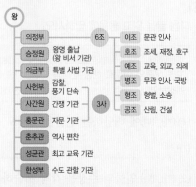

조선은 국왕을 정점으로 의정부와 6조 중심의 중앙 정치 조직을 마련하였다.

용어 쏙쏙

❶ 수조권(收–거두다, 租–조세, 權–권한): 세금(조세)을 거둘 수 있는 권리
❷ 계승(繼–잇다, 承–받들다): 조상의 전통이나 문화유산, 업적 따위를 물려받아 이어 나감
❸ 천도(遷–옮기다, 都–도읍, 수도): 도읍(수도)을 옮김
❹ 혁파(革–고치다, 罷–마치다): 낡아서 못 쓰게 된 것을 개혁하여 없앰
❺ 재상(宰–관원, 相–도움): 왕을 돕고 모든 관원을 감독하는 지위
❻ 법치 국가(法–법, 治–다스리다, 國–나라, 家–집): 법률을 바탕으로 다스려지는 나라

자료5 ## 2 지방 행정 조직

교과서마다 달라요 향·부곡·소의 승격		
지학	고려의 속현을 없앴다로 표기	
비상	향·부곡·소가 군현으로 ●승격 되었다로 표기	
천재, 금성	다루지 않음	

(1) **8도** 각 도에 관찰사 파견(수령 감독)

(2) **군·현** 대부분의 군현에 수령 파견, 고려의 향·부곡·소가 군현으로 ●승격
　　　　　└─ 수령은 지방의 행·사법·군사권을 장악하였고,
　　　　　　세금 징수와 군사 지휘 등의 업무를 담당하였다.

(3) **향리** 수령 보좌, 고려 시대에 비해 지위가 낮아짐

(4) **유향소** 지방 양반의 자치 기구, 수령 보좌, 향리의 비리 ❷감찰, 유교 질서 보급

3 군사 제도

(1) **군사 제도**

교과서마다 달라요
봉수제 금성, 지학은 다루지 않음

군역	16세 이상 60세 미만의 양인 남자에게 ❸부과
조직	중앙(5위 – 궁궐과 한양 방어), 지방(각 도에 병마절도사·수군절도사 파견)

(2) **봉수제** 국경 지역의 긴급 상황을 전달하는 제도

4 교육 제도

(1) **성균관** 최고 교육 기관, 소과 합격자나 양반 자제가 입학함

(2) **향교(지방)·4부 학당(서울)** 『❹소학』, ❺사서 등의 유교 경전을 가르침

5 관리 등용 제도
　└─ 고위 관리의 추천을 받아 시험을 치른 후에 관직에 등용되는 천거도 있었다.
　　└─ 나라에 큰 경사가 있거나 특별한 일이 있을 때 수시로
　　　시행되는 특별 시험도 있었다.

자료6 (1) **과거** 대체로 3년마다 시행, 양인 이상 응시 가능

문과	문관 선발, 주로 양반의 자제가 응시
무과	무관 선발, 주로 양반·향리·상민의 자제가 응시
잡과	기술관 선발, 주로 기술관·향리의 자제가 응시

(2) **음서** 고려에 비해 음서의 혜택을 받는 대상이 축소됨, 고위 관직으로 승진이 어려움

시험에 꼭 나오는
개념 체크
　1. 승정원과 의금부는 왕권을 뒷받침하는 기구이다. (○, ×)
　2. 조선은 8도에 수령을 감독하는 ＿＿＿를 파견하였다.

└─ 잡과는 율과(법률), 역과(외국어), 의과(의술), 음양과(천문학) 등으로 나뉘어 있었다.
　　　　　　　　　　　　　　　　　　　　　　　　　　　　답 1. ○ 2. 관찰사

자료7 ## 3 대외 관계와 외교 정책

형식	조공	책봉
의미	큰 나라에 예물을 바침	왕의 지위를 국제적으로 인정받음
영향	명과 경제적·문화적 교류 가 활발해짐	국내 정치 안정

1 명과의 ❻사대 관계

(1) **태조** 정도전과 요동 정벌 추진

(2) **태종** 명과 사대 외교 수립 ➡ 조공과 책봉의 형식으로 이루어짐

2 주변국과의 ❼교린 관계

(1) **여진과의 관계**

교과서마다 틀려요
사민 정책 동아, 지학만 다름

① 회유책: ❽귀순한 자에게 토지와 관직을 줌, 무역소 설치
　　　　　　　　　　　　　　　└─ 국경 지방을 안정시키기 위해 남부
　　　　　　　　　　　　　　　　지방의 백성을 이주시키는 정책이다.

② 강경책: 세종 때 4군 6진 개척(최윤덕, 김종서) ➡ 사민 정책 실시

(2) **일본과의 관계**
　　　　　└─ 조선은 부산포, 제포, 염포 등 3포를 개방하여 제한적으로 교역을 허용하였다.
　　　　　　이에 반발한 일본은 이후 삼포 왜란을 일으켰다.

① 회유책: 3포 개방 ➡ 제한적 무역 허용

② 강경책: 세종 때 쓰시마섬 토벌(이종무)

(3) **동남아시아** 류큐(오키나와), 시암(타이), 자와(인도네시아) 등과 교류

시험에 꼭 나오는
개념 체크
　1. 태종이 즉위한 이후에는 명과 교린 관계를 확립하였다. (○, ×)
　2. 세종은 이종무를 보내 ＿＿＿＿＿을 토벌하도록 하였다.

　　　　　　　　　　　　　　　　　　　　　　　　　답 1. × 2. 쓰시마섬

자료5 조선 전기 지방 행정 구역

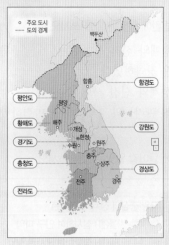

조선은 전국을 8도로 나누고 각 도에 관찰사를 파견하였다. 8도 아래에는 부·목·군·현을 설치하였고, 대부분의 군현에는 수령을 파견하였다.

자료6 조선의 과거 제도

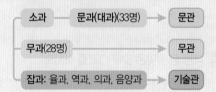

과거는 문관을 뽑는 문과, 무관을 뽑는 무과, 기술관을 뽑는 잡과가 시행되었다. 특히 문과에서는 소과에 합격해야 대과에 응시할 수 있었다.

자료7 조선의 외교 정책

조선은 사대와 교린을 외교의 기본 원칙으로 삼았다. 명에 대해서는 사대 외교를 추진하였고, 여진과 일본에 대해서는 회유책과 강경책을 함께 쓰는 교린 정책을 펼쳤다.

용어 쏙쏙

❶ 승격(昇 – 오르다, 格 – 지위): 지위나 등급이 오름
❷ 감찰(監 – 보다, 察 – 살피다): 관리들의 비리나 위법한 행동을 감시하는 일
❸ 부과(賦 – 거두다, 課 – 매기다): 일정한 책임이나 일을 부담하여 맡게 함
❹ 소학: 송나라 때 주자가 아동들에게 유교를 가르치기 위해 만든 책

❺ 사서: 유교 경전인 『논어』, 『맹자』, 『중용』, 『대학』을 말함
❻ 사대(事 – 섬기다, 大 – 크다): 작은 나라가 큰 나라를 떠받들어 섬김
❼ 교린(交 – 사귀다, 隣 – 이웃): 이웃 나라와 가깝게 지냄
❽ 귀순(歸 – 돌아가다, 順 – 따르다): 적이었던 사람이 반항심을 버리고 순종함

01 다음 빈칸에 알맞은 말을 쓰시오.

(1) 이성계와 신진 사대부는 (   )(으)로 정치적 실권을 장악하였다.

(2) 이성계와 신진 사대부는 (   )을(를) 단행하여 신진 관리들의 경제 기반을 마련하였다.

02 ㉠, ㉡에 들어갈 알맞은 말을 쓰시오.

구분	태종의 정책
정치	국왕 중심의 정치 제도 마련
사회	(㉠)을(를) 실시하여 인구 파악
군사	(㉡)을(를) 혁파하여 군사권 장악

㉠ _____   ㉡ _____

03 서로 관련 있는 것끼리 연결하시오.

(1) 세종 •　　　　　• ㉠ 직전법 실시

(2) 세조 •　　　　　• ㉡ 집현전 설치

(3) 성종 •　　　　　• ㉢ 『경국대전』 완성

04 다음 중 알맞은 말에 ○표를 하시오.

(1) (의금부, 3사)는 권력의 독점과 부정을 방지하는 기능을 하였다.

(2) 조선의 최고 통치 기구인 (의정부, 6조)는 정책을 심의하고 결정하는 기구였다.

05 다음 설명이 맞으면 ○표, 틀리면 ×표 하시오.

(1) 조선은 특수 행정 구역으로 향·부곡·소를 두었다.
　　　　　　　　　　　　　　　　　　　(　)

(2) 8도에 파견된 관찰사는 수령을 감독하는 역할을 하였다.
　　　　　　　　　　　　　　　　　　　(　)

(3) 수령은 농업을 장려하고 조세를 징수하는 역할을 담당하였다.
　　　　　　　　　　　　　　　　　　　(　)

06 다음 설명에 해당하는 단어를 보기에서 골라 기호를 쓰시오.

보기
ㄱ. 유향소	ㄴ. 성균관
ㄷ. 쓰시마섬	ㄹ. 4군 6진

(1) 지방 양반의 자치 기구　　　　　　(　)

(2) 조선 시대의 최고 교육 기관　　　　(　)

(3) 세종이 이종무를 보내 토벌한 왜구의 근거지 (　)

(4) 세종 때 여진족을 몰아내고 설치한 행정 구역 (　)

01 중 난이도 다음 사건을 순서대로 바르게 나열한 것은?

```
ㄱ. 한양 천도
ㄴ. 조선 건국
ㄷ. 과전법 실시
ㄹ. 위화도 회군
ㅁ. 정몽주 등 반대 세력 제거
```

① ㄱ - ㄴ - ㄷ - ㄹ - ㅁ

② ㄴ - ㄹ - ㅁ - ㄱ - ㄷ

③ ㄷ - ㅁ - ㄴ - ㄹ - ㄱ

④ ㄹ - ㄷ - ㅁ - ㄴ - ㄱ

⑤ ㅁ - ㄱ - ㄹ - ㄴ - ㄷ

02 상 난이도 밑줄 친 제도에 대한 설명으로 옳지 않은 것은?

이성계와 신진 사대부는 <u>과전법</u>을 단행하여 농장을 몰수해 토지를 재분배함으로써 국가 재정을 확보하였다.

① 관리의 등급에 따라 수조권을 지급하였다.

② 현직 관리에게만 수조권을 나누어 주었다.

③ 경기 지역의 토지에 한해 수조권을 지급하였다.

④ 신진 관리들의 재정 기반을 마련하고, 농민의 생활을 안정시켰다.

⑤ 권문세족과 불교 사원이 불법으로 차지한 농장을 몰수하여 토지를 재분배하였다.

03 중 난이도 다음 설명에 해당하는 왕의 업적으로 옳은 것을 보기에서 모두 고르면?

• 왕자의 난으로 공신 세력을 제거하고 왕위에 올랐다.

• 의정부의 권한을 축소하고 6조 중심의 정치 제도를 마련하였다.

보기
ㄱ. 호패법을 실시하였다.

ㄴ. 직전법을 실시하였다.

ㄷ. 경연과 집현전을 폐지하였다.

ㄹ. 사병을 혁파하여 군사권을 장악하였다.

① ㄱ, ㄴ　　　② ㄱ, ㄹ　　　③ ㄴ, ㄷ

④ ㄴ, ㄹ　　　⑤ ㄷ, ㄹ

04 다음 유물과 관련된 정책을 시행한 목적으로 가장 적절한 것은?

① 새 왕조 개창   ② 유교 정치 실현

③ 사대 관계 수립   ④ 국가 재정 안정

⑤ 왕권과 신권의 조화

● 위의 유물과 관련된 정책을 시행한 왕의 업적으로 옳은 것은? **답** ①

① 사병 혁파   ② 직전법 실시

③ 집현전 설치   ④ 4군 6진 개척

⑤ 『경국대전』 완성

---

05 (가), (나)에 대한 설명으로 옳은 것은?

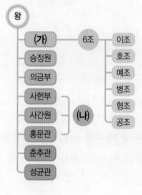

① (가) – 3사이다.

② (가) – 왕권을 뒷받침하는 기구이다.

③ (나) – 중죄인을 심문하는 기구이다.

④ (나) – 권력의 독점과 부정을 방지하는 기능을 하였다.

⑤ (나) – 국가 재정의 출납과 회계를 맡아보는 기관이었다.

---

06 왕권을 뒷받침하는 기구로 옳은 것을 보기 에서 모두 고르면?

보기

ㄱ. 3사   ㄴ. 의금부

ㄷ. 의정부   ㄹ. 승정원

① ㄱ, ㄴ   ② ㄱ, ㄷ   ③ ㄴ, ㄷ

④ ㄴ, ㄹ   ⑤ ㄷ, ㄹ

---

07 ㉠~㉢에 들어갈 말을 바르게 연결한 것은?

> 3사 중 (㉠)은(는) 관리의 비리를 감찰하는 업무를 담당하였다. (㉡)은(는) 국왕이 올바른 정치를 할 수 있도록 일깨워 주는 역할을 하였다. (㉢)은(는) 국왕의 정책 자문과 경연을 담당하였다.

	㉠	㉡	㉢
①	의정부	사간원	홍문관
②	사헌부	사간원	홍문관
③	사헌부	홍문관	사간원
④	사간원	사헌부	홍문관
⑤	사간원	홍문관	사헌부

---

08 ㉠에 대한 설명으로 옳은 것은?

> 『(㉠)』은(는) 조선 왕조의 기본 법전으로 이전·호전·예전·병전·형전·공전의 6전 체제로 구성되어 있다.

① 성종 때 편찬하기 시작하였다.

② 이전 왕의 통치 기록을 정리한 서적이다.

③ 가정에서 지켜야 할 예법을 정리한 서적이다.

④ ㉠의 편찬으로 조선은 유교적 법치 국가의 토대를 마련하였다.

⑤ ㉠을 완성한 왕은 집현전을 설치하여 학문 연구에 힘쓰기도 하였다.

---

09 조선의 지방 행정 조직에 대한 설명으로 옳은 것을 보기 에서 모두 고르면?

보기

ㄱ. 특수 행정 구역인 향·부곡·소가 있었다.

ㄴ. 지방 향리는 고려 시대에 비해 지위가 낮았다.

ㄷ. 전국을 8도로 나누어 그 아래에 부·목·군·현을 두었다.

ㄹ. 대부분의 군현에 파견된 관찰사는 지방의 행정·군사·사법권을 장악하였다.

① ㄱ, ㄴ   ② ㄱ, ㄷ   ③ ㄴ, ㄷ

④ ㄴ, ㄹ   ⑤ ㄷ, ㄹ

10 ㉠에 대한 설명으로 옳은 것을 보기 에서 모두 고르면?

각 지방에는 양반의 자치 조직인 (㉠)이(가) 만들어졌다. (㉠)은(는) 수령을 보좌하는 역할을 하였다.

보기
ㄱ. 향리의 비리를 감찰하였다.
ㄴ. 6방으로 나뉘어 행정 실무를 처리하였다.
ㄷ. 백성을 교화하고 유교 질서를 보급하였다.
ㄹ. 지방의 행정, 군사, 재판 등의 업무를 담당하였다.

① ㄱ, ㄴ　　　　② ㄱ, ㄷ　　　　③ ㄴ, ㄷ
④ ㄴ, ㄹ　　　　⑤ ㄷ, ㄹ

11 ㉠, ㉡에 들어갈 말을 바르게 연결한 것은?

하 난이도

• (㉠)은(는) 16세 이상 60세 이하의 양인 남자에게 부과된 것으로 일정 기간 군사 훈련을 받거나 국방 비용을 부담해야 했다.
• 중앙에는 (㉡)을(를) 두어 한양과 궁궐을 수비하게 하였다.

	㉠	㉡
①	군역	5위
②	군역	병마절도사
③	요역	5위
④	요역	수군절도사
⑤	5위	병마절도사

12 다음 자료와 관련된 제도에 대한 설명으로 옳은 것은?

하 난이도

① 중앙 집권 체제를 약화시키는 제도이다.
② 국경의 위급 상황을 신속히 알리는 제도이다.
③ 통신을 위해 역참을 설치하고 운영한 제도이다.
④ 세금으로 거둔 곡식을 해로로 운송하는 제도이다.
⑤ 낮에는 불, 밤에는 연기를 피워 위급한 소식을 전하는 제도이다.

13 다음 제도에 대한 설명으로 옳지 않은 것은?

중 난이도

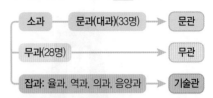

① 대체로 3년마다 시행되었다.
② 문과는 주로 상민의 자제가 응시하였다.
③ 양인 이상이면 누구나 응시할 수 있었다.
④ 소과에 합격해야 대과에 응시할 수 있었다.
⑤ 문과, 무과, 잡과 중 문과가 가장 중시되었다.

14 다음 지도에 대한 설명으로 옳은 것을 보기 에서 모두 고르면?

중 난이도

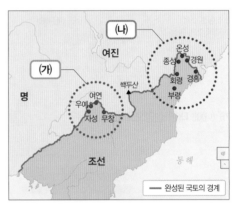

보기
ㄱ. (가)는 이종무가 개척한 4군이다.
ㄴ. (나)는 김종서가 개척한 6진이다.
ㄷ. 세종 때 왜구를 토벌하고 개척한 지역이다.
ㄹ. 세종은 사민 정책을 실시하여 남부 지방의 백성을 (가), (나)로 이주시켰다.

① ㄱ, ㄴ　　　　② ㄱ, ㄷ　　　　③ ㄴ, ㄷ
④ ㄴ, ㄹ　　　　⑤ ㄷ, ㄹ

15 조선 전기 대외 관계에 대한 설명으로 옳지 않은 것은?

중 난이도

① 세종 때 이종무는 쓰시마섬을 토벌하였다.
② 조선은 일본에 3포를 개방하여 제한적으로 무역을 허용하였다.
③ 조선은 류큐, 시암, 자와 등 동남아시아의 여러 나라와 교류하였다.
④ 조선은 명에 대해 회유책과 강경책을 함께 쓰는 교린 정책을 펼쳤다.
⑤ 건국 초 태조와 정도전이 요동 정벌을 추진하여 조선은 명과 대립하였다.

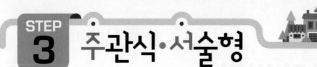
01 다음 자료를 보고 물음에 답하시오.

(가)	(나)
땅을 사고 팔면 100일 이내에 관청에 보고한다.	남자는 15세, 여자는 14세에 혼인을 할 수 있다.

보기
- 이전
- 호전
- 예전
- 병전
- 형전
- 공전

(1) (가), (나)에 들어갈 법전으로 옳은 것을 보기에서 골라 쓰시오.

(가) _____   (나) _____

(2) 위와 관련된 법전의 명칭과 법전 편찬의 의의를 한 가지 서술하시오.

_____

_____

02 다음 글을 읽고 물음에 답하시오.

- (㉠)은(는) 관리의 비리를 감찰하는 기구이다.
- (㉡)은(는) 국왕이 올바른 정치를 할 수 있도록 일깨워 주는 기구이다.
- (㉢)은(는) 국왕의 정책 자문과 경연을 담당하는 기구이다.

(1) ㉠~㉢에 들어갈 정치 기구의 명칭을 쓰시오.

㉠ _____   ㉡ _____   ㉢ _____

(2) ㉠~㉢을 통틀어 부르는 명칭과 위 정치 기구를 설치한 목적을 서술하시오.

_____

_____

03 다음 글을 읽고 물음에 답하시오.

- 조선은 대부분의 군현에 수령을 파견하여 중앙 집권을 강화하였다.
- 지방에 거주하던 양반은 자치 기구인 (㉠)을(를) 조직하여 수령을 돕고, 향리의 비리를 감찰하였다.

(1) ㉠에 들어갈 명칭을 쓰시오.

_____

(2) 위 자료를 참고하여 고려의 지방 행정 조직과 조선의 지방 행정 조직의 차이점을 두 가지 서술하시오.

_____

_____

04 다음 지도를 보고 물음에 답하시오.

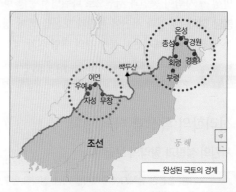

(1) 지도에 표시된 지역은 누구를 정벌하고 설치하였는지 쓰시오.

_____

(2) 조선이 (1)에 대해 펼친 회유책을 두 가지 서술하시오.

_____

_____

02 사림의 성장과 문화의 발달

1 사림의 성장과 붕당의 등장

1 훈구와 사림

(1) **①훈구** 세조의 즉위를 도와 고위 관직 독점, 많은 토지와 노비 소유

(2) **사림** 지방에서 학문 연구와 교육에 힘씀, 향촌 자치와 왕도 정치 추구
└─ 왕이 높은 도덕성을 바탕으로 신하와 협력하여 백성을 바르게 다스리는 정치이다.

2 사림의 성장

(1) **배경** 훈구 세력의 권력 독점 ➡ 성종은 훈구 세력을 견제하기 위해 사림 등용

(2) **사림의 정계 진출** 주로 3사에 배치, 훈구의 권력 독점과 비리를 비판
└─ 김종직 등의 사림을 등용하였다.
└─ 훈구와 사림의 정치적 대립이 심화되었고, 사화가 일어나는 배경이 되었다.

3 사화의 발생 `교과서마다 달라요` 사화
동아, 천재는 4대 사화의 명칭을 다루지 않음

(1) **연산군 대의 사화** 김종직의 「조의제문」을 구실로 사림 제거(무오사화), 연산군이 어머니인 폐비 윤씨의 사건을 구실로 사림 제거(갑자사화)

(2) **중종②반정과 조광조의 개혁** ┌─ 중종은 훈구를 견제하기 위해 사림을 등용하였다.

① 중종반정: 연산군이 쫓겨나고 중종이 즉위 ➡ 중종이 조광조 등의 사림 등용

② 조광조의 개혁 정치 `교과서마다 달라요` 소격서 폐지 동아, 천재, 지학은 다루지 않음

내용	• 현량과 실시: 학문과 덕행이 뛰어난 인재를 추천하여 관리로 채용하는 제도 실시 주장 • 소격서 폐지: 도교 행사를 ③주관하는 소격서를 혁파할 것을 주장 • 위훈 삭제: 중종반정 때 부적절하게 공신으로 선정된 사람들의 공신 자격 취소를 주장
영향	개혁 정치에 부담을 느낀 중종과 훈구의 반발 ➡ 조광조 등 사림 제거(기묘사화)

(3) **명종 대의 사화** 외척 사이의 권력 다툼으로 사림이 큰 피해를 입음(을사사화)

(4) **결과** 사림은 큰 피해를 입었으나 서원과 향약을 바탕으로 향촌에서 세력을 키움 ➡ 선조 때 중앙 정치를 주도

4 ④붕당의 형성
서인 이이, 성혼의 학문 계승
동인 이황, 조식, 서경덕의 학문 계승

(1) **배경** 이조 전랑의 임명과 외척의 정치 참여 문제를 둘러싸고 사림 내부에서 갈등 발생 ➡ 사림이 동인과 서인으로 나뉘면서 붕당 형성
└─ 외척 청산에 적극적인 동인과 소극적인 서인으로 분열되었다.

(2) **붕당 정치** 동인과 서인이 비판과 토론을 통해 정국 운영 ➡ 정치 주도권을 잡으려는 경쟁이 치열해지면서 붕당 간의 대립 심화
└─ 이후 동인은 남인과 북인으로 분열되었다.

> 시험에 꼭 나오는 **개념 체크**
> 1. 성종은 훈구를 견제하기 위해 사림을 등용하였다. (○, ×)
> 2. 정치적·학문적으로 비슷한 성향을 가진 사림끼리 모이면서 ＿＿이 형성되었다.
>
> 답 1. ○ 2. 붕당

2 성리학의 확산과 사회 변화

1 서원의 설립과 향약의 보급
이황의 건의로 명종이 '소수서원'이라는 현판을 하사하였다.

서원	• 기능: 훌륭한 유학자에게 제사를 지냄, 성리학 연구, 지방 양반 자제 교육, 공론을 모음 • 최초의 서원: 주세붕이 백운동 서원 설립 ➡ 명종 때 ⑤사액 서원이 됨 • 영향: 향촌 사회에 성리학적 질서 ⑥보급, 학문과 문화 발달, 사림의 정치적 기반 강화
향약	• 의미: 향촌 자치 ⑦규약, 향촌 사회의 전통 풍속과 유교 윤리를 결합하여 만듦 • 보급: 조광조가 중국의 향약을 소개 ➡ 이황·이이 등이 우리 실정에 맞는 향약을 만들어 시행 • 영향: 향촌 사회에서 사림의 영향력 강화, 성리학적 사회 질서 확산

 용어 쏙쏙

①훈구(勳 - 공로, 舊 - 옛): 대대로 나라나 임금을 위해 세운 공로가 있는 집안이나 신하

②반정(反 - 뒤집다, 正 - 바르다): 옳지 못한 임금을 폐위하고 새 임금을 세워 나라를 바로잡음

③주관(主 - 주인, 管 - 맡다): 어떤 일에 대한 책임을 지거나 맡아서 관리함

④붕당(朋 - 무리, 黨 - 무리): 정치적·학문적으로 동질성을 가지고 있는 무리

⑤사액(賜 - 하사하다, 額 - 현판): 왕이 이름을 지어서 새긴 현판을 내리는 일

⑥보급(普 - 널리, 及 - 미치게 하다): 널리 펴서 많은 사람에게 골고루 미치게 함

⑦규약(規 - 법, 約 - 맺다): 조직체 안에서 서로 지키도록 협의하여 정해 놓은 규칙

더 알기 사림의 계보도

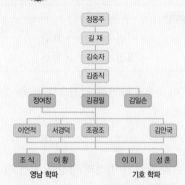

사림은 조선 건국에 협력하지 않았던 정몽주, 길재 등의 학통을 계승한 세력이다.

자료 1 조의제문

「조의제문」은 김종직이 항우에게 죽임을 당한 초나라의 의제를 추모하며 쓴 글이다. 이 글에서 김종직은 단종을 의제, 세조를 항우로 비유하여 세조가 단종의 왕위를 빼앗은 일을 비판하였다.

자료 2 이조 전랑의 임명 문제

> 선조 때 김효원이 이조 전랑의 후보에 오르자 심의겸은 그가 외척과 친했다는 이유로 이조 전랑에 오르는 것을 반대하였다. 이후 이조 전랑이 된 김효원은 심의겸의 동생이었던 심충겸이 이조 전랑의 후보에 오르자 왕실의 외척이라며 반대하였다. 이 사건을 계기로 사림은 김효원을 지지하는 동인과 심의겸을 지지하는 서인으로 분열하였다.

이조 전랑은 문관의 인사를 담당한 직책으로, 3사 관리와 자신의 후임자를 추천할 수 있었던 중요한 관직이었다. 이에 사림은 이조 전랑 자리를 두고 대립하였다.

자료 3 향약의 4대 덕목

> • 덕업상권: 착한 일은 서로 권한다.
> • 과실상규: 잘못된 것은 서로 규제한다.
> • 예속상교: 예의 바른 풍속으로 서로 교제한다.
> • 환난상휼: 어려운 일은 서로 돕는다.
> ─ 「여씨 향약」 ─

2 유교 윤리의 보급

(1) **국가의 노력** 『국조오례의』·『삼강행실도』 등 서적 편찬, 충신·효자·❶열녀 포상 — 충신, 효자, 열녀의 이야기를 글과 그림으로 구성한 서적이다.

(2) **사림의 노력** 『소학』, 『주자가례』 보급 — 남송의 주자가 관례, 혼례, 상례, 제례 등의 예법을 정리한 서적이다.

(3) **영향** 유교 예법에 따라 혼인과 장례를 치름, 집안에 ❷가묘와 ❸사당 설치, 족보 편찬

 개념 체크
1. 서원과 향약을 기반으로 향촌 사회에서 사림의 지배력이 강화되었다. (○, ×)
2. 사림은 유학의 기본서인 『소학』과 가정에서 지켜야 할 예법을 정리한 『_____』를 보급하였다.

답 1. ○ 2. 주자가례

3 조선 전기의 문화

1 훈민정음의 ❹창제

(1) **배경** 한자는 배우기 어렵고, 대부분의 백성은 글자를 몰라 일상생활에 어려움을 겪음

(2) **창제** 세종은 과학적인 원리를 바탕으로 훈민정음을 창제하고 ❺반포(1446)

(3) **정부의 보급 노력** 훈민정음으로 서적 편찬(『삼강행실도』, 『소학』, 『용비어천가』) — 훈민정음으로 기록한 서사시로, 왕실의 업적에 대한 내용이 담겨 있다.

(4) **의의** 민족 문화 발달에 영향 — 정부는 훈민정음으로 백성에게 내리는 교서를 작성하거나, 행정 실무를 담당하는 하급 관리에게 훈민정음을 배우게 하였다.

2 서적 편찬과 지도 제작

법전	『경국대전』: 유교 이념에 입각한 통치 규범 정리
역사서	• 『고려사』, 『고려사절요』: 고려사 정리　• 『동국통감』: 고조선~고려 말 역사 정리 • 『조선왕조실록』: 이전 왕의 통치 기록 정리
의례서	『국조오례의』: 국가 행사에 필요한 절차 정리
지리서	『세종실록지리지』, 『동국여지승람』 — 성종 때 제작한 지리서로, 각 지방의 역사·자연환경·교통 등에 대한 내용이 수록되어 있다.
지도	「팔도도」(전국 지도), 「혼일강리역대국도지도」(세계 지도)

교과서마다 달라요 인쇄술의 발달 동아, 천재는 다루지 않음

3 인쇄술의 발달 태종 때 계미자, 세종 때 갑인자 등 금속 활자 ❻주조

 개념 체크
1. 『조선왕조실록』은 새 왕이 즉위하면 이전 왕의 통치 기록을 정리하여 만들었다. (○, ×)
2. 태종 때 세계 지도인 「_____」가 제작되었다.

답 1. ○ 2. 혼일강리역대국도지도

4 과학 기술과 예술의 발달

1 과학 기술의 발달 — 조선 초에는 화살에 화약이 달린 신기전과 신기전을 쏠 수 있게 만든 화차 등 화약 무기가 발명되었다.

❼천문	• 태조: 「천상열차분야지도」(천문도) — 간의는 혼천의를 간략하게 만든 것으로, 천체의 운행을 관측할 수 있는 과학 기구이다. • 세종: 혼천의, 간의, 앙부일구(해시계), 자격루(물시계) 제작
❽역법	『칠정산』: 중국과 이슬람(아라비아) 역법을 참고하여 한성을 기준으로 만든 역법서
농업	측우기 제작(강우량 측정), 『농사직설』 편찬(우리나라 실정에 맞는 농사법 정리)
의학	• 『향약집성방』: 주변에서 쉽게 구할 수 있는 약재를 이용한 치료법 소개 • 『의방유취』: 의학 백과사전

2 조선 전기 예술의 발달

(1) **공예** 분청사기(조선 초까지 유행), 백자(16세기 이후 유행)

(2) **그림** 도화서 화가와 양반 사대부들이 주로 그림을 그림 ➡ 안견(「몽유도원도」), 강희안(「고사관수도」), 사군자 유행

교과서마다 달라요 음악의 발달 금성, 미래엔만 다룸

(3) **음악** 종묘 제례악 완성, 『악학궤범』 편찬 — 궁중 음악을 그림과 함께 설명한 서적이다.

 개념 체크
1. 『향약집성방』은 우리나라 실정에 맞는 농사법을 담은 책이다. (○, ×)
2. 안견은 안평 대군의 꿈을 토대로 「_____」를 그렸다.

답 1. × 2. 몽유도원도

용어 쏙쏙
❶ 열녀(烈-굳세다, 女-여자): 남편에 대한 절개가 곧은 여자
❷ 가묘(家-집, 廟-사당): 한 집안의 사당
❸ 사당(祠-제사 지내다, 堂-집): 조상의 신주를 모셔 놓은 집
❹ 창제(創-창작하다, 製-만들다): 전에 없던 것을 처음으로 만들거나 제정함
❺ 반포(頒-널리 퍼뜨리다, 布-전파되다): 세상에 널리 퍼뜨려 모두 알게 함
❻ 주조(鑄-쇠 부어 만들다, 造-짓다): 녹인 쇠붙이를 거푸집에 부어 물건을 만듦
❼ 천문(天-하늘, 文-글월): 하늘에서 일어나는 현상을 연구하는 학문
❽ 역법(曆-책력, 法-법): 달력을 만드는 법

자료 4 훈민정음 해례본 서문

> 우리나라의 말과 소리가 중국과 달라서 문자가 서로 통하지 않으므로 어리석은 백성들이 말하고 싶은 것이 있어도 마침내 그 뜻을 제대로 표현하지 못하는 사람이 많다. 나는 이것을 안타깝게 생각하여 새로 스물여덟 자를 만드니, 사람마다 쉽게 익혀서 나날이 사용하기에 편리하도록 하였다.

당시 조선은 문자가 없어 중국의 한자를 사용하였으나 배우기 어려워 주로 지배층에서만 문자를 사용하였다. 또한 대부분의 백성들은 글자를 몰라 일상생활에 어려움을 겪었다.

자료 5 혼일강리역대국도지도

태종 때 만들어진 세계 지도인 「혼일강리역대국도지도」는 유럽, 아프리카 대륙이 그려져 있고 조선과 중국이 상대적으로 크게 그려져 있다. 이 지도는 동양에서 현존하는 가장 오래된 세계 지도이다.

자료 6 천상열차분야지도

고구려의 천문도를 기반으로 제작되었고, 한양을 기준으로 별자리를 관측하여 만든 천문도이다. 이 지도는 조선 왕조의 건국을 정당화하는 데 활용되었다.

자료 7 몽유도원도

안평 대군이 꿈에서 본 이상 세계의 모습을 도화서 화원인 안견이 그린 것이다.

01 다음 설명과 관련된 사화를 보기에서 골라 쓰시오.

> **보기**
> ㄱ. 무오사화　　　　　ㄴ. 갑자사화
> ㄷ. 기묘사화　　　　　ㄹ. 을사사화

(1) 폐비 윤씨 사건과 관련된 사람들을 숙청　　（　　）
(2) 김종직의 「조의제문」을 문제 삼아 사림 제거　（　　）
(3) 조광조의 개혁 정치에 대한 반발로 사림 제거　（　　）
(4) 왕실 외척 간의 권력 다툼으로 일부 사림 제거　（　　）

02 ㉠, ㉡에 들어갈 알맞은 말을 쓰시오.

구분	내용
（ ㉠ ） 실시	학문이 뛰어난 인재를 추천하여 등용하는 제도 실시
소격서 폐지	도교 행사를 주관하던 관청을 폐지
위훈 삭제	（ ㉡ ） 때 부당하게 공신이 된 훈구의 공훈 삭제

㉠ ＿＿＿＿＿＿＿　　　㉡ ＿＿＿＿＿＿＿

03 다음 중 알맞은 말에 ○표를 하시오.

(1) (영의정, 이조 전랑)은 3사의 관리와 후임자를 추천할 수 있었다.
(2) (서원, 향교)은(는) 덕망 있는 유학자를 받들어 제사를 지내고 성리학을 연구하는 공간이었다.

04 서로 관련 있는 것끼리 연결하시오.

(1) 역사서 •　　　　　　• ㉠ 『고려사』
(2) 의례서 •　　　　　　• ㉡ 『칠정산』
(3) 역법서 •　　　　　　• ㉢ 『국조오례의』

05 다음 설명이 맞으면 ○표, 틀리면 ✕표 하시오.

(1) 조선 전기에는 분청사기가 유행하였다.　　　（　　）
(2) 「고사관수도」는 문인 화가인 안견이 그린 그림이다.
　　　　　　　　　　　　　　　　　　　　　（　　）
(3) 16세기 이후에는 선비들의 취향에 맞게 고상한 분위기를 풍기는 백자가 유행하였다.　　　（　　）

06 다음 빈칸에 알맞은 말을 쓰시오.

(1) 태조 때 천문도인 「（　　　　　　）」이(가) 제작되었다.
(2) 태종 때 세계 지도인 「（　　　　　　）」이(가) 제작되었다.

STEP 2 대표 문제

01
（상）
난이도

밑줄 친 '그'와 관련된 정치 세력에 대한 설명으로 옳은 것은?

> 그는 수양 대군이 왕위에 오르는 데 큰 역할을 했던 인물로, 네 차례나 공신에 봉해지고 두 딸이 왕비가 되면서 절대 권력을 누렸다. 그는 압구정에서 명의 사신을 위한 잔치를 연다며 왕실에서 쓰는 장막을 요구하였다가 성종이 이를 거절하자 화를 냈다. 3사의 관원들은 그를 탄핵하였다.

① 정몽주, 길재의 학통을 계승하였다.
② 왕도 정치와 향촌 자치를 추구하였다.
③ 세조의 즉위를 도와 높은 관직에 올랐다.
④ 성종은 이들을 등용하여 주로 언론 기관인 3사에 배치하였다.
⑤ 이들은 공론을 내세우며 훈구의 권력 독점과 비리를 비판하였다.

02
（중）
난이도

밑줄 친 '이 세력'에 대한 설명으로 옳은 것을 보기에서 모두 고르면?

> 이 세력은 조선 건국에 협력하지 않고 지방에 거주하면서 학문 연구와 교육에 힘쓴 학자들의 제자이다. 성종은 이들을 등용하여 기존의 정치 세력을 견제하고자 하였다.

> **보기**
> ㄱ. 이들은 주로 3사의 언관직에 임명되었다.
> ㄴ. 왕실과 혼인 관계를 맺으면서 권력을 강화하였다.
> ㄷ. 도덕과 의리를 중시하는 왕도 정치를 추구하였다.
> ㄹ. 국가로부터 토지와 노비를 받아 많은 재산을 소유하였다.

① ㄱ, ㄴ　　② ㄱ, ㄷ　　③ ㄴ, ㄷ
④ ㄴ, ㄹ　　⑤ ㄷ, ㄹ

같은 주제 다른 문제

● 위 세력이 주로 등용된 정치 기구로 가장 적절한 것은? 답 ①

① 사간원　　　② 승정원　　　③ 의정부
④ 춘추관　　　⑤ 한성부

[03~04] 다음 자료를 보고 물음에 답하시오.

| ㉠ 성종 | ㉡ 연산군 | ㉢ 중종 | ㉣ 인종 | ㉤ 명종 |

03 다음 사건이 일어난 시기를 연표에서 옳게 고른 것은?
(상)
난이도

김종직은 항우에게 죽임을 당한 초나라의 의제를 추모하며 「조의제문」을 지었다. 이에 훈구는 의제가 단종, 항우가 세조를 의미하기 때문에 「조의제문」은 세조가 단종의 왕위를 빼앗은 일을 비판하는 글이라고 주장하였다. 이로 인해 김종직을 비롯한 사림은 제거를 당하였다.

① ㉠   ② ㉡   ③ ㉢   ④ ㉣   ⑤ ㉤

04 ㉠~㉤ 시기에 일어난 일로 옳은 것은?
(상)
난이도
① ㉠ – 두 차례의 사화를 일으키고 폭정을 일삼았다.
② ㉡ – 폐비 윤씨 사건과 관련된 사람들이 숙청당하였다.
③ ㉢ – 외척 간의 권력 다툼으로 사화가 일어났다.
④ ㉣ – 조광조를 비롯한 사림이 제거당하였다.
⑤ ㉤ – 훈구 세력은 김종직의 「조의제문」을 문제 삼아 사화를 일으켰다.

05 ㉠, ㉡에 들어갈 말을 바르게 연결한 것은?
(중)
난이도

조광조는 학문과 덕행을 고루 갖춘 인재를 추천하여 간단한 시험을 통해 관리로 채용하는 (㉠) 실시를 주장하였다. 또한 도교 행사를 주관하던 관청인 (㉡)을(를) 폐지하고, 거짓으로 공을 만들어 공신이 된 사람들의 공신 자격을 취소해야 한다고 주장하였다.

	㉠	㉡
①	위훈	소격서
②	소격서	위훈
③	소격서	현량과
④	현량과	위훈
⑤	현량과	소격서

[06~07] 다음 글을 읽고 물음에 답하시오.

심의겸은 김효원이 (㉠)이(가) 되는 것에 반대하였다. 이후 심의겸의 동생인 심충겸이 (㉠) 후보에 오르자 김효원은 이를 반대하였다. 이후 김효원을 지지하는 세력을 (㉡), 심의겸을 지지하는 세력을 (㉢)이라고 하였다.

06 ㉠~㉢에 들어갈 말을 바르게 연결한 것은?
(상)
난이도

	㉠	㉡	㉢
①	3사	동인	서인
②	3사	서인	동인
③	의정부	서인	남인
④	이조 전랑	동인	서인
⑤	이조 전랑	서인	동인

07 ㉡, ㉢ 세력에 대한 설명으로 옳은 것은?
(상)
난이도
① ㉡ – 이이의 학문을 따르는 사람이었다.
② ㉡ – 이후 남인과 북인으로 분열하였다.
③ ㉢ – 이황의 학문을 따르는 사람이었다.
④ ㉢ – 세조의 즉위를 도와 높은 관직에 오른 세력이었다.
⑤ ㉡, ㉢ – 두 세력이 정치적으로 대립하면서 사화가 발생하였다.

08 ㉠에 대한 설명으로 옳은 것은?
(하)
난이도

이 문화유산은 명종이 지방 교육 기관인 (㉠)에 하사한 현판입니다.

① 이황을 모시기 위해 세워졌다.
② 조선 시대의 최고 교육 기관이다.
③ 양반이 집안에 설치한 제사 공간이다.
④ 중종 때 풍기 군수 주세붕이 세운 서원이다.
⑤ 공동체적 생활 풍속에 유교 윤리를 덧붙여 만들었다.

09 ⑨에 대한 설명으로 옳은 것을 보기 에서 모두 고르면?

(중 난이도)

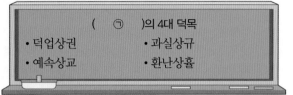

(⊙)의 4대 덕목

• 덕업상권 • 과실상규
• 예속상교 • 환난상휼

보기

ㄱ. ⊙은 향촌 자치 규약인 향약이다.
ㄴ. 공론을 모아 중앙 정치에 영향을 끼쳤다.
ㄷ. 향촌 사회에 유교 덕목을 보급하는 역할을 하였다.
ㄹ. 성리학을 연구하고 지방 양반의 자제를 교육하는 장소였다.

① ㄱ, ㄴ   ② ㄱ, ㄷ   ③ ㄴ, ㄷ
④ ㄴ, ㄹ   ⑤ ㄷ, ㄹ

같은 주제 다른 문제

● 사림이 향촌 사회에서 지배권을 강화할 수 있었던 기반으로 옳은 것을 〈보기〉에서 모두 고르면? 답 ②

〈보기〉
ㄱ. 서원   ㄴ. 서당
ㄷ. 향교   ㄹ. 향약

① ㄱ, ㄴ   ② ㄱ, ㄹ   ③ ㄴ, ㄷ
④ ㄴ, ㄹ   ⑤ ㄷ, ㄹ

10 다음 대화에서 세종 시기의 문화 발달을 바르게 말한 사람을 모두 고르면?

(중 난이도)

갑: 백성의 농사를 돕기 위해 우리나라 실정에 맞는 농사법을 정리한 서적인 『농사직설』을 편찬한 건 정말 대단한 일이야!
을: 『농사직설』뿐이겠어? 앙부일구랑 자격루라는 시계도 만들었는데 시간이 꽤 정확해서 농사에 큰 도움이 됐대.
병: 심지어 고구려의 천문도를 바탕으로 「천상열차분야지도」를 제작하였다고!
정: 이 시기에 중국을 기준으로 한 역법서인 『칠정산』도 편찬되었어.

① 갑, 을   ② 갑, 병   ③ 을, 병
④ 을, 정   ⑤ 병, 정

11 조선 전기에 편찬된 서적에 대한 설명으로 옳은 것을 보기 에서 모두 고르면?

(상 난이도)

보기

ㄱ. 『조선왕조실록』 – 이전 왕의 통치 기록을 정리
ㄴ. 『동국통감』 – 고조선부터 통일 신라까지의 역사를 정리
ㄷ. 『동국여지승람』 – 지방의 역사, 자연환경 등 지리 정보를 정리
ㄹ. 『국조오례의』 – 효자, 열녀, 충신에 대한 내용을 글과 그림으로 정리

① ㄱ, ㄴ   ② ㄱ, ㄷ   ③ ㄴ, ㄷ
④ ㄴ, ㄹ   ⑤ ㄷ, ㄹ

같은 주제 다른 문제

● 다음 서적들이 보급되면서 조선 사회에 끼친 영향으로 가장 적절한 것은? 답 ④

• 『국조오례의』   • 『삼강행실도』   • 『주자가례』

① 국방력 강화
② 과학 기술 발전
③ 농업 기술 발달
④ 성리학적 질서 확립
⑤ 조선 건국의 정당성 부여

12 조선 전기의 문화유산으로 옳지 않은 것은?

(하 난이도)

①    ②

③    ④

⑤

01 다음 글을 읽고 물음에 답하시오.

(가)	(나)
덕행이 있는 사람을 천거하게 하여 인재를 찾으십시오. ㅡ 『중종실록』 ㅡ	반정 때 공이 있었다면 기록되어야 하겠으나, 이들은 공도 없는데 기록되었습니다. ㅡ 『중종실록』 ㅡ

(1) (가), (나)에 들어갈 정책의 명칭을 쓰시오.

(가) _____   (나) _____

(2) 위 개혁의 추진으로 인해 일어난 사건을 서술하시오.

_____

_____

02 다음 글을 읽고 물음에 답하시오.

- (㉠)은(는) 훌륭한 유학자를 제사 지내고, 성리학을 연구하며 지방 양반의 자제를 교육하는 기능을 하였다.
- (㉡)은(는) 향촌의 자치 규약으로 공동체적 생활 풍속에 유교 윤리를 더하여 만든 것이다.

(1) ㉠, ㉡에 들어갈 용어를 쓰시오.

㉠ _____   ㉡ _____

(2) ㉠, ㉡이 보급되면서 정치와 사회에 일어난 변화를 서술하시오.

_____

_____

03 다음 글을 읽고 물음에 답하시오.

> 우리나라의 말과 소리가 중국과 달라서 문자가 서로 통하지 않으므로 어리석은 백성들이 말하고 싶은 것이 있어도 마침내 그 뜻을 제대로 표현하지 못하는 사람이 많다. 나는 이것을 안타깝게 생각하여 ㉠ 새로 스물여덟 자를 만드니, 사람마다 쉽게 익혀서 나날이 사용하기에 편리하도록 하였다.

(1) 밑줄 친 ㉠의 명칭을 쓰시오.

_____

(2) 위 자료를 참고하여 훈민정음의 창제 목적을 서술하시오.

_____

_____

04 다음 자료를 보고 물음에 답하시오.

(가)	(나)

(1) (가), (나)의 명칭을 쓰시오.

(가) _____   (나) _____

(2) 조선 시대에 천문학이 발달한 이유가 무엇인지 서술하시오.

_____

_____

03 왜란·호란의 발발과 영향

1 왜란의 발발과 극복

1 임진왜란의 발발

(1) 왜란 이전의 정세 _{교과서마다 달라요} 양반 사회의 분열 천재, 비상만 다룸
① 조선: 양반 사회의 분열로 정치 혼란, 군역 제도의 문란 등으로 국방력 약화
② 일본: 도요토미 히데요시의 전국 시대 통일 → 국내 불만 세력의 관심을 돌리기 위해 조선 침략(임진왜란, 1592)

(2) 임진왜란의 발발 _{교과서마다 달라요} 부산진, 동래성 함락 / 동아 일본군의 부산 상륙 / 천재 부산, 동래 함락
① 전개: 일본군이 부산진, 동래성 함락 → 선조의 의주 ❶피란 → 일본군의 함경도 진격
② 수군의 활약: 이순신이 이끄는 수군의 활약 → 서남해의 ❷제해권 장악, 곡창 지대인 전라도 지방 수호, 일본군의 ❸보급로 차단 _{옥포를 시작으로 사천, 당포, 한산도에서 승리하였다.}
③ 의병의 활약: 전직 관리, 유학자, 승려 등이 의병을 일으킴(곽재우, 유정 등) → 익숙한 지형을 활용하여 일본군에 큰 타격을 줌 _{일본은 바다를 통해 무기와 식량을 보급하려고 하였으나, 수군의 활약으로 보급로가 끊기게 되었다.}

2 일본의 재침략
_{조선은 훈련도감을 설치하여 군사 제도를 정비하고, 무기와 성곽을 수리하여 군사력을 보강하였다.}
(1) 명의 지원군 파견 조·명 연합군의 평양성 탈환(동아시아 국제전으로 확대)
(2) 조선의 전세 역전 김시민의 진주 대첩, 권율의 행주 대첩 → 일본이 휴전 회담 ❹제의
(3) 정유재란 발발 휴전 회담 결렬 → 일본의 재침입(정유재란, 1597) → 군사력을 보강한 조선의 효과적인 대응(명량 대첩에서 승리)
(4) 전쟁의 종결 도요토미 히데요시 사망 후 일본군 철수 → 노량 해전에서 승리

3 전쟁의 영향
_{경복궁, 불국사, 사고 등}

조선	• 인구 감소, 농경지 황폐화, 국가 재정 악화, 문화재 손실, 신분 질서의 변화 • 무기 제작 기술 전래: ❺투항한 일본인에 의해 조총, 철포, 탄약 제조 기술 등이 전해짐 • 고추, 담배 등 일본에서 새로운 작물 ❻전래
일본	• 도자기 기술 전래: 포로로 끌려온 조선인 기술자에 의해 전래 → 도자기 산업의 발전 • 성리학 전래: 포로로 끌려온 조선인 유학자에 의해 전래

개념체크 _{시험에 꼭 나오는}
1. 의병은 익숙한 지형을 이용하여 일본군에게 큰 타격을 주었다. (○, ×)
2. 휴전 협상이 결렬되자 일본은 _____을 일으켜 조선을 다시 침략하였다.
_{정유재란 2 ○ 1 답}

2 동아시아의 정세 변화

1 왜란 이후 동아시아 정세

중국	명의 세력 약화, 여진족의 세력 확대
일본	도쿠가와 이에야스가 에도 막부 성립, 문화 발전 이룩(조선인 포로, 약탈한 문화재 바탕)
조선	에도 막부의 요청으로 일본과 국교 회복(조선인 포로 ❼송환, 통신사 파견)

_{교과서마다 달라요} 통신사 금성, 지학은 Ⅴ-30에서 다룸

 용어쏙쏙
❶ 피란(避-피하다, 亂-난리): 난리를 피하여 장소를 옮김
❷ 제해권(制-억제하다, 海-바다, 權-권력): 무력으로 바다를 지배하고 해상에서 가지는 권력
❸ 보급로: 작전 지역에 무기, 식량 등의 보급품을 나르기 위한 모든 길
❹ 제의(提-제시하다, 議-의논하다): 의견을 내놓음
❺ 투항(投-편이 되다, 降-항복하다): 적에게 항복함
❻ 전래(傳-전하다, 來-오다): 외국에서 전하여 들어옴
❼ 송환(送-보내다, 還-돌아오다): 제자리에 되돌려 보냄

자료 1 임진왜란의 전개

1592. 4.	임진왜란 발발
1592. 7.	한산도 대첩
1593. 1.	평양 탈환
1593. 2.	행주 대첩
1598. 11.	노량 해전

자료 2 관군과 의병의 활약

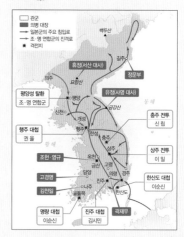

관군은 육지에서 연패하였지만, 바다에서는 이순신이 이끄는 수군이 여러 차례 승리하였다. 의병은 익숙한 지리를 활용하여 일본군에게 타격을 주었다.

자료 3 임진왜란 전후 인구 변화

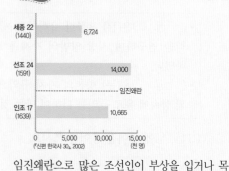

임진왜란으로 많은 조선인이 부상을 입거나 목숨을 잃었고, 일본에 포로로 끌려가기도 하였다. 이로 인해 인구가 크게 줄었다.

2 광해군의 전후 복구 사업과 중립 외교

(1) 광해군의 전후 복구 사업

① 국방력 강화: 무너진 성곽과 무기 수리

② 국가 재정 확보: 토지와 인구 조사 ➡ 토지 대장과 ❶호적 정리

③ 의학 서적 간행: 허준의 『동의보감』 편찬

> **교과서마다 달라요**
> 『동의보감』 편찬
> 동아, 비상은 다루지않음

(2) 광해군의 중립 외교

① 배경: 누르하치가 여진족 통일, 후금 건국(1616) ➡ 명과 후금의 대립 심화

② 중립 외교: 후금이 침략하자 명이 조선에 지원군 요청 ➡ 광해군은 강홍립을 파견하고 명과 후금 사이에서 중립 외교를 펼침

> **시험에 꼭 나오는 개념 체크**
> 1. 왜란 이후 조선과 일본의 국교는 회복되지 못하였다. (○, ×)
> 2. 광해군은 후금과 명 사이에서 _ _ _ _를 펼쳤다.
>
> 답 1. × 2. 중립 외교

3 호란의 발발과 영향

1 인조반정(1623)

> 명에 대한 의리와 명분을 중요하게 여겼던 서인은 광해군의 중립 외교에 크게 반발하였다.

(1) **배경** 광해군의 중립 외교, 영창 대군 살해, 인목 대비 ❷유폐 ➡ 일부 사림의 반발

(2) **결과** 서인의 주도로 광해군이 쫓겨나고 인조가 왕위에 오름

[자료4] 2 호란의 발발

(1) 정묘호란(1627)

배경	• 인조와 서인 정권의 친명배금 정책 추진 • 명의 군대가 평안도 ❸가도에 주둔하여 후금의 ❹배후를 위협 **교과서마다 달라요** **가도 주둔** 동아만 다룸
전개	이괄의 난으로 조선이 혼란한 틈을 타 후금이 침략 ➡ 인조의 강화도 피란 ➡ 정봉수, 이립 등의 의병이 항쟁 이괄은 인조반정에 참여하였으나, 그 공을 인정받지 못해 불만을 품고 반란을 일으켰다.
결과	후금과 형제 관계 체결 **교과서마다 달라요** **이괄의 난** 미래엔, 동아만 다룸

[자료5][자료6][자료7] (2) 병자호란(1636)

배경	후금이 국호를 '청'으로 변경 ➡ 청이 조선에 군신 관계 강요 ➡ ❺주화론과 ❻척화론의 대립 ➡ 조선이 청의 요구 거절
전개	청 태종의 침략 ➡ 인조가 남한산성에서 항전 ➡ 삼전도에서 항복
결과	청과 군신 관계 체결 **교과서마다 달라요** **주화론과 척화론**

> **교과서마다 달라요** 주화론과 척화론
>
> | 동아 | 척화론(주전론), 주화론의 명칭을 다루지 않음 |
> |---|---|
> | 금성, 미래엔 | 척화론을 주전론으로 표기 |

3 북벌 추진

(1) **배경** 호란 이후 청에 대한 ❼반감 심화 ➡ 청을 정벌하여 치욕을 씻어야 한다는 북벌 운동이 전개됨

(2) **효종의 북벌 추진**

① 북벌 추진: 서인 세력과 함께 성곽 수리, 군대 양성

② 한계: 잇따른 전쟁과 과도한 세금으로 인해 백성의 생활이 어려워짐, 청의 국력 강화 ➡ 효종 사망 후 사실상 중단

(3) **북학론 등장** 청의 문물을 배워 부국강병을 이루자는 움직임이 나타남

> **시험에 꼭 나오는 개념 체크**
> 1. 인조는 명을 가까이하고 후금을 멀리하는 친명배금 정책을 펼쳤다. (○, ×)
> 2. 병자호란 이후 조선에서는 청을 정벌하자는 _ _ 운동이 일어났다.
>
> 답 1. ○ 2. 북벌

용어 쏙쏙

❶ 호적(戶 – 인구, 籍 – 문서): 호주(戶主)를 중심으로 그 집에 속하는 사람의 본적지, 성명, 생년월일 등 신분에 관한 사항을 기록한 공문서

❷ 유폐(幽 – 깊다, 閉 – 닫다): 아주 깊이 가두어 둠

❸ 가도: 평안북도 철산군에 속한 섬

❹ 배후(背 – 뒤, 後 – 뒤): 어떤 대상이나 대오의 뒤쪽

❺ 주화(主 – 당사자, 和 – 화해하다): 전쟁을 피하고 화해하거나 평화롭게 지내자고 주장

❻ 척화(斥 – 배척하다, 和 – 화해하다): 화친하자는 논의를 밀어냄

❼ 반감(反 – 반대하다, 感 – 느끼다): 반대하거나 반항하는 감정

[자료4] 정묘호란과 병자호란의 전개

> 임경업, 백마산성, 용골산성, 의주, 벽동, 정봉수, 신경원, 이립, 가도, 관산, 철옹산성, 안주, 조선, 동해, 평양, 홍명구, 황주, 토산, 김화, 평산, 개성, 강화도, 한성, 남한산성, 수원, 이천, 여주, 김준룡
>
> ➡ 정묘호란(1627)
> ➡ 병자호란(1636)
> ☐ 조선군의 주요 인물(정묘호란)
> ☐ 조선군의 주요 인물(병자호란)

정묘호란 때는 이립, 정봉수 등의 의병이 항전하였다. 병자호란 때는 임경업이 백마산성에서 항전하였다.

[자료5] 윤집의 척화론(주전론)

> 명은 우리에게 부모의 나라요, 청은 부모의 원수입니다. 차라리 나라가 없어지더라도 임진왜란 때 우리를 도와준 명과의 의리를 저버릴 수는 없습니다.

척화론은 명에 대한 의리를 강조하며 청과 맞서 싸울 것을 주장하였다.

[자료6] 최명길의 주화론

> 우리의 힘을 헤아리지 않고 큰소리쳐서 오랑캐가 쳐들어 오면 어떻게 할 것입니까? 우선 저들의 요구를 받아들여 백성을 돌보고 나라를 보전해야 합니다.

주화론은 청과 외교 관계를 맺어 청과의 충돌을 막을 것을 주장하였다.

[자료7] 인조와 남한산성

▲ 남한산성 수어장대

수어장대는 군대를 지휘하던 장소이다. 인조는 남한산성에서 청에 맞서 항전하였으나, 결국 삼전도에서 항복하였다.

01 다음 설명에 해당하는 왕을 보기에서 골라 기호를 쓰시오.

> 보기
> ㄱ. 선조　　　　　　ㄴ. 인조
> ㄷ. 효종　　　　　　ㄹ. 광해군

(1) 명과 후금 사이에서 중립 외교를 펼쳤다.　　　　（　　）
(2) 남한산성에서 청에 맞서 싸웠으나 항복하였다.（　　）
(3) 일본군이 조선에 침입하자 의주로 피란하였다.（　　）
(4) 북벌을 추진하여 성곽을 수리하고 군사력을 강화하였다.
　　　　　　　　　　　　　　　　　　　　　　（　　）

02 서로 관련 있는 것끼리 연결하시오.

(1) 권율　　・　　　　　　・ ㉠ 행주 대첩
(2) 이순신　・　　　　　　・ ㉡ 진주 대첩
(3) 김시민　・　　　　　　・ ㉢ 한산도 대첩

03 다음 중 알맞은 말에 ○표를 하시오.

(1) 임진왜란 당시 (곽재우, 정봉수)는 의병을 일으켜 일본군과 싸웠다.
(2) 임진왜란 이후 (도요토미 히데요시, 도쿠가와 이에야스)는 권력을 잡고 에도 막부를 세웠다.

04 다음 설명이 맞으면 ○표, 틀리면 ×표 하시오.

(1) 조선의 고추가 왜란을 통해 일본으로 전해졌다.
　　　　　　　　　　　　　　　　　　　　　　（　　）
(2) 임진왜란 이후 조선은 일본의 요청으로 통신사를 파견하였다.　　　　　　　　　　　　　　　　（　　）
(3) 일본은 임진왜란 중에 많은 도자기를 약탈하고 기술자들을 포로로 끌고 갔다.　　　　　　　　（　　）

05 ㉠~㉢에 들어갈 알맞은 말을 쓰시오.

구분	정묘호란	병자호란
배경	인조, 서인의 (㉠) 정책	조선이 청의 요구 거부
결과	(㉡)와(과) 형제 관계 체결	청과 (㉢) 관계 체결

㉠ _____　㉡ _____　㉢ _____

06 다음 빈칸에 알맞은 말을 쓰시오.

(1) 후금은 국호를 (　　　　　)(으)로 변경하였다.
(2) (　　　　　)은(는) 청의 발달된 문물을 배워 부국강병을 이루자는 주장이다.

01 임진왜란 직전의 국내외 상황에 대한 설명으로 옳은 것을 보기에서 모두 고르면?

> 보기
> ㄱ. 일본에 에도 막부가 성립되었다.
> ㄴ. 여진족이 세력을 키워 후금을 건국하였다.
> ㄷ. 도요토미 히데요시가 전국 시대를 통일하였다.
> ㄹ. 조선의 군역 제도가 문란해져 국방력이 약화되었다.

① ㄱ, ㄴ　　　　② ㄱ, ㄷ　　　　③ ㄴ, ㄷ
④ ㄴ, ㄹ　　　　⑤ ㄷ, ㄹ

02 다음 사건을 순서대로 바르게 나열한 것은?

> ㄱ. 명량 대첩
> ㄴ. 행주 대첩
> ㄷ. 한산도 대첩
> ㄹ. 평양성 탈환
> ㅁ. 선조의 의주 피란

① ㄱ-ㄴ-ㄷ-ㄹ-ㅁ
② ㄴ-ㄷ-ㄹ-ㄱ-ㅁ
③ ㄷ-ㅁ-ㄴ-ㄹ-ㄱ
④ ㄷ-ㅁ-ㄹ-ㄴ-ㄱ
⑤ ㅁ-ㄷ-ㄹ-ㄴ-ㄱ

03 임진왜란에 대한 설명으로 옳지 않은 것은?

① 조선과 명의 연합군은 평양성을 탈환하였다.
② 수군의 승리로 서남해의 제해권을 장악할 수 있었다.
③ 의병은 익숙한 지형을 이용하여 일본군에게 큰 타격을 주었다.
④ 이순신이 명량 대첩에서 일본군을 물리치면서 전쟁은 끝이 났다.
⑤ 명이 조선에 지원군을 파견하면서 전쟁은 동아시아 국제전으로 확대되었다.

04 다음 그래프를 바르게 해석한 사람을 보기 에서 모두 고르면?
(중) 난이도

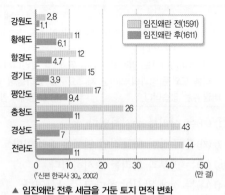

▲ 임진왜란 전후 세금을 거둔 토지 면적 변화

보기
갑 – 나라의 재정이 어려워졌을 것 같아.
을 – 전쟁 피해가 큰 지역은 경상도였구나.
병 – 조선은 임진왜란 후에도 세금을 많이 걷었구나.
정 – 임진왜란 후에 세금을 거둘 수 있는 토지 면적이 크게 줄었어.

① 갑, 을   ② 갑, 병   ③ 을, 정
④ 갑, 을, 정   ⑤ 갑, 병, 정

05 ㉠에 들어갈 내용으로 옳지 <u>않은</u> 것은?
(중) 난이도

〈발표 주제: 임진왜란 이후의 동아시아〉
• 모둠 1: 조선의 문화재 손실
• 모둠 2: 조선의 신분 질서 변동
• 모둠 3: _____㉠_____

① 일본 에도 막부의 성립
② 누르하치의 여진족 통일
③ 일본의 도자기 기술 발달
④ 왜란 참전 후 명의 국력 약화
⑤ 도요토미 히데요시의 전국 시대 통일

06 왜란을 통한 동아시아의 문화 교류에 대한 설명으로 옳지 <u>않은</u> 것은?
(하) 난이도

① 조선 – 일본에서 고추 등 새로운 작물이 들어왔다.
② 조선 – 투항한 일본인이 탄약 제조 기술 등을 전하였다.
③ 일본 – 조선에서 담배가 전래되었다.
④ 일본 – 조선인 포로에 의해 도자기 기술이 전래되었다.
⑤ 명 – 조선과 문학 교류가 활발해져 조선의 주요 시를 모은 서적이 편찬되었다.

07 다음과 같은 상황에 조선이 펼친 외교 정책으로 가장 적절한 것은?
(중) 난이도

① 후금과 명의 갈등을 유발하였다.
② 후금과 형제 관계를 체결하였다.
③ 명을 가까이하고 후금을 배척하였다.
④ 명과 후금 모두에게 사대의 예를 갖추었다.
⑤ 명과 후금 사이에서 중립적인 자세를 취하였다.

08 다음 상황이 직접적 계기가 되어 일어난 일로 가장 적절한 것은?
(중) 난이도

광해군의 외교 정책은 명에 대한 의리와 명분을 중시하던 일부 사림의 반발을 샀다. 또한 자신의 이복동생인 영창 대군을 죽이고 인목 대비를 폐위하자 유교 윤리를 어겼다는 비판이 일어났다.

① 북학론이 대두되었다.
② 후금이 조선을 침략하였다.
③ 효종이 북벌을 추진하였다.
④ 후금이 청으로 국호를 변경하였다.
⑤ 정변이 일어나 인조가 왕위에 올랐다.

● 위 사건을 주도한 붕당에 대한 설명으로 옳은 것은? 답 ①
① 북벌을 지지하였다.
② 이황의 학맥을 계승하였다.
③ 남인과 북인으로 분열하였다.
④ 주로 영남 지역의 사림이었다.
⑤ 광해군과 함께 전쟁 피해를 복구하기 위해 노력하였다.

09 (가), (나)에 대한 설명으로 옳은 것은?
중 난이도

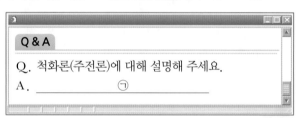

① (가) – 인조가 남한산성에서 항전하였다.
② (가) – 조선이 군신 관계 요구를 거절하자 청이 침략하였다.
③ (나) – 서인이 친명배금 정책을 펼치차 후금이 반발하였다.
④ (나) – 전쟁 이후 청 태종은 조선에 삼전도비를 세우게 하였다.
⑤ (가), (나) – 이순신이 이끄는 수군이 활약하였다.

10 (가), (나) 시기 사이에 일어난 일로 옳은 것은?
중 난이도

> (가) 후금은 조선과 형제 관계를 맺고 돌아갔다.
>
> ↓
>
> (나) 청 태종이 군대를 이끌고 조선을 침략하자, 인조는 남한산성으로 피신하였다.

① 인조가 삼전도에서 항복하였다.
② 주화론과 척화론이 대립하였다.
③ 조선은 청과 군신 관계를 맺었다.
④ 소현 세자와 봉림 대군이 청에 볼모로 끌려갔다.
⑤ 공신 책봉에 불만을 품은 이괄이 반란을 일으켰다.

11 (가), (나)를 주장한 세력에 대한 설명으로 옳은 것은?
중 난이도

(가)	(나)
명은 우리에게 부모의 나라요, 청은 부모의 원수입니다. 차라리 나라가 없어지더라도 임진왜란 때 우리를 도와준 명과의 의리를 저버릴 수는 없습니다.	우리의 힘을 헤아리지 않고 큰소리쳐서 오랑캐가 쳐들어 오면 어떻게 할 것입니까? 우선 저들의 요구를 받아들여 백성을 돌보고 나라를 보전해야 합니다.

① (가)는 실리를 중시하였다.
② (가)를 주장한 대표적인 인물은 윤집이다.
③ (나)는 명분과 의리를 중시하였다.
④ (나)는 청에 맞서야 한다고 주장하였다.
⑤ (나)의 주장이 병자호란 직전에 우세하였다.

12 ㉠에 들어갈 내용으로 옳은 것을 보기 에서 모두 고르면?
중 난이도

Q & A

Q. 척화론(주전론)에 대해 설명해 주세요.
A. _____㉠_____

보기
ㄱ. 명분과 의리를 중시한 입장이다.
ㄴ. 청의 문물을 배워 부국강병을 이루자는 주장이다.
ㄷ. 청의 군신 관계 요구를 거부해야 한다는 의견이다.
ㄹ. 명과 후금 사이에서 중립을 지켜야 한다는 의견이다.

① ㄱ, ㄴ   ② ㄱ, ㄷ   ③ ㄴ, ㄷ
④ ㄴ, ㄹ   ⑤ ㄷ, ㄹ

13 효종에 대한 설명으로 옳은 것은?
하 난이도

① 북벌을 추진하였다.
② 중립 외교를 펼쳤다.
③ 삼전도에서 청에 항복하였다.
④ 주변국과의 교류를 모두 단절하였다.
⑤ 청의 문물을 배워 부국강병을 이루고자 하였다.

같은 주제 다른 문제

● 북벌에 대한 설명으로 옳지 않은 것은? 답 ①
① 북인이 지지하였다.
② 효종은 성곽을 수리하고 군대를 키웠다.
③ 효종이 사망한 후 북벌 준비는 실질적으로 중단되었다.
④ 청의 국력이 강성했기 때문에 북벌은 사실상 불가능하였다.
⑤ 호란 이후 청에 대한 반감이 커지면서 북벌 운동이 일어났다.

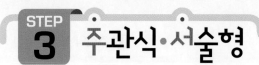

01 다음 글을 읽고 물음에 답하시오.

> 근래에 국운이 불길하여 섬 오랑캐가 불시에 침입하였다. …… 아! ㉠ 우리 여러 고을의 수령, 각 지역의 선비와 백성들아! 충성이 어찌 임금을 잊을 것이며, 의리상 마땅히 나라를 위해 죽을 것이니, 혹은 무기를 빌려주고, 혹은 군량을 도우며, 혹은 말을 달려 전장에서 앞장서고, 혹은 쟁기를 던지고 밭두둑에서 일어나리라.
>
> ─고경명, 「제봉선생집」 ─

(1) ㉠에 해당하는 군대의 명칭을 쓰시오.

_____

(2) (1)이 왜란에서 활약할 수 있었던 이유를 서술하시오.

_____

_____

02 다음 글을 읽고 물음에 답하시오.

> 계사년(1593) 4월 20일
> 도성을 되찾았다. …… 성안에 남아 있던 백성을 보니 백에 하나도 성한 사람이라고는 없었다. 남아 있던 백성은 모두 굶주리고 병들어 그 꼴은 차마 볼 수 없을 지경이었다. …… 종묘와 세 대궐, 그리고 종루와 큰 거리 북쪽에 있는 각 관청 등도 모두 재가 되어 버렸다.
>
> ─ 유성룡, 「징비록」 ─

(1) 윗글과 관련된 전쟁의 명칭을 쓰시오.

_____

(2) 위 전쟁이 조선에 끼친 영향을 세 가지 서술하시오.

_____

_____

03 다음 글을 읽고 물음에 답하시오.

> (가) 명은 우리에게 부모의 나라요, 청은 부모의 원수입니다. 차라리 나라가 없어지더라도 임진왜란 때 우리를 도와준 명과의 의리를 저버릴 수는 없습니다.
> (나) 우리의 힘을 헤아리지 않고 큰소리쳐서 오랑캐가 쳐들어 오면 어떻게 할 것입니까? 우선 저들의 요구를 받아들여 백성을 돌보고 나라를 보전해야 합니다.

(1) (가), (나) 주장의 명칭을 쓰시오.

(가) _____ (나) _____

(2) (가)와 (나) 중에서 자신이 지지하는 주장을 선택하고 선택한 이유를 서술하시오.

> **조건**
> 1. (가)와 (나) 중에서 하나의 입장을 선택할 것
> 2. 해당 입장에 대한 근거를 반드시 서술할 것

_____

_____

_____

04 나음 글을 읽고 물음에 답하시오.

> 조선은 오랑캐로 여기던 청에 패하여 군신 관계를 맺은 것에 큰 충격을 받았고, 청에 대한 반감이 심화되었다. 이에 청을 정벌하여 치욕을 씻어야 한다는 (㉠) 운동이 일어났다.

(1) ㉠에 들어갈 용어를 쓰시오.

_____

(2) 효종 때 ㉠을 실현하기 어려웠던 이유를 두 가지 서술하시오.

_____

_____

01 통치 체제 정비와 대외 관계

1 조선의 건국과 국가 기틀의 확립

(1) **조선의 건국** 위화도 회군(1388) ➡ 과전법 실시(1391) ➡ 조선 건국(1392) ➡ 한양 천도(1394)

(2) **국가 기틀의 확립**

태조	소수의 공신과 함께 정치
태종	사병 혁파, 호패법 실시
세종	집현전 설치, 경연 활성화
세조	직전법 실시, 국방력 강화(군사 제도 개편), 집현전과 경연 폐지
성종	홍문관 설치, 『경국대전』 완성(유교적 법치 국가의 토대 마련)

(3) **통치 체제의 정비**

중앙 정치	• 의정부와 6조 중심 • 3사(사헌부, 사간원, 홍문관): 권력의 독점과 부정 방지
지방 행정	• 8도: 관찰사 파견, 도 아래 부·목·군·현 설치 • 군·현: 대부분의 군현에 수령 파견, 향리는 수령 보좌 • 유향소: 지방 양반의 자치 기구, 수령 보좌, 향리 감찰
군사	중앙(5위), 지방(각 도에 병마절도사, 수군절도사 파견)
교육	성균관(중앙), 4부 학당(중앙), 향교(지방)
관리 등용	• 과거: 문과, 무과, 잡과 • 음서: 음서의 대상이 축소됨, 고위 관직에 오르기 어려움

2 대외 관계와 외교 정책

사대		태종 이후 명과 친선 관계 유지, 조공과 책봉의 형식으로 이루어짐
교린	여진	• 회유책: 귀순 장려, 무역소 설치 • 강경책: 세종 때 4군 6진 개척 ➡ 사민 정책 실시
	일본	• 회유책: 3포 개방 • 강경책: 세종 때 쓰시마섬 토벌(이종무)

02 사림의 성장과 문화의 발달

1 사림의 성장과 붕당의 형성

(1) **훈구와 사림**

훈구	세조의 즉위를 도운 공신, 고위 관직 독점
사림	지방에서 학문 연구에 힘씀, 성종 때 등용(주로 3사에 배치)

(2) **사화의 발생과 전개**

무오사화	김종직의 『조의제문』을 계기로 발생
갑자사화	폐비 윤씨 사건을 구실로 발생
기묘사화	조광조의 개혁 정치(현량과 실시, 소격서 폐지, 위훈 삭제 등)를 계기로 발생 ➡ 조광조 등 사림 제거
을사사화	외척 간의 권력 다툼으로 발생

(3) **사림의 성장과 붕당의 형성**

사림의 성장	서원, 향약을 통해 향촌에서 세력을 키움
붕당의 형성	사림이 이조 전랑 임명 문제로 동인과 서인으로 분열

2 서원의 설립과 향약의 보급

서원	유학자에게 제사를 지냄, 교육 담당 ➡ 사림의 정치적 기반 강화
향약	향촌의 자치 규약 ➡ 사림을 중심으로 성리학적 질서 확산

3 조선 전기의 문화

문자	세종의 훈민정음 창제 및 반포 ➡ 민족 문화 발달에 영향
서적	• 역사서: 『고려사』, 『동국통감』, 『조선왕조실록』 • 지리서: 『세종실록지리지』, 『동국여지승람』 • 역법서: 『칠정산』 • 농서: 『농사직설』 • 의서: 『향약집성방』, 『의방유취』
과학 기구	혼천의, 간의, 앙부일구(해시계), 자격루(물시계), 측우기
예술	• 공예: 분청사기, 백자 • 그림: 「몽유도원도」(안견), 「고사관수도」(강희안), 사군자 유행

03 왜란·호란의 발발과 영향

1 왜란의 발발

왜란 이전 정세	• 조선: 군역 제도의 문란으로 국방력 약화 • 일본: 도요토미 히데요시의 전국 시대 통일
임진왜란	• 배경: 도요토미 히데요시가 국내 불만 세력을 누르기 위해 조선 침략 • 전개: 선조의 의주 피란 ➡ 조·명 연합군의 평양성 탈환 ➡ 휴전 협상 실패 ➡ 정유재란 발발 ➡ 도요토미 히데요시의 사망으로 일본군 철수 • 수군의 활약: 이순신이 서남해의 제해권 장악 • 의병의 활약: 곽재우 등, 익숙한 지형을 활용
결과	인구 감소, 농경지 황폐화, 문화재 손실(불국사, 사고 등)

2 동아시아의 정세 변화

국외	• 중국: 명의 국력 약화, 여진족 성장 • 일본: 에도 막부 성립 ➡ 조선과 국교 회복(통신사)
국내	광해군의 중립 외교: 명과 후금 사이에서 중립 외교 전개

3 호란의 발발과 영향

인조반정	• 배경: 광해군의 중립 외교, 영창 대군 살해, 인목 대비 유폐 등에 대한 일부 사림의 반발 • 결과: 광해군이 쫓겨나고 인조가 왕위에 오름
정묘호란	• 배경: 인조와 서인 정권의 친명배금 정책 • 전개: 후금의 침략 ➡ 인조의 강화도 피란 • 결과: 후금과 형제 관계 체결
병자호란	• 배경: 후금이 국호를 '청'으로 변경 ➡ 조선에 군신 관계 강요 ➡ 주화론과 척화론의 대립 ➡ 조선이 청의 요구 거절 • 전개: 청 태종의 침략 ➡ 인조가 남한산성에서 항전 ➡ 삼전도에서 항복 • 결과: 청과 군신 관계 체결
북벌 추진	• 배경: 호란 이후 북벌 운동의 대두 • 효종의 북벌 추진 ➡ 효종 사후 사실상 중단
북학론	청의 문물을 배워 부국강병을 이루자는 움직임이 나타남

4단원 조선의 대외 관계

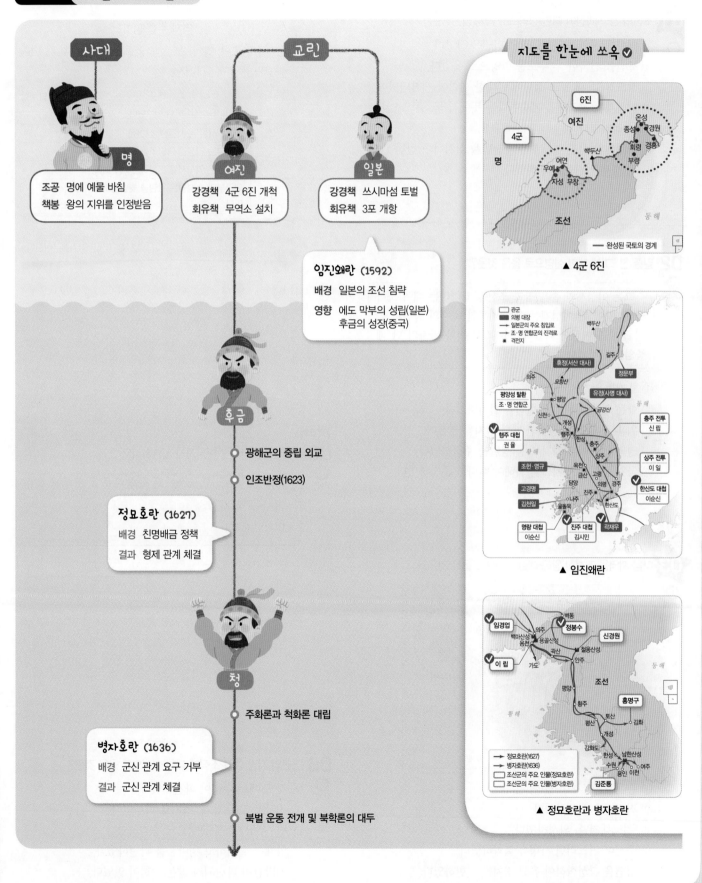

사대

명

조공 명에 예물 바침
책봉 왕의 지위를 인정받음

교린

여진

강경책 4군 6진 개척
회유책 무역소 설치

일본

강경책 쓰시마섬 토벌
회유책 3포 개항

임진왜란 (1592)

배경 일본의 조선 침략
영향 에도 막부의 성립(일본)
　　 후금의 성장(중국)

후금

광해군의 중립 외교

인조반정(1623)

정묘호란 (1627)

배경 친명배금 정책
결과 형제 관계 체결

청

주화론과 척화론 대립

병자호란 (1636)

배경 군신 관계 요구 거부
결과 군신 관계 체결

북벌 운동 전개 및 북학론의 대두

지도를 한눈에 쏘옥 ✔

6진
여진
온성
종성 경원
4군
백두산 회령 경흥
명
우예 여연 부령
자성 무창
조선
동해
―― 완성된 국토의 경계

▲ 4군 6진

□ 관군
■ 의병 대장
→ 일본군의 주요 침입로
→ 조·명 연합군의 진격로
★ 격전지

백두산
길주
휴정(서산 대사)
정문부
의주
요동산
평양성 탈환
조·명 연합군
유정(사명 대사)
평양 동해
신천 개성 금강산
행주 대첩 행주 한성 충주 전투
권율 충주 신립
황해 옥천
조헌·영규 상주 전투
금산 상주 이일
고경명 담양 고령 의령 경주
김천일 진주 한산도 대첩
나주 울돌목 이순신
명량 대첩 한산도
이순신 진주 대첩 곽재우
김시민

▲ 임진왜란

벽동
임경업 정봉수
의주
백마산성 용골산성 신경원
용천 괌산 철옹산성
이립 가도 안주
조선
평양 홍명구
황주
평산 토산 김화
개성
강화도 남한산성
한성 여주
수원 용인 이천
→ 정묘호란(1627)
→ 병자호란(1636)
□ 조선군의 주요 인물(정묘호란)
□ 조선군의 주요 인물(병자호란) 김준룡

▲ 정묘호란과 병자호란

01 통치 체제 정비와 대외 관계

01 조선의 건국 과정에 대한 설명으로 옳지 <u>않은</u> 것은?

① 이성계는 위화도 회군으로 정권을 잡았다.
② 조선을 건국한 후 수도를 한양으로 옮겼다.
③ 정도전 등 새 왕조 성립에 반대한 세력이 제거되었다.
④ 이성계는 고조선을 계승한다는 뜻에서 국호를 '조선'으로 정하였다.
⑤ 이성계와 신진 사대부는 과전법을 실시하여 신진 관리의 경제 기반을 마련하였다.

02 밑줄 친 '그'에 대한 설명으로 옳은 것은?

> 그는 이성계와 손을 잡고 조선을 건국하는 데 일조하였다. 왕이 된 이성계는 그를 비롯한 소수의 공신과 함께 정치를 이끌어 나갔다. 이후 그는 1차 왕자의 난 때 죽임을 당하였다.

① 호패법을 실시하였다.
② 학문 연구 기관인 집현전을 설치하였다.
③ 위훈 삭제 등 급진적인 개혁 정치를 펼쳤다.
④ 명의 압력이 커지자 요동 정벌을 주장하였다.
⑤ 국왕 중심의 정치를 강화해야 한다고 주장하였다.

03 다음 지역을 개척한 왕에 대한 설명으로 옳은 것은?

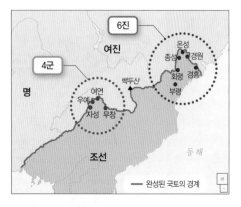

① 홍문관을 설치하였다.
② 직전법을 시행하였다.
③ 『경국대전』을 완성하였다.
④ 공신이 거느리던 사병을 혁파하였다.
⑤ 경연을 활성화하여 유교 정치를 실현하였다.

04 다음은 어떤 학생이 작성한 수행 평가 답안지이다. 이 학생이 받게 될 점수로 옳은 것은?

역사 수행 평가

※ 조선의 중앙 정치 기구에 대한 내용이 맞으면 ○표, 틀리면 ×표를 하시오.

문항	내용	답
1	의정부는 최고 통치 기구였다.	○
2	3사는 사헌부, 사간원, 집현전이다.	×
3	사헌부는 간쟁을 담당하는 기구이다.	○
4	춘추관은 역사서를 편찬하는 기구이다.	○
5	의금부와 승정원은 왕권을 뒷받침하는 기구이다.	×
합계		

(답이 맞으면 1점, 틀리면 0점을 부여한다.)

① 1　　② 2　　③ 3　　④ 4　　⑤ 5

05 ㉠에 들어갈 내용을 두 가지 서술하시오.

• 탐구 주제: 유향소
• 역할: _____㉠_____

06 조선의 지방 행정 조직에 대한 설명으로 옳은 것은?

① 각 도에는 수령이 파견되었다.
② 전국을 5도, 양계, 경기로 나누었다.
③ 향·부곡·소를 군현으로 승격하였다.
④ 양계를 설치하고 병마사를 파견하였다.
⑤ 지방관이 파견되지 않은 속현이 있었다.

07 조선 전기의 군사 제도에 대한 설명으로 옳은 것은?

(하)
난이도

① 병마절도사는 육군을 지휘하였다.
② 중앙에는 수군절도사가 파견되었다.
③ 중앙에는 2군을 두어 궁궐과 한양을 방어하였다.
④ 국경에서 일어난 위급 상황을 알리기 위해 조운제를 운영하였다.
⑤ 군역은 신분과 관계없이 16세 이상의 모든 남자에게 부과되었다.

08 다음 제도에 대한 설명으로 옳은 것은?

(중)
난이도

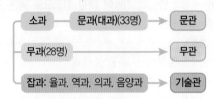

① 무과는 거의 실시되지 않았다.
② 5년마다 정기적으로 시행되었다.
③ 양인 이상이면 응시가 가능하였다.
④ 문과는 주로 향리, 상민의 자제가 응시하였다.
⑤ 소과에 합격하지 않아도 대과에 응시할 수 있었다.

09 (가)~(다)에 대한 설명으로 옳지 <u>않은</u> 것은?

(중)
난이도

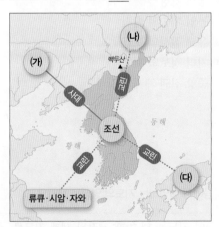

① (가) – 태종이 즉위한 이후에 친선 관계를 유지하였다.
② (가) – 태조 때 요동 정벌을 추진하면서 (가)와 대립하였다.
③ (나) – 세종은 이종무를 보내 (나)를 토벌하였다.
④ (다) – 조선은 (다)에 3포를 개방하였다.
⑤ (나), (다) – 조선은 강경책과 회유책을 펼쳤다.

---

02 사림의 성장과 문화의 발달

10 (가), (나)에 들어갈 정치 세력에 대한 설명으로 옳지 <u>않은</u> 것은?

(중)
난이도

구분	(가)	(나)
특징	• 세조의 즉위를 도운 공신 세력 • 대토지와 노비 소유	• 정몽주, 길재 등의 학통 계승 • 왕도 정치 주장

① (가) – 고위 관직을 독점하면서 부정부패가 발생하였다.
② (가) – 왕실과 혼인 관계를 맺으면서 권력을 강화하였다.
③ (나) – 주로 3사에 배치되었다.
④ (나) – 향촌 자치를 주장하였다.
⑤ (가), (나) – 두 세력이 대립하면서 붕당이 형성되었다.

11 다음 사건을 일어난 순서대로 바르게 나열한 것은?

(상)
난이도

> ㄱ. 연산군이 쫓겨나고 중종이 왕위에 올랐다.
> ㄴ. 김종직의 「조의제문」이 문제가 되어 사화가 일어났다.
> ㄷ. 연산군은 폐비 윤씨 사건과 관련된 자들을 숙청하였다.
> ㄹ. 명종 때 외척 간의 권력 다툼으로 일부 사림이 피해를 입었다.
> ㅁ. 조광조의 개혁에 대한 훈구의 반발로 조광조를 비롯한 사림 세력이 제거되었다.

① ㄱ – ㄴ – ㄷ – ㄹ – ㅁ
② ㄴ – ㄱ – ㄷ – ㅁ – ㄹ
③ ㄴ – ㄷ – ㄱ – ㅁ – ㄹ
④ ㄷ – ㄴ – ㄱ – ㅁ – ㄹ
⑤ ㄷ – ㄴ – ㅁ – ㄱ – ㄹ

서술형
12 다음 글을 읽고 물음에 답하시오.

(하)
난이도

> 중종반정을 주도한 훈구가 다시 권력을 장악하였다. 중종은 훈구의 횡포를 견제하기 위해 (㉠)을(를) 등용하였다. (㉠)은(는) 왕도 정치의 실현을 위해 과감한 개혁을 추진하였다.

(1) ㉠에 들어갈 인물을 쓰시오.

_____

(2) 밑줄 친 '개혁'의 내용을 세 가지 서술하시오.

_____

_____

13 붕당에 대한 설명으로 옳지 <u>않은</u> 것은?

(상) 난이도

① 동인은 이황의 학문을 계승하였다.
② 서인은 조식의 학문을 계승하였다.
③ 동인은 남인과 북인으로 분열하였다.
④ 광해군 시기에는 북인이 주도하여 정치를 이끌었다.
⑤ 이조 전랑의 임명 문제를 둘러싸고 사림은 동인과 서인으로 분열하였다.

14 (가), (나)에 대한 설명으로 옳지 <u>않은</u> 것은?

(중) 난이도

> (가) 선현에 대한 제사와 양반 자제의 교육을 담당하는 곳이다.
> (나) 향촌 사회의 전통 풍속과 유교 윤리를 결합한 향촌 자치 규약이다.

① (가) – 왕에게 사액을 받으면 세금을 면제받았다.
② (가) – 사림 세력의 공론을 모으는 역할을 담당하였다.
③ (나) – 주세붕이 최초로 만들었다.
④ (나) – 사림의 주도로 운영되면서 향촌 사회에 성리학적 사회 질서가 확산되었다.
⑤ (가), (나) – 향촌 사회에서 사림의 지배력이 강화되었다.

15 조선 전기의 서적에 대한 설명으로 옳은 것을 보기 에서 모두 고르면?

(중) 난이도

> **보기**
> ㄱ. 의서 – 『칠정산』
> ㄴ. 농서 – 『농사직설』
> ㄷ. 법전 – 『경국대전』
> ㄹ. 역사서 – 『고려사절요』
> ㅁ. 의례서 – 『조선왕조실록』

① ㄱ, ㄴ   ② ㄱ, ㄷ   ③ ㄴ, ㄷ
④ ㄴ, ㄷ, ㄹ   ⑤ ㄷ, ㄹ, ㅁ

[16~17] 다음 자료를 보고 물음에 답하시오.

(가)    (나)

(다)    (라)

16 (가)~(라)의 명칭과 기능에 대한 설명으로 옳은 것을 보기 에서 모두 고르면?

(중) 난이도

> **보기**
> ㄱ. (가) 혼천의 – 자동 물시계
> ㄴ. (나) 측우기 – 강우량 측정
> ㄷ. (다) 간의 – 천체의 운행과 위치 측정
> ㄹ. (라) 앙부일구 – 해의 그림자를 보며 시간 측정

① ㄱ, ㄴ   ② ㄱ, ㄷ   ③ ㄴ, ㄷ
④ ㄴ, ㄹ   ⑤ ㄷ, ㄹ

17 조선 정부가 (가)~(라)를 제작한 목적으로 가장 적절한 것은?

(중) 난이도

① 영토 확장
② 농업 기술의 발전
③ 유교 질서의 보급
④ 지리 정보의 획득
⑤ 중앙 집권 체제의 강화

 주관식

18 다음에서 설명하는 지도의 명칭을 쓰시오.

(중) 난이도

> 이 지도는 태종 때 제작된 세계 지도로, 중국과 조선이 상대적으로 크게 그려져 있다. 또한 유럽과 아프리카 대륙도 그려져 있다. 이 지도는 동양에서 현존하는 가장 오래된 세계 지도이다.

_____

03 왜란·호란의 발발과 영향

19 다음 지도와 관련된 전쟁에 대한 설명으로 옳지 <u>않은</u> 것은?
(중)
난이도

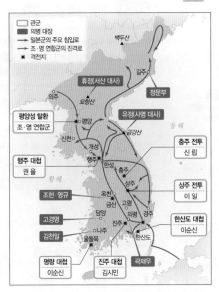

① 명량 대첩 이후 일본군은 휴전을 제의하였다.
② 수군의 활약으로 서남해의 제해권을 장악하였다.
③ 의병은 익숙한 지리를 활용하여 일본군에게 큰 타격을 주었다.
④ 명이 조선에 지원군을 파견하면서 전쟁은 동아시아 국제전으로 확대되었다.
⑤ 이순신이 이끄는 수군은 옥포를 시작으로 사천, 한산도에서 연승을 거두었다.

20 (가), (나) 시기 사이에 일어난 일로 옳은 것은?
중요
(상)
난이도

> (가) 선조가 의주로 피란하였다.
>
> ↓
>
> (나) 휴전 협상이 결렬되자 일본은 다시 조선을 침략하였다.

① 일본에서 에도 막부가 수립되었다.
② 노량 해전에서 일본군을 격퇴하였다.
③ 조·명 연합군이 평양성을 탈환하였다.
④ 이순신이 명량에서 일본군을 격퇴하였다.
⑤ 일본군이 부산진과 동래성을 함락하였다.

21 ㉠에 들어갈 사절단의 명칭을 쓰시오.
포관식
(하)
난이도

> 에도 막부는 조선에 다시 교류할 것을 요청해 왔다. 이에 조선은 유정을 파견해 조선인 포로들을 데려오고 일본과 국교를 회복하였다. 이후 막부의 요청에 따라 외교 사절인 (㉠)을(를) 파견하였다.

[22~24] 다음 자료를 보고 물음에 답하시오.

(가)	(나)	(다)	(라)	(마)
선조 즉위	임진 왜란	정유 재란	인조 반정	정묘 호란	병자 호란

22 (가)~(마) 시기에 일어난 일로 옳은 것은?
(상)
난이도
① (가) – 후금이 국호를 청으로 바꾸었다.
② (나) – 곽재우가 의병을 일으켰다.
③ (다) – 북학론이 등장하였다.
④ (라) – 후금과 형제 관계를 체결하였다.
⑤ (마) – 광해군과 북인이 전후 복구 사업을 추진하였다.

23 (다) 시기에 즉위한 국왕이 펼친 외교 정책을 서술하시오.
서술형
(중)
난이도

24 (가)~(마) 중에서 다음 대화가 일어난 시기로 옳은 것을 고르면?
(중)
난이도

청과 화약을 맺고 시간을 벌어 변방 방어를 튼튼히 하는 것이 최상의 계책입니다.

차라리 나라가 망할지언정 어찌 의리를 저버리고 화의를 주장할 수 있겠습니까?

① (가) ② (나) ③ (다) ④ (라) ⑤ (마)

01 조선 후기의 정치 변동

1 제도의 개편과 붕당 정치의 전개

1 통치 기구의 변화

자료1 (1) **비변사 기능 강화** ─── 중종 때 삼포 왜란으로 임시 설치 → 명종 때 을묘왜변으로 상설화 → 양 난을 거치며 최고 정치 기구로 성장

① 변화: 국방 문제를 협의하는 임시 회의 기구였던 비변사가 최고 합의 기구가 됨

② 영향: 의정부·6조의 기능 축소, 왕권 약화

> **교과서마다 달라요**
> **군사·조세 제도의 개편**
> 지학은 다루지 않음

(2) **군사 제도의 개편** 5군영(중앙군)과 속오군(지방군)으로 개편
─── 포수(조총), 사수(활), 살수(창과 칼)이다.

5군영	• 훈련도감: 왜란 중에 설치, 삼수병으로 구성된 직업 군인 • 어영청, 총융청, 수어청, 금위영 설치로 5군영 완비
속오군	양반부터 노비까지 포함, 평상시 생업 종사, 유사시 전투 참여

─── 양반들이 이탈하며 점차 상민과 노비만 남게 되었다.

(3) **조세 제도의 개편** ─── 농민의 공물을 대신 납부하고 높은 대가를 챙기는 방납의 폐단을 막기 위해 시행하였으나, 지주들의 반대로 전국 시행에 약 100년이 걸렸다.

전세	영정법	풍흉에 관계없이 일정액 징수(1결당 4두)
공납	대동법	토지 결수 기준으로 쌀, 옷감, 동전 등으로 징수(1결당 12두) → ❶공인 등장해 상품 화폐 경제 발달에 기여, 농민 부담 감소, 조세 운영 안정
군역	❷균역법	• 군포 부담을 1년 2필에서 1필로 줄임 • 부족분은 ❸결작미, 선무군관포 등으로 충당

─── 부유한 상민에게 매년 1필의 포를 내게 하고 선무군관이라는 직책을 주는 제도이다.

> **교과서마다 달라요**
> **결작미, 선무군관포**
> 천재만 다룸

자료2 **2 붕당 정치의 전개와 변질**
─── 임진왜란 때 의병 활동에 적극적으로 참여하였다.

(1) **광해군** 북인 정권 성립 ➡ 인조반정으로 몰락

(2) **인조반정 이후** 권력을 잡은 서인이 남인과 함께 정치 운영

① 서인과 남인이 공존하면서 상대 붕당의 정책을 비판, 견제

② 3사와 향촌의 서원, 향교 등에서 여론을 모으고 ❹공론 형성, 정책에 반영

(3) ❺**예송** ─── 효종은 둘째 아들로 왕위에 올랐다. 서인은 왕실도 사대부와 같은 예법을 적용해 1년간, 남인은 왕실과 사대부는 다르다며 3년간 상복을 입을 것을 주장하였다.

① 효종과 효종비가 죽은 뒤 대비의 상복 입는 기간을 두고 벌어진 논쟁 ─── 1차는 서인, 2차는 남인의 주장이 채택되었다.

② 효종의 정통성 문제와 연결되어 치열히 전개 ➡ 서인과 남인 대립이 치열해짐

(4) ❻**환국** 숙종 때 국왕이 정국을 주도하기 위해 집권 붕당을 수시로 교체

① 전개: 한 붕당이 집권하면 상대 붕당을 몰아내고 보복 ➡ 붕당 간 대립 심화

② 영향: 붕당 사이의 세력 균형 붕괴, 특정 붕당 권력 독점, 3사의 언론 기능 변질

③ 탕평책: 숙종 때 붕당 간 대립이 왕권을 위협하자 탕평책 제기 ➡ 실현하지 못함

─── 서인은 남인에 대한 처벌을 두고 노론과 소론으로 분열하였다.

─── 공론보다는 자기 붕당의 이익만을 중시하게 되었다.

> **시험에 꼭 나오는 개념 체크**
> 1. 대동법의 실시는 상품 화폐 경제의 발달에 영향을 주었다. (○, ×)
> 2. 붕당 간 대립이 극단화되며 ____의 언론 기능이 변질되었다.
>
> 답 1. ○ 2. 3사

─── 붕당 사이의 다툼을 완화하려 여러 당파에서 고르게 인재를 등용하는 것이다.

2 탕평 정치의 시행

> **교과서마다 달라요**
> **영조의 탕평책** 동아는 붕당 이름 사용 금지 추가 제시.
> 미래엔은 같은 관청에 여러 붕당 인사 근무 추가 제시

자료3 **1 영조**

탕평책	• 탕평파를 육성해 정국 운영, 노·소론 온건파 등용, 능력에 따른 인재 등용 • 붕당 이름 사용 금지, 이조 전랑 권한 약화, 서원 정리
개혁	• 정치: 균역법 시행, 신문고 재설치, 가혹한 형벌 금지 • 사회: ❼노비종모법(양인 확보), 청계천 정비(홍수 예방, 도시 빈민 고용) • 문물제도 정비: 『속대전』, 『동국문헌비고』 편찬

자료1 **비변사의 기능 강화**

> 지금에 와서는 큰일이든 작은 일이든 모든 것을 비변사에서 처리합니다. 의정부는 이름뿐이고, 6조도 그 일을 모두 빼앗겼습니다. 이름은 변방의 방어를 대비(비변)한다고 하면서 과거 시험의 판정이나 왕비·세자빈 간택까지도 모두 비변사에서 처리합니다.
> ─ 『효종실록』 ─

비변사는 국경의 군사 문제에 대비하기 위한 임시 기구로 설치되었으나, 왜란을 거치면서 국정 전반을 처리하는 상설적인 최고 회의 기구가 되었다.

자료2 **붕당 정치의 전개**

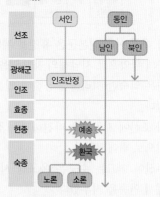

자료3 **탕평 정치**

> (가) 붕당의 폐단이 지금보다 심한 적이 없었다. 처음에는 학문을 가지고 분쟁하더니, 지금은 다른 붕당을 모두 역적으로 몰고 있다. …… 지금은 같은 당파에 속한 사람만을 임용하니, …… 관리를 임용하는 부서는 탕평의 정신을 잘 따르도록 하라.
> ─ 『영조실록』 ─
>
> (나) 두루 친하고 편을 나누지 않는 것은 군자의 마음이며, 편을 나누고 두루 친하지 않은 것은 소인의 사사로운 생각이다.
> ─ 『탕평비』 ─

(가)에서 영조는 붕당의 대립이 심해져서 다른 당파를 역적으로 몰고, 같은 당파의 사람만을 등용하는 문제점이 있다고 지적하고 있다. (나)는 영조가 세운 탕평비의 내용으로, 미래의 핵심 관료가 될 성균관의 인재에게 탕평의 정신을 알리려 성균관 앞에 세웠다.

용어쏙쏙

❶ 공인(貢 - 바치다, 人 - 사람): 나라에 공물을 납품하던 사람
❷ 균역법(均 - 고르다, 役 - 역, 法 - 법): (군)역을 고르게 하는 법
❸ 결작미(結 - 넓이의 단위, 作 - 짓다, 米 - 쌀): 지주에게 추가로 걷는 쌀
❹ 공론(公 - 공공, 論 - 논쟁, 의견): 사회의 공통적인 의견

❺ 예송(禮 - 예의, 訟 - 다투다): 예절에 대한 논쟁
❻ 환국(換 - 바꾸다, 局 - 정국): 급작스럽게 정권이 교체되는 국면
❼ 노비종모법(奴 - 남자 종, 婢 - 여자 종, 從 - 따르다, 母 - 어머니, 法 - 법): 어머니가 양인이면 그 자녀도 양인이 되도록 하는 법

2 정조

> 영조의 탕평책의 영향으로 국왕 중심의 정치 세력이 강화되었다. 이 영향으로 국왕과 혼인을 맺은 측근 세력의 힘이 강해지면서 척신 정치가 출현하기도 하였다.

탕평책	외척 세력 제거, 남인과 소론까지 적극 등용, 능력에 따른 인재 등용
개혁	• 정치: 규장각 정비(정책 자문 기구화), 초계 문신제 시행, 장용영 설치(군사적 기반 마련) → 왕권 강화, 친위 세력 양성 └ 젊고 유능한 관리를 재교육하는 제도이다. • 경제: 농업 기술 발전, 광산 개발 장려, 통공 정책 ┌ 육의전을 제외한 시전 상인의 금난전권 (허가받지 않은 상인을 단속할 권리)을 폐지하였다. • 사회: 서얼 차별 완화(규장각 검서관에 등용), 노비 처우 개선 • 문물제도 정비: 『대전통편』, 『탁지지』 등 편찬 • 화성 건설: 정치적 이상을 실현할 목적으로 건설

3 탕평 정치의 의의와 한계

(1) **의의** 왕권 강화로 정치적·사회적 안정, 문화 예술 부흥

(2) **한계** 왕과 측근 세력에 권력 집중, 강력한 왕권으로 붕당 간 대립을 일시적으로 억누른 것에 불과 — 정조 사후에 세도 정치가 나타나는 배경이 되기도 하였다.

> **시험에 꼭 나오는 개념 체크**
> 1. 탕평 정치의 결과 붕당의 폐해가 완전히 해소되었다. (○, ×)
> 2. _ _ _ _ _ _는 젊고 유능한 관리를 재교육하는 정책이다.
>
> 정답 1. × 2. 초계 문신제

3 세도 정치의 전개와 농민 봉기의 발생

1 ❶세도 정치의 전개
> 교과서마다 달라요
> 세도 정치 금성은 수령 천거법을 통해 지방 관리 임명에까지 영향력을 행사했음 제시

(1) **세도 정치** 몇몇 노론 외척 가문이 비변사 등 주요 관직과 5군영 장악, 권력 독점

(2) **전개** 순조, 헌종, 철종 3대 60여 년간 지속 ─ 안동 김씨, 풍양 조씨 등이다.

(3) **영향** 왕권 약화, 정치 기강 문란(과거 시험 부정, ❷매관매직, 뇌물 수수) → 수탈 심화

> 교과서마다 달라요
> 세도 정치의 영향 미래엔은 붕당 정치가 사라졌다고 제시

2 삼정의 문란

(1) **삼정의 문란** 세도 정치기 정치 기강 문란 → 수령과 향리가 세금 수탈

전정	황무지에 세금 부과, 각종 ❸잡세 부과하여 정해진 액수 이상의 세금 수취
군정	죽은 사람, 어린아이, 도망간 이웃의 몫 등을 부과
❹환곡	억지로 빌려주고 높은 이자를 받아 고리대처럼 운영 → 가장 폐해가 극심

(2) **결과** 농민이 ❺벽서·세금 거부 등 저항, 유랑, 화전민이 되거나 도적화, 농민 봉기

(3) **정부의 노력** 암행어사 파견 → 근본적인 해결책이 되지 못함

자료4 3 농민 봉기의 발생

(1) **새로운 사상과 종교의 유행**

① 예언 사상의 유행: 무속 신앙, 미륵 신앙, 『정감록』, 후천개벽 사상 등이 유행

② 새로운 종교의 등장: 서학(천주교), 동학 등 확산 └ 청과의 무역으로 상공업이 발달하였다.

(2) **홍경래의 난(1811)** 홍경래 주도, 신흥 상공업 세력·광산 노동자·농민 등 참여

자료5 ① 배경: 평안도 지역 차별, 세도 정권의 수탈 ┌ 과거에 급제해도 높은 관직에 오를 수 없었다.

② 전개: 청천강 이북 대부분 점령 → 정주성에서 관군에 패배 → 이후 농민 봉기에 영향

(3) **임술 농민 봉기(1862)** 단성, 진주에서 시작 → ❻삼남 지방을 중심으로 전국 확산 └ 몰락 양반 유계춘이 주도하였다.

자료6 ① 배경: 삼정의 문란

② 정부의 대응: 삼정이정청을 설치하고 개선책 마련 → 근본적인 문제는 해결 못함

③ 의의: 농민의 직접 저항, 농민의 사회의식 성장, 양반 중심 지배 체제 동요

> **시험에 꼭 나오는 개념 체크**
> 1. 세도 가문은 정치와 군사의 주요 관직을 독점하였다. (○, ×)
> 2. _ _ _이 고리대처럼 운영되며 많은 폐단이 발생하였다.
>
> 정답 1. ○ 2. 환곡

자료4 농민 봉기의 발생

| 홍경래의 난 (1811) |
| 민란의 대책 삼정이정청 설치 (1862) |
| 단성 농민 봉기 (1862) |
| 진주 농민 봉기 (1862) |

● 철종 때의 농민 봉기 지역

더 알기 예언 사상의 유행

무속 신앙	굿을 통해 복을 기원함
미륵 신앙	미륵(부처)이 민중을 구제하고 새로운 세상을 열 것이라 믿음
정감록	조선이 망하고 정씨 왕조가 새로이 명당에 도읍할 것이라는 내용의 예언서
후천개벽 사상	이 세상이 망하고 새로운 세상이 열린다는 주장

자료5 홍경래 격문

> 평서 대원수는 급히 격문을 띄운다. …… 조정에서 서쪽 땅(평안도)을 버리는 것이 더러운 흙과 같다. 권세가의 노비도 서쪽 땅 사람을 보면 '평안도 놈'이라 한다. …… 지금 나이 어린 임금이 위에 있어 권력을 가진 신하의 간악함이 날로 심해져 김조순, 박종경의 무리가 권력을 제멋대로 하니 …… 평안도에서 병사를 일으켜 백성을 구하고자 한다.

1811년 몰락 양반인 홍경래는 평안도 지역에 대한 차별 대우와 세도 정권의 수탈에 맞서 봉기하였다.

자료6 임술 농민 봉기의 요구 사항

> • 조세는 항상 7량 5전으로 고정하여 거둘 것
> • 각종 군포를 집마다 균등하게 부담시킬 것
> • 환곡의 폐단을 없앨 것

삼정의 문란에 저항하여 1862년 전국에서 임술 농민 봉기가 일어났다. 임술 농민 봉기에 대응하여 정부는 삼정이정청을 설치하는 등 문제를 해결하려고 하였지만, 근본적인 문제를 해결하지는 못하였다.

 용어 쏙쏙

❶ 세도 정치(勢-권세, 道-방책, 政-정사, 治-다스리다): 왕실의 가까운 친척이나 신하가 강력한 권세를 잡고 정치를 마음대로 하는 것

❷ 매관매직(賣-팔다, 官-관직, 賣-팔다, 職-관직): 관직을 파는 것

❸ 잡세(雜-잡다하다, 稅-세금): 잡다한 세금

❹ 환곡(還-돌아오다, 穀-곡식): 흉년이나 춘궁기에 곡식을 빈민에게 대여하고 추수기에 이를 환수하던 진휼 제도

❺ 벽서(壁-벽, 書-쓰다): 글을 써서 벽에 붙이는 것, 벽보

❻ 삼남(三-셋, 南-남쪽): 전라도, 경상도, 충청도를 이르는 말

01 다음 설명에 해당하는 개념을 보기 에서 골라 기호를 쓰시오.

> 보기
> ㄱ. 비변사   ㄴ. 5군영   ㄷ. 속오군

(1) 훈련도감, 어영청, 총융청, 수어청, 금위영으로 구성된 조선의 중앙군 ( )

(2) 국방 문제를 협의하는 임시 회의 기구로 설치되었으나 왜란을 거치면서 최고 합의 기구로 변화 ( )

(3) 양반부터 노비까지 포함되었으며, 평상시에는 생업에 종사하다 유사시에는 전투에 참여한 조선의 지방군 ( )

02 ㉠~㉢에 들어갈 제도를 쓰시오.

전세	(㉠)	풍흉에 관계없이 일정액 징수(1결당 4두)
공납	(㉡)	토지 결수 기준으로 쌀, 옷감, 동전 등으로 징수 (1결당 12두)
군역	(㉢)	군포 부담을 1년 2필에서 1필로 경감

㉠ _____ ㉡ _____ ㉢ _____

03 서로 관련 있는 것끼리 연결하시오.

(1) 영조 •
(2) 정조 •

• ㉠ 노비종모법
• ㉡ 균역법 시행
• ㉢ 탕평파 육성
• ㉣ 수원 화성 건설
• ㉤ 소론, 남인 등용

04 다음 중 알맞은 말에 ○표를 하시오.

(1) (예송, 환국)은 왕실 의례에 대한 두 붕당의 견해 차이에서 발생하였다.

(2) (사화, 환국)의 결과 일당전제화 추세가 나타나며 붕당 간 공존의 기반이 무너졌다.

05 다음 설명이 맞으면 ○표, 틀리면 ×표 하시오.

(1) 영조는 상품 화폐 경제의 발달을 위해 통공 정책을 시행하여 시전 상인의 특권을 폐지하였다. ( )

(2) 정조는 서얼 차별을 완화하여 서얼 출신들을 규장각 검서관으로 등용하였다. ( )

06 다음 빈칸에 알맞은 말을 쓰시오.

(1) ( )은(는) 세도 정치 시기 수탈과 평안도 지역 차별에 반발하여 봉기하였다.

(2) ( )의 문란에 반발한 농민들이 봉기하여 1862년 전국적으로 임술 농민 봉기가 일어났다.

01 조선 후기 통치 체제의 변화에 대한 설명으로 옳은 것을 보기 에서 모두 고르면?
(중 난이도)

> 보기
> ㄱ. 비변사가 국정을 총괄하는 상설 기구가 되었다.
> ㄴ. 6조 직계제로 왕권이 강화되며 의정부의 기능이 약화되었다.
> ㄷ. 훈련도감은 중앙군으로 양반부터 천민까지 모든 계층이 편제되었다.
> ㄹ. 지방군인 속오군은 평소에는 생업에 종사하고 유사시에는 전투에 참여하였다.

① ㄱ, ㄴ   ② ㄱ, ㄷ   ③ ㄱ, ㄹ
④ ㄴ, ㄷ   ⑤ ㄷ, ㄹ

02 ㉠에 대한 설명으로 옳은 것은?
(상 난이도)

> 지금에 와서는 큰일이든 작은 일이든 모든 것을 (㉠)에서 처리합니다. 의정부는 이름뿐이고, 6조도 그 일을 모두 빼앗겼습니다. 이름은 변방의 방어를 대비한다고 하면서 과거 시험의 판정이나 왕비·세자빈 간택까지도 모두 (㉠)에서 처리합니다.
> – 「효종실록」 –

① 사헌부, 사간원, 홍문관으로 구성되었다.
② 임진왜란 초기의 패전을 수습하기 위해 설치하였다.
③ 전쟁을 거치며 기능이 강화되어 의정부가 유명무실화되었다.
④ 중국의 3성 6부제를 수용하여 국정을 총괄하는 최고 관서로 설치하였다.
⑤ 왜구와 여진의 침입을 논의하기 위한 상설 회의 기구로 처음 설치되었다.

같은 주제 다른 문제

● ㉠에 들어갈 기구의 명칭으로 옳은 것은? 답 ①
① 비변사   ② 사헌부   ③ 의정부   ④ 홍문관   ⑤ 도병마사

03 대동법에 대한 설명으로 옳은 것은?
(중 난이도)

① 전세를 풍흉에 관계없이 결당 4두로 고정시켰다.
② 영조 시기 개혁 정책의 일환으로 처음 시행되었다.
③ 공인이 등장해 상품 화폐 경제의 발달에 기여하였다.
④ 부족한 조세 수입은 선무군관포, 결작 등을 징수해 보충하였다.
⑤ 토지 결수를 기준으로 부과하여 양반들의 적극적인 지지를 받았다.

04 다음 (가), (나)에 대한 설명으로 옳은 것은?

중 난이도

```
        서인          동인
선조      │           │
          │        ┌──┴──┐
          │        남인  북인
광해군     │        │
          인조반정   │
인조       │        ↓
          │
효종       │
          │
현종       (가)
          │
         (나)
숙종       │
      ┌──┴──┐
      노론   소론      ↓
```

① (가)는 반정을 통해 즉위한 인조의 정통성을 두고 벌어진 논쟁이었다.
② (가)의 결과 붕당 사이의 세력 균형이 무너지고, 특정 붕당이 권력을 독점하였다.
③ (나)는 국왕이 주도하여 집권 붕당을 급격하게 교체한 현상이다.
④ (가)와 (나) 모두 국왕이 주도하였다.
⑤ (가), (나)의 결과 3사의 언론 기능이 강화되고, 공론이 중시되었다.

같은 주제 다른 문제

● 각 붕당에 대한 설명으로 옳은 것은? 답 ②

① 동인은 기성 사림이 중심이 되었다.
② 서인은 남인에 대한 처리 문제를 두고 노론과 소론으로 분열하였다.
③ 광해군 때는 임진왜란 때 적극적으로 의병 활동에 참여했던 남인이 집권하였다.
④ 인조반정으로 남인이 정국을 주도하고 서인이 참여하는 붕당 정치가 이루어졌다.
⑤ 서인과 남인은 정국의 주도권을 두고 사화, 예송, 환국을 거치며 치열하게 대립하였다.

05 다음 사건에 대한 설명으로 옳은 것은?

중 난이도

(가) 왕실과 사대부의 예법은 같습니다. 효종께서는 둘째 아들이므로 대비께서는 1년 동안 상복을 입으시면 됩니다.

(나) 왕실과 사대부의 예법은 다릅니다. 효종께서는 왕위를 이으셨으므로, 장자의 예를 따라 대비께서는 3년 동안 상복을 입으셔야 합니다.

① (가)는 남인, (나)는 서인의 주장이다.
② (가), (나)의 논쟁을 환국이라고 한다.
③ (나)는 인조반정을 주도하여 정권을 장악하였다.
④ 두 차례 논쟁의 결과 세도 정치가 시작되었다.
⑤ 왕권에 대한 정치적, 학문적 견해차가 드러난 사건이었다.

06 환국에 대한 설명으로 옳은 것을 보기에서 모두 고르면?

중 난이도

보기
ㄱ. 이조 전랑의 임명 문제를 두고 사림이 분열하였다.
ㄴ. 사림이 훈구 세력의 비리를 비판하며 충돌한 것이다.
ㄷ. 숙종이 왕권을 강화하기 위해 의도적으로 집권 붕당을 급격하게 교체한 것이다.
ㄹ. 환국 과정에서 남인에 대한 처벌을 둘러싸고 서인이 노론과 소론으로 분열하였다.

① ㄱ, ㄴ　　② ㄱ, ㄷ　　③ ㄱ, ㄹ
④ ㄴ, ㄷ　　⑤ ㄷ, ㄹ

07 밑줄 친 '탕평'에 대한 설명으로 옳은 것은?

상 난이도

붕당의 폐단이 지금보다 심한 적이 없었다. 처음에는 학문을 가지고 분쟁하더니, 지금은 다른 붕당을 모두 역적으로 몰고 있다. …… 관리를 임용하는 부서는 <u>탕평</u>의 정신을 잘 따르도록 하라.

① 예송으로 붕당 간의 대립이 격화되어 시행되었다.
② 특정 붕당에 치우치지 않는 공정한 정치 운영을 지향하였다.
③ 붕당의 대립이 왕권을 위협하자 숙종 때 본격적으로 시행되었다.
④ 탕평 정치의 시행을 위해 영조 때 3사와 이조 전랑의 권한을 크게 강화하였다.
⑤ 정조는 탕평책에 동의하는 탕평파를 중심으로 정치를 운영하는 방식으로 시행하였다.

08 다음 비석을 세운 왕 때 실시된 정책을 보기에서 모두 고르면?

하 난이도

두루 친하고 편을 나누지 않는 것은 군자의 마음이며, 편을 나누고 두루 친하지 않은 것은 소인의 사사로운 생각이다.

보기
ㄱ. 서원 정리　　ㄴ. 장용영 설치　　ㄷ. 청계천 정비
ㄹ. 이조 전랑의 권한 약화
ㅁ. 서얼 출신을 규장각 검서관으로 등용

① ㄱ, ㄴ, ㄷ　　② ㄱ, ㄷ, ㄹ　　③ ㄱ, ㄷ, ㅁ
④ ㄴ, ㄷ, ㄹ　　⑤ ㄷ, ㄹ, ㅁ

09 다음 문화유산을 건설한 왕에 대한 설명으로 옳지 <u>않은</u> 것은?

(상) 난이도

① 규장각을 정비하여 정책 자문 기구화하였다.
② 균역법을 시행하여 백성의 군포 부담을 줄여 주었다.
③ 통공 정책을 시행하여 자유로운 상업 활동을 보장하였다.
④ 『대전통편』, 『탁지지』 등을 편찬하여 문물제도를 정비하였다.
⑤ 일부 서얼을 규장각 검서관에 등용하는 등 서얼 차별을 완화하였다.

10 (가) 시기에 대한 설명으로 옳지 <u>않은</u> 것은?

(중) 난이도

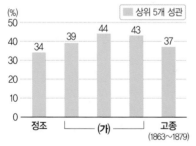

▲ 주요 가문의 정2품 이상 관직 독점

① 과거 시험 부정과 관직의 매관매직이 공공연하게 일어났다.
② 왕실과 혼인을 맺은 노론의 몇몇 가문이 권력을 장악하였다.
③ 세도 정치의 영향으로 왕권이 크게 약화되고 정치 기강이 문란해졌다.
④ 세도 가문은 비변사를 비롯한 주요 관직을 독차지하고 군영까지 장악하였다.
⑤ 정부가 삼정이정청을 설치하고 암행어사를 파견하여 삼정의 문란이 해결되었다.

11 (가)에서 일어난 농민 봉기에 대한 설명으로 옳지 <u>않은</u> 것은?

(중) 난이도

① 몰락 양반인 홍경래의 주도로 봉기가 일어났다.
② 서북 지역에 대한 차별에 항의하여 봉기하였다.
③ 청천강 이북 지역을 5개월 동안 장악하기도 하였다.
④ 정주성 싸움에서 승리해 전국으로 봉기가 확산되었다.
⑤ 신흥 상공업 세력과 광산 노동자, 농민 등이 참여하였다.

12 다음 사건에 대한 설명으로 옳은 것을 보기 에서 모두 고르면?

(중) 난이도

임술년 2월 19일, 진주의 백성 수만 명이 머리에 흰 수건을 두르고 손에는 나무 몽둥이를 들고 무리를 지어 진주 읍내에 모였다. 서리들의 가옥 수십 호를 불태우고 부수었으며 …… 병사가 해산하려 장시에 나갔으나 백성이 병사를 에워싸고 재물을 횡령한 일, 아전들이 세금을 강제로 징수한 일들을 문책하였다.

보기
ㄱ. 홍경래의 난을 시작으로 전국으로 확산되었다.
ㄴ. 삼정의 문란을 시정할 것을 요구하며 봉기하였다.
ㄷ. 청천강 이북 지역을 5개월 동안 장악할 정도로 봉기가 확대되었다.
ㄹ. 정부는 삼정이정청을 설치하여 문제를 해결하려 하였으나, 큰 성과를 거두지는 못하였다.

① ㄱ, ㄴ   ② ㄱ, ㄷ   ③ ㄴ, ㄷ
④ ㄴ, ㄹ   ⑤ ㄷ, ㄹ

01 다음 지도를 보고 물음에 답하시오.

(㉠)의 확대 실시

- 백두산
- 함경도
- 평안도
- 황해도
  숙종(1708년)
  해주
- 강원도
  인조(1623년)
- 경기도·한성
  광해군(1608년) ·원주
- 충청도 ·공주
  효종(1651년)
- 대구
- 전주 · 경상도
  숙종(1678년)
- 전라도
  효종(1658년)
- 제주도

잉류 지역
● 대동청 설치 지역

동해
황해

(1) ㉠에 들어갈 정책을 쓰시오.

_____

(2) ㉠의 내용을 서술하시오.

_____
_____

(3) ㉠의 시행 결과 상업 측면에서 나타난 변화를 서술하시오.

_____
_____

02 다음 글을 읽고 물음에 답하시오.

(㉠)은(는) 외척 세력을 제거한 뒤 그동안 정계에서 소외된 남인과 소론을 적극 등용하는 등 더욱 강력한 탕평책을 시행하였다. 그러나 이는 (㉡)일 뿐이었다. 결국 이는 (㉠) 사후에 세도 정치가 전개되는 배경이 되었다.

(1) ㉠에 들어갈 왕을 쓰시오.

_____

(2) ㉡에 들어갈 탕평책의 한계를 한 가지 서술하시오.

_____
_____

03 다음 자료를 보고 물음에 답하시오.

(㉠)의 문란	황무지에 세금 부과, 각종 잡세를 부과하여 정해진 액수 이상의 세금 수취
(㉡)의 문란	죽은 사람, 어린아이, 도망간 이웃의 몫 등을 부과
(㉢)의 문란	억지로 빌려주고 높은 이자를 받아 고리대처럼 운영

(1) ㉠~㉢에 들어갈 말을 쓰시오.

㉠_____ ㉡_____ ㉢_____

(2) 위와 같은 상황이 나타나게 된 이유를 당시 정치 상황과 연계하여 서술하시오.

_____
_____

04 다음 글을 읽고 물음에 답하시오.

평서 대원수는 급히 격문을 띄운다. …… 조정에서 서쪽 땅(평안도)을 버리는 것이 더러운 흙과 같다. 권세가의 노비도 서쪽 땅 사람을 보면 '평안도 놈'이라 한다. …… 지금 나이 어린 임금이 위에 있어 권력을 가진 신하의 간악함이 날로 심해져 김조순, 박종경의 무리가 권력을 제멋대로 하니 …… 평안도에서 병사를 일으켜 백성을 구하고자 한다.

(1) 위 격문이 발표된 사건은 무엇인지 쓰시오.

_____

(2) (1)이 일어난 배경을 두 가지 서술하시오.

_____
_____

02 조선 후기 경제와 사회의 변화

1 상품 화폐 경제의 발달

1 농업 경영의 변화
┌─ 왕실·지주 주도로 개간이 진행되었다.
(1) **양 난 이후 복구** 개간 장려, 보와 저수지 건설
자료1 (2) **농법 개량** 모내기법과 골뿌림법이 널리 보급 [교과서마다 달라요] **골뿌림법** 동아만 다룸

논농사	모내기법	모판에서 모를 기른 후 물을 댄 논에 옮겨 심는 방법 → 노동력 절감, 수확량 증대, 벼와 보리의 이모작 가능
밭농사	골뿌림법	이랑과 고랑을 만들고 고랑에 씨를 뿌려 재배하는 방법

(3) **상품 작물 재배** 인삼, 담배, 면화, 채소 등 ─ 도시와 상업의 발달로 상품 작물 재배가 늘어났다.
(4) **결과** 농민 계층 분화
┌─ 넓은 토지를 경작하는 것이다.
① **❶부농층의 성장**: 일부 농민이 광작, 상품 작물 재배 등을 통해 부농층으로 성장
② 대다수의 농민은 토지를 잃고 머슴이 되거나 다른 사람 토지 경작, 임노동자화
도시나 광산에서 품삯을 받는 노동자이다.┘

2 상공업의 발달
(1) **상업 발달**
① 배경: 농업 생산력 향상, 도시 인구 증가 → 전국적으로 상업 발달
② 공인: 대동법 실시로 등장한 공인이 독점적 도매상인인 ❷도고로 성장
자료2 ③ ❸사상
• 금난전권의 폐지로 사상의 활동 활성화 ─ 정조 때 육의전을 제외한 시전 상인의 금난전권(허가 받지 않은 상인 단속 권한)을 폐지하였다.
• 경강상인(한강 운송권 장악), 송상(인삼 판매, 송방 설치), 내상, 유상, 만상 등이 성장
④ 장시: 5일장 일반화, 일부 대도시에 상설 시장 등장 → ❹보부상이 전국적 유통망 형성
⑤ ❺포구가 상업 중심지로 발달 [교과서마다 달라요] **수공업과 광업** 금성은 다루지 않음
⑥ 상평통보: 전국적 유통, 상품의 매매와 세금, 지대 납부 등에도 사용
┌─ 수공업자들이 모여 물품을 만드는 마을도 생겨났다.
(2) **민영 수공업 발달** 관영 수공업 쇠퇴, 장인세를 내고 물품 제작·판매┘
(3) **광업 발달** 광물 수요 증가, 정부가 민간의 광산 개발 허용 → 민간 광산 확대

▲ 논갈이 ▲ 담배썰기 ▲ 자리짜기 ▲ 대장간

시험에 꼭 나오는 개념 체크
1. 조선 후기에는 상평통보가 널리 사용되었다. (○, ×)
2. 논농사에서는 _____의 보급으로 노동력은 절감되고 수확량은 증가하였다.

답 1. ○ 2. 모내기법

2 생활 문화의 변화

1 부계 중심 가족 제도의 강화
(1) **배경** 양 난 이후 지배 체제 동요 → 성리학적 사회 질서 강화(『주자가례』, 『소학』 보급)
자료3 (2) **❻적장자 중심 가족 질서** 적장자가 제사 담당, 대부분 재산 상속 → 딸과 차남 이하 아들 차별

용어 쏙쏙
❶ 부농(富─부유하다, 農─농민): 농사의 규모가 크고 수입이 많은 농민
❷ 도고(都─쌓아 놓다, 賈─판매하다): 상품을 매점매석해 이익을 노리는 상행위의 한 형태, 혹은 그러한 상행위를 하던 상인
❸ 사상(私─사사롭다, 商─상인): 국가의 허락을 받지 않고 상업 활동을 하던 상인
❹ 보부상(褓─포대기, 負─짐, 商─상인): 보따리나 등짐에 물건을 가지고 다니며 판매하는 상인
❺ 포구(浦─물가, 口─어귀): 배가 드나드는 강어귀
❻ 적장자(嫡─정실, 長─첫째, 子─아들): 본처가 낳은 맏아들

자료1 **모내기법**

◀ 모내기하는 모습

모내기를 하면 잡초를 뽑는 노동력이 크게 줄고, 수확량이 배로 늘었으며, 이모작도 가능해져 농민들이 선호하였다.

자료2 **조선 후기 상업과 무역**

청과의 무역이 활성화되며 거래 수단인 은의 수요가 늘어 은광 개발이 성행하였다.

자료3 **상속 제도의 변화** ┌─ 양반의 경제적 기반이 약화되자 적장자에게 집중해 상속하는 경향이 나타났다.

조선 전기의 재산 상속
어찌 아들과 딸, 친손과 외손을 구별할 수 있겠습니까? 조부모나 부모의 마음으로 본다면 애당초 친손이나 외손의 구별 없이 다 같은 자손입니다.
— 『성종실록』 —

조선 후기 재산 상속
아들과 딸 사이에 차별이 있어서는 안 되겠지만 생전에 봉양할 방법이 없고 사후에 제사의 예마저 차리지 않는데 어찌 유독 재산만은 남자 형제와 균등하게 나누어 가질 수 있겠는가. 그러므로 딸들은 재산의 1/3만 나누어 갖도록 해라.
— 『부안 김씨 우반 고문서』 —

조선 전기에는 재산이 자녀에게 고르게 상속되고, 제사도 자녀들이 돌아가면서 지내거나 분담하였다. 그러나 조선 후기 부계 중심 가족 질서가 강화되며 적장자를 중심으로 상속과 제사가 이루어지는 경향이 강해졌다.

(3) **양자 일반화** 아들이 없으면 양자를 들이는 것이 일반화

(4) **족보 간행** 양반 신분 과시 및 유지, 친족 간 유대 강화 목적, 부계 위주 기재
└ 아들을 먼저 기재하고 딸을 기재하였다.
└ 외손은 축소하여 수록하였다.

2 혼인 풍속의 변화

(1) **조선 시대의 혼인** 처첩 간 구분이 엄격, 서얼은 재산 상속, 제사 등에서 차별받고
법으로 문과 응시 금지 └ 조선의 혼인 형태는 원칙적으로는 일부일처제였지만 첩을 들이는 경우도 있었다.

(2) **혼인 풍속의 변화** 혼인 이후 여성이 신랑 집에서 생활하는 풍습 정착
└ 혼인 이후 여성이 시댁에 머무는 기간이 길어져 시집살이가 확산되었다.

3 여성의 지위 하락

(1) **배경** 성리학적 윤리 강조, 부계 중심 가족 제도의 영향

(2) **정절 강조** 여성의 정절을 강조하여 ❶열녀 표창(열녀문) 활발, 과부의 재혼 엄격히 금지

(3) **남녀의 구분 강화** 여성의 바깥출입 제약, 사랑채와 안채 구분 ┌ 사랑채에는 남성이, 안채에는
여성이 거주하였다.

시험에 꼭 나오는 개념 체크
1. 성리학적 질서가 강화되면서 균분 상속 제도가 확산되었다. (○, ×)
2. 조선 후기에는 아들이 없으면 __ __ 를 들이는 것이 일반화되었다.

답 1. × 2. 양자

❸ 사회 구조의 변화

1 양반 중심 신분 질서의 동요와 신분 상승 노력

(1) **양반 중심 신분 질서의 동요**
① 양반층의 분화: 붕당 정치의 변질, 세도 정치로 일부 양반만 중앙 정치에 참여, 대다수 양반은 몰락하여 향촌에서 신분 유지(향반), 농민과 다를 바 없는 생활(잔반)
② 상민의 신분 상승: 공명첩, ❷납속책, 족보 구매·위조 등으로 양반 신분 획득
③ 결과: 양반 수 증가, 상민 수 감소 ➡ 양반 중심 신분 질서가 크게 동요

(2) **중인층의 신분 상승 노력**
① 서얼: 문과 응시 허락, 주요 관직 진출 제한 철폐 요구하는 집단 상소 운동 ➡ 정조 때 일부 서얼이 규장각 검서관으로 임명, 철종 때 성과를 거둠
② 기술직 중인: 전문 능력과 경제력을 바탕으로 신분 상승 추구, ❸소청 운동(실패)

(3) **노비 제도의 변화**
① 배경: 전쟁에서 공을 세워 ❹면천, 납속, 도망 등으로 노비 수 감소 ➡ 노비제 운영에 타격
교과서마다 달라요 노비종모법 금성, 동아, 지학만 다룸
② 양인 확보 노력: 노비종모법(영조, 어머니가 양인이면 자식도 양인), 공노비 해방(순조)

2 향촌 사회의 변화
교과서마다 달라요 향촌 주도권 다툼 동아, 미래엔, 비상만 다룸

(1) **양반의 권위 유지 노력** ┌ 혼인 풍속 변화의 영향도 있었다.
① 배경: 양 난 이후 양반 수 증가, 경제적 몰락으로 향촌 사회에서 양반 권위 하락
② 권위 유지 노력: ❺동성 마을 형성, ❻사우·서원 건립으로 문중의 결속을 다져 권위 유지 시도, 족보 간행, 향약을 통해 향촌 사회에서의 영향력 유지

(2) **향촌 주도권 다툼** 기존 양반(구향)과 새롭게 성장한 부농층(신향)의 주도권 다툼
① 전개: 새로 성장한 부농층이 경제력을 바탕으로 지방관과 ❼결탁, 향촌 지배권에 도전
② 영향: 구향 세력 약화, 신향도 향촌 사회 장악에는 실패 ➡ 지방관의 권한 강화

(3) **두레** 모내기법의 확산으로 활성화, 두레를 통해 농민의 유대감과 자율성 강화

시험에 꼭 나오는 개념 체크
1. 공명첩, 납속책, 족보 구매·위조로 __ __ 의 수가 증가하였다.
2. 양인을 확보하기 위해 순조는 사노비를 해방하였다. (○, ×)
└ 양반, 지주는 참여할 수 없었다.
교과서마다 달라요 두레 비상만 다룸
답 1. 양반 2. ×

용어 쏙쏙
❶ 열녀(烈-굳세다, 세차다, 女-여자): 남편이 죽은 후에 수절하거나 죽음으로 정절을 지킨 여성
❷ 납속책(納-내다, 粟-곡식, 策-정책): 곡식을 바친 사람에게 일정한 혜택을 주는 제도
❸ 소청(疏-상소하다, 請-청하다): 왕에게 상소를 올려 건의하는 일
❹ 면천(免-면하다, 賤-천인): 천인 신분에서 벗어나는 것
❺ 동성(同-같다, 姓-성씨) 마을: 같은 성을 가진 사람들이 모여 사는 마을
❻ 사우(祠-사당, 宇-집): 조상의 신주를 모시는 집
❼ 결탁(結-합하다, 託-부탁하다): 서로 같은 편이 됨

더 알기 혼인 풍속의 변화

친영제	신랑 집에서 혼례를 올리고 사는 것
반친영제	신부 집에서 혼례를 올리고, 신랑 집으로 이동하여 사는 것

고려 시대부터 이어져 내려온 혼인 풍습은 신랑이 신부 집에서 혼례를 올리고 사는 것이었다. 조선 건국 후 사대부들은 친영제를 도입하려 했지만 실패하였고, 양 난 이후 반친영제가 보급되기 시작되었다.

자료 4 공명첩

관직을 받는 사람의 이름 쓰는 곳이 비어 있는 관직 임명장이다. 정부는 부족한 재정을 보충하기 위해 공명첩을 판매하였다.

자료 5 신분 질서의 동요

근래 세상의 도리가 점점 교활해져서 부유한 백성들이 거의 모두 군역을 피하고자 도모하여 간사한 아전과 임장(任掌: 호적을 담당하는 하급 임시직)과 한통속이 되어 기어코 뇌물을 써서 호적에 농간을 부려 허위로 유학(幼學)이라고 기록하고 …… 혹은 다른 고을로 피해 가서 스스로 양반처럼 행세하기도 하니, 호적이 분명하지 않아서 명분이 문란해진 것이 이보다 심한 경우가 없습니다.
- 『일성록』 -

상민은 군포를 면제받고 지배층의 수탈에서 벗어나기 위해 양반이 되려고 하였다.

자료 6 노비종모법

김상성이 …… 금년 이후로는 모든 노비의 양인 처의 소생은 공노비·사노비를 막론하고 어머니의 역에 따르게 하여 양인 장정의 수효를 늘릴 것을 청하므로, …… 임금이 말하기를 "양인이 날로 줄어든 폐단이 오로지 여기에 연유한 것이다. …… 공노비·사노비를 막론하고 어머니의 역에 따르게 하라."고 하였다.
- 『영조실록』 -

상민의 수가 줄어들면서 군역 대상자가 줄어들고 재정 확보가 어려워지자, 정부는 노비종모법을 실시하여 양인을 늘리려 하였다.

01 다음 설명에 해당하는 개념을 보기 에서 골라 기호를 쓰시오.

> **보기**
> ㄱ. 공인 ㄴ. 사상
> ㄷ. 보부상 ㄹ. 상평통보

(1) 대동법의 실시로 등장하여 독점적 도매상인으로 성장 ( )

(2) 조선 후기에 등장한 화폐로 상품의 매매, 세금 및 지대 납부 등에 사용 ( )

(3) 정부의 허가를 받지 않고 활동한 상인으로 경강상인, 내상, 송상 등이 크게 성장 ( )

(4) 전국의 5일장을 돌며 전국적 유통망을 형성한 상인으로 봇짐장수와 등짐장수를 함께 이르는 말 ( )

02 ㉠, ㉡에 들어갈 상인을 쓰시오.

(㉠)	한양	한강을 중심으로 활동
(㉡)	개성	인삼 판매로 성장, 전국에 송방 설치

㉠ _____ ㉡ _____

03 다음 중 알맞은 말에 ○표를 하시오.

(1) 조선 후기 논농사에서는 (모내기법, 골뿌림법)이 널리 보급되었다.

(2) 조선 정부가 금난전권을 폐지하면서 (공인, 사상)의 활동이 활성화되었다.

(3) 조선 후기에는 국가에 세금을 내고 물건을 만들어 파는 (관영 수공업, 민영 수공업)이 활성화되었다.

04 다음 설명이 맞으면 ○표, 틀리면 ✕표 하시오.

(1) 골뿌림법의 등장으로 벼와 보리의 이모작이 가능해졌다. ( )

(2) 조선 후기에는 균분 상속이 일반화되었다. ( )

05 다음 빈칸에 알맞은 말을 쓰시오.

(1) 조선 정부는 부족한 재정을 보충하기 위해 받는 사람의 이름 쓰는 곳이 비어 있는 관직 임명장인 ( )을 (를) 판매하였다.

(2) 영조는 양인을 확보하기 위해 ( )을(를) 시행하였다.

(3) ( )은(는) 양인을 확보하기 위해 왕실과 중앙 관서 소속 공노비를 해방하였다.

01 다음 농법이 널리 보급된 시기에 대한 설명으로 옳지 <u>않은</u> 것은?

① 일부 농민은 부농으로 성장하였다.
② 밭농사에서는 골뿌림법이 확산되었다.
③ 모내기법의 보급으로 벼와 보리의 이모작이 가능해졌다.
④ 인삼, 담배, 면화, 채소 등 상품 작물의 재배가 이루어졌다.
⑤ 수확량이 증가하면서 대다수의 농민이 자기 소유의 땅을 가지게 되었다.

> **같은 주제 다른 문제**
> ● 위 그림에 나타난 농법에 대한 설명으로 옳은 것은? 답 ④
> ① 잡초를 뽑는 노동력이 크게 늘었다.
> ② 벼와 보리의 이모작이 불가능해졌다.
> ③ 땅에 직접 씨를 뿌려 농사짓는 방식이다.
> ④ 모판에서 모를 기른 후 논에 옮겨 심었다.
> ⑤ 이랑, 고랑을 나누어 고랑에 씨를 뿌리는 방식이다.

02 다음 풍속화가 그려진 시기의 모습으로 가장 적절한 것은?

① 전문적으로 상품을 생산하는 보부상이 등장하였다.
② 상품 수요가 늘어나자 정부가 장인 등록제를 시행하였다.
③ 광물 수요가 늘어나자 정부가 직접 광산을 운영하였다.
④ 특수 행정 구역인 소를 중심으로 수공업 제품을 제작하였다.
⑤ 세금을 내고 직접 물품을 제작·판매하는 등 민영 수공업이 성장하였다.

03 다음에서 설명하는 상인을 지도에서 옳게 고른 것은?

_중
_{난이도}

전국의 주요 지역에 송방을 설치하였으며, 인삼 무역을 주도하여 대상인으로 성장하였다.

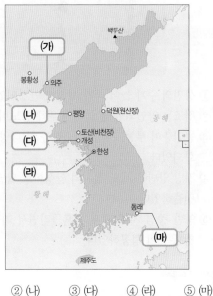

① (가) ② (나) ③ (다) ④ (라) ⑤ (마)

같은 주제 다른 문제

👉 사상의 활동에 대한 설명으로 옳은 것은? 답 ②

① 의주는 일본과의 무역 중심지로 번영하였다.
② 개성 상인은 전국에 송방을 설치하고 상업 활동을 펼쳤다.
③ 서울의 사상들은 종로에 관영 상점을 개설하여 활동하였다.
④ 경강상인은 대동법의 실시로 등장한 대규모 도매상인을 말한다.
⑤ 영조가 자유로운 상업 활동을 허용하며 더욱 활발하게 활동하게 되었다.

04 조선 후기 상품 화폐 경제의 발달에 대한 설명으로 옳지 <u>않은</u> 것은?

_중
_{난이도}

① 대동법의 시행으로 공인이 등장하였다.
② 정조 때 통공 정책으로 시전 상인의 특권을 강화하였다.
③ 5일장이 일반화되었고, 일부 도시에서는 상설 시장이 들어섰다.
④ 보부상들이 전국의 장시를 돌며 전국적인 유통망을 형성하였다.
⑤ 특정 물품을 매점매석하여 독점적으로 판매하는 도고가 나타났다.

05 조선 후기 가족 제도에 대한 설명으로 옳은 것은?

_하
_{난이도}

① 혈통을 중시하여 양자를 들이지 않았다.
② 서얼도 자식으로 인정하여 적자와 차별이 없었다.
③ 같은 성을 가진 친족끼리 모여 사는 동성 마을이 확대되었다.
④ 가족 내에서 여성의 지위가 높아져 안채에서 생활하게 되었다.
⑤ 상속과 제사에서 아들과 딸의 구분 없이 공평하게 대우하였다.

06 다음 문화유산이 세워진 시기 여성의 지위에 대한 설명으로 옳은 것은?

_하
_{난이도}

▲ 은진 송씨 열녀문

① 여성의 재가가 자유로이 이루어졌다.
② 처첩의 구분 없이 동등하게 존중받았다.
③ 여성의 사회 진출을 긍정적으로 인식하였다.
④ 여성은 제사와 상속에서 남성과 구별이 없었다.
⑤ 혼례 후 신부가 신랑 집에서 생활하는 것이 일반화되었다.

07 다음과 같은 대화가 일반화된 시기의 사회 모습에 대한 설명으로 옳은 것은?

_하
_{난이도}

아들이 없으니 누구에게 제사를 맡겨야 할까?

양자에게 맡기세요.

① 부계 중심의 가족 제도가 강화되었다.
② 잦은 인구 이동으로 동성 마을이 크게 줄었다.
③ 일반적으로 재산은 자녀에게 고르게 상속되었다.
④ 혼례를 치른 후에는 신부 집에서 생활하는 경우가 많아졌다.
⑤ 양반 신분을 과시하기 위해 외가까지 족보에 싣는 경우가 많아졌다.

08 조선 시대 가족 제도의 변화 모습으로 옳은 것은?
(하 난이도)

	전기		후기
①	반친영제	→	친영제
②	양자 일반화	→	양자 입적 금지
③	자녀 균분 상속	→	적장자 중심 상속
④	동성 마을 확대	→	동성 마을 축소
⑤	부계 위주 족보	→	부계, 모계 모두 중시하는 족보

09 조선 후기 신분제의 변화 모습으로 옳은 것을 보기 에서 모두 고르면?
(상 난이도)

보기
ㄱ. 붕당 정치의 변질로 대다수 양반은 향반이나 잔반이 되었다.
ㄴ. 기술직 중인들이 소청 운동을 벌여 신분 상승에 성공하기도 하였다.
ㄷ. 상민의 신분 상승이 이루어지면서 양반 수가 증가하고 상민 수가 감소하였다.
ㄹ. 정부는 신분제의 동요로 노비제의 운영이 어려워지자 노비종모법을 시행하여 노비의 수를 늘리려 하였다.

① ㄱ, ㄴ 　② ㄱ, ㄷ 　③ ㄴ, ㄷ
④ ㄴ, ㄹ 　⑤ ㄷ, ㄹ

10 다음과 같은 변화의 결과로 가장 적절한 것은?
(중 난이도)

 많은 사람이 납속, 공명첩, 군공 등의 방법을 통해 신분을 상승시켰어요.

① 새롭게 양반이 된 계층이 향촌 주도권을 장악하였다.
② 양반의 수가 늘면서 향촌 사회에서 양반의 권위가 강화되었다.
③ 정부에서는 노비종모법을 시행하여 노비의 숫자를 늘리려 하였다.
④ 상민의 수가 감소하고 양반의 수가 늘어, 양반 중심 신분 질서가 동요하였다.
⑤ 노비의 신분 상승이 활발해지면서, 신분 해방을 주장하는 천민들의 봉기가 곳곳에서 일어났다.

11 다음 문서가 판매된 시기의 사실로 가장 적절한 것은?
(중 난이도)

① 상민의 수가 늘어 국가 재정이 안정되었다.
② 정조는 양인의 수를 늘리기 위해 공노비를 혁파하였다.
③ 농민층이 부농, 자영농, 소작농 등 다양한 계층으로 분화되었다.
④ 지방 양반은 세도 정치의 활성화로 활발하게 중앙으로 진출하였다.
⑤ 양반 중심 지배 체제가 흔들리면서 기술직 중인의 소청 운동이 성공하였다.

 같은 주제 다른 문제

● 위 자료에 대한 설명으로 옳은 것은? 답 ⑤
① 부계 위주로 기록된 족보이다.
② 과거에 합격한 사람에게 발급된 합격 증서이다.
③ 정절을 지킨 여인을 포상하기 위해 내린 문서이다.
④ 군공을 세운 사람의 공을 증명하기 위해 발급된 문서이다.
⑤ 이름 적는 칸을 비워 둔 관직 임명장으로 재정 확보를 위해 판매되었다.

12 조선 후기 향촌 주도권 다툼에 대한 설명으로 옳은 것을 보기 에서 모두 고르면?
(상 난이도)

보기
ㄱ. 새롭게 성장한 부농층이 향촌 사회를 장악하였다.
ㄴ. 향촌 사회에서 지방관의 권한이 강화되는 결과를 낳았다.
ㄷ. 지방관과 결탁한 기존 양반이 새롭게 성장한 부농층을 몰아냈다.
ㄹ. 새롭게 성장한 부농층이 기존 양반의 향촌 지배권에 도전하였다.

① ㄱ, ㄴ 　② ㄱ, ㄷ 　③ ㄴ, ㄷ
④ ㄴ, ㄹ 　⑤ ㄷ, ㄹ

01 다음 그림을 보고 물음에 답하시오.

(1) 위 그림에 나타난 농법은 무엇인지 쓰시오.

_____

(2) (1) 농법의 장점을 세 가지 서술하시오.

_____

_____

02 다음 그림을 보고 물음에 답하시오.

이것은 (㉠)
(이)라고 합니다.
이름 쓰는 곳을
비워 둔 관직 임
명장입니다.

(1) ㉠에 들어갈 말을 쓰시오.

_____

(2) 조선 정부가 ㉠을 판매한 것이 조선 후기 신분 질서에
어떤 영향을 끼쳤는지 간단히 서술하시오.

_____

_____

03 다음과 같은 상속 제도의 변화가 나타난 이유를 서술하시오.

> 무릇 자손에게 남기는 글에는 자손을 경계하는 말도
> 있고, 노비나 토지, 가옥을 처리하는 가정사도 있습니
> 다. …… 어찌 아들과 딸, 친손과 외손을 구별할 수 있겠
> 습니까? 조부모나 부모의 마음으로 본다면 애당초 친손
> 이나 외손의 구별 없이 다 같은 자손입니다.
> – 「성종실록」 –

↓

> 아비와 자식 사이의 정이라는 면에서 본다면 아들과
> 딸 사이에 차별이 있어서는 안 되겠지만 생전에 봉양할
> 방법이 없고 사후에 제사의 예마저 차리지 않는데 어찌
> 유독 재산만은 남자 형제와 균등하게 나누어 가질 수 있
> 겠는가. 그러므로 딸들은 재산의 1/3만 나누어 갖도록
> 해라.
> – 「부안 김씨 우반 고문서」 –

_____

_____

04 다음 글을 읽고 물음에 답하시오.

> 조선 후기 신분제가 동요하면서 ㉠ 상민의 수가 줄고,
> 양반의 수가 크게 늘어났다. 노비들도 신분에서 벗어나
> 려는 노력을 하였다. 많은 노비가 주인에게서 도망쳤으
> 며, 부유한 노비는 공명첩을 사들이거나, 주인에게 돈을
> 바치고 노비 신분에서 벗어나기도 하였다. 이처럼 노비
> 의 수가 줄어 노비제를 운영하기 어려워지자 순조 때에
> 는 왕실과 중앙 관청에 소속되어 있던 6만 6천여 명의
> (㉡)을(를) 해방시키기도 하였다.

(1) ㉡에 들어갈 말을 쓰시오.

_____

(2) 순조 때 밑줄 친 정책을 시행한 목적을 ㉠과 관련하여
서술하시오.

_____

_____

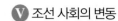

03 학문과 예술의 새로운 경향

1 서양 문물의 수용과 세계관의 변화

자료1 **1 ❶연행사와 통신사**

> 청이 중국 전역을 장악하는 등 세력을 확대하자, 현실적으로 청의 존재를 인정할 수밖에 없었다.

> 연행사가 청의 학자, 서양 선교사와 교류하는 과정에서 서양 문물을 접하였다. 또한 무역이 이루어지기도 하였다.

연행사	사대 관계에 따라 청에 파견한 사신, 서양 문물 수용의 통로 역할
통신사	에도 막부의 요청으로 기유약조를 맺어 국교 재개, 제한적 교역 허용, 에도 막부의 요청으로 19세기 초까지 12회에 걸쳐 통신사 파견 ➡ 외교 사절이자 문물 교류에 기여

└ 통신사가 일본에 문화를 전파하였으며, 일본에서 고구마 등 새로운 문물을 도입해 오기도 하였다.

2 서양 문물 수용 중국 중심 세계관 탈피, 새로운 세계관 형성에 기여

자료2 (1) **서양 문물의 전래** 「곤여만국전도」, 화포, 천리경, 자명종 등 전래

(2) **과학 기술의 발달**

> 주로 중국을 통해 수용하였으며, 조선에 표류해 온 외국인에 의해 들어오기도 하였다.

└ 지구가 자전한다는 주장이다.

김석문	지전설 주장	정약용	거중기 제작(『기기도설』 참고)
김육	시헌력 도입	홍대용	지전설, 우주 무한론 주장, 혼천의 제작

└ 아담 샬이 제작한 서양식 역법이다.   └ 지구가 우주의 중심이 아니라는 주장이다.

3 새로운 종교의 대두

(1) **천주교(❷서학)**

> 중인, 상민, 여성 등을 중심으로 빠르게 퍼졌다.

① 초기에는 학문으로 수용 ➡ 18세기 후반 남인 계열 학자 중심으로 신앙으로 수용

② 제사 거부, 신분 질서 부정 등으로 탄압받음 ➡ 내세 신앙, 평등사상 내세워 확산

(2) **동학** ❸인내천 사상을 제시하여 양반 중심의 신분 질서 부정, 사회 모순 개혁 추구

① 최제우: 천주교와 서양 세력 침투에 대항하여 동학 창시

> 조선 정부는 동학을 사교로 규정하고 최제우를 처형하였다.

② 최시형: 『동경대전』, 『용담유사』 편찬, 동학 교단 정비 ➡ 동학의 교세 확산

> **시험에 꼭 나오는 개념체크**
> 1. 연행사와 통신사는 동아시아의 평화적 관계를 유지하는 데 기여하였다. (○, ×)
> 2. 최제우는 서양 세력의 침투를 경계하며 _____을 창시하였다.
>
> 답 1. ○ 2. 동학

2 실학의 대두

1 실학

(1) **의미** 성리학을 바탕으로 적극적으로 현실 문제를 개혁하려는 학풍

> └ 이 과정에서 청에서 전해진 고증학 등을 받아들이기도 하였다.

자료3 (2) **주요 주장**

① **농업 중심 개혁론**: 토지 제도 개혁을 통한 농촌 사회 안정 주장

유형원	모든 사람에게 신분에 따라 차등적으로 토지 분배(❹균전론)
이익	생계유지를 위한 최소한의 토지(영업전) 지급, 매매 금지(❺한전론)
정약용	공동으로 토지를 소유하여 경작하고, 노동량에 따라 수확물 분배(여전론)

② **상공업 중심 개혁론(북학파)**: 상공업 진흥, 기술 개발, 청의 선진 문물 도입 주장

박제가	청과 교역 확대, 소비를 통한 생산 증가 주장, 『북학의』 저술	
박지원	수레와 선박 이용, 화폐 사용 주장, 『양반전』 등에서 양반 비판	
유수원	사농공상의 직업적 평등 주장	**홍대용** 기술 혁신, 문벌제 폐지 주장

(3) **의의와 한계**

① 의의: 개혁적·근대적 성격으로 후대에 영향 ➡ 북학파는 19세기 개화사상에 영향

② 한계: 개인의 학문 연구 수준에 그쳐 정부 정책에 적극적으로 반영되지 못함

> └ 일부 개혁안은 반영되기도 하였다.

자료1 연행사와 통신사의 파견

- 연행사
- 통신사

자료2 곤여만국전도

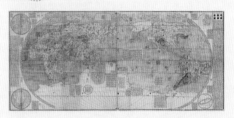

마테오 리치가 만든 세계 지도이다. 선조 때 조선에 전해져 조선인의 세계관이 확대되고, 중국 중심의 성리학적 세계관에서 벗어나는 데 영향을 끼쳤다.

자료3 실학의 주장

> **농업 중심 개혁론**
> 토지 제도가 바로잡히면 모든 것이 제대로 될 것이다. 백성은 일정한 직업을 가지고, 군정에서는 도망간 사람을 찾는 폐단이 사라질 것이다. 모두 자기 직책을 가지게 되면 민심이 안정되고 풍속이 좋아질 것이다.
> — 유형원, 『반계수록』 —
>
> **상공업 중심 개혁론**
> 비유컨대 재물은 우물과 같은 것이다. 퍼내면 차고, 버려두면 말라 버린다. 그러므로 비단옷을 입지 않아서 나라에 비단 짜는 사람이 없게 되면 여공이 쇠퇴하고, 찌그러진 그릇을 싫어하지 않고 기교를 숭상하지 않아서 장인의 일이 없어지면 기예가 망한다.
> — 박제가, 『북학의』 —

농업 중심 개혁론은 당시 조선 사회의 모순이 토지 소유의 불균형에서 비롯되었다고 인식하였다. 상공업 중심 개혁론은 경제적으로 급격하게 변화 중이던 조선의 현실에 주목하고 상공업의 진흥과 기술 개발을 주장하였다. 이들은 청의 문물을 배울 것을 주장해 '북학파'라고도 불렸다.

용어쏙쏙

❶ 연행사(燕-연경, 行-가다, 使-사신): 조선 후기에 청의 수도 연경(베이징)에 보낸 사신을 이르는 말

❷ 서학(西-서쪽, 學-학문): 넓은 의미로는 중국을 통해 도입된 서양 학문과 이에 대한 연구 전반을, 좁은 의미로는 천주교를 의미함

❸ 인내천(人-사람, 乃-곧, 天-하늘): 사람이 곧 하늘, 사람들이 모두 평등하다는 평등사상과 관련이 있음

❹ 균전론(均-고르다, 田-토지, 論-논의): 토지를 균등하게 분배하고자 하는 논의

❺ 한전론(限-제한하다, 田-토지, 論-논의): 논밭의 개인 소유를 한정하자는 주장

2 국학 연구

(1) 등장 명 멸망 이후 중국 중심 세계관에서 벗어나려는 움직임 대두 ➡ 우리 역사와 지리, 언어 등을 연구

(2) 내용

역사	• 안정복의 『동사강목』: 고조선~고려 말의 역사 정리, 한국사의 독자적 정통성 내세움 • 유득공의 『발해고』: 발해를 우리 역사로 인식, 남북국 용어 사용
지리	• 이중환의 『택리지』: 각 지방의 자연환경, 풍속 등 소개 • 김정호의 『대동여지도』: 기존 지도를 집대성해 제작 ─ 정상기는 『동국지도』를 만들었다.
한글	신경준의 『훈민정음운해』, 유희의 『언문지』 등 ─ 한글의 원리를 그림으로 풀어 설명하였다.

시험에 꼭 나오는 개념 체크
1. 실학의 연구 결과는 정부 정책에 적극 반영되었다. (○, ×)
2. 안정복은 『_____』에서 우리 역사의 독자적 정통성을 내세웠다.

답 1. × 2. 동사강목

3 문화의 새로운 경향

1 문화의 새로운 경향

(1) 특징 우리 문화에 대한 자부심 높아지며 조선의 고유성을 탐구하려는 흐름 등장

(2) 내용

─ 강세황은 명암법, 원근법 등 서양 화법을 도입하였다.

교과서마다 달라요

의학·농업	비상만 다룸
건축	비상, 천재만 다룸

한문학	• 사회 부조리 비판, 양반 풍자 등 새로운 내용 등장(정약용, 박지원) • 경제적으로 성장한 중인의 ❶시사 조직, 역대 시인들의 시집 간행
회화	• ❷진경 산수화: 우리 자연을 사실적으로 묘사하는 화풍(정선) ─ 이전까지는 중국의 그림을 • 풍속화: 사람들의 일상 모습을 생동감 있게 표현(김홍도, 신윤복) 보고 그대로 따라 그리는 경우가 많았다. • 민화: 서민의 소망을 담은 장식적 그림, 형식에 얽매이지 않는 자유로운 표현
서예	김정희(추사체), 이광사(동국 진체) ─ 주로 이름이 알려지지 않은 화가들이 그렸다.
자기	❸분청사기가 소멸하고 백자가 일반화, 청화 백자 유행, 일반 백성은 옹기 사용
건축	대규모 불교 건축물(금산사 미륵전 등), 수원 화성(당시 과학 기술의 성과 집약)
의학	허준의 『동의보감』(전통 한의학 체계화), 이제마(❹사상 의학 확립)
농업	신속의 『농가집성』(모내기법 소개), 서유구의 『임원경제지』(농업 백과사전)

▲ 인왕제색도(정선)　　▲ 서당도(김홍도)　　▲ 주유청강(신윤복)　　▲ 민화(문자도)

2 서민 문화의 발달

(1) 배경 상품 화폐 경제의 발달로 서민 경제력 상승, 서당 교육 확대로 서민 의식 성장

(2) 문학 한글 소설과 사설시조 유행

─ 허균이 저술하였으며, 최초의 한글 소설로 알려져 있다.

① 한글 소설: 지배층의 횡포, 사회적 차별 등 현실 모순 비판, 『홍길동전』, 『춘향전』 등

② ❺사설시조: 서민의 감정을 형식에 얽매이지 않고 솔직하게 표현, 현실 풍자

(3) 공연 예술 사람이 많이 모이는 장시, 포구 등에서 공연

① 판소리: 양반에게도 인기를 얻어 넓은 계층이 ❻향유하는 문화로 발전

② 탈춤: 현실 사회 모순과 서민 정서를 풍자적으로 표현(하회 별신굿 탈춤, 봉산 탈춤)

시험에 꼭 나오는 개념 체크
1. 서민 문화는 서민의 현실 인식이 반영되어 소박하고 풍자적인 내용을 특징으로 한다. (○, ×)
2. 우리나라 자연에 대한 관심이 증가하며 회화에서는 _____가 등장하였다.

답 1. ○ 2. 진경 산수화

자료 4 대동여지도

김정호가 기존의 지도를 집대성해 제작한 지도로 22첩으로 구성되었다. 10리마다 눈금을 두어 거리를 정확히 알 수 있도록 하였으며, 산맥, 하천, 포구 등도 정확히 표현하였다.

자료 5 청화 백자

흰 바탕에 푸른 색깔로 무늬를 넣은 자기이다.

자료 6 판소리

판소리는 소리꾼이 고수의 장단에 맞춰 창과 사설 등으로 연기하는 공연이다. 현재는 다섯 마당만 전한다.

─ 한글 소설이 유행하면서 책을 빌려주거나 이야기를 들려주는 직업도 생겨났다.

자료 7 탈춤

양반: 나는 사대부의 자손일세.
선비: 아니 뭐라고, 사대부? 나는 팔대부의 자손일세.
양반: 아니 팔대부? 팔대부는 또 뭐야?
선비: 팔대부는 사대부의 갑절이지.
　　　　　　　－ 안동 하회 별신굿 탈놀이 중 －

탈춤은 얼굴에 탈을 쓴 광대들이 해학과 풍자로 양반 사회 등 현실 사회의 모순을 비판하는 내용이 많았다.

용어 쏙쏙

❶ 시사(詩 - 시, 社 - 모임): 시인들의 모임
❷ 진경(眞 - 진짜, 景 - 경치) 산수화: 중국 화첩의 모방에서 벗어나 우리나라의 자연을 있는 그대로 묘사한 풍경화
❸ 분청사기: 청자에 흰 흙을 바르고 다시 구워낸 자기

❹ 사상(四 - 넷, 象 - 모습) 의학: 인간을 크게 네 체질로 분류하고 체질에 따라 치료를 해야 한다고 주장한 의학
❺ 사설시조: 산문적인 성격이 강한 시조의 한 형식
❻ 향유(享 - 누리다, 有 - 가지다): 누리고 가짐

STEP 1 개념 확인

01 ㉠~㉢에 들어갈 말을 쓰시오.

청	청에 (㉠) 파견, 서양 문물 수용의 통로 역할
일본	• (㉡) 체결: 에도 막부의 요청으로 국교 재개, 제한적 교역 허용
	• (㉢): 19세기 초까지 12회 파견, 문물 교류에 기여

㉠ _____ ㉡ _____ ㉢ _____

02 다음 설명에 해당하는 인물을 보기에서 골라 기호를 쓰시오.

보기

ㄱ. 박제가   ㄴ. 박지원   ㄷ. 유수원   ㄹ. 홍대용

(1) 사농공상의 직업적 평등을 주장 ( )

(2) 기술 혁신과 문벌제 폐지를 주장 ( )

(3) 적절한 소비를 통한 상공업 발전을 주장 ( )

(4) 청에 갔던 경험을 바탕으로 수레, 선박의 이용, 화폐 사용의 필요성을 주장 ( )

03 다음 설명이 맞으면 ○표, 틀리면 ×표 하시오.

(1) 안정복은 『동사강목』을 지어 한국사의 독자적 정통성을 내세웠다. ( )

(2) 유득공은 『택리지』를 지어 각 지방의 자연환경과 풍속 등을 소개하였다. ( )

(3) 김정호는 기존의 지도를 집대성해 「대동여지도」를 만들었다. ( )

04 다음 중 알맞은 말에 ○표를 하시오.

(1) 정선은 우리 자연을 사실적으로 묘사하는 (진경 산수화, 민화)를 그렸다.

(2) 조선 후기 김홍도, 신윤복 등은 사람들의 일상생활을 생동감 있게 표현한 (민화, 풍속화)를 그렸다.

(3) 조선 후기에는 (분청사기, 청화 백자)가 유행하였다.

05 다음 빈칸에 알맞은 말을 쓰시오.

(1) 상품 화폐 경제의 발달로 서민의 경제력이 향상되고 서당 교육의 확대로 서민 의식이 성장하면서 ( ) 문화가 발달하였다.

(2) 조선 후기 문학에서는 형식에 얽매이지 않고 감정을 솔직하게 표현하는 ( )시조가 유행하였다.

(3) 조선 후기에는 탈을 쓴 광대들이 현실 사회 모순과 서민 정서를 풍자적으로 표현한 ( )이(가) 유행하였다.

STEP 2 대표 문제

01 조선 후기 대외 교류에 대한 설명으로 옳은 것은?

중 난이도

① 교린 관계에 따라 청에는 연행사를 파견하였다.

② 왜란 이후 조선 정부의 요청으로 일본과 국교가 재개되었다.

③ 연행사는 다양한 서양 문물을 조선에 소개하는 역할을 하였다.

④ 통신사를 통해 서양 학문으로 천주교가 처음 조선에 전해졌다.

⑤ 계해약조를 맺어 일본과 제한된 범위 내에서 교역을 허가하였다.

중요 02 (가), (나)에 대한 설명으로 옳은 것은?

중 난이도

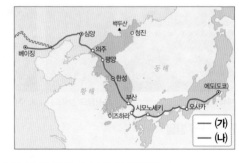

① (가)를 통해 동학이 조선에 전해졌다.

② (가)는 조선 내부의 반발로 비공식적으로 파견되었다.

③ (나)는 조선의 요청으로 파견되었다.

④ (나)는 외교 사절로의 역할과 함께 문물 교류에도 기여하였다.

⑤ (가)는 통신사, (나)는 연행사의 행로이다.

같은주제 다른문제

● (가), (나)에 해당하는 조선의 외교 사절로 옳은 것은? **답** ④

	(가)	(나)
①	칙사	연행사
②	칙사	통신사
③	연행사	칙사
④	연행사	통신사
⑤	통신사	칙사

03 ㉠에 대한 설명으로 옳은 것은?

> (㉠)은(는) 처음에는 서양 학문의 하나로 중국에서 들어왔다. 이후 점차 신앙으로 믿게 되면서 중인, 상민, 여성들을 중심으로 확산되었다.

① 제사를 거부하여 정부의 탄압을 받았다.
② 인내천 사상을 제시하여 양반 중심의 신분 질서를 부정하였다.
③ 노론 계열 학자들을 중심으로 양반 계층에서 신앙으로 받아들였다.
④ 정부에서는 서양 문물의 이로움을 인정하고 이를 적극적으로 수용하였다.
⑤ 미륵이 내려와 혼란한 세상을 구원한다는 교리로 백성들에게 위안을 주었다.

04 다음 주장에 대한 설명으로 옳은 것은?

(상)
난이도

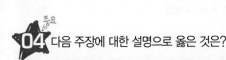

> 토지 제도가 바로잡히면 모든 것이 제대로 될 것이다. 백성은 일정한 직업을 가지고, 군정에서는 도망간 사람을 찾는 폐단이 사라질 것이다. 모두 자기 직책을 가지게 되면 민심이 안정되고 풍속이 좋아질 것이다.
> – 유형원, 『반계수록』 –

① 상공업 진흥, 기술 개발을 중시하였다.
② 문벌을 폐지하고 기술을 혁신할 것을 주장하였다.
③ 성리학에서 벗어나 서양 문물을 받아들일 것을 주장하였다.
④ 토지 제도 개혁을 통해 농촌 사회를 안정시킬 것을 주장하였다.
⑤ 청의 선진 문물을 받아들여 부국강병을 이룰 것을 주장하여 '북학파'라고도 한다.

● 조선 후기 현실 사회 문제를 해결하기 위해 등장한 학풍은? **답** ①

① 실학   ② 서학   ③ 양명학
④ 성리학   ⑤ 고증학

05 ㉠에 대한 설명으로 가장 적절한 것은?

(중)
난이도

> ㉠ 🔍
>
> 18세기경 등장한 새로운 학풍으로 사회·경제적 변화에 따른 조선 사회의 문제를 적극적으로 개혁하고자 하였다.

① 성리학을 부정하고 서양 사상을 수용하였다.
② 조선의 문화보다 중국의 문화를 중시하였다.
③ 서양의 과학 기술에 배타적인 태도를 취했다.
④ 실제 정치에 반영되어 조선 사회의 변화에 크게 이바지하였다.
⑤ 일부는 청의 문물을 배워 부국강병을 이룰 것을 주장하기도 하였다.

06 다음 주장을 한 학자로 옳은 것은?

(중)
난이도

> 비유컨대 재물은 우물과 같은 것이다. 퍼내면 차고, 버려두면 말라 버린다. 그러므로 비단옷을 입지 않아서 나라에 비단 짜는 사람이 없게 되면 여공이 쇠퇴하고, 찌그러진 그릇을 싫어하지 않고 기교를 숭상하지 않아서 장인의 일이 없어지면 기예가 망한다.

① 이익   ② 박지원   ③ 박제가
④ 홍대용   ⑤ 정약용

07 실학자와 그 주장이 옳게 연결된 것을 보기에서 모두 고르면?

(하)
난이도

> **보기**
> ㄱ. 박지원 – 수레와 선박, 화폐의 이용을 강조함
> ㄴ. 유형원 – 청과의 교역을 확대하고, 생산을 자극하기 위해 소비를 늘려야 한다고 주장함
> ㄷ. 정약용 – 공동 소유의 농장을 공동으로 경작하고, 노동력에 따라 수확물을 나눌 것을 주장함
> ㄹ. 박제가 – 한 가정의 생활 유지를 위한 최소한의 토지를 영업전으로 정하고 매매를 금지하자고 주장함

① ㄱ, ㄴ   ② ㄱ, ㄷ   ③ ㄴ, ㄷ
④ ㄴ, ㄹ   ⑤ ㄷ, ㄹ

 08 ㉠에 대한 설명으로 옳은 것은?

난이도 중

> 조선 후기 중국 중심의 세계관을 비판하는 분위기가 높아지면서 우리 역사와 지리, 언어에 대한 관심이 높아져 (㉠)이(가) 발달하였다.

① 최제우가 집대성하여 동학을 창시하였다.
② 유득공은 한글을 연구하여 『훈민정음운해』를 저술하였다.
③ 이중환은 이전의 지도를 집대성하여 「대동여지도」를 만들었다.
④ 안정복은 『동사강목』을 지어 우리 역사의 독자적 정통성을 내세웠다.
⑤ 김정호는 각 지역의 풍습과 환경을 다룬 인문학적 지리서인 『택리지』를 편찬하였다.

같은 주제 다른 문제

● ㉠에 들어갈 말로 옳은 것은? 답 ①

① 국학 ② 동학 ③ 유학
④ 성리학 ⑤ 양명학

09 (가), (나)에 대한 설명으로 옳은 것은?

난이도 중

(가)  (나)

▲ 서당도 ▲ 문자도

① (가)는 우리 자연을 사실적으로 묘사한 진경 산수화이다.
② (가)는 사람들의 일상을 생동감 있게 표현한 풍속화이다.
③ (가)는 걱정 없이 살고 싶은 서민의 소망을 표현하였다.
④ (나)는 국가의 엄격한 관리에 따라 제작되었다.
⑤ (나)의 대표적인 화가로는 김홍도, 신윤복 등이 있다.

10 다음 그림에 나타난 화풍에 대한 설명으로 옳은 것은?

난이도 중

① 김홍도, 신윤복이 개척한 화풍이다.
② 우리나라의 자연을 사실적으로 그렸다.
③ 서민의 소망을 담은 장식적인 그림이다.
④ 서민의 미적 감각에 맞춘 자유로운 표현이 특징이다.
⑤ 중국의 영향을 받아 성리학적 이상 세계를 표현하였다.

11 조선 후기 예술에 대한 설명으로 옳은 것을 보기 에서 모두 고르면?

난이도 중

보기
> ㄱ. 자기에서는 청화 백자가 쇠퇴하고 분청사기가 유행하였다.
> ㄴ. 회화에서는 상상 속 자연의 모습을 그린 진경 산수화가 등장하였다.
> ㄷ. 한문학에서는 사회 부조리 비판, 양반 풍자 등을 다룬 작품이 등장하였다.
> ㄹ. 서민의 소망을 담아 형식에 구애받지 않고 자유롭게 그린 민화가 유행하였다.

① ㄱ, ㄴ ② ㄱ, ㄷ ③ ㄴ, ㄷ
④ ㄴ, ㄹ ⑤ ㄷ, ㄹ

12 밑줄 친 '새로운 경향'에 대한 설명으로 옳지 않은 것은?

난이도 중

> 농업 생산력 증가와 상공업의 발달로 상품 화폐 경제가 발전하였다. 서당 교육이 확대되며 서민의 의식 수준도 향상되었다. 이는 예술에서도 새로운 경향이 나타나는 데 영향을 주었다.

① 화려한 청자 대신 분청사기와 백자 등이 유행하였다.
② 소리꾼이 이야기를 노래와 사설로 표현하는 판소리가 유행하였다.
③ 양반을 조롱하고 양반 사회의 문제점을 비판하는 탈춤이 공연되었다.
④ 형식에 얽매이지 않고 솔직한 감정을 표현하는 사설시조가 유행하였다.
⑤ 지배층의 횡포와 사회적 차별을 담은 『홍길동전』, 『춘향전』 등 한글 소설이 등장하였다.

01 다음을 보고 물음에 답하시오.

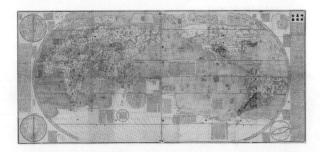

(1) 위 문화유산의 이름을 쓰시오.

_____

(2) (1)이 조선의 지식인들에게 끼친 영향을 세계관을 중심으로 서술하시오.

_____

_____

02 다음 글을 읽고 물음에 답하시오.

> (㉠)은(는) 중국에 다녀온 사신에 의해 서양 학문의 하나로 전파되었다. 18세기 후반에는 남인 계열 학자들을 중심으로 점차 신앙으로 받아들여졌으나, 정부의 탄압을 받았다. 하지만 (㉠)은(는) 중인, 상민, 여성들을 중심으로 확산되었다.

(1) ㉠에 들어갈 종교를 쓰시오.

_____

(2) 밑줄 친 '정부의 탄압'의 원인을 두 가지 서술하시오.

_____

_____

03 다음 그림을 보고 물음에 답하시오.

(1) 위 그림과 같은 화풍을 무엇이라고 하는지 쓰시오.

_____

(2) (1) 화풍의 특징을 서술하시오.

_____

_____

04 조선 후기 다음과 같은 문화가 발달하게 된 배경을 두 가지 서술하시오.

> 조선 후기에는 서민의 생각과 감정을 솔직하게 표현하는 문화가 발달하였다. 문학에서는 사회 모순을 비판하는 한글 소설이 등장하였으며, 형식에 구애받지 않고 감정을 자유롭게 표현하는 사설시조도 유행하였다. 공연에서는 판소리와 탈춤이 많은 사랑을 받았다.

_____

_____

01 조선 후기의 정치 변동

1 제도의 개편과 붕당 정치의 전개

(1) 조선 후기 제도의 개편

정치	비변사의 기능 강화 ➡ 의정부·6조 기능 약화
군사	• 중앙: 5군영 체제　　• 지방: 속오군 시행(양반에서 노비까지 포함)
조세	영정법(전세), 대동법(공납), 균역법(군역) 시행

(2) 붕당 정치의 전개

인조	인조반정 이후 서인이 정치 주도, 남인이 참여하는 붕당 정치 전개, 서인과 남인이 공존하면서 정치 운영
현종	예송: 왕실 의례를 둘러싸고 서인과 남인 갈등
숙종	환국: 국왕 주도로 집권 붕당이 수시로 교체 ➡ 붕당 대립 심화

(3) 탕평 정치의 전개

영조	• 탕평파 중심으로 정국 운영, 탕평비 설치, 서원 정리, 이조 전랑 권한 약화 • 균역법 시행, 신문고 재설치, 노비종모법, 청계천 정비
정조	• 남인과 소론 적극 등용 • 규장각 정비, 초계 문신제 시행, 장용영 설치, 수원 화성 건립
한계	왕과 측근 세력에 권력 집중, 강력한 왕권으로 붕당의 대립을 일시적으로 억누름 ➡ 세도 정치가 나타나는 한 배경이 됨

2 세도 정치의 전개

(1) 세도 정치와 삼정의 문란

세도 정치	• 몇몇 외척 가문이 비변사 등 주요 관직과 군영 장악, 권력 독점 • 왕권 약화, 정치 기강 문란 ➡ 백성 수탈 심화
삼정의 문란	• 전정: 각종 잡세를 부과해 정해진 액수 이상의 세금 수탈 • 군정: 죽은 사람, 어린아이, 도망간 이웃의 몫까지 부과 • 환곡: 강제로 빌려주고 높은 이자를 받음, 가장 폐해가 심함

(2) 농민 봉기

홍경래의 난	• 배경: 서북 지역 차별, 세도 정권의 수탈에 반발 • 전개: 청천강 이북 대부분 점령 ➡ 정주성 싸움 패배
임술 농민 봉기	• 배경: 삼정의 문란 • 전개: 단성·진주에서 봉기 시작, 전국으로 확산 • 정부의 대책: 삼정이정청 설치 ➡ 근본적 문제 해결 못함

02 조선 후기 경제와 사회의 변화

1 상품 화폐 경제의 발달

(1) 농업 경영의 변화

농법 개량	• 모내기법 확대로 노동력 절감, 생산력 증가, 벼·보리 이모작 가능 • 상품 작물 재배: 인삼, 담배, 면화, 채소 등 재배
영향	• 일부 농민은 넓은 토지 소유, 상품 작물 재배로 부농이 됨 • 대다수 농민은 토지를 잃고 소작농, 도시·광산의 임노동자가 됨

(2) 상공업의 발달

수공업	관영 수공업 쇠퇴, 민영 수공업 발달
광업	민간 주도의 광산 개발 확대
상업	공인과 사상의 성장, 장시와 포구 발달, 상평통보 유통 활발

2 생활 문화와 사회 구조의 변화

(1) 생활 문화의 변화

배경	양 난 이후 성리학적 사회 질서 강화
주요 변화	• 제사와 상속: 적장자 위주로 변화　• 혼인: 반친영제의 확산 • 여성의 지위 하락: 정절 강조, 남녀의 구분 강화

(2) 신분제의 동요

양반	주요 가문이 정치권력 독점하며 대다수 양반은 정치에서 배제
중인	• 서얼: 문과 응시, 주요 관직 진출 허용을 요구하며 상소 운동 • 기술직 중인: 집단 상소 운동(소청 운동) 전개 ➡ 실패
상민	• 공명첩 구입, 납속책, 족보 위조 및 구매 등으로 신분 상승 • 상민 수 감소, 양반 수 증가 ➡ 양반 중심의 신분 질서 동요 • 새롭게 성장한 부농층이 경제력을 바탕으로 기존 양반의 향촌 지배권에 도전 ➡ 향촌 사회에서 지방관의 권한 강화
노비	양인 확보 목적으로 노비종모법(영조), 공노비 해방(순조) 실시

03 학문과 예술의 새로운 경향

1 서양 문물의 수용과 세계관의 변화

(1) 연행사와 통신사

연행사	청에 보낸 사신, 서양 문물 도입의 창구 역할
통신사	에도 막부의 요청으로 파견, 외교 사절이자 문물 교류의 역할

(2) 새로운 종교의 대두

천주교 (서학)	• 초기에 학문으로 도입, 남인 계열 학자가 종교로 받아들임 • 제사 거부, 신분 질서 부정 ➡ 조선 정부의 탄압
동학	최제우가 서양 세력 침투와 천주교에 대항해 창시, 인내천 사상을 제시하여 양반 중심 신분 질서 부정 ➡ 조선 정부의 탄압

2 실학의 대두

실학	• 농업 중심 개혁론: 토지 제도 개혁을 통한 농촌 사회 안정 주장 • 상공업 중심 개혁론(북학파): 상공업 진흥, 기술 개발, 청과 교류 확대 주장 ➡ 19세기 개화사상에 영향
국학	우리 역사, 지리, 언어 등을 연구하는 학문

3 문화의 새로운 경향

(1) 조선 후기 문화의 새로운 경향

한문학	사회 부조리 및 양반 풍자하는 내용 등장
회화	• 진경 산수화: 우리 자연을 사실적으로 묘사하는 화풍 • 풍속화: 사람들의 일상생활을 생동감 있게 표현 • 민화: 서민의 소망을 담은 장식적 그림, 형식에 얽매이지 않음
자기	백자 일반화, 청화 백자 유행

(2) 서민 문화의 발달

배경	• 상품 화폐 경제 발달 ➡ 서민 경제력 상승 • 서당 교육 확대 ➡ 서민 의식 성장
문학	• 한글 소설: 지배층 횡포, 현실 사회의 모순을 비판 • 사설시조: 형식에 얽매이지 않고 감정을 솔직하게 표현
공연	• 판소리: 양반까지 포함한 넓은 계층이 향유하는 문화로 발전 • 탈춤: 현실 사회 모순, 서민 정서를 풍자적으로 표현

5단원 붕당의 형성과 조선 후기의 정치 변동

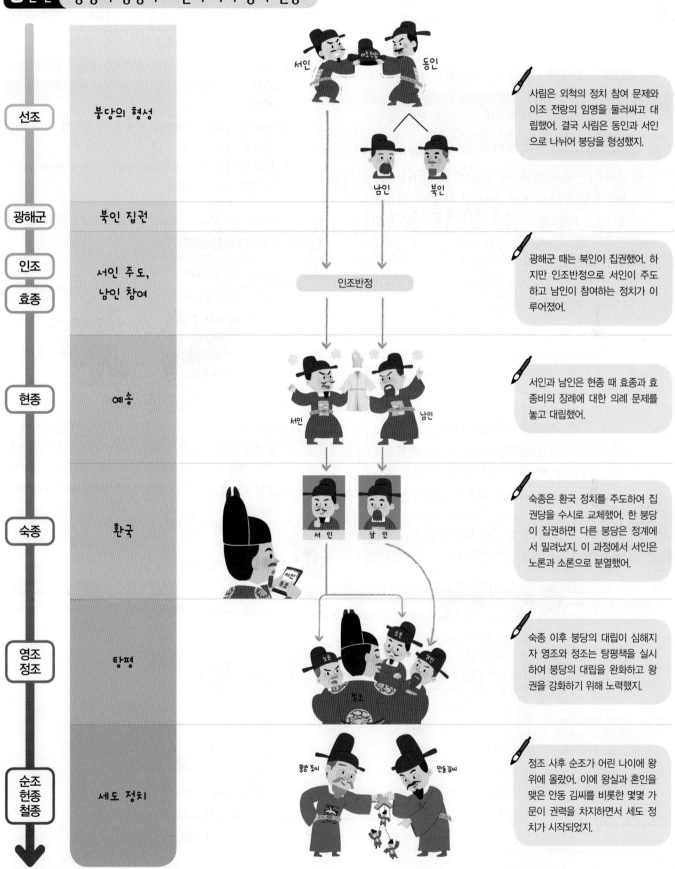

붕당의 형성 — 선조

사림은 외척의 정치 참여 문제와 이조 전랑의 임명을 둘러싸고 대립했어. 결국 사림은 동인과 서인으로 나뉘어 붕당을 형성했지.

북인 집권 — 광해군

서인 주도, 남인 참여 — 인조, 효종

광해군 때는 북인이 집권했어. 하지만 인조반정으로 서인이 주도하고 남인이 참여하는 정치가 이루어졌어.

예송 — 현종

서인과 남인은 현종 때 효종과 효종비의 장례에 대한 의례 문제를 놓고 대립했어.

환국 — 숙종

숙종은 환국 정치를 주도하여 집권당을 수시로 교체했어. 한 붕당이 집권하면 다른 붕당은 정계에서 밀려났지. 이 과정에서 서인은 노론과 소론으로 분열했어.

탕평 — 영조, 정조

숙종 이후 붕당의 대립이 심해지자 영조와 정조는 탕평책을 실시하여 붕당의 대립을 완화하고 왕권을 강화하기 위해 노력했지.

세도 정치 — 순조, 헌종, 철종

정조 사후 순조가 어린 나이에 왕위에 올랐어. 이에 왕실과 혼인을 맺은 안동 김씨를 비롯한 몇몇 가문이 권력을 차지하면서 세도 정치가 시작되었지.

01 조선 후기의 정치 변동

01 다음 상황이 나타난 시기에 대한 설명으로 옳은 것은?

중 난이도

> 지금에 와서는 큰일이든 작은 일이든 모든 것을 비변사에서 처리합니다. 의정부는 이름뿐이고, 6조도 그 일을 모두 빼앗겼습니다. 이름은 변방의 방어를 대비(비변)한다고 하면서 과거 시험의 판정이나 왕비·세자빈 간택까지도 모두 비변사에서 처리합니다.

① 비변사로 기능이 집중되며 왕권이 강화되었다.
② 후금의 침입에 대비하여 훈련도감을 설치하였다.
③ 중앙군은 훈련도감을 비롯한 5군영 체제로 개편되었다.
④ 훈련도감은 평상시에는 생업에 종사하고 유사시 전투에 참여하였다.
⑤ 지방군은 양반을 제외한 평민으로 편성된 속오군 체제로 개편되었다.

02 다음을 보고 물음에 답하시오.

중 난이도

현물 징수 → 쌀·옷감·동전 징수

가호 기준　　토지 기준

(1) 위 조세 제도의 명칭을 쓰시오.

_____

(2) 위 제도가 전국적으로 시행되는 데 약 100년이 걸린 이유를 간단히 서술하시오.

_____

_____

03 (가) 시기에 대한 설명으로 옳은 것은?

중 난이도

인조반정	(가)	예송

① 남인이 정국을 주도하고 서인이 참여하였다.
② 훈구 세력의 비리 행위를 비판하며 사림이 성장하였다.
③ 3사의 언론 기능이 변질되어 자기 당의 입장만을 대변하였다.
④ 붕당의 대립을 완화하고 왕권을 강화하기 위해 탕평 정치를 실시하였다.
⑤ 상대 당의 존재를 인정하고 비판, 견제를 통해 공존하는 정치가 이루어졌다.

04 다음 사건에 대한 설명으로 옳은 것은?

중 난이도

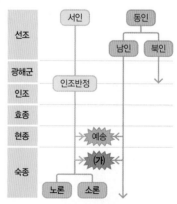

대비께서는 1년 동안 상복을 입으시면 됩니다.

대비께서는 3년 동안 상복을 입으셔야 합니다.

서인　　　　　　　남인

① 국왕의 주도로 집권 붕당이 수시로 교체되었다.
② 광해군의 정통성 문제와 관련되어 일어난 논쟁이다.
③ 왕권에 대한 붕당 간 학문적·정치적 견해차가 드러났다.
④ 붕당 정치가 변질되어 붕당 간의 세력 균형이 무너졌다.
⑤ 붕당 간 대립이 왕위 계승과 연계되며 탕평책이 제기되었다.

05 (가)의 영향으로 적절하지 않은 것은?

중 난이도

선조	서인	동인	
		남인	북인
광해군	인조반정		
인조			
효종			
현종	예송		
숙종	(가)		
	노론　소론		

① 붕당 간 세력 균형이 붕괴하였다.
② 서인이 노론과 소론으로 분열되었다.
③ 일부 외척 가문에 권력이 집중되었다.
④ 상대 당에 대한 철저한 탄압이 이루어졌다.
⑤ 3사의 언론 기능이 변질되고, 공론의 중요성이 낮아졌다.

06 다음 비석을 세운 국왕에 대한 설명으로 옳은 것은?

> 두루 친하고 편을 나누지 않는 것은 군자의 마음이며, 편을 나누고 두루 친하지 않은 것은 소인의 사사로운 생각이다.

① 대동법을 처음 시행하였다.
② 수시로 환국을 일으켜 왕권을 강화하였다.
③ 홍수를 예방하기 위해 청계천을 정비하였다.
④ 과전법을 시행하여 농장을 몰수하고 토지를 재분배하였다.
⑤ 『경국대전』을 완성하여 유교적 법치 국가의 토대를 마련하였다.

07 다음을 건축한 왕에 대한 설명으로 옳지 않은 것은?

① 『대전통편』, 『탁지지』 등을 편찬하였다.
② 정계에서 소외되었던 남인과 소론을 적극 등용하였다.
③ 관직 진출에 제한이 있던 서얼을 규장각 관리로 등용하였다.
④ 친위 부대로 어영청을 설치하여 왕권의 군사적 기반으로 삼았다.
⑤ 젊고 유능한 관리를 선발하여 재교육하는 초계 문신제를 실시하였다.

08 조선 후기 탕평 정치에 대한 설명으로 옳은 것을 보기에서 모두 고르면?

보기
ㄱ. 영조와 정조 때 본격적으로 시행되었다.
ㄴ. 숙종 때 처음 제기되었으나 시행되지는 못하였다.
ㄷ. 강력한 왕권을 바탕으로 붕당 간의 다툼을 근본적으로 해결하였다.
ㄹ. 탕평 정치로 왕권이 강화되면서 정치와 사회가 어느 정도 안정되었다.

① ㄱ, ㄴ, ㄷ ② ㄱ, ㄴ, ㄹ ③ ㄱ, ㄷ, ㄹ
④ ㄴ, ㄷ, ㄹ ⑤ ㄱ, ㄴ, ㄷ, ㄹ

09 다음과 같은 상황이 나타난 시기에 대한 설명으로 옳은 것은?

▲ 주요 가문별 비변사 고위 관직 역임자

① 훈구 세력을 견제하기 위해 재야의 사람을 등용하였다.
② 정계에서 소외되었던 남인과 소론을 고르게 등용하였다.
③ 외척 등 노론의 일부 주요 가문이 정치권력을 독점하였다.
④ 국왕 주도로 집권 붕당을 수시로 교체하여 성국을 운영하였다.
⑤ 의병 활동에 적극적이었던 북인을 중심으로 정치가 이루어졌다.

주관식
10 조선 후기 삼정의 문란에서 삼정은 무엇인지 쓰시오.

_____

11 (가) 봉기에 대한 설명으로 옳은 것은?

① (가)는 임술 농민 봉기이다.
② 평안도 지역 차별에 반발하여 봉기하였다.
③ 봉기 소식이 전해지자 전국에서 농민 봉기가 이어졌다.
④ 정부는 봉기를 무마하기 위해 삼정이정청을 설치하였다.
⑤ 청은 봉기의 진압을 명분으로 조선의 내정에 영향력을 확대하고자 했다.

12 다음과 같은 요구 사항을 제시한 농민 봉기에 대한 설명으로 옳은 것은?
（중 난이도）

> • 조세는 항상 7량 5전으로 고정하여 거둘 것
> • 각종 군포를 집마다 균등하게 부담시킬 것
> • 환곡의 폐단을 없앨 것

① 정주성 싸움 패배로 봉기가 실패하였다.
② 삼정이정청이 설치되어 삼정의 문란이 해소되었다.
③ 천주교에 대한 정부의 탄압에 반발하여 봉기하였다.
④ 신흥 상공업자, 광산 노동자 등의 참여가 두드러졌다.
⑤ 농민의 힘으로 사회 모순에 저항하며 농민 의식이 성장하였다.

02 조선 후기 경제와 사회의 변화

13 조선 후기 농업의 변화 모습으로 옳지 않은 것은?
（하 난이도）
① 모내기법이 널리 보급되었다.
② 담배, 채소 등의 상품 작물을 재배하였다.
③ 넓은 토지를 경작하여 부농으로 성장하는 사람이 등장하였다.
④ 벼와 보리의 이모작이 가능해지며 농업 생산력이 크게 향상되었다.
⑤ 노동력이 절감되며 대다수의 농민이 균등하게 토지를 소유할 수 있게 되었다.

14 다음 농법에 대한 설명으로 옳지 않은 것은?
（하 난이도）

① 모내기법을 묘사한 그림이다.
② 김매는 노동력을 절감해 주었다.
③ 벼와 보리의 이모작이 가능하게 되었다.
④ 모판에서 모를 기른 후 물을 댄 논에 옮겨 심었다.
⑤ 고랑을 만들고 고랑에 씨를 뿌려 작물을 재배하는 방식이다.

15 다음 화폐가 널리 사용되던 시기에 대한 설명으로 옳지 않은 것은?
（상 난이도）

① 대동법의 실시로 공인이 등장하였다.
② 인삼, 담배, 면화, 채소 등 상품 작물이 재배되었다.
③ 경강상인이 일본과의 교역을 통해 크게 성장하였다.
④ 관영 수공업이 쇠퇴하고 민영 수공업이 발달하였다.
⑤ 육의전을 제외한 시전 상인의 금난전권이 폐지되면서 사상이 성장하였다.

16 조선 후기 사회의 모습으로 가장 적절한 것은?
（중 난이도）
① 아들이 없으면 외손자가 제사를 지냈다.
② 신랑이 처가살이하는 것이 일반적인 풍습이 되었다.
③ 일부일처제가 엄격하게 지켜지며 첩을 들이지 않게 되었다.
④ 여자는 재산을 상속받을 수 없었지만, 남자 형제들은 재산을 균등하게 상속받았다.
⑤ 성리학의 원리가 반영되어 여성이 거주하는 안채와 남성이 거주하는 사랑채가 분리되었다.

17 다음 상황이 나타난 시기의 사실로 가장 적절한 것은?
（상 난이도）

> 근래 세상의 도리가 점점 교활해져서 부유한 백성들이 거의 모두 군역을 피하고자 도모하여 간사한 아전과 임장(任掌: 호적을 담당하는 하급 임시직)과 한통속이 되어 기어코 뇌물을 써서 호적에 농간을 부려 허위로 유학(幼學)이라고 기록하고 …… 혹은 다른 고을로 피해 가서 스스로 양반처럼 행세하기도 하니, 호적이 분명하지 않아서 명분이 문란해진 것이 이보다 심한 경우가 없습니다.
> — 『일성록』 —

① 순조는 사노비를 해방하여 노비제를 폐지하였다.
② 상민의 수가 증가한 반면, 양반의 수는 감소하였다.
③ 붕당 정치의 실시로 지방 양반의 정치 참여가 확대되었다.
④ 영조는 노비종모법을 실시하여 양인의 수를 늘리려 하였다.
⑤ 서얼들은 상소를 올려 관직 진출 제한을 철폐하려 하였으나 성과를 거두지 못하였다.

03 학문과 예술의 새로운 경향

18 동학에 대한 설명으로 옳은 것을 보기에서 모두 고르면?

> **보기**
> ㄱ. 정부의 지원을 얻어 교세가 크게 확산되었다.
> ㄴ. 2대 교주 최시형이 교단과 교리를 정비하였다.
> ㄷ. 최제우가 천주교와 서양 세력 침투에 대항하여 창시하였다.
> ㄹ. 인내천 사상을 제시하여 양반 중심의 신분 질서를 부정하였다.

① ㄱ, ㄴ, ㄷ   ② ㄱ, ㄴ, ㄹ   ③ ㄱ, ㄷ, ㄹ
④ ㄴ, ㄷ, ㄹ   ⑤ ㄱ, ㄴ, ㄷ, ㄹ

19 _{중요} (가), (나) 주장에 대한 설명으로 옳은 것은?

> (가) 토지 제도가 바로잡히면 모든 것이 제대로 될 것이다. 백성은 일정한 직업을 가지고, 군정에서는 도망간 사람을 찾는 폐단이 사라질 것이다.
> (나) 비유컨대 재물은 우물과 같은 것이다. 퍼내면 차고, 버려두면 말라 버린다.

① (가) – 북학파라고도 불리며, 19세기 개화사상에 영향을 주었다.
② (가) – 농업 중심 개혁론으로 유형원, 유수원, 정약용 등이 주장하였다.
③ (나) – 상공업 중심 개혁론으로 박제가, 박지원, 이익 등이 주장하였다.
④ (가), (나) – 조선의 사회 모순을 해결하고 조선을 발전시키고자 하였다.
⑤ (가), (나) – 중국 중심 세계관을 비판하며 성리학을 버려야 한다고 주장하였다.

20 _{주관식} 다음 지도를 제작한 사람을 쓰시오.

21 다음과 같은 자기가 유행한 시기의 모습으로 옳지 않은 것은?

① 문학 – 엄격한 형식을 중시하는 사설시조가 유행하였다.
② 건축 – 대규모 불교 건축물과 수원 화성 등이 건축되었다.
③ 회화 – 우리 자연을 사실적으로 묘사하는 진경 산수화가 등장하였다.
④ 공연 – 판소리와 탈춤 등이 사람이 많이 모이는 장시, 포구 등에서 공연되었다.
⑤ 한문학 – 사회 부조리 비판, 양반 풍자 등을 내용으로 하는 작품이 등장하였다.

22 _{중요} (가), (나)에 대한 설명으로 옳은 것은?

(가)	(나)

① (가) – 주로 중인들이 시사를 조직하여 그렸다.
② (가) – 서민의 일상생활을 생동감 있게 표현하였다.
③ (나) – 대표적인 작가로는 강세황이 있다.
④ (나) – 주로 사군자를 그려 선비 정신을 나타내었다.
⑤ (가), (나) – 주로 양반들의 심미적 취향에 맞추어 제작되었다.

23 _{서술형} 조선 후기 다음과 같은 공연 예술이 발달한 배경을 서술하시오.

> 양반: 나는 사대부의 자손일세.
> 선비: 아니 뭐라고? 사대부? 나는 팔대부의 자손일세.
> 양반: 아니, 팔대부? 팔대부는 또 뭐야?
> 선비: 팔대부는 사대부의 갑절이지.   – 하회 별신굿 탈놀이 –

01 국민 국가 수립을 위한 다양한 노력

1 국민 국가 수립 노력 _{교과서마다 달라요}

1 흥선 대원군의 집권과 개항
흥선 대원군의 국내 정책 천재, 지학만 다룸

(1) 집권 고종 즉위 ➡ 어린 고종을 대신해 흥선 대원군이 권력 장악

(2) 흥선 대원군의 정책

국내	• 왕권 강화: 안동 김씨 세력 축출, 비변사 폐지, 법전 정비, 경복궁 중건
	• 민생 안정: 삼정의 문란 시정, 서원 정리 ┐제너럴 셔먼호 사건을 구실로 미국이 침입하였다.
국외	병인양요, 신미양요 ➡ ❶척화비를 세워 통상 수교 거부 의지를 밝힘 ┐국제 정세의 변화에 능동적으로 대처하지 못한 한계가 있었다.

└프랑스 신부 처형에 항의해 프랑스가 침입하였다.

(3) 강화도 조약(1876) [자료1] [더알기]

배경	• 고종의 친정으로 통상 개화 분위기 조성, 통상 개화론자를 중심으로 개항의 필요성 주장
	• 일본이 운요호 사건(1875)을 일으켜 조선에 통상 수교를 강요
내용	조선이 개항, 영사 재판권, 해안 측량권 등 허용
의의와 한계	• 외국과 맺은 최초의 근대적 조약이자 불평등 조약
	• 이후 서양 여러 나라와도 조약 체결 ➡ 불평등 조약

└일본이 운요호를 파견해 강화도, 영종도 일대에서 난동을 부렸다.

2 근대적 개혁의 추진

(1) 개화의 추진과 반대 ┌김옥균, 김홍집 등 개화파가 정부의 개화 정책을 뒷받침하였다.

① 개화 추진: 통리기무아문(개화 추진 기구), 별기군(신식 군대) 설치, 외국에 사절단 파견[수신사·조사 시찰단(일본), 영선사(청), 보빙사(미국)]

② 개화 정책에 대한 반대

| ❷위정척사 운동 | 유생층 중심. 통상 반대(1860년대) ➡ 개항 반대(1870년대) ➡ 개화 정책 반대(1880년대) ➡ 이후 항일 의병 운동으로 이어짐 |
| 임오군란 (1882) | 별기군에 비해 낮은 대우를 받던 구식 군인이 봉기, 하층민 가담 ➡ 일본 공사관, 궁궐 습격 ➡ 청이 난을 진압하고 조선의 내정 간섭 |

(2) 갑신정변(1884) [자료2]
청의 간섭, 정부의 개화 정책 후퇴에 반발하였다.┐

① 배경: 개혁의 방향을 두고 개화파가 급진파와 온건파로 나뉨 ➡ 김옥균, 박영효 등 급진 개화파가 일본에게 지원을 약속받고 정변 계획

② 전개: 우정총국 개국 축하연을 계기로 정변 ➡ 청의 개입으로 3일 만에 실패

③ 주장: 청과의 사대 ❸청산, 인민 평등권 확립, 능력에 따른 인재 등용, 조세 제도 개혁

④ 영향: 일본은 대사관이 불탄 것을 빌미로 배상금 받음, 청과 일본이 조선에 군대 파견시 미리 알리기로 약속

⑤ 의의: 근대 국가를 건설하기 위한 최초의 정치 개혁 운동

(3) 동학 농민 운동(1894) [자료3]
┌고부 농민 봉기 이후 정부가 파견한 관리가 농민을 탄압하자 전봉준 등이 봉기하였다. ┌농민 자치 조직이다.

① 배경: 청과 일본의 경제 침탈, 세금 부담으로 농민 생활 어려움, 동학 확산

② 전개: 고부 농민 봉기 ➡ 전주성 점령 ➡ 전주 ❹화약, 집강소 설치(❺폐정 개혁) ➡ 일본의 경복궁 점령, 청일 전쟁 발발 ➡ 농민군 2차 봉기 ➡ 우금치 전투 이후 지도자 체포

③ 주장: 탐관오리 처벌, 신분제 폐지, 여성의 ❻재가 허용, 토지 균등 분배 등 주장

(4) 갑오·을미개혁
조선의 철수 요구를 거부하고 경복궁을 점령하고 청일 전쟁을 일으켰다. ┐청과 일본이 군대를 파견하자 농민군이 정부와 맺은 화의이다.

① 교정청: 전주 화약 이후 자주적 개혁을 위해 설치, 일본의 경복궁 점령으로 폐지

[자료1] 강화도 조약

제1조	조선은 자주국이며, 일본국과 동등한 권리를 가진다.
제4조	조선은 부산 이외에 두 곳의 항구를 개항하고 일본인이 와서 통상하도록 허가한다.
제7조	일본국의 항해자가 조선 해안을 자유롭게 측량하도록 허가한다.
제10조	일본국 인민이 조선 항구에서 범죄 행위를 저지르면 모두 일본국 관원이 심판한다.

강화도 조약은 해안 측량권과 영사 재판권 등을 허용한 불평등 조약이었다.

[더알기] 중국과 일본의 근대 국가 수립 운동

중국	• 양무운동: 서양의 기술 수용
	• 변법자강 운동: 양무운동 실패 후 추진, 입헌 군주제 바탕 정치 개혁 추진
일본	메이지 유신: 서양의 기술과 제도 수용

개항 이후 청은 전통적 제도와 문화는 유지하면서 서양의 기술을 받아들여 부국강병을 추구하였다. 반면에 일본은 서양의 기술뿐 아니라 제도까지 받아들였다.

[자료2] 갑신정변 정강

2. 문벌을 폐지하여 인민 평등의 권리를 제정한다. 능력에 따라 관리를 등용한다.
12. 국가의 재정은 모두 호조에서 관할하게 한다.
13. 대신과 참찬은 의정소에서 회의하여 정사를 결정한 뒤 왕에게 올린 다음, 정령을 공포하여 집행한다.

갑신정변 당시 급진 개화파는 정강을 발표하여 자주적인 근대 국가를 건설하려 하였다. 이러한 내용 중 일부는 이후 갑오개혁에 반영되었다.

[자료3] 동학 농민군의 개혁안

• 탐관오리를 모두 쫓아낼 것
• 임금의 눈을 가리고 관직을 팔며 국가를 농락하는 무리를 모두 쫓아낼 것
• 민간인을 잡역에 동원하는 일을 줄일 것

동학 농민 운동은 안으로는 사회 개혁을 추구한 반봉건 운동이자, 밖으로는 외세의 침략을 막아 내려 한 반외세 운동이었다. 이들의 요구는 갑오개혁에 일부 반영되었다.

용어 쏙쏙

❶ 척화비(斥-물리치다, 和-화친, 碑-비석): 흥선 대원군이 통상 수교 거부 의지를 알리기 위해 세운 비석, 서양과 화친하는 것은 나라를 파는 것이라는 내용을 담고 있음

❷ 위정척사(衛-지키다, 正-바르다, 斥-물리치다, 邪-간사하다): 바른 것(성리학)을 지키고 간사한 것(서양 학문, 천주교 등)을 물리침

❸ 청산(淸-깨끗하다, 算-계산하다): 과거의 부정적인 것을 깨끗이 없앰

❹ 화약(和-화목하다, 約-약속): 화목하게 지내자는 약속

❺ 폐정(弊-나쁘다, 政-정치): 잘못된 정치

❻ 재가(再-다시, 嫁-시집가다): 다시 결혼을 함

교과서마다 달라요	동아	1·2차 갑오개혁, 을미개혁 구분
갑오·을미개혁	비상, 지학	갑오개혁과 을미개혁 구분
	미래엔, 천재	갑오개혁만 다룸
	금성	모두 갑오개혁으로 다룸

─ 김홍집 내각이 추진하였다.

② **갑오·을미개혁**: 갑신정변과 동학 농민 운동에서 제기된 요구 반영

제1차 갑오개혁	군국기무처 설치, 과거제와 신분제 폐지, 왕실과 국가 사무 구분, 재정 일원화
제2차 갑오개혁	• 청일 전쟁에서 승기를 잡은 일본이 조선의 내정에 간섭, 군국기무처 폐지 • ❶홍범 14조, 재판소 설치, 근대식 교육 제도 마련
을미개혁	• 배경: 고종이 러시아의 힘을 빌려 일본 견제 시도 ➡ 을미사변 ➡ 을미개혁 　　　　　　　　　　　　　　　　　└ 일본이 명성 황후를 시해하였다. • 내용: 태양력 사용, 단발령 시행

─ 김홍집·박영효 내각이 추진하였다.

자료4 **(5) 독립 협회**

　　　　　　　　　　　　　교과서마다 달라요
　　　　　　　　　　관민 공동회　천재, 지학은 만민 공동회로 표기

창립	을미사변 이후 고종이 러시아 공사관으로 이동(아관 파천) ➡ 열강의 이권 침탈 확대 ➡ 서재필 등이 정부 지원으로 독립신문 창간, 독립 협회 창립(1896)
활동	• 독립문 건립, 강연회와 토론회 개최 • 만민 공동회: 민중 집회, 러시아의 내정 간섭과 이권 침탈 비판 • 관민 공동회: 관료도 참여, 헌의 6조를 결의해 의회 설립 시도
해산	보수파의 모함으로 강제 해산

└ 입헌 군주제를 지향하여 황제권 강화를 추진한 정부의 탄압을 받았다.

자료6 **(6) 대한 제국**

① 성립: 고종이 러시아 공사관에서 ❷환궁 ➡ 황제로 즉위하고 '대한 제국' 수립(1897)

② 광무 개혁: ❸구본신참 원칙, 대한국 국제(황제권 강화) 반포, 상공업 진흥, ❹지계 발급

3 일본의 국권 침탈

　　　　　　　　　　　┌ 1904년에 일본이 러시아를 공격하여 일어난 전쟁이다.

(1) 한일 의정서(1904) 　일본이 러일 전쟁에 필요한 시설과 지역을 이용하기 위해 강요

(2) 을사늑약(1905)

① 러일 전쟁 승리 이후 일본이 대한 제국에 강요, 외교권 박탈, 통감부 설치

② 반발: 고종이 헤이그 만국 평화 회의에 특사 파견해 무효 주장, 의병 봉기

(3) 국권 피탈 　고종 강제 퇴위, 군대 해산 ➡ 대한 제국 강제 병합(1910. 8.)

└ 헤이그 특사 파견을 구실로 하였다.

4 국권 수호 운동

　　　　　　　　　교과서마다 달라요

애국 계몽 운동	금성, 천재	헌정 연구회, 신민회
	비상, 지학, 미래엔	신민회만 다룸
	동아	다루지 않음

(1) 항일 의병 운동

─ 초기에는 양반들의 신분 차별 의식이 강한 한계가 있었다.

을미사변, 단발령	을미사변, 단발령에 반발, 양반 유생이 주도
을사늑약	을사늑약에 반발, 신돌석 등 평민 의병장이 등장해 활약
군대 해산 이후	의병 운동 전국 확산, 해산 군인 합류로 전투력과 조직력 강화

(2) 애국 계몽 운동 　교육과 산업 등에서 역량을 키워 자주적 근대 국가를 수립하려 함

① 헌정 연구회: 의회를 만들고 헌법에 따라 정치할 것을 주장

② 신민회(1907): 국권 회복, 공화정 체제 근대 국가 수립 추구, 학교와 회사 설립, 만주에 독립운동 기지 건설

(3) 의열 투쟁 　안중근의 이토 히로부미 처단(1909) 등

5 우리 땅 독도

(1) 독도 　지증왕 때 신라에 복속, 『세종실록지리지』, 「팔도총도」 등에 우리 영토로 기록

자료7 **(2) 대한 제국 칙령 제41호(1900)** 　울릉도를 군으로 ❺격상, 독도를 관할하도록 함

(3) 일본의 독도 인식

① 안용복의 활동, ❻태정관 지령 등에서 독도를 조선의 영토로 인식

② 독도 침탈: 러일 전쟁 중에 시마네현 고시 제40호를 통해 독도가 자국 영토라고 일방적 주장(1905) ➡ 국제법상 명백한 불법, 한국 영토를 침략하는 행위

1. 갑오개혁으로 신분제가 폐지되었다. (○, ×)
2. 일본은 ＿＿＿＿＿으로 대한 제국의 외교권을 박탈하였다.

답 1. ○ 2. 을사늑약

자료4 **독립문**

독립 협회는 청의 사신을 맞이하던 영은문이 있던 근처에 독립문을 세워 자주독립의 의지를 보였다.

자료5 **헌의 6조**

2. 외국과의 이권에 관한 조약과 계약은 각부 대신과 중추원 의장이 함께 서명하여 시행할 것
3. 국가 재정 수입과 지출을 공정하게 하고 예산을 국민에게 알릴 것
4. 중대한 범죄는 공판을 하고, 피고가 죄를 인정한 뒤에 형을 시행할 것
5. 칙임관은 의정부에 의견을 물어 다수의 뜻에 따라 임명할 것

독립 협회는 관민 공동회에서 헌의 6조를 결의하는 등 황제권을 제한하고 의회를 중심으로 하는 정치를 지향하였다.

자료6 **고종**

고종은 러시아 공사관에서 돌아온 뒤 황제 자리에 올라 국왕의 권위를 회복하고, 자주독립 국가의 위상을 회복하려 하였다. 또한 대한국 국제를 반포해 황제 중심의 전제 군주제를 추구하였다.

◀ 서양식 군복을 입은 고종

─ 제2차 세계 대전 이후 연합국은 연합국 최고 사령관 각서 제677호 등에서 독도를 일본의 통치·행정 범위에서 제외하였다.

자료7 **대한 제국 칙령 제41호**

1. 울릉도를 울도로 개칭하여 강원도에 부속하고, 도감을 군수로 개칭하여 관제에 편입할 것
2. 군청은 태하동으로 정하고 울릉 전도와 죽도, 석도(독도)를 관할할 것

대한 제국은 1900년에 대한 제국 칙령 제41호를 발표하여 독도를 우리 영토로 관할할 것을 분명히 하였다.

용어 쏙쏙

❶ 홍범 14조: 갑오개혁 당시 고종이 개혁의 원칙을 밝히려 반포한 문서
❷ 환궁(還-돌아오다, 宮-궁궐): 궁궐로 돌아오는 것
❸ 구본신참(舊-오래되다, 本-근본, 新-새롭다, 參-참고하다): 옛것을 바탕으로 새로운 것을 참고함

❹ 지계(地-땅, 契-맺다): 대한 제국 때 토지 소유권을 증명하는 증표
❺ 격상(格-지위, 上-오르다): 지위나 위치 등이 오름
❻ 태정관 지령: 일본 최고 행정 기관인 태정관이 울릉도, 독도는 일본과 관련이 없다고 답한 공식 문서

2 독립을 위한 다양한 노력

1 일제의 식민 통치 ^{교과서마다 달라요} 일제의 식민 통치 천재는 다루지 않음

└ 한국인에게만 태형을 실시하도록 하였다.

1910년대	조선 총독부 설치, 헌병 경찰을 앞세워 무단 통치, 조선 태형령 시행
1920년대	• 3·1 운동을 계기로 '문화 통치'로 전환 • 한국인의 불만을 잠재우고 민족을 분열할 목적
1930년대 이후	전쟁 확대 과정에서 민족 말살 통치, 병참 기지화 정책 실시 → 중일 전쟁 이후 ❶황국 신민화 정책, 국가 총동원법으로 인적·물적 수탈, 일본군 '위안부'

^{교과서마다 달라요} **문화 통치**
지학	문화 정치
동아, 미래엔, 비상	문화 통치

┌ 한국어 사용 금지, 일본식 성과 이름 강요, 일본 국왕에게 충성을 맹세하는 황국 신민 서사 암송 등이 있다. 동아만 민족 말살 통치 와 구분하여 제시하였다.

2 3·1 운동과 대한민국 임시 정부

(1) **1910년대** 국외 무장 독립운동 활발, 국민 주권 의식 확산(「대동단결 선언」 등)

(2) **3·1 운동(1919)**

① 배경: 레닌의 식민지 민족 지원 약속, 윌슨이 ❷민족 자결주의 제창, 도쿄 유학생의 2·8 독립 선언

② 전개: 민족 대표가 독립 선언, 학생과 시민의 만세 시위 → 일제의 탄압(제암리 학살 등)

③ 의의: 전 민족이 참여한 최대 규모의 독립운동

^{자료8} (3) **대한민국 임시 정부(1919)**

① 통합: 3·1 운동을 계기로 독립운동의 구심점을 마련하기 위해 여러 임시 정부 통합

② 구성: 대통령 중심제, 삼권 분립(임시 의정원, 국무원, 법원) ┌ 만주에 육군 주만 참의부 를 두었다.

③ 활동: 독립 공채 발행, ❸연통제와 ❹교통국 운영, 독립신문 발행, 외교 활동, 무장 투쟁

④ 의의: 우리나라 최초로 삼권 분립의 원칙에 따른 민주 공화정, 민족 운동의 구심점

┌ 독립운동의 방향성을 두고 외교 운동론과 무장 투쟁론이 대립하여 국민 대표 회의를 개최하기도 하였다.

3 국권 회복을 위한 노력

(1) **실력 양성 운동** 3·1 운동 이후 일부 민족주의 계열 지식인들이 주도 ┌ '내 살림 내 것으로' 등을 주장하였다.

① 물산 장려 운동: 평양에서 시작해 전국 확산, 국산품 애용, 소비 절약 등을 강조

② 민립 대학 설립 운동: 대학 설립 위한 모금 활동 → 일제의 간섭으로 실패

(2) **민족 협동 전선 운동** 민족주의 계열과 사회주의 계열로 분열된 민족 운동 통합

① 6·10 만세 운동(1926): 민족주의·사회주의 계열, 학생이 함께 만세 운동 전개

^{자료9} ② **신간회(1927)**

┌ 진상 조사단을 파견하였다.

창립	자치론 대두 → 이에 반대하는 비타협적 민족주의자와 사회주의자들이 연합해 창립
활동	강연회 개최, 일제의 식민 통치 비판, 광주 학생 항일 운동 지원·민중 대회 개최 시도(일제 의 방해로 실패) → 일제의 탄압과 내부 갈등으로 해소

(3) **광주 학생 항일 운동(1929)** 민족 차별 중지, 식민지 교육 제도 철폐 주장 ─ 3·1 운동 이후 최대 규모의 민 족 운동이다.

(4) **무장 독립 투쟁**

^{자료10} ① 3·1 운동 전후: 만주와 연해주를 중심으로 전개

봉오동 전투(1920)	홍범도의 대한 독립군 중심, 봉오동 일대에서 일본군 크게 격파
청산리 대첩(1920)	김좌진 장군의 북로 군정서 등 연합 부대가 일본군 크게 격파

② 3부 성립: 일제의 탄압 → ❺자유시 참변 → 참의부, 정의부, 신민부로 조직 정비

^{자료11} ③ 중국군과 연합 작전(1930년대): 조선 혁명군(양세봉), 한국 독립군(지청천)

④ 조선 의용대(1938): 중일 전쟁이 일어나자 김원봉을 중심으로 중국 관내에서 조직 → 정보 수집, 포로 심문 등 활동 → 일부가 한국 광복군에 합류, 일부는 화베이 지방으로 이동해 독립운동가와 조선 독립 동맹 결성하고 조선 의용군 편성

⑤ 한국 광복군(1940): 임시 정부 충칭 정착 이후 지청천을 사령관으로 창설 → 인도·미 얀마 등지에서 연합군과 공동 작전, 국내 진공 작전 준비(일제 항복으로 실행 못함)

용어 쏙쏙
❶ 황국 신민화 정책: 한국인을 일왕(천황)의 충실한 백성으로 만들겠다는 목표로 추진 된 정책
❷ 민족 자결(自 – 스스로, 決 – 결정)주의: 각 민족의 일은 그 민족이 스스로 결정해야 한다는 주장
❸ 연통제: 대한민국 임시 정부의 비밀 행정 조직
❹ 교통국: 대한민국 임시 정부의 통신 기관
❺ 자유시 참변: 러시아 자유시에 집결했던 독립군이 내부 주도권 다툼, 러시아 내부의 다툼에 휘말려 큰 피해를 입은 사건

^{교과서마다 달라요} **무장 독립 단체**
3부	비상, 천재만 다룸
조선 혁명군, 한국 독립군	동아, 비상, 지학만 다룸
조선 의용대	동아, 비상, 천재, 미래엔만 다룸

---

^{자료8} **대한민국 임시 정부 수립**

3·1 운동 이후 독립운동의 구심점을 마련하기 위해 여러 임시 정부가 통합하여 중국 상하이에 대한민국 임시 정부가 수립되었다.

^{자료9} **신간회 강령**

• 우리는 정치적·경제적 각성을 촉구함
• 우리는 단결을 공고히 함
• 우리는 기회주의를 일체 부인함

일제의 '문화 통치'로 일부 민족주의 세력은 일제 의 식민 지배를 인정하고 자치권을 얻자고 주장 하였다(자치론). 이에 비타협적 민족주의 세력과 사회주의 세력이 연대하여 신간회를 창립하였다.

^{자료10} **1920년대 무장 독립 투쟁**

^{자료11} **1930년대 무장 독립 투쟁**

(5) 의열 투쟁

① 의열단(1919): 김원봉이 만주에서 조직, 일제의 주요 기관 폭파, 고위 관리와 친일파 처단

② 한인 애국단(1931): 김구가 조직

이봉창	도쿄에서 일본 국왕을 향해 폭탄을 던짐
윤봉길	상하이 훙커우 공원에서 일본군 상하이 점령 기념식장에 폭탄 투척 ➡ 이를 계기로 중국 정부가 대한민국 임시 정부 지원

더알기 4 신국가 건설을 위한 준비

(1) 대한민국 건국 **❶강령**   대한민국 임시 정부가 공포, 보통 선거를 통한 민주 공화국 수립 **❷규정**

(2) 조선 독립 동맹과 조선 건국 동맹도 민주 공화국 건설 원칙 발표

> **시험에 꼭 나오는 개념 체크**
> 1. 일제는 3·1 운동을 계기로 통치 방식을 무단 통치로 바꿨다. (○, ×)
> 2. 자치론에 반대하는 비타협적 민족주의자와 사회주의자가 1927년 ＿ ＿ ＿를 창립하였다.
>
> 답 1. × 2. 신간회

3 대한민국 정부 수립

1 8·15 광복

(1) 광복(1945. 8. 15.)   우리의 꾸준한 독립운동과 연합국이 거둔 승리의 결과 ┌ 카이로 선언과 포츠담 선언에서 한국의 독립을 약속하였다.

① 조선 건국 준비 위원회: 여운형이 만든 조선 건국 동맹 기반, 민주 정부 수립 노력

② 김구·이승만 등 나라 밖에서 독립운동 주도했던 인물들 귀국

(2) 분단   38도선을 경계로 미국과 소련이 분할 점령, 각각 **❸군정** 실시

2 **❹신탁 통치를 둘러싼 갈등**

(1) 모스크바 3국 **❺외상 회의**

① 미·영·소 3국의 외무 장관이 모스크바에서 개최

② 한반도에 임시 민주 정부 구성, 미소 공동 위원회 개최, 최고 5년간 신탁 통치 결정

(2) 갈등   신탁 통치를 둘러싸고 좌우 대립 심화, 미소 공동 위원회 결렬 ┌ 임시 정부 수립에 참여할 단체를 두고 미국과 소련의 의견이 달라 결렬되었다.

3 통일 정부 수립 노력

(1) 좌우 합작 운동   중도 세력인 여운형과 김규식 주도 ➡ 여운형 암살로 실패

(2) 한반도 문제 유엔 상정   미소 공동 위원회 결렬 ➡ 미국이 한반도 문제 유엔 상정 ➡ 남북한 인구 비례에 의한 총선거 실시 결정 ➡ 북측 반대 ➡ 선거 가능한 지역에서만 총선거 실시 결정 ┌ 단독 정부 수립에 반대해 무장봉기하였으며, 진압 과정에 많은 민간인이 희생되었다.

(3) 남북 협상   김구·김규식이 북측 지도자와 통일 정부 수립 논의 ➡ 성과 없음

(4) 제주 4·3 사건   남한 단독 정부 수립 반대, 이 과정에서 여수·순천 10·19 사건 발생

4 대한민국 정부 수립   **교과서마다 달라요** 여수·순천 10·19 사건 동아만 다름

┌ 21세 이상에게 투표권이 주어졌으며 보통·비밀·평등·직접 선거의 원칙으로 진행되었다.

(1) 5·10 총선거   38도선 **❻이남** 지역에서 실시, 역사상 최초의 총선거, 제헌 국회 구성

(2) 제헌 국회   제헌 헌법 제정·공포, 국회 간접 선거로 이승만 대통령 선출, 국호 '대한민국'

(3) 대한민국 정부 수립(1948. 8. 15.)   유엔이 선거가 가능하였던 한반도 내에서 유일한 합법 정부임을 승인 ─ 북한에서는 '조선 민주주의 인민 공화국' 수립을 선포하였다.

> **시험에 꼭 나오는 개념 체크**
> 1. 38도선을 경계로 미국과 소련이 한반도를 분할 점령하였다. (○, ×)
> 2. 1948년 5월 우리 역사상 최초의 총선거인 ＿ ＿ ＿ ＿ ＿가 열렸다.
>
> 답 1. ○ 2. 5·10 총선거

용어 쏙쏙

❶ 강령(綱 – 벼리, 領 – 요소, 요점): 정당·단체 등이 입장·목적·방침·계획 또는 운동의 순서 등을 요약해서 열거한 것

❷ 규정(規 – 법, 定 – 정하다): 규칙으로 정함, 또는 그 정해 놓은 것

❸ 군정(軍 – 군사, 政 – 정치): 군부가 국가의 실권을 쥐고 행하는 정치

❹ 신탁(信 – 믿다, 託 – 부탁하다) 통치: 자치 능력이 부족해 혼란이 예상되는 지역을 위임을 받은 나라가 대신 통치하는 것

❺ 외상(外 – 밖, 相 – 담당자): 외교를 맡은 부서의 장관

❻ 이남(以 – 부터, 南 – 남쪽): 기준된 지역의 남쪽

자료12 의열 투쟁의 전개

	1921	김익상	조선 총독부에 폭탄 투척
의열단	1923	김상옥	종로 경찰서에 폭탄 투척
	1926	나석주	동양 척식 주식회사에 폭탄 투척
한인 애국단	1932	이봉창	도쿄에서 일본 국왕 폭살 기도
		윤봉길	상하이 훙커우 공원에 폭탄 투척

더알기 건국 강령의 주요 내용

대한민국 건국 강령
• 민주 공화국 수립·보통 선거 실시
• 토지와 주요 산업 국유화

조선 독립 동맹 강령
• 보통 선거로 민주 정부 수립
• 토지 분배, 대기업 국유화, 무상 의무 교육

조선 건국 동맹 강령
• 일제 타도·민주 국가 건설
• 노동자, 농민 해방

일제의 패망이 가까워지자 대한민국 임시 정부 등은 민주 국가 건설을 바탕으로 하는 강령을 발표하였다.

자료13 신탁 통치를 둘러싼 대립

▲ 신탁 통치 반대 시위   ▲ 모스크바 3국 외상 회의 결정 지지 시위

김구, 이승만 등의 우익 세력은 신탁 통치를 식민 지배의 연장이라 생각하여 거세게 반발하였다. 반면 좌익 세력은 처음에는 신탁 통치에 반대하였으나, 회의 결과 전체가 전해지자 모스크바 3국 외상 회의 결정을 총체적으로 지지하였다.

자료14 대한민국 정부 수립

1948년 8월 15일 대한민국 정부가 수립되었다.

01 다음과 관련 있는 사건을 보기 에서 골라 기호를 쓰시오.

> 보기
> ㄱ. 갑신정변　　　　　ㄴ. 광무개혁
> ㄷ. 갑오개혁　　　　　ㄹ. 동학 농민 운동

(1) 집강소를 설치해 폐정 개혁 추진　　　　　（　　　）

(2) 군국기무처 설치, 과거제 및 신분제 폐지　（　　　）

(3) 구본신참의 원칙을 내세워 개혁 추진, 황제권 강화
　　　　　　　　　　　　　　　　　　　　　　（　　　）

(4) 우정총국 개국 축하연을 계기로 급진 개화파가 일으킨
　사건　　　　　　　　　　　　　　　　　　　（　　　）

02 ㉠～㉢에 들어갈 알맞은 말을 쓰시오.

구분	식민 통치 정책
1910년대	（　㉠　） 통치, 조선 태형령
1920년대	'（　㉡　） 통치'
1930년대 이후	（　㉢　） 통치, 병참 기지화 정책, 황국 신민화 정책

㉠ _____　　㉡ _____　　㉢ _____

03 서로 관련 있는 것끼리 연결하시오.

(1) 전봉준　　•　　　　　• ㉠ 척화비
(2) 여운형　　•　　　　　• ㉡ 독립 협회
(3) 서재필　　•　　　　　• ㉢ 동학 농민 운동
(4) 흥선 대원군 •　　　　• ㉣ 조선 건국 준비 위원회

04 다음 중 알맞은 말에 ○표를 하시오.

(1) 일본은 (한일 의정서, 을사늑약)을(를) 강요해 대한 제국의 외교권을 빼앗았다.

(2) 김원봉은 만주에서 (의열단, 한인 애국단)을 조직하여 일제의 주요 기관을 폭파하고 친일파를 처단하였다.

05 다음 설명이 맞으면 ○표, 틀리면 ×표 하시오.

(1) 일본은 을사늑약을 계기로 대한 제국에 통감부를 설치하였다.　　　　　　　　　　　　　　　　　　（　　　）

(2) 중일 전쟁이 일어나자 김원봉은 한국 광복군을 조직하여 항일 투쟁을 전개하였다.　　　　　　　　　（　　　）

06 다음 빈칸에 알맞은 말을 쓰시오.

(1) 을미사변 후 고종은 （　　　　） 공사관으로 거처를 옮겼다.

(2) 서재필은 정부의 지원을 받아 （　　　　）을(를) 창간하고, 관료, 지식인들과 독립 협회를 창립하였다.

(3) 광무개혁은 옛것을 기본으로 하고 새것을 참고한다는 （　　　　）을(를) 개혁의 기본 방향으로 정하였다.

01 다음 조약에 대한 설명으로 옳은 것은?

（중 난이도）

> 제1조　조선은 자주국이며, 일본국과 동등한 권리를 가진다.
> 제7조　일본국의 항해자가 조선 해안을 자유롭게 측량하도록 허가한다.
> 제10조　일본국 인민이 조선 항구에서 범죄 행위를 저지르면 모두 일본국 관원이 심판한다.

① 신미양요를 계기로 체결되었다.
② 조선이 서양과 맺은 최초의 조약이다.
③ 흥선 대원군이 집권하던 시기에 체결되었다.
④ 이 조약으로 조선이 일본에 외교권을 빼앗기게 되었다.
⑤ 해안 측량권과 영사 재판권 등 불평등한 내용을 담고 있었다.

02 (가)～(마) 시기에 있었던 사실이 바르게 연결된 것은?

（중 난이도）

(가)	(나)	(다)	(라)	(마)
흥선 대원군 집권	강화도 조약	임오 군란	독립 협회 창립	

① (가) – 동학 농민 운동　　② (나) – 아관 파천
③ (다) – 갑신정변　　　　　④ (라) – 을사늑약
⑤ (마) – 광무개혁

03 ㉠에 대한 설명으로 옳은 것은?

（상 난이도）

（　㉠　）의 전개
모둠별 탐구 주제

1모둠	고부 농민 봉기
2모둠	전주성 점령과 전주 화약
3모둠	집강소 설치
4모둠	일본의 경복궁 점령과 우금치 전투

① 입헌 군주제를 지향하였다.
② 갑오개혁에 영향을 주었다.
③ 구식 군인들의 주도로 전개되었다.
④ 3·1 운동에 영향을 받아 일어났다.
⑤ 구본신참을 원칙으로 개혁을 추진하였다.

04 다음 건축물을 세운 단체에 대한 설명으로 옳지 <u>않은</u> 것은?

① 보수파의 모함으로 강제로 해산당하였다.
② 구본신참의 원칙에 따른 개혁을 실시하였다.
③ 강연회와 토론회를 개최해 민중을 계몽하려고 하였다.
④ 헌의 6조를 결의하는 등 의회 중심 정치를 지향하였다.
⑤ 만민 공동회를 개최해 러시아의 내정 간섭과 이권 침탈을 비판하였다.

05 일본의 국권 침탈 과정을 순서대로 바르게 나열한 것은?

ㄱ. 을사늑약　　　　　ㄴ. 국권 피탈
ㄷ. 한일 의정서　　　　ㄹ. 고종 강제 퇴위

① ㄱ - ㄴ - ㄷ - ㄹ　　② ㄱ - ㄹ - ㄴ - ㄷ
③ ㄴ - ㄱ - ㄷ - ㄹ　　④ ㄴ - ㄱ - ㄹ - ㄷ
⑤ ㄷ - ㄱ - ㄹ - ㄴ

06 일본의 침략에 맞선 국권 수호 운동에 대한 설명으로 옳은 것은?

① 대한 제국 군대 해산으로 의병 운동이 위축되었다.
② 을사늑약 이후에는 평민 의병장이 등장하여 활약하였다.
③ 공화정 체제의 근대 국가 수립을 목표로 신간회가 세워졌다.
④ 을미사변, 단발령에 반발하여 해산 군인이 대거 의병에 합류하였다.
⑤ 교육과 산업 등에서 역량을 키워 자주적 근대 국가를 수립하자는 의열 투쟁이 활발하였다.

07 (가) 시기의 일제 식민 통치에 대한 설명으로 옳은 것은?

	(가)	
국권 피탈		3·1 운동

① 황국 신민을 강조하였다.
② '문화 통치'를 실시하였다.
③ 산미 증식 계획을 실시하였다.
④ 병참 기지화 정책을 적극적으로 추진하였다.
⑤ 헌병 경찰을 내세운 무단 통치를 실시하였다.

08 다음 포스터와 관련해 전개된 민족 운동에 대한 설명으로 옳은 것을 보기 에서 모두 고르면?

보기
ㄱ. 식민지 교육 철폐를 주장하였다.
ㄴ. 평양에서 시작하여 전국으로 확산되었다.
ㄷ. 우리 민족의 힘으로 대학을 설립하고자 하였다.
ㄹ. 민족 기업을 육성하여 경제적 자립을 목표로 하였다.

① ㄱ, ㄴ　　　② ㄱ, ㄷ　　　③ ㄴ, ㄷ
④ ㄴ, ㄹ　　　⑤ ㄷ, ㄹ

09 다음 강령을 내세운 단체에 대한 설명으로 옳은 것을 보기 에서 모두 고르면?

• 우리는 정치적·경제적 각성을 촉진함
• 우리는 단결을 공고히 함
• 우리는 ㉠ 기회주의를 일체 부인함

보기
ㄱ. 고종의 강제 퇴위에 저항하여 조직되었다.
ㄴ. 강연회 등을 통해 민족의식을 고취시켰다.
ㄷ. 순종의 장례일에 맞춰 만세 운동을 전개하였다.
ㄹ. 자치론에 반대하는 비타협적 민족주의 세력과 사회주의 세력이 연합하였다.

① ㄱ, ㄴ　　　② ㄱ, ㄷ　　　③ ㄴ, ㄷ
④ ㄴ, ㄹ　　　⑤ ㄷ, ㄹ

같은 주제 다른 문제

● ㉠에 대한 설명으로 옳은 것을 〈보기〉에서 모두 고르면? 답 ④

〈보기〉
ㄱ. 일제와의 타협을 거부하였다.
ㄴ. 일제의 식민 지배를 인정하였다.
ㄷ. 국외에서 무장 투쟁을 전개하였다.
ㄹ. 일제가 허용하는 범위 내에서 자치권을 얻자고 주장하였다.

① ㄱ, ㄴ　　　② ㄱ, ㄷ　　　③ ㄴ, ㄷ
④ ㄴ, ㄹ　　　⑤ ㄷ, ㄹ

10 밑줄 친 '전투'로 옳은 것은?

김좌진 장군이 이끄는 북로 군정서군 등이 참여한 독립군 연합 부대가 일본군과 (가) 지역에서 전투를 벌여 대승을 거두었습니다.

① 황산벌 전투　② 황토현 전투　③ 우금치 전투
④ 봉오동 전투　⑤ 청산리 대첩

11 ㉠에 들어갈 단체로 옳은 것은?

대한민국 임시 정부는 충칭에 정착한 이후, 지청천을 사령관으로 하는 (㉠)을(를) 창설하였다.

① 신민회　　　　② 신간회
③ 한국 광복군　　④ 한국 독립군
⑤ 조선 의용대

12 (가), (나)에 대한 설명으로 옳은 것을 [보기]에서 모두 고르면?

| (가) 의열단 | (나) 한인 애국단 |

[보기]
ㄱ. (가) – 안중근이 이토 히로부미를 사살하였다.
ㄴ. (가) – 만주에서 김원봉 등이 중심이 되어 결성되었다.
ㄷ. (나) – 윤봉길이 상하이 홍커우 공원에서 의거를 일으켰다.
ㄹ. (나) – 유관순이 아우내 장터에서 만세 시위를 주도하였다.

① ㄱ, ㄴ　　② ㄱ, ㄷ　　③ ㄴ, ㄷ
④ ㄴ, ㄹ　　⑤ ㄷ, ㄹ

 같은 주제 다른 문제

● (가), (나) 단체의 공통적인 활동으로 옳은 것은? 답 ⑤
① 농촌 계몽에 힘썼다.
② 실력 양성을 위한 교육 활동에 힘썼다.
③ 외교적 방법을 통해 우리의 주권을 회복하고자 하였다.
④ 임시 정부의 비밀 연락망으로 군자금을 모금하기도 하였다.
⑤ 일제 주요 인물 암살, 시설물 폭파 등의 의거 활동을 전개하였다.

13 (가), (나) 세력에 대한 설명으로 가장 적절한 것은?

(가) 모스크바 3상 회의 결정 지지

(나) 신탁 통치 절대 반대

① (가) – 처음부터 신탁 통치를 지지하였다.
② (가) – 선거가 가능한 지역만이라도 총선거를 실시하자고 주장하였다.
③ (나) – 우익 세력을 중심으로 전개하였다.
④ (나) – 모스크바 3국 외상 회의의 결정을 따라 임시 민주 정부를 수립하는 것이 중요하다고 생각하였다.
⑤ 이승만은 (가)의 입장, 김구는 (나)의 입장을 대표하는 인물이었다.

같은 주제 다른 문제

● 위와 같은 대립이 일어난 시기를 고르면? 답 ②

	(가)	(나)	(다)	(라)	(마)	
8·15 광복	모스크바 3국 외상 회의	5·10 총선거	대한민국 정부 수립	발췌 개헌	10월 유신	

① (가)　② (나)　③ (다)　④ (라)　⑤ (마)

14 (가) 시기에 일어난 사건으로 옳지 <u>않은</u> 것은?

	(가)	
8·15 광복		대한민국 정부 수립

① 남북 협상　　　　② 제주 4·3 사건
③ 5·10 총선거　　　④ 모스크바 3국 외상 회의
⑤ 대한민국 건국 강령 발표

15 대한민국 정부 수립 과정에 대한 설명으로 옳은 것을 [보기]에서 모두 고르면?

[보기]
ㄱ. 김구와 이승만의 주도로 좌우 합작 운동이 전개되었다.
ㄴ. 제헌 국회는 국회 간접 선거로 이승만 대통령을 선출하였다.
ㄷ. 38도선 이남 지역에서 우리 역사상 최초의 총선거인 5·10 총선거가 실시되었다.
ㄹ. 미소 공동 위원회에서 선거가 가능한 지역에서 총선거를 실시할 것을 결정하였다.

① ㄱ, ㄴ　　② ㄱ, ㄷ　　③ ㄴ, ㄷ
④ ㄴ, ㄹ　　⑤ ㄷ, ㄹ

01 다음 글을 읽고 물음에 답하시오.

> 제1조 조선은 자주국이며 일본국과 평등한 권리를 가진다.
>
> 제7조 조선국 해안을 일본국 항해자가 자유로이 측량하도록 허가한다.
>
> 제10조 일본국 인민이 조선국 항구에서 죄를 지은 사건은 모두 일본국 관원이 심판한다.

(1) 위 조약의 명칭을 쓰시오.

_____

(2) 위 조약이 불평등 조약이라는 이유를 제시된 조항을 근거로 서술하시오.

_____

_____

02 다음 글을 읽고 물음에 답하시오.

> 2. 외국과의 이권에 관한 조약과 계약은 각부 대신과 중추원 의장이 함께 서명하여 시행할 것
>
> 3. 국가 재정 수입과 지출을 공정하게 하고 예산을 국민에게 알릴 것
>
> 4. 중대한 범죄는 공판을 하고, 피고가 죄를 인정한 뒤에 형을 시행할 것
>
> 5. 칙임관은 의정부에 의견을 물어 다수의 뜻에 따라 임명할 것

(1) 위 건의의 명칭을 쓰시오.

_____

(2) (1)이 추구하는 정치 체제를 서술하시오.

_____

03 다음 글을 읽고 물음에 답하시오.

> **대한국 국제**
>
> 2. 대한국의 정치는 만세불변의 전제 정치이다.
>
> 3. 대한국 대황제는 무한한 군권을 누린다.
>
> 4. 대한국 대황제는 관리의 임명과 파면의 권리를 가진다.
>
> 9. 대한국 대황제는 외국에 사신을 보내고, 선전, 강화 및 제반 조약을 체결할 권리를 가진다.

(1) 위에서 추구하는 정치 체제를 쓰시오.

_____

(2) 위 방침이 발표된 시기 진행된 개혁 정책의 원칙을 쓰고, 개혁의 내용을 세 가지 서술하시오.

_____

_____

04 다음 글을 읽고 물음에 답하시오.

> (㉠)이(가) 한국 문제를 유엔에 상정하자, 유엔 총회에서는 인구 비례에 따른 총선거를 통해 한반도에 정부를 수립하기로 결정하였다. 하지만 북측이 이를 거부하자 유엔은 (㉡)

(1) ㉠에 들어갈 나라를 쓰시오.

_____

(2) ㉡에 들어갈 내용을 서술하시오.

_____

_____

02 민주주의의 발전

1 헌법 제정과 4·19 혁명

1 헌법 제정

┌ 1917년 박은식, 조소앙 등이 상하이에서 「대동단결 선언」을 발표해 국민
  주권설을 주장하였다. 이는 공화주의 정착에 크게 기여하였다.

(1) 대한민국 임시 헌장(1919. 4.)

> 교과서마다 달라요
> 대한민국 임시 헌장 천재, 지학, 금성만 다룸

발표	상하이에서 구성된 대한민국 임시 정부의 임시 의정원이 발표
내용	민주 공화제 채택, 국민의 자유와 평등, 국민의 권리와 의무 규정

자료1 (2) 대한민국 임시 정부 헌법(1919. 9.) ┌ 대한민국 임시 헌장의 민주 공화제
                                        이념을 좀 더 구체화하였다.

발표	통합된 대한민국 임시 정부 국무원이 대한민국 임시 헌장을 보강해 공포
내용	❶주권 재민, 삼권 분립의 민주 공화제 원칙

자료2 (3) 제헌 헌법

발표	5·10 총선거로 구성된 제헌 국회에서 제정하여 공포(1948. 7. 17.)
내용	• 3·1 운동의 독립 정신과 대한민국 임시 정부의 정통성을 계승 • 민주 공화국, 주권 재민, 삼권 분립 규정, 국민의 자유와 평등 보장 • 대통령 중심제 바탕, 의원 내각제 요소를 일부 포함(국회 간접 선거로 대통령 선출)

2 이승만 정권의 독재와 4·19 혁명

(1) 제헌 국회의 활동

> 교과서마다 달라요
> 제헌 국회의 활동 비상, 지학, 동아만 다룸

① 반민족 행위 처벌법: 반민 특위 구성하여 친일파 청산 시도 ➡ 이승만 정부의 소극적 태도, 친일파의 방해로 좌절

② 농지 개혁법: 지주의 토지를 구입해 농민에게 판매 ➡ 많은 농민이 자기 땅 소유

(2) 이승만 정권의 독재

┌ 국회의 간접 선거로는 이승만 대통령 재선이 어렵다고 판단하였다.

❷발췌 ❸개헌(1952)	• 배경: 이승만 반대 세력 다수 국회 진출 ➡ 대통령 직선제로 개헌 • 결과: 이승만 재집권, ❹반공 정책으로 독재 체제 강화
❺사사오입 개헌(1954)	• 내용: 초대 대통령에 한해 ❻중임 제한을 두지 않는다고 개헌 • 결과: 3대 대통령 선거에서 이승만 대통령 당선
권위주의 통치 강화	조봉암과 진보당 탄압, 국가 보안법 개정, 정부에 비판적이던 경향신문 폐간 └ 3대 대통령 선거에서 많은 표를 얻어 이승만의 경쟁자로 떠올랐다.

자료3 (3) 4·19 혁명(1960)

(더알기) ① 배경: 3·15 부정 선거, 이승만 정부의 독재로 부정부패 심화, 미국 원조 감소로 경제난

② 과정: 학생과 시민들의 저항 ➡ 마산에서 김주열의 시신이 발견 ➡ 시위 전국 확산 ➡ 정부의 계엄령 선포, 경찰 발포 ➡ 이승만이 대통령에서 물러나 미국 망명

③ 결과: 내각 책임제, ❼양원제 국회로 개헌 ➡ 장면 내각 출범

(4) 장면 내각

① 활동: 부정 선거 관련자 처벌법 제정, 경제 개발 5개년 계획안 마련

② 한계: 국민의 다양한 요구에 적절히 대응하지 못함

> 시험에 꼭 나오는 개념 체크
> 1. 제헌 헌법에는 모든 권력이 국민으로부터 나온다는 ＿ ＿ ＿ ＿ 의 원칙이 잘 나타나 있다.
> 2. 4·19 혁명으로 이승만 대통령이 물러났다. (○, ×)
>
> 립 1. 주권 재민 2. ○

오른쪽 자료

자료1 대한민국 임시 정부 헌법

> 제2조 대한민국의 주권은 대한 인민 전체에 있음
> 제5조 대한민국의 입법권은 의정원이, 행정권은 국무원이, 사법권은 법원이 행사함

1919년 9월 대한민국 임시 정부에서 제정한 헌법이다. 주권이 국민에게 있다는 주권 재민과 삼권 분립의 원칙을 밝히고 있다.

자료2 제헌 헌법

> 유구한 역사와 전통에 빛나는 우리들 대한 국민은 기미 3·1 운동으로 대한민국을 건립하여 세계에 선포한 위대한 독립 정신을 계승하여 …… 자유로이 선거된 대표로써 구성된 국회에서 단기 4281년(1948년) 7월 12일 이 헌법을 제정한다.
> 제1조 대한민국은 민주 공화국이다.
> 제2조 대한민국의 주권은 국민에게 있고 모든 권력은 국민으로부터 나온다.

1948년 7월 제헌 국회에서 제정한 헌법으로 민주 공화정과 주권 재민의 원칙을 밝히고 있다.

자료3 4·19 혁명

4·19 혁명은 우리 역사 최초로 국민의 힘으로 독재 정권을 무너뜨린 민주 혁명으로, 이후 한국 민주주의 발전의 토대가 되었다.

더알기 3·15 부정 선거

> • 40% 사전 투표   • 완장 부대 활용
> • 3인조, 5인조 공개 투표   • 투표함 바꿔치기

1960년 이루어진 정·부통령 선거에서 자유당과 이승만 정부는 부정을 저질렀다. 이에 시민들이 반발하면서 4·19 혁명이 일어났다.

용어 쏙쏙

❶ 주권 재민(主-주인, 權-권리, 在-있다, 民-국민, 백성): 나라의 주인된 권리가 국민에게 있음

❷ 발췌(拔-빼다, 萃-모으다): 글 가운데서 필요하거나 중요한 부분만 뽑아냄

❸ 개헌(改-고치다, 憲-법, 가르침): 헌법을 고침

❹ 반공(反-반대하다, 共-함께): 공산주의에 반대함

❺ 사사오입(四-넷, 捨-버리다, 五-다섯, 入-넣다): 반올림

❻ 중임(重-다시, 任-맡기다): 먼저 근무하던 지위에 다시 임용함

❼ 양원제(兩-둘, 院-국회, 制-제도): 두 개의 조직으로 국회를 구성하는 제도

2 민주주의의 시련과 민주화 운동

1 5·16 군사 정변과 유신 체제의 성립

(1) 5·16 군사 정변(1961) 박정희 등 군부 세력의 정변 ➡ 국회 해산, 국가 재건 최고 회의
구성해 군정 실시
└ 장면 내각의 무능과 혼란을 구실로
정변을 일으켰다.

(2) 박정희 정부의 등장
┌ 제대로 된 과거사 청산 없이 추진되어 대학생 등
시민의 반발이 거셌다.
① 과정: 대통령 중심제 개헌, 민주 공화당 ❶창당 ➡ 박정희 대통령 당선
② 정책: 경제 개발 5개년 계획 추진, 한일 협정 체결, 베트남 ❷파병 ─ 경제적 이익을 얻었지
만 많은 군인이 희생
되었다.

(3) 3선 개헌(1969) 대통령직을 3번 ❸연임할 수 있도록 헌법 개정

(4) 유신 헌법(1972) [자료4]
① 배경: 미국이 중국과 화해 모색, 베트남 철수, 주한 미군 감축 결정, 야당의 성장
② 구실: 국가 안보, 지속적 경제 성장, 평화 통일을 위한 정치 체제 마련 ─ 통일 주체 국민 회의
에서 뽑는 국회의원
③ 개헌: 국가 비상사태 선포 ➡ 전국에 비상계엄 선포, 회국 해산 → 개헌 의 1/3을 대통령이
추천하도록 하였다.
④ 내용: 대통령 임기 6년, 중임 제한 없앰, 통일 주체 국민 회의에서 대통령 선출, 긴급 [자료5]
조치권 부여 ➡ 통일 주체 국민 회의에서 박정희가 8대 대통령으로 선출
⑤ 종결: 유신 반대 운동 전개 ➡ 부마 민주 항쟁 ➡ 박정희 대통령 피살(10·26 사태)
└ 장준하 등의 주도로 100만인 헌법 개정 청원 운동이
진행되었으며, 구국 선언이 발표되기도 하였다. **교과서마다 달라요**
부마 민주 항쟁 천재는 부마 항쟁

2 민주주의의 확대

(1) 12·12 사태(1979) 전두환을 중심으로 한 신군부 세력이 불법으로 권력을 장악
(2) 서울의 봄 학생과 시민이 계엄령 해제와 신군부 퇴진, 헌법 개정을 요구하며 시위
(3) 5·18 민주화 운동(1980) [자료6]
① 전개: 신군부가 계엄령 전국 확대 ➡ 광주에서 계엄 철폐·신군부 퇴진·민주주의 회
복을 요구하는 대규모 시위 전개 ➡ 계엄군 발포, 언론 통제 → 시민을 무력 진압
② 의의: 1980년대 민주화 운동의 중요한 원동력 ─ 이후 삼청 교육대를 설치하는 등
공포 분위기를 조성하였다.
(4) 전두환 정부 5·18 민주화 운동 이후 헌법 개정, 간접 선거로 전두환 대통령 선출

강압책	언론사 통폐합, 학생 운동 감시 등
❹유화책	야간 통행금지 폐지, 학생 두발 및 교복 자율화 등

─ 유신 헌법에 따라 통일 주체 국민 회의에서 대통령에 선출
되었다가 개헌 후 다시 대통령으로 선출되었다.

(5) 6월 민주 항쟁(1987)
① 배경: 정부가 박종철 고문치사 사건 은폐, 4·13 ❺호헌 조치(직선제 개헌 요구 거부)
② 전개: 시위 중 이한열이 최루탄에 맞아 쓰러짐 ➡ 민주화 요구가 더욱 거세짐 ➡
6·29 민주화 선언 ➡ 5년 ❻단임, 대통령 직선제 개헌 [자료7] ─ 새 헌법에 따라 치러진 선거에서
노태우가 당선되었다.
③ 의의: 국민의 힘으로 선거에 의한 평화적 정권 교체가 가능해짐, 자유 민주적 기본
질서 정착, 다양한 가치를 포괄하는 민주주의 확대
(6) 민주주의의 확대 시민운동, 촛불 집회 등 참여 민주주의 확대

노태우 정부	서울 올림픽 개최, 북방 외교 ─ 전두환, 노태우 전 대통령을 반란 및 내란죄로 구속·기소하였다.
김영삼 정부	지방 자치제 전면 실시, 금융 실명제, 역사 바로 세우기, 외환 위기
김대중 정부	최초로 평화적 정권 교체, 외환 위기 극복, 대북 화해 협력 정책
노무현 정부	권위주의 청산, 과거사 정리 추진, 호주제 폐지 **교과서마다 달라요** **각 정부의 활동**
이명박 정부	시장 경제 성장 추진, 4대강 살리기 사업, G20 정상 회의 천재, 동아는 다루지 않음
박근혜 정부	창조 경제, 안전과 통합의 사회 추구, 대통령 ❼탄핵
문재인 정부	복지, 지역 발전, 남북 평화 등 표방

시험에 꼭 나오는 개념 체크
1. 박정희 정부는 유신 헌법을 발표하여 장기 독재 체제를 구축하였다. (○, ×)
2. 1987년에 대통령 직선제 개헌을 요구하는 ___ ___ ___ ___이 전국적으로 일어났다.

정답 1. ○ 2. 6월 민주 항쟁

자료4 유신 헌법

제39조 ① 대통령은 통일 주체 국민 회의에서 토론
없이 무기명 투표로 선거한다.
제40조 ① 통일 주체 국민 회의는 국회의원 정수의
3분의 1에 해당하는 수의 국회의원을 선
거한다.
② 제항의 국회의원 후보자는 대통령이 일
괄 추천하며, ……
제53조 ② 대통령은 …… 국민의 자유와 권리를 잠
정적으로 정지하는 긴급 조치를 할 수
있다.
제59조 ① 대통령은 국회를 해산할 수 있다.

박정희 정부는 장기 집권을 위해 대통령에게 긴
급 조치권, 국회 해산권 등 초월적 권한을 주는
유신 헌법을 제정하여 공포하였다.

자료5 긴급 조치

1. 대한민국 헌법을 부정, 반대, 왜곡 또는 비방하는
행위를 금한다.
3. 유언비어를 날조, 유포하는 행위를 금한다.
5. 이 조치에 위반한 자와 비방한 자는 법관의 영장
없이 체포·구속·압수·수색하며 15년 이하의 징역
에 처한다. ─ 긴급 조치 1호(1974) ─

유신 헌법으로 대통령에게 국민의 자유나 권리
를 제한할 수 있는 긴급 조치권이 부여되었다.

자료6 5·18 민주화 운동 궐기문

우리는 왜 총을 들 수밖에 없었는가? 그 대답은
너무 간단합니다. 무자비한 만행을 더 이상 보고 있
을 수만 없어서 너도나도 총을 들고 나섰던 것입니
다. …… 계엄 당국은 18일 오후부터 공수 부대를 대
량 투입하여 시내 곳곳에서 학생, 젊은이들에게 무차
별 살상을 자행하였으니!

5·18 민주화 운동과 관련된 기록물은 그 가치를
인정받아 2011년 유네스코 세계 기록 유산으로
등재되었다.

자료7 6·29 민주화 선언
─ 여당 대통령 후보인
노태우가 발표하였다.

첫째, 여야 합의하에 조속히 대통령 직선제 개헌을
하고 새 헌법에 의해 대통령 선거로 88년 2월 평화
적 정부 이양을 실현토록 하겠습니다. …… 국민은
나라의 주인이며, 국민의 뜻은 모든 것에 우선하는
것입니다.

6월 민주 항쟁의 결과 6·29 민주화 선언이 발표
되었으며, 뒤이어 대통령 직선제와 5년 단임을
주요 내용으로 하는 개헌이 이루어졌다.

용어 쏙쏙

❶ 창당(創 – 만들다, 黨 – 무리, 당): 당을 만듦
❷ 파병(派 – 파견하다, 兵 – 군대): 군대를 파견함
❸ 연임(連 – 연속하다, 任 – 임명하다): 연속하여 자리를 맡음
❹ 유화(宥 – 용서하다, 和 – 화해하다): 서로 용서하고 사이좋게 지냄
❺ 호헌(護 – 지키다, 憲 – 법, 가르침): 헌법을 보호하며 지킴
❻ 단임(單 – 오직, 하나, 任 – 임명하다): 한 번만 자리를 맡음
❼ 탄핵(彈 – 탄알, 劾 – 캐묻다): 일반적인 절차로 파면이 곤란한 공무원 등을 파면하거
나 처벌함

01 서로 관련 있는 사건을 보기 에서 골라 쓰시오.

> **보기**
> ㄱ. 4·19 혁명   ㄴ. 5·18 민주화 운동
> ㄷ. 6월 민주 항쟁

(1) 12·12 사태   (   )
(2) 3·15 부정 선거   (   )
(3) 4·13 호헌 조치   (   )

02 ㉠~㉢에 들어갈 알맞은 말을 쓰시오.

구분	개헌 내용
발췌 개헌	대통령 (㉠)(으)로 개헌
(㉡) 개헌	초대 대통령에 한해 중임 제한 폐지
(㉢) 헌법	대통령 권한 강화(긴급 조치권), 대통령의 종신 집권 가능

㉠ _____ ㉡ _____ ㉢ _____

03 서로 관련 있는 것끼리 연결하시오.

(1) 4·19 혁명   •   • ㉠ 부정 선거에 저항
(2) 5·18 민주화 운동   •   • ㉡ 대통령 직선제 요구
(3) 6월 민주 항쟁   •   • ㉢ 신군부 퇴진, 계엄령 철폐 요구

04 다음 중 알맞은 말에 ○표를 하시오.

(1) 박정희 정부는 대통령의 권한 강화 및 영구 집권을 위해 (유신 헌법, 발췌 개헌)을 선포하였다.
(2) 1987년 대학생이었던 (박종철, 이한열)이 고문으로 사망하는 사건이 발생하였다.
(3) 6월 민주 항쟁의 결과 대통령을 (직선제, 간선제)로 선출하게 되었다.

05 다음 설명이 맞으면 ○표, 틀리면 ✕표 하시오.

(1) 3·15 부정 선거를 계기로 4·19 혁명이 일어났다.
                                                          (   )
(2) 5·16 군사 정변으로 전두환이 정권을 잡았다. (   )
(3) 5·18 민주화 운동 당시 김주열의 사망으로 시위가 격화되었다.   (   )

06 다음 빈칸에 알맞은 말을 쓰시오.

(1) 3·15 부정 선거에 대한 국민적 저항으로 (   )이(가) 일어났다.
(2) 1980년 광주에서는 계엄 철폐와 신군부의 퇴진을 주장하는 (   )이(가) 일어났다.
(3) 전두환 정부의 박종철 고문치사와 4·13 호헌 조치에 반발하여 (   )이(가) 일어났다.

01 다음 헌법에 대한 설명으로 옳은 것은?

중
난이도

> 제2조 대한민국의 주권은 대한 인민 전체에 있음
> 제5조 대한민국의 입법권은 의정원이, 행정권은 국무원이, 사법권은 법원이 행사함

① 입헌 군주제를 채택하였다.
② 삼권 분립의 원칙을 담고 있다.
③ 6·29 민주화 선언의 결과로 제정되었다.
④ 8·15 광복 이후 제헌 국회에서 제정한 헌법이다.
⑤ 내각 책임제와 양원제 국회를 주요 내용으로 한다.

02 다음 헌법에 대한 설명으로 옳은 것을 보기 에서 모두 고르면?

중
난이도

> 유구한 역사와 전통에 빛나는 우리들 대한 국민은 기미 3·1 운동으로 대한민국을 건립하여 세계에 선포한 위대한 독립 정신을 계승하여 …… 자유로이 선거된 대표로써 구성된 국회에서 단기 4281년(1948년) 7월 12일 이 헌법을 제정한다.
> 제1조 대한민국은 민주 공화국이다.
> 제2조 대한민국의 주권은 국민에게 있고 모든 권력은 국민으로부터 나온다.

> **보기**
> ㄱ. 대통령 직선제를 규정하였다.
> ㄴ. 5·10 총선거로 구성된 제헌 국회에서 제정되었다.
> ㄷ. 중국 상하이에서 구성된 임시 의정원이 발표하였다.
> ㄹ. 대한민국 임시 정부의 정통성을 계승하였음을 밝히고 있다.

① ㄱ, ㄴ   ② ㄱ, ㄷ   ③ ㄴ, ㄷ
④ ㄴ, ㄹ   ⑤ ㄷ, ㄹ

03 밑줄 친 '개헌'에 대한 설명으로 옳은 것은?

하
난이도

> 1950년 실시된 제2대 국회의원 선거에서 이승만 정부에 반대하는 세력이 다수 국회에 진출하였다. 이에 이승만 정부는 개헌을 실시하였다.

① 내각 책임제를 규정하였다.
② 사사오입 개헌이라고도 한다.
③ 국민이 직접 대통령을 뽑도록 하였다.
④ 사사오입의 논리로 개헌안이 통과되었다.
⑤ 초대 대통령에 한해 중임 제한을 두지 않는다고 규정하였다.

04 사사오입 개헌에 대한 설명으로 옳은 것은?

① 대통령 직선제로 개헌하였다.
② 3·15 부정 선거 이후 실시되었다.
③ 대통령에게 긴급 조치권을 부여하였다.
④ 내각 책임제와 양원제 국회를 규정하였다.
⑤ 초대 대통령에 한해 중임 제한을 두지 않는다고 규정하였다.

07 밑줄 친 '군사 정변'을 주도한 인물로 옳은 것은?

> 4·19 혁명 이후 수립된 장면 내각은 1961년 5월 16일, 일부 군인들이 일으킨 <u>군사 정변</u>으로 집권 9개월 만에 무너지고 말았다.

① 전두환　　　② 윤보선　　　③ 이승만
④ 박정희　　　⑤ 이기붕

05 다음 사건에 대한 설명으로 옳은 것을 **보기**에서 모두 고르면?

초등학생에 이르기까지 전국적으로 시위가 확산되었어요. 이에 정부가 계엄령을 선포하고, 경찰이 발포하기도 하였어요.

보기
ㄱ. 신군부 퇴진을 요구하였다.
ㄴ. 12·12 사태의 원인이 되었다.
ㄷ. 부정 선거에 대한 반발로 일어났다.
ㄹ. 시민과 학생들이 독재 정권을 무너뜨렸다.

① ㄱ, ㄴ　　　② ㄱ, ㄷ　　　③ ㄴ, ㄷ
④ ㄴ, ㄹ　　　⑤ ㄷ, ㄹ

같은 주제 다른 문제

● 위 사건의 원인으로 옳은 것은? **답 ⑤**

① 3선 개헌　　　② 유신 헌법　　　③ 발췌 개헌
④ 사사오입 개헌　　⑤ 3·15 부정 선거

08 (가)에 들어갈 내용으로 옳지 **않은** 것은?

대한민국 정부 수립 → 사사오입 개헌 → 5·16 군사 정변 → (가) → 10·26 사태

① 3선 개헌　　　　② 유신 헌법
③ 12·12 사태　　　④ 한일 협정 체결
⑤ 부마 민주 항쟁

같은 주제 다른 문제

● (가) 시기의 정치 상황으로 옳은 것은? **답 ②**

① 광주 시민군 조직　　　② 긴급 조치권 발동
③ 삼청 교육대 설치　　　④ 계엄 철폐와 신군부 퇴진
⑤ 내각 책임제 개헌

06 다음 사건의 공통점으로 옳은 것은?

• 3·15 부정 선거　　　• 3선 개헌

① 군부 세력이 주도하였다.
② 대통령 직선제 시행이 목표였다.
③ 장기 집권을 목적으로 추진되었다.
④ 군부 세력이 붕괴되는 결과를 낳았다.
⑤ 외교력 강화를 가장 중요한 국가 목표로 내세웠다.

09 유신 헌법에 대한 설명으로 옳은 것을 **보기**에서 모두 고르면?

보기
ㄱ. 대통령 직선제를 규정하였다.
ㄴ. 대통령의 임기를 6년으로 하였다.
ㄷ. 대통령에게 긴급 조치권을 부여하였다.
ㄹ. 대통령을 3번까지만 할 수 있도록 하였다.

① ㄱ, ㄴ　　　② ㄱ, ㄷ　　　③ ㄴ, ㄷ
④ ㄴ, ㄹ　　　⑤ ㄷ, ㄹ

10 ㉠에 들어갈 대답으로 적절한 것을 보기 에서 모두 고르면?

(중)
난이도

박정희 정부 시기에 어떤 일들이 있었지?

경제 개발 5개년 계획을 추진하였어.

㉠

보기
ㄱ. 친일파를 처단하였어.
ㄴ. 한일 협정을 체결하였어.
ㄷ. 서울 올림픽이 개최되었어.
ㄹ. 베트남에 국군을 파병하였어.

① ㄱ, ㄴ   ② ㄱ, ㄷ   ③ ㄴ, ㄷ
④ ㄴ, ㄹ   ⑤ ㄷ, ㄹ

11 ㉠에 들어갈 내용으로 옳은 것은?

(중)
난이도

유신 헌법이 공포되자 학생과 시민은 유신 체제에 반대하여 민주화 운동을 벌였다. 이에 정부는 긴급 조치를 발표하여 민주화 운동을 탄압하였지만, 1979년 10월에는 (　㉠　). 결국 그해 10월 26일 박정희 대통령이 피살되면서 유신 체제는 막을 내렸다.

① 한일 협정을 체결하였다.
② 부마 민주 항쟁이 일어났다.
③ 신군부가 권력을 장악하였다.
④ 6·29 민주화 선언을 발표하였다.
⑤ 박종철 고문치사 사건이 발생하였다.

12 다음 자료와 관련 있는 민주화 운동으로 옳은 것은?

(중)
난이도

우리는 왜 총을 들 수밖에 없었는가? 그 대답은 너무 간단합니다. 무자비한 만행을 더 이상 보고 있을 수만 없어서 너도나도 총을 들고 나섰던 것입니다. …… 계엄 당국은 18일 오후부터 공수 부대를 대량 투입하여 시내 곳곳에서 학생, 젊은이들에게 무차별 살상을 자행하였으니!

① 4·19 혁명   ② 6월 민주 항쟁
③ 부마 민주 항쟁   ④ 5·18 민주화 운동
⑤ 한일 협정 반대 시위

13 다음 신문 기사와 관련 있는 사실을 보기 에서 모두 고르면?

주요
(중)
난이도

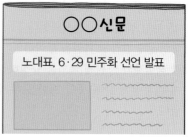

○○신문

노대표, 6·29 민주화 선언 발표

보기
ㄱ. 대통령 직선제가 이루어졌다.
ㄴ. 6월 민주 항쟁의 결과로 나타났다.
ㄷ. 내각 책임제 개헌으로 장면 내각이 수립되었다.
ㄹ. 임기 7년인 대통령 단임제로 개헌이 이루어졌다.

① ㄱ, ㄴ   ② ㄱ, ㄷ   ③ ㄴ, ㄷ
④ ㄴ, ㄹ   ⑤ ㄷ, ㄹ

14 전두환 정부 시기에 있었던 사실로 옳은 것을 보기 에서 모두 고르면?

(중)
난이도

보기
ㄱ. 금융 실명제를 실시하였다.
ㄴ. 서울 올림픽을 개최하였다.
ㄷ. 대학생 박종철이 고문으로 사망하였다.
ㄹ. 야간 통행금지 폐지 등의 유화 정책을 펼쳤다.

① ㄱ, ㄴ   ② ㄱ, ㄷ   ③ ㄴ, ㄷ
④ ㄴ, ㄹ   ⑤ ㄷ, ㄹ

15 민주화 운동의 전개 과정을 순서대로 바르게 나열한 것은?

(중)
난이도

ㄱ. 부정 선거를 계기로 대대적인 시위가 벌어져 이승만 대통령이 하야하였다.
ㄴ. 전두환 정부에 맞서 대통령 직선제 개헌과 민주화를 요구하는 시위가 전국적으로 전개되었다.
ㄷ. 광주에서 계엄 철폐와 민주주의를 요구하는 시위가 일어나자 계엄군이 폭압적으로 진압하였다.

① ㄱ - ㄴ - ㄷ   ② ㄱ - ㄷ - ㄴ
③ ㄴ - ㄱ - ㄷ   ④ ㄴ - ㄷ - ㄱ
⑤ ㄷ - ㄴ - ㄱ

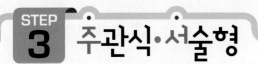
01 다음 글을 읽고 물음에 답하시오.

(가)	(나)
6·25 전쟁 중 임시 수도인 부산에서 야당 의원들이 헌병대에 연행되는 일이 벌어졌다. 이러한 공포 분위기 속에서 대통령 직선제 개헌안이 국회를 통과하였다.	초대 대통령에 한해 중임 제한을 없애겠다는 내용의 개헌안을 제출하였다. 이 개헌안은 찬성표가 부족하였지만, 자유당은 사사오입을 내세워 통과시켰다.

(1) (가), (나) 개헌의 명칭을 쓰시오.

(가) _____   (나) _____

(2) 위 개헌의 공통적인 목적을 서술하시오.

_____

_____

02 다음 글을 읽고 물음에 답하시오.

> 제39조 ① 대통령은 통일 주체 국민 회의에서 토론 없이 무기명 투표로 선거한다.
> 제40조 ① 통일 주체 국민 회의는 국회의원 정수의 3분의 1에 해당하는 수의 국회의원을 선거한다.
> ② 제1항의 국회의원 후보자는 대통령이 일괄 추천하며, ……
> 제53조 ② 대통령은 …… 국민의 자유와 권리를 잠정적으로 정지하는 긴급 조치를 할 수 있다.
> 제59조 ① 대통령은 국회를 해산할 수 있다.

(1) 위 헌법의 명칭을 쓰시오.

_____

(2) 위 헌법이 제정된 목적을 서술하시오.

_____

_____

03 다음 글을 읽고 물음에 답하시오.

> 우리는 왜 총을 들 수밖에 없었는가? 그 대답은 너무 간단합니다. 무자비한 만행을 더 이상 보고 있을 수만 없어서 너도나도 총을 들고 나섰던 것입니다. …… 계엄 당국은 18일 오후부터 공수 부대를 대량 투입하여 시내 곳곳에서 학생, 젊은이들에게 무차별 살상을 자행하였으니!

(1) 위 궐기문이 발표된 민주화 운동을 쓰시오.

_____

(2) 위 민주화 운동의 주장을 두 가지 서술하시오.

_____

_____

04 다음 자료를 보고 물음에 답하시오.

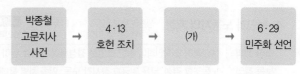

박종철 고문치사 사건 → 4·13 호헌 조치 → (가) → 6·29 민주화 선언

(1) (가) 시기에 들어갈 민주화 운동을 쓰시오.

_____

(2) (가) 이후 달라진 대통령 선출 방식을 쓰시오.

_____

_____

03 자본주의와 사회 변화

1 개항 이후의 경제 변화

1 열강의 ❶이권 침탈

> 청일 전쟁에서 일본이 승리한 뒤에는 일본 상인이 우위를 차지하였다.

(1) **개항** 강화도 조약으로 부산, 원산, 인천 등 개항, 개항장을 중심으로 무역 실시

〔자료1〕 (2) **개항 초기** 일본 상인이 불평등 조약을 바탕으로 특권을 누리며 무역 독점

(3) **임오군란 이후** 청 상인이 본격적으로 국내에 진출 → 청·일 상인의 경쟁 치열

〔자료2〕 (4) **아관 파천 이후** 러시아 등 열강의 이권 침탈
> └ 외국 상인의 내륙 진출로 타격을 입은 한성 상인이 상권 수호 운동을 벌이기도 하였다.

2 경제적 구국 운동

(1) ❷**방곡령** 곡물 가격이 폭등하자 일부 지방관이 수출 금지 조치
> ┌ 이 과정에서 일본이 절차의 잘못으로 손해를 봤다고 주장해 배상금을 지불하기도 하였다.

(2) **시전 상인** 외국 상점의 ❸퇴거를 요구하며 가게 문을 닫는 투쟁

(3) **러시아의 절영도 ❹조차 요구 저지(독립 협회), 일본의 황무지 개간권 요구 반대(보안회)**

〔자료3〕 (4) **국채 보상 운동(1907)**
> ┌ 이외에도 일본은 화폐 정리 사업을 실시하여 일본의 제일 은행에서 발행한 지폐를 사용하도록 하였다.

의미	대한 제국이 일본에 진 빚을 갚아 국권을 지키자는 운동
전개	대구에서 시작, 대한매일신보 등의 지원으로 전국 확산 → 통감부의 탄압으로 실패

> **교과서마다 달라요**
> 국채 보상 운동 금성은 다루지 않음

3 일제의 수탈

(1) **1910년대**

> **교과서마다 달라요**
> 일제의 수탈

회사령	천재, 미래엔, 비상만 다룸
남면북양	미래엔, 지학만 다룸
국가 총동원법	천재, 비상만 다룸

① 토지 조사 사업: 근대적 토지 소유권 확립을 명분으로 실시

• 조선 총독부 지세 수입 증가, 미신고 토지는 조선 총독부가 차지
> ┌ 조선 총독부는 토지를 동양 척식 주식회사에 넘겼고, 동양 척식 주식회사는 이를 일본인에게 싼값에 팔았다.

• 한국인 소작농은 ❺경작권을 잃고, 더욱 어려운 처지에 빠지게 됨

② 회사령: 회사 설립시 허가를 받도록 해 한국인의 기업 설립 억제

(2) **1920년대**
> ┌ 증산량보다 유출량이 많았다. 또한 쌀 증산에 필요한 수리 조합비 등 비용을 농민이 부담하게 되면서 농민의 생활이 더욱 어려워졌다.

① 산미 증식 계획: 일본의 식량 부족 해결 목적 → 한국인의 식량 사정 악화

② 회사령 철폐, 일본 상품 관세 대부분 폐지 → 일본 기업의 한국 진출 본격화
> ┌ 신고를 하면 회사를 설립할 수 있도록 하였다.

(3) **1930년대 이후**

① 남면북양 정책: 공업 원료 확보를 위해 면화 재배와 양 사육 강요

② 병참 기지화 정책: 한반도를 침략 전쟁의 물자 보급 기지로 삼으려 중일 전쟁 이후 북부 지방을 중심으로 공장 건설 → 지역적 불균형 심화
> ┌ 한반도 북부는 중화학 공업, 남부는 경공업이 발달하였다.

③ 국가 총동원법 제정(1938): 인력과 물자 수탈 목적

인력	징병, 징용, 일본군 '위안부' 등	물자	식량 배급 및 ❻공출제(군량미 확보), 금속 수탈 등

4 농민과 노동자의 저항
> ┌ 생존권 투쟁이면서 항일 민족 운동의 성격을 가졌다.

> **교과서마다 달라요**
> 농민과 노동자 저항 동아, 비상만 다룸

소작 쟁의	농민들이 소작인회나 농민 조합을 결성하여 소작료 인하 등 요구
노동 쟁의	노동조합 결성, 낮은 임금과 장시간 노동, 민족 차별 등에 저항

> **시험에 꼭 나오는 개념 체크**
> 1. 독립 협회는 일본의 황무지 개간권 요구를 철회시켰다. (○, ×)
> 2. 일본에 진 빚을 갚아 국권을 지키기 위해 _____이 일어났다.
>
> 답 1. × 2. 국채 보상 운동

용어 쏙쏙

❶ 이권(利 - 이롭다, 權 - 권리): 이익을 얻을 수 있는 권리

❷ 방곡령(防 - 막다, 穀 - 곡식, 令 - 명령): 지방관이 곡식의 수출을 금지하는 명령을 내리는 것

❸ 퇴거(退 - 물러나다, 去 - 가다): 있던 자리에서 옮겨가거나 떠나는 것

❹ 조차(租 - 조세, 借 - 빌리다): 삯을 물로 하고 집이나 땅 등을 빌림

❺ 경작권(耕 - 농사짓다, 作 - 짓다, 權 - 권리): 소작인이 빌린 토지에서 농사를 지을 수 있는 권리로 이전까지 토지의 소유권과는 별도로 관습적으로 인정됨

❻ 공출(供 - 이바지하다, 出 - 나다): 식량, 물자 등을 바치게 하는 것

자료1 일본 상인의 특권

> (가) 제7관 일본인은 본국에서 사용되는 화폐로 조선인이 보유하고 있는 물자와 마음대로 교환할 수 있다.
>
> (나) 제6칙 조선 항구에 머무르는 일본인은 쌀과 잡곡을 수출·수입할 수 있다.
> 제7칙 일본 정부에 소속된 모든 선박은 항세(항구세)를 납부하지 않는다.

(가)는 조일 수호 조규 부록으로 일본 화폐의 사용을, (나)는 조일 무역 규칙으로 곡식의 무제한 유출이 규정되었으며, 관세 규정이 없다. 일본 상인은 이와 같은 특권을 가지고 조선과의 무역을 장악해 나갔다.

자료2 열강의 이권 침탈

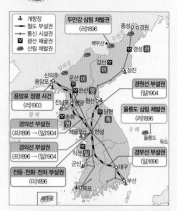

아관 파천 이후 러시아는 정치적 영향력을 바탕으로 이권을 빼앗아 갔다. 다른 열강도 최혜국 대우를 근거로 이권을 침탈하였다.

자료3 국채 보상 운동

> 국채 1,300만 원은 바로 우리 대한의 존망에 직결된 것이라. 갚으면 나라가 존재하고, 갚지 못하면 나라가 망하는 것은 대세가 반드시 그렇게 이르는 것이다. …… 2천만 민중이 3개월 동안 담배를 끊고 그 대금으로 1인당 매달 20전씩 징수하면 1,300만 원이 될 수 있다.

일본이 한반도 지배에 필요한 재원을 마련하기 위해 대한 제국에 차관을 강요하면서 대한 제국은 일본에 경제적으로 종속되었다. 이에 서상돈 등이 국채 보상 운동을 전개하였다.

2 광복 이후 경제 성장과 사회 문화의 변화

1 경제 ❶재건을 위한 노력

(1) **광복 직후** 미군정 시기 계속된 재정 적자와 물가 폭등으로 경제 위기

(2) **이승만 정부** 6·25 전쟁 이후 미국의 원조 물자로 ❷삼백 산업 발달, 국내 농산물 가격 하락으로 농민 피해

(3) **박정희 정부** 경제 개발 5개년 계획이 본격적으로 시행, 국가 주도 경제 성장

자료4 ① 제1·2차 경제 개발 계획(1960년대) ┌ 천재는 1차는 경공업 육성, 수출 증대, 2차는 경부 고속 국도 등 사회
             └ 간접 자본 확충, 자유 무역 단지 조성으로 구분해 제시하였다.
- 베트남 파병(❸브라운 각서), 한일 협정, 서독에 광부·간호사 파견 등으로 외국 자본 유치
- 경공업 중심 수출 산업 육성, 경부 고속 국도 등 건설해 산업 발전의 기반 마련

  ② 제3·4차 경제 개발 계획(1970년대): 중화학 공업 육성 ➡ ❹고도성장, 수출 증대(한강의 기적)

  ③ 문제점: 산업 부문의 개발 불균형, 해외 의존도 심화, 정부의 지나친 개입, 농민과 노동자의 희생 등 ┌ 농촌 문제를 해결하기 위해 박정희 정부 때
                            └ 새마을 운동이 전개되기도 하였다.

(4) **3저 호황**

  ① 1970년대 말: 중화학 공업 과잉 투자, ❺석유 파동으로 경제 위기

  ② 1980년대 중반: 3저 ❻호황(저달러, 저금리, 저유가)으로 경제 회복, 기술 집약적 산업(반도체, 전자, 자동차 등) 발전

2 신자유주의와 세계화의 영향
                     ┌ 세계 각국이 자유 무역의 확대를 위해
                     └ 1993년 합의한 무역 협상이다.

(1) **신자유주의 등장** 선진 자본주의 국가들의 시장 개방 압력 고조 ➡ 우루과이 라운드 타결, 세계 무역 기구(WTO) 출범 ┌ 무역 자유화를 위해 세워진 국제기구이다.

(2) **김영삼 정부** 세계화 표방, 경제 협력 개발 기구(OECD) 가입(1996) ➡ 무역 적자와 외환 부족 등으로 국제 통화 기금(IMF)에 구제 금융 신청(외환 위기, 1997)

(3) **김대중 정부** 구조 조정, 금 모으기 운동 등으로 외환 위기 극복

3 다양한 사회 문제

(1) **노동 문제** 경제 성장 과정에서 저임금과 장시간 노동, 열악한 노동 환경 등

자료5 ① 전태일 분신 사건(1970): 근로 기준법 준수, 노동자 처우 개선 요구 ➡ 노동 운동 본격화, 노동 문제에 대한 사회적 관심 고조로 학생·지식인 등이 노동 운동 지원 ➡ 박정희 정부의 탄압
             ┌ 전국 민주 노동조합 총연맹이 세워지기도 하였다.

  ② 6월 민주 항쟁 이후: 전국적으로 노동조합 설립, 노사정 위원회 등 구성, 최근에는 비정규직 노동자 증가, 노동자 계층 간 소득 격차 확대 등 문제 대두

(2) **다양한 사회 문제**

  ① 급속한 산업화·도시화로 도시에 인구 집중 ➡ 주택·교육·환경·교통 문제 등 발생

자료6 ② 최근 소득 분배의 불균형 심화로 사회 양극화 대두

(3) **새로운 사회적 과제** 인구 문제(저출산·고령화), 다문화 현상 등

4 대중문화의 발달
                                   ┌ 컬러텔레비전, 인터넷 등
더알기 (1) **대중문화** 일반 대중이 문화의 생산과 소비의 중심이 되는 문화 │ 이 보급되었고, SNS가
                                            └ 확산되었다.

(2) **발달** 경제 성장과 민주화로 생활 수준 향상, 교육 기회 확대, 대중 매체 보급

(3) **한류** 1990년대 후반부터 한국 문화가 아시아에서 주목 ➡ 전 세계로 확산

시험에 꼭 나오는 개념 체크

1. 미국의 원조로 삼백 산업이 발달하였다. (○, ✕)
2. 1970년 ＿＿＿＿이 근로 기준법 준수를 요구하며 분신하였다.

답 1. ○ 2. 전태일

용어 쏙쏙

❶ 재건(再-다시, 建-세우다): 무너진 것을 다시 일으켜 세움
❷ 삼백(三-셋, 白-희다) 산업: 제분(밀가루), 제당(설탕), 면방직 공업, 생산품이 흰색이라 삼백 산업이라고 함
❸ 브라운 각서: 베트남 파병의 대가로 미국이 경제 개발 자금을 한국에 빌려주기로 함
❹ 고도(高-높다, 度-정도): 수준 등이 높음
❺ 석유 파동: 석유 가격의 상승과 이에 따른 국제적인 혼란, 1973년과 1979년, 두 차례의 석유 파동이 있었음
❻ 호황(好-좋다, 況-상황): 경기가 좋음, 또는 그런 상태

자료4 경부 고속 국도 개통

경부 고속 국도는 서울과 부산을 잇는 도로이다. 1968년에 공사가 시작되어 1970년에 개통하였다.

자료5 전태일 분신 사건

> 2만여 명 중 40%를 차지하는 보조공들은 평균 연령 15세의 어린이들로서 …… 1일 14시간의 작업 시간을 1일 10~12시간으로 단축해 주십시오. 1개월 휴일 2일을 늘려서 일요일마다 휴일로 쉬기를 희망합니다. …… 절대로 무리한 요구가 아님을 맹세합니다. 인간으로서의 최소한의 요구입니다.

서울 평화시장의 노동자였던 전태일은 1970년, 근로 기준법 준수를 요구하며 분신하였다.

자료6 상하위 20% 소득 격차

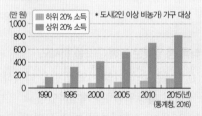

최근에는 계층 간의 빈부 격차가 커지면서 사회 양극화가 주요한 사회 문제로 대두하였다.

더알기 대중문화의 발전

연대	내용
1960년대	텔레비전 방송 시작
1970년대	청년층 중심 문화 확산(청바지와 통기타), 정부의 검열과 통제
1980년대	컬러텔레비전 보급, 프로 스포츠 출범, 민중가요 유행
1990년대	• 1990년대 이후 대중문화에서 청소년의 영향력 확대 • 영화 산업 크게 발전, 음반 시장 확대
2000년대 이후	• 인터넷과 휴대 전화 대중화 • 우리 대중음악이 '케이팝'으로 해외에서 인기

01 다음 경제적 구국 운동과 관련 있는 단체나 사건을 보기 에서 골라 기호를 쓰시오.

보기
ㄱ. 방곡령   ㄴ. 보안회   ㄷ. 독립 협회

(1) 러시아의 이권 침탈에 반대 ( )
(2) 황무지 개간권 요구 반대 운동 ( )
(3) 일본으로의 곡식 수출을 금지하는 조치 ( )

02 ㉠, ㉡에 들어갈 알맞은 말을 쓰시오.

구분	경제 개발
1960년대	• (㉠) 중심, 수출 주도형 정책 • 경부 고속 국도 등 사회 간접 자본 확충
1970년대	• (㉡) 공업 육성 • '한강의 기적'이라고 불릴 만큼 경제 성장

㉠ _____   ㉡ _____

03 서로 관련 있는 것끼리 연결하시오.

(1) 이승만 정부 •   • ㉠ 삼백 산업
(2) 박정희 정부 •   • ㉡ 외환 위기
(3) 김영삼 정부 •   • ㉢ 경제 개발 5개년 계획
(4) 김대중 정부 •   • ㉣ 국제 통화 기금 구제 금융 상환

04 다음 중 알맞은 말에 ○표를 하시오.

(1) 일제는 한국인의 기업 설립을 억제하기 위해 (회사령, 국가 총동원법)을 제정하였다.
(2) 20세기 중후반부터 자유 무역과 규제 완화를 추구하는 (자본주의, 신자유주의)가 나타났다.

05 다음 설명이 맞으면 ○표, 틀리면 ✕표 하시오.

(1) 국채 보상 운동은 평양에서 시작하여 전국으로 확산되었다. ( )
(2) 일제 강점기 소작 쟁의와 노동 쟁의는 생존권 투쟁이면서 항일 민족 운동의 성격을 지녔다. ( )
(3) 외환 위기 이후 양극화 현상이 심화되었다. ( )

06 다음 빈칸에 알맞은 말을 쓰시오.

(1) ( )은(는) 늘어나는 국채를 갚아 일본의 경제적 예속에서 벗어나자는 운동이다.
(2) 일제는 자국의 쌀 부족 문제를 해결하기 위해 1920년대 한국에서 ( )을(를) 실시하였다.
(3) 1970년 ( ) 분신 사건을 계기로 노동자의 생존권 보장을 요구하는 투쟁이 본격화되었다.

01 (가), (나) 조약에 대한 설명으로 옳지 않은 것은?

상
난이도

(가) 제7관 일본인은 본국에서 사용되는 화폐로 조선인이 보유하고 있는 물자와 마음대로 교환할 수 있다.
(나) 제6칙 조선 항구에 머무르는 일본인은 쌀과 잡곡을 수출·수입할 수 있다.
제7칙 일본 정부에 소속된 모든 선박은 항세(항구세)를 납부하지 않는다.

① (가) – 임오군란 이후에 맺은 조약이다.
② (가) – 조선의 개항장에서 일본 화폐의 사용이 가능하도록 하였다.
③ (나) – 일본 상인이 쌀과 곡식을 무제한으로 유출할 수 있도록 하였다.
④ (나) – 관세 규정이 없어 일본 상인이 조선에 관세를 납부하지 않게 되었다.
⑤ (가), (나) – 이들 조약을 바탕으로 개항 초기 일본 상인이 조선과의 무역을 독점하였다.

02 다음과 같이 열강의 이권 침탈이 극심했던 배경으로 옳은 것은?

중
난이도

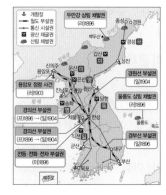

① 임오군란
② 동학 농민 운동 발발
③ 청일 전쟁에서 일본이 승리
④ 급진 개화파가 정변을 일으킴
⑤ 고종이 러시아 공사관으로 처소를 옮김

03 개항 이후 경제적 구국 운동에 대한 설명으로 옳지 않은 것은?

하
난이도

① 보안회는 일본의 황무지 개간권 요구를 철회시켰다.
② 곡물 가격이 급등하자 일부 지방관이 방곡령을 내렸다.
③ 독립 협회는 러시아의 절영도 조차 요구를 저지하였다.
④ 평양에서 국채 보상 운동이 시작되어 전국으로 확산되었다.
⑤ 시전 상인들은 외국 상점의 퇴거를 요구하며 가게 문을 닫았다.

04 다음 경제적 구국 운동에 대한 설명으로 옳은 것을 보기에서 모두 고르면? (중 난이도)

> 국채 1,300만 원은 바로 우리 대한의 존망에 직결된 것이라. 갚으면 나라가 존재하고, 갚지 못하면 나라가 망하는 것은 대세가 반드시 그렇게 이르는 것이다. …… 2천만 민중이 3개월 동안 담배를 끊고 그 대금으로 1인당 매달 20전씩 징수하면 1,300만 원이 될 수 있다.

보기
ㄱ. 대구에서 처음 시작되었다.
ㄴ. 일본에 진 빚을 갚아 국권을 지키려 하였다.
ㄷ. 언론사의 지원을 받으며 전국으로 확대되었다.
ㄹ. 정부가 중심이 되어 국민적 모금 운동을 전개하였다.

① ㄱ, ㄴ   ② ㄷ, ㄹ   ③ ㄱ, ㄴ, ㄷ
④ ㄱ, ㄷ, ㄹ   ⑤ ㄴ, ㄷ, ㄹ

🎈 같은 주제 다른 문제

● 자료에서 제시된 경제적 구국 운동으로 옳은 것은? 답 ④

① 방곡령   ② 소작 쟁의   ③ 이권 수호 운동
④ 국채 보상 운동   ⑤ 황무지 개간권 반대 운동

05 일제 강점기 일제의 수탈 정책에 대한 설명으로 옳지 <u>않은</u> 것은? (중 난이도)

① 토지 조사 사업을 시행해 조선 총독부의 지세 수입을 늘렸다.
② 허가제 회사령을 발표하여 한국인의 기업 설립이 활발해졌다.
③ 일본의 식량 부족 문제 해결을 목적으로 산미 증식 계획을 실시하였다.
④ 병참 기지화 정책을 실시하여 한반도를 침략 전쟁을 위한 물자를 보급하는 보급 기지로 만들려 하였다.
⑤ 일본에서 공업 원료가 부족해지자 한반도에서 면화 재배와 양 사육을 강요하는 남면북양 정책을 시행하였다.

06 ㉠에 들어갈 일제의 식민지 경제 정책으로 옳은 것은? (하 난이도)

> 1920년대 (㉠)으로 일본으로 유출되는 쌀의 양이 늘어나 한국인의 1인당 쌀 소비량이 줄어들었다. 부족한 식량은 만주에서 들어온 잡곡으로 충당하였다.

① 남면북양 정책   ② 산미 증식 계획
③ 토지 조사 사업   ④ 민족 말살 정책
⑤ 병참 기지화 정책

07 일제가 1930년대 이후 침략 전쟁 확대 과정에서 실시한 경제 정책으로 옳은 것을 보기에서 모두 고르면? (중 난이도)

보기
ㄱ. 식량을 수탈하고 식량 배급제를 실시하였다.
ㄴ. 토지 조사 사업을 벌여 조선 총독부의 지세 수입이 늘어났다.
ㄷ. 전쟁에 필요한 무기를 만들기 위해 각종 쇠붙이를 빼앗아 갔다.
ㄹ. 회사령을 발표하여 회사를 설립할 때는 조선 총독부의 허가를 받도록 하였다.

① ㄱ, ㄴ   ② ㄱ, ㄷ   ③ ㄴ, ㄷ
④ ㄴ, ㄹ   ⑤ ㄷ, ㄹ

08 다음 퀴즈의 정답으로 가장 적절한 것은? (상 난이도)

한국사 퀴즈 대회
1. 발췌 개헌
2. 사사오입 개헌
3. 3·15 부정 선거
다음 시기에 일어난 일은?

① 베트남 파병   ② 한일 협정 체결
③ 삼백 산업 발달   ④ 경부 고속 국도 개통
⑤ 중화학 중심의 공업 육성

🎈 같은 주제 다른 문제

● 위 시기 한국 경제에 대한 설명으로 옳은 것을 〈보기〉에서 모두 고르면? 답 ②

〈보기〉
ㄱ. 미국의 원조를 바탕으로 하였다.
ㄴ. 석유 파동으로 경제 위기를 겪었다.
ㄷ. 한강의 기적이라는 고도성장을 이루었다.
ㄹ. 설탕, 밀가루 같은 소비재 산업이 발달하였다.

① ㄱ, ㄴ   ② ㄱ, ㄹ   ③ ㄴ, ㄷ
④ ㄴ, ㄹ   ⑤ ㄷ, ㄹ

09 다음 자료와 관련된 정부의 경제 정책으로 옳은 것을 보기에서 모두 고르면?

보기
ㄱ. 시장과 자본을 전면 개방하였다.
ㄴ. 수출 주도 산업을 집중 육성하였다.
ㄷ. 면방직 공업, 제당업, 제분업이 발달하였다.
ㄹ. 경제 개발 5개년 계획이 본격적으로 시행되었다.

① ㄱ, ㄴ ② ㄱ, ㄷ ③ ㄴ, ㄷ
④ ㄴ, ㄹ ⑤ ㄷ, ㄹ

10 밑줄 친 '이 시기'를 연표에서 옳게 고른 것은?

이 시기 세계적으로 저달러, 저유가, 저금리 현상이 나타났다. 한국 경제는 이에 힘입어 자동차와 기계, 철강, 반도체 등 기술 집약 산업을 중심으로 매년 10% 이상의 경제 성장률을 기록하였다.

(가)	(나)	(다)	(라)	(마)
8·15 광복	5·16 군사 정변	10·26 사태	5·18 민주화 운동	서울 올림픽 · 외환 위기

① (가) ② (나) ③ (다) ④ (라) ⑤ (마)

11 외환 위기를 극복하기 위해 취했던 조치로 옳은 것을 보기에서 모두 고르면?

보기
ㄱ. 미국 등 외국으로부터 무상 원조를 받아 재정을 운영하였다.
ㄴ. 기업과 금융 분야에서 강도 높은 개혁과 구조 조정을 추진하였다.
ㄷ. 국민들은 국제 통화 기금의 지원금을 갚기 위해 금 모으기 운동을 벌였다.
ㄹ. 저달러, 저유가, 저금리 현상으로 수출 주도 산업이 집중적으로 성장하였다.

① ㄱ, ㄴ ② ㄱ, ㄷ ③ ㄴ, ㄷ
④ ㄴ, ㄹ ⑤ ㄷ, ㄹ

12 8·15 광복 이후 한국 경제의 발전 과정에 대한 설명으로 옳지 않은 것은?

① 6·25 전쟁 이후에는 미국의 원조를 바탕으로 한 삼백 산업이 발달하였다.
② 제1·2차 경제 개발 계획 시기에는 경공업 중심의 수출 산업을 육성하였다.
③ 제3·4차 경제 개발 계획 시기에는 중화학 공업을 육성하여 고도성장을 이루었다.
④ 1980년대 말에는 석유 파동과 중화학 공업에 대한 과잉 투자로 위기를 겪기도 하였다.
⑤ 외환 보유고 부족과 무역 적자로 1997년에는 국제 통화 기금(IMF)에 구제 금융을 신청하기도 하였다.

13 다음 편지에서 묘사하고 있는 당시 노동 환경에 대한 설명으로 옳은 것은?

2만여 명 중 40%를 차지하는 보조공들은 평균 연령 15세의 어린이들로서 …… 1일 14시간의 작업 시간을 1일 10~12시간으로 단축해 주십시오. 1개월 휴일 2일을 늘려서 일요일마다 휴일로 쉬기를 희망합니다.

① 외국인 노동자가 급증하였다.
② 사회 양극화로 계층 간 갈등이 심화되었다.
③ 장시간 노동과 민족 차별에 맞서는 노동 쟁의가 일어났다.
④ 청년 실업과 비정규직 노동자 문제가 사회 문제로 대두되었다.
⑤ 수출 위주의 정책으로 수출품 가격을 낮추고자 노동자의 임금 상승을 억제하였다.

14 다음 자료에 대한 설명으로 옳은 것을 보기에서 모두 고르면?

▲ 비정규직 고용 현황   ▲ 상·하위 20% 소득 격차

보기
ㄱ. 사회 양극화가 심화되고 있다.
ㄴ. 계층 간의 빈부 격차가 커지고 있다.
ㄷ. 저출산·고령화 현상으로 노동 인구가 감소하였다.
ㄹ. 외국인 노동자 고용이 늘면서 청년 실업이 감소하였다.

① ㄱ, ㄴ ② ㄱ, ㄷ ③ ㄴ, ㄷ
④ ㄴ, ㄹ ⑤ ㄱ, ㄹ

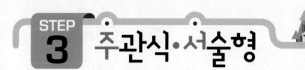
01 다음 글을 읽고 물음에 답하시오.

> (가) 일본인은 본국에서 사용되는 화폐로 조선인이 보유하고 있는 물자와 마음대로 교환할 수 있다.
> (나) 조선국 항구에 머무르는 일본인은 쌀과 잡곡을 수출·수입할 수 있다.

(1) (가), (나) 조항을 통해 알 수 있는 일본 상인의 특권을 각각 서술하시오.

_____

_____

(2) (나) 조항이 조선의 백성에게 어떤 영향을 끼쳤을지 한 가지 서술하시오.

_____

_____

02 다음 글을 읽고 물음에 답하시오.

> 국채 1,300만 원은 바로 우리 대한의 존망에 직결된 것이라. 갚으면 나라가 존재하고, 갚지 못하면 나라가 망하는 것은 대세가 반드시 그렇게 이르는 것이다. ······ 2천만 민중이 3개월 동안 담배를 끊고 그 대금으로 1인당 매달 20전씩 징수하면 1,300만 원이 될 수 있다.

(1) 위 자료와 관련 있는 경제적 구국 운동을 쓰시오.

_____

(2) (1)이 일어나게 된 배경을 서술하시오.

_____

_____

03 다음 글을 읽고 물음에 답하시오.

> 1910년대 조선 총독부는 근대적 토지 소유권 확립을 명분으로 (㉠)을(를) 실시하였다. 이 결과 한국인 소작농은 경작권을 잃고, 더욱 어려운 처지에 빠지게 되었다. 하지만 조선 총독부는 (㉡)

(1) ㉠에 들어갈 일제의 정책을 쓰시오.

_____

(2) ㉡에 들어갈 ㉠의 결과를 두 가지 서술하시오.

_____

_____

04 밑줄 친 '3저 호황'의 의미를 서술하시오.

> 1970년대 말 한국 경제는 중화학 공업 과잉 투자와 석유 파동으로 위기를 맞았다. 하지만 1980년대 중반 3저 호황을 계기로 한국 경제는 다시 회복되었다.

_____

_____

04 평화 통일을 위한 노력

① 한반도의 분단과 6·25 전쟁

1 한반도의 분단

(1) **38도선 분할 점령** 미국과 소련이 일본군 무장 해제를 위해 한반도 분할 점령

(2) **남북한 분단**

남한	대한민국 정부 수립(1948. 8. 15.)
북한	김일성을 중심으로 '조선 민주주의 인민 공화국' 수립(1948. 9. 9.)

2 6·25 전쟁의 배경

(1) 미군과 소련군 철수, 38도선 부근에서 잦은 군사적 충돌

(2) **북한의 전쟁 준비**

① 소련과 비밀 군사 협정을 체결해 군사적 지원 약속받음

② 중국에 있던 조선인 공산주의자를 북한군에 편입

[자료 1] (3) **애치슨 선언** 미국의 태평양 지역 방위선에서 대한민국을 제외

[자료 2] 3 6·25 전쟁의 발발과 전개

(1) **발발(1950. 6. 25.)**

① 북한이 기습 남침해 3일 만에 서울 점령 ➡ 국군은 낙동강 전선까지 후퇴

② 전쟁 개시 직후 ❶유엔 안전 보장 이사회에서 북한의 남침을 침략 행위로 규정, 유엔군 파병 결의

┌─ 국군과 유엔군이 전세를 역전시키는 계기가 되었다.

(2) **국군과 유엔군의 반격** 인천 상륙 작전 ➡ 서울 수복 ➡ 38도선을 넘어 진격

(3) **중국군의 참전** 국군과 유엔군이 서울을 빼앗기고 후퇴(1·4 후퇴)

(4) **전선의 ❷고착화** 국군과 유엔군이 서울 재탈환, 이후 38도선 일대에서 전선 ❸교착

(5) **❹정전(휴전) 회담**

① 소련의 제안으로 유엔군과 북한군·중국군 간의 정전 회담 시작

② 포로 교환 방식, 휴전선 설정 등의 내용으로 2년간 회담 진행, 회담 중에도 전투 지속

③ 이승만 정부는 정전 반대와 북진 통일 주장 ┌─ 이승만 정부는 휴전에 반대하여 포로를 석방하기도 하였다.

(6) **정전(휴전) 협정(1953. 7. 27.)** 판문점에서 체결, 정전 합의

[자료 3] 4 전쟁의 영향과 결과

(1) 전 국토의 황폐화, 인적 피해, 전쟁고아, 피란민, 이산가족 등의 발생

(2) 남과 북의 적대감과 대결 구도 심화 ➡ 분단의 고착화

(3) 남쪽은 이승만 정부의 반공 체제, 북쪽은 김일성 독재 체제가 확고해짐

(4) 미국과 소련을 중심으로 한 세계적 ❺냉전 체제가 더욱 강화되는 계기

시험에 꼭 나오는 개념 체크
1. 38도선을 기준으로 미국과 소련이 남북을 분할 점령하였다. (○, ×)
2. 국군과 유엔군은 ___ ___ ___ ___으로 서울을 수복하였다.

답 1. ○ 2. 인천 상륙 작전

[자료 1] 애치슨 라인

미국 국무 장관 애치슨이 발표한 미국의 태평양 지역 방위선이다. 미국의 태평양 지역 방위선에서 대한민국을 제외하였다.

[자료 2] 6·25 전쟁의 전개

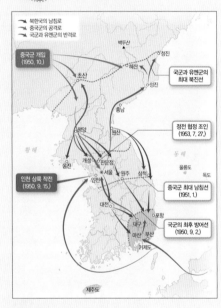

[자료 3] 6·25 전쟁의 피해

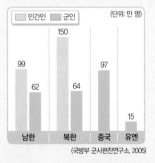

(국방부 군사편찬연구소, 2005)

3년 동안 지속된 전쟁으로 수많은 인명 피해가 발생하였다.

② 통일을 위한 노력

1 남북 대화의 시작

(1) **6·25 전쟁 이후** 남북한 사이에 적대적 긴장 관계 지속

(2) **4·19 혁명 이후** 민간을 중심으로 평화 통일 논의 ➡ 5·16 군사 정변으로 위축

2 남북 교류의 진전

(1) **박정희 정부**

① 배경: 미국의 ❶닉슨 독트린 발표 이후 미·중 사이 긴장 완화 등 냉전 체제 완화

② 남북 적십자 회담(1971): 남북 이산가족 ❷상봉을 위해 최초로 개최

③ 7·4 남북 공동 ❸성명(1972)

발표	비밀 특사 파견으로 성사 ➡ 서울과 평양에서 동시에 발표
내용	자주, 평화, 민족적 대단결의 통일 원칙에 합의 └ 민족 대단결이라고 표현하기도 한다.
의의	• 남북한이 최초로 통일 원칙에 합의 • 이후 남북한 교류 협력의 기본 원칙

(2) **1980년대** 분단 이후 처음으로 이산가족 고향 방문, 예술 공연단 상호 교환 방문

(3) **노태우 정부** ┌ 이후에도 여러 차례 개최되었다.

① 배경: 동유럽 사회주의 정권 붕괴, ❹북방 외교

② 남북 고위급 회담 개최(1990), 남북한 유엔 동시 가입(1991)

③ 남북 기본 합의서(1991): 남한과 북한이 서로의 체제 인정, 침략하지 않기로 합의

④ 한반도 비핵화 공동 선언(1991): 한반도에서 핵무기 시험·생산·보유 금지와 핵의 평화적 이용 합의

(4) **위기** 북한의 핵무기 개발 의혹으로 남북 관계 위기, 민간 차원의 교류는 지속

└ 김영삼 정부는 화해·협력, 남북 연합, 통일 국가에 이르는 통일 방안을 제시하고, 북한에 쌀과 비료를 지원하기도 하였다.

3 통일을 위한 남북 정상 회담

(1) **김대중 정부**

① 출범 이후 대북 화해 협력 정책('햇볕 정책') 적극 추진 ─ 1998년에 금강산 관광이 시작되었다.

② 제1차 남북 정상 회담

개최	2000년 6월에 평양에서 개최
전개	6·15 남북 공동 선언 발표: 개성 공단 건설 등 남북 경제·문화 교류·협력 활성화, 이산가족 문제를 조속히 풀어가기로 합의
의의	분단 이후 처음으로 개최된 남북 정상 회담

③ 이후 금강산 육로 관광, 이산가족 상봉, 비료와 식량 지원, ❺경의선 복원과 개성 공단 건설 등 교류와 협력 전개

(2) **노무현 정부**

① 대북 화해 협력 정책 지속

교과서마다 달라요 10·4 남북 공동 선언 동아는 10·4 선언

② 제2차 남북 정상 회담 ❻성사(2007), 10·4 남북 공동 선언 발표(남북 간 군사적 적대 관계 해소, 평화 체제 구축)

(3) **이명박 정부** 금강산 관광객 피살 사건, 북한의 핵 실험 강행, 미사일 시험 발사, 연평도 포격 사건 등으로 남북한 사이에 긴장 고조

(4) **박근혜 정부** 개성 공단 운영 중단 ─ 평창 동계 올림픽에서 남북한이 공동 입장하기도 하였다.

(5) **문재인 정부** 남북한 정상이 판문점에서 만나 회담(2018. 4.), 판문점 선언 발표

시험에 꼭 나오는 개념 체크
1. 1991년 남과 북은 유엔에 동시 가입하였다. (○, ×)
2. 7·4 남북 공동 성명에는 ___, 평화, 민족적 대단결이라는 통일의 3대 원칙이 담겨 있다.

답 1. ○ 2. 자주

❶ 닉슨 독트린: 미국 대통령 닉슨이 1969년에 발표한 미국의 아시아 외교 정책으로 이전보다 아시아에 대한 개입을 줄이겠다는 내용
❷ 상봉(相 – 서로, 逢 – 만나다): 서로 만남
❸ 성명(聲 – 소리, 明 – 밝히다): 어떤 일에 대해 의견을 밝히는 것
❹ 북방 외교: 노태우 정부 시기의 외교 정책으로 동유럽 사회주의 국가 및 소련과의 외교적 관계를 개선함
❺ 경의선: 서울과 의주를 잇는 철도
❻ 성사(成 – 이루어지다, 事 – 일): 어떠한 일이 이루어짐

자료4 7·4 남북 공동 성명

> 첫째, 통일은 외세의 의존과 간섭 없이 자주적으로 해결하여야 한다.
> 둘째, 통일은 상대방을 반대하는 무력행사에 의하지 않고 평화적 방법으로 실현하여야 한다.
> 셋째, 사상과 이념, 제도의 차이를 초월하여 우선 하나의 민족으로서 민족적 대단결을 도모하여야 한다.

1972년 남북한이 발표한 성명으로 이후 남북한 교류 협력의 기본 원칙이 되었다.

자료5 남북 기본 합의서(남북 사이의 화해와 불가침 및 교류·협력에 관한 합의서)

> 1. 남과 북은 서로 상대방의 체제를 인정하고 존중한다.
> 3. 남과 북은 상대방에 대한 비방·중상을 하지 아니한다.
> 9. 남과 북은 상대방에 대하여 무력을 사용하지 않으며 상대방을 무력으로 침략하지 아니한다.

남북한이 서로의 체제를 인정하고 침략하지 않을 것을 합의하였다.

자료6 6·15 남북 공동 선언

> 1. 남과 북은 나라의 통일 문제를 그 주인인 우리 민족끼리 서로 힘을 합쳐 자주적으로 해결해 나가기로 하였다.
> 2. 남과 북은 나라의 통일을 위한 남측의 연합제 안과 북측의 낮은 단계의 연방제 안이 공통성이 있다고 인정하고 앞으로 이 방향에서 통일을 지향시켜 나가기로 하였다.
> 4. 남과 북은 경제 협력을 통하여 민족 경제를 균형적으로 발전시키고, 사회·문화·체육·보건·환경 등 제반 분야의 협력과 교류를 활성화하여 서로의 신뢰를 다져 나가기로 하였다.

2000년 평양에서 열린 남북 정상 회담에서 남북한 정상이 발표하였다.

자료7 판문점 선언

> 1. 남과 북은 남북 관계의 전면적이며 획기적인 개선과 발전을 이룩함으로써 끊어진 민족의 혈맥을 잇고 공동 번영과 자주 통일의 미래를 앞당겨 나갈 것이다.
> 2. 남과 북은 한반도에서 첨예한 군사적 긴장 상태를 완화하고 전쟁 위험을 실질적으로 해소하기 위하여 공동으로 노력해 나갈 것이다.

2018년 남북한의 정상이 판문점에서 회담을 열고 한반도 평화와 번영, 통일을 위한 판문점 선언을 발표하였다.

01 ㉠~㉢에 들어갈 알맞은 말을 쓰시오.

구분	6·25 전쟁 과정
1단계	북한의 기습 남침, 3일 만에 (㉠) 함락
2단계	유엔군 파병, (㉡) 작전, 서울 수복
3단계	(㉢) 개입, 서울을 다시 빼앗김
4단계	정전 협정

㉠ _____ ㉡ _____ ㉢ _____

02 서로 관련 있는 것끼리 연결하시오.

(1) 박정희 정부 •　　• ㉠ 6·15 남북 공동 선언
(2) 노태우 정부 •　　• ㉡ 10·4 남북 공동 선언
(3) 김대중 정부 •　　• ㉢ 남북 기본 합의서 채택
(4) 노무현 정부 •　　• ㉣ 7·4 남북 공동 성명

03 다음 설명에 해당하는 남북 합의를 보기 에서 골라 기호를 쓰시오.

> **보기**
> ㄱ. 남북 기본 합의서　　ㄴ. 7·4 남북 공동 성명
> ㄷ. 6·15 남북 공동 선언

(1) 최초의 남북 정상 회담에서 발표 　　　　(　　)
(2) 자주, 평화, 민족적 대단결의 평화 통일 원칙을 세움
　　　　　　　　　　　　　　　　　　　　(　　)
(3) 남북 사이의 화해와 불가침 및 교류·협력에 관한 합의
　　　　　　　　　　　　　　　　　　　　(　　)

04 다음 중 알맞은 말에 ○표를 하시오.

(1) (전두환, 노태우) 정부 때 남북이 동시에 유엔에 가입하였다.
(2) (평양, 서울)에서 최초로 남북 정상 회담이 개최되어 6·15 남북 공동 선언이 채택되었다.

05 다음 설명이 맞으면 ○표, 틀리면 ×표 하시오.

(1) 8·15 광복 당시 미국과 소련은 38도선을 기준으로 한반도를 분할 점령하였다. 　　　　　(　　)
(2) 6·25 전쟁은 북한군의 기습 남침으로 시작되었다.
　　　　　　　　　　　　　　　　　　　　(　　)
(3) 1972년 7월 4일 남과 북의 정상은 처음으로 만나 회담을 개최하였다. 　　　　　　　　(　　)

06 다음 빈칸에 알맞은 말을 쓰시오.

(1) (　　　　　)(으)로 국군과 유엔군은 전세를 뒤집고, 서울을 수복할 수 있었다.
(2) 7·4 남북 공동 성명은 자주, (　　　), 민족적 대단결의 통일 3대 원칙을 밝혔다.

01 다음 (가)에 대한 설명으로 옳은 것은?
중 난이도

① 6·25 전쟁의 결과 설정되었다.
② 미국의 태평양 지역 방위선이다.
③ 미국의 대통령 닉슨이 발표하였다.
④ 노태우 정부가 북방 외교를 실시하는 배경이 되었다.
⑤ 미국과 소련이 한반도를 분할 점령하는 근거가 되었다.

 같은 주제 다른 문제

● (가)를 발표한 사람은? 답 ①
① 애치슨　② 맥아더　③ 이승만　④ 김일성　⑤ 스탈린

02 6·25 전쟁에 대한 설명으로 옳지 않은 것은?
중 난이도

① 북한의 남침으로 시작되었다.
② 소련의 반대로 유엔군은 파병되지 못하였다.
③ 북한은 전쟁 전 소련에서 군사 지원을 약속받았다.
④ 전쟁 전 38도선 일대에서 남북 간 무력 충돌이 있었다.
⑤ 이승만 정부는 북진 통일을 주장하며 정전 협정에 반대하였다.

03 밑줄 친 '이 작전'이 전개된 시기를 연표에서 옳게 고른 것은?
상 난이도

> 낙동강 전선까지 밀렸던 국군과 유엔군은 이 작전을 실시해 불리한 전세를 뒤집었으며, 서울을 수복하였다. 또한 미처 38도선을 넘어 북한으로 퇴각하지 못한 북한군 중 다수가 포로로 붙잡혔다.

(가)	(나)	(다)	(라)	(마)
북한의 남침	유엔군 참전	중국군 참전	1·4 후퇴	정전 회담 개시	정전 협정 체결

① (가)　② (나)　③ (다)　④ (라)　⑤ (마)

04 중요 (가), (나) 사이에 있었던 사실로 옳은 것을 보기에서 모두 고르면?
상 난이도

(가) 북한군이 선전 포고도 없이 기습적으로 남침하여 3일 만에 서울을 함락하였다.
(나) 국군과 유엔군은 대규모 병력의 공세에 밀려 다시 서울을 빼앗겼다.

보기
ㄱ. 인천 상륙 작전이 전개되었다.
ㄴ. 중국이 대규모의 군대를 파병하였다.
ㄷ. 이승만이 반공 포로를 전격 석방하였다.
ㄹ. 애치슨이 미국의 태평양 지역 방위선을 선언하였다.

① ㄱ, ㄴ ② ㄱ, ㄷ ③ ㄴ, ㄷ
④ ㄴ, ㄹ ⑤ ㄷ, ㄹ

05 6·25 전쟁의 전개 과정을 순서대로 바르게 나열한 것은?
중 난이도

ㄱ. 중국군이 북한을 돕기 위해 참전하였다.
ㄴ. 국군과 유엔군이 인천 상륙 작전에 성공하였다.
ㄷ. 유엔군과 북한군, 중국군 사이에 정전 회담이 시작되었다.
ㄹ. 북한군이 기습적으로 남침하여 3일 만에 서울을 점령하였다.

① ㄱ-ㄴ-ㄷ-ㄹ ② ㄴ-ㄷ-ㄱ-ㄹ
③ ㄷ-ㄱ-ㄴ-ㄹ ④ ㄹ-ㄱ-ㄷ-ㄴ
⑤ ㄹ-ㄴ-ㄱ-ㄷ

06 중요 6·25 전쟁 결과로 옳은 것을 보기에서 모두 고르면?
중 난이도

보기
ㄱ. 수많은 사상자와 전쟁고아, 이산가족이 생겨났다.
ㄴ. 1953년에 종전 협정이 체결되면서 전쟁이 끝났다.
ㄷ. 미국과 소련을 중심으로 한 냉전 체제가 완화되었다.
ㄹ. 남북한 사이의 적대감과 대결 구도가 심화되어 분단이 고착화되었다.

① ㄱ, ㄴ ② ㄱ, ㄹ ③ ㄴ, ㄷ
④ ㄴ, ㄹ ⑤ ㄷ, ㄹ

07 중요 다음 성명서에 대한 설명으로 옳은 것은?
중 난이도

첫째, 통일은 외세의 의존과 간섭 없이 자주적으로 해결하여야 한다.
둘째, 통일은 상대방을 반대하는 무력행사에 의하지 않고 평화적 방법으로 실현하여야 한다.
셋째, 사상과 이념, 제도의 차이를 초월하여 우선 하나의 민족으로서 민족적 대단결을 도모하여야 한다.

① 남북 적십자 회담에서 발표되었다.
② 첫 번째 남북 정상 회담에서 발표되었다.
③ 7·4 남북 공동 성명의 영향으로 발표되었다.
④ 남북한이 유엔에 동시 가입하면서 발표하였다.
⑤ 자주, 평화, 민족적 대단결의 통일 원칙을 밝혔다.

08 (가) 시기에 들어갈 내용으로 옳은 것을 보기에서 모두 고르면?
상 난이도

이산가족 고향 방문, 예술 공연단 상호 교환이 이루어졌다.

↓

(가)

↓

남북한은 한반도의 비핵화를 약속하는 한반도 비핵화 공동 선언을 합의해 발표하였다.

보기
ㄱ. 제1차 남북 정상 회담
ㄴ. 남북한 유엔 동시 가입
ㄷ. 남북 기본 합의서 채택
ㄹ. 금강산 관광과 개성 공단 건설

① ㄱ, ㄴ ② ㄱ, ㄷ ③ ㄴ, ㄷ
④ ㄴ, ㄹ ⑤ ㄷ, ㄹ

09 다음 자료의 명칭으로 옳은 것은?
하 난이도

1. 남과 북은 서로 상대방의 체제를 인정하고 존중한다.
3. 남과 북은 상대방에 대한 비방·중상을 하지 아니한다.
9. 남과 북은 상대방에 대하여 무력을 사용하지 않으며 상대방을 무력으로 침략하지 아니한다.

① 남북 기본 합의서 ② 남북 적십자 회담
③ 7·4 남북 공동 성명 ④ 10·4 남북 공동 선언
⑤ 6·15 남북 공동 선언

10 (가)에 들어갈 내용으로 가장 적절한 것은?

중 난이도

> 남북한이 자주, 평화, 민족적 대단결의 통일 원칙을 밝혔다.
>
> ↓
>
> 남북한이 서로 상대방의 체제를 인정하고, 침략을 하지 않기로 합의하였다.
>
> ↓
>
> (가)
>
> ↓
>
> 2007년 정상 회담을 가지고, 남북한 사이의 군사적 적대 관계 해소, 평화 체제 구축을 발표하였다.

① 정전 협정 체결
② 남북한 유엔 동시 가입
③ 최초로 이산가족 고향 방문
④ 최초로 남북 정상 회담 개최
⑤ 최초로 남북 적십자 회담 개최

 같은 주제 다른 문제

● (가)를 추진한 정부의 남북 교류 내용으로 옳은 것은? 답 ③

① 판문점 선언
② 전쟁 포로 석방
③ 개성 공단 건설 합의
④ 연평도 포격 사건 발생
⑤ 한반도 비핵화 공동 선언

11 ㉠에 들어갈 통일 정책으로 옳은 것은?

하 난이도

> 2000년 6월 김대중 대통령이 평양을 방문하여 최초로 남북 정상 회담이 이루어졌다. 여기서 남북 정상은 우리 민족의 통일 문제를 자주적으로 해결하기로 합의하는 (㉠)을(를) 발표하였다.

① 남북 기본 합의서
② 남북 적십자 회담
③ 7·4 남북 공동 성명
④ 6·15 남북 공동 선언
⑤ 남북한 유엔 동시 가입

12 밑줄 친 '선언' 이후 추진된 남북의 교류로 옳은 것은?

중 난이도

> 최초로 열린 남북 정상 회담에서 발표된 선언에 따라 남북 이산가족 상봉이 이루어졌다. 이와 더불어 경제, 문화, 체육 등 다양한 분야에서 남북 간의 교류가 추진되어 관계 개선이 이루어졌다.

① 경의선 복구
② 휴전 협정 조인
③ 남북한 유엔 동시 가입
④ 미소 공동 위원회 개최
⑤ 7·4 남북 공동 성명 발표

13 각 시기 남북 관계에 대한 설명으로 옳은 것을 보기에서 모두 고르면?

중 난이도

> 보기
>
> ㄱ. 박정희 정부 – 7·4 남북 공동 성명을 발표하였다.
> ㄴ. 전두환 정부 – 남북한이 동시에 유엔에 가입하였다.
> ㄷ. 노태우 정부 – 남북 기본 합의서와 한반도 비핵화 공동 선언을 발표하였다.
> ㄹ. 노무현 정부 – 평양에서 최초의 남북 정상 회담을 가지고 10·4 남북 공동 선언을 발표하였다.

① ㄱ, ㄴ
② ㄱ, ㄷ
③ ㄴ, ㄷ
④ ㄴ, ㄹ
⑤ ㄷ, ㄹ

14 다음 사건을 순서대로 바르게 나열한 것은?

중 난이도

> ㄱ. 남북 기본 합의서를 채택하여 남북한이 상대방의 실체를 인정하였다.
> ㄴ. 평양에서 남북 정상 회담이 열려 6·15 남북 공동 선언이 채택되었다.
> ㄷ. 10·4 남북 공동 선언을 채택하여 남북 관계를 확대·발전시킬 것을 합의하였다.
> ㄹ. 7·4 남북 공동 성명을 발표하여 자주·평화·민족 대단결의 통일 원칙에 합의하였다.

① ㄱ-ㄴ-ㄷ-ㄹ
② ㄱ-ㄷ-ㄴ-ㄹ
③ ㄹ-ㄱ-ㄴ-ㄷ
④ ㄹ-ㄴ-ㄷ-ㄱ
⑤ ㄹ-ㄷ-ㄱ-ㄴ

01 다음 지도를 보고 물음에 답하시오.

(1) (가)의 명칭을 쓰시오.

_____

(2) (가)의 특징을 서술하시오(한국과 관련하여 서술할 것).

_____

_____

02 다음 글을 읽고 물음에 답하시오.

> 국군과 유엔군은 (㉠)을(를) 계기로 반격을 시도하여 1950년 9월 28일에는 서울을 수복하였고, 38도선을 넘어 진격하였다. 하지만 (㉡)의 개입으로 다시 서울을 빼앗겼다.

(1) ㉠, ㉡에 들어갈 말을 각각 쓰시오.

㉠ _____   ㉡ _____

(2) 위 전쟁의 영향을 세 가지 이상 서술하시오.

_____

_____

03 다음 글을 읽고 물음에 답하시오.

> 첫째, 통일은 외세의 의존과 간섭 없이 자주적으로 해결하여야 한다.
> 둘째, 통일은 상대방을 반대하는 무력행사에 의하지 않고 평화적 방법으로 실현하여야 한다.
> 셋째, 사상과 이념, 제도의 차이를 초월하여 우선 하나의 민족으로서 민족적 대단결을 도모하여야 한다.

(1) 위 성명의 명칭을 쓰시오.

_____

(2) 위 성명에서 제시된 통일의 3대 원칙을 서술하시오.

_____

_____

04 다음 글을 읽고 물음에 답하시오.

> 1. 남과 북은 나라의 통일 문제를 그 주인인 우리 민족끼리 서로 힘을 합쳐 자주적으로 해결해 나가기로 하였다.
> 2. 남과 북은 나라의 통일을 위한 남측의 연합제 안과 북측의 낮은 단계의 연방제 안이 공통성이 있다고 인정하고 앞으로 이 방향에서 통일을 지향시켜 나가기로 하였다.
> 4. 남과 북은 경제 협력을 통하여 민족 경제를 균형적으로 발전시키고, 사회·문화·체육·보건·환경 등 제반 분야의 협력과 교류를 활성화하여 서로의 신뢰를 다져 나가기로 하였다.

(1) 위 선언의 명칭을 쓰시오.

_____

(2) 위 선언 이후 남북 교류의 내용을 구체적으로 두 가지 이상 서술하시오.

_____

_____

01 국민 국가 수립을 위한 다양한 노력

1 국민 국가 수립 노력

(1) 개항과 근대적 개혁의 추진

개항	강화도 조약: 조선이 외국과 맺은 최초의 근대적·불평등 조약
갑신 정변	• 김옥균 등 급진 개화파가 우정총국 개국 축하연을 계기로 정변 • 근대 국가를 건설하기 위한 최초의 정치 개혁 운동
동학 농민 운동	• 고부 농민 봉기 ➡ 전주성 점령 ➡ 전주 화약 ➡ 집강소 설치해 폐정 개혁 ➡ 일본의 경복궁 점령 ➡ 재봉기 ➡ 우금치 전투 • 반봉건·반외세 운동, 갑오개혁에 일부 요구가 반영
갑오 개혁	• 신분제·과거제 폐지, 왕실과 국가 사무 분리 등 개혁 추진 • 갑신정변과 동학 농민 운동에서 제기된 요구를 반영
독립 협회	• 서재필 등이 독립신문 창간, 이후 독립 협회 창립 • 독립문 건립, 만민 공동회, 관민 공동회(헌의 6조) 개최
대한 제국	• 고종이 러시아 공사관에서 돌아온 뒤 대한 제국 선포 • 구본신참의 원칙에 따라 광무개혁, 대한국 국제(황제권 강화)

(2) 일본의 국권 침탈과 국권 수호 운동

국권 침탈	• 을사늑약(1905): 대한 제국의 외교권 박탈, 통감부 설치 • 고종 강제 퇴위, 군대 해산 ➡ 국권 피탈(1910)
국권 수호 운동	• 의병: 유생 중심 ➡ 평민 의병장 등장 ➡ 해산 군인 참여 • 애국 계몽 운동: 신민회(공화정 체제 근대 국가 수립 추구) • 의열 투쟁: 안중근이 이토 히로부미 처단(1909)

2 독립을 위한 노력

(1) 일제의 식민 통치

1910년대	헌병 경찰을 앞세워 무단 통치
1920년대	'문화 통치': 한국인을 분열할 목적, 3·1 운동을 계기로 시행
1930년대 이후	침략 전쟁 확대 과정에서 민족 말살 통치 시행

(2) 독립을 위한 노력

3·1 운동	전 민족이 참여한 최대 규모의 독립운동
대한민국 임시 정부	• 3·1 운동을 계기로 독립운동의 구심점 마련 위해 수립 • 의의: 우리나라 최초의 삼권 분립에 따른 민주 공화정
실력 양성 운동	• 물산 장려 운동: 평양에서 시작, 국산품 애용 • 민립 대학 설립 운동: 대학 설립을 위한 모금 활동
신간회	비타협적 민족주의 계열과 사회주의 계열이 연합해 창립
무장 독립 투쟁	• 1920년대: 봉오동 전투, 청산리 대첩, 3부 성립 • 조선 의용대: 김원봉을 중심으로 중국 관내에서 조직 • 한국 광복군: 연합군과 공동 작전, 국내 진공 작전 계획
의열 투쟁	의열단(김원봉 등), 한인 애국단(김구)

3 대한민국 정부 수립

8·15 광복	미국과 소련이 38도선을 기준으로 남북한 분할 점령
좌우 대립	신탁 통치를 둘러싸고 좌우익 갈등 심화
통일 정부 수립 노력	• 좌우 합작 운동: 여운형 등 중도 세력이 주도 • 남한 단독 선거 반대: 남북 협상(김구), 제주 4·3 사건 등
대한민국 정부 수립	• 5·10 총선거: 역사상 최초의 총선거, 제헌 국회 구성 • 대한민국 정부 수립(1948. 8. 15.)

02 민주주의의 발전

제헌 헌법	• 3·1 운동의 독립 정신과 대한민국 임시 정부의 정통성 계승 • 민주 공화국, 주권 재민, 삼권 분립 규정
이승만 정부	• 발췌 개헌: 대통령 직선제로 개헌 • 사사오입 개헌: 초대 대통령에 한해 중임 제한 폐지
4·19 혁명	3·15 부정 선거를 계기로 학생과 시민의 저항(1960) ➡ 이승만 대통령 하야 ➡ 내각 책임제, 양원제 국회 개헌
박정희 정부	• 5·16 군사 정변(1961): 박정희 등 군인이 정변으로 정권 장악 ➡ 대통령 중심제 개헌 이후 박정희 정부 출범 • 3선 개헌: 대통령을 3번 할 수 있도록 개헌 • 유신 헌법(1972): 대통령 임기 6년, 중임 제한 폐지, 통일 주체 국민 회의에서 대통령 선출, 긴급 조치권
5·18 민주화 운동	• 배경: 10·26 사태 이후 전두환 등 신군부가 정권 장악 • 전개: 광주에서 대규모 시위 전개(1980) ➡ 신군부의 탄압
6월 민주 항쟁(1987)	시민들이 직선제 개헌 요구 ➡ 전두환 정부가 4·13 호헌 조치로 거부 ➡ 6·29 민주화 선언 ➡ 대통령 직선제 개헌

03 자본주의와 사회 변화

1 개항 이후의 경제 변화

개항 이후	• 일본 상인이 무역 독점 ➡ 임오군란 이후 청·일 상인 경쟁 ➡ 아관 파천 이후 열강의 이권 침탈 본격화 • 경제적 구국 운동: 방곡령, 보안회 활동, 국채 보상 운동 등
일제의 수탈	• 1910년대: 토지 조사 사업, 회사령 • 1920년대: 산미 증식 계획 • 1930년대 이후: 병참 기지화 정책, 국가 총동원법 제정

2 광복 이후 경제 발전

이승만 정부	미국의 원조를 바탕으로 삼백 산업 발달
박정희 정부	• 국가 주도 경제 성장 • 제1·2차 경제 개발 계획: 경공업 중심 수출 산업 육성, 경부 고속 국도 등 산업 건설 기반 마련 • 제3·4차 경제 개발 계획: 중화학 공업 육성
1980년대	저유가, 저금리, 저달러를 바탕으로 3저 호황
외환 위기 (1997)	무역 적자와 외환 부족으로 국제 통화 기금(IMF)에 구제 금융 신청 ➡ 구조 조정, 금 모으기 운동 등으로 극복

04 평화 통일을 위한 노력

남북 분단	미국과 소련이 38도선을 기준으로 한반도 분할 점령
6·25 전쟁	북한의 남침(1950. 6. 25.) ➡ 인천 상륙 작전 ➡ 중국군 개입 ➡ 1·4 후퇴 ➡ 정전 협정(1953. 7. 27.)
박정희 정부	7·4 남북 공동 성명(1972): 자주, 평화, 민족적 대단결의 통일 원칙 ➡ 이후 남북한 교류 협력의 기본 원칙
노태우 정부	남북한 유엔 동시 가입, 남북 기본 합의서, 한반도 비핵화 공동 선언 발표
김대중 정부	분단 이후 최초로 평양에서 남북 정상 회담 개최, 6·15 남북 공동 선언 발표(2000)
노무현 정부	제2차 남북 정상 회담 성사, 10·4 남북 공동 선언 발표

6단원 근대 국가 만들기 선거 후보

갑신정변 (1884)
김옥균
자주독립 / 근대 국가 수립

" 1884년, 조선을 바꿔 보겠습니다. "
- ✔ 청과의 사대 관계를 청산하겠습니다.
- ✔ 인민 평등권을 확립하겠습니다.
- ✔ 능력에 따라 인재를 등용하겠습니다.

동학 농민 운동 (1894)
전봉준
반봉건·반외세

" 농민의 의견에 귀 기울이겠습니다. "
- ✔ 탐관오리와 부패한 관리를 처벌합시다.
- ✔ 신분 차별과 봉건적 관습을 없애겠습니다.
- ✔ 외세의 침략에 맞서 나라를 지키겠습니다.

갑오개혁 (1894)
김홍집
자주 개혁 / 평등 사회

" 새로운 조선을 만들겠습니다. "
- ✔ 신분제와 과거제를 폐지하겠습니다.
- ✔ 과부의 재가를 허용하겠습니다.
- ✔ 나라 사무와 왕실 사무를 분리하겠습니다.

독립 협회 (1896)
서재필
이권 수호 / 자유 민권

" 만민 공동회에서 여러분의 의견을 들려주십시오. "
- ✔ 자유 민권을 바탕으로 근대 국민 국가를 설립하겠습니다.
- ✔ 열강으로부터 우리의 이권을 지키겠습니다.
- ✔ 근대적 의회를 설립하겠습니다.

대한 제국 수립 (1897)
고종
전제 군주제 확립

" 이제는 대한 제국입니다! "
- ✔ 황제 중심의 나라를 만들겠습니다.
- ✔ 구본신참의 원칙에 따라 대한 제국을 개혁하겠습니다.
- ✔ 다양한 부문에서의 근대화를 이끌겠습니다.
  (근대식 학교·시설·토지 제도 확립 등)

01 국민 국가 수립을 위한 다양한 노력

01 (가)에 들어갈 사건으로 옳은 것은?
(중) 난이도

병인양요 → (가) → 척화비 건립

① 집강소가 설치되었다.
② 신미양요가 일어났다.
③ 을사늑약이 체결되었다.
④ 청일 전쟁이 발발하였다.
⑤ 일본이 운요호 사건을 일으켰다.

02 ㉠에 들어갈 사건으로 가장 적절한 것은?
(중) 난이도

〈다큐멘터리 기획안〉
• 제목: 개항 이후 개화 정책의 추진과 반대
• 주요 장면
#1 별기군이 창설되다.
#2 _____㉠_____
#3 청이 조선 내정에 간섭하다.
#4 급진 개화파가 정변을 일으키다.

① 강화도 조약이 체결되다.
② 구식 군인들이 반란을 일으키다.
③ 갑오개혁으로 신분제가 폐지되다.
④ 흥선 대원군이 경복궁을 중건하다.
⑤ 개혁 기구로 군국기무처가 설치되다.

03 ㉠의 활동으로 옳은 것은?
(하) 난이도

우금치 전투 이후 체포 과정에서 심하게 다친 (㉠)이(가) 들것에 실려 일본 영사관에서 법무아문으로 압송되고 있다.

① 독립신문을 창간하였다.
② 단발령에 반발해 의병을 일으켰다.
③ 러시아 공사관으로 거처를 옮겼다.
④ 동학 농민군을 이끌고 일본군과 싸웠다.
⑤ 강화도 조약에 반대하는 상소를 올렸다.

04 (가), (나)에 대한 설명으로 옳지 않은 것은?
(상) 난이도

(가)	(나)
2. 외국과의 이권에 관한 조약과 계약은 각부 대신과 중추원 의장이 함께 서명하여 시행할 것 3. 국가 재정 수입과 지출을 공정하게 하고 예산을 국민에게 알릴 것 4. 중대한 범죄는 공판을 하고, 피고가 죄를 인정한 뒤에 형을 시행할 것	2. 대한국의 정치는 만세불변의 전제 정치이다. 3. 대한국 대황제는 무한한 군권을 누린다. 4. 대한국 대황제는 관리의 임명과 파면의 권리를 가진다. 9. 대한국 대황제는 외국에 사신을 보내고, 선전, 강화 및 제반 조약을 체결할 권리를 가진다.

① (가) – 의회의 설립을 추구하였다.
② (가) – 갑오개혁의 추진 방향을 밝히고 있다.
③ (가) – 관민 공동회에서 결의한 헌의 6조이다.
④ (나) – 황제 중심의 전제 정치를 표방하고 있다.
⑤ (나) – 대한 제국 당시에 발표한 대한국 국제이다.

주관식
05 ㉠에 들어갈 단체를 쓰시오.
(중) 난이도

일본의 침략이 본격화되자 지식인과 관료들 사이에서도 국권을 지키려는 움직임이 나타났다. 이들은 교육과 계몽, 산업 발전으로 실력을 키워 국권을 지키려는 애국 계몽 운동을 벌이며 여러 단체를 만들었다. 특히 (㉠)은(는) 국권 회복과 공화정 체제의 근대 국가 수립을 추구하였으며, 만주 지역에 독립운동 기지를 건설하기도 하였다.

_____

서술형
06 다음을 보고 물음에 답하시오.
(중) 난이도

러일 전쟁 이후 일본이 대한 제국에 강요한 (㉠)을(를) 풍자하고 있다. 고종은 (㉠)에 반발해 헤이그에서 열린 만국 평화 회의에 특사를 파견하였다.

(1) ㉠에 들어갈 말을 쓰시오.

_____

(2) ㉠의 주요 내용을 두 가지 서술하시오.

_____
_____

07 ㉠에 해당하는 인물로 알맞은 것은?

난이도 **하**

> 이달의 인물 (㉠)
> • 1876. 8. 29. ~ 1949. 6. 26.
> • 선정 이유: 대한민국 임시 정부의 주석
> • 활동: 3·1 운동을 계기로 상하이에 망명하여 대한민국 임시 정부에서 활약하였다. 이후 한인 애국단을 조직하고, 대한민국 임시 정부의 주석으로 독립운동을 전개하였다. 8·15 광복 이후에는 귀국하여 신탁 통치 반대 운동에 나섰다.

① 김구   ② 이승만   ③ 윤봉길
④ 김규식   ⑤ 안창호

08 다음 민족 운동에 대한 설명으로 옳은 것은?

난이도 **중**

> 월슨의 민족 자결주의 제창, 도쿄 유학생들의 2·8 독립 선언 등의 영향으로 1919년 3월 1일 전국적인 만세 운동이 일어났다. 일제는 군대와 경찰을 동원하여 만세 운동을 탄압하였으며 제암리 등지에서는 주민을 학살하기도 하였다.

① 성금을 모아 국채를 갚자고 주장하였다.
② 대한민국 임시 정부 수립에 영향을 주었다.
③ 순종의 장례일에 맞춰 만세 운동을 전개하였다.
④ 만주와 연해주를 중심으로 무장 투쟁을 전개하였다.
⑤ '내 살림 내 것으로'를 구호로 국산품 애용을 강조하였다.

09 다음 사건을 일어난 순서대로 바르게 나열한 것은?

난이도 **상**

> ㄱ. 김원봉을 중심으로 중국 관내에서 조선 의용대가 조직되었다.
> ㄴ. 지청천을 중심으로 한국 광복군이 창설되어 국내 진공 작전을 준비하였다.
> ㄷ. 홍범도의 대한 독립군이 일본군을 봉오동으로 유인하여 큰 승리를 거두었다.
> ㄹ. 독립군 부대가 청산리 부근에서 10여 차례의 크고 작은 전투를 벌여 일본군을 크게 무찔렀다.

① ㄱ-ㄴ-ㄷ-ㄹ   ② ㄴ-ㄷ-ㄹ-ㄱ
③ ㄴ-ㄹ-ㄷ-ㄱ   ④ ㄷ-ㄱ-ㄴ-ㄹ
⑤ ㄷ-ㄹ-ㄱ-ㄴ

10 다음 강령을 발표한 단체에 대한 설명으로 옳은 것은?

난이도 **중**

> • 우리는 정치적·경제적 각성을 촉구함
> • 우리는 단결을 공고히 함
> • 우리는 기회주의를 일체 부인함

① 자치론을 주장하였다.
② 5·10 총선거에 반대하였다.
③ 일제와의 타협을 거부하였다.
④ 민립 대학을 설립하고자 하였다.
⑤ 정부와 전주 화약을 체결하였다.

11 밑줄 친 '통일 정부 수립 노력'으로 옳은 것을 [보기]에서 모두 고르면?

난이도 **상**

> 〈역사 수행 평가〉
> • 주제: 8·15 광복과 정부 수립
> • 내용: 1. 38도선의 구분
>   2. 신탁 통치를 둘러싼 갈등
>   3. <u>통일 정부 수립 노력</u>
>   4. 대한민국 정부 수립

[보기]
ㄱ. 남북 협상   ㄴ. 5·10 총선거
ㄷ. 제주 4·3 사건   ㄹ. 좌우 합작 운동

① ㄱ, ㄴ   ② ㄱ, ㄷ   ③ ㄱ, ㄴ, ㄷ
④ ㄱ, ㄷ, ㄹ   ⑤ ㄴ, ㄷ, ㄹ

02 민주주의의 발전

12 다음 민주화 운동에 대한 설명으로 옳은 것은?

난이도 **중**

> • 이후 한국 민주주의 발전의 토대
> • 우리 역사 최초로 국민의 힘으로 독재 정권을 무너뜨린 민주 혁명

① 신군부의 권력 장악에 반대하였다.
② 대통령 직선제 개헌을 이끌어 냈다.
③ 굴욕적인 한일 협정에 반대하였다.
④ 부정 선거에 항의하여 발생하였다.
⑤ 장면 정부의 무능을 구실로 일어났다.

13 다음 내용이 포함된 헌법을 쓰시오.

(중) 난이도

> 제39조 ① 대통령은 통일 주체 국민 회의에서 토론 없이 무기명 투표로 선거한다.
>
> 제40조 ① 통일 주체 국민 회의는 국회의원 정수의 3분의 1에 해당하는 수의 국회의원을 선거한다.
>
> ② 제1항의 국회의원 후보자는 대통령이 일괄 추천하며, ……
>
> 제53조 ② 대통령은 …… 국민의 자유와 권리를 잠정적으로 정지하는 긴급 조치를 할 수 있다.
>
> 제59조 ① 대통령은 국회를 해산할 수 있다.

_____

14 다음 민주화 운동을 무력으로 탄압한 세력이 추진한 정책으로 옳은 것은?

(중) 난이도

> 우리는 왜 총을 들 수밖에 없었는가? 그 대답은 너무 간단합니다. 무자비한 만행을 더 이상 보고 있을 수만 없어서 너도나도 총을 들고 나섰던 것입니다. …… 계엄 당국은 18일 오후부터 공수 부대를 대량 투입하여 시내 곳곳에서 학생, 젊은이들에게 무차별 살상을 자행하였으니!

① 발췌 개헌　　　　② 3선 개헌
③ 베트남 파병　　　④ 유신 헌법 공포
⑤ 삼청 교육대 운영

15 다음 글을 읽고 물음에 답하시오.

(상) 난이도

> 1987년 경찰의 가혹한 고문으로 대학생 박종철이 사망하였다. 정부는 이 사건을 은폐하였으며, (　 ㉠　)(으)로 국민들이 바라는 개헌을 받아들이지 않겠다는 뜻을 밝혔다. 이에 분노한 학생과 시민들은 정권 퇴진과 대통령 직선제 개헌을 요구하며 대규모 시위를 벌였다.

(1) 당시 정부가 취한 ㉠ 조치를 쓰시오.

_____

(2) 윗글에서 설명하고 있는 민주화 운동과 그 결과를 서술하시오.

_____

03 자본주의와 사회 변화

16 개항 이후 일어난 경제적 구국 운동으로 옳은 것을 보기 에서 모두 고르면?

(상) 난이도

> **보기**
>
> ㄱ. 보안회가 일본의 황무지 개간 요구를 막았다.
> ㄴ. 독립 협회가 러시아의 절영도 조차 요구를 저지하였다.
> ㄷ. 시전 상인들이 개항장 내 일본 화폐 사용을 저지하였다.
> ㄹ. 민립 대학 설립을 위한 모금 운동이 대구에서 시작되었다.

① ㄱ, ㄴ　　　② ㄱ, ㄷ　　　③ ㄴ, ㄷ
④ ㄴ, ㄹ　　　⑤ ㄷ, ㄹ

17 시기별 일제의 수탈 정책으로 옳지 <u>않은</u> 것은?

(상) 난이도

① 1910년대 – 토지 조사 사업을 벌였다.
② 1910년대 – 허가제 회사령을 시행하여 한국인의 기업 설립을 억제하였다.
③ 1920년대 – 산미 증식 계획을 실시하였다.
④ 1930년대 – 회사령을 폐지하여 일본 기업의 한국 진출이 본격화하였다.
⑤ 1930년대 – 침략 전쟁 과정에서 한반도를 침략 전쟁을 위한 병참 기지로 만들려 하였다.

18 다음 편지가 쓰여진 시기에 대한 설명으로 가장 적절한 것은?

(중) 난이도

> 2만여 명 중 40%를 차지하는 보조공들은 평균 연령 15세의 어린이들로서 …… 1일 14시간의 작업 시간을 1일 10~12시간으로 단축해 주십시오. 1개월 휴일 2일을 늘려서 일요일마다 휴일로 쉬기를 희망합니다. …… 절대로 무리한 요구가 아님을 맹세합니다. 인간으로서의 최소한의 요구입니다.

① 노사정 위원회가 출범하였다.
② 사회 양극화 현상이 심화되었다.
③ 저유가, 저금리, 저달러로 호황을 누렸다.
④ 외환 위기로 한국 경제가 큰 위기를 맞았다.
⑤ 저임금과 장시간 노동으로 노동 환경이 열악하였다.

19 다음 사건을 일어난 순서대로 바르게 나열한 것은?

(중)
난이도

> ㄱ. 한일 협정 체결
> ㄴ. 금 모으기 운동
> ㄷ. 경부 고속 국도 개통
> ㄹ. 경제 협력 개발 기구(OECD) 가입

① ㄱ - ㄴ - ㄷ - ㄹ   ② ㄱ - ㄷ - ㄴ - ㄹ
③ ㄱ - ㄷ - ㄹ - ㄴ   ④ ㄴ - ㄱ - ㄷ - ㄹ
⑤ ㄷ - ㄹ - ㄴ - ㄱ

---

04 평화 통일을 위한 노력

20 (가) 사건 이후 6·25 전쟁의 전개 과정에 대한 설명으로 옳지 <u>않은</u> 것은?

(중)
난이도

① 국군과 유엔군이 서울을 수복하였다.
② 국제 연합이 유엔군 파병을 결정하였다.
③ 국군과 유엔군이 압록강 유역까지 진격하였다.
④ 유엔군과 북한군, 중국군 사이에 정전 회담이 시작되었다.
⑤ 북한군을 지원하기 위해 대규모의 중국군이 전쟁에 개입하였다.

---

21 남북한이 다음 성명을 발표한 시기를 연표에서 옳게 고른 것은?

(중)
난이도

> 첫째, 통일은 외세의 의존과 간섭 없이 자주적으로 해결하여야 한다.
> 둘째, 통일은 상대방을 반대하는 무력행사에 의하지 않고 평화적 방법으로 실현하여야 한다.
> 셋째, 사상과 이념, 제도의 차이를 초월하여 우선 하나의 민족으로서 민족적 대단결을 도모하여야 한다.

(가)	(나)	(다)	(라)	(마)
8·15 광복	6·25 전쟁	사사오입 개헌	5·16 군사 정변	5·18 민주화 운동

6월 민주 항쟁

① (가) ② (나) ③ (다) ④ (라) ⑤ (마)

---

22 ㉠에 들어갈 내용으로 가장 적절한 것은?

(중)
난이도

〈역사 UCC 만들기 계획서〉

1. 주제: 남북 통일을 위한 노력
2. 기획 의도: 남북한이 평화 통일을 위해 노력한 과정을 시간순으로 보여 준다.
3. 주요 장면

#1	#2	#3	#4
7·4 남북 공동 성명	남북 기본 합의서	㉠	제2차 남북 정상 회담

① 판문점 선언   ② 정전 협정 조인
③ 남북한 유엔 동시 가입   ④ 6·15 남북 공동 선언
⑤ 남북 적십자 회담 최초 개최

---

23 각 정부 시기 남북 관계에 대한 설명으로 옳지 <u>않은</u> 것은?

(중)
난이도

① 박정희 정부 – 자주, 평화, 민족적 대단결의 통일 원칙을 발표하였다.
② 노태우 정부 – 남북이 상대의 체제를 인정하고 침략하지 않기로 합의하였다.
③ 김대중 정부 – 분단 이후 처음으로 남북 정상 회담이 개최되었다.
④ 노무현 정부 – 남북한이 동시에 유엔에 가입하였다.
⑤ 문재인 정부 – 남북한 정상이 판문점에서 만나 회담하였다.

MEMO

MEMO

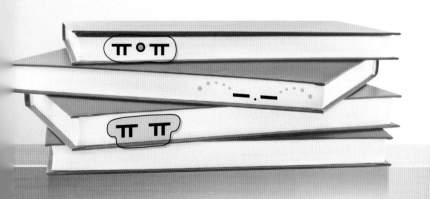

All about Society

올쏘

중학 역사 ❷

올바른 역사 개념은 옳소
핵심 문제서 올쏘

올쏘
All about Society

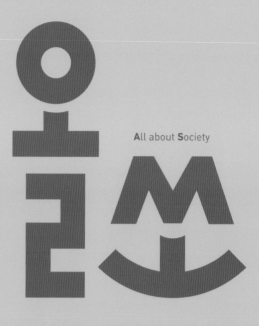

중학 역사 ❷

실력 확인 문제책

문제로 복습하는 실력 확인
고난도 문제로 실력 올리기

▷동아출판

실력 확인 ●

문제책

중학 역사 ②

01 선사 문화의 변천과 국가의 등장

1 선사 문화의 전개

구석기 시대	• 도구: ❶ ☐☐☐ 사용 • 경제: 사냥과 채집 • 거주: 동굴이나 막집(무리 생활, 이동 생활)
신석기 시대	• 도구: 간석기 사용, 토기 제작(❷ ☐☐☐☐ 토기) • 경제: 농경과 목축 시작 • 거주: ❸ ☐☐ (정착 생활) • 신앙: 애니미즘, 토테미즘

2 청동기 문화와 고조선의 성장

1 청동기 문화의 보급

청동기 시대	• 도구: ❹ ☐☐☐ 동검, 반달 돌칼, 민무늬 토기 • 경제: 조·보리·콩 재배, 벼농사 보급 • 사회: ❺ ☐☐ 발생, 군장 등장(고인돌 제작)

2 고조선의 성립과 변천

성립	• 청동기 문화를 배경으로 성립 • 단군 이야기: 홍익인간 이념, 농경 사회, 제정일치 사회가 나타남
변천	• 기원전 4세기: 중국의 연과 대립할 정도로 강성 • 기원전 2세기: ❻ ☐☐ 집권 → 철기 문화 본격 수용, 중계 무역 • 기원전 108: 한의 침략으로 멸망 → 한 군현 설치

3 여러 나라의 성장

1 철기 문화의 보급

철기 시대	• 철제 농기구의 사용: 농업 생산력 향상, 인구 증가 • 철제 무기의 사용: 정복 활동 활발 • 청동기: 점차 의식용 도구로 변화 • 생활: 무덤(널무덤, 독무덤), 주거(지상 가옥)

2 여러 나라의 성장

❼ ☐☐	• 왕 아래 마가, 우가, 저가, 구가 등의 관리가 있었음 • 풍습: 순장 • 제천 행사: 영고(12월)
고구려	• 제가 회의를 통해 국가의 중대사 결정 • 풍습: ❽ ☐☐☐ • 제천 행사: 동맹(10월)
옥저	• 농경 발달, 소금과 해산물 풍부 • 풍습: ❾ ☐☐☐☐☐☐ 가족 공동 묘
동예	• 풍습: 책화, 족외혼 • 특산물: 단궁, 과하마, 반어피 • 제천 행사: 무천(10월)
삼한	• 제정 분리 사회(정치 - 신지, 읍차/종교 - 천군) • 제천 행사: 계절제(5월, 10월) • ❿ ☐☐: 철이 많이 생산됨 → 낙랑과 왜에 수출, 화폐처럼 사용

실력 확인 문제

01 다음 지도와 관련된 시대의 생활 모습으로 옳지 <u>않은</u> 것은?
(중 난이도)

① 토기에 식량을 저장하였다.
② 사냥과 채집을 주로 하였다.
③ 먹을 것을 찾아 이동하였다.
④ 동굴이나 강가의 막집에 살았다.
⑤ 돌을 떼어서 만든 도구를 사용하였다.

02 다음 유물을 사용하던 시대의 생활 모습으로 옳지 <u>않은</u> 것은?
(중 난이도)

① 움집을 만들어 살았다.
② 농경과 목축을 시작하였다.
③ 거대한 고인돌을 만들었다.
④ 토기를 만들어 사용하였다.
⑤ 태양이나 영혼을 숭배하였다.

03 다음 질문에 대한 답변으로 옳은 것은?
(하 난이도)

신석기 시대 사람들이 옷이나 그물을 만들기 위해 사용한 도구는 무엇일까요?

① 가락바퀴   ② 반달 돌칼   ③ 청동 거울
④ 빗살무늬 토기 ⑤ 조개껍데기 가면

04 ㉠에 들어갈 지역으로 옳지 <u>않은</u> 것은?

(중) 난이도

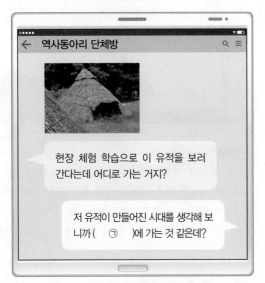

역사동아리 단체방

현장 체험 학습으로 이 유적을 보러 간다는데 어디로 가는 거지?

저 유적이 만들어진 시대를 생각해 보니까 (㉠)에 가는 것 같은데?

① 부산 동삼동　　② 서울 암사동
③ 연천 전곡리　　④ 양양 오산리
⑤ 한경 고산리

05 ㉠에 들어갈 유물로 적절하지 <u>않은</u> 것은?

(하) 난이도

기원전 2000년경부터 만주를 시작으로 한반도 곳곳에 청동기 문화가 확산되었다. 청동기 시대의 대표적 유물로는 (㉠) 등이 있다.

① ② ③ ④ ⑤

06 다음 유적을 통해 알 수 있는 청동기 시대의 사회 모습으로 가장 적절한 것은?

(중) 난이도

① 군장이 등장하였다.
② 태양과 물을 숭배하였다.
③ 농경과 목축을 시작하였다.
④ 청동 농기구를 사용하였다.
⑤ 먹을 것을 찾아 이동하였다.

07 ㉠에 들어갈 국가로 옳은 것은?

(하) 난이도

청동기 문화가 발달하면서 족장(군장)이 이끄는 부족들이 등장하였어요. 이들 중 세력이 강한 부족은 주변 부족을 정복하거나 연맹을 맺어 세력을 확장하였는데, 이 과정에서 (㉠)이(가) 세워졌어요.

① 동예　　② 부여　　③ 옥저
④ 고구려　　⑤ 고조선

08 고조선의 문화 범위를 추측할 수 있는 유물로 옳은 것을 보기에서 모두 고르면?

(중) 난이도

보기

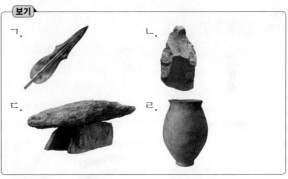

ㄱ.　　　　　ㄴ.

ㄷ.　　　　　ㄹ.

① ㄱ, ㄴ　　② ㄱ, ㄷ　　③ ㄴ, ㄷ
④ ㄴ, ㄹ　　⑤ ㄷ, ㄹ

09 ㉠에 들어갈 내용으로 적절하지 <u>않은</u> 것은?

(상) 난이도

Q & A

Q. 단군 이야기를 통해 알 수 있는 사회 모습을 알려 주세요.

A. _____ ㉠ _____

① 홍익인간을 건국 이념으로 삼았음을 알 수 있어요.
② 노비가 존재했다는 점에서 계급 사회임을 알 수 있어요.
③ 단군왕검이라는 칭호에서 제정일치 사회임을 알 수 있어요.
④ 곰이 웅녀가 되었다는 점에서 특정 동물을 숭배하였음을 알 수 있어요.
⑤ 비, 구름, 바람을 다스리는 신하를 데리고 왔다는 점에서 농경 사회임을 알 수 있어요.

10 고조선의 발전 과정을 순서대로 바르게 나열한 것은?

(상)
난이도

ㄱ. 한 무제가 고조선을 침략하였다.

ㄴ. 위만이 준왕을 몰아내고 왕이 되었다.

ㄷ. 중국의 연과 대립할 만큼 강성하였다.

ㄹ. 고조선 일부 지역에 한 군현이 설치되었다.

① ㄱ-ㄴ-ㄷ-ㄹ   ② ㄴ-ㄷ-ㄱ-ㄹ

③ ㄴ-ㄷ-ㄹ-ㄱ   ④ ㄷ-ㄱ-ㄴ-ㄹ

⑤ ㄷ-ㄴ-ㄱ-ㄹ

11 ㉠에 들어갈 유물 사진으로 옳은 것은?

(중)
난이도

[유물 카드] No.1

• 특징: 중국 전국 시대에 쓰인 화폐로 요동과 한반도 북부 지역에서 많이 출토되어 고조선과 중국의 활발한 교류를 보여 준다.

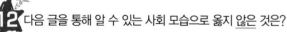

12 다음 글을 통해 알 수 있는 사회 모습으로 옳지 않은 것은?

(중)
난이도

백성들에게 금하는 법 8조가 있었다. 사람을 죽인 자는 즉시 죽이고, 남에게 상처를 입힌 자는 곡식으로 갚는다. 도둑질을 한 자는 노비로 삼는데, 용서받고자 하는 자는 한 사람마다 50만 전을 내야 한다.

- 「한서 지리지」 -

① 사유 재산을 인정하였다.

② 화폐를 사용하기도 하였다.

③ 농경을 주로 하는 사회였다.

④ 생명과 노동력을 중시하였다.

⑤ 평등한 공동체 생활을 하였다.

13 다음 질문에 대한 답변으로 옳은 것을 보기 에서 모두 고르면?

(중)
난이도

이 유물의 특징은 무엇일까요?

보기

ㄱ. 곡식을 자르고 거두는 데 사용한 도구이다.

ㄴ. 한반도만의 독자적인 청동기 문화를 보여 준다.

ㄷ. 한반도에서 출토되어 '한국식 동검'이라고도 불린다.

ㄹ. 칼의 모양이 비파를 닮아 비파형 동검이라고 불린다.

① ㄱ, ㄴ   ② ㄱ, ㄷ   ③ ㄴ, ㄷ

④ ㄴ, ㄹ   ⑤ ㄷ, ㄹ

14 다음 질문에 대한 답변으로 옳지 않은 것은?

(중)
난이도

이처럼 철이 청동보다 다양하게 쓰인 이유는 무엇일까요?

▲ 철제 농기구의 사용   ▲ 철제 무기의 사용

① 철은 청동보다 구하기 쉬웠어요.

② 철은 청동보다 먼저 발견되었어요.

③ 철은 청동보다 매장량이 많았어요.

④ 철은 청동보다 재질이 단단하였어요.

⑤ 철기는 청동기보다 도구로 사용하기 적합하였어요.

15 다음 유물에 대한 설명으로 옳은 것은?

(중)
난이도

① 항아리를 이어서 만든 독무덤이다.

② 신석기 시대의 대표적인 무덤이다.

③ 식량을 보관하기 위해 만들어졌다.

④ 농경과 목축이 시작되었음을 알 수 있다.

⑤ 우리나라 최초의 국가가 성립된 시기에 제작되었다.

[16~18] 다음 지도를 보고 물음에 답하시오.

지도: (가), (나), 백두산▲, 졸본○, ○국내성, (다), 낙랑군, (라), 동해, ○백제국, ○목지국, 황해, (마), ○사로국, ○구야국

16 (가), (나) 국가의 제천 행사를 바르게 연결한 것은?

난이도 하

	(가)	(나)		(가)	(나)
①	동맹	–	영고	② 동맹	– 무천
③	무천	–	동맹	④ 영고	– 동맹
⑤	영고	–	무천		

17 (다)에 대한 설명으로 옳은 것을 보기에서 모두 고르면?
난이도 중

보기
ㄱ. 서옥제라는 혼인 풍습이 있었다.
ㄴ. 가족 공동 묘에 시신을 매장하였다.
ㄷ. 읍군이나 삼로라는 군장이 다스렸다.
ㄹ. 제사장인 천군이 종교를 주관하였다.

① ㄱ, ㄴ   ② ㄱ, ㄷ   ③ ㄴ, ㄷ
④ ㄴ, ㄹ   ⑤ ㄷ, ㄹ

18 (마) 지역에 대한 설명으로 옳지 않은 것은?
난이도 중
① 마한, 진한, 변한의 연맹체이다.
② 5월과 10월에 제천 행사를 열었다.
③ 신지, 읍차와 같은 군장이 다스렸다.
④ 제사장과 정치적 지배자가 일치하였다.
⑤ 목지국의 지배자가 삼한 전체를 이끌었다.

주관식·서술형

19 다음 유물의 이름과 유물을 사용하기 시작했던 시대를 쓰시오.

_____

20 다음에서 설명하는 인물을 쓰시오.

한이 중국을 통일할 무렵 무리를 이끌고 고조선으로 넘어왔다. 이후 세력을 키워 준왕을 몰아내고 왕이 되었다.

_____

21 책화에 대해 서술하시오.

_____

22 다음과 같은 법이 존재했던 나라를 쓰시오.

• 살인자는 사형에 처하고, 그 가족은 노비로 삼는다.
• 남의 물건을 훔치면 물건값의 12배를 배상하게 한다.
• 간음한 자와 투기가 심한 부인은 사형에 처한다.

– 「삼국지」 –

_____

02 삼국의 성립과 발전

1 삼국과 가야의 성장

고구려	• 건국: 부여에서 내려온 주몽이 건국(기원전 37) • 태조왕(1세기 후반): 옥저 정복, 요동 진출 • 왕권의 강화: 5부를 행정적 성격으로 개편, 왕위의 부자 상속 확립 • 미천왕: 낙랑군 병합 • 위기: 중국 전연의 침략, 백제의 공격으로 고국원왕 전사 • ❶ [　　　　] (4세기): 불교 수용, 태학 설립, 율령 반포
백제	• 건국: 고구려 계통 유이민과 한강 유역 세력이 연합(기원전 18) • 고이왕(3세기): 관리의 등급 마련, 관복의 색깔 제정, 목지국 병합 • ❷ [　　　　] (4세기): 고구려 공격, 마한의 남은 세력 정복, 동진·가야·왜와 교류 • 침류왕: 불교 수용
신라	• 건국: 진한 지역의 사로국에서 출발(기원전 57), 박씨·석씨·김씨의 3성이 돌아가며 왕위 차지 • ❸ [　　　　] (4세기): 김씨의 왕위 세습권 확립, '마립간' 호칭 사용, 고구려의 도움으로 왜의 침입 격퇴
가야	• ❹ [　　　　] 가 전기 가야 연맹 주도 • 발달: 풍부한 철 보유, 낙랑과 왜를 잇는 해상 교역 • 쇠퇴: 고구려 광개토 대왕의 공격으로 쇠퇴 → 대가야로 연맹의 주도권 이동

2 삼국의 경쟁과 발전

1 삼국의 발전

고구려	• ❺ [　　　　] (4세기 말): 한강 이북 지역 차지, 신라를 도와 왜군 격퇴, 가야 공격, 만주 진출, '영락' 연호 사용 • 장수왕(5세기): ❻ [　　] 천도, 남진 정책 추진, 한강 유역 차지
백제	• 위기: 고구려의 남진 정책 → 신라와 동맹 체결(나제 동맹) → 한강 유역 상실, ❼ [　　] 천도 • 무령왕(6세기): 22담로에 왕족 파견, 중국 남조와 교류 • ❽ [　　]: 사비 천도, 국호 '남부여', 통치 제도 정비, 불교 장려, 관산성에서 전사
신라	• 지증왕(6세기): 국호 '신라', '왕' 호칭 사용, 우산국 복속 • 법흥왕: 율령 반포, 골품제 정비, 불교 공인, '건원' 연호 사용, 금관가야 병합 • ❾ [　　]: 화랑도를 국가적 조직으로 개편, 대가야 정복, 한강 유역 차지, 황룡사 건립
가야	• ❿ [　　]: 후기 가야 연맹 주도 • 멸망: 금관가야는 법흥왕, 대가야는 진흥왕 때 신라에 병합

2 중앙 집권 국가의 공통점

(1) **영토 확장** 튼튼한 국력을 바탕으로 주변 지역 정복

(2) **왕위 세습** 한 집안에서 왕위를 계승하는 제도 확립

(3) **⓫ [　　] 수용** 사상 통합 및 왕실의 권위를 높이기 위해 수용

(4) **율령 반포** 법령을 정비하여 하나의 규범으로 나라를 다스림

(5) **통치 체제 정비** 왕 중심의 관등제와 지방 행정 제도 확립

정답 ❶ 소수림왕 ❷ 근초고왕 ❸ 내물왕 ❹ 금관가야 ❺ 광개토 대왕 ❻ 평양 ❼ 웅진 ❽ 성왕 ❾ 진흥왕 ❿ 대가야 ⓫ 불교

실력 확인 문제

01 밑줄 친 '이 국가'의 발전 과정을 순서대로 바르게 나열한 것은?
(상 난이도)

> 이 국가는 부여에서 내려온 주몽이 건국하였다. 초기에는 졸본을 도읍으로 삼았다.

> ㄱ. 낙랑군을 복속하였다.
> ㄴ. 국내성으로 도읍을 옮겼다.
> ㄷ. 5부를 행정적 성격으로 개편하였다.
> ㄹ. 백제의 침입으로 고국원왕이 전사하였다.

① ㄱ - ㄴ - ㄷ - ㄹ 　② ㄱ - ㄴ - ㄹ - ㄷ
③ ㄴ - ㄱ - ㄷ - ㄹ 　④ ㄴ - ㄷ - ㄱ - ㄹ
⑤ ㄷ - ㄴ - ㄱ - ㄹ

02 밑줄 친 '개혁'의 내용으로 옳은 것을 보기 에서 모두 고르면?
(중 난이도)

> 4세기에 고구려는 중국 전연의 침략으로 수도가 함락되고, 백제의 공격으로 왕이 전사하여 국가적 위기를 맞았다. 이 상황에서 즉위한 소수림왕은 개혁을 추진하였다.

보기
> ㄱ. 불교 수용　　　　ㄴ. 율령 반포
> ㄷ. 태학 설립　　　　ㄹ. 평양 천도

① ㄱ, ㄴ　　② ㄴ, ㄷ　　③ ㄷ, ㄹ
④ ㄱ, ㄴ, ㄷ　　⑤ ㄴ, ㄷ, ㄹ

03 다음 질문에 대한 답변으로 옳은 것을 보기 에서 모두 고르면?
(중 난이도)

> 백제의 건국 세력이 고구려 계통임을 탐구할 수 있는 유적은 무엇이 있을까요?

보기
> ㄱ. 장군총　　　　ㄴ. 무령왕릉
> ㄷ. 강서 대묘　　　ㄹ. 석촌동 고분

① ㄱ, ㄴ　　② ㄱ, ㄷ　　③ ㄱ, ㄹ
④ ㄴ, ㄷ　　⑤ ㄴ, ㄹ

04 (가) 왕의 정책으로 옳은 것은?

`하` `난이도`

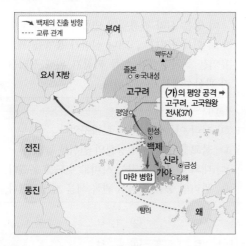

① 불교를 수용하여 왕의 권위를 높였다.
② 고구려를 공격하여 세력을 확장하였다.
③ 대외 진출에 유리한 사비로 천도하였다.
④ 관리의 등급을 마련하고 관복의 색을 제정하였다.
⑤ 22담로에 왕족을 파견하여 지방 세력을 견제하였다.

05 백제의 발전 과정을 순서대로 바르게 나열한 것은?

`상` `난이도`

> ㄱ. 6좌평을 비롯한 관리의 등급을 마련하였다.
> ㄴ. 고구려를 공격하여 고국원왕을 전사시켰다.
> ㄷ. 나라 이름을 일시적으로 남부여로 바꾸었다.
> ㄹ. 22담로에 왕족을 파견하여 지방 통제를 강화하였다.

① ㄱ - ㄴ - ㄷ - ㄹ
② ㄱ - ㄴ - ㄹ - ㄷ
③ ㄴ - ㄱ - ㄷ - ㄹ
④ ㄴ - ㄷ - ㄱ - ㄹ
⑤ ㄷ - ㄴ - ㄱ - ㄹ

06 ㉠에 들어길 왕의 칭호로 옳은 것은?

`하` `난이도`

① 왕   ② 거서간   ③ 마립간
④ 이사금   ⑤ 차차웅

07 다음 내용을 뒷받침하는 유물로 가장 적절한 것은?

`중` `난이도`

> 신라는 왜가 침입하자 고구려 광개토 대왕에 도움을 요청하였고, 왜를 격퇴할 수 있었다. 이를 계기로 신라에 대한 고구려의 영향력이 커졌다.

08 신라가 정치적으로 발전이 늦었던 이유로 옳은 것은?

`하` `난이도`

① 왜와 지리적으로 가까워 잦은 침입을 받았다.
② 산간 지역에 위치하여 농사를 짓기 어려웠다.
③ 철이 생산되지 않아 무기를 제작하지 못하였다.
④ 한반도 동남쪽에 위치하여 중국의 선진 문물 수용이 어려웠다.
⑤ 낙랑이 소멸하면서 신라가 주도하였던 선진 문물의 보급이 어려워졌다.

09 다음 유물과 관련된 나라에 대한 설명으로 옳지 <u>않은</u> 것은?

`중` `난이도`

① 일찍부터 농업이 발달하였다.
② 해상 교역을 통해 발달하였다.
③ 철기 문화를 바탕으로 성장하였다.
④ 낙동강 유역의 변한 지역에 세워졌다.
⑤ 강력한 중앙 집권 국가로 성장하였다.

10 (가)에 들어갈 인물이 추진한 정책으로 옳은 것을 보기에서 모두 고르면?

이 비석은 (가)의 아들 장수왕이 세운 비석이다. 비석의 내용을 통해 고구려인이 스스로를 하늘의 자손이라고 생각했음을 알 수 있다.

보기
ㄱ. 평양으로 수도를 옮겼다.
ㄴ. 남한강 유역까지 진출하였다.
ㄷ. 신라에 침입한 왜를 격퇴하였다.
ㄹ. '영락'이라는 연호를 사용하였다.

① ㄱ, ㄴ   ② ㄱ, ㄷ   ③ ㄴ, ㄷ
④ ㄴ, ㄹ   ⑤ ㄷ, ㄹ

11 다음 상황이 일어난 배경으로 가장 적절한 것은?

백제와 신라가 나제 동맹을 체결했어.

그 이후에 백제가 수도를 웅진으로 옮겼어.

① 진흥왕이 한강 유역을 차지하였다.
② 광개토 대왕이 왜군을 격퇴하였다.
③ 장수왕이 남진 정책을 추진하였다.
④ 고국원왕이 평양성에서 전사하였다.
⑤ 근초고왕이 남해안까지 진출하였다.

12 다음 질문에 대한 답변으로 가장 적절한 것은?

충남 공주에 있는 어느 왕의 무덤입니다. 이 왕은 중국 남조의 양과 교류하며 문화 발전에 힘썼습니다. 그는 백제의 중흥을 위해 어떤 정책을 추진했을까요?

① 웅진으로 수도를 옮겼어요.
② 22담로에 왕족을 파견하였어요.
③ 신라 왕실과 혼인 관계를 맺었어요.
④ 신라와 연합하여 한강 유역을 되찾았어요.
⑤ 부여 계승 의식을 반영하여 나라 이름을 바꾸었어요.

13 밑줄 친 '이 왕'의 업적으로 옳은 것을 보기에서 모두 고르면?

이 왕은 신라 진흥왕과 연합하여 한강 유역을 일시적으로 회복하였다. 그러나 신라가 동맹을 깨뜨리고 한강 유역을 독차지하자 이를 되찾기 위해 신라를 공격했다가 관산성에서 전사하였다.

보기
ㄱ. 나라 이름을 남부여로 바꾸었다.
ㄴ. 불교를 수용하여 왕실의 권위를 높였다.
ㄷ. 대외 진출에 유리한 사비로 수도를 옮겼다.
ㄹ. 관리의 등급에 따라 관복 색을 제정하였다.

① ㄱ, ㄷ   ② ㄱ, ㄹ   ③ ㄴ, ㄷ
④ ㄴ, ㄹ   ⑤ ㄷ, ㄹ

14 ㉠에 들어갈 신라의 왕이 실시한 정책으로 옳지 않은 것은?

(㉠) 15년에 불교를 공인하였다. …… (이차돈의) 목을 베자 피가 솟구쳤는데 색이 우윳빛처럼 희었다.

① 율령 반포   ② 골품제 정비
③ 우산국 복속   ④ 금관가야 병합
⑤ '건원' 연호 사용

15 (가), (나)에 대한 설명으로 옳지 않은 것은?

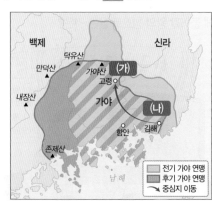

① (가) – 후기 가야 연맹을 주도하였다.
② (가) – 광개토 대왕의 공격으로 쇠퇴하였다.
③ (나) – 낙랑과 왜를 잇는 교역으로 성장하였다.
④ (나) – 해상 교역과 철기 문화를 바탕으로 발전하였다.
⑤ (가), (나) – 신라에 의해 병합되었다.

16 (가)에 들어갈 왕이 실시한 정책으로 옳은 것을 보기에서 모두 고르면?

보기
ㄱ. '왕' 호칭을 처음 사용하였다.
ㄴ. 나라 이름을 '신라'로 정하였다.
ㄷ. 점령한 지역에 순수비를 세웠다.
ㄹ. 화랑도를 국가적 조직으로 정비하였다.

① ㄱ, ㄴ ② ㄱ, ㄷ ③ ㄴ, ㄷ
④ ㄴ, ㄹ ⑤ ㄷ, ㄹ

17 다음을 통해 알 수 있는 중앙 집권 국가의 특징으로 옳은 것은?

• 내물왕의 아들인 눌지마립간이 왕위에 올랐다.
• 근구수왕은 근초고왕의 아들이고, …… 침류왕은 근구수왕의 맏아들이다. …… －「삼국사기」－

① 한 집안에서 왕위를 계승하였다.
② 왕 중심의 관등 제도를 정비하였다.
③ 사상의 통합을 위하여 불교를 수용하였다.
④ 주변 지역을 정복하며 영토를 확장하였다.
⑤ 율령을 반포하여 하나의 법으로 나라를 다스렸다.

주관식 서술형

18 다음에서 설명하는 조직의 이름을 쓰시오.

진골 출신의 청소년 중에 선발된 화랑과 이를 따르는 다양한 신분의 낭도로 구성되었다.

19 다음 자료를 보고 물음에 답하시오.

(1) (가)에 들어갈 칭호를 쓰시오.

(2) (가) 칭호를 처음 사용한 왕의 업적을 두 가지 서술하시오.

20 다음 글을 읽고 물음에 답하시오.

이 제도는 백제의 지방 중심지에 설치한 행정 구역이다. 무령왕 때는 왕의 자제나 왕족을 여기에 보내 해당 지역을 다스리게 하였다.

(1) 밑줄 친 '이 제도'의 명칭을 쓰시오.

(2) 위 제도의 시행 목적을 서술하시오.

03 삼국의 문화와 대외 교류

1 삼국의 종교와 학문

❶ □□의 발전	• 도입: 중앙 집권 체제를 정비하는 과정에서 수용 → 왕의 권위 뒷받침, 국가 종교로 발전 • 사원: 황룡사(신라), 미륵사(백제) • 탑: 익산 미륵사지 석탑(백제), 경주 분황사 모전 석탑(신라), 부여 정림사지 5층 석탑(백제) • 불상: 미륵 신앙의 유행으로 미륵보살상이 많이 제작됨
❷ □□의 수용	• 산천 숭배, 신선 사상과 결합 → 귀족 사회에서 유행 • 사신도(고구려), 산수무늬 벽돌, 금동 대향로(백제)
학문과 과학 기술의 발달	• 유학: ❸ □□(고구려), ❹ □□□□(백제), 임신서기석(신라) • 역사서: 역사 정리 및 왕의 권위 상승을 목적으로 편찬 • 천문학: 농업 발전 및 왕의 권위 상승을 목적으로 천문 현상에 관심(예: 첨성대)

2 삼국의 생활 모습과 고분 문화

삼국의 의식주	• 의: 비단옷과 장신구(귀족), 베로 만든 옷(평민) • 식: 쌀과 고기(귀족), 조·보리·기장 등의 잡곡(평민) • 주: 기와집(귀족), 귀틀집과 초가집(평민)
삼국의 고분 양식	• 고구려: ❺ □□□□□ → 굴식 돌방무덤 • 백제: 돌무지무덤 → 굴식 돌방무덤, 벽돌무덤(예: ❻ □□□□) • 신라: ❼ □□□□□□ → 굴식 돌방무덤
고분 문화	• 껴묻거리: 사후 세계에 대한 믿음 반영 • 벽화: 주로 굴식 돌방무덤에 그림, 초기에는 생활 모습이나 풍속 등 반영 → 후기에는 사신도를 그림(도교의 영향)

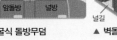

▲ 굴식 돌방무덤

▲ 벽돌무덤

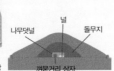
▲ 돌무지덧널무덤

3 삼국 및 가야의 문화 교류

중국 및 서역과의 교류	• 고구려: 중국 북조 및 중앙아시아와 교류 • 백제: 중국 동진, 남조와 교류 • 신라: 초기에는 고구려와 백제를 통해 중국의 문화 수용 → ❽ □□ 유역을 차지한 이후에는 중국과 직접 교류
❾ □□과의 교류	• 고구려: 종이와 먹 제조법 전달 • 백제: 한문, 유교 경전, 불교 전파 • 신라: 배 만드는 기술, 둑 쌓는 기술 전파 • 가야: 철기 문화와 토기 제작 기술 전파 • 삼국의 문화를 바탕으로 일본은 고대 문화를 형성함

정답 ❶ 불교 ❷ 도교 ❸ 태학 ❹ 오경박사 ❺ 돌무지무덤 ❻ 무령왕릉 ❼ 돌무지덧널무덤 ❽ 한강 ❾ 일본

실력 확인 문제

01 밑줄 친 '이 종교'로 옳은 것은?

(하) 난이도

> 삼국은 왕권을 강화하고 중앙 집권 체제를 정비하는 과정에서 이 종교를 받아들여 사상적 통합을 꾀하였다. 이 종교는 왕실의 보호를 받으면서 국가적 종교로 발전하였다.

① 유교 ② 불교 ③ 도교
④ 천주교 ⑤ 풍수지리설

02 다음 유물에 대한 설명으로 옳은 것은?

(중) 난이도

① 신선 사상이 반영되어 있다.
② '백제의 미소'라고도 불린다.
③ 고구려와 관련된 글자가 새겨져 있다.
④ 친근한 미소를 띠고 있는 신라의 불상이다.
⑤ 삼국 시대에 미륵 신앙이 유행하였음을 보여 준다.

03 다음 유물과 관련된 종교에 대한 설명으로 가장 적절한 것은?

(중) 난이도

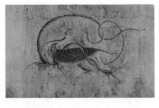

① 왕권 강화를 목적으로 수용되었다.
② 신선 사상과 결합하여 귀족 사회에서 유행하였다.
③ 이 종교를 알리기 위하여 백제는 오경박사를 두었다.
④ '왕은 곧 부처'라는 사상을 바탕으로 왕의 권위를 뒷받침하였다.
⑤ 임신서기석을 통해 신라에서 이 종교가 발달하였음을 알 수 있다.

04 다음 자료를 활용한 탐구 활동 주제로 가장 적절한 것은?
(하)
난이도

임신년에 맹세하여 쓴다. ……
시경, 상서, 예기, 춘추 좌전을
차례로 3년 동안 익힐 것을 맹세
한다.

① 신라의 유학 발달
② 고구려의 도교 유행
③ 신라의 과학 기술 발달
④ 신라 불교 예술의 발전
⑤ 백제의 금속 공예 기술 발달

05 삼국이 역사서를 편찬한 목적으로 옳은 것을 보기에서 모두
(중)
난이도 고르면?

보기
ㄱ. 농업 발달을 위해 편찬하였다.
ㄴ. 왕의 권위를 높이기 위해 편찬하였다.
ㄷ. 지방 세력을 포용하기 위해 편찬하였다.
ㄹ. 나라의 역사를 정리하기 위해 편찬하였다.

① ㄱ, ㄴ   ② ㄱ, ㄷ   ③ ㄴ, ㄷ
④ ㄴ, ㄹ   ⑤ ㄷ, ㄹ

06 다음 유적에 대한 설명으로 옳지 않은 것은?
(하)
난이도

① 경주에 가면 볼 수 있다.
② 천문 관측기구로 추정된다.
③ 신라 선덕 여왕 대에 건립되었다.
④ 신라의 천문학 발달을 알 수 있다.
⑤ 우리나라에서 가장 오래된 탑이다.

07 삼국 시대 사람들의 의식주에 대한 설명으로 적절하지 않은
(중)
난이도 것은?

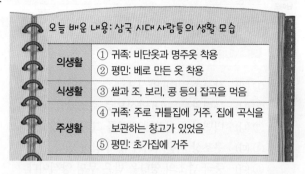

오늘 배운 내용: 삼국 시대 사람들의 생활 모습

의생활	① 귀족: 비단옷과 명주옷 착용
	② 평민: 베로 만든 옷 착용
식생활	③ 쌀과 조, 보리, 콩 등의 잡곡을 먹음
주생활	④ 귀족: 주로 귀틀집에 거주, 집에 곡식을 보관하는 창고가 있었음
	⑤ 평민: 초가집에 거주

08 삼국의 고분 양식에 대한 설명으로 옳은 것을 보기에서 모두
(상)
난이도 고르면?

보기
ㄱ. 신라는 초기에 굴식 돌방무덤을 축조하였다.
ㄴ. 백제는 웅진 시기에 중국의 영향을 받은 벽돌무덤을 축조하였다.
ㄷ. 백제는 한성 시기에 고구려와 유사한 양식의 무덤을 축조하였다.
ㄹ. 고구려는 초기에 굴식 돌방무덤을 축조하였으나 점차 돌무지무덤을 축조하였다.

① ㄱ, ㄴ   ② ㄱ, ㄷ   ③ ㄴ, ㄷ
④ ㄴ, ㄹ   ⑤ ㄷ, ㄹ

09 다음 무덤 양식에 대한 설명으로 옳은 것을 보기에서 모두 고
중요
(중)
난이도 르면?

▲ 장군총

보기
ㄱ. 돌무지덧널무덤 양식이다.
ㄴ. 고구려 초기에 주로 만들어졌다.
ㄷ. 백제 석촌동 고분과 비슷한 양식이다.
ㄹ. 중국 남조의 영향으로 내부를 벽돌로 쌓았다.

① ㄱ, ㄴ   ② ㄱ, ㄷ   ③ ㄴ, ㄷ
④ ㄴ, ㄹ   ⑤ ㄷ, ㄹ

⭐10 (가)~(다)의 무덤 양식에 대한 설명으로 옳은 것은?

(상) 난이도

(가)	(나)	(다)
나무덧널 / 널 / 돌무지 / 껴묻거리 상자	이음길 / 앞돌방 / 널방	널길 / 널방 / 둘레돌

① (가) – 장군총은 (가) 양식으로 축조되었다.
② (나) – 무령왕릉은 (나) 양식으로 축조되었다.
③ (나) – 벽면이나 천장에 벽화를 그릴 수 있다.
④ (다) – 구조상 껴묻거리가 많이 남아 있다.
⑤ (다) – 중국 남조의 영향을 받은 무덤 양식이다.

11 삼국의 고분 문화에 대한 설명으로 옳지 <u>않은</u> 것은?

(하) 난이도

① 시신과 함께 노비를 묻기도 하였다.
② 물건을 중요하게 여겨 부장품은 묻지 않았다.
③ 대표적인 고분 벽화로는 고구려의 무용도가 있다.
④ 굴식 돌방무덤 벽면에 생활 모습을 반영한 벽화를 그렸다.
⑤ 고구려는 굴식 돌방무덤 벽면에 도교의 방위신을 그리기도 하였다.

12 밑줄 친 '벽화'에 대한 설명으로 옳은 것을 보기 에서 모두 고르면?

(중) 난이도

> 굴식 돌방무덤은 돌로 널길과 널방을 만들고 그 위에 흙을 쌓아 만든 무덤이다. 널방의 벽과 천장에는 <u>벽화</u>를 그리기도 하였다.

보기
ㄱ. 벽화에 인물은 그리지 않았다.
ㄴ. 삼국의 사람들은 생활 풍속 등을 벽화로 남겼다.
ㄷ. 현무도는 삼국의 신앙 생활을 알 수 있는 벽화이다.
ㄹ. 고구려는 사후에 부처가 지켜주길 바라는 마음에서 사신도를 벽화로 그렸다.

① ㄱ, ㄴ   ② ㄱ, ㄷ   ③ ㄴ, ㄷ
④ ㄴ, ㄹ   ⑤ ㄷ, ㄹ

13 다음 유물을 통해 추론할 수 있는 내용으로 가장 적절한 것은?

(중) 난이도

▲ 아프라시아브 궁전 벽화   ▲ 경주 황남동 상감 유리구슬   ▲ 경주 황남대총 출토 유리병

① 삼국과 서역이 교류하였음을 알 수 있다.
② 삼국의 예술 수준이 높았음을 알 수 있다.
③ 삼국의 문화가 일본에 전래되었음을 알 수 있다.
④ 삼국이 고분에 많은 부장품을 넣었음을 알 수 있다.
⑤ 삼국이 중국으로부터 문화를 수용하였음을 알 수 있다.

14 삼국 및 가야의 문화 교류에 대한 설명으로 옳지 <u>않은</u> 것은?

(중) 난이도

① 고구려는 중국 북조의 문화를 받아들였다.
② 백제는 중국 남조와 활발하게 교류하였다.
③ 가야는 지리적으로 먼 중국과 교류하지 않았다.
④ 신라는 한강 유역을 차지하면서 중국과 직접 교류하였다.
⑤ 신라는 초기에 고구려와 백제를 통해 중국의 문물을 수용하였다.

15 삼국 및 가야와 일본의 교류에 대해 알맞은 설명을 하는 사람으로 옳은 것은?

(중) 난이도

삼국 및 가야는 중국으로부터 수용한 문화를 발전시켜 일본에 전하였어. 갑

삼국과 가야에서 전래받은 문화를 바탕으로 일본은 고대 문화를 형성하였어. 을

삼국과 일본은 적대 국가였기 때문에 교류를 하지 않았어. 병

삼국은 일본에 주기적으로 사신을 보내 왕의 지위를 인정받았어. 정

① 갑, 을   ② 갑, 병   ③ 갑, 정
④ 을, 병   ⑤ 을, 정

16 다음 유물에 대한 설명으로 옳은 것을 보기 에서 모두 고르면?

(중) 난이도

▲ 가야 토기

보기
ㄱ. 이 유물은 일본의 고대 문화 형성에 기여하였다.
ㄴ. 이 토기의 영향으로 일본에서 스에키 토기가 제작되었다.
ㄷ. 삼국과 일본 사이에서 가야가 중계 무역을 하던 유물이다.
ㄹ. 일본의 토기 제작 기술을 전수받아 가야에서 제작된 토기이다.

① ㄱ, ㄴ　　② ㄱ, ㄷ　　③ ㄱ, ㄹ
④ ㄴ, ㄷ　　⑤ ㄴ, ㄹ

18 ㉠, ㉡에 들어갈 종교를 쓰시오.

- (㉠)은(는) 왕의 권위를 뒷받침하는 역할을 하였다. 이로 인해 왕실의 보호를 받으면서 국가적인 종교로 발전하였다.
- (㉡)은(는) 중국에서 전래된 종교이다. 불로장생을 추구하는 신선 사상과 산천 숭배 사상 등이 결합하며 발전하였다.

㉠ _____　　㉡ _____

19 ㉠에 들어갈 용어를 쓰시오.

가야 토기의 영향을 받아 일본에서 (㉠)이(가) 제작되었다.

_____

17 다음 자료를 활용한 탐구 주제로 가장 적절한 것은?

(중) 난이도

▲ 고구려 수산리 고분 벽화　　▲ 일본 다카마쓰 고분 벽화

① 삼국의 고분 벽화
② 삼국 시대의 의식주
③ 무령왕릉 출토 유물
④ 도교에서 꿈꾸는 세상
⑤ 삼국과 일본의 문화 교류

20 다음 자료를 보고 물음에 답하시오.

(1) 위 유적의 이름을 쓰시오.

_____

(2) 위 유적과 관련된 학문이 삼국 시대에 발달한 이유를 서술하시오.

_____

_____

01 신라의 삼국 통일과 발해의 건국

1 고구려와 수·당 전쟁

1 동아시아의 국제 정세 변화

중국	수의 중국 통일(589)
삼국	● [　　]의 한강 유역 차지 ➡ 고구려와 백제가 연합해 신라 공격 ➡ 신라가 수에 도움 요청
국제 정세	돌궐 – 고구려 – 백제 – 왜의 연합 ⟷ 신라 – 수(당)의 연합

2 고구려와 수·당 전쟁

수	• 배경: 수가 고구려에 복속 요구 ➡ 고구려의 요서 지역 선제공격 • 수 문제: 고구려 침공 ➡ 실패 • 수 양제: 고구려 공격 ➡ 우중문의 별동대가 평양성 공격 ➡ 을지 문덕이 ❷ [　　]에서 수군 격퇴(살수 대첩, 612)
당	• 당 태종의 팽창 정책 추진 ➡ 고구려가 ❸ [　　　　] 을 쌓아 당의 침입에 대비 • 당 태종: 당이 ❹ [　　　　] 의 정변을 구실로 침입 ➡ 요동성 과 백암성 함락 ➡ ❺ [　　　] 에서 당의 공격을 막아 냄(안시성 전투, 645)

2 삼국 통일 전쟁

1 신라와 당의 연합
백제의 신라 공격 ➡ ❻ [　　　] 가 고구려 에 도움 요청(실패) ➡ 당에 동맹 제안 ➡ 나당 연합 체결

2 백제와 고구려의 멸망과 부흥 운동

백제	• 지배층의 분열 ➡ 계백의 군대가 김유신의 신라군에 패배 (❼ [　　　] 전투) ➡ 사비성 함락 ➡ 백제 멸망(660) • 부흥 운동: 복신과 도침, 부여풍(주류성), 흑치상지(임존성)
고구려	• 잦은 전쟁과 연개소문 사후 권력 다툼 ➡ 나당 연합군의 공격 ➡ ❽ [　　] 함락 ➡ 고구려 멸망(668) • 부흥 운동: 검모잠, 안승(한성), 고연무

3 신라의 삼국 통일과 발해의 성립

1 신라와 당의 전쟁

당	한반도 지배 야심의 표출: 웅진도독부 설치(백제), ❾ [　　　] 설치(신라), 안동도호부 설치(고구려)
신라	• 신라의 대응: 고구려 부흥 운동 지원, 백제의 옛 땅 차지, 백제 유 민에게 관직 수여 • 나당 전쟁: 매소성·❿ [　　] 전투 승리 ➡ 대동강 이남 지역에 서 당군을 몰아냄 ➡ 삼국 통일 완성(676)

2 발해의 성립

건국	고구려 유민 대조영이 동모산 부근에 건국(698)
의의	남북국 시대의 성립, ⓫ [　　　] 계승 의식의 표출

정답 ❶ 신라 ❷ 살수 ❸ 천리장성 ❹ 연개소문 ❺ 안시성 ❻ 김춘추 ❼ 황산벌 ❽ 평양성 ❾ 계림도독부 ❿ 기벌포 ⓫ 고구려

실력 확인 문제

01 다음 지도에 대한 설명으로 옳은 것은?
(중 난이도)

① 고구려는 신라에 침입한 왜를 물리쳤다.
② 신라는 수·당을 통하여 불교를 수용하였다.
③ 백제는 고구려와 연합하여 한강 유역을 차지하였다.
④ 고구려는 돌궐을 복속하고 만주 지역까지 영토를 확장 하였다.
⑤ 고구려가 백제와 연합하여 신라를 견제하자 신라는 수·당과 연합하였다.

02 ㉠~㉢에 들어갈 말을 바르게 연결한 것은?
(중 난이도)

> 수 문제가 고구려를 침공하였으나 성과 없이 돌아갔 다. 이후 수 양제의 113만 대군이 고구려를 공격하였다. 그러나 고구려군의 저항으로 (㉠)을(를) 함락하지 못하였다. 이에 수 양제는 (㉡)에게 30만 별동대를 주어 평양성을 공격하도록 하였다. 그러나 고구려의 (㉢)은(는) 살수에서 이들을 무찔렀다(살수 대첩, 612). 결국 수는 무리한 전쟁에 따른 국력 소모와 잇따 른 내란으로 멸망하였다.

	㉠	㉡	㉢
①	사비성	소정방	을지문덕
②	요동성	소정방	연개소문
③	요동성	우중문	을지문덕
④	웅진성	소정방	연개소문
⑤	웅진성	우중문	을지문덕

03 다음에서 설명하는 인물로 옳은 것은?
난이도 ⑨

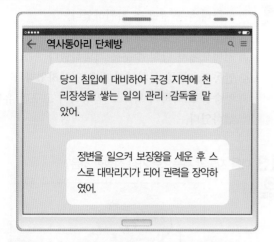

당의 침입에 대비하여 국경 지역에 천리장성을 쌓는 일의 관리·감독을 맡았어.

정변을 일으켜 보장왕을 세운 후 스스로 대막리지가 되어 권력을 장악하였어.

① 계백 　　② 김춘추 　　③ 대조영
④ 연개소문 　　⑤ 을지문덕

04 고구려가 수·당 전쟁에서 승리할 수 있었던 요인으로 적절하지
난이도 ⑨ 않은 것은?

① 평지에 성을 쌓아 이동이 편리하였다.
② 요동 지역의 풍부한 철광석을 확보하였다.
③ 성과 성을 연결한 집단 방어 체제를 구축하였다.
④ 철제 무기와 갑옷으로 무장한 기병이 큰 역할을 하였다.
⑤ 우수한 제철 기술을 바탕으로 철제 무기를 생산할 수 있었다.

05 다음 사건들을 순서대로 바르게 나열한 것은?
난이도 ⑨

> ㄱ. 나당 연합군이 고구려의 평양성을 공격하였다.
> ㄴ. 고연무, 검모잠 등이 고구려 부흥 운동을 전개하였다.
> ㄷ. 당 태종은 안시성을 공격하였으나 고구려의 저항으로 실패하였다.
> ㄹ. 을지문덕이 우중문의 30만 별동대를 살수로 유인하여 크게 무찔렀다.

① ㄱ－ㄷ－ㄴ－ㄹ 　　② ㄴ－ㄷ－ㄱ－ㄹ
③ ㄷ－ㄱ－ㄹ－ㄴ 　　④ ㄷ－ㄹ－ㄱ－ㄴ
⑤ ㄹ－ㄷ－ㄱ－ㄴ

06 다음 사건이 일어난 시기를 연표에서 옳게 고른 것은?
난이도 ⑨

나는 당에 동맹을 제안하였고, 당이 이를 수락하여 나당 연합이 체결되었어.

김춘추

(가)	(나)	(다)	(라)	(마)	
살수 대첩	안시성 전투	백제 멸망	고구려 멸망	삼국 통일	발해 건국

① (가) 　② (나) 　③ (다) 　④ (라) 　⑤ (마)

07 다음 전투와 관련된 나라의 부흥 운동을 이끈 인물로 옳지 않은
난이도 ⑨ 것은?

> 나당 연합군이 백강에서 …… 군사를 만나 모두 이기고, 그들의 배 400척을 불사르니 …… －「삼국사기」－

① 도침 　　② 복신 　　③ 안승
④ 부여풍 　　⑤ 흑치상지

08 ㉠에 들어갈 내용으로 옳은 것은?
난이도 ⑨

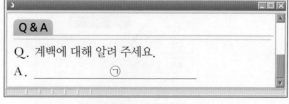

Q & A
Q. 계백에 대해 알려 주세요.
A. _____㉠_____

① 5소경을 설치하였어요.
② 사비로 수도를 옮겼어요.
③ 당과 동맹을 체결하였어요.
④ 신라의 대야성을 공격하였어요.
⑤ 황산벌에서 신라군에 맞서 싸웠어요.

09 고구려의 멸망과 부흥 운동에 대한 설명으로 옳지 <u>않은</u> 것은?

(중) 난이도

① 부흥 운동은 지도층의 분열로 실패하였다.
② 주류성과 임존성은 부흥 운동의 중심지였다.
③ 연개소문 사후 권력 다툼이 멸망의 계기가 되었다.
④ 당은 고구려 멸망 후 평양에 안동도호부를 설치하였다.
⑤ 검모잠은 안승을 왕으로 추대하고 한때 평양성을 회복하기도 하였다.

10 나당 전쟁의 배경으로 옳지 <u>않은</u> 것은?

(중) 난이도

① 당이 한반도 전체를 지배하고자 하였다.
② 신라가 당의 영역까지 확보하고자 하였다.
③ 당이 고구려 멸망 후 안동도호부를 설치하였다.
④ 당이 백제 옛 중심지에 웅진도독부를 설치하였다.
⑤ 당이 신라에 계림도독부를 설치하면서 신라와 당의 갈등이 심화되었다.

11 (가)~(마) 중 밑줄 친 '나라'가 있었던 지역으로 옳은 것은?

(중) 난이도

• 고구려 부흥 운동 과정에서 지배층의 내분이 일어나자 이 인물은 신라로 망명하였다.
• 당이 한반도 전체를 지배하려고 하자 신라는 이 인물이 <u>나라</u>를 건설하는 것을 후원하였다.

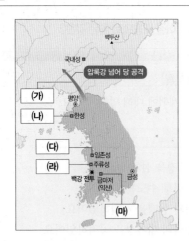

① (가)　② (나)　③ (다)　④ (라)　⑤ (마)

12 당의 한반도 지배 야욕에 맞선 신라의 대응으로 옳지 <u>않은</u> 것은?

(중) 난이도

① 고구려 부흥 운동을 지원하였다.
② 매소성에서 당의 대군을 물리쳤다.
③ 기벌포에서 당의 수군을 격파하였다.
④ 안동도호부를 설치하여 당을 견제하였다.
⑤ 안승을 보덕국의 왕으로 임명하여 고구려 유민을 포섭하였다.

13 다음 지도의 제목으로 가장 적절한 것은?

(하) 난이도

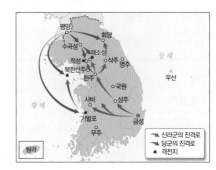

① 살수 대첩의 과정　② 나당 전쟁의 과정
③ 안시성 전투의 전개　④ 통일 신라와 발해의 대립
⑤ 신라의 한강 유역 차지 과정

14 다음 사건을 순서대로 바르게 나열한 것은?

(상) 난이도

| ㄱ. 나당 연합 | ㄴ. 나당 전쟁 |
| ㄷ. 백강 전투 | ㄹ. 안동도호부 설치 |

① ㄱ-ㄴ-ㄹ-ㄷ　② ㄱ-ㄷ-ㄴ-ㄹ
③ ㄱ-ㄷ-ㄹ-ㄴ　④ ㄴ-ㄱ-ㄷ-ㄹ
⑤ ㄴ-ㄷ-ㄱ-ㄹ

15 다음 인물과 신라의 삼국 통일을 보는 견해가 비슷한 것으로 가장 적절한 것은?

(중) 난이도

다른 민족을 불러들여 같은 민족을 멸망시킨 것은 도둑을 불러들여 형제를 죽인 것이나 다름 없습니다.

신채호

① 오랜 전쟁을 종식시킨 통일이었다.
② 지배층이 중심이 되어 완성한 통일이었다.
③ 고구려와 백제의 유민은 배제한 통일이었다.
④ 외세를 이용하여 대동강 이남 지역만 확보한 통일이었다.
⑤ 삼국의 문화를 융합하여 새로운 민족 문화를 발전시키는 기반을 마련한 통일이었다.

16 신라의 삼국 통일이 가지는 의의로 가장 적절한 것을 보기 에서 모두 고르면?

난이도 중

보기

ㄱ. 외세를 이용하여 새로운 국제 관계를 형성하였다.
ㄴ. 새로운 민족 문화가 발전하는 토대를 마련하였다.
ㄷ. 통일 전쟁 과정에서 우수한 군사력을 확인할 수 있었다.
ㄹ. 고구려, 백제 유민과 힘을 합쳐 당을 몰아내는 자주의식을 보여 준다.

① ㄱ, ㄴ   ② ㄱ, ㄷ   ③ ㄴ, ㄷ
④ ㄴ, ㄹ   ⑤ ㄷ, ㄹ

17 다음은 조선 후기 실학자의 저서 내용 중 일부이다. ㉠에 들어갈 나라로 옳은 것은?

난이도 하

부여씨가 망하고 고씨가 망하자 김씨는 그 남쪽을 차지하였다. 대씨는 그 북쪽을 차지하고 이름을 (㉠)(이)라고 하였는데, 이것이 남북국이다.

① 발해   ② 백제   ③ 부여
④ 고구려   ⑤ 통일 신라

18 다음을 통해 알 수 있는 발해의 건국 의의로 가장 적절한 것은?

난이도 하

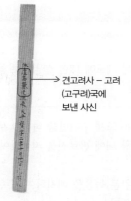

→ 견고려사 – 고려 (고구려)국에 보낸 사신

① 우리 민족 최초의 통일을 이루어 낸 국가이다.
② 여러 나라의 문화가 융합된 국제적인 국가이다.
③ 고구려 계승 의식을 바탕으로 세워진 국가이다.
④ 중국의 침입을 막아 낸 방파제 역할을 한 국가이다.
⑤ 새로운 국제 질서가 형성되는 데 기여한 국가이다.

주관식·서술형

19 ㉠에 들어갈 지역의 명칭을 쓰시오.

백제는 잦은 전쟁과 지배층의 분열로 정치가 혼란하였다. 이때 신라와 당 연합군이 백제를 공격하였다. 백제는 기벌포에서 당군에 패배하였고, 계백이 이끄는 군대는 (㉠)에서 신라군에 패배하였다. 결국 사비성이 함락되고 백제는 멸망하였다.

20 다음 글을 읽고 물음에 답하시오.

당은 백제가 멸망한 뒤 백제의 옛 중심지에 웅진도독부, 고구려가 멸망한 뒤 고구려의 옛 중심지에 (㉠)을(를) 설치하였다. 신라의 땅에는 계림도독부를 설치하였다.

(1) ㉠에 들어갈 기관의 명칭을 쓰시오.

(2) 당이 위와 같은 기관을 설치한 의도를 서술하시오.

21 (가) 국가의 고구려 계승 의식을 세 가지 서술하시오.

02 남북국의 발전과 변화

1 통일 신라의 통치 제도

1 왕권의 강화

무열왕	최초의 진골 출신 왕
문무왕	나당 전쟁 승리 → 삼국 통일 완성(676)
❶	• 김흠돌의 난 진압 → 진골 귀족 세력 약화, 왕권 강화 • 제도 정비: 9주 5소경, 국학 설치, 관료전 지급(녹읍 폐지)

2 통치 체제의 정비

중앙	집사부, 시중(중시) 강화 → 화백 회의 축소, 상대등 약화
지방	• 전국을 9주로 나눔, 그 아래에 군현을 설치하여 지방관 파견 • ❷ : 수도 금성의 지리적 약점 보완, 지방 세력 견제
군사	• ❸ (중앙군): 신라의 민족 통합 의지 반영 • 10정(지방군): 각 주에 1정씩, 한주에 2정 설치

2 발해의 발전

1 발해의 성장과 멸망

무왕	당의 산둥반도 공격(장문휴), 연호(인안)
❹	상경 용천부로 천도, 당과 우호 관계, 연호(대흥, 보력)
선왕	최대 영토 확보, ❺ 이라 불림, 연호(건흥)
멸망	거란에 의해 멸망(926)

2 발해의 통치 제도

중앙	3성 6부 → 3성(❻ 중심), 6부(유교적 명칭 사용)
지방	5경 15부 62주 설치, 지방 촌락은 토착 세력이 지배
군사	중앙군(10위), 지방군(지방관이 지휘)

3 신라 사회의 동요

중앙 정치	왕위 다툼 → 골품제의 동요 → 중앙 정부의 지방 통제력 약화
지방 봉기	정부의 농민 수탈 심화 → 원종과 애노의 난

4 후삼국의 성립

1 새로운 세력의 성장과 새로운 사상의 유행

❼	독자적으로 군사 보유, 스스로 성주 또는 장군이라 칭함
6두품	골품제의 모순 비판, 새로운 사회 건설 추구
❽	수행과 깨달음 중시, 호족과 농민의 환영
풍수지리설	수도 금성 외 다른 지방의 중요성 강조 → 호족의 사상적 기반

2 후백제와 후고구려의 성립

후백제	견훤이 완산주를 도읍으로 전라도와 충청도 일대에 건국(900)
후고구려	궁예가 송악을 도읍으로 경기도와 강원도 일대에 건국(901)

정답 ❶ 신문왕 ❷ 5소경 ❸ 9서당 ❹ 문왕 ❺ 해동성국 ❻ 정당성 ❼ 호족 ❽ 선종

실력 확인 문제

01 삼국 통일 시기 신라의 중앙 정치에 대한 설명으로 가장 적절한 것은?
중 난이도
① 시중(중시)의 역할이 축소되었다.
② 무열왕 직계 후손의 왕위 계승이 확립되었다.
③ 왕위 계승을 둘러싼 귀족들의 반란이 잦았다.
④ 귀족 회의인 화백 회의의 기능이 강화되었다.
⑤ 진골 세력이 왕을 도와 행정 실무를 담당하면서 성장하였다.

02 다음에서 설명하는 인물로 옳은 것은?
하 난이도

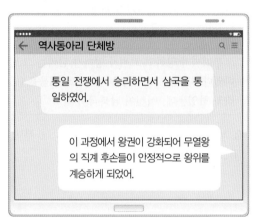

역사동아리 단체방

통일 전쟁에서 승리하면서 삼국을 통일하였어.

이 과정에서 왕권이 강화되어 무열왕의 직계 후손들이 안정적으로 왕위를 계승하게 되었어.

① 무열왕　　② 문무왕　　③ 신문왕
④ 성덕왕　　⑤ 경덕왕

03 신라의 토지 제도에 대한 설명으로 옳은 것을 보기 에서 모두 고르면?
상 난이도

보기
ㄱ. 녹읍은 조세 수취만을 허용한 토지이다.
ㄴ. 신문왕 대에 관료전을 지급하여 국가 재정이 확충되었다.
ㄷ. 신문왕은 녹읍을 폐지하여 귀족의 경제적 기반을 약화하였다.
ㄹ. 관료전은 조세 수취뿐만 아니라 노동력 징발의 권한도 허용한 토지이다.

① ㄱ, ㄴ　　② ㄱ, ㄷ　　③ ㄴ, ㄷ
④ ㄴ, ㄹ　　⑤ ㄷ, ㄹ

04 ㉠ 왕이 시행한 정책으로 옳은 것은?

(㉠)이(가) 즉위하자 그동안 왕권에 눌려 있던 진골 귀족들이 반란을 모의하였다. (㉠)은(는) 이를 진압하여 귀족 세력을 약화하고, 여러 제도를 개혁하였다.

① 국학을 설치하였다.
② 최초의 진골 출신 왕이다.
③ 독서삼품과를 실시하였다.
④ 관리에게 녹읍을 지급하였다.
⑤ 귀족의 경제 기반인 관료전을 폐지하였다.

05 신라의 통치 체제에 대한 설명으로 옳은 것은?

① 지방을 5경 15부 62주로 나누었다.
② 5소경은 유교적 덕목을 반영한 명칭이다.
③ 주 아래에 군현을 두어 토착 세력이 다스리게 하였다.
④ 9주는 신라, 옛 고구려, 옛 백제 땅에 3개씩 설치하였다.
⑤ 지방군은 각 주에 한 개의 정을, 수도인 금성에는 두 개의 정을 두었다.

06 신라가 ㈎를 설치한 목적으로 적절하지 않은 것은?

① 지방 세력을 견제하기 위해서이다.
② 북진 정책의 기지로 삼기 위해서이다.
③ 지방 문화의 중심지로 삼기 위해서이다.
④ 수도의 지리적 약점을 보완하기 위해서이다.
⑤ 옛 삼국의 지배층을 거주하도록 하기 위해서이다.

07 발해 문왕의 업적으로 옳은 것을 보기에서 모두 고르면?

보기
ㄱ. 북만주 일대까지 영토를 확장하였다.
ㄴ. 장문휴를 보내 당의 산둥반도를 공격하였다.
ㄷ. 당과 친선 관계를 맺고 신라와도 교류하였다.
ㄹ. 수도를 상경 용천부로 옮기고 중앙과 지방 제도를 정비하였다.

① ㄱ, ㄴ   ② ㄱ, ㄷ   ③ ㄴ, ㄷ
④ ㄴ, ㄹ   ⑤ ㄷ, ㄹ

08 발해의 정치 기구에 대한 설명으로 옳지 않은 것은?

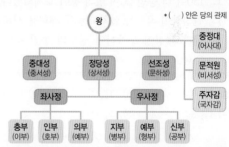

① 좌사정과 우사정을 두어 6부를 관리하게 하였다.
② 유교적 덕목을 반영하여 6부의 명칭을 정하였다.
③ 주자감은 서적과 외교 문서를 담당하는 기구이다.
④ 정당성을 중심으로 국가의 중요한 일을 결정하였다.
⑤ 중정대는 관리의 비리를 감찰하는 역할을 하는 기구이다.

09 발해의 발전 과정을 순서대로 바르게 나열한 것은?

ㄱ. 당의 산둥반도를 공격하였다.
ㄴ. 왕자 대광현은 고려로 망명하였다.
ㄷ. 당이 발해를 '해동성국'이라고 불렀다.
ㄹ. 상경으로 천도하고, 당과 우호 관계를 맺었다.

① ㄱ - ㄴ - ㄷ - ㄹ   ② ㄱ - ㄹ - ㄷ - ㄴ
③ ㄴ - ㄷ - ㄱ - ㄹ   ④ ㄴ - ㄱ - ㄹ - ㄷ
⑤ ㄷ - ㄱ - ㄴ - ㄹ

10 발해의 멸망 원인으로 가장 적절한 것은?

(하)난이도

① 당이 팽창 정책을 추진하여 압박하였다.
② 신라가 연이어 공격하여 영토가 감소하였다.
③ 지배층의 분열로 거란의 침입을 막지 못하였다.
④ 피지배층이었던 말갈인의 반란으로 나라가 분열되었다.
⑤ 무리한 토목 공사에 반발하여 농민이 반란을 일으켰다.

11 신라 말의 사회 모습에 대한 설명으로 옳은 것을 보기에서 모두 고르면?

(중)난이도

보기

ㄱ. 전제 왕권 체제가 확립되었다.
ㄴ. 150여 년 동안 20여 명의 왕이 교체되었다.
ㄷ. 원성왕이 국학을 설치하는 등 개혁을 시도하였다.
ㄹ. 국가 재정이 부족하여 정부의 농민 수탈이 심화되었다.

① ㄱ, ㄴ   ② ㄱ, ㄷ   ③ ㄴ, ㄷ
④ ㄴ, ㄹ   ⑤ ㄷ, ㄹ

12 다음 사건이 일어난 지역으로 옳은 것은?

(중)난이도

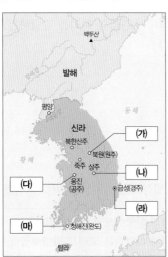

헌덕왕 14년, 아버지 김주원이 왕이 되지 못함을 이유로 반란을 일으켜서 국호를 장안이라 하고 연호를 세워 경운 원년이라 하였다.
ㅡ「삼국사기」ㅡ

① (가)   ② (나)   ③ (다)   ④ (라)   ⑤ (마)

13 호족에 대한 설명으로 옳은 것은?

(하)난이도

① 교종을 사상적 기반으로 삼았다.
② 녹읍이 부활하자 대토지를 소유하였다.
③ 주로 학문과 종교 분야에서 활동하였다.
④ 스스로를 성주 또는 장군이라 칭하였다.
⑤ 당으로 유학을 가서 빈공과에 합격하였다.

14 밑줄 친 '나'와 같은 세력에 대한 설명으로 옳지 않은 것은?

(중)난이도

나는 당에 유학을 간 뒤 빈공과에 급제하였다. 이후 견훤의 참모가 되어 후백제의 성장에 이바지하였다. 견훤을 대신해 고려 태조에게 보내는 글을 짓기도 하였다.

① 관직 승진에 제한을 받았다.
② 골품제의 모순을 비판하였다.
③ 독자적인 군대를 보유하며 세력을 키웠다.
④ 학문 분야에서 뛰어난 두각을 나타내었다.
⑤ 일부는 호족과 함께 새로운 사회 건설을 추진하였다.

15 다음 유적과 관련된 사상에 대한 설명으로 가장 적절한 것은?

(중)난이도

① 왕실과 귀족에게 환영받았다.
② 지방의 중요성을 강조하였다.
③ 승려 도선에 의해 보급되었다.
④ 유교 이념을 전파하기 위해 보급되었다.
⑤ 일상에서의 깨달음과 수행을 강조하였다.

16 후삼국의 성립에 대한 설명으로 옳지 <u>않은</u> 것은?
_{중 난이도}

① 후고구려 → 후백제 순으로 건국되었다.
② 당시 중앙의 지방 통제력이 약화되었다.
③ 후백제는 신라의 군인 출신 인물이 건국하였다.
④ 후고구려는 양길의 부하였던 인물이 건국하였다.
⑤ 신라는 수도인 금성과 그 주변 지역만을 지배하게 되었다.

17 다음 국가에 대한 설명으로 옳지 <u>않은</u> 것은?
_{하 난이도}

① 송악(개성)을 도읍으로 건국한 나라이다.
② 전라도와 충청도 일대를 장악한 나라이다.
③ 새로운 관제를 마련하고 새로운 정치를 추구하였다.
④ 양길의 부하로 있다가 독립한 궁예가 세운 나라이다.
⑤ 건국 이후 나라 이름을 마진, 태봉 등으로 바꾸기도 하였다.

18 다음 사건을 순서대로 바르게 나열한 것은?
_{상 난이도}

ㄱ. 나당 전쟁	ㄴ. 발해 건국
ㄷ. 후백제 건국	ㄹ. 후고구려 건국
ㅁ. 원종과 애노의 난	

① ㄱ-ㄴ-ㄷ-ㄹ-ㅁ
② ㄱ-ㄴ-ㄹ-ㄷ-ㅁ
③ ㄱ-ㄴ-ㅁ-ㄷ-ㄹ
④ ㄴ-ㄷ-ㄱ-ㅁ-ㄹ
⑤ ㄴ-ㄷ-ㅁ-ㄱ-ㄹ

주관식·서술형

19 ㉠에 들어갈 알맞은 용어를 쓰시오.

(㉠)은(는) 관리에게 조세 수취의 권리만 준 토지이다. 신문왕은 녹읍을 폐지하고 (㉠)을(를) 주어 귀족의 경제 기반을 약화하였다.

20 ㉠에 들어갈 알맞은 기관을 쓰시오.

검색어: ㉠

발해는 건국 이후 통치 체제를 정비하였다. 중앙 정치 제도는 당의 것을 모방하였지만 독자적으로 발전시켜 3성 6부 체제로 정비하였고, 지방 행정 구역으로는 5경 15부 62주를 두었다. 유교를 중시하였던 발해는 (㉠)을(를) 설치하여 유학 교육을 실시하였다.

21 다음 자료를 보고 물음에 답하시오.

(가)	(나)
삼국의 옛 땅에 각각 3개의 주를 골고루 설치하였다.	신라인과 옛 고구려인, 옛 백제인, 말갈인으로 중앙군을 편성하였다.

(1) (가), (나) 제도의 명칭을 쓰시오.

(가) _____ (나) _____

(2) 통일 신라가 (가), (나) 제도를 실시한 목적을 서술하시오.

_____

_____

03 남북국의 문화와 대외 관계

1 통일 신라의 문화

1 통일 신라의 불교 발달

❶ ☐☐	• '나무아미타불'만 외우면 극락에 갈 수 있다고 주장 • 일심 사상과 화쟁 사상으로 종파 간 조화를 이루기 위해 노력
의상	화엄 사상: 모든 것은 서로 조화를 이루고 있다는 사상
혜초	『❷ ☐☐☐☐☐☐』 저술

2 통일 신라의 불교 예술 발달

사원	• 불국사: 불교의 이상 세계를 구현한 사원 • ❸ ☐☐☐: 정교한 조각술을 보여 주는 인공 석굴 사원
탑	주로 3층 석탑이 유행, 독특한 형식의 탑도 제작됨
승탑	선종의 유행으로 승려의 사리를 모신 승탑과 탑비 제작
범종	상원사 동종, 성덕 대왕 신종 등

3 통일 신라의 유학과 학문 발달

내용	신문왕(국학 설치), 원성왕(❹ ☐☐☐☐☐ 실시)
강수	외교 문서 작성에 능함
설총	이두 정리 ➡ 유교 경전 보급에 힘씀
❺ ☐☐☐	당의 빈공과에 합격, 문장으로 이름을 떨침
김대문	『화랑세기』 저술

2 발해의 문화

1 발해의 융합적 문화

고구려	굴식 돌방무덤, ❻ ☐☐☐☐☐ 구조, 기와, 온돌 유적 등
당	벽돌무덤, 상경성의 구조, 영광탑 등
말갈	흙무덤, 말갈식 토기

2 발해의 유학과 불교 발달

유학	6부의 명칭에 유교 덕목 사용, 주자감 설치
불교	지배층 중심: 수도 주변의 절터 유적, 불교식 명칭 사용

3 통일 신라와 발해의 대외 교류

1 통일 신라의 대외 교류

무역항	당항성, ❼ ☐☐☐을 통해 아라비아 상인과도 교류
당	산둥반도에 신라방, 신라소, 신라원, 신라관 등 설치
일본	불교 문화 전래, 선진 학문 전수
장보고	❽ ☐☐☐ 설치: 신라-당-일본을 연결하는 해상 무역 장악

2 발해의 대외 교류

당	문왕 이후 우호 관계, 발해관 설치
일본	당과 신라를 견제하기 위하여 교류 ➡ 점차 활발히 교류
신라	건국 초기에 대립하였으나 이후 ❾ ☐☐☐를 통해 꾸준히 교류

정답 ❶ 원효 ❷ 왕오천축국전 ❸ 석굴암 ❹ 독서삼품과 ❺ 최치원 ❻ 모줄임천장 ❼ 울산항
❽ 청해진 ❾ 신라도

실력 확인 문제

01 ㉠에 들어갈 인물과 관련된 주장으로 옳은 것을 [보기]에서 모두 고르면?

중 난이도

> (㉠)은(는) 통일 신라의 승려로 화쟁 사상을 통해 종파 간의 사상적 대립을 조화하기 위해 노력하였다.

[보기]
ㄱ. 하나가 전체요, 전체가 하나다.
ㄴ. 모든 것은 한마음에서 비롯된다.
ㄷ. 모든 것은 서로 조화를 이루고 있다.
ㄹ. '나무아미타불'만 외우면 극락에 갈 수 있다.

① ㄱ, ㄴ   ② ㄱ, ㄷ   ③ ㄴ, ㄷ
④ ㄴ, ㄹ   ⑤ ㄷ, ㄹ

02 ㉠에 들어갈 인물과 그가 정립한 사상의 내용을 바르게 연결한 것은?

중 난이도

▲ 부석사

(㉠)은(는) 통일 신라의 승려로 당에서 유학하고 돌아와 자신의 불교 사상을 정립하였고, 부석사를 창건하였다.

	㉠	사상
①	원효	하나가 전체요, 전체가 하나다.
②	원효	'나무아미타불'만 외우면 성불할 수 있다.
③	의상	모든 것은 한마음에서 비롯된다.
④	의상	모든 것은 서로 조화를 이루고 있다.
⑤	혜초	교종을 중심으로 선종을 통합해야 한다.

03 ㉠에 들어갈 인물로 옳은 것은?

(하) 난이도

[인물 카드] No.1

㉠

• 업적: 인도와 그 주변 지역을 여행하면서 보고 들은 이야기를 책으로 저술하였다. 그가 저술한 책은 8세기 인도와 중앙아시아의 실상을 전해 주는 자료이다.

① 설총　　② 원효　　③ 의상
④ 혜초　　⑤ 김대문

04 통일 신라의 불교 예술에 대한 설명으로 옳지 <u>않은</u> 것은?

(중) 난이도

① 불국사는 불교의 이상 세계를 구현한 사원이다.
② 신라 말 선종의 유행으로 탑비가 많이 세워졌다.
③ 이중 기단 위에 3층으로 쌓은 석탑이 유행하였다.
④ 상원사 동종은 신라의 금속 주조 기술을 보여 준다.
⑤ 성덕 대왕 신종은 우리나라에서 가장 오래된 범종이다.

05 다음 유물에 대한 설명으로 옳은 것을 보기에서 모두 고르면?

(중) 난이도

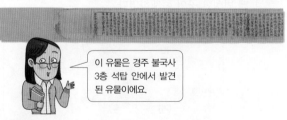

이 유물은 경주 불국사 3층 석탑 안에서 발견된 유물이에요.

보기

ㄱ. 세계에서 가장 오래된 목판 인쇄물이다.
ㄴ. 인도를 순례한 일대기의 내용이 적혀 있다.
ㄷ. 불교의 이상 세계를 잘 구현한 것으로 유명하다.
ㄹ. 당시 인쇄술과 제지술의 발달 정도를 알 수 있다.

① ㄱ, ㄴ　　② ㄱ, ㄹ　　③ ㄴ, ㄷ
④ ㄴ, ㄹ　　⑤ ㄷ, ㄹ

06 신라가 유학을 보급한 목적으로 가장 적절한 것은?

(하) 난이도

① 골품제를 견고히 하기 위해서이다.
② 민족 융합을 도모하기 위해서이다.
③ 당의 침입에 대응하기 위해서이다.
④ 6두품의 관직 진출을 제한하기 위해서이다.
⑤ 왕권을 강화하고 체제를 안정시키기 위해서이다.

07 신라의 유학 발달에 대한 내용으로 옳지 <u>않은</u> 것은?

(중) 난이도

통일 신라의 ① 강수는 외교 문서를 작성하는 데에 능하였고, ② 설총은 이두를 정리하여 유교 경전 보급에 힘썼다. ③ 김대성은 『화랑세기』를 저술하여 화랑의 전기를 기록하였다.

④ 원성왕은 독서삼품과를 실시하여 국학 학생들의 유교 경전 이해 수준을 평가하여 관료로 선발하려 했지만 귀족들의 반발로 실패하였다. 한편 ⑤ 당에 유학하면서 빈공과에 급제하는 6두품 세력이 많아졌다.

08 다음은 발해 문화의 특징에 대한 설명이다. 밑줄 친 부분의 사례로 옳지 <u>않은</u> 것은?

(상) 난이도 중요

발해는 ㉠ 고구려 문화를 바탕으로 문화를 발전시켰어.

㉡ 당의 문화를 수용하기도 했지.

㉢ 고구려와 당 문화를 융합한 문화를 발전시키기도 했어.

① ㉠ - 굴식 돌방무덤을 축조하였다.
② ㉠ - 온돌 구조에서 찾아볼 수 있다.
③ ㉡ - 수도를 설계할 때 장안성을 모방하였다.
④ ㉡ - 무덤의 천장은 모줄임천장 구조로 축조하였다.
⑤ ㉢ - 대표적인 유적으로 정효 공주 묘가 있다.

09 ㉠에 들어갈 내용으로 가장 적절한 것을 보기 에서 모두 고르면?

> • 수업 주제: 고구려를 계승한 발해의 문화
>
>   발해는 옛 고구려 사람들이 건국의 중심 세력이 되어 세운 나라이다. 이에 발해의 문화에서는 고구려 문화의 흔적을 찾아볼 수 있다.
> • 예시: _____㉠_____

보기
ㄱ. ▲ 발해의 수막새
ㄴ. ▲ 발해의 온돌 유적
ㄷ. ▲ 발해 수도의 구조
ㄹ. ▲ 승탑

① ㄱ, ㄴ　　　　② ㄱ, ㄷ　　　　③ ㄴ, ㄷ
④ ㄴ, ㄹ　　　　⑤ ㄷ, ㄹ

10 발해의 불교문화에 대한 설명으로 옳은 것을 보기 에서 모두 고르면?

보기
ㄱ. 왕실의 후원을 받으며 융성하였다.
ㄴ. 6부의 명칭에 불교적 덕목을 반영하였다.
ㄷ. 문왕은 '금륜', '성법'의 불교식 명칭을 사용하였다.
ㄹ. 선종의 영향으로 승려의 사리를 담은 승탑이 세워졌다.

① ㄱ, ㄴ　　　　② ㄱ, ㄷ　　　　③ ㄴ, ㄷ
④ ㄴ, ㄹ　　　　⑤ ㄷ, ㄹ

11 다음 설명과 관련된 문화유산으로 가장 적절한 것은?

> 발해의 불교는 고구려 불교문화의 전통을 계승하며 발전하였다.

① 이불병좌상
② 성덕 대왕 신종
③ 경주 불국사 다보탑
④ 화순 쌍봉사 철감선사 승탑
⑤ 구례 화엄사 4사자 3층 석탑

12 발해의 유학 발달에 대한 설명으로 옳지 않은 것은?

① 6부의 명칭에 유교 덕목을 사용하였다.
② 유학 교육 기관으로 국학을 설치하였다.
③ 당으로 간 유학생은 빈공과에 급제하기도 하였다.
④ 일본에 간 사절단은 높은 한문학 수준을 보여 주었다.
⑤ 정효 공주의 묘지석에는 유교 경전의 내용이 적혀 있다.

13 다음에서 설명하고 있는 지역으로 옳은 것은?

> 통일 신라는 주변 나라인 당, 일본, 발해 등과 활발하게 교류하였다. 이에 통일 신라에는 국제 무역항으로 크게 번성한 곳이 존재하였다.

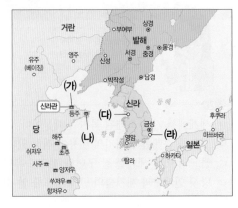

① (가), (나)　　　　② (가), (다)　　　　③ (나), (다)
④ (나), (라)　　　　⑤ (다), (라)

14 통일 신라의 대외 교류에 대한 설명으로 옳지 <u>않은</u> 것은?

(중)
난이도

① 신라는 당과 가장 활발하게 교류하였다.

② 울산항을 통해 아라비아 상인과도 교류하였다.

③ 신라는 당과 일본 사이에서 중계 무역을 펼쳤다.

④ 장보고는 신라도를 설치하여 신라와 발해의 무역을 장악하였다.

⑤ 산둥반도를 비롯한 중국 동쪽 해안 지역에 신라인 마을이 형성되었다.

15 발해의 대외 교류에 대한 설명으로 옳은 것을 보기에서 모두
(중)
난이도 고르면?

> 보기
>
> ㄱ. 당의 산둥반도에는 발해관이 설치되었다.
>
> ㄴ. 일본과는 건국 초기부터 꾸준하게 교류하였다.
>
> ㄷ. 신라와는 대립 관계였기 때문에 교류를 하지 않았다.
>
> ㄹ. 신라를 견제하기 위하여 건국 초부터 당과 활발히 교류하였다.

① ㄱ, ㄴ   ② ㄱ, ㄷ   ③ ㄴ, ㄷ

④ ㄴ, ㄹ   ⑤ ㄷ, ㄹ

16 남북국의 대외 교류에 대한 설명으로 옳지 <u>않은</u> 것은?

(중)
난이도

① 신라는 통일 후 당, 일본과 활발히 문화 교류를 하였다.

② 발해는 주변국과 교류하기 위하여 교통로를 설치하였다.

③ 신라와 발해의 유학생은 당의 빈공과에 급제하기도 하였다.

④ 신라와 발해는 지리적으로 가까워 건국 초기부터 꾸준히 교류하였다.

⑤ 장보고는 완도에 청해진을 설치하여 당 – 신라 – 일본을 연결하는 해상 무역을 장악하였다.

주관식 · 서술형

17 밑줄 친 '이 인물'을 쓰시오.

> <u>이 인물</u>은 통일 신라의 유학자이다. <u>이 인물</u>은 이두를 정리하고 유교 경전을 우리말로 번역하여 유교 경전 보급에 힘썼다.

18 다음 유물을 통해 알 수 있는 통일 신라의 대외 교류에 대하여 서술하시오.

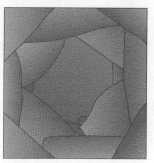

▲ 괘릉 무인석   ▲ 경주에서 출토된 녹색의 유리그릇

19 다음을 통해 알 수 있는 발해 문화의 특징을 서술하시오.

01 고려의 후삼국 통일과 통치 체제의 정비

1 고려의 후삼국 통일

1 고려의 건국과 후삼국 통일 고려 건국(918) → 송악 천도(919)
→ 견훤의 귀순(935) → 신라의 항복(935) → 후백제 멸망(936)

2 태조의 정책과 왕권의 안정

❶ □□	• 민생 안정 정책: 세금 감면, 빈민 구제(흑창) • 호족 정책: 혼인 정책, 사성 정책, 사심관 제도, 기인 제도 • ❷ □□ 정책: 서경 중시, 영토 확장(청천강~영흥만) • 민족 통합 정책: 신라·후백제 백성 및 발해 유민 포용
❸ □□	• ❹ □□□□□ 실시: 호족이 불법으로 차지한 노비를 양인으로 해방 • 과거제 실시: 유교 지식과 능력에 따라 관리 선발 • 황제 칭호, 독자적 연호 사용 • 공신과 호족 세력 숙청
❺ □□	• 최승로의 시무 28조 수용: 유교 이념에 따른 정치 추구 • 2성 6부로 중앙 정치 기구 개편 • 12목에 지방관 파견

2 통치 체제의 정비

1 중앙 정치 제도

2성	• 중서문하성: 국가 정책 심의·결정 • 상서성: 6부를 통해 정책 집행
중추원	군사 기밀과 왕명 출납
어사대	관리의 비리 감찰
삼사	국가 재정의 출납과 회계 담당
❻ □□	• 중서문하성의 일부 관리(낭사)+어사대로 구성 • 관리 감찰 및 국왕의 잘못된 정치 비판
회의 기구	❼ □□□□, 식목도감

2 지방 행정 제도

5도	일반 행정 구역, ❽ □□□ 파견
군·현	• 주현의 지방관이 속현까지 관할 • 주현보다 속현이 다수(향리의 권한이 강함)
양계	국경 지역에 설치, 병마사 파견
특수 행정 구역	• 향·부곡·소로 구성 • 일반 군현에 비해 차별 대우를 받음

3 군사 제도

중앙군	2군(왕을 호위), 6위(수도, 국경 방어 및 치안 담당)
지방군	주현군(5도에 배치), 주진군(양계에 배치)

4 교육 제도 ❾ □□□(중앙), 향교(지방)

5 관리 등용 제도

과거	문과, 승과, 잡과(무과는 거의 실시되지 않음)
❿ □□	고위 관리의 자손이 시험을 거치지 않고 관직에 등용되는 제도

정답 ❶ 태조 ❷ 북진 ❸ 광종 ❹ 노비안검법 ❺ 성종 ❻ 대간 ❼ 도병마사 ❽ 안찰사 ❾ 국자감 ❿ 음서

실력 확인 문제

01 다음 사건을 순서대로 바르게 나열한 것은?
(상) 난이도

> ㄱ. 고려 건국
> ㄴ. 신라의 항복
> ㄷ. 견훤의 귀순
> ㄹ. 후백제 멸망
> ㅁ. 고창(안동) 전투

① ㄱ - ㄴ - ㄷ - ㅁ - ㄹ
② ㄱ - ㄷ - ㄴ - ㄹ - ㅁ
③ ㄱ - ㄷ - ㄹ - ㄴ - ㅁ
④ ㄱ - ㅁ - ㄴ - ㄷ - ㄹ
⑤ ㄱ - ㅁ - ㄷ - ㄴ - ㄹ

[02~03] 다음 글을 읽고 물음에 답하시오.

> 제1조 우리나라(고려)의 대업은 부처 덕분이니, 불교를 장려하라.
> 제4조 중국의 문물과 예악을 따르되, 반드시 같게 할 필요는 없다. 거란은 짐승의 나라이니 그 풍속을 본받지 말라.
> 제5조 서경은 수덕이 순조로워 우리나라 지맥의 근본이니, 1년에 100일은 그곳에서 머물도록 하라.
> 제6조 연등회와 팔관회의 행사를 성대하게 열고 늘리거나 줄이지 말라.
> – 「고려사」 –

02 위 자료와 관련된 왕의 업적으로 옳은 것은?
(중) 난이도
① 기인 제도를 시행하였다.
② 노비안검법을 실시하였다.
③ 개경에 국자감을 설치하였다.
④ 12목에 지방관을 파견하였다.
⑤ 정방을 설치하여 인사권을 장악하였다.

03 제4조, 제5조와 관련된 정책으로 옳은 것은?
(중) 난이도
① 발해 유민을 포용하였다.
② 북진 정책을 추진하였다.
③ 호족의 딸과 혼인하였다.
④ 사심관 제도를 시행하였다.
⑤ 흑창을 설치하여 민생을 안정시켰다.

04 태조가 호족을 포섭하고 통제하기 위해 실시한 정책으로 옳은 것을 보기에서 모두 고르면?

(하) 난이도

보기

ㄱ. 과거제　　　　　　ㄴ. 기인 제도
ㄷ. 노비안검법　　　　ㄹ. 사심관 제도

① ㄱ, ㄴ　　　② ㄱ, ㄹ　　　③ ㄴ, ㄷ
④ ㄴ, ㄹ　　　⑤ ㄷ, ㄹ

05 밑줄 친 '그'의 업적으로 옳은 것은?

(중) 난이도

태조의 뒤를 이은 혜종과 정종 때에는 왕위 계승 다툼이 벌어져 왕권이 불안정하였다. 이러한 상황에서 4대 왕으로 즉위한 그는 왕권을 확립하고 국가를 안정시키기 위한 정책을 펼쳤다.

① 2성 6부를 정비하였다.
② 교정도감을 설치하였다.
③ 관리의 공복을 정하였다.
④ 호족에게 왕씨 성을 하사하였다.
⑤ '영락'이라는 연호를 사용하였다.

06 ㉠, ㉡에 들어갈 말을 바르게 연결한 것은?

(하) 난이도

광종은 (㉠)을(를) 실시하여 호족이 불법으로 차지한 노비를 양인으로 해방하였다. 또한 (㉡)을(를) 실시하여 유교 지식과 능력에 따라 관리를 선발하였다.

	㉠	㉡
①	과거제	사심관 제도
②	과거제	노비안검법
③	기인 제도	사심관 제도
④	노비안검법	과거제
⑤	노비안검법	사심관 제도

07 ㉠에 들어갈 내용으로 옳은 것은?

(하) 난이도

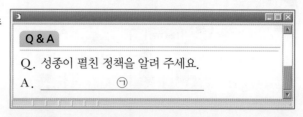

Q & A

Q. 성종이 펼친 정책을 알려 주세요.
A. _____㉠_____

① 후삼국을 통일하였어요.
② 민족 통합 정책을 펼쳤어요.
③ 12목에 지방관을 파견하였어요.
④ 호족에 성씨, 관직, 토지 등을 하사하였어요.
⑤ 청천강에서 영흥만까지 영토를 확장하였어요.

[08~09] 다음 글을 읽고 물음에 답하시오.

불교를 믿는 것은 자신을 다스리는 근본이고, 유교를 행하는 것은 나라를 다스리는 근원을 구하는 것입니다. 자신을 다스리는 것은 내세에 복을 구하는 일이며, 나라를 다스리는 것은 오늘의 급한 일입니다. 오늘은 아주 가까운 것이고, 내세는 지극히 먼 것입니다. 가까운 것을 버리고 먼 것을 구하는 것은 또한 그릇된 것이 아니겠습니까?

– 「고려사」 –

08 위 건의안을 왕에게 올린 인물로 옳은 것은?

(하) 난이도

① 묘청　　　② 쌍기　　　③ 최우
④ 최승로　　⑤ 최충헌

09 위 건의안을 수용하여 왕이 펼친 정책으로 가장 적절한 것은?

(중) 난이도

① 북진 정책을 추진하였다.
② 5도, 양계로 지방 제도를 정비하였다.
③ 정방을 폐지하여 인사권을 장악하였다.
④ 삼별초를 조직하여 군사적 기반으로 삼았다.
⑤ 유교 이념에 입각한 통치 체제를 마련하였다.

10 고려의 중앙 정치 제도에 대한 설명으로 옳은 것은?

(상) 난이도

① 중서문하성의 문하시중이 국정을 총괄하였다.
② 어사대는 군사 기밀과 왕명 출납을 담당하였다.
③ 식목도감은 국방과 군사 문제를 논의하는 기구였다.
④ 대간은 중추원의 일부 관리와 어사대로 구성되어 있었다.
⑤ 당·송의 제도를 받아들여 도병마사와 식목도감을 설치하였다.

11 (가), (나)에 대한 설명으로 옳은 것은?

(상)
난이도

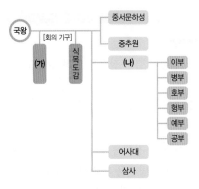

① (가) – 제도와 시행 규칙 제정을 담당하는 기구였다.
② (가) – 중서문하성과 중추원의 고위 관료들이 모여 회의
하는 기구였다.
③ (나) – 국가 정책을 심의하고 결정하는 기구였다.
④ (나) – 국가 재정의 출납과 회계를 담당하는 기구였다.
⑤ (가), (나) – 당의 제도를 받아들여 설치한 기구이다.

12 ㉠~㉢에 들어갈 말을 바르게 연결한 것은?

(중)
난이도

> • (㉠)은(는) 군사 기밀과 왕명 출납을 담당하는 기
> 구였다.
> • (㉡)은(는) 국가 정책을 심의하고 결정하는 최고
> 통치 기구였다.
> • (㉢)은(는) 중서문하성의 관리인 낭사와 어사대로
> 구성되어 있다. 이 기구는 관리 감찰과 국왕의 잘못된
> 정치 행위를 비판하는 역할을 하였다.

	㉠	㉡	㉢
①	삼사	대간	중서문하성
②	삼사	중추원	어사대
③	중추원	대간	중서문하성
④	중추원	중서문하성	대간
⑤	중추원	중서문하성	삼사

13 고려의 통치 체제에 대한 설명으로 옳은 것은?

(중)
난이도

① 5도에는 병마사가 파견되었다.
② 국경 지역에 5도를 설치하였다.
③ 양계에는 주현군이 주둔하였다.
④ 지방관이 파견되지 않은 속현이 존재하였다.
⑤ 고려의 중앙군인 2군은 수도와 국경의 방어를 담당
하였다.

[14~15] 다음 지도를 보고 물음에 답하시오.

14 빗금 친 지역의 명칭으로 옳은 것은?

(하)
난이도

① 3경   ② 5도   ③ 12목
④ 양계   ⑤ 5소경

15 빗금 친 지역에 대한 설명으로 옳은 것은?

(중)
난이도

① 병마사가 관할한 지역이다.
② 북계와 서계로 나뉘어 있었다.
③ 일반 행정 구역으로 향리가 파견되었다.
④ 지방관이 파견되지 않은 주현이 존재하였다.
⑤ 주현군이 주둔하여 치안과 방어를 담당하였다.

16 선생님의 질문에 대한 학생의 답변으로 가장 적절한 것은?

(상)
난이도

> 고려 시대에 향리가 지방의 실질적인
> 행정 업무를 담당하고, 지방 사회에서
> 상대적으로 영향력이 강했다는 근거
> 는 무엇일까요?

① 주현보다 속현이 많았어요.
② 5도에 안찰사를 파견하였어요.
③ 특수 행정 구역이 존재하였어요.
④ 국경 지대에 양계를 설치하였어요.
⑤ 풍수지리설에 따라 3경을 설치하였어요.

17 ㉠에 들어갈 내용으로 옳은 것을 보기 에서 모두 고르면?

(하) 난이도

〈역사 학습 노트〉

주제: 고려의 교육 제도

• 목적: 고려 정부는 인재 양성을 위해 교육에 힘씀
• 교육 제도 정비: _____㉠_____

보기
ㄱ. 태조는 지방에 경학박사를 파견하였다.
ㄴ. 성종은 최고 교육 기관인 국자감을 설치하였다.
ㄷ. 정부는 9재 학당을 설치하여 사학을 진흥시켰다.
ㄹ. 성종은 지방에 향교를 세워 유학 교육을 장려하였다.

① ㄱ, ㄴ   ② ㄱ, ㄷ   ③ ㄴ, ㄷ
④ ㄴ, ㄹ   ⑤ ㄷ, ㄹ

18 다음은 고려의 관리 등용 제도에 대한 표이다. (가), (나)에 대한 설명으로 옳은 것은?

(중) 난이도

① (가) - 고려 후기로 갈수록 (나)보다 중요해졌다.
② (가) - 고위 관료의 자손이 시험을 거치지 않고 관리로 임명되는 제도였다.
③ (나) - (나)를 통해 관직을 세습하기도 하였다.
④ (나) - 천인 이상이면 누구나 응시할 수 있었다.
⑤ (나) - 학식이 뛰어난 인물을 추천하여 관직을 주는 제도였다.

19 ㉠ 제도에 대한 설명으로 옳지 <u>않은</u> 것은?

(중) 난이도

광종이 쌍기의 말을 받아들여 (㉠)을(를) 통해 선비를 뽑았으며, 이로부터 학문을 숭상하는 분위기가 일어나기 시작하였다.   — 「고려사」 —

① 무과는 거의 실시되지 않았다.
② 승과는 승려를 대상으로 한 시험이었다.
③ 양인 이상이면 누구나 응시할 수 있었다.
④ 잡과에 합격하면 기술관으로 등용되었다.
⑤ 문과 중 제술과는 유교 경전의 이해 능력을 시험하였다.

주관식·서술형

20 다음 글을 읽고 물음에 답하시오.

왕이 백성을 다스리는 데 집집마다 가서 돌보고 날마다 볼 수는 없습니다. 그러므로 수령을 파견하여 백성의 이익과 손해를 살피게 하는 것입니다.   — 「고려사」 —

(1) 위 개혁안을 왕에게 올린 인물을 쓰시오.

_____

(2) 위 개혁안을 수용하여 왕이 펼친 정책을 서술하시오.

_____

_____

21 광종이 실시한 노비안검법의 내용을 서술하시오.

_____

_____

22 ㉠, ㉡에 들어갈 정치 기구의 명칭을 쓰시오.

(㉠)와(과) (㉡)은(는) 중서문하성과 중추원의 고위 관료들로 구성되었다. (㉠)에서는 국방과 군사 문제를 논의하였다. (㉡)에서는 제도와 시행 규칙을 만들었다.

㉠ _____   ㉡ _____

23 밑줄 친 부분에 해당하는 사례를 한 가지 서술하시오.

특수 행정 구역인 향·부곡·소가 있었는데, 이곳에 사는 사람들은 군현 지역에 거주하는 사람에 비해 차별 대우를 받았다.

_____

_____

02 무신 정권의 성립과 고려 전기의 대외 관계

1 무신 정권의 성립과 변천

1 흔들리는 문벌 사회

이자겸의 난 (1126)	• 배경: 인종이 이자겸 제거 시도 • 전개: 이자겸이 반란을 일으켰으나 진압당함
❶ ⬚⬚의 서경 천도 운동	• 배경: 개경 세력과 서경 세력의 대립 → 서경 천도 좌절 • 전개: 묘청의 난(1135) → 김부식에 의해 진압당함

2 무신 정변(1170)

배경	무신에 대한 차별 → 이의방 등의 무신이 정변을 일으킴
최씨 무신 정권	• 최충헌이 권력을 장악한 이후 60여 년간 정권 지속 • 최충헌: ❷ ⬚⬚⬚⬚ 설치(국가 주요 정책 결정), 도방 확대 • 최우: 정방 설치(인사권 장악), ❸ ⬚⬚⬚ 조직(군사적 기반)

3 농민과 천민의 봉기

배경	무신 정권의 과도한 수탈, 신분제의 동요
전개	• 망이·망소이의 봉기: 공주 명학소에서 발생 • 김사미·효심의 봉기: 지방관의 수탈에 저항 • ❹ ⬚⬚의 봉기: 신분 해방 주장

2 고려 전기의 대외 관계

1 10세기 동아시아의 국제 관계

❺ ⬚⬚	요 건국, 발해를 멸망시킴
중국	5대 10국 → 송이 중국 재통일
고려	북진 정책 추진 → 거란 견제

2 거란과의 전쟁

배경	고려의 거란 배척, 거란이 고려를 경계
전개	• 1차 침입(993): 서희의 외교 담판 → ❻ ⬚⬚⬚⬚ 획득 • 2차 침입: 양규의 활약 • 3차 침입: 강감찬의 ❼ ⬚⬚ 대첩(1019)

3 여진과의 관계

12세기 무렵	여진이 부족을 통합하고 세력 확장 → 고려를 침입
여진 정벌	윤관의 건의로 ❽ ⬚⬚⬚ 조직 → 여진 정벌 후 ❾ ⬚⬚ ⬚⬚ 축조 → 이후 여진의 요구로 반환
여진 성장	금 건국 후 고려에 군신 관계 요구 → 이자겸이 금의 요구 수용

4 고려의 대외 교류

특징	송·요·금·일본·아라비아 상인과 교류(개방적)
❿ ⬚⬚⬚	개경과 가까운 예성강 하구에 위치, 국제 무역항으로 번성

정답 ❶묘청 ❷교정도감 ❸삼별초 ❹만적 ❺거란 ❻강동 6주 ❼귀주 ❽별무반 ❾동북 9성 ❿벽란도

---

01 중 난이도 ㉠ 세력에 대한 설명으로 옳은 것을 보기 에서 모두 고르면?

> 고려의 대표적 (㉠)인 경원 이씨 가문은 왕실의 외척으로 권력을 오래 장악하였다. 특히 이자겸은 딸들을 예종, 인종의 왕비로 들여 최고 권력을 누렸다.

보기
ㄱ. 문신에 비해 정치적·사회적 차별을 받아 왔다.
ㄴ. 왕실과의 혼인 관계를 통해 권력을 유지하였다.
ㄷ. 성리학 이념을 바탕으로 고려를 개혁하고자 하였다.
ㄹ. 과거와 음서를 통해 여러 대에 걸쳐 고위 관직을 차지하였다.

① ㄱ, ㄴ　　② ㄱ, ㄷ　　③ ㄴ, ㄷ
④ ㄴ, ㄹ　　⑤ ㄷ, ㄹ

[02~03] 다음 글을 읽고 물음에 답하시오.

> 이 전쟁(서경 천도)은 불가 대 유가의 싸움이고, 국풍파 대 한학파의 싸움이고, 독립당 대 사대당의 싸움이고, 진취 사상 대 보수 사상의 싸움이다. (㉠)은 곧 전자의 대표이고, (㉡)은 곧 후자의 대표였던 것이다.
> — 신채호, 「조선사 연구초」 —

02 하 난이도 ㉠, ㉡에 들어갈 인물을 바르게 연결한 것은?

	㉠	㉡
①	묘청	이자겸
②	묘청	김부식
③	묘청	정지상
④	김부식	묘청
⑤	김부식	정지상

03 중 난이도 ㉠의 주장으로 옳은 것을 보기 에서 모두 고르면?

보기
ㄱ. 신분 해방을 주장하였다.
ㄴ. 금에 사대할 것을 주장하였다.
ㄷ. 수도를 서경으로 옮기자고 주장하였다.
ㄹ. 황제 칭호 및 독자적인 연호 사용을 주장하였다.

① ㄱ, ㄴ　　② ㄱ, ㄷ　　③ ㄴ, ㄷ
④ ㄴ, ㄹ　　⑤ ㄷ, ㄹ

04 다음 주장이 나타난 시기를 연표에서 옳게 고른 것은?

풍수지리설에 의하면 고려의 상황이 좋지 않은 것은 바로 개경의 기운이 약해졌기 때문입니다. 고려가 더욱 강해지려면 일단 수도를 서경으로 옮기는 것이 마땅합니다.

	(가)		(나)		(다)		(라)		(마)	
고려 건국		귀주 대첩		이자겸의 난		무신 정변		몽골의 1차 침략		위화도 회군	

① (가) ② (나) ③ (다) ④ (라) ⑤ (마)

05 ㉠에 들어갈 내용으로 적절하지 <u>않은</u> 것은?

모둠 탐구 계획서

• 탐구 주제: 무신 정변의 배경
• 조사할 내용: _____㉠_____

① 의종의 실정이 고려 정치에 끼친 영향
② 무신과 문신의 관직 승진 상한선 비교
③ 고려 시대 문과와 무과 시행 횟수 비교
④ 보현원에서 벌어진 오병수박희 사건의 과정
⑤ 이의민의 집권이 농민과 천민의 봉기에 끼친 영향

06 (가), (나) 인물에 대한 설명으로 옳은 것은?

① (가) - 서방을 설치하였다.
② (가) - 삼별초를 조직하였다.
③ (가) - 사병 집단인 도방을 확대하였다.
④ (나) - 의종을 폐위하고 정권을 장악하였다.
⑤ (나) - 중방에서 국가의 중대사를 처리하였다.

07 무신 집권기 정치 기구에 대한 설명으로 옳은 것은?

① 정방 - 최충헌이 설치, 관리의 인사권 행사
② 도방 - 최우가 설치, 무신 정권의 사병 집단
③ 중방 - 최충헌이 설치, 국가의 중요 정책 결정
④ 삼별초 - 최우가 설치, 무신 정권의 군사적 기반
⑤ 교정도감 - 무신 정권 초기의 회의 기구, 국가의 중대사 처리

08 (가), (나) 시기 사이에 일어난 일로 옳은 것은?

(가) 서경에서 반란을 일으킨 묘청 세력이 김부식이 이끈 관군에 의해 진압되었다.
(나) 이의민을 제거한 최충헌이 집권하면서 무신 정권은 안정을 찾았다.

① 최우는 강화도로 수도를 옮겼다.
② 정중부, 이의방 등이 정변을 일으켰다.
③ 이자겸이 난을 일으켰으나 진압되었다.
④ 삼별초가 고려 정부와 몽골 연합군에게 진압되었다.
⑤ 몽골 사신이 피살된 사건을 계기로 몽골이 침략하였다.

09 무신 집권기에 (가), (나)와 같은 봉기가 일어난 배경으로 가장 적절한 것은?

(가)	(나)
나의 고향(명학소)을 충순현으로 승격하고 수령을 보내 위로하더니 다시 군대를 보내 토벌하러 와서 우리 어머니와 아내를 옥에 가두니 그 뜻은 어디에 있는가? 차라리 싸우다가 죽을지언정 항복하여 포로가 되지 않을 것이며, 반드시 개경까지 갈 것이다.	무신 정변 이후 높은 관리가 천민과 노비에서 많이 나왔다. 장군과 재상이 본래 씨가 따로 있겠는가? 때가 되면 누구나 그 자리를 차지할 수 있는 것이다. 각자 자신의 주인을 죽이고 노비 문서를 불태우자.

① 묘청이 서경에서 반란을 일으켰다.
② 이자겸의 난 이후 왕권이 약해졌다.
③ 거란의 침략으로 국력이 약화되었다.
④ 무신이 정변을 일으켜 정권을 장악하였다.
⑤ 무신 간의 권력 다툼으로 지방 통제력이 약화되었다.

10 (가) 국가에 대한 설명으로 옳은 것은?

상 난이도

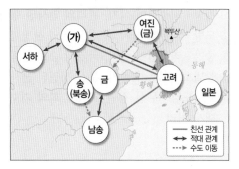

① 강동 6주를 고려에 넘겨주었다.
② 고려의 해안 지방을 자주 침략하였다.
③ 별무반의 공격으로 영토를 상실하였다.
④ (가)의 침입에 맞서 고려는 강화도로 천도하였다.
⑤ 사신이 귀국길에 살해된 사건을 계기로 고려를 침략하였다.

[11~12] 다음 글을 읽고 물음에 답하시오.

> 서희는 소손녕과의 외교 회담에서 (㉠)과의 관계를 끊고 (㉡)과 교류하기로 약속하였다. 그 대가로 (㉢)을 몰아내고 강동 6주를 확보하였다.

11 ㉠~㉢에 들어갈 나라를 바르게 연결한 것은?

중 난이도

	㉠	㉡	㉢
①	송	거란	여진
②	송	거란	몽골
③	송	여진	거란
④	여진	송	거란
⑤	여진	거란	몽골

12 ㉢에 대한 설명으로 옳은 것은?

중 난이도

① 강감찬은 귀주에서 ㉢의 대군을 격퇴하였다.
② 양규의 활약으로 ㉢의 침략을 막아낼 수 있었다.
③ 김윤후는 처인성에서 ㉢의 사령관이었던 살리타를 사살하였다.
④ 고려 정부는 ㉢의 침략을 막기 위해 초조대장경을 조판하였다.
⑤ 윤관은 별무반을 이끌고 ㉢을 정벌하여 동북 9성을 축조하였다.

13 다음 지도와 관련된 탐구 활동으로 가장 적절한 것은?

하 난이도

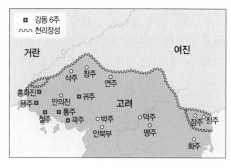

① 동북 9성의 위치를 조사한다.
② 삼별초가 대몽 항쟁을 한 이유를 조사한다.
③ 공민왕이 쌍성총관부를 수복한 이유를 파악한다.
④ 서희가 소손녕과의 외교 회담에서 한 주장을 분석한다.
⑤ 을지문덕이 귀주에서 거란의 대군을 물리칠 수 있었던 이유를 조사한다.

14 ㉠에 들어갈 군대의 명칭으로 옳은 것은?

하 난이도

> 부족을 통합하고 세력이 강성해진 여진은 국경에서 고려와 자주 충돌하였다. 이에 윤관은 (㉠)을(를) 이끌고 여진을 정벌하여 동북 지방에 9개의 성을 쌓고 고려의 영토로 삼았다.

① 별기군   ② 별무반   ③ 삼별초
④ 주진군   ⑤ 2군 6위

15 (가), (나) 시기 사이에 일어난 일로 옳은 것은?

중 난이도

> (가) 세력을 키운 여진은 금을 세우고 거란을 멸망시켰다.
>
> ↓
>
> (나) 인종은 내부 분열을 이용하여 반란을 진압하였다.

① 묘청이 서경에서 반란을 일으켰다.
② 윤관은 별무반을 이끌고 여진을 정벌하였다.
③ 이자겸은 금의 군신 관계 요구를 수용하였다.
④ 고려 정부는 동북 9성을 여진에게 반환하였다.
⑤ 보현원에서 무신이 정변을 일으키고 정권을 장악하였다.

16 지도를 보고 추론한 내용으로 옳은 것을 **보기** 에서 모두 고르면?

중 난이도

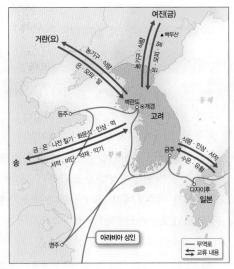

보기
ㄱ. 송은 고려를 견제하기 위해 거란과 교류하였다.
ㄴ. 일본 상인을 통해 고려가 서방 세계에 알려졌다.
ㄷ. 예성강 하구의 벽란도는 국제 무역항으로 번성하였다.
ㄹ. 거란, 여진은 고려에서 생활필수품을 주로 수입하였다.

① ㄱ, ㄴ   ② ㄱ, ㄷ   ③ ㄴ, ㄷ
④ ㄴ, ㄹ   ⑤ ㄷ, ㄹ

17 ㉠에 들어갈 항구로 옳은 것은?

하 난이도

고려는 송, 요, 금, 일본과 교류하였고, 아라비아 상인도 고려에 들어와 교역하였다. 개경과 가까운 거리에 있었던 예성강 하구의 (㉠)은(는) 국제 무역항으로 번성하였다.

① 당항성   ② 울산항   ③ 벽란도
④ 강화도   ⑤ 부산항

주관식·서술형

18 다음 글을 읽고 물음에 답하시오.

보현원으로 행차했던 의종은 대장군 이소응 등 무신에게 오병수박희를 시켰다. 이소응은 무신이었지만 나이가 많고 힘이 약해 상대를 이기지 못하였다. 이때 젊은 문신 한뢰가 이소응의 뺨을 때리며 모욕하였다. 이를 계기로 이의방, 정중부 등은 정변을 일으켰다.

(1) 밑줄 친 사건의 명칭을 쓰시오.

_____

(2) 밑줄 친 사건이 일어난 배경을 두 가지 서술하시오.

_____
_____

19 다음 자료를 보고 물음에 답하시오.

1170	1174	1179	1183	1196		1219	1249	1257	1258	1268	1270	1270
이의방	정중부	경대승	이의민	최충헌		최우	최항	최의	김준	임연	임유무
중방				(가)			(가), (나)					

(1) (가), (나)에 들어갈 정치 기구의 명칭을 쓰시오.

(가) _____   (나) _____

(2) (가), (나)의 기능을 서술하시오.

_____
_____

20 ㉠, ㉡에 들어갈 명칭을 쓰시오.

• 거란의 1차 침입 때에는 서희가 외교 회담을 통해 송과 관계를 끊기로 약속하고 (㉠)을(를) 획득하였다.
• 윤관은 별무반을 이끌고 여진을 정벌하여 (㉡)을(를) 축조하였다.

㉠ _____   ㉡ _____

03 고려의 대몽 항쟁 ~ 04 몽골의 간섭과 고려의 개혁

1 몽골의 침입

배경	몽골 사신 피살 사건을 구실로 침략
고려의 저항	• 최씨 무신 정권의 ❶ ☐☐☐ 천도 • 김윤후의 활약(처인성, 충주성 전투) • 고려 정부의 팔만대장경 조판
몽골과의 강화	강화 체결 후 개경 환도(1270)
❷ ☐☐☐의 항쟁	강화 거부 → 진도·제주도로 이동하며 항쟁
영향	문화재 소실: 초조대장경, 황룡사 9층 목탑 등

2 원의 간섭과 공민왕의 개혁

1 원의 간섭

영토 상실	동녕부(서경), ❸ ☐☐☐☐(화주), 탐라총관부(제주)
내정 간섭	❹ ☐☐☐☐을 설치하여 내정 간섭
고려의 지위 격하	• 고려의 왕과 원의 공주 혼인 • 왕실의 호칭, 관제 격하
자원 수탈	인적 수탈(공녀, 환관), 물적 수탈(금은, 인삼, 매 등)
문화 교류	• 고려양: 원에 고려 풍습 전래 • ❺ ☐☐☐: 변발, 몽골식 복장, 몽골어 유행

2 ❻ ☐☐☐☐의 성장

형성	원의 세력을 배경으로 권세를 누리며 성장(원과 혼인 관계를 맺은 가문, 몽골어 통역관 등)
특징	• 음서를 통해 관직 진출, 높은 관직 독점 • 대규모 농장 소유

3 ❼ ☐☐☐의 개혁 정치

반원 정책	기철 등 친원 세력 제거, 정동행성 축소, 쌍성총관부 공격(철령 이북의 땅 회복), 관제 복구, 변발 등 몽골풍 금지, 정방 폐지
개혁 정책	❽ ☐☐☐☐☐☐ 설치(신돈), 성균관 개편

3 새로운 정치 세력의 성장

1 신진 사대부와 신흥 무인 세력의 성장

❾ ☐☐☐☐☐	• 성리학 수용, 공민왕의 개혁 정치에 참여 • 과거를 통해 중앙 관리로 진출 • 권문세족 비판, 명과 우호 관계 주장
신흥 무인 세력	홍건적과 왜구의 침입을 격퇴하는 과정에서 성장(최영, 이성계 등)

2 고려의 멸망

위화도 회군	• 배경: 명이 철령 이북의 땅을 직할령으로 삼겠다고 통보 → 최영의 요동 정벌 추진 • 전개: 이성계가 요동 정벌에 반대하여 위화도에서 회군
고려 멸망	• ❿ ☐☐☐☐☐을 계기로 신진 사대부가 권력 장악 • 정몽주 등 왕조 교체 반대 세력 제거 • 정도전 등이 이성계와 손잡고 조선 건국(1392)

정답 ❶ 강화도 ❷ 삼별초 ❸ 쌍성총관부 ❹ 정동행성 ❺ 몽골풍 ❻ 권문세족 ❼ 공민왕 ❽ 전민변정도감 ❾ 신진 사대부 ❿ 위화도 회군

실력 확인 문제

01 (상 난이도)

(다) 시기에 일어난 사건으로 옳지 않은 것은?

(가)	(나)	(다)	(라)	(마)
고려 건국	무신 정변	몽골의 1차 침략	개경 환도	공민왕 즉위	위화도 회군

① 고려 정부와 몽골이 강화를 체결하였다.
② 최씨 무신 정권이 강화도로 천도하였다.
③ 김윤후와 처인 부곡민들이 몽골군을 물리쳤다.
④ 고려 정부가 팔만대장경을 조판하기 시작하였다.
⑤ 삼별초가 제주도에서 고려 정부와 몽골 연합군에 의해 진압되었다.

02 (중 난이도)

다음 사건을 순서대로 바르게 나열한 것은?

> ㄱ. 처인성 전투
> ㄴ. 최우의 강화도 천도
> ㄷ. 박서의 귀주성 항전
> ㄹ. 고려·몽골 연합군의 삼별초 진압

① ㄱ-ㄴ-ㄷ-ㄹ
② ㄱ-ㄹ-ㄴ-ㄷ
③ ㄴ-ㄱ-ㄹ-ㄷ
④ ㄷ-ㄱ-ㄴ-ㄹ
⑤ ㄷ-ㄴ-ㄱ-ㄹ

03 (하 난이도)

㉠에 들어갈 군대의 명칭으로 옳은 것은?

> 몽골과 강화를 맺은 고려 정부는 개경 환도를 결정하였다. (㉠)은(는) 이를 거부하고 배중손의 지휘 아래 진도로 이동하며 항전하였다.

① 별무반   ② 별기군   ③ 삼별초
④ 주현군   ⑤ 2군 6위

04 선생님의 질문에 대한 학생의 답변으로 옳은 것은?

(중 난이도)

(가)에 대해 설명해 볼까요?

① 강동 6주를 차지하였어요.
② 동북 9성을 축조하였어요.
③ 금국 정벌을 주장하였어요.
④ 개경 환도에 반대하였어요.
⑤ 처인성 전투를 승리로 이끌었어요.

05 ㉠에 들어갈 내용으로 옳지 않은 것은?

(하 난이도)

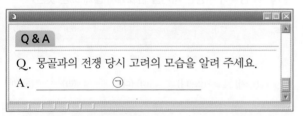

Q & A

Q. 몽골과의 전쟁 당시 고려의 모습을 알려 주세요.
A. _____㉠

① 고려의 국력이 약화되었어요.
② 고려의 농토가 황폐해졌어요.
③ 일부 고려인은 몽골에 포로로 끌려갔어요.
④ 황룡사 9층 목탑과 초조대장경이 불탔어요.
⑤ 몽골군을 격퇴한 신흥 무인 세력이 성장하였어요.

06 다음 자료와 관련된 시기에 대한 설명으로 가장 적절한 것은?

(중 난이도)

고려 25대 충렬왕부터 30대 충정왕까지는 모두 '충성할 충(忠)'자가 왕의 이름 앞에 붙는다.

① 무신이 보현원에서 정변을 일으켰다.
② 고려는 금의 군신 관계 요구를 수용하였다.
③ 쌍성총관부를 공격하여 철령 이북의 땅을 회복하였다.
④ 원은 정동행성을 설치하여 고려의 내정을 간섭하였다.
⑤ 윤관은 별무반을 이끌고 여진을 정벌한 후에 동북 9성을 축조하였다.

07 다음 시기에 볼 수 있었던 모습으로 적절하지 않은 것은?

(중 난이도)

고려의 왕자는 왕위에 오르기 전까지 원에서 지내며 교육을 받았고, 원의 공주와 혼인하였다. 또한 '폐하'를 '전하'로, '태자'를 '세자'로 부르는 등 왕실의 호칭이 격하되었다.

① 공녀로 끌려가는 여인
② 강화도 천도를 준비하는 최우
③ 고려의 내정에 간섭하는 몽골인
④ 일본 원정에 강제로 동원된 군인
⑤ 권문세족에게 토지를 빼앗긴 농민

08 밑줄 친 부분에 대한 사례로 옳지 않은 것은?

(하 난이도)

고려는 몽골과의 전쟁이 끝난 후 독립국의 지위를 유지하였지만 원의 간섭을 받았다.

① 원은 서경에 동녕부를 설치하였다.
② 원은 고려 왕실의 호칭과 관제를 낮추었다.
③ 원은 금은, 인삼, 매 등 많은 공물을 요구하였다.
④ 원은 성균관을 개편하여 신진 세력을 육성하였다.
⑤ 원은 정동행성을 설치하여 고려의 내정을 간섭하였다.

09 ㉠에 들어갈 정치 세력으로 옳은 것은?

(하 난이도)

원 간섭기에는 원과 밀접한 관계가 있는 친원 세력이 권세를 누렸다. 이들은 기존의 문벌 세력, 무신 정권기에 등장한 가문과 더불어 (㉠)을(를) 형성하고 새로운 지배 세력으로 성장하였다.

① 무신   ② 문벌   ③ 호족
④ 권문세족   ⑤ 신진 사대부

10 ㉠에 들어갈 정치 세력에 대한 설명으로 옳지 <u>않은</u> 것은?

중 난이도

| 호족 → 문벌 → 무신 → (㉠) → 신진 사대부 |

① 친원적 성향이 강하였다.
② 주로 음서를 통해 주요 관직을 독점하였다.
③ 성리학을 바탕으로 고려를 개혁하고자 하였다.
④ 백성들의 토지를 빼앗아 대규모 농장을 경영하였다.
⑤ 원과 혼인 관계를 맺은 가문, 역관, 응방의 관리 등이 ㉠으로 성장하였다.

11 ㉠에 들어갈 인물로 옳은 것은?

하 난이도

공민왕은 (㉠)을(를) 등용하여 전민변정도감을 설치하였다. 이를 통해 권문세족이 불법적으로 빼앗은 토지를 원래의 주인에게 돌려주고, 강제로 노비가 된 사람들을 양인으로 풀어 주었다.

① 윤관   ② 서희   ③ 신돈
④ 이성계   ⑤ 정도전

12 다음 영토를 수복한 왕의 업적으로 옳지 <u>않은</u> 것을 보기 에서 모두 고르면?

중 난이도

보기
ㄱ. 정방을 설치하였다.
ㄴ. 정동행성을 축소하였다.
ㄷ. 노비안검법을 실시하였다.
ㄹ. 기철 등 친원 세력을 제거하였다.

① ㄱ, ㄴ   ② ㄱ, ㄷ   ③ ㄴ, ㄷ
④ ㄴ, ㄹ   ⑤ ㄷ, ㄹ

[13~14] 다음 글을 읽고 물음에 답하시오.

근래에 기강이 크게 무너져 종묘, 학교 및 백성이 대대로 농사를 지어온 땅을 권세가가 거의 다 빼앗았다. …… 이제 도감을 설치하여 바로잡고자 하니, 잘못을 알고 스스로 고치는 자는 죄를 묻지 않을 것이나, 기한을 넘겨 일이 발각되는 자는 죄를 조사하여 다스릴 것이다.
－ 「고려사」 －

13 위 자료와 관련된 개혁 정책으로 가장 적절한 것은?

중 난이도

① 몽골풍을 금지하였다.
② 쌍성총관부를 공격하였다.
③ 전민변정도감을 설치하였다.
④ 기철 등 친원 세력을 제거하였다.
⑤ 왕실의 호칭과 관제를 복구하였다.

14 위 정책이 시행된 시기를 연표에서 옳게 고른 것은?

중 난이도

	(가)		(나)		(다)		(라)		(마)	
고려 건국		무신 정변		몽골 1차 침략		개경 환도		공민왕 즉위		위화도 회군

① (가)   ② (나)   ③ (다)   ④ (라)   ⑤ (마)

15 (가), (나) 세력에 대한 설명으로 옳은 것은?

상 난이도

(가)	(나)
나는 몽골어를 잘해서 높은 관직에 올랐고, 많은 토지를 소유하게 되었다네.	나는 성균관에서 성리학을 공부했어. 그리고 과거를 통해 관직에 올랐다네.

보기
ㄱ. (가) - 친명적 성향이 강하였다.
ㄴ. (가) - 주로 음서를 통해 관직에 진출하였다.
ㄷ. (나) - 권문세족의 비리를 비판하였다.
ㄹ. (나) - 홍건적과 왜구의 침략을 격퇴하면서 성장하였다.

① ㄱ, ㄴ   ② ㄱ, ㄷ   ③ ㄴ, ㄷ
④ ㄴ, ㄹ   ⑤ ㄷ, ㄹ

16 다음 지도와 관련된 설명으로 가장 적절한 것은?

① 신진 사대부가 성장하였다.
② 신흥 무인 세력이 성장하였다.
③ 이성계가 위화도에서 회군하는 과정이다.
④ 최영이 요동 정벌을 추진한 계기가 되었다.
⑤ 명의 철령위 설치 통보에 대응하는 과정이다.

17 다음 지도에 대한 설명으로 옳은 것을 보기에서 모두 고르면?

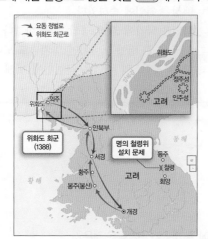

보기
ㄱ. 최영은 요동 정벌에 반대하였다.
ㄴ. 이성계는 우왕을 제거하고 정권을 장악하였다.
ㄷ. 원은 철령 이북의 땅을 자신의 영토라 주장하였다.
ㄹ. 이성계는 위화도에서 군대를 돌려 개경으로 돌아갔다.

① ㄱ, ㄴ   ② ㄱ, ㄷ   ③ ㄴ, ㄷ
④ ㄴ, ㄹ   ⑤ ㄷ, ㄹ

주관식·서술형

18 ㉠에 들어갈 지명을 쓰고, ㉠(으)로 천도한 이유를 서술하시오.

> 고려 정부는 몽골에 맞서 싸우기 위해 개경에서 (㉠)(으)로 수도를 옮겼다.

_____

_____

19 다음 글을 읽고 물음에 답하시오.

> 신돈은 왕에게 (㉠)을(를) 설치할 것을 청하였다.
> …… "근래에 기강이 크게 무너져 종묘, 학교 및 백성이 대대로 농사를 지어온 땅을 권세가가 거의 다 빼앗았다. …… 이제 도감을 설치하여 바로잡고자 하니, 잘못을 알고 스스로 고치는 자는 죄를 묻지 않을 것이나, 기한을 넘겨 일이 발각되는 자는 죄를 조사하여 다스릴 것이다."
> – 『고려사』 –

(1) ㉠에 들어갈 정치 기구의 명칭을 쓰시오.

_____

(2) 밑줄 친 '왕'의 반원 개혁 정치를 세 가지 서술하시오.

_____

_____

20 ㉠, ㉡에 들어갈 세력을 쓰시오.

> • (㉠): 원의 세력을 배경으로 권세를 누리던 세력
> • (㉡): 성리학 수용, 과거를 통해 중앙 관리로 진출

㉠ _____   ㉡ _____

21 ㉠, ㉡에 들어갈 인물을 쓰시오.

> 위화도 회군 이후 신진 사대부는 고려의 개혁 방향을 놓고 분열하였다. 이색, (㉠)은(는) 고려 왕조를 유지한 채 개혁을 하자고 주장하였고, (㉡)은(는) 새로운 왕조를 세울 것을 주장하였다.

㉠ _____   ㉡ _____

05 고려의 생활과 문화

1 고려 사회의 모습

1 신분 제도

신분제 사회	양천제: 양인, 천인으로 구분
사회 정책	❶ □□ (곡식을 빌려주는 기관), 동서 대비원(의료 기관)

2 혼인과 가족 제도

가족 제도	일부일처제, 처가살이, 조혼의 풍습, 자녀 균분 상속
여성의 지위	태어난 순서대로 호적에 기록, 여성이 호주가 되기도 함, 아들과 딸의 구분 없이 제사를 지냄

2 고려의 사상

1 불교의 발달

❷ □□	해동 천태종 창시, 교종 중심 선종 통합
❸ □□	수선사를 중심으로 불교 개혁 주장, 선종 중심 교종 포용

2 도교와 풍수지리설의 발달

도교	국가의 안녕과 왕실의 번영 기원
❹ □□□□	도읍을 정하거나 궁궐, 사찰, 주택 등을 짓는 데 활용

3 유학의 발달

고려 초기	과거제 실시, ❺ □□□(개경), 향교(지방) 설치
고려 중기	최충이 9재 학당 설립 → 사학 12도로 발전
무신 집권기	유학 교육이 크게 위축
원 간섭기	❻ □□□ 수용(안향) → 신진 사대부를 중심으로 발전

4 역사서 편찬

고려 중기	『❼ □□□□』	김부식이 유교적 입장에서 편찬
무신 집권기	『동명왕편』	이규보 편찬, 고구려 계승 의식 반영
원 간섭기	『❽ □□□』	일연 편찬, 고대의 설화 및 신화 서술
	『제왕운기』	이승휴 편찬, 고조선 기록
고려 말기	『사략』	이제현 편찬, 성리학적 사관 반영

3 고려의 불교문화와 예술

건축	주심포 양식, 배흘림기둥(부석사 무량수전)
석탑	❾ □□ □□□ 유행(개성 경천사지 10층 석탑), 승탑 제작
불상	거대 석불(논산 관촉사 석조 미륵보살 입상), 대형 철불 제작
회화	「수월관음도」
인쇄술	목판 인쇄술	초조대장경, 팔만대장경
	금속 활자	• 『상정고금예문』: 현존하지 않음 • 『❿ □□』: 남아 있는 가장 오래된 금속 활자본

실력 확인 문제

01 ㉠에 들어갈 내용으로 옳은 것은?

(중) 난이도

 고려의 신분 중 양인에 대해 발표 해 볼까요?

 양인은 지배층과 일반 양민으로 나뉘어 있었 어요.

 그중 양민은 ㉠

① 과거에 응시할 수 없었어요.
② 매매·증여·상속의 대상이었어요.
③ 전문 기술이나 행정 실무를 담당하였어요.
④ 백정이라 불리는 농민이 대부분을 차지하였어요.
⑤ 개경에 거주하고 음서를 통해 높은 관직을 차지하였 어요.

02 고려 시대의 신분 제도에 대한 설명으로 옳은 것을 보기에서 (중) 모두 고르면?
난이도

보기
ㄱ. 백정은 천인에 속하였다.
ㄴ. 양민은 국가에 조세, 공납, 역을 바쳤다.
ㄷ. 부모 중 한 명이 노비이면 그 자녀도 노비가 되었다.
ㄹ. 향·부곡·소의 주민은 군현민에 비해 차별받았고, 천인에 속하였다.

① ㄱ, ㄴ   ② ㄱ, ㄷ   ③ ㄴ, ㄷ
④ ㄴ, ㄹ   ⑤ ㄷ, ㄹ

03 ㉠에 들어갈 기구로 옳은 것은?

(하) 난이도

　고려는 생산 대부분을 담당하는 농민을 보호하기 위 해 여러 제도를 마련하였다. (㉠)을(를) 설치하여 백성에게 곡식을 빌려주었다가 추수한 다음에 갚도록 하였다.

① 의창   ② 응방   ③ 정방
④ 동서 대비원   ⑤ 전민변정도감

04 ㉠에 들어갈 내용으로 옳은 것을 보기에서 모두 고르면?

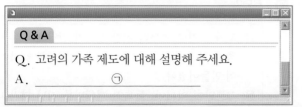

Q & A

Q. 고려의 가족 제도에 대해 설명해 주세요.

A. _____ ㉠ _____

보기

ㄱ. 여성은 재혼을 하기가 쉽지 않았어요.
ㄴ. 혼인 풍속은 일부일처제가 일반적이었어요.
ㄷ. 부모의 재산은 자녀에게 골고루 분배되었어요.
ㄹ. 가족 구성은 대체로 대가족이 중심을 이루었어요.

① ㄱ, ㄴ   ② ㄱ, ㄷ   ③ ㄴ, ㄷ
④ ㄴ, ㄹ   ⑤ ㄷ, ㄹ

05 다음 자료와 관련된 시기의 사회 모습으로 옳지 <u>않은</u> 것을 보기에서 모두 고르면?

　　나익희의 어머니가 재산을 나누어 주면서 나익희에게 따로 노비 40명을 주려고 하자, 사양하며 말하기를 "제가 1남 5녀의 사이에 있으면서 어찌 차마 구차하게 더 얻어 여러 자녀들이 화목하게 살게 하고자 한 어머니의 인자한 뜻에 누를 끼칠 수 있겠습니까?"라고 하니 어머니가 의롭게 여기면서 이를 따랐다. 　－「고려사」－

보기

ㄱ. 여성이 호주가 될 수 있었다.
ㄴ. 혼인 후에 부부의 재산은 남성 쪽으로 합쳤다.
ㄷ. 사위나 외손자는 음서의 혜택을 받을 수 없었다.
ㄹ. 호적은 남녀 구분 없이 태어난 순서대로 기재하였다.

① ㄱ, ㄴ   ② ㄱ, ㄹ   ③ ㄴ, ㄷ
④ ㄴ, ㄹ   ⑤ ㄷ, ㄹ

06 다음 사실을 종합하여 내릴 수 있는 결론으로 가장 적절한 것은?

• 여성의 재혼이 비교적 자유로웠다.
• 여성은 자신의 재산을 가지고 사회 활동을 하였다.
• 여성은 한 집안의 대표로 가족을 부양할 수 있었다.

① 여성의 사회 진출이 활발하였다.
② 장자 위주로 재산이 상속되었다.
③ 성리학적 가족 윤리가 널리 보급되어 있었다.
④ 가정에서 여성의 지위가 남성과 거의 대등하였다.
⑤ 아들이 없으면 양자를 들이는 것이 일반적이었다.

07 학생들의 대화에 등장하는 인물의 활동으로 옳은 것은?

고려 문종의 넷째 아들이었어.

교종을 중심으로 선종을 통합해야 한다고 주장했어.

① 부석사를 건립하였다.
② 해동 천태종을 개창하였다.
③ 인도 순례 후 『왕오천축국전』을 저술하였다.
④ 수선사를 중심으로 불교 개혁 운동을 펼쳤다.
⑤ '나무아미타불' 암송을 가르치며 불교의 대중화에 기여하였다.

08 ㉠, ㉡에 들어갈 인물을 바르게 연결한 것은?

　　고려 중기에 (㉠)은(는) 교종을 중심으로 선종을 통합해야 한다고 주장하였다. 무신 집권기에 (㉡)은(는) 불교의 세속화를 비판하며 수선사를 중심으로 불교 본연의 자세로 돌아갈 것을 주장하였다.

	㉠	㉡
①	원효	의상
②	의상	지눌
③	의천	지눌
④	지눌	의천
⑤	혜초	의천

09 ㉠에 들어갈 사상으로 옳은 것은?

　　묘청은 (㉠)의 영향을 받아 고려의 상황이 좋지 않은 것은 개경의 기운이 쇠하였기 때문이라고 주장하였다. 그렇기에 고려가 강해지려면 수도를 서경으로 옮기는 것이 마땅하다고 하였다.

① 도교   ② 교종   ③ 선종
④ 성리학   ⑤ 풍수지리설

10 밑줄 친 '역사서'에 대한 설명으로 옳은 것은?

중 난이도

> • 인종의 명에 따라 김부식이 편찬한 역사서이다.
> • 유교적 합리주의 사관을 토대로 고대의 우리 역사를 정리한 역사서이다.

① 몽골의 침략 이후에 편찬되었다.
② 고구려 계승 의식을 반영하였다.
③ 단군을 우리 민족의 시조로 내세웠다.
④ 불교와 민간 설화가 주로 수록되어 있다.
⑤ 우리나라에서 현존하는 가장 오래된 역사서이다.

11 고려 시대에 편찬된 역사서에 대한 설명으로 옳지 않은 것은?

중 난이도

① 『사략』 – 이제현이 편찬한 서적으로 성리학적 사관을 반영하였다.
② 『제왕운기』 – 이승휴가 편찬한 서적으로 고조선 역사를 수록하였다.
③ 『7대 실록』 – 태조부터 목종까지 기록한 서적으로 현존하지 않는다.
④ 『동명왕편』 – 이규보가 편찬한 서적으로 고조선 계승 의식을 반영하였다.
⑤ 『삼국유사』 – 일연이 편찬한 서적으로 고조선 건국 이야기가 수록되어 있다.

12 고려 시대의 문화재로 옳지 않은 것은?

중 난이도

13 다음 대화에서 고려의 문화에 대해 바르게 말한 사람을 모두 고르면?

중 난이도

> 갑: 고려는 건국 초부터 지방 문화가 발달해서 논산 관촉사 석조 미륵보살 입상과 같은 거대한 석불이 많이 만들어졌어.
> 을: 그뿐만이 아니야. 독특한 형태미를 지닌 다각 다층 탑도 제작되었어. 대표적으로 개성 경천사지 10층 석탑이 있지.
> 병: 또한 석굴암과 같은 인공 석굴 사원을 통해 고려의 건축술을 엿볼 수 있어.
> 정: 고려 시대의 궁궐은 현존하지만, 부석사 무량수전 등의 사원이 남아 있지 않은 점은 아쉬워.

① 갑, 을   ② 갑, 병   ③ 을, 병
④ 을, 정   ⑤ 병, 정

14 밑줄 친 '새로운 유학'에 대한 설명으로 옳은 것은?

중 난이도

> 〈인물 탐구 보고서〉
> • 인물: 안향
> • 주요 활동: 충렬왕을 따라 원에 다녀와 고려에 새로운 유학을 소개하였다.

① 신진 사대부의 사상적 기반이 되었다.
② 서경이 명당이라는 설을 뒷받침하였다.
③ 국가의 안녕과 왕실의 번영을 기원하였다.
④ 도읍을 정하거나 주택 등을 짓는 데 활용되었다.
⑤ 연등회, 팔관회 등의 행사가 치러지는 데 영향을 끼쳤다.

15 ㉠에 들어갈 고려의 문화재로 옳은 것은?

하 난이도

> 수업 주제: (㉠   )
> • 국보 제32호
> • 합천 해인사에 보관
> • 몽골군의 침입을 물리치기 위해 만듦
> • 2007년에 유네스코 세계 기록 유산으로 등재

① 『직지』   ② 『삼국유사』
③ 초조대장경   ④ 팔만대장경판
⑤ 『상정고금예문』

16 ㉠에 들어갈 내용으로 옳은 것은?

〈모둠 수행 평가〉
- 과제: 고려 시대 인쇄술의 발달을 보여 주는 문화유산을 모둠별로 조사하고, 보고서 작성하기
- 모둠별 탐구 주제
  – 1모둠: 유네스코 세계 기록 유산, 팔만대장경판
  – 2모둠: _____㉠_____

① 세계 최초의 강우량 측정 기구, 측우기
② 단군 신화가 기록된 가장 오래된 책, 『삼국유사』
③ 현존하는 세계 최고(最古)의 금속 활자본, 『직지』
④ 세계 최고(最古)의 목판본, 『무구정광대다라니경』
⑤ 유교적 합리주의에 입각하여 서술한 서적, 『삼국사기』

17 ㉠에 들어갈 유물로 옳은 것은?

(㉠)은(는) 고려에서 가장 큰 불상으로, 인체 표현이 과장되어 있는 것이 특징이다. 당시 미륵 신앙의 전통을 살펴볼 수 있다.

① 이불병좌상
② 석굴암 본존불상
③ 금동 연가 7년명 여래 입상
④ 서산 용현리 마애 여래 삼존상
⑤ 논산 관촉사 석조 미륵보살 입상

18 다음은 어떤 학생이 작성한 수행 평가 답안지이다. 이 학생이 받게 될 점수로 옳은 것은?

역사 수행 평가

※ 고려의 문화에 대한 내용이 맞으면 ○표, 틀리면 ×표 하시오.

문항	내용	답
1	『상정고금예문』은 목판 인쇄물이다.	×
2	건국 초부터 상감 청자가 제작되었다.	×
3	승려의 사리를 봉안한 승탑은 제작되지 않았다.	○
4	지배층의 후원을 받아 『수월관음도』 등 불화가 제작되었다.	○
5	옻칠한 바탕에 자개를 붙여 장식하는 은입사 기법이 발달하였다.	○
합계		

(답이 맞으면 1점, 틀리면 0점을 부여한다.)

① 1 ② 2 ③ 3 ④ 4 ⑤ 5

주관식·서술형

19 ㉠에 들어갈 혼인 풍속의 명칭을 쓰시오.

고려 후기에는 원에 끌려가는 공녀가 되는 것을 피하려고 일찍 결혼하는 (㉠)의 풍속이 유행하였다.

_____

20 다음 글을 읽고 물음에 답하시오.

무신 집권기에 불교는 지배층의 지원을 받아 막대한 토지를 소유하는 등 점차 세속화되었다. 이에 <u>그</u>는 수선사를 중심으로 불교를 개혁하기 위한 운동을 전개하였다.

(1) 밑줄 친 '그'에 해당하는 인물을 쓰시오.

_____

(2) 불교 종파의 통합에 대한 위 인물의 주장을 서술하시오.

_____

_____

21 ㉠, ㉡에 들어갈 역사서의 명칭을 쓰시오.

- 『(㉠)』은(는) 고대의 불교 설화와 고조선 건국 이야기 등의 신화가 수록되어 있다.
- 『(㉡)』은(는) 유교적 입장에서 편찬되었고, 오늘날까지 남아 있는 역사서 중 가장 오래된 것이다.

㉠ _____ ㉡ _____

22 ㉠에 들어갈 알맞은 말을 쓰시오.

(㉠)은(는) 자기 표면에 무늬를 파고 다른 색의 흙을 넣어 구운 기법을 적용하여 만든 청자이다.

_____

 **01 통치 체제 정비와 대외 관계**

1 새로운 나라 조선

1 조선의 건국

위화도 회군 (1388) → ❶ ☐☐☐ 실시(1391) → 조선 건국 (1392) → 한양 천도 (1394)

2 국가 기틀의 확립

태조	소수의 공신과 함께 정치
태종	• ❷ ☐☐ 혁파: 군사권 장악 • ❸ ☐☐☐ 실시: 세금 및 군역 확보 목적으로 발급
세종	• ❹ ☐☐☐ 설치: 학문 및 정책 연구 • 경연 활성화
세조	• 직전법 실시: 현직 관리에게만 수조권 지급 • 국방력 강화: 군사 제도 개편 • 집현전과 경연 폐지
성종	• 홍문관 설치: 집현전 계승 • 「❺ ☐☐☐☐」 완성: 유교적 법치 국가의 토대 마련

2 통치 체제의 정비

1 중앙 정치 제도

❻ ☐☐☐	최고 통치 기구, 국가의 주요 정책 심의·결정
6조	나라의 행정 업무를 나누어 맡아 집행
3사	사헌부·사간원·홍문관으로 구성, 권력의 독점과 부정 방지

2 지방 행정 조직

8도	도 아래 부·목·군·현 설치, 관찰사 파견
군·현	대부분의 군현에 ❼ ☐☐ 파견
유향소	지방 양반의 자치 기구, 수령 보좌, 향리 감찰

3 군사 제도

중앙군	5위: 궁궐과 한양 방어
지방군	각 도에 병마절도사, 수군절도사 파견 ➡ 각각 육군, 수군 지휘

4 교육 및 관리 선발 제도

교육 제도	• 4부 학당(중앙), 향교(지방) • 최고 교육 기관: ❽ ☐☐☐
관리 선발 제도	과거(문과·무과·잡과), 음서, 천거

5 대외 관계와 외교 정책

사대 관계		태종: 명과 친선 관계 유지, 조공과 책봉의 형식으로 이루어짐
교린 관계	여진	• 회유책: 귀순 장려, 무역소 설치 • 강경책: ❾ ☐☐☐ 개척(김종서, 최윤덕)
	일본	• 회유책: 3포 개방 • 강경책: ❿ ☐☐☐ 토벌(이종무)

❶ 과전법 ❷ 사병 ❸ 호패법 ❹ 집현전 ❺ 경국대전 ❻ 의정부 ❼ 수령
❽ 성균관 ❾ 4군 6진 ❿ 쓰시마섬

[01~02] 다음 글을 읽고 물음에 답하시오.

> (가) 이성계와 신진 사대부는 과전법을 단행하였다.
> (나) 조선이 건국되었다.

01 밑줄 친 '과전법'에 대한 설명으로 옳은 것은?

(상) 난이도

① 현직 관리에게만 수조권을 주었다.
② 신진 관리의 경제 기반이 마련되었다.
③ 무신의 농장을 몰수해 토지를 재분배하였다.
④ 모든 지역의 토지를 관리에게 나누어 주었다.
⑤ 관리에게 노동력 징발의 권한까지 부여하였다.

02 (가), (나) 시기 사이에 일어난 일로 옳은 것은?

(상) 난이도

① 이방원이 왕자의 난을 일으켰다.
② 명이 철령위 설치를 통보하였다.
③ 개경에서 한양으로 수도를 옮겼다.
④ 위화도 회군 이후 이성계가 정권을 장악하였다.
⑤ 정몽주 등 왕조 교체에 반대하는 세력을 제거하였다.

03 조선이 한양 천도를 단행한 이유로 옳지 <u>않은</u> 것은?

(중) 난이도

① 나라의 중앙에 위치하였다.
② 한강이 흘러 교통이 편리하였다.
③ 고조선 계승 의식을 나타내기 위함이었다.
④ 주변이 산으로 둘러싸여 방어에 유리하였다.
⑤ 풍수지리설에 의해 명당으로 꼽힌 곳이었다.

04 ㉠, ㉡에 들어갈 말을 바르게 연결한 것은?

(하) 난이도

> 조선은 수도를 정하고 궁궐을 짓기 시작하였다. 유교 예법에 따라 궁궐을 중심으로 왼편에는 (㉠), 오른편에는 (㉡)을(를) 두었다. (㉠)은(는) 왕실 조상의 위패를 모시는 장소였고, (㉡)은(는) 토지신과 곡식신에게 제사를 지내는 장소였다.

	㉠	㉡
①	종묘	사직단
②	경복궁	종묘
③	경복궁	사직단
④	사직단	종묘
⑤	사직단	경복궁

05 ㉠의 정책으로 옳은 것을 보기 에서 모두 고르면?

(중) 난이도

> 개국 공신인 정도전은 현명한 재상이 정치를 이끌어야 한다고 주장하여 국왕에게 권력이 집중되는 것을 막으려 하였다. 이에 불만을 품은 (㉠)은(는) 정도전과 세자를 제거하고 권력을 잡은 후 왕위에 올랐다.

보기

ㄱ. 사병 혁파   ㄴ. 직전법 실시
ㄷ. 호패법 실시   ㄹ. 집현전 설치

① ㄱ, ㄴ   ② ㄱ, ㄷ   ③ ㄴ, ㄷ
④ ㄴ, ㄹ   ⑤ ㄷ, ㄹ

06 다음 유물에 대한 설명으로 옳지 않은 것은?

(상) 난이도

① 태종 때부터 발급되었다.
② 공신의 군사권이 강화되었다.
③ 군역 부과에 활용하기 위해 실시되었다.
④ 인구 동태를 파악하기 위해 발급하였다.
⑤ 16세 이상 남자는 의무적으로 지니고 다녀야 했다.

07 ㉠, ㉡에 들어갈 말을 바르게 연결한 것은?

(하) 난이도

> 세종은 학문과 정책 연구를 위해 (㉠)을(를) 설치하고, 왕과 신하가 함께 정책을 토론하는 (㉡)을(를) 자주 열었다.

	㉠	㉡
①	성균관	경연
②	집현전	경연
③	집현전	홍문관
④	홍문관	경연
⑤	홍문관	집현전

08 밑줄 친 '그'에 대한 설명으로 옳지 않은 것은?

(상) 난이도

> 문종이 세상을 일찍 떠나자, 나이가 어린 단종이 왕위를 물려받았다. 단종의 숙부였던 그는 조카인 단종을 몰아내고 왕위를 차지하였다. 그는 왕권 강화를 위해 여러 정책을 펼쳤다.

① 집현전을 폐지하였다.
② 의정부의 권한을 약화시켰다.
③ 군사 제도를 개편하여 국방력을 강화하였다.
④ 직전법을 실시하여 현직 관리에게만 수조권을 주었다.
⑤ 유교적 소양을 갖추기 위해 신하들과 함께 공부하는 경연을 자주 열었다.

09 ㉠에 들어갈 법전에 대한 설명으로 옳지 않은 것은?

(중) 난이도

〈성종의 업적〉
1. 경연 재개
2. 홍문관 설치
3. 『(㉠)』의 완성

① 6전으로 구성되어 있다.
② 세조 때 편찬하기 시작하였다.
③ 집현전에서 편찬을 주도하였다.
④ 유교적 법치 국가의 토대를 마련하였다.
⑤ 중앙과 지방 통치 제도를 마련하고 중앙 집권 체제를 확립하였다.

[10~11] 다음 자료를 보고 물음에 답하시오.

10 (가)~(다)에 들어갈 말을 바르게 연결한 것은?

	(가)	(나)	(다)
①	사간원	사헌부	집현전
②	사간원	홍문관	사헌부
③	사헌부	사간원	홍문관
④	사헌부	홍문관	사간원
⑤	홍문관	사간원	사헌부

11 (가)~(다)를 설치한 목적으로 가장 적절한 것은?

① 왕권을 뒷받침하기 위해 설치하였다.
② 지방과 긴밀하게 연락하기 위해 설치하였다.
③ 왕권보다 신권을 강화하기 위해 설치하였다.
④ 권력의 독점과 부정을 방지하기 위해 설치하였다.
⑤ 3정승이 결정한 정책을 효과적으로 집행하기 위해 설치하였다.

12 ㉠에 들어갈 제도로 옳은 것은?

(㉠)은(는) 국경에서 일어난 위급 상황을 중앙에 빨리 알리기 위해 운영한 제도로, 국방과 중앙 집권 체제를 강화하는 데 영향을 끼쳤다.

① 과거제　　② 봉수제　　③ 음서제
④ 천거제　　⑤ 조운 제도

13 ㉠에 들어갈 제도로 옳은 것은?

조선은 전국을 8도로 나누고 그 아래에 부·목·군·현을 두었다. 그리고 대부분의 군현에 (㉠)을(를) 파견하였다. 지방 향리는 수령을 보좌하였다.

① 수령　　　② 향리　　　③ 관찰사
④ 병마절도사　　⑤ 수군절도사

14 조선 시대 향리에 대한 설명으로 옳은 것은?

① 지방에 배치된 육군을 지휘하였다.
② 고려 시대에 비해 지위가 낮아졌다.
③ 지방 양반으로 자치 기구를 구성하였다.
④ 각 도에 파견되었고, 수령을 감독하였다.
⑤ 백성을 교화하고 유교 질서를 보급하는 역할을 하였다.

15 ㉠에 들어갈 내용으로 가장 적절한 것은?

모둠 탐구 계획서

• 탐구 주제: 조선 시대 지방 행정 제도의 특징
• 조사할 내용
－ 전국을 8도로 나눈 이유
－ _____㉠_____

① 3경이 설치된 이유
② 안찰사와 병마사의 역할 비교
③ 유향소가 지방 행정 제도에 끼친 영향
④ 특수 행정 구역에 대한 차별과 그 사례
⑤ 속현의 존재가 향리의 지위에 끼친 영향

16 조선의 관리 선발 제도에 대한 설명으로 옳은 것을 보기 에서 모두 고르면?

⟨난이도 중⟩

보기
ㄱ. 음서 출신은 고위 관직에 오르기 쉬웠다.
ㄴ. 소과에 합격해야 대과에 응시할 수 있었다.
ㄷ. 과거 중 문과는 주로 상민의 자제가 응시하였다.
ㄹ. 고관의 추천을 받아 관직에 등용되는 천거가 있었다.

① ㄱ, ㄴ   ② ㄱ, ㄷ   ③ ㄴ, ㄷ
④ ㄴ, ㄹ   ⑤ ㄷ, ㄹ

17 (가)~(다)에 대한 설명으로 옳은 것은?

⟨난이도 중⟩

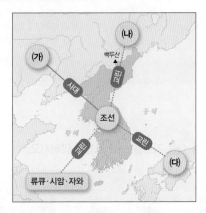

① (가) – 태종 때 요동 정벌을 추진하면서 갈등을 빚었다.
② (나) – 조선은 (나)에 3포를 개방하였다.
③ (나) – 세종 때 (나)를 정벌하고 4군과 6진을 설치하였다.
④ (다) – 세조 때 이종무는 쓰시마섬을 토벌하였다.
⑤ (다) – 조선은 (다)를 정벌한 후 사민 정책을 실시하였다.

18 다음 지도와 관련된 탐구 활동으로 가장 적절한 것은?

⟨난이도 중⟩

① 조선이 명에 사대한 이유를 분석한다.
② 조선이 3포를 개방한 목적을 파악한다.
③ 김종서와 최윤덕의 여진 정벌 과정을 조사한다.
④ 세종이 쓰시마섬 토벌을 명령한 배경을 파악한다.
⑤ 일본인에게 관직과 토지를 하사한 이유를 조사한다.

주관식·서술형

19 다음 글을 읽고 물음에 답하시오.

(㉠)은(는) 경기 지역의 토지에 한해 관직 복무의 대가로 수조권을 나누어 주던 제도이다.

(1) ㉠에 들어갈 토지 제도의 명칭을 쓰시오.

_____

(2) 위 제도를 실시한 목적을 서술하시오.

_____

_____

20 다음 자료를 보고 물음에 답하시오.

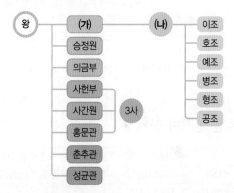

(1) (가), (나)의 명칭을 쓰시오.

(가) _____   (나) _____

(2) (가), (나)의 기능을 서술하시오.

_____

_____

21 ㉠, ㉡에 들어갈 용어를 쓰시오.

여진	• 회유책: 무역소 설치, 귀순 장려
	• 강경책: (㉠) 개척
일본	• 회유책: 3포 개방
	• 강경책: (㉡) 토벌

㉠ _____   ㉡ _____

02 사림의 성장과 문화의 발달

1 사림의 성장과 붕당의 등장

훈구와 사림	• 훈구: 세조의 즉위를 도운 공신, 고위 관직 독점 • 사림: 지방에서 학문 연구에 힘씀, 성종 때 등용		
사화의 전개	연산군	• 무오사화: 김종직의 「조의제문」을 계기로 발생 • 갑자사화: 폐비 윤씨 사건을 구실로 발생	
	중종반정	연산군이 쫓겨나고 중종이 왕위에 오름	
	❶◻◻◻의 개혁 → 기묘사화	• 소격서 폐지: 도교 주관 관청 폐지 주장 • ❷◻◻◻ 실시: 추천을 통한 인재 선발 주장 • 위훈 삭제: 부적절한 공신의 공훈 삭제 주장	
	명종	을사사화: 외척 간의 권력 다툼으로 발생	
사림 집권	• 서원, 향약을 통해 사림의 향촌 지배력 강화 → 선조 대 정국 주도 • 붕당 형성: ❸◻◻◻◻의 임명 문제로 사림이 동인과 서인으로 분열		

2 성리학의 확산과 사회 변화

서원	• 기능: 유학자에게 제사, 지방 양반의 자제 교육 • 최초의 서원: 중종 때 주세붕이 ❹◻◻◻◻ 설립 → 명종 때 이황의 건의로 사액 받음(소수서원)
❺◻◻	• 향촌 사회의 전통 풍속과 유교 윤리를 결합한 향촌 자치 규약 • 영향: 향촌에 성리학적 사회 질서 확산
유교 윤리 보급	• 국가의 노력: 「삼강행실도」, 「국조오례의」 편찬 • 사림의 노력: 「소학」, 「주자가례」 보급 • 영향: 일상생활에도 성리학적 질서가 보급됨

3 조선 전기의 문화

❻◻◻◻◻	세종이 창제하고 반포한 문자 → 민족 문화 발달에 영향
역사서	「고려사」, 「고려사절요」, 「동국통감」, 「조선왕조실록」
의례서	「국조오례의」
지리서	「세종실록지리지」, 「동국여지승람」
지도	「팔도도」(전국 지도), 「혼일강리역대국도지도」(세계 지도)

4 과학 기술과 예술의 발달

천문	• 태조: 「천상열차분야지도」 • 세종: 혼천의, 간의, ❼◻◻◻◻(해시계), 자격루(물시계)
역법	「❽◻◻◻」: 세종 때 편찬, 중국과 이슬람 역법을 참고하여 한성을 기준으로 제작
농업	• 측우기: 강우량 측정 • 「❾◻◻◻◻」: 우리나라 실정에 맞는 농사법 수록
의학	「향약집성방」: 우리나라에서 자라는 약재를 활용한 질병 치료법 수록
예술	• 공예: 분청사기, ❿◻◻(16세기 이후 유행) • 그림: 「몽유도원도」(안견), 「고사관수도」(강희안), 사군자 • 음악: 종묘 제례악, 「악학궤범」

정답 ❶ 조광조 ❷ 현량과 ❸ 이조 전랑 ❹ 백운동 서원 ❺ 향약 ❻ 훈민정음 ❼ 앙부일구
❽ 칠정산 ❾ 농사직설 ❿ 백자

실력 확인 문제

01 밑줄 친 '이들'에 대한 설명으로 옳지 않은 것은?
중 난이도

> 이들은 지방에서 학문과 교육에 힘썼던 길재의 학풍을 이어받은 학자들을 일컫는다.

① 왕도 정치를 추구하였다.
② 훈구의 권력 독점과 비리를 비판하였다.
③ 성종 때 등용되어 주로 3사에 배치되었다.
④ 세조의 즉위를 도와 주요 관직을 독점하였다.
⑤ 왕과 신하의 잘못을 비판하는 언론 활동을 중시하였다.

[02~03] 다음 자료를 보고 물음에 답하시오.

(가)	(나)	(다)	(라)	(마)
세조 즉위	성종 즉위	연산군 즉위	중종 즉위	인종 즉위	명종 즉위

02 다음 사건이 일어난 시기를 연표에서 옳게 고른 것은?
중 난이도

> 조광조는 왕도 정치의 실현을 위해 개혁 정치를 펼쳤다. 그의 개혁은 훈구의 반발을 사게 되었고, 당시 왕에게도 큰 부담이 되었다. 결국 왕과 훈구는 사화를 일으켜 조광조를 비롯한 사림 세력을 제거하였다.

① (가) ② (나) ③ (다) ④ (라) ⑤ (마)

03 (가)~(마)에 대한 설명으로 옳지 않은 것은?
중 난이도
① (가) – 직전법이 실시되었다.
② (나) – 「경국대전」이 완성되었다.
③ (다) – 김종직의 「조의제문」을 계기로 사화가 발생하였다.
④ (라) – 조광조가 위훈 삭제를 주장하였다.
⑤ (마) – 폐비 윤씨 사건을 구실로 사림이 제거되었다.

04 (가), (나)에 해당하는 조광조의 정책을 바르게 연결한 것은?

중 난이도

(가)	(나)
학문과 덕행이 있는 사람을 추천하고 관리로 채용하여 인재를 찾으십시오. ─「중종실록」─	반정 때 공이 있었다면 기록되어야 하겠으나, 이들은 공도 없는데 기록되었습니다. ─「중종실록」─

	(가)	(나)
①	위훈 삭제	소격서 폐지
②	위훈 삭제	현량과 실시
③	소격서 폐지	위훈 삭제
④	현량과 실시	위훈 삭제
⑤	현량과 실시	소격서 폐지

05 ㉠에 대한 설명으로 옳은 것은?

중 난이도

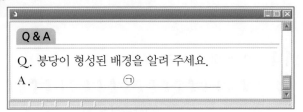

Q & A

Q. 붕당이 형성된 배경을 알려 주세요.

A. _____㉠_____

① 훈구가 사림을 공격하였어요.
② 주화론과 척화론이 대립하였어요.
③ 이조 전랑의 임명 문제를 두고 사림이 분열하였어요.
④ 고려의 개혁에 대한 이견으로 신진 사대부가 분열하였어요.
⑤ 왕권 중심의 정치와 신권 중심의 정치에 대한 이견으로 반란이 발생하였어요.

06 ㉠에 대한 설명으로 옳지 <u>않은</u> 것은?

중 난이도

> 예안 (㉠)의 처벌 대상
> 부모에게 순종하지 않는 자, 형제 사이에 서로 싸우는 자, 집안의 규율을 어지럽힌 자 등을 처벌한다.
> ─ 이황, 「퇴계집」 ─

① 향촌의 자치 규약이다.
② 향촌 사회의 전통 풍속과 유교 윤리를 결합하였다.
③ 조광조는 중국의 ㉠을 처음으로 국내에 소개하였다.
④ 이황과 이이는 우리 실정에 맞게 ㉠을 만들어 보급하였다.
⑤ 훌륭한 유학자에게 제사를 지내고 공론을 모으는 기능을 하였다.

07 다음은 어떤 학생이 작성한 수행 평가 답안지이다. 이 학생이 받게 될 점수로 옳은 것은?

중 난이도

역사 수행 평가

※ 서원에 대한 내용이 맞으면 ○표, 틀리면 ×표를 하시오.

문항	내용	답
1	최초의 서원은 병산서원이다.	×
2	소수서원은 최초의 사액 서원이다.	○
3	중종 때 주세붕은 백운동 서원을 세웠다.	○
4	서원은 교육뿐만 아니라 유학자에게 제사를 지내는 장소였다.	○
5	사림은 서원을 중심으로 공론을 모아 중앙 정치에 영향을 끼쳤다.	○
합계		

(답이 맞으면 1점, 틀리면 0점을 부여한다.)

① 1 　② 2 　③ 3 　④ 4 　⑤ 5

08 밑줄 친 '그'에 해당하는 인물로 옳은 것은?

하 난이도

 동인은 그의 학문을 계승한 사림으로 이루어져 있지.

 그의 건의로 명종은 백운동 서원에 사액을 내렸지.

① 이이 　② 이황 　③ 성혼
④ 조식 　⑤ 조광조

09 다음 대화에서 유교 윤리의 보급에 대해 바르게 말한 사람을 모두 고르면?

중 난이도

> 갑: 조선은 성리학적 질서를 보급하기 위해 「삼강행실도」, 「국조오례의」 등의 서적을 편찬하였어.
> 을: 그뿐만이 아니야. 조선은 충신, 효자, 열녀 등에게 상을 주기도 하였지.
> 병: 사림은 가정에서 지켜야 할 예법을 정리한 「소학」을 보급함으로써 백성들이 생활 규범을 익히게 하였지.
> 정: 그 결과 백성들은 제사 지내는 것을 중요시하면서 집안에 가묘나 사당을 세우기도 했대.

① 갑, 을 　② 갑, 병 　③ 을, 병
④ 을, 정 　⑤ 병, 정

10 ㉠에 대한 설명으로 옳은 것을 보기에서 모두 고르면?

(중) 난이도

> 우리나라의 말과 소리가 중국과 달라서 문자가 서로 통하지 않으므로 어리석은 백성들이 말하고 싶은 것이 있어도 마침내 그 뜻을 제대로 표현하지 못하는 사람이 많다. 나는 이것을 안타깝게 생각하여 새로 ㉠ 스물여덟 자를 만드니, 사람마다 쉽게 익혀서 나날이 사용하기에 편리하도록 하였다.

보기

ㄱ. ㉠을 활용해 『조선왕조실록』을 편찬하였다.
ㄴ. ㉠은 민족 문화가 발달하는 데 영향을 끼쳤다.
ㄷ. 행정 실무를 담당하는 고위 관료에게 ㉠을 배우게 하였다.
ㄹ. 세종이 과학적인 원리를 바탕으로 창제하고 반포한 문자이다.

① ㄱ, ㄴ ② ㄱ, ㄷ ③ ㄴ, ㄷ
④ ㄴ, ㄹ ⑤ ㄷ, ㄹ

 11 조선 전기의 서적에 대한 설명으로 옳지 않은 것은?

(중) 난이도

① 『칠정산』 – 한성을 기준으로 한 역법서
② 『악학궤범』 – 궁중 음악을 그림과 함께 소개
③ 『향약집성방』 – 조선의 약재를 정리하여 소개
④ 『국조오례의』 – 국가 행사에 필요한 예법 정리
⑤ 『조선왕조실록』 – 고조선부터 고려 말까지의 역사 정리

12 다음 서적들을 편찬한 목적으로 가장 적절한 것은?

(하) 난이도

| • 『고려사』 | • 『고려사절요』 | • 『동국통감』 |

① 국방을 강화하기 위해서이다.
② 지리 정보를 얻기 위해서이다.
③ 유교 윤리를 보급하기 위해서이다.
④ 농업 기술을 발달시키기 위해서이다.
⑤ 조선 건국의 정당성을 강조하기 위해서이다.

13 다음 지도에 대한 설명으로 가장 적절한 것은?

(중) 난이도

① 조선 건국을 정당화하는 데 활용되었다.
② 고구려의 천문도를 기반으로 제작되었다.
③ 현존하는 동양에서 가장 오래된 세계 지도이다.
④ 지도가 제작된 시기에 서민 문화가 발전하였다.
⑤ 각 지방의 역사, 자연환경, 교통 등의 내용이 수록되어 있다.

14 ㉠에 해당하는 서적으로 옳은 것은?

(하) 난이도

〈역사 수업 노트〉
• (㉠)의 편찬
• 서적 분야: 농업
• 제작 시기: 조선 세종
• 주요 내용: 우리나라 실정에 맞는 농사법을 정리

① 『농사직설』 ② 『동국통감』 ③ 『고려사절요』
④ 『삼강행실도』 ⑤ 『동국여지승람』

15 ㉠에 들어갈 사진으로 옳은 것은?

(상) 난이도

[유물 카드] No.1

㉠

• 제작 시기: 16세기 이후
• 특징: 유교 정신에 따라 검소하고 실용적인 자기 제작

①   ②   ③

④   ⑤

16 ㉠에 들어갈 주제로 옳지 <u>않은</u> 것은?

〈역사 수행 평가〉
• 과제: 조선 전기 천문과 역법의 발달을 보여 주는 문화유산을 모둠별로 조사하고, 보고서 작성하기
• 모둠별 탐구 주제
  – 1모둠: 천체 운행을 관측하는 기구, 혼천의
  – 2모둠: _____㉠_____

① 한성을 기준으로 만든 역법서, 『칠정산』
② 자동으로 시간을 알려 주는 물시계, 측우기
③ 혼천의를 간략하게 만든 천체 관측 기구, 간의
④ 해 그림자의 길이로 시간을 측정하는 앙부일구
⑤ 고구려의 천문도를 기반으로 제작한 「천상열차분야지도」

17 (가), (나)에 대한 설명으로 옳은 것은?

(가)	(나)

① (가) – 양반 사대부가 그린 그림이다.
② (가) – 안평 대군이 꿈에서 본 모습을 그린 그림이다.
③ (나) – 도화서 화원이 그린 그림이다.
④ (나) – 우리나라의 자연을 사실적으로 그린 그림이다.
⑤ (가), (나) – 서민 문화가 발달하였음을 보여 주는 작품이다.

18 ㉠에 들어갈 내용으로 가장 적절한 것은?

수업 주제: _____㉠_____
• 개량: 태종 때 계미자, 세종 때 갑인자 주조
• 영향: 조선 전기에 많은 서적이 편찬됨

① 유교 윤리의 보급과 발달
② 조선 전기 금속 활자의 발달
③ 조선 전기 양반 문화의 발달
④ 조선 전기 화약 무기의 발달
⑤ 조선 전기 목판 인쇄술의 발달

주관식·서술형

19 ㉠, ㉡에 들어갈 용어를 쓰시오.

• (㉠)은(는) 훈구가 사림을 공격하여 사림이 화를 입은 사건을 말한다.
• (㉡)은(는) 사림 내부의 갈등으로 인해 사림이 분열하여 형성된 정치 형태를 말한다.

㉠ _____ ㉡ _____

20 ㉠, ㉡에 들어갈 용어를 쓰시오.

• (㉠)은(는) 이황, 조식, 서경덕의 학문을 계승한 사림을 말한다.
• (㉡)은(는) 이이, 성혼의 학문을 따르는 사림이 중심을 이루었다.

㉠ _____ ㉡ _____

21 다음 글을 읽고 물음에 답하시오.

• 가정에서 지켜야 할 예법에 관해 서술한 책이다.
• 성인이 되는 의식인 관례, 결혼과 관련된 혼례, 제사와 관련된 제례 등의 내용을 담았다.

(1) 위의 설명과 관련된 서적의 명칭을 쓰시오.

_____

(2) 위 서적이 사회에 미친 영향을 서술하시오.

_____
_____

22 다음 유물을 만든 목적을 서술하시오.

▲ 앙부일구   ▲ 측우기

_____
_____

03 왜란·호란의 발발과 영향

1 왜란의 발발과 극복

왜란 이전 정세	• 조선: 군역 제도의 문란으로 국방력 약화 • 일본: 도요토미 히데요시가 전국 시대 통일
❶□□□□	• 배경: 도요토미 히데요시가 국내 불만 세력의 관심을 돌리기 위해 조선 침략 • 전개: 선조의 의주 피란 → 조·명 연합군의 평양성 탈환 → 휴전 협상 실패 → ❷□□□□ 발발 → 명량 대첩 → 노량 해전
수군과 의병의 활약	• 수군의 활약(이순신): 서남해의 제해권 장악 • 의병의 활약(곽재우 등): 익숙한 지형을 활용하여 일본군에 타격을 줌
왜란의 영향	인구 감소, 농경지 황폐화, 문화재 손실 등

2 동아시아의 정세 변화

1 왜란 이후 정세

중국	명의 국력 약화, 여진족 성장
일본	❸□□ 막부 성립, 조선인 포로와 약탈한 문화재를 바탕으로 문화 발전
조선	일본과 국교 회복(통신사 파견)

2 광해군의 정책

전후 복구 사업	성곽 및 무기 수리, 토지와 인구 조사
❹□□□	명과 후금 사이에서 실리 외교 추구

3 호란의 발발과 영향

1 ❺□□□□

배경	광해군의 중립 외교, 영창 대군 살해, 인목 대비 유폐 등에 대한 일부 사림의 반발
결과	광해군이 쫓겨나고 인조가 왕위에 오름

2 호란의 전개와 영향

❻□□□□	• 배경: 인조와 서인 정권의 ❼□□□□ 정책 • 전개: 후금의 침략 → 인조의 강화도 피란 • 결과: 후금과 형제 관계 체결
❽□□□□	• 배경: 후금이 국호를 '청'으로 변경 → 조선에 군신 관계 강요 → 주화론과 척화론의 대립 → 조선이 청의 요구 거절 • 전개: 청 태종의 침략 → 인조가 남한산성에서 항전 → 삼전도에서 항복 • 결과: 청과 군신 관계 체결
호란 이후 조선의 정세	• 효종의 ❾□□ 추진: 효종 사후 사실상 중단 • ❿□□ 등장: 청의 문물을 배워 부국강병을 이루자는 움직임이 나타남

정답 ❶ 임진왜란 ❷ 정유재란 ❸ 에도 ❹ 중립 외교 ❺ 인조반정 ❻ 정묘호란 ❼ 친명배금
❽ 병자호란 ❾ 북벌 ❿ 북학론

실력 확인 문제

01 다음 전쟁이 일어나기 직전의 국제 정세에 대한 설명으로 가장 적절한 것은?
(중 난이도)

> 반대 세력을 누르고 전국 시대를 통일한 도요토미 히데요시는 불만 세력의 관심을 밖으로 돌리기 위해 조선을 침략하였다.

① 이괄이 반란을 일으켰다.
② 조선의 신분 제도가 흔들리기 시작하였다.
③ 후금이 성장하여 '청'으로 국호를 변경하였다.
④ 일본에서 도쿠가와 이에야스가 에도 막부를 수립하였다.
⑤ 조선의 군역 제도가 문란해지면서 국방력이 약화되었다.

02 ㉠에 들어갈 인물로 옳은 것은?
(하 난이도)

> **〈인물 탐구 보고서〉**
> • 인물: (㉠)
> • 주요 활동
> – 수군을 이끌고 옥포에서 첫 승리를 거두었다.
> – 남해안을 방어하여 전라도의 곡창 지대를 지켜냈다.

① 권율 　　② 신립 　　③ 곽재우
④ 김시민 　　⑤ 이순신

03 다음 인물들의 공통점으로 가장 적절한 것은?
(중 난이도)

> • 조헌 　　• 고경명 　　• 유정(사명 대사)

① 척화론을 주장하였다.
② 정묘호란 당시 의병을 이끌었다.
③ 평양성 전투에서 승리를 거두었다.
④ 일본과 국교를 재개하는 데 큰 역할을 하였다.
⑤ 익숙한 지리를 활용한 전술로 일본군에게 타격을 주었다.

[04~05] 다음 자료를 보고 물음에 답하시오.

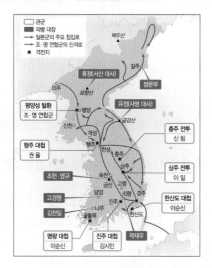

04 위 지도와 관련된 전쟁에 대한 설명으로 옳은 것을 **보기**에서 모두 고르면?

<중> 난이도

보기
ㄱ. 선조는 봉림 대군을 세자로 책봉하였다.
ㄴ. 명량 대첩 이후 일본은 휴전을 제의하였다.
ㄷ. 이순신은 옥포를 시작으로 연승을 거두었다.
ㄹ. 한성이 함락되고, 선조는 의주로 피란을 갔다.

① ㄱ, ㄴ　　　② ㄱ, ㄷ　　　③ ㄴ, ㄷ
④ ㄴ, ㄹ　　　⑤ ㄷ, ㄹ

05 위 지도와 관련된 전쟁의 영향으로 가장 적절한 것은?

<하> 난이도

① 일본에서는 전국 시대가 통일되었다.
② 조선은 후금과 형제 관계를 수립하였다.
③ 일본의 도자기 기술이 조선에 전파되었다.
④ 황룡사 9층 목탑 등의 문화재가 훼손되었다.
⑤ 명이 쇠퇴하고 여진족이 세력을 넓혀 나갔다.

06 (가), (나) 시기 사이에 일어난 일로 옳지 않은 것은?

<상> 난이도

(가) 일본이 한성을 점령하였다.
(나) 정유재란이 발발하였다.

① 조·명 연합군이 평양성을 탈환하였다.
② 김시민이 진주성에서 왜군을 격퇴하였다.
③ 권율이 행주산성에서 왜군을 격파하였다.
④ 이순신이 이끄는 수군이 옥포에서 승리를 거두었다.
⑤ 철수하는 일본군을 이순신이 노량 해전에서 물리쳤다.

07 왜란이 끝난 이후에 볼 수 있는 모습으로 적절하지 않은 것은?

<상> 난이도

① 통신사로 파견된 조선의 관리
② 음식에 고춧가루를 넣는 백성들
③ 훈련도감 설치를 명령하는 선조
④ 전쟁에서 공을 세워 평민이 된 노비
⑤ 조선의 도자기 기술을 배우는 일본 도공

[08~09] 다음 자료를 보고 물음에 답하시오.

	(가)		(나)		(다)		(라)		(마)	
선조 즉위		임진 왜란		정유 재란		인조 반정		정묘 호란		병자 호란

08 다음 상황이 일어난 시기를 연표에서 옳게 고른 것은?

<중> 난이도

이순신이 이끄는 수군은 명량에서 일본군을 크게 격파하였다.

① (가)　② (나)　③ (다)　④ (라)　⑤ (마)

09 <중요> (가)~(마) 시기에 있었던 사실로 옳지 않은 것은?

<상> 난이도

① (가) - 붕당이 형성되었다.
② (나) - 이순신이 한산도 대첩에서 왜군을 격파하였다.
③ (다) - 광해군은 무기와 성곽을 수리하였다.
④ (라) - 인조는 중립 외교를 펼쳐 후금과의 충돌을 피하였다.
⑤ (마) - 조선은 후금과 형제 관계를 맺었다.

10 다음 대화에서 광해군에 대해 바르게 말한 사람을 모두 고르면?

<중> 난이도

갑: 왜란 이후 광해군은 무기와 성곽을 수리하며 국방을 강화하기 위해 노력하였어.
을: 또한 강성한 후금과의 충돌을 피하기 위해 친명배금 정책을 펼쳤지.
병: 광해군의 외교 정책은 명에 대한 의리와 명분을 중시했던 일부 사림의 반발을 사게 돼.
정: 결국 서인의 주도로 정변이 일어나 광해군은 왕위에서 쫓겨나고 중종이 왕위에 오르게 되었지.

① 갑, 을　　　② 갑, 병　　　③ 을, 병
④ 을, 정　　　⑤ 병, 정

11 (가), (나) 시기 사이에 일어난 일로 옳지 <u>않은</u> 것은?

(가) 광해군의 명령으로 강홍립이 전쟁에 나섰으나, 이후 후금에 투항하였다.

↓

(나) 인조가 남한산성에서 청에 맞서 싸웠다.

① 이괄이 반란을 일으켰다.
② 인조가 강화도로 피란하였다.
③ 조선과 청이 군신 관계를 맺었다.
④ 정봉수와 이립이 의병을 일으켰다.
⑤ 임경업이 백마산성에서 항전하였다.

12 다음 사건을 순서대로 바르게 나열한 것은?

ㄱ. 병자호란
ㄴ. 정묘호란
ㄷ. 인조반정
ㄹ. 후금이 '청'으로 국호 변경
ㅁ. 조선과 후금의 형제 관계 수립

① ㄱ-ㄴ-ㄷ-ㄹ-ㅁ
② ㄴ-ㄹ-ㅁ-ㄷ-ㄱ
③ ㄷ-ㄴ-ㅁ-ㄹ-ㄱ
④ ㄹ-ㅁ-ㄴ-ㄷ-ㄱ
⑤ ㅁ-ㄷ-ㄹ-ㄴ-ㄱ

13 다음과 관련된 전쟁에 대한 설명으로 옳은 것을 보기 에서 모두 고르면?

> 수업 주제: 삼전도비
> 청 태종이 인조의 항복을 받고 그 공을 자랑하기 위해 세운 비석이다.

보기

ㄱ. 전쟁 이후 조선은 청과 형제 관계를 맺었다.
ㄴ. 정봉수와 이립 등이 의병을 일으켜 항전하였다.
ㄷ. 조선이 청의 요구를 거부하자 청이 침략하였다.
ㄹ. 전쟁 이후 소현 세자, 봉림 대군이 청에 포로로 끌려 갔다.

① ㄱ, ㄴ   ② ㄱ, ㄷ   ③ ㄴ, ㄷ
④ ㄴ, ㄹ   ⑤ ㄷ, ㄹ

[14~15] 다음 글을 읽고 물음에 답하시오.

> ㉠ 명은 우리에게 부모의 나라요, 청은 부모의 원수입니다. 차라리 나라가 없어지더라도 임진왜란 때 우리를 도와준 명과의 의리를 저버릴 수는 없습니다.
> ㉡ 우리의 힘을 헤아리지 않고 큰소리쳐서 오랑캐가 쳐들어 오면 어떻게 할 것입니까? 우선 저들의 요구를 받아들여 백성을 돌보고 나라를 보전해야 합니다.

14 ㉠, ㉡ 세력이 대립한 시기를 연표에서 옳게 고른 것은?

(가)		(나)		(다)		(라)		(마)	
선조 즉위		임진 왜란		정유 재란		인조 반정		정묘 호란	병자 호란

① (가)   ② (나)   ③ (다)   ④ (라)   ⑤ (마)

15 ㉠, ㉡에 대한 설명으로 옳지 <u>않은</u> 것은?

① ㉠ – 명에 대한 의리를 중시하였다.
② ㉠ – ㉠을 주장한 대표적인 인물은 윤집이다.
③ ㉠ – 인조는 ㉠의 주장을 따르고 청의 요구를 거절하였다.
④ ㉡ – ㉡과 같은 주장을 북학론이라 한다.
⑤ ㉡ – ㉡을 주장한 대표적인 인물은 최명길이다.

16 다음 자료와 관련된 인물의 정책으로 옳은 것을 보기 에서 모두 고르면?

> • 병자호란 이후 청에 포로로 잡혀갔다가 왕위에 올랐다.
> • 청에 대한 치욕을 씻고자 하였다.

보기

ㄱ. 북인의 적극적인 지지를 받았다.
ㄴ. 청을 정벌하기 위해 북벌을 추진하였다.
ㄷ. 성곽과 무기를 정비하고 군대를 양성하였다.
ㄹ. 독일인 신부인 아담 샬을 만나 서양 문물을 접하였다.

① ㄱ, ㄴ   ② ㄱ, ㄷ   ③ ㄴ, ㄷ
④ ㄴ, ㄹ   ⑤ ㄷ, ㄹ

17 ㉠에 들어갈 내용으로 가장 적절한 것은?

병자호란 이후 청에 대한 치욕을 씻기 위해 북벌이 추진되었어요. 그러나 북벌은 실행되지 못하였어요. 그 이유는 _____ ㉠

① 청의 국력이 강했기 때문이에요.
② 군사 제도가 정비되지 않았기 때문이에요.
③ 서인이 북벌을 지지하지 않았기 때문이에요.
④ 효종이 북벌을 적극적으로 추진하지 않았기 때문이에요.
⑤ 소현 세자와 봉림 대군이 청의 포로로 끌려갔기 때문이에요.

18 밑줄 친 '그'에 해당하는 인물로 옳은 것은?

병자호란이 끝난 후 인조의 첫째 아들인 그는 포로로 끌려가 청에 머물렀다. 그는 청에서 신부였던 아담 샬을 만나 서양 문물을 접하게 되었고, 청의 문물에 깊은 인상을 받았다. 이후 그는 아담 샬로부터 받은 천주교 서적, 천구의 등을 가지고 조선으로 귀국하였다.

① 효종   ② 광해군   ③ 봉림 대군
④ 영창 대군   ⑤ 소현 세자

19 ㉠에 들어갈 내용으로 옳은 것은?

Q & A

Q. 북학론에 대해 알려 주세요.

A. _____ ㉠

① 청의 문물을 배워 부국강병을 이루자는 주장이에요.
② 청의 군신 관계 요구를 수용해야 한다는 주장이에요.
③ 명을 가까이하고 후금을 멀리해야 한다는 주장이에요.
④ 청을 정벌하여 전쟁에 대한 치욕을 씻어야 한다는 주장이에요.
⑤ 명에 대한 의리를 지키고 청에 맞서 싸워야 한다는 주장이에요.

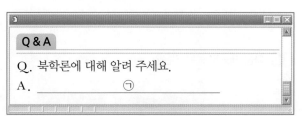

20 ㉠, ㉡에 해당하는 인물을 쓰시오.

• 전국 시대를 통일한 (㉠)은(는) 불만 세력의 관심을 밖으로 돌리기 위해 조선을 침략하였다.
• 일본에서는 내란이 일어나 정권이 교체되었고, 이 과정에서 권력을 잡은 (㉡)은(는) 에도 막부를 세웠다.

㉠ _____   ㉡ _____

21 다음 자료를 보고 물음에 답하시오.

우리가 왜란 때 조선을 도왔듯이 후금을 막기 위한 지원군을 보내시오.

조선은 명의 요구로 어쩔 수 없이 출병한 것이지, 후금과 싸울 생각은 없습니다.

후금

명   조선

전쟁에 휘말리면 안 되는데······.

후금   강홍립

(1) 위 자료와 관련된 외교 정책의 명칭을 쓰시오.

_____

(2) 광해군의 외교 정책에 대한 자신의 입장을 서술하시오.

조건

1. 찬성과 반대 둘 중 하나의 입장을 선택할 것
2. 해당 입장에 대한 근거를 반드시 서술할 것

_____

_____

22 ㉠, ㉡의 명칭을 쓰시오.

• 인조와 서인 정권은 친명배금 정책을 펼쳤다. 이로 인해 후금은 조선을 침략하였다. 이 사건을 (㉠)(이)라고 한다.
• 조선이 청의 군신 관계 요구를 거절하자 청은 조선을 침략하였다. 이 사건을 (㉡)(이)라고 한다.

㉠ _____   ㉡ _____

01 조선 후기의 정치 변동

1 제도의 개편과 붕당 정치의 전개

1 통치 기구의 변화

❶ ⬚⬚⬚⬚ 기능 강화	• 국정을 총괄하는 최고 합의 기구로 변화
	• 의정부와 6조의 기능 축소, 왕권 약화
군제 개편	5군영(중앙), 속오군(지방)
조세 제도	• 영정법: 풍흉에 관계없이 1결당 4두 징수(전세)
	• ❷ ⬚⬚⬚⬚ : 토지 결수를 기준으로 쌀, 동전, 옷감 등으로 납부하게 함, 1결당 12두 징수(공납)
	• 균역법: 군포 부담을 1년 1필로 경감(군역)

2 붕당 정치의 전개

광해군	북인 정권 성립
인조	인조반정 ➡ 서인 주도, 남인 참여
현종	예송: 효종의 정통성 문제와 연계해 전개 ➡ 서인과 남인 대립
숙종	❸ ⬚⬚ : 집권 붕당이 수시로 교체 ➡ 붕당 대립 격화

2 탕평 정치의 시행

1 영조

탕평책	탕평파 중심 정국 운영, 탕평비, 서원 정리, 이조 전랑 권한 약화
개혁책	❹ ⬚⬚⬚ 시행(군포 부담 경감), 신문고 재설치, 노비종모법, 청계천 정비, 『속대전』, 『동국문헌비고』 편찬

2 정조

탕평책	남인과 소론 적극 등용
개혁책	❺ ⬚⬚⬚ 정비, 초계 문신제, ❻ ⬚⬚⬚ 설치, 통공 정책, 수원 ❼ ⬚⬚ 건설, 『대전통편』, 『탁지지』 편찬

3 세도 정치의 전개와 농민 봉기의 발생

1 삼정의 문란

전정	각종 잡세 부과해 정해진 액수 이상의 세금 수탈
군정	죽은 사람, 어린아이, 도망간 이웃의 몫 부과
❽ ⬚⬚	고리대처럼 운영 ➡ 가장 폐해 극심

2 홍경래의 난

배경	평안도 지역 차별, 세도 정권의 수탈
전개	청천강 이북 대부분 장악 ➡ 정주성 전투 패배로 실패
의의	이후 농민 봉기에 영향

3 임술 농민 봉기

배경	❾ ⬚⬚⬚ 의 문란
의의	농민의 사회의식 성장, 양반 중심 지배 체제 동요

정답 ❶ 비변사 ❷ 대동법 ❸ 환국 ❹ 균역법 ❺ 규장각 ❻ 장용영 ❼ 화성 ❽ 환곡 ❾ 삼정

실력 확인 문제

01 중 난이도 ㉠~㉢에 대한 설명으로 옳은 것은?

> 〈조선 후기 제도 개편 탐구〉
> (1) 정치: (㉠) 강화
> (2) 군제 개편: (㉡)(중앙), 속오군(지방)
> (3) 조세 개혁: 영정법, 대동법, (㉢)

① ㉠ – 공론을 모으는 기능을 하였다.
② ㉡ – 5위를 설치해 한성과 주변을 방어하였다.
③ ㉡ – 양반에서 천민까지 모든 신분이 포함되었다.
④ ㉢ – 농민의 부담이 줄어드는 효과를 거두었다.
⑤ ㉢ – 풍흉에 관계없이 전세의 양을 고정시킨 정책이다.

02 하 난이도 훈련도감에 대한 설명으로 옳은 것은?
① 여진 정벌을 위해 설치되었다.
② 지방의 군사적 요지에 설치되었다.
③ 급료를 받는 직업 군인으로 편성되었다.
④ 양반에서 농민까지 모든 신분이 편제되었다.
⑤ 병자호란 초기 패전에 대한 대책으로 설치되었다.

03 하 난이도 다음 제도로 옳은 것은?

현물 징수 ➡ 쌀·옷감·동전 징수
가호 기준 / 토지 기준

① 방납 ② 균역법 ③ 대동법
④ 대립제 ⑤ 영정법

▶ 정답 42쪽

04 다음 정책을 실시한 왕을 고르면?

(하 난이도)

> 이제 군포를 2필에서 1필로 줄이도록 하겠다.

① 광해군
② 인조
③ 현종
④ 숙종
⑤ 영조

05 다음 사건을 일어난 순서대로 바르게 나열한 것은?

(하 난이도)

| ㄱ. 예송 | ㄴ. 환국 |
| ㄷ. 인조반정 | ㄹ. 사림의 동서 분당 |

① ㄱ-ㄴ-ㄷ-ㄹ
② ㄱ-ㄹ-ㄷ-ㄴ
③ ㄴ-ㄹ-ㄷ-ㄱ
④ ㄷ-ㄹ-ㄴ-ㄱ
⑤ ㄹ-ㄷ-ㄱ-ㄴ

06 다음 사건에 대한 설명으로 옳은 것은?

(중요) (상 난이도)

> 효종은 적장자가 아니므로 1년간 상복을 입어야 합니다.

> 효종은 왕위에 올랐으므로 3년 동안 상복을 입어야 합니다.

① 숙종이 남인을 몰아내면서 서인이 집권하였다.
② 왕실 예법을 두고 서인과 북인이 세 차례에 걸쳐 충돌하였다.
③ 붕당 간 대립이 세자 책봉 문제와 연관되며 왕권을 위협하였다.
④ 서인은 왕실 예법과 사대부의 예법이 다르지 않다고 주장하였다.
⑤ 논쟁에서 패배한 붕당은 철저하게 탄압받고 정계에서 축출되었다.

07 밑줄 친 '이 사건'으로 옳은 것은?

(하 난이도)

> 이 사건은 숙종이 왕권을 강화하기 위해 정국 주도 세력을 급격히 교체한 현상이다. 세 번에 걸쳐 집권 붕당을 교체하며 극단적인 붕당 간 대립이 발생하여 공존을 전제로 하는 붕당 정치가 변질되는 결과를 초래하였다.

① 사화
② 예송
③ 환국
④ 탕평책
⑤ 세도 정치

08 밑줄 친 '붕당의 폐단'에 해당하는 사실로 옳은 것은?

(중 난이도)

> 붕당의 폐단이 지금보다 심한 적이 없었다. 처음에는 학문을 가지고 분쟁하더니, 지금은 다른 붕당을 모두 역적으로 몰고 있다. …… 지금은 같은 당파에 속한 사람만을 임용하니, …… 관리를 임용하는 부서는 탕평의 정신을 잘 따르도록 하라. - 『영조실록』 -

① 붕당 간의 세력 균형이 이루어졌다.
② 경쟁에서 패배한 붕당에는 철저한 보복을 가하였다.
③ 3사의 언론 기능이 강화되어 권력의 균형이 이루어졌다.
④ 붕당 간 대립이 격화되며 공론 중심의 정치가 이루어졌다.
⑤ 일부 외척 가문이 권력을 독점하고 지방에까지 영향력을 행사하였다.

09 (가) 시기에 있었던 일로 가장 적절한 것은?

(중 난이도)

> 왕이 정국을 주도하기 위해 집권 붕당을 수시로 교체하였다.
> ↓
> (가)
> ↓
> 장용영을 설치하여 왕권을 강화하였다.

① 예송
② 대동법 시행
③ 홍경래의 난
④ 『경국대전』 편찬
⑤ 이조 전랑의 권한 약화

10 (가)~(다) 시기 정치의 특징으로 옳지 않은 것은?

(중요) (중 난이도)

	(가)	(나)	(다)
숙종 즉위	영조 즉위	순조 즉위	고종 즉위

① (가) - 환국으로 붕당 간의 다툼이 격화되었다.
② (나) - 왕권이 크게 강화되어 정치·사회적 안정을 이루었다.
③ (나) - 붕당 정치의 폐단을 해소하기 위해 붕당을 억제하는 정책을 추진하였다.
④ (다) - 많은 양반들이 중앙 정치에 참여하지 못하고 몰락하였다.
⑤ (다) - 외척과 일부 가문이 규장각을 장악하고 정치를 주도하였다.

11 영조와 정조의 업적을 보기 에서 골라 바르게 묶은 것은?

하 난이도

보기

ㄱ. 균역법 시행	ㄴ. 신문고 부활
ㄷ. 규장각 정비	ㄹ. 장용영 설치
ㅁ. 수원 화성 건설	ㅂ. 이조 전랑의 권한 축소

	영조	정조
①	ㄱ, ㄴ, ㅂ	ㄷ, ㄹ, ㅁ
②	ㄱ, ㄷ, ㅁ	ㄴ, ㄹ, ㅂ
③	ㄴ, ㄹ, ㅂ	ㄱ, ㄷ, ㅁ
④	ㄷ, ㄹ, ㅁ	ㄱ, ㄴ, ㅂ
⑤	ㄹ, ㅁ, ㅂ	ㄱ, ㄴ, ㄷ

12 다음 비석을 세운 왕 때 일어난 일로 옳은 것은?

중 난이도

두루 친하고 편을 나누지 않는 것은 군자의 마음이며, 편을 나누고 두루 친하지 않은 것은 소인의 사사로운 생각이다.

① 규장각을 설치하여 문물제도를 정비하였다.
② 붕당의 근거지가 되는 유향소를 철폐하였다.
③ 백성의 억울한 사정을 살피기 위해 신문고를 부활하였다.
④ 관직 진출에 제한이 있던 서얼을 규장각 관리로 등용하였다.
⑤ 풍흉에 관계없이 1결당 4두의 전세를 징수하도록 하는 영정법을 시행하였다.

13 (가)에 들어갈 기사 제목으로 가장 적절한 것은?

중 난이도

역사 신문: 새로운 왕, 변화되는 정책은?	
자유로운 상업 활동을 허용하다.	초계 문신제: 젊고 유능한 관리를 선발하다.
규장각 검서관으로 서얼을 등용하다.	(가)

① 탕평비를 세우다.
② 서인과 남인이 예송을 벌이다.
③ 문물 정비를 위해 집현전을 부활시키다.
④ 서북 지역에서 홍경래가 봉기를 일으키다.
⑤ 왕권을 뒷받침하기 위해 장용영을 설치하다.

14 선생님의 질문에 대한 답변으로 옳지 않은 것은?

상 난이도

 다음 인물에 대해 여러분이 조사한 내용을 발표해 볼까요?

1752 사도 세자의 아들로 출생
1759 세손으로 책봉
1776 왕위 계승, 규장각 설치
1793 장용영 설치

① 갑 – 화성을 건설해 정치적 이상을 실현하려 하였어요.
② 을 – 자주 범람하던 청계천을 대대적으로 정비하였어요.
③ 병 – 그동안 정계에서 소외되었던 남인과 소론을 등용하였어요.
④ 정 – 초계 문신제를 실시해 젊고 유능한 관료를 교육시켰어요.
⑤ 무 – 관직 진출에 제한이 있었던 서얼을 규장각의 관리로 등용하였어요.

15 (가)에 들어갈 내용으로 옳은 것을 보기 에서 모두 고르면?

중 난이도

〈탐구 활동: 탕평 정치의 이해〉	
목적	붕당 간 대립으로 인한 극심한 정치·사회적 혼란 해소
내용	(가)
결과	정치·사회적 안정, 문예 부흥기 맞이

보기

ㄱ. 영조 – 탕평파 중심 정국 운영
ㄴ. 영조 – 이조 전랑의 권한 약화
ㄷ. 정조 – 성균관 앞에 탕평비 설치
ㄹ. 정조 – 붕당의 근거지인 서원 정리

① ㄱ, ㄴ   ② ㄱ, ㄷ   ③ ㄴ, ㄷ
④ ㄴ, ㄹ   ⑤ ㄷ, ㄹ

16 다음 시기 이루어진 정치의 특징으로 옳은 것은?

중 난이도

| • 순조 | • 헌종 | • 철종 |

① 붕당 간의 대립이 격화되었다.
② 소론 계열의 일부 가문이 정국을 주도하였다.
③ 외척 세력을 바탕으로 국왕의 권한이 강화되었다.
④ 일부 가문이 고위 관직과 5군영의 군사권을 장악하고 권력을 독점하였다.
⑤ 서원과 공론을 통해 지방 양반이 중앙 정치에 참여할 수 있는 기회가 늘어났다.

▶ 정답 42쪽

17 세도 정치기 농촌에서 볼 수 있는 모습으로 적절하지 <u>않은</u> 것은?

① 벽서가 붙은 관아
② 『정감록』을 읽는 농민
③ 환곡을 강요하는 관리
④ 공론이 정책에 반영되어 기뻐하는 선비
⑤ 직접 농사를 지으며 생계를 유지하는 양반

18 (가)에 들어갈 말로 가장 적절한 것은?

농민 봉기의 지도자 인터뷰지	
당신은 누구입니까?	진주의 몰락 양반 유계춘입니다.
왜 봉기했습니까?	(가)
무엇을 요구합니까?	환곡의 폐단을 없앨 것, 군포 부담을 균등하게 할 것, 관리의 침탈을 금지할 것을 요구합니다.

① 동학 탄압
② 삼정의 문란
③ 신분제 폐지
④ 정씨 왕조의 성립
⑤ 서북 지방에 대한 차별

19 다음에서 설명하는 지역을 지도에서 옳게 고른 것은?

• 지역 차별로 고관이 많이 배출되지 못하였다.
• 대청 무역으로 상공업이 발달하여 세도 정권의 수탈이 극심하였다.

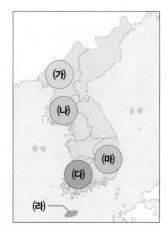

① (가) ② (나) ③ (다) ④ (라) ⑤ (마)

주관식·서술형

20 다음과 같이 실시된 정책을 쓰고, 그 의의를 두 가지 서술하시오.

| 현물 징수 | ➡ | 쌀·옷감·동전 징수 |
| 가호 기준 | | 토지 기준 |

_____

_____

21 다음 시기 이루어진 정치를 이르는 말을 쓰시오.

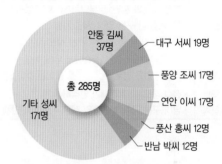

총 285명
안동 김씨 37명
대구 서씨 19명
풍양 조씨 17명
연안 이씨 17명
풍산 홍씨 12명
반남 박씨 12명
기타 성씨 171명

▲ 소수 유력 가문의 정2품 이상 고위직 독점

_____

22 다음 글을 읽고 물음에 답하시오.

• 조세는 항상 7량 5전으로 고정하여 거둘 것
• 각종 군포를 집마다 균등하게 부담시킬 것
• 환곡의 폐단을 없앨 것

(1) 위와 같은 요구를 제시한 사건이 일어나게 된 이유를 쓰시오.

_____

(2) (1)을 해결하기 위한 정부의 노력과 그 결과를 서술하시오.

_____

_____

02 조선 후기 경제와 사회의 변화

1 상품 화폐 경제의 발달

1 농업 경영의 변화

수리 시설 확대	보, 저수지 설치
개간 장려	정부가 장려, 왕실과 지주 주도로 개간 진행
농법 개량	❶ ☐☐☐☐(논농사), 골뿌림법(밭농사) 확대
상품 작물 재배	인삼, 담배, 면화, 채소 등
결과	농업 생산력의 증대, 농민의 계층 분화

2 상공업의 발달

상업	• ❷ ☐☐의 성장(대동법의 영향) • 사상의 성장, 장시의 발달 • 상평통보의 유통 확대
수공업	관영 수공업 쇠퇴, ❸ ☐☐ 수공업 발달
광업	민간 주도의 광산 개발 확대

2 생활 문화의 변화

혼인	• 조선 시대의 혼인: 일부일처제이지만 엄격히 지켜지지는 않음, 처첩 간 구분 엄격, 서얼 차별 • 변화: 혼인 후 신랑 집에 가서 사는 것이 일반화
제사와 상속	• 큰아들이 제사 책임, 상속에서 우대, 차남 이하와 딸 차별 • 아들이 없을 경우 ❹ ☐☐를 들이는 것이 일반화
여성의 지위 하락	• 정절 강조: 과부의 재가 엄격히 제한, ❺ ☐☐ 표창 활발 • 남녀 구분 강화: 바깥출입 제한, 사랑채와 안채 구분

3 사회 구조의 변화

1 양반 중심 신분 질서의 동요

양반	• 붕당 정치 변질로 일부 가문이 정치권력 독점 • 향반, 잔반: 대다수 양반은 정치에서 배제되어 낙향, 몰락	
중인	❻ ☐☐	문과 응시·주요 관직 진출 허용 요구하는 집단 상소 운동 전개
	기술직 중인	집단 상소 운동 전개(실패)
상민	일부는 공명첩, 납속책, 족보 구매 등으로 신분 상승 → 양반 수 증가, 상민 수 감소	
노비	양인 확보 목적으로 노비종모법(영조), ❼ ☐☐☐ 해방(순조)	

2 향촌 사회의 변화

배경	신분제의 동요, 양반 중심 지배 체제 동요
전개	새로 성장한 부농층이 기존 양반의 향촌 지배에 도전하면서 향촌 주도권 다툼 발생
결과	• 양반의 향촌 사회 영향력 약화 • 지방관의 권한 강화

 정답 ❶ 모내기법 ❷ 공인 ❸ 민영 ❹ 양자 ❺ 열녀 ❻ 서얼 ❼ 공노비

실력 확인 문제

01 조선 후기 농업의 변화 모습으로 적절하지 않은 것은?
(중 난이도)

① 일부 농민은 경작지를 크게 늘려 부농으로 성장하였다.
② 인삼, 담배, 면화, 채소 등 상품 작물의 재배가 활발해졌다.
③ 모내기법이 일반화되며 벼와 보리의 이모작이 가능해졌다.
④ 모내기법의 보급으로 김매기에 필요한 노동력이 크게 늘어났다.
⑤ 정부는 개간 사업을 장려하여 황폐해진 농경지를 복구하려 하였다.

02 다음 그림에 나타난 농법으로 가장 적절한 것은?
(하 난이도)

① 우경
② 휴경
③ 골뿌림법
④ 모내기법
⑤ 상품 작물 재배

03 밑줄 친 '이 농법'이 널리 보급된 시기의 모습으로 옳은 것은?
(중 난이도)

> 이 농법은 벼농사를 할 때 따로 못자리를 준비하여 모를 키운 뒤 논으로 옮겨 심는 방법이다. 이 농법을 활용하면서 김매기를 하는 노동력이 크게 줄고, 수확량이 배로 늘어났다.

① 벼와 보리의 이모작이 이루어졌다.
② 영정법이 실시되면서 공인이 등장하였다.
③ 일본과 국교가 단절되어 내상이 몰락하였다.
④ 시전 상인을 중심으로 국제 무역이 발달하였다.
⑤ 화폐 사용이 줄고 물물교환이 활발히 이루어졌다.

04 (가)를 중심으로 성장한 상인의 활동으로 가장 적절한 것은?
난이도 중

① 전국의 장시를 돌아다녔다.
② 인삼 판매권을 장악하였다.
③ 한강의 운송업을 장악하였다.
④ 의주를 중심으로 청과의 교역을 주도하였다.
⑤ 동래의 왜관에서 일본과의 무역을 주도하였다.

05 다음 자료와 같은 시대의 모습으로 적절하지 않은 것은?
난이도 중

전국 각지에서 장시가 발달하면서 장시를 돌면서 물건을 파는 보부상의 활동이 활발해졌어.

① 관영 수공업이 쇠퇴하였다.
② 상평통보가 널리 유통되었다.
③ 민간에서 적극적으로 광산 개발에 나섰다.
④ 정부에서 시전 상인의 특권을 강화하여 주었다.
⑤ 매점매석을 통해 부를 쌓는 대상인이 출현하였다.

06 조선 후기 경제 변화로 옳은 것을 보기 에서 모두 고르면?
난이도 하

보기
ㄱ. 농민층의 분화   ㄴ. 도시 인구 감소
ㄷ. 장시, 포구의 발달   ㄹ. 관영 수공업 활성화
ㅁ. 상평통보의 유통 확대   ㅂ. 정부 주도의 광산 개발

① ㄱ, ㄴ, ㄹ   ② ㄱ, ㄷ, ㅁ   ③ ㄴ, ㅁ, ㅂ
④ ㄷ, ㄹ, ㅂ   ⑤ ㄹ, ㅁ, ㅂ

07 다음 풍속화가 그려진 시기의 모습으로 옳지 않은 것은?
난이도 중

① 공인의 등장   ② 노비 제도 폐지
③ 민영 수공업의 발달   ④ 상평통보의 유통 확대
⑤ 민간 주도의 광산 개발 활성화

08 조선 후기의 사회 모습으로 옳지 않은 것은?
난이도 하

① 과부의 재가를 장려하는 지방관
② 광산에서 임금을 받고 일하는 노동자
③ 동성 마을에서 친인척들과 살아가는 양반
④ 주요 관직 진출을 위해 상소를 올리는 서얼
⑤ 전문 능력을 이용하여 풍족한 생활을 하는 기술직 중인

09 다음과 같은 변화가 나타난 시기의 모습으로 옳은 것은?
난이도 중

이번 제사의 차례는 큰누님 댁이다. 큰형의 아들과 함께 큰누님 댁에 갔더니 작은형의 아들도 와 있었다. 바로 제사를 지냈다.

↓

이제부터 우리 집안에서는 사위나 외손의 집에서는 제사를 지내지 않기로 결정하였다.

① 일부일처제가 엄격하게 지켜졌다.
② 신랑은 결혼 후 신부 집에 머물렀다.
③ 가족 내에서 여성의 지위가 높아졌다.
④ 양자를 들이기보다 서자를 우대하였다.
⑤ 성리학적 질서가 강조되면서 열녀 표창이 활발해졌다.

10 다음 대화가 이루어진 시기의 사회 모습으로 옳은 것은?

 (상) 난이도

요새 민간의 혼인 풍속은 어떠한가?

혼례를 치른 후에 신부가 곧바로 신랑 집에 가서 생활하는 경우가 많아졌습니다.

① 상속 방식이 균분 상속으로 변화하였다.
② 신분제의 동요로 족보의 편찬에서도 모계가 강조되었다.
③ 일부일처제가 강조되어 첩을 들이는 경우가 크게 줄어들었다.
④ 성리학적 질서가 강조되면서 여성의 재가가 더욱 엄격히 금지되었다.
⑤ 혈연이 강조되면서 아들이 없을 경우 외손자가 대를 잇는 것이 일반화되었다.

11 조선 후기 사회의 변화 모습으로 옳은 것을 보기 에서 모두 고르면?

 (하) 난이도

보기

ㄱ. 열녀 표창 활발
ㄴ. 처가살이 확산
ㄷ. 동성 마을 확대
ㄹ. 자녀 균분 상속
ㅁ. 아들이 없을 때 양자 입양 확대

① ㄱ, ㄴ, ㄷ
② ㄱ, ㄷ, ㅁ
③ ㄴ, ㄷ, ㅁ
④ ㄴ, ㄹ, ㅁ
⑤ ㄷ, ㄹ, ㅁ

12 다음 문서에 대한 설명으로 옳지 않은 것은?

 (상) 난이도

① 부농층이 양반 신분을 얻는 데 이용되었다.
② 양반 신분을 과시하고 유지하기 위해 작성하였다.
③ 조선 정부가 부족한 재정을 보충하기 위해 판매하였다.
④ 양반 수가 증가하고 상민의 수가 줄어드는 데 영향을 끼쳤다.
⑤ 관직을 받는 사람의 이름 쓰는 곳이 비어 있는 관직 임명장이다.

13 다음 신분 계층에 대한 설명으로 옳은 것은?

 (상) 난이도

• 양반의 자손 중에서 첩의 자식
• 정조 때 유득공, 이덕무 등이 규장각 검서관으로 등용되기도 함

① 매점매석을 통해 큰 부를 쌓았다.
② 순조 때 신분 해방이 이루어져 양인 신분이 되었다.
③ 붕당 간의 권력 다툼에서 밀려나 향반이나 잔반이 되었다.
④ 토지를 상실하고 도시로 이동하여 품을 파는 임노동자가 되었다.
⑤ 문과 응시와 주요 관직 진출을 허락해 달라는 상소 운동을 벌였다.

14 밑줄 친 ㉠이 시행된 시기를 옳게 고른 것은?

(중) 난이도

조선 후기 노비들도 신분제에 저항하여 노비 신분에서 벗어났다. 공명첩을 사거나, 주인에게 돈을 바쳐 노비 신분에서 벗어나기도 하였으며, 도망치기도 하였다. 노비의 수가 줄어들면서 노비제의 운영이 힘들어지자 ㉠ 조선 정부는 6만여 명의 공노비를 해방하였다.

① 인조
② 숙종
③ 영조
④ 정조
⑤ 순조

15 조선 후기 노비의 신분 상승 방법으로 적절하지 않은 것은?

 (중) 난이도

① 국가에 곡식을 납부하여 면천되었다.
② 순조 때 공노비를 양인으로 해방시켰다.
③ 신분 해방을 요구하며 봉기를 일으켰다.
④ 도망가 노비임을 숨기고 새로운 삶을 살았다.
⑤ 주인에게 돈을 주고 노비 신분에서 벗어났다.

16 조선 후기 각 신분의 변화 모습으로 옳은 것을 보기 에서 모두 고르면?

보기

ㄱ. 양반 – 붕당 정치의 변질로 대다수 양반이 향반, 잔반이 되었다.
ㄴ. 기술직 중인 – 대규모 소청 운동을 벌여 고위직에 진출할 수 있게 되었다.
ㄷ. 상민 – 군포를 면제받고 지배층의 수탈에서 벗어나기 위해 양반이 되려고 하였다.
ㄹ. 노비 – 영조 때 노비종모법의 시행으로 아버지가 양인이면 자녀도 양인으로 인정받게 되었다.

① ㄱ, ㄴ   ② ㄱ, ㄷ   ③ ㄴ, ㄷ
④ ㄴ, ㄹ   ⑤ ㄷ, ㄹ

17 ㉠~㉤에 대한 설명으로 옳지 않은 것은?

양 난 이후 사회 변동으로 ㉠ 몰락한 양반이 크게 증가한 반면, ㉡ 부유한 평민이 많이 늘어났다. 이들은 경제력을 바탕으로 ㉢ 신분 상승을 추구하며 ㉣ 기존 양반의 권위에 도전하였다. 이러한 경쟁의 결과 ㉤ 향촌에서 지방관의 권한이 강화되었다.

① ㉠ – 향촌 사회에서 겨우 신분을 유지하거나, 일반 농민과 다름없는 처지가 되기도 하였다.
② ㉡ – 상품 작물 재배, 광작 등을 통해 부를 축적하였다.
③ ㉢ – 족보 구매 및 위조, 공명첩, 납속 등의 방법이 있다.
④ ㉣ – 이 결과 부농층이 향촌 사회를 완전히 장악하였다.
⑤ ㉤ – 양반의 권위와 지배력은 점차 약화되었다.

18 조선 후기 향촌 사회의 변화 모습으로 옳지 않은 것은?

① 모내기법이 확산되면서 두레가 활성화되었다.
② 문중의 결속을 다지기 위해 모계 중심의 족보를 편찬하였다.
③ 양반이 권위를 지키기 위해 동성 마을을 형성하기도 하였다.
④ 양반 수 증가, 양반의 몰락으로 향촌 사회에서 양반의 권위가 하락하였다.
⑤ 새롭게 성장한 부농층이 지방관과 결탁해 향촌 지배권에 도전하기도 하였다.

주관식·서술형

19 조선 후기 모내기법이 일반화되며 나타난 농민 계층의 분화를 서술하시오.

20 다음 정책의 영향을 서술하시오.

정조는 일부 품목을 제외한 시전 상인의 사상 단속 권한을 폐지하였다.

21 다음에서 설명하는 말을 쓰시오.

대동법의 시행으로 등장한 상인이다. 국가에서 필요한 물품을 조달하는 역할을 하였으며, 조선 후기 상품 화폐 경제 발달에 기여하였다.

22 다음과 같은 상황의 결과 조선 사회에 나타난 변화를 서술하시오.

요즘의 문제는 모두 부유한 평민의 무리 때문입니다. 이들은 유학이나 장교를 칭하는 등 온갖 꾀를 부려 역을 피하고, 심지어는 자식과 조카까지도 첨정에서 면제됩니다.
– 「일성록」 –

03 학문과 예술의 새로운 경향

1 서양 문물의 수용과 세계관의 변화

1 연행사와 통신사

❶ ☐☐☐	청	• 다양한 서양 문물 수입의 통로 • 청에 대한 인식 변화의 계기
❷ ☐☐☐	일본	양국의 평화 유지, 문물 교류에 기여

2 새로운 종교의 대두

서학 (천주교)	서양 학문의 일종으로 수용, 남인 계열 학자를 중심으로 종교로 수용 ➡ 평등사상, 내세 신앙 내세워 확산
❸ ☐☐	최제우가 창시, ❹ ☐☐☐☐ 사상(인간이 곧 하늘이다) 제시

2 실학의 대두

1 실학

농업 중심 개혁론	• 토지 제도의 개혁을 통한 농촌 사회 안정 주장 • 유형원(균전론), 이익(한전론), ❺ ☐☐☐(여전론) 등 주장
상공업 중심 개혁론 (❻ ☐☐☐)	• 상공업 진흥, 기술 개발, 청의 선진 문물 도입 주장 • 박제가, 박지원, 유수원, 홍대용 등 • 19세기 개화사상에도 영향을 끼침

2 국학 연구

역사	안정복(『동사강목』), 유득공(『발해고』)
지리	이중환(『택리지』), 김정호(『❼ ☐☐☐☐☐』)
언어	신경준(『훈민정음운해』), 유희(『언문지』)

3 문화의 새로운 경향

1 문화의 새로운 경향

문학		• 한문학: 양반 풍자, 사회 모순 비판 등 새로운 내용 등장 • 중인은 시사를 조직하고 작품 창작, 시집 간행 등 문예 활동
회화	❽ ☐☐ 산수화	• 조선의 자연을 사실적으로 표현 • 정선(『인왕제색도』)
	풍속화	• 사람들의 일상생활을 생동감 있게 묘사 • 김홍도(『서당도』), 신윤복(『주유청강』)
	❾ ☐☐	• 서민의 기원을 담은 장식적 그림 • 형식에 얽매이지 않는 자유로운 표현

2 서민 문화의 발달

문학	한글 소설	지배층의 횡포, 사회적 차별 등 현실 모순 비판
	사설시조	서민의 감정을 형식에 얽매이지 않고 자유롭게 표현
공연	❿ ☐☐☐	• 소리꾼이 창과 사설로 연기하는 공연 • 양반에게도 인기를 끌며 점차 전 계층이 즐기는 문화로 발전
	탈춤	현실 사회의 모순과 서민의 정서를 풍자적으로 표현

정답 ❶ 연행사 ❷ 통신사 ❸ 동학 ❹ 인내천 ❺ 정약용 ❻ 북학파 ❼ 대동여지도
❽ 진경 ❾ 민화 ❿ 판소리

실력 확인 문제

01 조선 후기 (가) 사신과 관련된 설명으로 옳은 것은?
(중 난이도)

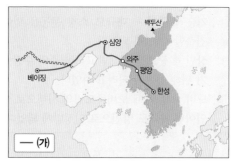

① 조공 책봉 체제에 따라 파견된 통신사이다.
② 사신의 공식적 외교 업무 외의 교류는 금지되었다.
③ (가)의 파견은 정묘호란과 병자호란의 원인이 되었다.
④ 조선에서 청 풍습이 몽골풍이라는 이름으로 유행하였다.
⑤ (가)의 영향으로 청의 문물을 수용하자는 주장이 제기
되었다.

02 임진왜란 이후 조선과 일본의 관계에 대한 설명으로 옳지 <u>않은</u>
(중 난이도) 것은?

① 에도 막부의 요청으로 통신사를 파견하였다.
② 이종무를 파견하여 쓰시마섬의 왜구를 정벌하였다.
③ 기유약조를 맺어 제한된 범위 내에서 교역을 허가하였다.
④ 19세기 초까지 통신사를 파견하며 평화 관계를 유지하
였다.
⑤ 통신사를 통해 조선에 고구마 등 새로운 작물이 도입
되었다.

03 (가)에 들어갈 말로 적절하지 <u>않은</u> 것은?
(상 난이도)

〈통신사 파견을 둘러싼 양국의 의도〉

조선	일본
• 급격한 대외 상황의 변화에 대처 • 일본과의 관계 안정을 통해 평화 유지	(가)

① 경제적 교류　　　② 평화 관계 유지
③ 선진 문물 수용　　④ 막부의 권위 과시
⑤ 조공 책봉 관계 형성

다음 지도에 대한 설명으로 가장 적절한 것은?

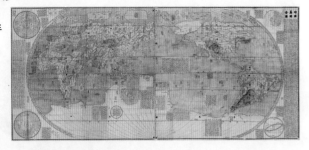

① 통신사를 통해 도입되었다.
② 최제우가 동학을 창시하는 계기가 되었다.
③ 정약용이 거중기를 제작하는 데 영향을 주었다.
④ 김정호가 기존의 지도를 집대성해 제작한 지도이다.
⑤ 조선 지식인의 세계관이 확대되는 데 영향을 주었다.

05 다음 종교에 대한 설명으로 옳은 것은?

> 초기에는 학문으로 수용되었으나 18세기 후반 이후 신앙으로 수용되었다. 정부의 탄압을 받기도 하였으나 내세 신앙과 평등사상을 내세워 확산되었다.

① 성리학적 세계관을 부정하여 탄압받았다.
② 인간의 심성과 우주 만물의 원리를 탐구하였다.
③ 서인 계열 학자들에 의해 종교로 받아들여졌다.
④ 『동경대전』, 『용담유사』 등의 경전이 소개되었다.
⑤ 무위자연을 내세워 자연스러운 삶을 추구하였다.

06 조선 후기 새로운 종교의 대두에 대한 설명으로 옳은 것을 보기 에서 모두 고르면?

> 보기
> ㄱ. 인내천을 주장하는 동학이 창시되었다.
> ㄴ. 조선 정부가 동학을 탄압하여 최제우를 처형하였다.
> ㄷ. 조선 정부는 서양 문물의 수용을 위해 천주교를 장려하였다.
> ㄹ. 천주교는 종교로 도입되었으나 남인 계열 학자를 중심으로 학문으로 연구되었다.

① ㄱ, ㄴ   ② ㄱ, ㄷ   ③ ㄴ, ㄷ
④ ㄴ, ㄹ   ⑤ ㄷ, ㄹ

07 실학에 대한 설명으로 적절하지 않은 것은?

① 실용적·실증적 태도를 강조하였다.
② 우리 사회 현실과 문화에 관심을 가졌다.
③ 적극적으로 사회 현실을 개혁하고자 하였다.
④ 현실 문제에 대응력이 떨어지는 성리학을 부정하였다.
⑤ 개인의 학문 연구 수준에 그치는 경우가 많았으나 일부는 정부 정책에 반영되기도 하였다.

08 다음 개혁론에 대한 설명으로 가장 적절한 것은?

> 마을마다 공동으로 소유하는 농장을 마련하고 공동으로 경작한다. 수확한 뒤에는 일한 만큼 분배한다.

① 유형원의 주장이다.
② 19세기 개화사상으로 계승되었다.
③ 토지 문제를 사회 혼란의 원인으로 보았다.
④ 청과의 교류를 중시한 북학파의 주장 중 하나이다.
⑤ 대표적인 학자로 유수원, 홍대용, 박지원, 박제가 등이 있다.

09 다음 자료를 활용한 수업 주제로 가장 적절한 것은?

> 비유컨대 재물은 우물과 같은 것이다. 퍼내면 차고, 버려두면 말라 버린다. 그러므로 비단옷을 입지 않아서 나라에 비단 짜는 사람이 없게 되면 여공이 쇠퇴하고, 찌그러진 그릇을 싫어하지 않고 기교를 숭상하지 않아서 장인의 일이 없어지면 기예가 망한다.

① 국학 연구   ② 서학의 수용
③ 예언 사상의 확산   ④ 농업 중심 개혁론
⑤ 상공업 중심 개혁론

10 ㉠~㉤ 중 옳지 <u>않은</u> 것은?

중
난이도

> 실학은 조선 후기의 정치·경제·사회적 변동에 ㉠ 조선 정부가 제대로 대처하지 못하며 대두되었다. 실학은 ㉡ 실용적·실증적 입장에서 조선 사회를 개혁하고자 하였다. 개혁 방안은 크게 ㉢ 농업 중심 개혁론과 상공업 중심 개혁론으로 구분할 수 있다. 농업 중심 개혁론은 ㉣ 지주의 토지 소유를 강화해 양반을 중심으로 향촌 사회의 안정을 꾀했다. 상공업 중심 개혁론은 ㉤ 청의 발전된 문물을 수용할 것을 주장하여 북학파라고도 불렸다.

① ㉠ 　　② ㉡ 　　③ ㉢ 　　④ ㉣ 　　⑤ ㉤

11 조선 후기 국학에 대한 설명으로 옳은 것은?

중
난이도

① 『언문지』 – 발해의 역사를 우리 역사로 인식하였다.
② 『동사강목』 – 한국사를 정리하고, 독자적 정통성을 내세웠다.
③ 『발해고』 – 각 지방의 자연, 인물, 풍속을 소개해 종합적 이해를 지원하였다.
④ 『택리지』 – 한글의 원리를 그림으로 풀어 설명하며 한글의 우수성을 증명하였다.
⑤ 「대동여지도」 – 세계 각국의 지리를 정밀하게 표현하여 조선인의 세계관 확대에 기여하였다.

12 조선 후기 문화의 변화 모습에 대한 설명으로 옳은 것은?

상
난이도

① 사군자 중심의 문인화가 등장하였다.
② 억불 정책으로 불교 건축물이 지어지지 못하였다.
③ 고유의 정서와 자연을 표현하려는 움직임이 나타났다.
④ 서민 문화가 발달하면서 소박한 분청사기가 유행하였다.
⑤ 미술에서는 상상 속의 자연의 모습을 묘사한 진경 산수화가 등장하였다.

13 다음 작품이 그려진 시기의 작품으로 옳은 것은?

상
난이도

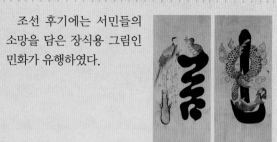

> 조선 후기에는 서민들의 소망을 담은 장식용 그림인 민화가 유행하였다.

문자도 ▶

①
②
③
④
⑤

14 다음 작품이 그려진 시기에 볼 수 있는 모습으로 옳지 <u>않은</u> 것은?

상
난이도

▲ 서당도(김홍도)

① 분청사기를 대규모로 만드는 장인
② 장시, 포구에서 탈춤 공연을 보는 서민
③ 불교 사원 건축을 후원하는 부유한 상인
④ 사회 부조리를 비판하는 작품을 창작하는 양반
⑤ 시사를 조직하고 역대 시인의 작품을 모아 시집을 간행하는 중인

15 다음 공연이 행해진 시기의 사회 모습으로 옳지 <u>않은</u> 것은?

① 서민이 문화 향유 계층으로 대두되었다.
② 양반이 주도권을 장악하며 향촌 사회가 안정되었다.
③ 서당 교육의 확대로 서민의 의식 수준이 향상되었다.
④ 농업 생산력의 향상으로 서민층의 경제력이 상승하였다.
⑤ 상업이 발달하면서 전국에 5일장이 활성화되었고, 일부 대도시에는 상설 시장이 열렸다.

16 다음 작품들의 공통점으로 옳은 것은?

• 한글 소설   • 사설시조   • 판소리   • 탈춤

① 불교적 세계관을 표현하였다.
② 서민 의식의 성장에 기여하였다.
③ 성리학적 질서를 향촌 사회에 뿌리내렸다.
④ 양반들이 작품의 제작을 적극적으로 지원하였다.
⑤ 왕조의 위엄을 홍보하기 위한 목적으로 제작되었다.

17 다음과 같은 작품이 공연된 시기의 모습으로 적절하지 <u>않은</u> 것은?

> 양반: 나는 사대부의 자손일세.
> 선비: 아니 뭐라고? 사대부? 나는 팔대부의 자손일세.
> 양반: 아니, 팔대부? 팔대부는 또 뭐야?
> 선비: 팔대부는 사대부의 갑절이지.

① 『홍길동전』을 읽는 서민
② 장시에서 판소리 공연을 즐기는 양반
③ 엄격한 형식에 맞춰 민화를 그리는 화가
④ 형식에 구애받지 않고 자유롭게 시조를 쓰는 시인
⑤ 나쁜 기운을 막기를 바라며 호랑이와 까치 그림을 사는 여인

주관식 · 서술형

18 ㉠에 들어갈 말을 쓰시오.

> 임진왜란 이후 에도 막부의 요청으로 조선 정부는 기유약조를 맺어 국교를 재개하였다. 그리고 19세기까지 (㉠)을(를) 12차례 파견하였다.

_____

19 조선 후기 유행한 다음과 같은 화풍을 무엇이라고 하는지 쓰시오.

_____

20 조선 후기 서민 문화의 대두 배경을 제시어 중 두 가지 이상을 사용하여 서술하시오.

〈제시어〉
• 서당   • 실학   • 탕평 정치
• 상품 화폐 경제   • 부계 중심 가족 제도

_____

_____

_____

_____

01 국민 국가 수립을 위한 다양한 노력

1 국민 국가 수립 노력

1 개항과 국민 국가 수립 노력

흥선 대원군	통상 수교 거부 정책 → ❶ [　　　] 건립
강화도 조약	최초의 근대적 조약, ❷ [　　] 조약
개화 정책	통리기무아문, 별기군 창설
❸ [　　　]	개화 정책에 대한 구식 군인들의 반발
갑신정변	❹ [　　　] 개국 축하연에서 정변 → 개혁 정강 발표 → 청군의 개입으로 실패
동학 농민 운동	• 전개: 고부 농민 봉기 → 전주성 점령 → 전주 화약, 집강소 설치 → 2차 봉기 → 우금치 전투 패배 • 특징: 반봉건·반외세
갑오·을미개혁	신분제 폐지, 홍범 14조, 태양력, 단발령
독립 협회	• 독립신문 창간 → 독립 협회 설립 → 독립문 건설 • 만민 공동회, 관민 공동회(❺ [　　] 6조)
대한 제국	광무개혁(❻ [　　　　] 원칙), 대한국 국제(황제권 강화), 지계 발급, 상공업 진흥

2 국권 피탈과 국권 수호 운동

국권 피탈	❼ [　　　　] (외교권 박탈, 통감부 설치), 한일 강제 병합
의병 운동	을미사변과 단발령, 을사늑약, 군대 해산에 반발하여 전개
애국 계몽 운동	• 국민 교육과 계몽 활동, 산업 육성을 통한 실력 양성 • 신민회: 공화정 수립 주장

2 독립을 위한 다양한 노력

일제 식민 통치	무단 통치(1910년대) → ❽ '[　　] 통치'(1920년대) → 민족 말살 통치(1930년대 이후)
3·1 운동	• 일제 강점기 최대 민족 운동 • 영향: 대한민국 임시 정부 수립
대한민국 임시 정부	우리 역사 최초의 삼권 분립에 기초한 민주 공화정
실력 양성 운동	물산 장려 운동, 민립 대학 설립 운동
학생 운동	6·10 만세 운동, 광주 학생 항일 운동
❾ [　　]	비타협적 민족주의 세력과 사회주의 세력 연합
무장 독립 투쟁	• 3·1 운동 이후: 봉오동 전투, 청산리 대첩 • 중일 전쟁 이후: 조선 의용대 조직(김원봉) • 대한민국 임시 정부(충칭) → ❿ [　　　　] 조직
의열 투쟁	의열단(김원봉), 한인 애국단(김구)

3 대한민국 정부 수립

8·15 광복	38도선을 기준으로 미국과 소련이 한반도 분할 점령
좌우 대립	모스크바 3국 외상 회의 → 신탁 통치를 두고 좌우 대립
통일 정부 수립 노력	• 좌우 합작 운동(여운형), 남북 협상(김구, 김규식) • 제주 4·3 사건
대한민국 정부 수립	• 5·10 총선거 → 제헌 국회에서 제헌 헌법 제정 • 대한민국 정부 수립(1948. 8. 15.)

정답 ❶ 척화비 ❷ 불평등 ❸ 임오군란 ❹ 우정총국 ❺ 헌의 ❻ 구본신참 ❼ 을사늑약 ❽ 문화 ❾ 신간회 ❿ 한국 광복군

실력 확인 문제

01 다음 내용이 담긴 비석을 세운 인물이 추진한 정책으로 옳지 않은 것은?
(중) 난이도

> 서양 오랑캐가 침범하는데 싸우지 않는 것은 화친하는 것이요, 화친을 주장하는 것은 나라를 파는 일이다.

① 서원 정리 ② 경복궁 중건
③ 비변사 혁파 ④ 통상 수교 거부
⑤ 강화도 조약 체결

02 다음 사건에 대한 설명으로 옳은 것은?
(중) 난이도

> **삼일천하로 막을 내린 개화파의 꿈**
>
> 김옥균을 중심으로 한 급진 개화파는 개혁 정강 14개조를 내세워 근대 국가를 수립하려고 하였으나 ……

① 광무개혁을 추진하였다.
② 독립 협회를 창립하였다.
③ 통상 수교 거부 정책을 지지하였다.
④ 개화 정책에 대한 반발로 일어났다.
⑤ 최초의 근대적 정치 개혁 운동이었다.

03 다음 개혁안을 발표한 사건에 대한 설명으로 옳지 않은 것은?
(중) 난이도

> • 탐관오리를 모두 쫓아낼 것
> • 임금의 눈을 가리고 관직을 팔며 국가를 농락하는 무리를 모두 쫓아낼 것
> • 민간인을 잡역에 동원하는 일을 줄일 것

① 정부와 전주 화약을 맺었다.
② 외세의 침략을 막고자 하였다.
③ 내각 제도를 확립하고자 하였다.
④ 집강소를 설치해 폐정 개혁을 실시하였다.
⑤ 신분제 폐지, 탐관오리 처벌 등을 주장하였다.

04 ㉠에 들어갈 기구로 옳은 것은?

(하)
난이도

(㉠)은(는) 갑오 개혁 때 설치된 기구이다. 총 40회 회의를 열었으 며, 약 210건의 안건을 심 의하여 통과시켰다.

① 교정청
② 집강소
③ 탁지아문
④ 군국기무처
⑤ 통리기무아문

05 ㉠에 들어갈 내용으로 옳은 것을 보기 에서 모두 고르면?

(상)
난이도

갑오·을미개혁으로 달라 진 생활 모습에는 어떤 것들이 있을까요?

예를 들어 (㉠) 의 모습을 들 수 있 습니다.

보기
ㄱ. 신분제 폐지에 기뻐하는 노비
ㄴ. 양복을 입고 단발을 한 지식인
ㄷ. 강화도의 문화재를 약탈하는 프랑스군
ㄹ. 경복궁 중건 공사에 참여하고 있는 농민

① ㄱ, ㄴ
② ㄱ, ㄷ
③ ㄱ, ㄹ
④ ㄴ, ㄹ
⑤ ㄷ, ㄹ

06 (가)에 들어갈 사건으로 옳은 것은?

(중)
난이도

아관 파천 → 고종 환궁 → 대한 제국 선포 → (가)

① 광무개혁 추진
② 갑오개혁 추진
③ 전주 화약 체결
④ 독립 협회 창립
⑤ 폐정 개혁안 발표

07 광무개혁에 대한 설명으로 옳은 것은?

(하)
난이도

① 단발령을 실시하였다.
② 신분제를 폐지하였다.
③ 구본신참을 원칙으로 하였다.
④ 신식 군대인 별기군을 설치하였다.
⑤ 근대적인 우편 제도를 도입하였다.

08 ㉠에 대한 설명으로 옳지 않은 것은?

(중)
난이도

[한국사 인물 카드]
사진 속 인물은 독립 협회에서 활동 하였으며, 1907년 양기탁을 비롯한 애 국지사들과 함께 비밀리에 (㉠) 을(를) 조직하였다.

① 항일 의병 운동을 주도하였다.
② 대성 학교, 오산 학교 등을 세웠다.
③ 만주에 독립운동 기지를 건설하였다.
④ 공화정 체제 국가 수립을 주장하였다.
⑤ 자기 회사와 태극 서관을 운영하였다.

09 ㉠에 들어갈 인물로 가장 적절한 것은?

(중)
난이도

한국사 신문   19○○년 ○월 ○일

[속보] (㉠), 하얼빈에서 '코레아 우라'를 외치다
두만강 일대에서 의병 활동을 하던 (㉠)이(가) 하얼빈에 온 이토 히로부미를 저격하여 처단하였다는 소식이 전해졌다.

① 김구
② 안중근
③ 유관순
④ 윤봉길
⑤ 이승만

10 (가)에 들어갈 내용으로 가장 적절한 것은?

(중 난이도)

| 러일 전쟁 발발 | → | (가) | → | 고종 강제 퇴위 |

① 외교권을 빼앗겼다.
② 을미사변이 일어났다.
③ 전국에 척화비를 세웠다.
④ 운요호 사건이 일어났다.
⑤ 고종이 러시아 공사관으로 거처를 옮겼다.

11 (가) 시기의 일제 식민 통치에 대한 설명으로 옳은 것은?

(중 난이도)

| | (가) | |
| 3·1 운동 | | 만주 사변 |

① '문화 통치'를 실시하였다.
② 조선 총독부를 설치하였다.
③ 황국 신민화 정책을 강화하였다.
④ 병참 기지화 정책을 적극적으로 추진하였다.
⑤ 헌병 경찰을 내세운 무단 통치를 실시하였다.

12 ㉠에 대한 설명으로 옳은 것은?

(상 난이도)

(㉠)
• 창립 시기: 1927년 2월
• 강령
  – 우리는 정치적·경제적 각성을 촉구함
  – 우리는 단결을 공고히 함
  – 우리는 기회주의를 일체 부인함

① 입헌 군주제를 주장하였다.
② 일제의 식민 지배를 인정하였다.
③ 국산품 애용, 소비 절약 등을 강조하였다.
④ 비타협적 민족주의자와 사회주의자가 연대하였다.
⑤ 순종의 장례일에 맞춰 대규모 만세 운동을 전개하였다.

13 (가) 단체의 활동에 대한 설명으로 옳은 것은?

(중 난이도)

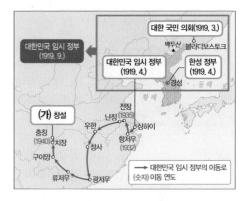

① 국내 진공 작전을 준비하였다.
② 김원봉을 중심으로 창설되었다.
③ 민립 대학 설립 운동을 전개하였다.
④ 청산리 지역에서 여러 차례 일본군과 싸웠다.
⑤ 일본군을 봉오동으로 유인하여 크게 물리쳤다.

14 ㉠에 들어갈 내용으로 옳은 것은?

(중 난이도)

〈1930년대 이후 일제의 통치 정책〉
• 배경: (㉠)
• 내용
  – 황국 신민 서사 외우기 강요
  – 일본식 성과 이름 사용 강요
  – 전국에 신사를 세워 참배하도록 강요

① 3·1 운동
② 애국 계몽 운동
③ 민족 자결주의 발표
④ 토지 조사 사업 시행
⑤ 만주 사변 등 일제의 침략 전쟁

15 대한민국 정부 수립 과정을 순서대로 바르게 나열한 것은?

(중 난이도)

ㄱ. 남북 협상
ㄴ. 5·10 총선거
ㄷ. 미소 공동 위원회 결렬
ㄹ. 유엔의 남북한 총선거 결의
ㅁ. 미군과 소련군의 한반도 분할 점령

① ㄱ-ㄴ-ㄷ-ㄹ-ㅁ
② ㄴ-ㄱ-ㄷ-ㅁ-ㄹ
③ ㄷ-ㅁ-ㄹ-ㄱ-ㄴ
④ ㄹ-ㅁ-ㄷ-ㄴ-ㄱ
⑤ ㅁ-ㄷ-ㄹ-ㄱ-ㄴ

16 다음 사건들의 공통점으로 옳은 것은?

(하 난이도)

• 남북 협상	• 제주 4·3 사건

① 신탁 통치 반대　　　② 6·25 전쟁 반대
③ 김일성 체제 반대　　④ 남한 단독 선거 반대
⑤ 38도선의 해체 요구

17 다음 사실이 전개된 시기를 연표에서 옳게 고른 것은?

(중 난이도)

신탁 통치 문제를 둘러싸고 우익 진영과 좌익 진영이 치열하게 대립하였다.

(가)	(나)	(다)	(라)	(마)
카이로 회담	8·15 광복	모스크바 3국 외상 회의	5·10 총선거	대한민국 정부 수립	6·25 전쟁

① (가)　② (나)　③ (다)　④ (라)　⑤ (마)

18 (가) 시기에 있었던 일로 옳지 <u>않은</u> 것은?

(하 난이도)

	(가)	
8·15 광복		5·10 총선거

① 남북 협상　　　　　② 대한민국 정부 수립
③ 제주 4·3 사건　　　④ 미소 공동 위원회 결렬
⑤ 모스크바 3국 외상 회의

19 ㉠에 들어갈 말로 옳은 것은?

(하 난이도)

남한만의 선거에 반대한 김구와 김규식은 통일 정부 수립을 협의하기 위한 (㉠)을(를) 추진하였다.

① 남북 협상　　　　② 5·10 총선거
③ 남북 정상 회담　　④ 미소 공동 위원회
⑤ 조선 건국 준비 위원회

주관식·서술형

20 다음 조약의 의의와 한계를 각각 한 가지씩 서술하시오.

제1조　조선은 자주국이며, 일본국과 동등한 권리를 가진다.
제4조　조선은 부산 이외에 두 곳의 항구를 개항하고 일본인이 와서 통상하도록 허가한다.
제7조　일본국의 항해자가 조선 해안을 자유롭게 측량하도록 허가한다.
제10조　일본국 인민이 조선 항구에서 범죄 행위를 저지르면 모두 일본국 관원이 심판한다.

_____

_____

21 ㉠에 들어갈 말을 쓰시오.

독립 협회의 활동 중에서 가장 활발하게 진행된 것은 (㉠)였다. 서울 종로에서 열린 (㉠)은(는) 일종의 민중 집회로서 독립 협회의 회원들이 중심이 되었으며, 일반 시민들도 참여하였다.

_____

22 ㉠에 들어갈 단체를 쓰시오.

광복과 더불어 국내의 일부 지도자들은 (㉠) 을(를) 결성하여 치안을 유지하고, 독립 국가의 건설을 준비하였다. 이 단체는 민족주의 계열과 사회주의 계열을 규합하여 조직되었으며 일부 민족주의 세력은 참여하지 않았다.

_____

02 민주주의의 발전

1 헌법 제정과 4·19 혁명

상하이 대한민국 임시 정부	대한민국 임시 헌장 발표: 민주 공화제, 국민의 자유와 평등 규정
대한민국 임시 정부	대한민국 임시 정부 헌법: 대한민국 임시 헌장을 보강해 공포, 주권 재민, 삼권 분립의 민주 공화제 원칙 규정
제헌 국회	• 5·10 총선거로 구성 • 제헌 헌법: 민주 공화국, 주권 재민, 삼권 분립 규정 • 제헌 국회 활동: ❶ ☐☐☐ ☐☐☐ 처벌법 제정(친일파 청산 노력), 농지 개혁(농사짓는 농민이 자기 땅 소유)
발췌 개헌	대통령 간선제 ➡ 직선제로 개헌
❷ ☐☐☐☐ 개헌	초대 대통령에 한해 중임 제한을 두지 않음
4·19 혁명 (1960)	❸ ☐·☐☐ 부정 선거: 1960년 정·부통령 선거에서 부정이 일어남 ➡ 학생과 시민들의 저항 ➡ 이승만 대통령 하야
장면 내각	• 내각 책임제, 양원제 국회로 개헌 ➡ 장면 내각 출범 • 경제 개발 5개년 계획안 마련, 부정 선거 관련자 처벌

2 민주주의의 시련과 민주화 운동

1 유신 체제의 성립

5·16 군사 정변 (1961)	• ❹ ☐☐☐를 중심으로 한 일부 군부 세력이 정변을 일으켜 정권을 잡음 • 이후 대통령 직선제 개헌 ➡ 박정희 대통령 당선
❺ ☐☐ 개헌	대통령직을 3번 연임할 수 있도록 헌법 개정
❻ ☐☐ 헌법 (1972)	• 대통령을 통일 주체 국민 회의에서 선출 • 대통령 임기 6년, 중임 제한을 없앰 ➡ 영구 집권 가능 • 대통령에게 국회 해산권, 긴급 조치권 부여
유신 체제 반대 운동	부마 민주 항쟁 등 전개
10·26 사태	박정희 대통령 피살로 유신 체제 종식(1979)

2 민주주의의 확대

12·12 사태	전두환 등 ❼ ☐☐☐가 불법으로 권력 장악
❽ ☐·☐☐ 민주화 운동 (1980)	• 계엄령 해제 및 신군부 퇴진과 민주주의 회복 요구 • 신군부의 무력 진압 ➡ 전두환 대통령 선출
6월 민주 항쟁 (1987)	• ❾ ☐☐☐ 고문치사 사건 ➡ 진상 규명과 대통령 직선제 개헌 요구 ➡ 4·13 호헌 조치 ➡ ❿ ☐·☐☐ 민주화 선언 • 5년 단임, 대통령 직선제 개헌
민주주의의 확대	시민운동, 촛불 집회 등 참여 민주주의 확대

정답 ❶ 반민족 행위 ❷ 사사오입 ❸ 3·15 ❹ 박정희 ❺ 3선 ❻ 유신 ❼ 신군부 ❽ 5·18 ❾ 박종철 ❿ 6·29

실력 확인 문제

01 다음 헌법에 대한 설명으로 옳은 것을 보기에서 모두 고르면?
(중 난이도)

> 유구한 역사와 전통에 빛나는 우리들 대한 국민은 기미 3·1 운동으로 대한민국을 건립하여 세계에 선포한 위대한 독립 정신을 계승하여 …… 자유로이 선거된 대표로써 구성된 국회에서 단기 4281년(1948년) 7월 12일 이 헌법을 제정한다.
> 제1조 대한민국은 민주 공화국이다.
> 제2조 대한민국의 주권은 국민에게 있고 모든 권력은 국민으로부터 나온다.

보기
ㄱ. 삼권 분립의 원칙을 담았다.
ㄴ. 대통령 직선제를 규정하였다.
ㄷ. 민주 공화국의 원칙을 밝히고 있다.
ㄹ. 대한민국 임시 정부 국무원이 공포하였다.

① ㄱ, ㄴ ② ㄱ, ㄷ ③ ㄱ, ㄹ
④ ㄴ, ㄹ ⑤ ㄷ, ㄹ

02 ㉠에 들어갈 용어로 옳은 것은?
(하 난이도)

> 〈근현대사 용어 사전〉
> ☐☐☐☐☐☐ ㉠ ☐☐☐☐☐☐
> 1948년에 제정된 헌법이다. 대한민국이 민주 공화정 체제를 채택하며, 대한민국의 주권이 국민에게 있음을 밝혔다.

① 제헌 헌법 ② 발췌 개헌
③ 유신 헌법 ④ 대한민국 임시 헌장
⑤ 대한민국 임시 정부 헌법

03 다음 사건이 일어난 정부로 옳은 것은?
(하 난이도)

• 발췌 개헌	• 사사오입 개헌
• 3·15 부정 선거	

① 이승만 정부 ② 장면 내각
③ 박정희 정부 ④ 전두환 정부
⑤ 노태우 정부

04 다음 뉴스가 보도된 시기를 연표에서 옳게 고른 것은?

(상)
난이도

찬성표가 부족해 통과되지 않았던 개헌 안이 203명의 3분의 2가 135.333……이 기 때문에 반올림하면 135명이라는 의 견이 제시되면서 통과되었습니다.

	(가)		(나)		(다)		(라)		(마)	
8·15 광복		대한민국 정부 수립		6·25 전쟁 발발		정전 협정		3·15 부정 선거		4·19 혁명

① (가)   ② (나)   ③ (다)   ④ (라)   ⑤ (마)

05 ㉠에 들어갈 내용으로 옳은 것은?

(상)
난이도

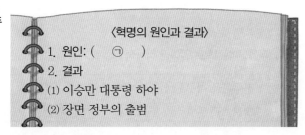

〈혁명의 원인과 결과〉

1. 원인: (㉠   )

2. 결과

(1) 이승만 대통령 하야

(2) 장면 정부의 출범

① 신군부의 등장   ② 한일 협정 체결
③ 5·16 군사 정변   ④ 유신 헌법 선포
⑤ 3·15 부정 선거

06 밑줄 친 '박정희 정부' 시기에 볼 수 있었던 모습으로 가장 적절한 것은?

(상)
난이도

일부 군인들은 장면 정부의 무능과 사회 혼란을 구실로 삼아 정변을 일으켰다. 이들은 전국에 비상계엄을 선포하고 국가 재건 최고 회의를 만들어 군정을 실시하고 모든 정당을 해산하였다. 이후 대통령 중심제로 개헌하고 박정희가 대통령에 당선되면서 박정희 정부가 출범하였다.

① 발췌 개헌안을 통과시키는 국회 의장
② 삼청 교육대에서 훈련을 받고 있는 학생
③ 5·10 총선거에 참여하여 투표하는 주민
④ 베트남으로 떠나는 배에 타고 있는 군인
⑤ 3·15 정·부통령 선거를 조작하는 공무원

07 (가) 시기에 있었던 사실로 옳지 <u>않은</u> 것은?

(하)
난이도

		(가)	
	5·16 군사 정변		10·26 사태

① 3선 개헌   ② 베트남 파병
③ 한일 협정 체결   ④ 부마 민주 항쟁
⑤ 내각 책임제 개헌

08 박정희 정부 시기의 일로 옳은 것을 보기 에서 모두 고르면?

(중)
난이도

보기

ㄱ. 장기 집권을 위해 3·15 부정 선거를 벌였다.
ㄴ. 대통령을 3번 연임할 수 있도록 헌법을 개정하였다.
ㄷ. 4·13 호헌 조치로 대통령 직선제 개헌을 거부하였다.
ㄹ. 통일 주체 국민 회의에서 대통령을 선출하도록 헌법을 개정하였다.

① ㄱ, ㄴ   ② ㄱ, ㄷ   ③ ㄱ, ㄹ
④ ㄴ, ㄹ   ⑤ ㄷ, ㄹ

09 ㉠에 들어갈 내용으로 옳은 것은?

(상)
난이도

1972년 박정희 정부가 공포한 유신 헌법에 국민들은 어떻게 저항하였을까?

㉠

① 부마 민주 항쟁이 일어났어.
② 4·13 호헌 조치 반대 운동을 벌였어.
③ 촛불 집회를 벌여 대통령을 탄핵하였어.
④ 광주에서 5·18 민주화 운동이 일어났어.
⑤ 4·19 혁명을 일으켜서 대통령이 미국으로 망명하였어.

10 (가)에 들어갈 헌법의 내용으로 옳은 것을 보기에서 모두 고르면?

(상) 난이도

발췌 개헌 → 사사오입 개헌 → 3선 개헌 → (가) → 대통령 간선제, 임기 7년

보기

ㄱ. 대통령 직선제
ㄴ. 3회까지 대통령 연임 허용
ㄷ. 대통령에게 국회 해산권 부여
ㄹ. 긴급 조치권으로 국민의 자유 제한

① ㄱ, ㄴ ② ㄱ, ㄷ ③ ㄱ, ㄹ
④ ㄴ, ㄹ ⑤ ㄷ, ㄹ

11 ㉠에 들어갈 내용으로 가장 적절한 것은?

(중) 난이도

주제: (㉠)

모둠별 조사 활동
• 1모둠: 장기 집권을 위해 부정 선거를 실시하다.
• 2모둠: 4·19 혁명이 일어나다.
• 3모둠: 5·16 군사 정변이 일어나다.
• 4모둠: 유신 헌법으로 독재 체제를 강화하다.

① 광복 이후 경제 성장
② 대한민국 정부의 수립
③ 민주주의의 시련과 발전
④ 자본주의의 발전과 세계화
⑤ 독립을 위한 다양한 민족 운동

12 다음 사건을 일어난 순서대로 바르게 나열한 것은?

(중) 난이도

ㄱ. 4·19 혁명   ㄴ. 6월 민주 항쟁
ㄷ. 3·15 부정 선거   ㄹ. 4·13 호헌 조치
ㅁ. 부마 민주 항쟁   ㅂ. 5·18 민주화 운동

① ㄱ - ㄴ - ㄷ - ㄹ - ㅁ - ㅂ
② ㄱ - ㄷ - ㄹ - ㅁ - ㅂ - ㄴ
③ ㄷ - ㄱ - ㅁ - ㅂ - ㄹ - ㄴ
④ ㄷ - ㄱ - ㅂ - ㅁ - ㄴ - ㄹ
⑤ ㄷ - ㄴ - ㄱ - ㄹ - ㅂ - ㅁ

13 다음 자료와 관련 있는 민주화 운동에 대한 설명으로 옳은 것은?

(중) 난이도

우리는 왜 총을 들 수밖에 없었는가? 그 대답은 너무 간단합니다. 무자비한 만행을 더 이상 보고 있을 수만 없어서 너도나도 총을 들고 나섰던 것입니다. …… 계엄 당국은 18일 오후부터 공수 부대를 대량 투입하여 시내 곳곳에서 학생, 젊은이들에게 무차별 살상을 자행하였으니!

① 신탁 통치에 대한 반대 시위이다.
② 호헌 철폐와 독재 타도를 외쳤다.
③ 3·15 부정 선거에 대해 항의하였다.
④ 계엄 철폐와 신군부 퇴진을 요구하였다.
⑤ 남한만의 단독 정부 수립에 저항하여 일어났다.

14 다음을 배경으로 일어난 역사적 사실로 가장 적절한 것은?

(하) 난이도

• 전두환을 비롯한 신군부 세력이 권력을 장악
• 계엄령을 전국으로 확대하면서 민주화 시위 탄압

① 4·19 혁명   ② 10·26 사태
③ 12·12 사태   ④ 6월 민주 항쟁
⑤ 5·18 민주화 운동

15 다음 사건들의 공통점으로 옳은 것은?

(하) 난이도

• 5·18 민주화 운동   • 6월 민주 항쟁

① 유신 체제에 반대하였다.
② 남북 교역 확대를 요구하였다.
③ 내각 책임제 개헌을 요구하였다.
④ 군부 세력에 저항한 민주 항쟁이었다.
⑤ 장기 집권을 위한 헌법 개정에 반대하여 일어났다.

16 밑줄 친 '헌법 개정'의 내용으로 가장 적절한 것은?

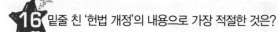

중
난이도

> 6월 민주 항쟁으로 여당의 대통령 후보인 노태우는 6·29 민주화 선언을 발표하였다. 이에 따라 <u>헌법 개정</u>이 이루어졌다.

① 내각 책임제
② 대통령 간선제
③ 대통령 직선제
④ 대통령에게 의회 해산권 부여
⑤ 대통령에게 긴급 조치권 부여

17 다음 내용을 주장한 사건으로 옳은 것은?

하
난이도

- 전두환 정부의 독재와 비리 규탄
- 국민들이 대통령 직선제 개헌 요구

① 4·19 혁명
② 10·26 사태
③ 12·12 사태
④ 6월 민주 항쟁
⑤ 5·18 민주화 운동

18 각 정부 시기에 있었던 일로 옳은 것을 보기에서 모두 고르면?

중
난이도

보기

ㄱ. 노태우 정부 – 정부 수립 이후 최초로 평화적 정권 교체가 이루어졌다.
ㄴ. 김영삼 정부 – 지방 자치제를 전면 실시하고, 금융 실명제를 시행하였다.
ㄷ. 김대중 정부 – 외환 위기를 극복하였으며, 대북 화해 협력 정책을 펼쳤다.
ㄹ. 노무현 정부 – 시장 경제 성장을 추진하고, G20 정상 회의를 국내에서 개최하였다.

① ㄱ, ㄴ
② ㄱ, ㄷ
③ ㄴ, ㄷ
④ ㄴ, ㄹ
⑤ ㄷ, ㄹ

주관식·서술형

19 다음 민주화 운동의 계기가 된 사건을 쓰시오.

> 학생과 시민의 시위가 전국으로 확산되자 정부는 계엄령을 선포하였고, 경찰이 시위대에 발포하기도 하였다. 하지만 결국 학생과 시민의 요구에 따라 이승만 대통령이 물러나 미국으로 망명하였다.

20 ㉠에 들어갈 사건을 쓰시오.

> 1961년 박정희 등 일부 군부 세력은 장면 정부의 무능 등을 구실로 (㉠)을(를) 일으켰다. 그리고 국회를 해산하고 국가 재건 최고 회의를 구성하여 정권을 장악하였다.

21 다음 헌법은 무엇인지 쓰시오.

> - 대통령 임기 6년, 중임 제한 없음
> - 통일 주체 국민 회의에서 대통령 선출
> - 대통령에게 의회 해산권, 긴급 조치권 부여

22 다음 밑줄 친 부분이 의미하는 대통령 선출 방식과 당시 국민들이 요구한 선출 방식의 차이점을 서술하시오.

> 1987년 4월 전두환 정부는 개헌에 대한 정치권의 합의가 이루어지지 않았다는 것을 구실로 <u>헌법을 그대로 유지한 채 대통령 선거를 치르겠다</u>고 발표하였다. 이에 국민들의 저항이 심화되었다.

03 자본주의와 사회 변화

1 개항 이후의 경제 변화

1 열강의 이권 침탈

개항	❶ [ ] 조약으로 부산, 원산, 인천 등 개항
개항 초기	• 개항장 중심으로 무역 실시 • 일본 상인이 특권을 바탕으로 무역 장악
임오군란 이후	청 상인이 본격적으로 국내 진출 ➡ 청·일 상인의 경쟁 치열 ➡ 청일 전쟁 이후 일본 상인 우위
❷ [ ] 이후	러시아의 이권 침탈 심화, 다른 열강도 최혜국 대우를 바탕으로 이권 침탈

2 경제적 구국 운동

❸ [ ]	곡물의 유출을 막기 위해 지방관이 내린 조치
시전 상인	외국 상점 퇴거를 요구하며 상점 문을 닫음
독립 협회	러시아의 절영도 조차 요구 저지
보안회	일본의 황무지 개간권 요구 저지
❹ [ ]	일본의 차관 강요 ➡ 일본에 진 빚을 갚아 국권을 지키기 위해 대구에서 시작 ➡ 전국으로 확산

3 일제의 수탈

1910년대	근대적 토지 소유권 확립 명분으로 ❺ [ ] 실시
1920년대	일본의 식량 부족 해결을 위해 산미 증식 계획 실시
1930년대 이후	병참 기지화 정책으로 한반도를 침략 전쟁의 물자 보급 기지화, 국가 ❻ [ ] 제정

2 광복 이후 경제 성장과 사회 문화의 변화

1 광복 이후의 경제 성장

이승만 정부	미국의 원조를 바탕으로 ❼ [ ] 산업 발달
박정희 정부	• 국가 주도의 경제 성장 정책 실시 • 자금 마련: 한일 협정, 베트남 파병, 간호사·광부 파견 • 1960년대: ❽ [ ] 위주(의류, 가발) • 1970년대: 중화학 공업 위주(철강, 조선 등)
1980년대	❾ [ ] 호황: 저금리, 저유가, 저달러에 따른 호황
김영삼 정부	세계화 표방, 경제 협력 개발 기구(OECD) 가입, 외환 위기
김대중 정부	외환 위기 극복

2 노동 운동과 대중문화

❿ [ ] 분신 사건	장시간 노동, 저임금 등 열악한 근무 환경 개선, 근로 기준법 준수를 요구하며 분신
6월 민주 항쟁 이후	전국적으로 노동조합 설립, 노사정 위원회 구성 등
새로운 사회적 과제의 등장	저출산·고령화, 다문화 현상, 사회 양극화 현상, 청년 실업 등
대중문화의 발달	한류: 1990년대 후반부터 한국 문화가 아시아에서 주목받음 ➡ 전 세계로 확산

정답 ❶ 강화도 ❷ 아관 파천 ❸ 방곡령 ❹ 국채 보상 운동 ❺ 토지 조사 사업 ❻ 총동원법
❼ 삼백 ❽ 경공업 ❾ 3저 ❿ 전태일

01 개항 이후 경제적 변화에 대한 설명으로 옳지 <u>않은</u> 것은?

중 난이도

① 부산, 원산, 인천 등이 개항되었다.
② 개항 초기에는 개항장을 중심으로 무역이 실시되었다.
③ 아관 파천 이후에는 러시아를 중심으로 여러 열강의 이권 침탈이 심화되었다.
④ 개항 초기에는 청 상인이 여러 특권을 누리면서 조선과의 무역을 독점하였다.
⑤ 임오군란 이후에는 청 상인이 본격적으로 국내에 진출하여 일본 상인과 경쟁하였다.

02 (가) 시기의 경제 상황으로 옳은 것은?

중 난이도

강화도 조약	→	(가)	→	아관 파천

① 국채 보상 운동이 일어났다.
② 일본이 황무지 개간권을 요구하였다.
③ 흥선 대원군이 통상 수교 거부 정책을 펼쳤다.
④ 일본에서 곡물을 수입하면서 쌀값이 내려갔다.
⑤ 임오군란 이후 조선에서 청·일 상인의 경쟁이 치열해졌다.

03 밑줄 친 ㉠ 시기의 경제 상황에 대한 설명으로 옳은 것은?

상 난이도

> **고종, 러시아 공사관으로 거처를 옮기다.**
>
> 고종은 을미사변 이후 신변의 위협을 느끼고 ㉠ 아관 파천을 단행하여 러시아 공사관으로 거처를 옮겼는데 ……

① 광무개혁을 추진하였다.
② 통상 수교 거부 정책을 펼쳤다.
③ 러시아 등 열강의 이권 침탈이 가속화하였다.
④ 보안회가 일본의 황무지 개간권 요구를 저지하였다.
⑤ 미국과 일본 상인이 본격적으로 국내에 진출하였다.

04 개항 이후 열강의 침탈과 그에 맞선 경제적 구국 운동이 바르게 연결된 것은?
^중 난이도

	열강의 침탈	경제적 구국 운동
①	일본으로 곡물 유출	독립 협회의 활동
②	일본으로 곡물 유출	국채 보상 운동 전개
③	일본의 황무지 개간권 요구	보안회의 활동
④	일본의 황무지 개간권 요구	독립 협회의 활동
⑤	러시아의 절영도 조차 요구	보안회의 활동

05 ㉠에 들어갈 경제적 구국 운동으로 옳은 것은?
^하 난이도

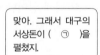

일본이 대한 제국의 경제 침탈을 위해 차관을 제공하였어.

맞아. 그래서 대구의 서상돈이 (㉠)을 펼쳤지.

① 방곡령 　　② 국채 보상 운동
③ 물산 장려 운동 　　④ 금 모으기 운동
⑤ 민립 대학 설립 운동

06 ㉠에 들어갈 일제의 경제 정책으로 옳은 것은?
 중요
^하 난이도

조선 총독부는 근대적 토지 소유권 확립을 명분으로 (㉠)을 실시하였다. 그 결과 조선 총독부의 지세 수입이 늘고, 미신고 토지는 조선 총독부가 차지하게 되었다. 하지만 한국인 소작농은 경작권을 잃고 더욱 어려운 처지에 빠지게 되었다.

① 국가 총동원법 　　② 산미 증식 계획
③ 경제 개발 계획 　　④ 토지 조사 사업
⑤ 병참 기지화 정책

07 ㉠에 들어갈 기구로 옳은 것은?
^중 난이도

(㉠)는 일제가 토지 조사 사업으로 차지한 토지를 넘겨받아 한반도에 이주하는 일본인에게 헐값에 팔아넘겼다.

① 조선 총독부 　　② 동양 척식 주식회사
③ 대한민국 임시 정부 　　④ 경성 방직 주식회사
⑤ 국채 보상 운동 기성회

08 다음 표와 관련된 일제의 경제 정책에 대한 설명으로 옳지 <u>않은</u> 것은?
중요
^중 난이도

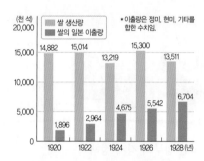

① 한국인의 식량 사정은 더욱 악화되었다.
② 일본의 쌀 부족 현상을 해결하기 위해 실시되었다.
③ 조선 총독부의 지세 수입을 늘리기 위해 시행하였다.
④ 늘어난 생산량보다 더 많은 양의 쌀을 일본으로 가져갔다.
⑤ 쌀 증산에 필요한 비용 부담으로 농민들의 생활은 더욱 어려워졌다.

09 1930년대 이후 일제의 경제 정책에 대한 설명으로 옳은 것을
^상 난이도 보기 에서 모두 고르면?

보기
ㄱ. 토지 조사 사업을 실시하였다.
ㄴ. 공출이란 이름으로 식량과 금속 등을 빼앗아 갔다.
ㄷ. 회사를 설립할 때는 조선 총독부의 허가를 받도록 하였다.
ㄹ. 한반도 북부 지역을 중심으로 군수 산업과 관련된 공업 시설을 지었다.

① ㄱ, ㄴ 　　② ㄱ, ㄷ 　　③ ㄴ, ㄷ
④ ㄴ, ㄹ 　　⑤ ㄷ, ㄹ

10 6·25 전쟁 이후 다음 산업이 발달한 이유로 옳은 것은?

중 난이도

> 제분(밀가루), 제당(설탕), 면방직 공업의 세 가지 산업으로 생산품이 흰색이어서 삼백 산업이라고 한다.

① 미국에서 원조 물자가 들어왔다.
② 제1·2차 경제 개발 계획이 추진되었다.
③ 무역 적자와 외화 부족으로 경제 위기를 맞았다.
④ 세계적인 석유 파동으로 한국 경제가 위기를 맞았다.
⑤ 저유가, 저금리, 저달러를 바탕으로 경제 호황을 누렸다.

11 ㉠에 들어갈 제목으로 가장 적절한 것은?

중 난이도

(㉠)

서울과 부산을 잇는 도로이다. 산업 발전의 기반을 마련하기 위해 건설되었다.

① 장면 정부의 경제 정책
② 일제의 식민지 수탈 정책
③ 경제 개발 5개년 계획과 성과
④ 미국의 원조와 삼백 산업의 발달
⑤ 외환 위기와 국제 통화 기금(IMF)의 자금 지원

12 박정희 정부 시기 경제 발전에 대한 설명으로 옳은 것을 보기 에서 모두 고르면?

상 난이도

> 보기
> ㄱ. 제1·2차 경제 개발 계획 시기에는 경공업 중심의 수출 산업을 육성하였다.
> ㄴ. 제3·4차 경제 개발 계획 시기에는 3저 호황으로 고도성장을 이루었다.
> ㄷ. 1970년대 말에는 전 세계적인 석유 파동으로 외환 위기를 겪기도 하였다.
> ㄹ. 한일 협정, 베트남 파병 등으로 경제 개발에 필요한 외국 자본을 유치하였다.

① ㄱ, ㄴ   ② ㄱ, ㄹ   ③ ㄴ, ㄷ
④ ㄴ, ㄹ   ⑤ ㄷ, ㄹ

13 다음 경제 상황이 전개되던 시기를 연표에서 옳게 고른 것은?

중 난이도

> • 저유가, 저금리, 저달러로 경제 위기 극복
> • 물가 안정 속에 경제 성장 지속

	(가)	(나)	(다)	(라)	(마)	
8·15 광복		6·25 전쟁 발발	경부 고속 국도 완공	2차 석유 파동	OECD 가입	외환 위기

① (가)   ② (나)   ③ (다)   ④ (라)   ⑤ (마)

14 ㉠의 원인으로 가장 적절한 것은?

하 난이도

> 1997년에 일어난 (㉠)(으)로 한국 정부는 국제 통화 기금(IMF)에 구제 금융을 신청하였다.

① 석유 파동   ② 저출산·고령화
③ 사회 양극화   ④ 농산물 가격 하락
⑤ 무역 적자, 외화 부족

15 (가)에 들어갈 사실로 옳은 것을 보기 에서 모두 고르면?

중 난이도

> 1997년 말, 국제 통화 기금에 구제 금융을 신청하였다.
> ↓
> (가)
> ↓
> 2001년 정부와 국민의 노력으로 국제 통화 기금 관리 체제에서 벗어났다.

> 보기
> ㄱ. 금 모으기 운동 전개
> ㄴ. 한일 협정과 베트남 파병
> ㄷ. 기업과 금융의 구조 조정
> ㄹ. 경제 개발 5개년 계획 추진

① ㄱ, ㄴ   ② ㄱ, ㄷ   ③ ㄴ, ㄷ
④ ㄴ, ㄹ   ⑤ ㄷ, ㄹ

16 (가)~(라) 시기의 경제 상황에 대한 설명으로 옳은 것을 보기에서 모두 고르면?

(상) 난이도

- (가) 정부: 제1~4차 경제 개발 계획 추진
- (나) 정부: 3저 호황으로 경제 위기 극복
- (다) 정부: 경제 협력 개발 기구(OECD) 가입
- (라) 정부: 강도 높은 구조 조정, 외국 자본 유치

보기

ㄱ. (가) - 베트남 파병으로 자금을 마련하였다.
ㄴ. (나) - 금 모으기 운동을 추진하였다.
ㄷ. (다) - 외환 위기를 맞이하였다.
ㄹ. (라) - 농지 개혁법을 제정하였다.

① ㄱ, ㄴ   ② ㄱ, ㄷ   ③ ㄱ, ㄹ
④ ㄴ, ㄹ   ⑤ ㄷ, ㄹ

17 다음 편지와 관련된 사건이 일어난 시기를 연표에서 옳게 고른

(중) 난이도 것은?

> 2만여 명 중 40%를 차지하는 보조공들은 평균 연령 15세의 어린이들로서 …… 1일 14시간의 작업 시간을 1일 10~12시간으로 단축해 주십시오. 1개월 휴일 2일을 늘려서 일요일마다 휴일로 쉬기를 희망합니다. …… 절대로 무리한 요구가 아님을 맹세합니다. 인간으로서의 최소한의 요구입니다.

(가)	(나)	(다)	(라)	(마)
3·15 부정 선거	4·19 혁명	장면 내각 수립	5·16 군사 정변	10·26 사태	5·18 민주화 운동

① (가)   ② (나)   ③ (다)   ④ (라)   ⑤ (마)

18 2000년대 이후 한국의 사회·문화와 관련된 설명으로 옳지

(하) 난이도 않은 것은?

① 저출산·고령화 현상이 심화되고 있다.
② 서울 올림픽을 성공적으로 개최하였다.
③ 청년 실업과 비정규직 노동자 문제가 대두되고 있다.
④ 사회 양극화로 인한 계층 간 갈등 문제가 심각해지고 있다.
⑤ 한국의 대중문화가 전 세계적으로 확산되는 '한류' 현상이 나타나고 있다.

주관식·서술형

19 다음 글을 읽고 물음에 답하시오.

> 국채 1,300만 원은 바로 우리 대한의 존망에 직결된 것이라. 갚으면 나라가 존재하고, 갚지 못하면 나라가 망하는 것은 대세가 반드시 그렇게 이르는 것이다. …… 2천만 민중이 3개월 동안 담배를 끊고 그 대금으로 1인당 매달 20전씩 징수하면 1,300만 원이 될 수 있다.

(1) 위 운동의 이름을 쓰시오.

_____

(2) 위 운동의 목표를 서술하시오.

_____

_____

20 ㉠에 들어갈 일제의 경제 정책을 쓰시오.

> 1920년대 일제는 일본의 식량 부족 문제를 해결하기 위해 (㉠)을(를) 실시하였다. (㉠)의 결과 증산량보다 많은 양이 일본으로 유출되면서 한국인의 식량 사정은 더욱 악화되었다.

_____

21 ㉠에 들어갈 용어를 쓰시오.

> 한국 경제는 1980년대 중반부터 저달러로 수출이 늘어났으며, 저유가로 원가를 절감할 수 있었다. 저금리로 투자도 확대되었다. 이를 통해 한국 경제가 누린 호황을 (㉠)(이)라고 한다.

_____

04 평화 통일을 위한 노력

1 한반도의 분단과 6·25 전쟁

1 남북 분단

❶ [ ]도선 분할	미국과 소련이 일본군 무장 해제를 위해 한반도 분할 점령
남북 분단	대한민국 정부 수립, 북한 정권 수립으로 남북한 분단

2 6·25 전쟁

배경	• 38도선 부근에서 남북한의 잦은 군사 충돌 • 북한의 전쟁 준비: 소련의 군사적 지원 약속, 중국에 있던 조선인 공산주의자를 북한군에 편입 • ❷ [ ] 선언: 미국의 태평양 지역 방위선에서 대한민국 제외
발발	• 북한의 기습 남침으로 발발(1950. 6. 25.) • 유엔에서 북한을 침략자로 규정, 유엔군 파병 결의
❸ [ ] 작전	전세 역전, 국군과 유엔군이 서울을 탈환하고 38도선을 넘어 진격
❹ [ ] 참전	• 국군과 유엔군이 서울을 빼앗기고 후퇴 • 국군과 유엔군이 서울 재탈환, 이후 전선 고착 • 2년간 정전 회담 진행
❺ [ ](휴전) 협정	전쟁 중단(1953. 7. 27.)
영향	• 인적·물적 피해 • 남북 간의 적대감과 대결 구도 심화 • 남북한의 독재 체제 강화 • 미국과 소련 중심의 냉전 체제 강화 계기

2 통일을 위한 노력

박정희 정부	• 남북 적십자 회담 개최 • ❻ [ ] 남북 공동 성명(1972): 자주·평화·민족적 대단결의 3대 원칙 합의
노태우 정부	• 남북 고위급 회담 개최 • 남북한이 동시에 ❼ [ ] 가입(1991) • 남북 기본 합의서(1991): 남북이 서로의 체제 인정, 침략하지 않기로 합의 • 한반도 비핵화 공동 선언(1991)
김영삼 정부	북한 핵 개발 의혹으로 남북 관계 위기
김대중 정부	• 대북 화해 협력 정책('햇볕 정책') 추진 • ❽ [ ] 남북 공동 선언(2000): 제1차 남북 정상 회담에서 발표, 남북 교류 협력 활성화
노무현 정부	제2차 남북 정상 회담(2007), 10·4 남북 공동 선언 발표
문재인 정부	판문점 회담, 판문점 선언 발표

정답 ❶ 38 ❷ 애치슨 ❸ 인천 상륙 ❹ 중국군 ❺ 정전 ❻ 7·4 ❼ 유엔 ❽ 6·15

실력 확인 문제

01 ㉠에 대한 설명으로 가장 적절한 것은?
(중 난이도)

> 한국사 신문   19○○년 ○월 ○일
>
> [속보] 미국, (㉠) 발표하다
> 미국의 국무 장관 애치슨은 미국의 태평양 지역 방위선인 (㉠)을(를) 발표하였다. ……

① 북한군의 침입을 막는 국군의 최후 방위선이었다.
② 한국을 미국의 태평양 지역 방위선에서 제외하였다.
③ 미국과 소련이 한반도를 분할 점령하는 근거가 되었다.
④ 남북한이 7·4 남북 공동 성명을 발표하는 배경이 되었다.
⑤ 자주·평화·민족적 대단결의 한반도 통일 3대 원칙을 담고 있었다.

02 (가), (나) 사이에 일어난 사실로 옳은 것은?
(중 난이도)

> (가) 국군과 유엔군은 서울을 수복하고, 38도선을 돌파하여 진격하였다.
> (나) 소련이 전쟁 확대를 우려하여 정전을 제의하자, 미국이 이를 받아들여 정전 협상이 시작되었다.

① 중국군이 참전하였다.
② 애치슨 선언이 발표되었다.
③ 이승만이 반공 포로를 석방하였다.
④ 유엔군과 국군이 인천 상륙 작전에 성공하였다.
⑤ 북한군의 침입으로 국군이 낙동강 전선까지 후퇴하였다.

03 국군과 유엔군이 (가)에서 (나)로 진격하는 사이에 일어난 사실로 옳은 것은?

중 난이도

① 휴전 회담이 시작되었다.
② 반공 포로가 석방되었다.
③ 유엔군 파병이 결의되었다.
④ 애치슨 라인이 발표되었다.
⑤ 인천 상륙 작전이 이루어졌다.

04 (가) 시기에 볼 수 있던 모습으로 가장 적절한 것은?

중 난이도

| 중국군의 참전 | → | (가) | → | 정전 협정 |

① 흥남에서 철수하는 미군
② 인천 상륙 작전을 수행하는 유엔군
③ 애치슨 선언을 발표하는 미국 정치인
④ 미소 공동 위원회에 참여한 미국과 소련 대표
⑤ 국내 진공 작전을 위해 훈련하는 한국 광복군 병사

05 ㉠에 들어갈 내용으로 옳지 않은 것은?

중 난이도

6·25 전쟁의 영향으로는 어떤 것이 있을까?

㉠

① 국토가 황폐화되었어.
② 이산가족이 발생하였어.
③ 이승만 정부가 붕괴되었어.
④ 남북의 적대감이 심화되었어.
⑤ 수많은 사상자와 전쟁고아가 생겼어.

06 6·25 전쟁의 과정을 순서대로 바르게 나열한 것은?

중 난이도

ㄱ. 정전 회담	ㄴ. 북한의 남침
ㄷ. 중국군의 참전	ㄹ. 인천 상륙 작전
ㅁ. 유엔군 파병 결의	

① ㄴ-ㄷ-ㅁ-ㄱ-ㄹ
② ㄴ-ㄹ-ㅁ-ㄷ-ㄱ
③ ㄴ-ㅁ-ㄹ-ㄷ-ㄱ
④ ㄷ-ㄴ-ㄱ-ㄹ-ㅁ
⑤ ㄷ-ㄴ-ㅁ-ㄹ-ㄱ

07 다음 자료에 대한 설명으로 가장 적절한 것은?

중 난이도

첫째, 통일은 외세의 의존과 간섭 없이 자주적으로 해결하여야 한다.
둘째, 통일은 상대방을 반대하는 무력행사에 의하지 않고 평화적 방법으로 실현하여야 한다.
셋째, 사상과 이념, 제도의 차이를 초월하여 우선 하나의 민족으로서 민족적 대단결을 도모하여야 한다.

① '햇볕 정책'의 결과 발표되었다.
② 제1차 남북 정상 회담에서 발표되었다.
③ 이후 남북한 교류 협력의 기본 원칙이 되었다.
④ 북방 외교와 냉전 체제의 붕괴를 배경으로 발표되었다.
⑤ 남북한이 서로의 체제를 인정하고 침략하지 않기로 합의하였다.

08 (가) 시기의 남북 관계에 대한 설명으로 옳은 것은?

중 난이도

| 5·16 군사 정변 | → | (가) | → | 10·26 사태 |

① 6·25 전쟁이 발발하였다.
② 남북 정상 회담이 이루어졌다.
③ 한반도 비핵화 공동 선언을 하였다.
④ 금강산 관광객 피살 사건이 일어났다.
⑤ 서울과 평양에서 동시에 공동 성명을 발표하였다.

09 다음에서 설명하는 남북한의 합의로 옳은 것은?

(하) 난이도

> • 배경: 동유럽 사회주의 정권 붕괴, 북방 외교
> • 내용
> – 남북한이 서로의 체제 인정
> – 무력 침략을 하지 않을 것을 합의

① 남북 기본 합의서   ② 7·4 남북 공동 성명
③ 6·15 남북 공동 선언   ④ 10·4 남북 공동 선언
⑤ 한반도 비핵화 공동 선언

10 다음 시기 남북한의 통일을 위한 노력으로 옳은 것을 보기에서

(중) 난이도 모두 고르면?

> 1990년대 들어와 급격한 국제 정세의 변화 속에서 한국은 소련 및 동유럽 사회주의 국가와 외교 관계를 맺었다.

> **보기**
> ㄱ. 판문점 선언
> ㄴ. 6·15 남북 공동 선언
> ㄷ. 남북 기본 합의서 발표
> ㄹ. 남북한 유엔 동시 가입

① ㄱ, ㄴ   ② ㄱ, ㄷ   ③ ㄴ, ㄷ
④ ㄴ, ㄹ   ⑤ ㄷ, ㄹ

11 다음 선언문을 발표한 정부 시기에 있었던 사실로 옳은 것은?

(하) 난이도

> 1. 남과 북은 서로 상대방의 체제를 인정하고 존중한다.
> 3. 남과 북은 상대방에 대한 비방·중상을 하지 아니한다.
> 9. 남과 북은 상대방에 대하여 무력을 사용하지 않으며 상대방을 무력으로 침략하지 아니한다.

① 7·4 남북 공동 성명   ② '햇볕 정책' 적극 추진
③ 남북한 유엔 동시 가입   ④ 제1차 남북 정상 회담
⑤ 금강산 관광객 피살 사건

12 ㉠ 정부 시기의 남북 관계에 대한 설명으로 옳은 것은?

(상) 난이도

> 정부 수립 이후 최초로 선거를 통한 평화적 정권 교체가 이루어져 (㉠   ) 정부가 출범하였다.

① 남북 정상 회담을 개최하였다.
② 개성 공단 사업이 중단되었다.
③ 최초로 이산가족이 상봉하였다.
④ 연평도 포격 도발 사건이 일어났다.
⑤ 김일성 사망으로 남북 관계가 경색되었다.

13 다음 정상 회담의 결과로 가장 적절한 것은?

(중) 난이도

▲ 분단 이후 처음으로 열린 남북 정상 회담(2000)

① 반공 포로가 석방되었다.
② 판문점 회담이 이루어졌다.
③ 남북이 유엔에 동시 가입하였다.
④ 6·15 남북 공동 선언이 발표되었다.
⑤ 한반도 비핵화 공동 선언이 처음 발표되었다.

14 다음 대화에서 언급하고 있는 사건과 관련된 내용으로 옳은 것은?

(중) 난이도

① 통일의 3대 원칙을 발표하였다.
② 남북 기본 합의서를 발표하였다.
③ 남북한이 유엔에 동시 가입하였다.
④ 한반도 비핵화 공동 선언을 발표하였다.
⑤ 개성 공단 건설을 합의하는 등 남북한 경제 교류가 활성화되었다.

15 다음과 관련된 정부로 옳은 것은?

난이도 하

- 제2차 남북 정상 회담 성사
- 10·4 남북 공동 선언 발표

① 이승만 정부   ② 박정희 정부   ③ 김대중 정부
④ 노무현 정부   ⑤ 문재인 정부

주관식·서술형

18 다음 상황 직후 유엔 안전 보장 이사회의 대응을 두 가지 서술하시오.

> 1950년 6월 25일, 북한은 기습적으로 38도선을 넘어 남침을 개시하였다.

_____

_____

16 평화 통일을 위한 노력에 대한 설명으로 옳지 <u>않은</u> 것은?

중
난이도

① 7·4 남북 공동 성명 – 이후 남북한 교류 협력의 기본 원칙이 되었다.
② 남북 기본 합의서 – 남북한이 서로의 체제를 인정하고 침략하지 않기로 합의하였다.
③ 한반도 비핵화 공동 선언 – 한반도에서 핵무기 시험, 생산, 보유 금지를 합의하였다.
④ 6·15 남북 공동 선언 – 제1차 남북 정상 회담의 결과 발표되었다.
⑤ 10·4 남북 공동 선언 – 남북한 유엔 동시 가입에 합의하였다.

19 다음 선언문의 명칭과 ㉠~㉢에 들어갈 말을 쓰시오.

> 첫째, 통일은 외세의 의존과 간섭 없이 (㉠)적으로 해결하여야 한다.
> 둘째, 통일은 상대방을 반대하는 무력행사에 의하지 않고 (㉡)적 방법으로 실현하여야 한다.
> 셋째, 사상과 이념, 제도의 차이를 초월하여 우선 하나의 민족으로서 (㉢)을(를) 도모하여야 한다.

_____

17 다음 남북한의 통일을 위한 노력을 순서대로 바르게 나열한 것은?

상
난이도

ㄱ. 남북 기본 합의서
ㄴ. 7·4 남북 공동 성명
ㄷ. 6·15 남북 공동 선언
ㄹ. 남북한 유엔 동시 가입

① ㄱ－ㄴ－ㄷ－ㄹ
② ㄱ－ㄷ－ㄹ－ㄴ
③ ㄴ－ㄱ－ㄷ－ㄹ
④ ㄴ－ㄹ－ㄱ－ㄷ
⑤ ㄷ－ㄱ－ㄴ－ㄹ

20 다음 선언의 이름을 쓰시오.

> 1. 남과 북은 나라의 통일 문제를 그 주인인 우리 민족끼리 서로 힘을 합쳐 자주적으로 해결해 나가기로 하였다.
> 4. 남과 북은 경제 협력을 통하여 민족 경제를 균형적으로 발전시키고, 사회·문화·체육·보건·환경 등 제반 분야의 협력과 교류를 활성화하여 서로의 신뢰를 다져 나가기로 하였다.

_____

MEMO

MEMO

내신과 등업을 위한 강력한 한 권!

2022 개정 교육과정 완벽 반영
수매씽 시리즈

동아출판

중학 수학	개념 연산서	1학년 1·2학기 출간 완료
		2~3학년 1·2학기 출간 예정
	개념 기본서	
	유형 기본서	1~3학년 1·2학기 출간 예정

고등 수학	개념 기본서	공통수학 1·2 출간 완료
		대수·미적분Ⅰ·미적분Ⅱ·확률과 통계·기하 출간 예정
	유형 기본서	공통수학 1·2 출간 완료
		대수·미적분Ⅰ·미적분Ⅱ·확률과 통계 출간 예정

올쏘

All about Society

중학 역사 ❷

올바른 역사 개념은 옳소
핵심 문제서 올쏘

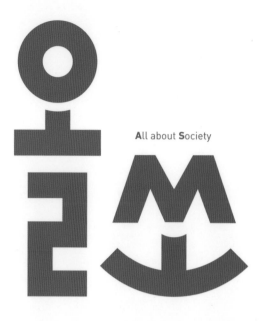

올쏘
All about Society

중학 역사 ❷

정답과 해설

자세하고 친절한 해설

동아출판

정답과 해설

중학 역사 ②

I 선사 문화와 고대 국가의 형성

01 선사 문화의 변천과 국가의 등장

STEP 1 개념 확인
010쪽

01 (1) ㄴ (2) ㄱ (3) ㄹ (4) ㄷ　　**02** ㉠ 영고 ㉡ 동맹 ㉢ 동예
03 (1) ㉢ (2) ㉡ (3) ㉣ (4) ㉠　　**04** (1) 제정일치 (2) 비파형 동검
05 (1) × (2) × (3) ○　　**06** (1) 족외혼 (2) 변한

STEP 2 대표 문제
010~012쪽

01 ②　**02** ⑤　**03** ⑤　**04** ①　**05** ⑤　**06** ⑤　**07** ⑤
08 ④　**09** ③　**10** ④　**11** ②　**12** ③

01 주먹도끼는 구석기 시대의 대표적인 도구로 뗀석기의 일종이다.
왜 틀렸지? | ㄴ, ㄹ. 신석기 시대에 대한 설명이다.

02 제시된 지도는 신석기 시대의 유적지를 나타낸다.
왜 틀렸지? | ⑤ 청동기 시대에 대한 설명이다.

03 자료는 신석기 시대의 움집이다. 신석기 시대 사람들은 강가나 바닷가에 움집을 짓고 정착 생활을 하였다.
왜 틀렸지? | ⑤ 신석기 시대에는 계급이 발생하지 않았다.

04 ㉠은 청동기 시대이다. 청동기 시대에는 농업 생산력이 향상되면서 사유 재산이 발생하고 계급이 발생하였다.
왜 틀렸지? | ②, ④ 신석기 시대, ③ 청동기 시대 이전, ⑤ 구석기 시대에 대한 설명이다.

선사 문화의 전개와 청동기 시대

구석기 시대	뗀석기, 사냥과 채집, 동굴이나 막집, 이동 생활
신석기 시대	간석기, 농경과 목축, 움집, 정착 생활
청동기 시대	조·보리·콩 재배, 벼농사 보급, 계급 발생, 고인돌

05 반달 돌칼은 청동기 시대에 쓰이던 농기구이다.
왜 틀렸지? | ⑤ 청동기 시대에 농기구는 여전히 돌이나 나무로 만들었다.

06 비파형 동검, 탁자식 고인돌 등을 통해 고조선과 관련된 문화의 범위를 추측해 볼 수 있다.

07 단군왕검의 칭호에서 '단군'은 제사장을 '왕검'은 정치적 지배자를 뜻한다. 이에 고조선이 제정일치 사회였음을 알 수 있다.

08 매장량이 많고 재질이 단단하다는 것으로 볼 때 밑줄 친 '이 도구'는 철기이다.
왜 틀렸지? | ④ 고조선은 청동기 문화를 바탕으로 성립하였다.

09 (가) 부여, (나) 고구려, (다) 옥저, (라) 동예, (마) 삼한이다. 옥저에는 가족 공동 묘의 풍습이 있었다.

10 혼인을 결정한 후에 남자가 일정 기간 여자 집에 머무는 것으로 보아 고구려의 혼인 풍습인 서옥제에 대한 설명이다.

11 삼한의 제천 행사인 계절제에 대한 설명이다. 삼한에는 신성 지역인 소도가 존재하였다.
왜 틀렸지? | ① 부여, ③ 동예, ④ 고구려, ⑤ 옥저에 대한 설명이다.

12 밑줄 친 '이 나라'는 삼한이다. 삼한은 신지, 읍차라 불리는 군장이 다스렸고, 천군이라 불리는 제사장은 제사를 주관하였다.
왜 틀렸지? | ㄱ. 동예, ㄹ. 부여에 대한 설명이다.

STEP 3 주관식·서술형
013쪽

01 (1) 뗀석기
(2) **예시답안** 돌을 갈아서 만든 간석기를 사용하였다. 농경과 목축을 통해 식량을 마련하였다. 움집을 지어 거주하고 정착 생활을 하였다.

채점 기준	
상	위의 내용 중 두 가지를 모두 서술한 경우
하	위의 내용 중 한 가지만 서술한 경우

02 (1) 고인돌
(2) **예시답안** 고인돌은 청동기 시대 지배자의 무덤이다. 이를 통해 청동기 시대에 계급이 발생하고 군장이 등장하였음을 알 수 있다.

채점 기준	
상	고인돌이 지배자의 무덤임을 언급하며 계급이 발생하고 군장이 등장하였다는 내용을 모두 서술한 경우
하	위의 내용을 전혀 서술하지 못한 경우

03 (1) 고조선
(2) **예시답안** 생명과 노동력을 중시하는 사회였다. 농경 사회였다. 사유 재산과 계급이 존재하였다.

채점 기준	
상	위의 내용 중 세 가지 이상을 서술한 경우
중	위의 내용 중 두 가지만 서술한 경우
하	위의 내용 중 한 가지만 서술한 경우

04 (1) ㉠ 천군 ㉡ 소도
(2) **예시답안** 삼한에는 제사를 주관하는 제사장인 천군이 따로 존재했다는 점에서 정치와 종교가 분리된 제정 분리 사회였음을 알 수 있다.

채점 기준	
상	천군의 존재를 통해 삼한이 제정 분리 사회였음을 알 수 있다고 서술한 경우
하	위의 내용을 전혀 서술하지 못한 경우

02 삼국의 성립과 발전

STEP 1 개념 확인
016쪽

01 (1) ㄷ (2) ㄹ (3) ㄴ (4) ㄱ **02** ㉠ 태학 ㉡ 광개토 대왕 ㉢ 평양
03 (1) ㉡ (2) ㉢ (3) ㉣ (4) ㉠ **04** (1) 마립간 (2) 금관가야 (3) 웅진
05 (1) ○ (2) × (3) × **06** (1) 성왕 (2) 지증왕 (3) 진흥왕

STEP 2 대표 문제
016~018쪽

01 ④ **02** ② **03** ② **04** ① **05** ③ **06** ④ **07** ②
08 ④ **09** ③ **10** ② **11** ⑤ **12** ③ **13** ⑤ **14** ①

01 고구려가 국가적 위기에 처했을 때 즉위한 소수림왕은 위기를 극복하기 위해 국가 체제를 정비하였다. 불교를 수용하여 사상적 통합을 꾀하였고, 인재 양성을 위하여 태학을 설립하였으며 율령을 반포하였다.

02 졸본을 도읍으로 건국한 고구려는 이후 국내성으로 수도를 옮기고, 점차 5부를 행정적 성격으로 개편하였다. 미천왕 때에는 낙랑군을 병합하여 대동강 유역을 확보하였으나, 이후 중국 전연과 백제의 침략으로 위기를 맞았다. 이러한 상황에서 즉위한 소수림왕은 위기를 극복하기 위해 개혁을 하였고 중앙 집권 체제를 강화하였다.

03 백제의 석촌동 고분은 돌무지무덤으로 고구려의 무덤 양식과 유사하다. 이는 백제 건국 세력이 고구려 계통이라는 사실을 뒷받침한다.

04 (가) 왕은 근초고왕이다. 근초고왕은 북쪽으로 고구려를 공격하고 남쪽으로 마한을 정복하여 영토를 확장하였다. 또한 중국의 동진과 교류하며 선진 문물을 수용하였다.
> **왜 틀렸지?** ① 무령왕에 대한 설명이다.

05 (가)는 마립간이다. 내물왕은 김씨의 왕위 세습을 확립하고 마립간 칭호를 사용하였다.
> **왜 틀렸지?** ①, ④ 법흥왕, ②, ⑤ 지증왕에 대한 설명이다.

신라의 발전

내물왕	김씨의 왕위 세습 확립, '마립간' 호칭 사용
지증왕	국호 '신라', '왕' 호칭 사용, 우산국 복속
법흥왕	율령 반포, 불교 공인, 연호 '건원', 금관가야 병합
진흥왕	화랑도 개편, 대가야 정복, 한강 유역 차지

06 제시된 자료는 경주 호우총에서 발견된 호우명 그릇이다. 그릇 바닥에 광개토 대왕을 의미하는 글자가 적혀 있어 4세기 후반 고구려와 신라의 긴밀한 관계를 알 수 있다.

07 (가)는 대가야, (나)는 금관가야이다. 전기 가야 연맹을 주도한 금관가야는 풍부한 철과 해상 교역을 바탕으로 번성하였으나 광개토 대왕의 공격으로 쇠퇴하였다. 이후 가야 연맹의 주도권은 대가야로 이동하였으며 진흥왕 대에 복속되었다.
> **왜 틀렸지?** ② 금관가야에 대한 설명이다.

08 ㉠은 광개토 대왕이다. 광개토 대왕은 요동을 포함한 만주 지역 대부분을 차지하였으며, '영락'이라는 연호를 사용하여 중국과 대등하다는 자신감을 드러내었다.
> **왜 틀렸지?** ㄱ, ㄷ. 장수왕에 대한 설명이다.

고구려의 발전

광개토 대왕	한강 이북 지역~만주까지 영토 확장, 신라를 도와 왜군 격퇴, 연호 '영락'
장수왕	평양 천도, 남진 정책, 한강 유역 차지

09 충주 고구려비를 통해 고구려가 남한강까지 진출하였음을 알 수 있다.

10 5세기 고구려의 장수왕은 수도를 평양으로 옮기고 남진 정책을 추진하였다. 백제는 신라와 나제 동맹을 체결하며 고구려에 대항하였으나 고구려에 한강 유역을 빼앗기고 웅진으로 천도하였다.
> **왜 틀렸지?** ㄴ. 6세기 백제 성왕, ㄹ. 6세기 신라 법흥왕 때의 일이다.

11 (가)는 웅진, (나)는 사비이다. 백제는 고구려의 남진 정책으로 한강 유역을 빼앗기자 웅진으로 수도를 옮겼다.

백제의 천도

수도	시기	이유
웅진	5세기	고구려의 남진 정책 추진
사비	성왕 대	백제 중흥의 발판 마련

12 6세기 중반 진흥왕이 한강 유역을 장악하고 함흥평야 일대까지 진출하였다. 이 과정에서 영토 확장을 기념하며 단양 신라 적성비와 4개의 순수비를 건립하였다.
> **왜 틀렸지?** ③ 지증왕에 대한 설명이다.

13 한강 유역은 한반도의 중심에 위치하여 교통이 편리하였고, 평야 지대가 많아 농업이 발달하고 물자와 인구가 풍부하였다.

14 삼국은 중앙 집권 국가로 성장하는 과정에서 영토를 확장하고, 왕위 세습을 확립하였으며, 불교를 수용하고, 율령을 반포하였다.

STEP 3 주관식·서술형
019쪽

01 (1) 왕
(2) **예시답안** 나라 이름을 '신라'로 정하였다. 지방관을 파견하였다. 우경을 보급하였다. 우산국(울릉도)을 복속하였다. 순장을 금지하였다.

채점 기준	
상	위의 내용 중 두 가지를 모두 서술한 경우
하	위의 내용 중 한 가지만 서술한 경우

02 (1) (가) 대가야 (나) 금관가야

(2) **예시답안** 전기 가야 연맹의 중심지였던 금관가야가 고구려 광개토 대왕의 공격으로 쇠퇴하면서 연맹의 중심지가 대가야로 이동하였다.

채점 기준	
상	고구려 광개토 대왕의 공격으로 중심지가 이동하였음을 서술한 경우
하	위의 내용을 전혀 서술하지 못한 경우

03 (1) (가) 웅진(공주) (나) 사비(부여)

(2) **예시답안** 수도를 대외 진출에 유리한 사비로 옮겼다. 일시적으로 나라 이름을 남부여로 바꾸었다. 중앙과 지방 통치 제도를 정비하고 불교를 장려하였다. 신라의 진흥왕과 연합하여 한강 유역을 일시적으로 회복하였다.

채점 기준	
상	위의 내용 중 세 가지 이상을 서술한 경우
중	위의 내용 중 두 가지만 서술한 경우
하	위의 내용 중 한 가지만 서술한 경우

04 (1) 불교

(2) **예시답안** 율령을 반포하여 하나의 법령으로 백성을 통치하였다. 한 집안 내에서 왕위를 계승할 수 있도록 왕위 세습 제도를 확립하였다. 왕을 중심으로 하는 관등제나 지방 행정 제도 등의 통치 체제를 정비하였다. 튼튼해진 국력을 바탕으로 주변 지역을 정복하여 영토를 확장하였다.

채점 기준	
상	위의 내용 중 두 가지 이상을 서술한 경우
하	위의 내용 중 한 가지만 서술한 경우

03 삼국의 문화와 대외 교류

STEP 1 개념 확인
022쪽

01 ㉠ 태학 ㉡ 오경박사 ㉢ 임신서기석 **02** (1) ㉡ (2) ㉢ (3) ㉠
03 (1) 돌무지덧널무덤 (2) 신라 (3) 가야 **04** (1) × (2) ○ (3) ×
(4) ○ **05** (1) 도교 (2) 돌무지무덤 (3) 벽돌무덤

STEP 2 대표 문제
022~024쪽

01 ③ **02** ③ **03** ⑤ **04** ④ **05** ② **06** ② **07** ⑤
08 ① **09** ③ **10** ④ **11** ① **12** ④ **13** ②

01 신라는 법흥왕 때에 이차돈의 순교를 계기로 불교를 공인하였다. 삼국은 중앙 집권 체제 정비 과정에서 왕의 권위를 뒷받침하기 위해 불교를 받아들였다. 이후 불교는 국가 종교로 발전하였다.

왜 틀렸지? ③ 도교에 대한 설명이다.

02 서산 용현리 마애 여래 삼존상에 대한 설명이다. 이는 백제의 불교 예술 발달을 잘 보여 주는 유물이다.

왜 틀렸지? ① 고구려의 금동 연가 7년명 여래 입상, ② 금동 미륵보살 반가 사유상, ④ 신라의 경주 배동 석조 여래 삼존 입상, ⑤ 통일 신라의 석굴암 본존불이다.

03 익산 미륵사지 석탑은 백제 무왕 때 만들어진 목탑 양식의 석탑으로 우리나라의 석탑 중 가장 크고 가장 오래되었다.

왜 틀렸지? ⑤ 익산 미륵사지 석탑은 백제의 탑이다. 고구려의 탑은 남아 있는 것이 없다.

04 백제 금동 대향로에는 불교와 도교 사상이 반영되어 있다. 뚜껑에는 신선의 세계가 표현되어 있어 도교의 영향을 알 수 있다. 몸통에는 불교에서 중시하는 연꽃이 표현되어 있다.

왜 틀렸지? ④ 임신서기석에 대한 설명이다.

05 고구려는 유학 교육을 위해 태학을 세웠고, 백제는 오경박사를 두었다.

왜 틀렸지? ㄴ. 신라의 천문학, ㄷ. 고구려의 도교 발달에 관한 내용이다.

06 제시된 자료는 임신서기석에 대한 내용이다. 이를 통해 신라에서 유학이 발달하였음을 알 수 있다.

왜 틀렸지? ① 천문학, ③ 도교, ④, ⑤ 불교에 대한 설명이다.

07 ㄷ. 삼국 시대 평민들은 주로 귀틀집이나 초가집에 살았고, 귀족들은 주로 기와집에 살았다. ㄹ. 삼국 시대 사람들은 저고리와 바지를 기본 복장으로 입었으며, 귀족들은 비단옷과 장신구를, 평민들은 베로 만든 옷을 입었다.

왜 틀렸지? ㄱ. 벼농사가 확대된 이후에도 쌀은 주로 귀족들이 먹었다.

08 해당 유물이 출토된 무덤은 무령왕릉이다. 중국 남조의 영향을 받은 벽돌무덤으로 축조되었다.

왜 틀렸지? ㄷ, ㄹ. 돌무지덧널무덤에 대한 설명이다.

09 돌무지덧널무덤은 구조상 도굴이 어려워 껴묻거리가 많이 남아 있지만, 벽화는 그릴 수 없었다.

왜 틀렸지? ①, ④ 굴식 돌방무덤, ②, ⑤ 벽돌무덤에 대한 설명이다.

고대 고분의 특징

돌무지무덤	돌을 쌓아 올려 만든 무덤
굴식 돌방무덤	도굴이 쉬움, 천장과 벽면에 벽화가 그려짐
벽돌무덤	중국 남조의 영향을 받음(예: 무령왕릉)
돌무지덧널무덤	도굴이 어려움, 벽화가 없음

10 아프라시아브 궁전 벽화에는 고구려 사신으로 보이는 인물이 그려져 있어 삼국과 서역의 교류를 알 수 있다.

11 **왜 틀렸지?** ㄷ. 가야는 바다를 통해 중국, 일본과 교류하였다. ㄹ. 신라는 초기에 고구려와 백제를 통해 중국의 문화를 수용하였으나 한강 유역을 차지한 이후에는 중국과 직접 교류하였다.

12 백제는 일본에 한문, 유학, 불교 등을 전파하며 활발하게 교류하였다.

왜 틀렸지? ①, ③ 신라, ② 가야, ⑤ 고구려와 일본의 교류이다.

13 ㄱ. 스에키 토기는 가야 토기의 영향을 받아 제작되었다. ㄹ. 고류사 목조 미륵보살 반가 사유상은 금동 미륵보살 반가 사유상과 재질만 다르고 모양이 비슷하다.

왜 틀렸지? ㄷ. 일본 다카마쓰 고분 벽화는 고구려 수산리 고분 벽화의 화풍과 비슷하다.

STEP 3 주관식·서술형   025쪽

01 (1) 임신서기석
(2) **예시답안** 임신서기석에는 신라의 두 청년이 유교 경전 학습을 열심히 할 것이라는 다짐이 적혀 있어 신라에서 유학이 발달하였음을 알 수 있다.

채점 기준	
상	임신서기석을 통해 신라의 유학 발달을 알 수 있음을 서술한 경우
하	위의 내용을 전혀 서술하지 못한 경우

02 (1) 도교
(2) **예시답안** 불로장생을 추구하는 신선 사상과 산천 숭배 등이 결합한 도교는 삼국 시대에 중국에서 전래되어 귀족 사회를 중심으로 유행하였다.

채점 기준	
상	도교가 산천 숭배 사상과 신선 사상과 결합하여 귀족 사회를 중심으로 유행하였음을 서술한 경우
하	위의 내용을 전혀 서술하지 못한 경우

03 (1) (가) 굴식 돌방무덤 (나) 돌무지덧널무덤
(2) **예시답안** 굴식 돌방무덤은 천장과 벽면이 있어 벽화를 그릴 수 있었으나 구조상 도굴이 쉬운 구조였기에 껴묻거리가 많이 남아 있지 않다. 돌무지덧널무덤은 구조상 도굴이 어려워 껴묻거리가 많이 남아 있고 벽화는 그릴 수 없었다.

채점 기준	
상	굴식 돌방무덤과 돌무지덧널무덤의 구조상 특징을 모두 서술한 경우
하	위의 내용 중 한 가지만 서술한 경우

04 (1) 스에키
(2) **예시답안** 가야의 토기에 영향을 받아 일본에서 스에키 토기가 제작된 것을 통해 삼국 및 가야의 문화가 일본에 전파되어 고대 문화 형성에 영향을 주었음을 알 수 있다.

채점 기준	
상	위의 내용을 모두 서술한 경우
하	위의 내용을 전혀 서술하지 못한 경우

028~031쪽

대단원 마무리 문제

01 ① **02** ④ **03** ④ **04** 해설 참조 **05** ② **06** 민며느리제
07 ④ **08** ② **09** ⑤ **10** ② **11** 마립간 **12** ① **13** ①
14 ④ **15** ② **16** ③ **17** 해설 참조 **18** ② **19** ④ **20** ③
21 ⑤ **22** ① **23** ⑤ **24** 해설 참조

01 주먹도끼는 구석기 시대에 사용한 뗀석기이다. 구석기 시대에는 동굴이나 강가의 막집에 살고 이동 생활을 하였다. 또한 사냥과 채집으로 식량을 마련하였다.

왜 틀렸지? ① 농경과 목축은 신석기 시대에 시작되었다.

02 신석기 시대에는 움집에 살았으며 농경 생활을 하였다. 가락바퀴를 사용하여 실을 뽑아 옷을 만들었고, 갈돌과 갈판을 사용하여 곡식을 갈기도 하였다.

왜 틀렸지? ④ 반달 돌칼은 청동기 시대에 사용한 수확용 농사 도구이다.

03 청동기 시대의 군장은 비파형 동검, 청동 거울, 청동 방울 등을 사용하였다. 반달 돌칼과 같은 간석기는 농기구로 사용되었고, 민무늬 토기도 사용되었다.

왜 틀렸지? ④ 덩이쇠는 철기 시대에 사용하였다.

04 **예시답안** 고조선은 널리 인간을 이롭게 한다는 홍익인간의 이념으로 건국되었다. 바람, 비, 구름은 농경에서 중요한 요소이므로 농경을 중시하는 사회임을 알 수 있다. 곰과 혼인하였다는 점에서 토착 세력과의 결합으로 세워진 국가이고, 특정 동물을 숭배하였음을 알 수 있다. 단군왕검이라는 호칭에서 제정일치 사회임을 알 수 있다.

채점 기준	
상	위의 내용 중 세 가지 이상을 서술한 경우
중	위의 내용 중 두 가지만 서술한 경우
하	위의 내용 중 한 가지만 서술한 경우

05 고조선은 기원전 2세기경 위만이 집권하면서 철기 문화를 본격적으로 수용하였고, 중국의 한과 한반도 남쪽 나라들 사이에서 중계 무역으로 많은 경제적 이익을 얻었다.

왜 틀렸지? ㄴ, ㄹ. 삼한에 대한 설명이다.

07 (가) 부여, (나) 고구려, (다) 옥저, (라) 동예, (마) 삼한이다. 마을의 경계를 침범하면 배상하게 하는 책화, 같은 씨족과 혼인하지 않는 족외혼 풍습이 있던 나라는 동예이다.

08 부여는 왕 아래에 마가, 우가, 저가, 구가 등의 관리가 있었고, 이들은 각자의 영역을 다스렸다. 매년 12월에는 영고라는 제천 행사를 열었으며 순장의 풍습이 있었다.

왜 틀렸지? ② 옥저에 대한 설명이다.

여러 나라의 성장

부여	왕 아래 관리를 둠, 순장, 엄격한 법률 시행, 영고(12월)
고구려	제가 회의, 서옥제, 동맹(10월)
옥저	민며느리제, 가족 공동 묘
동예	책화, 족외혼, 무천(10월), 특산품(단궁, 과하마, 반어피)
삼한	제정 분리 사회, 계절제(5월, 10월), 풍부한 철(변한)

09 ㄱ. 광개토 대왕, ㄴ. 소수림왕, ㄷ. 건국 직후, ㄹ. 장수왕 때의 일이다.

10 (가)는 근초고왕으로 자료는 4세기 백제에 관한 지도이다. 백제는 근초고왕 시기에 전성기를 맞이하여 북쪽으로는 고구려를 공격하여 고국원왕을 전사시켰고, 남쪽으로는 마한의 남은 세력을 정복하여 남해안까지 진출하였다.

> **왜 틀렸지?** | ㄴ. 고구려 장수왕의 남진 정책 이후, ㄹ. 성왕 시기이다.

12 금관가야는 왜와 연합하여 신라를 공격하였으나 신라의 도움 요청을 받은 고구려의 공격으로 큰 타격을 입었다. 이후 가야 연맹의 주도권은 대가야로 이동하였다.

가야 연맹의 변천

금관가야	• 발전: 풍부한 철, 해상 교역 요지 → 전기 가야 연맹 주도 • 쇠퇴: 광개토 대왕의 공격으로 대가야로 연맹의 주도권 이동
대가야	• 발전: 후기 가야 연맹 주도 • 가야 연맹의 멸망: 금관가야(법흥왕 때), 대가야(진흥왕 때)

13 제시된 유물은 충주 고구려비로 이를 통해 장수왕이 남한강 유역까지 영토를 확장하였음을 알 수 있다. 장수왕 대에는 평양으로 수도를 옮기고, 남진 정책을 추진하였으며 한성을 함락하고 한강 유역을 차지하였다.

> **왜 틀렸지?** | ① 고국천왕에 대한 설명이다.

14 웅진 시기에 무령왕은 22담로에 왕족을 파견하여 지방에 대한 통제를 강화하였다.

> **왜 틀렸지?** | ①, ②, ③ 웅진 천도 이전, ⑤ 사비 천도 이후이다.

15 지증왕은 소를 활용한 농사법을 도입하였고, 진흥왕은 화랑도를 국가적인 조직으로 정비하였다.

> **왜 틀렸지?** | ㄴ. 법흥왕 대의 일이다. ㄹ. 우산국 복속은 지증왕 대의 일이고 대가야 정복은 진흥왕 대의 일이다.

16 골품제는 신라가 중앙 집권 국가로 발전하는 과정에서 형성된 신분제이다. 신라 사회는 골품에 따라 관직 진출에 제한이 있었고, 일상 생활에서도 차별이 있었다.

17 **예시답안** 강력해진 국력을 바탕으로 주변 지역을 정복하며 영토를 확장하였다. 왕위 세습을 확립하였다. 사상 통합을 위하여 불교를 수용하였다. 왕 중심의 통치 체제를 강화하기 위하여 율령을 반포하였다.

채점 기준	
상	위의 내용 중 세 가지 이상을 서술한 경우
중	위의 내용 중 두 가지만 서술한 경우
하	위의 내용 중 한 가지만 서술한 경우

중앙 집권 국가의 특징

영토 확장	튼튼한 국력을 바탕으로 주변 지역 정복
왕위 세습	한 집안에서 왕위를 잇는 제도 확립
불교 수용	사상 통합 및 왕실의 권위를 높이기 위해 수용
율령 반포	법령을 정비하여 나라를 하나의 규범으로 다스림
통치 체제 정비	왕 중심의 관등제와 지방 행정 제도 확립

18 (가) 익산 미륵사지 석탑, (나) 경주 분황사 모전 석탑이다. 익산 미륵사지 석탑은 백제 무왕 때 미륵사에 만들어진 탑으로 목탑의 양식으로 만들어진 석탑이다. 경주 분황사 모전 석탑은 벽돌 모양으로 돌을 다듬어 쌓은 탑으로 7층이나 9층으로 추정되지만 현재는 3층만 남아 있다.

> **왜 틀렸지?** | ㄴ. 부여 정림사지 5층 석탑, ㄷ. 황룡사 9층 목탑에 대한 설명이다.

19 삼국은 왕권을 강화하고 중앙 집권 체제를 정비하는 과정에서 불교를 받아들였다.

> **왜 틀렸지?** | ㄱ. 도교에 대한 설명이다. ㄷ. 백제는 오경박사를 두어 유교 경전을 가르쳤다.

20 ① 첨성대는 신라 선덕 여왕 때 만들어진 천문 관측기구이다. ② 임신서기석에는 유교 경전을 공부하겠다는 신라 청년의 다짐이 적혀 있다. ④ 고구려는 태학을 두어 유학을 교육하였다. ⑤ 삼국 시대에 도교는 신선 사상, 산천 숭배 사상과 결합하여 귀족 사회에서 유행하였다.

> **왜 틀렸지?** | ③ 백제 금동 대향로는 도교와 불교 사상이 반영된 유물이다.

삼국의 종교와 학문 발달

불교	왕권 강화를 위해 수용, 국가적 종교로 발전
도교	• 산천 숭배 사상, 신선 사상과 결합하여 귀족 사회에서 유행 • 유물: 백제 금동 대향로, 산수무늬 벽돌
유학	태학(고구려), 오경박사(백제), 임신서기석(신라)
역사서	역사 정리 및 왕의 권위 상승 목적
천문학	농업 발전 및 왕의 권위 상승 목적(예: 첨성대)

21 **왜 틀렸지?** | ⑤ 6세기 이후부터는 벼농사가 확대되었지만 쌀은 주로 귀족들이 먹었다. 평민은 주로 조, 보리, 기장 등을 먹었다.

22 제시된 무덤 양식은 벽돌무덤으로 중국 남조의 영향을 받았다. 벽돌무덤 양식으로 축조된 무덤으로는 대표적으로 무령왕릉이 있다.

> **왜 틀렸지?** | ㄷ, ㄹ. 돌무지덧널무덤에 대한 설명이다.

23 **왜 틀렸지?** | ⑤ 신라는 건국 초기에는 고구려와 백제를 통해 중국의 문물을 수용하였으나 한강 유역을 차지한 이후에는 중국과 직접 교류하였다.

24 **예시답안** 고구려 수산리 고분 벽화와 일본 다카마쓰 고분 벽화는 의상 및 벽화의 내용, 화풍이 비슷하다. 이를 통해 일본의 문화가 삼국의 영향을 받았음을 알 수 있다.

채점 기준	
상	벽화의 내용 및 화풍 등이 비슷하다는 점을 근거로 들어 일본의 문화가 삼국의 영향을 받았음을 서술한 경우
하	위의 내용을 전혀 서술하지 못한 경우

II 남북국 시대의 전개

01 신라의 삼국 통일과 발해의 건국

034쪽

STEP 1 개념 확인

01 ㉠ 고구려 ㉡ 신라 **02** (1) ㉢ (2) ㉠ (3) ㉣ (4) ㉡ **03** (1) ×
(2) ○ (3) × (4) ○ **04** (1) 살수 대첩 (2) 부여풍 (3) 백강 전투
05 ㉠ 나당 ㉡ 황산벌 ㉢ 기벌포

STEP 2 대표 문제

034~036쪽

01 ② **02** ① **03** ② **04** ④ **05** ⑤ **06** ③ **07** ①
08 ② **09** ④ **10** ⑤ **11** ⑤ **12** ② **13** ⑤ **14** ⑤

01 6세기 말에 중국에서 통일 왕조가 등장하자 위기를 느낀 고구려는 북방의 돌궐 및 백제, 왜와 연합하여 대응하였다. 한강 유역 차지 이후 삼국의 주도권을 잡고 고구려와 백제의 공격을 받던 신라는 수(당)에 도움을 요청하였다.

6세기 말~7세기경 동아시아의 정세

남북 세력	돌궐 - 고구려 - 백제 - 왜
동서 세력	신라 - 수(당)

02 고구려의 을지문덕이 수의 우중문에게 보낸 시이다. 수 양제는 우중문에게 30만 별동대를 주어 평양성을 공격하도록 하였다. 이때 을지문덕은 시를 보내어 수의 군대를 유인한 후 살수에서 수의 군대를 물리쳤다(살수 대첩, 612).

03 살수 대첩 이후 수가 멸망하고 당이 건국되었다. 고구려는 당 태종의 팽창 정책에 맞서 천리장성을 축조하였고, 연개소문은 정변을 일으켜 실권을 장악하였다.

> 왜 틀렸지? | ①, ③ 안시성 전투 이후, ④, ⑤ 살수 대첩 이전이다.

04 당은 초기에 고구려와 친선 관계를 유지하였으나 당 태종 즉위 후 팽창 정책을 펼치면서 고구려와 대립하게 되었다. 이후 당은 연개소문의 정변을 구실로 고구려를 침입하였다. 그러나 안시성의 성주와 백성이 맞서 싸워 당군을 격퇴하였다.

> 왜 틀렸지? | ④ 을지문덕이 살수에서 항전한 것은 수의 침입 때이다.

고구려와 수·당 전쟁

고구려와 수의 전쟁	수가 고구려에 복속 요구 → 고구려의 거절 및 요서 지역 선제공격 → 수 문제의 침공(실패) → 수 양제의 요동성 침공(실패) → 우중문이 이끄는 별동대의 평양성 공격 → 살수 대첩(612)
고구려와 당의 전쟁	당 태종이 연개소문의 정변을 구실로 고구려 침입 → 요동성과 백암성 함락 → 안시성 전투(645)

05 고구려는 험준한 지형에 산성을 쌓았고, 산성과 산성을 연결한 집단 방어 체제로 견고하게 방어할 수 있었다. 또한 뛰어난 제련 기술과 요동 지방의 철광석을 바탕으로 철제 무기를 생산할 수 있었다.

06 신라는 백제의 공격을 받자 고구려와 군사 동맹을 맺고자 하였으나 실패하였다. 김춘추는 이후 당에 동맹을 제안하여 나당 동맹을 체결하였다. 김유신은 금관가야 왕족 출신으로 황산벌에서 계백과 결전을 벌여 승리하였다.

07 ㄱ. 백제 멸망 이후 당은 백제의 옛 중심지에 웅진도독부를 설치하였다. ㄴ. 계백은 황산벌에서 신라군에 저항하였으나 패배하고 백제는 멸망하였다.

> 왜 틀렸지? | ㄷ. 백제와 왜 연합군은 백강에서 나당 연합군에 항전하였다. ㄹ. 복신과 도침은 왕자 부여풍을 왕으로 추대하고 부흥 운동을 주도하였다. 안승은 고구려 부흥 운동을 주도한 인물이다.

08 연개소문 사후 아들들의 권력 다툼으로 고구려는 국력이 약화되었다. 이때 나당 연합군의 공격을 받은 고구려는 평양성이 함락되어 멸망하였다. 이후 고연무, 검모잠, 안승 등이 부흥 운동을 전개하였으나 지배층의 내분으로 실패하였다.

> 왜 틀렸지? | ①, ④, ⑤ 백제에 관한 설명이다. ③ 당은 고구려 중심지에 안동도호부를 설치하였다.

09 자료는 백강 전투에 대한 설명이다. 왜는 백제 부흥 세력의 요청에 따라 지원군을 파견하여 백강 하구에서 나당 연합군을 공격하였으나 패배하였다. 백강 전투의 패배로 백제 부흥 운동은 실패로 돌아갔다. 이 전투는 백제 부흥 운동 과정에서 일어난 전투이지만 백제, 왜, 신라, 당이 참여한 동아시아 국제전의 성격을 띤다.

백제와 고구려의 멸망과 부흥 운동

백제	• 멸망: 지배층의 내분 → 황산벌 전투 패배 → 사비성 함락 → 백제 멸망(660) • 부흥 운동: 복신·도침·부여풍, 흑치상지, 백강 전투
고구려	• 멸망: 연개소문 사후 권력 다툼 → 평양성 함락 → 고구려 멸망(668) • 부흥 운동: 검모잠·고연무·안승 등

10 ㉠은 당이 옛 백제의 중심지에 설치한 웅진도독부, ㉡은 고구려의 옛 중심지에 설치한 안동도호부이다. 당은 신라 땅에도 계림도독부를 설치하여 한반도 전체를 지배하고자 하였다.

11 ㄱ. 고구려 멸망(668), ㄴ. 백제 멸망(660), ㄷ. 나당 연합 체결(648), ㄹ. 매소성 전투(675), 기벌포 전투(676)이다.

12 삼국 통일 과정에서 당의 세력을 이용한 신라는 대동강 이북의 고구려 땅 대부분을 차지하지 못하였다.

삼국 통일의 의의와 한계

의의	• 새로운 민족 문화의 발전 기반 마련 • 나당 전쟁으로 당군을 몰아낸 점에서 자주적 성격이 드러남
한계	• 통일 과정에서 외세를 끌어들임 • 대동강 이북의 땅을 확보하지 못함

13 대조영은 당과의 전투로 발해를 건국하였기 때문에 건국 초기 당과의 관계가 친선 관계일 것으로 보는 것은 어렵다. 발해는 건국 초기에 당과 대립하였다.

발해의 성립

성립	대조영이 고구려 유민과 말갈인을 이끌고 동모산 부근에 건국 (698)
의의	남북국 시대의 성립, 고구려 계승 의식의 표출

14 [왜 틀렸지?] ⑤ 신라가 고구려 부흥 운동을 지원하여 세워진 나라는 안승의 보덕국이다. 당시 신라는 당의 한반도 지배 야욕에 대응하여 고구려 부흥 운동을 지원하였다.

037쪽

STEP 3 주관식·서술형

01 (1) (가) 안시성 전투(안시성 싸움) (나) 살수 대첩

(2) **예시답안** 고구려는 자연 지형을 이용하여 성벽을 쌓고, 성과 성을 연결하여 견고한 집단 방어 체제를 구축하였다. 또한 철광석이 풍부한 요동 지역을 확보하고 있었고 우수한 제철 기술로 강력한 철제 무기를 생산할 수 있었다.

채점 기준	
상	자연 지형을 이용한 집단 방어 체제, 우수한 제철 기술과 풍부한 철광석을 모두 서술한 경우
하	위의 내용 중 한 가지만 서술한 경우

02 (1) 백강 전투

(2) **예시답안** 백강 전투는 백제 부흥 운동 과정에서 일어난 전투이지만 신라, 당, 백제, 왜가 참여한 동아시아 국제전의 성격을 띤다.

채점 기준	
상	백강 전투가 동아시아 국제전의 성격을 띠고 있음을 서술한 경우
하	위의 내용을 전혀 서술하지 못한 경우

03 (1) ㉠ 매소성 ㉡ 기벌포

(2) **예시답안** 신라가 고구려와 백제 유민과 힘을 합쳐 당을 몰아내고 통일을 이루었다는 점에서 자주적 성격이 드러난다.

채점 기준	
상	신라가 고구려와 백제의 유민과 힘을 합쳐 당의 세력을 몰아내었다는 자주적 성격을 서술한 경우
하	위의 내용을 전혀 서술하지 못한 경우

04 (1) ㉠ 통일 신라 ㉡ 발해

(2) **예시답안** 발해는 고구려 유민들이 고구려 옛 땅에 건국한 나라임을 보아 발해는 고구려 계승 의식을 표방하였다.

채점 기준	
상	발해가 고구려 계승 의식을 표방하였다는 점과 그 이유를 서술한 경우
하	위의 내용을 전혀 서술하지 못한 경우

02 남북국의 발전과 변화

STEP 1 개념 확인

040쪽

01 ㉠ 집사부 ㉡ 5소경 ㉢ 9서당 **02** (1) ㉠ (2) ㉢ (3) ㉡
03 (1) × (2) ○ (3) × (4) × **04** (1) 국학 (2) 선종 **05** (1) 원종, 애노 (2) 6두품 (3) 궁예

STEP 2 대표 문제

040~042쪽

01 ② **02** ⑤ **03** ② **04** ④ **05** ⑤ **06** ③ **07** ⑤
08 ⑤ **09** ③ **10** ② **11** ⑤ **12** ④ **13** ③ **14** ⑤
15 ④ **16** ④

01 김흠돌이 반란을 모의하였다는 것에서 신라의 삼국 통일 직후임을 알 수 있다. 이 시기에는 집사부와 시중의 권한이 강화되고, 화백 회의의 기능과 상대등의 역할이 축소되었다.

[왜 틀렸지?] ①, ③, ④, ⑤ 신라 말의 상황이다.

02 [왜 틀렸지?] ⑤ 통일 신라는 인재 양성을 위하여 유학 교육 기관인 국학을 설치하였다.

통일 신라의 통치 제도

중앙	집사부, 시중 강화 → 화백 회의의 기능과 상대등 역할 축소
지방	• 9주: 전국을 9주로 나누고 아래에 군과 현을 두어 지방관 파견 • 5소경: 수도의 지리적 약점을 보완하기 위해 설치
군사	• 9서당(중앙군): 신라의 민족 통합 의지를 반영하여 설치 • 10정(지방군): 각 주에 1정, 한주에는 2정 배치
교육	국학을 설치하여 인재 양성, 유교 정치 이념 강조

03 9서당은 옛 고구려인, 옛 백제인, 신라인, 말갈인으로 구성하여 신라의 민족 통합 의지가 드러난다.

[왜 틀렸지?] ① 통일 신라의 지방 행정 구역, ③ 화백 회의의 수장, ④ 발해의 유학 교육 기관, ⑤ 원성왕 시기의 인재 등용 제도이다.

04 국학은 통일 신라의 유학 교육 기관, 주자감은 발해의 유학 교육 기관으로 모두 유학 교육 장려와 관련이 있다.

05 발해는 선왕 시기에 연해주와 요동 지방까지 영토를 확장하여 고구려의 옛 땅을 대부분 회복하였다.

[왜 틀렸지?] ① 문왕, ② 대조영, ③, ④ 무왕 시기의 일이다.

발해의 발전

시기	연호	특징
무왕	인안	당의 산둥반도 공격, 돌궐 및 일본과 연합하여 당과 신라 견제
무왕	대흥, 보력	• 상경 용천부로 천도, 통치 체제 정비 • 당과 친선 관계, 신라와 교류
선왕	건흥	'해동성국'이라 불림, 최대 영토 확보

06 ㄱ. 발해는 10세기 초에 거란의 공격을 받아 멸망하였다. ㄹ. 무왕은 장문휴에게 당의 산둥반도를 공격하게 하였다.

[왜 틀렸지?] ㄴ. 문왕 시기에 신라와 교류하였다. ㄷ. 무왕 시기에 돌궐 및 일본과 연합하여 당과 신라를 견제하였다.

07 대흥은 문왕 시기의 연호이다. 발해는 연호를 사용하여 중국과 대등한 국가임을 표방하였다.

08 발해는 당의 3성 6부제를 모방하였으나 실정에 맞게 독자적으로 운영하였다.

[왜 틀렸지?] ① 3성은 귀족 합의 기구인 정당성을 중심으로 운영하였다. ② 좌사정과 우사정은 6부를 관리하였다. ③ 유교 교육 기관으로 주자감을 설치하였다. ④ 정당성 아래에 행정 실무를 담당하는 6부를 두었다.

발해의 통치 제도

중앙	• 3성: 정당성을 중심으로 운영 • 6부: 유교적 덕목을 반영한 행정 실무 담당 기구 • 좌사정, 우사정: 6부를 관리하는 기구
지방	• 5경: 전략적 요충지에 설치, 여러 개의 교통로로 연결 • 15부: 지방 행정의 중심지, 아래에 주와 현을 두어 지방관 파견
군사	• 10위(중앙군): 왕궁과 수도 방어 • 지방군: 지방관이 지휘
교육	주자감을 설치하여 유학 교육

09 혜공왕 피살 이후 정치 혼란 및 농민 수탈 심화로 전국 각지에서 농민 봉기가 일어났다. 이 시기에는 일상에서의 깨달음을 중시하는 선종이 유행하였다.

[왜 틀렸지?] ㄱ, ㄹ. 신문왕 시기의 일이다.

10 (가)는 김헌창의 난, (나)는 장보고의 난이다. 혜공왕 피살 이후 진골 귀족 간의 왕위 다툼이 빈번해졌다. 이 과정에서 왕위 계승과 관련하여 지방에서 김헌창의 난과 장보고의 난이 일어났다.

11 진성 여왕 때, 중앙의 지방 통제력이 약화되고 정부가 조세 납부를 독촉하여 발생한 농민 봉기로는 원종과 애노의 난, 적고적의 난이 있다.

12 제시된 자료는 6두품에 대한 설명이다. 6두품은 골품제의 모순으로 관직 승진에 제한이 있었으며 일상생활에서도 차별을 받았다. 이에 골품제와 현실을 비판하고, 새로운 사회의 건설을 추진하기도 하였다.

[왜 틀렸지?] ④ 호족에 대한 설명이다.

13 제시된 자료는 승탑이다. 신라 말에는 선종이 유행하면서 승탑이 많이 제작되었다.

[왜 틀렸지?] ㄱ, ㄹ. 풍수지리설에 대한 설명이다.

신라 말 새로운 사상의 유행

선종	수행과 깨달음 중시 → 호족과 농민의 환영
풍수지리설	수도 외 다른 지방의 중요성 강조 → 호족의 사상적 기반

14 땅의 모양이 인간의 운명에 영향을 미친다고 믿는 사상은 풍수지리 사상이다.

[왜 틀렸지?] ⑤ 선종에 대한 설명이다.

15 ㄱ. 혜공왕 피살 이후 왕위 계승에 불만을 품고 김헌창이 일으킨 반란(822), ㄴ. 신문왕 대에 일어난 반란(681), ㄷ. 후백제 건국(900), ㄹ. 후고구려 건국(901)이다.

16 (가)는 궁예가 세운 후고구려이다. 후고구려는 송악(개성)을 도읍으로 건국하였다. 이후 철원으로 수도를 옮기고, 나라 이름을 마진, 태봉 등으로 바꾸었다. 고구려 부흥을 내세운 나라이며 새로운 정치를 추구하였다.

후삼국의 성립

후백제	견훤이 완산주를 도읍으로 충청도와 전라도 일대에 건국(900)
후고구려	궁예가 송악을 도읍으로 경기도와 강원도 일대에 건국(901)

STEP 3 주관식·서술형

01 (1) 5소경

(2) [예시답안] 통일 신라는 수도인 금성이 동남쪽에 치우친 것을 보완하기 위해서 지방의 주요 지역에 5소경을 설치하였다. 5소경에는 옛 가야, 고구려, 백제 출신의 귀족을 살게 하여 지방 문화의 중심지 역할과 동시에 귀족 세력을 견제하는 기능을 담당하였다.

	채점 기준
상	수도가 치우친 것을 보완하기 위하여 설치하였다는 점과 지방 문화의 중심지 역할 및 귀족 세력의 견제 기능을 서술한 경우
하	위의 내용 중 한 가지만 서술한 경우

02 (1) ㉠ 9서당 ㉡ 10정

(2) [예시답안] 9서당에는 옛 고구려인, 옛 백제인, 신라인, 말갈인까지 포함하였는데 이는 신라의 민족 통합 의지를 반영한 것이다.

	채점 기준
상	민족 통합 의지가 반영되었음을 서술한 경우
하	위의 내용을 전혀 서술하지 못한 경우

03 (1) 정당성

(2) [예시답안] 당의 제도와는 달리 귀족 합의 기구인 정당성을 중심으로 나라의 중요한 일을 결정하였다. 좌사정과 우사정을 두어 6부를 관리하게 하였다. 6부의 명칭에는 충, 인, 의, 지, 예, 신이라는 유교적 덕목을 반영하였다.

	채점 기준
상	위의 내용 중 두 가지 이상을 서술한 경우
하	위의 내용 중 한 가지만 서술한 경우

04 (1) ㉠ 풍수지리설(풍수지리 사상) ㉡ 선종

(2) **예시답안** 선종은 교리와 경전 중심에서 벗어나 일상에서의 깨달음을 중시하였기에 호족과 백성에게 환영받았다. 풍수지리설은 수도인 금성에서 벗어나 다른 지방의 중요성을 강조하였기 때문에 호족의 사상적 기반이 되었다.

채점 기준	
상	선종이 일상에서의 깨달음을 중시하였다는 내용과 풍수지리설이 지방의 중요성을 강조하였다는 내용을 서술한 경우
하	위의 내용 중 한 가지만 서술한 경우

03 남북국의 문화와 대외 관계

STEP **1** 개념 확인   046쪽

01 (1) ㄴ (2) ㄱ (3) ㄱ (4) ㄴ   **02** (1) × (2) ○ (3) × (4) ○
03 (1) ㉪ (2) ㉠ (3) ㉡ (4) ㉢ (5) ㉣ (6) ㉤   **04** (1) 불국사 (2) 청해진 (3) 신라도   **05** (1) 정혜 공주 묘 (2) 주자감 (3) 울산항

STEP **2** 대표 문제   046~048쪽

01 ⑤   **02** ③   **03** ②   **04** ⑤   **05** ⑤   **06** ③   **07** ④
08 ④   **09** ①   **10** ④   **11** ④   **12** ③   **13** ⑤   **14** ⑤
15 ⑤

01 의상은 모든 것은 서로 조화를 이루고 있다는 화엄 사상을 강조하며 사회 통합에 힘썼다.

왜 틀렸지? ①, ④ 혜초의 업적이다.

02 원효는 '나무아미타불'만 외우면 극락에 갈 수 있다고 주장하였고, 모든 것이 한마음에서 비롯된다는 일심 사상을 주장하였다.

왜 틀렸지? ㄴ. 의상의 화엄 사상, ㄷ. 고려 시대의 승려 의천에 대한 설명이다.

03 **왜 틀렸지?** ㄴ. 불국사 3층 석탑에서는 『무구정광대다라니경』이 발견되었다. ㄹ. 현재 남아 있는 범종 중 가장 오래된 것은 상원사 동종이다.

04 원성왕 대에 실시한 독서삼품과에 대한 설명이다.

왜 틀렸지? ① 발해의 행정 실무 기구, ② 신문왕이 설치한 국립 유교 교육 기관, ③ 발해의 유교 교육 기관, ④ 당에서 실시한 외국인 대상의 과거 시험이다.

05 **왜 틀렸지?** ① 김대문, ③ 강수에 대한 설명이다. ② 원성왕이 실시한 독서삼품과는 별다른 성과를 거두지 못하였다. ④ 국학은 신문왕이 설치하였다.

06 모줄임천장 구조는 고구려 문화의 영향을 받은 발해의 문화이다.

왜 틀렸지? ①, ②, ⑤ 당의 영향, ④ 말갈의 영향을 받은 것이다.

07 정효 공주 묘는 당의 영향을 받은 벽돌무덤이지만 고분 내부의 천장 구조는 고구려의 모줄임천장 구조를 따랐다. 이는 발해 문화의 국제성을 보여 준다.

발해 문화의 국제성	
고구려의 영향	굴식 돌방무덤, 모줄임천장 구조(정혜 공주 묘), 기와, 온돌 유적, 이불병좌상 등
당의 영향	벽돌무덤(정효 공주 묘), 상경성의 구조, 영광탑 등
말갈의 영향	흙무덤, 말갈식 토기 등

08 **왜 틀렸지?** ④ 발해의 수도 상경성은 당의 수도인 장안성을 모방하여 설계하였다.

09 당과 신라의 교류가 활발해지면서 산둥반도 및 중국 동쪽 해안가에 신라방, 신라소, 신라관 등이 설치되었다.

10 (가)는 발해관, (나)는 법화원, (다)는 당항성, (라)는 청해진, (마)는 울산항이다. 장보고는 청해진을 설치하여 해적을 소탕하고 당-신라-일본을 연결하는 해상 무역을 주도하였다.

11 **왜 틀렸지?** ④ 수도 금성 부근에 위치한 국제 무역항은 울산항이다. 이곳을 통해 아라비아 상인도 신라인과 교류하였다.

12 신라관과 발해관은 신라와 발해의 사신이 당과 교류하며 머물던 곳으로 산둥반도에 설치되었다. 법화원은 장보고가 산둥반도에 설치한 신라인의 절이다. 이를 통해 남북국이 당과 활발하게 교류하였음을 알 수 있다.

13 일본에서 출토된 목간에 발해사(渤海使), 교역(交易)이라는 글씨가 적혀 있어 발해가 일본과 활발히 교류하였음을 알 수 있다.

14 (가)는 신라도로 발해가 신라와 교류하기 위해 설치한 교통로이다.

15 **왜 틀렸지?** ⑤ 발해는 건국 초기에 당과 신라를 견제하기 위하여 일본과 교류하였다. 이후 발해와 일본의 교류는 점차 활발해졌다.

STEP **3** 주관식·서술형   049쪽

01 (1) 원효

(2) **예시답안** 원효는 '나무아미타불'만 외우면 극락에 갈 수 있다고 주장하며 불교 대중화에 기여하였다.

채점 기준	
상	원효가 '나무아미타불'만 외우면 극락에 갈 수 있다고 주장하였음을 서술한 경우
하	위의 내용을 전혀 서술하지 못한 경우

02 (1) 발해

(2) **예시답안** (가)는 발해의 기와이고, (나)는 고구려의 기와이다. 두 기와의 연꽃무늬가 비슷한 것으로 보아 발해는 고구려 문화를 계승하였음을 알 수 있다.

채점 기준	
상	무늬의 유사성을 근거로 발해가 고구려 문화를 계승하였음을 서술한 경우
하	위의 내용을 전혀 서술하지 못한 경우

03 (1) 청해진

(2) **예시답안** 장보고는 청해진을 설치하여 당, 신라, 일본을 연결하는 해상 무역을 장악하였다.

채점 기준	
상	장보고가 당, 신라, 일본을 연결하는 무역을 하였음을 서술한 경우
하	위의 내용을 전혀 서술하지 못한 경우

04 (1) 신라도

(2) **예시답안** 발해는 건국 초기 신라와 대립 관계였으나 신라도를 설치한 이후 두 나라가 교류하였다.

채점 기준	
상	건국 초기 대립 관계였음과 이후 신라도를 설치하여 교류하였음을 서술한 경우
하	위의 내용을 전혀 서술하지 못한 경우

대단원 마무리 문제

052~055쪽

01 ④	02 ①	03 ③	04 ③	05 ⑤	06 ③	07 ⑤	08 ③
09 ①	10 ⑤	11 ③	12 해설 참조	13 ④	14 ⑤	15 ⑤	
16 ③	17 ②	18 ①	19 ④	20 해설 참조	21 ⑤	22 ④	
23 ③	24 ⑤	25 ③					

01 6세기 말에서 7세기경 동아시아의 국제 정세는 돌궐 – 고구려 – 백제 – 왜와 신라 – 수(당)가 대립하였다.

02 당 태종이 팽창 정책을 펼치며 고구려를 압박하자 연개소문은 국경 지역에 천리장성을 쌓아 당의 침략에 대비하였다.

03 왜 틀렸지? ③ 고구려는 요동 지역의 풍부한 철광석을 확보하였고 우수한 제철 기술을 바탕으로 강력한 철제 무기와 갑옷을 생산하였다.

고구려가 수·당 전쟁에서 승리할 수 있었던 요인

견고한 성벽 방어 체제	자연 지형을 활용하여 성을 쌓고, 성과 성을 연결하여 집단 방어 체제 형성
강력한 철제 무기	요동 지역의 풍부한 철을 확보하고, 우수한 제철 기술로 철제 무기 생산

04 당 태종 즉위 이후 당은 고구려와 안시성 전투를 벌였다. 당은 고구려 공격에 실패하자 나당 연합을 체결하여 백제와 고구려를 차례대로 멸망시켰다. 백제 멸망 이후 백제 부흥군은 왜와 연합하여 나당 연합군을 상대로 백강 전투를 치렀으나 패하였다.

왜 틀렸지? ③ 살수 대첩은 당 태종 즉위 이전에 일어났다.

05 백제 말에는 정치가 혼란하여 귀족의 반발 및 지배층의 분열이 일어났다. 이때 나당 연합군이 백제를 공격하여 멸망시켰다.

06 고구려 멸망 이후 검모잠과 고연무 등은 안승을 새로운 왕으로 추대하고 부흥 운동을 일으켜 한때 평양성을 회복하기도 하였다.

07 ㄱ. 나당 전쟁(670~676), ㄴ. 발해 건국(698), ㄷ. 사비성 함락(660), ㄹ. 안시성 전투(645)이다.

08 신라는 삼국 통일 과정에서 외세의 힘을 이용하여 대동강 이남 지역에만 한정된 통일을 하였다는 한계점이 있다. 그러나 삼국이 힘을 합해 당을 몰아내는 자주 의식을 보였다. 신라는 통일 이후 민족 융합 정책을 실시하여 새로운 민족 문화가 발전하는 기반을 마련하였다.

09 발해는 대조영이 고구려 유민을 이끌고 옛 고구려 영토에 세운 고구려를 계승한 국가이다.

왜 틀렸지? ② 건국의 중심 세력은 고구려 유민이었다. ③ 피지배층은 주로 말갈인이었다. ④ 발해는 건국 초기 당과 대립하였다. ⑤ 통일 신라의 지방 행정 구역이다.

10 ㄱ. 신문왕, ㄴ. 문무왕, ㄷ. 무열왕에 대한 설명이다.

통일 신라의 왕권 강화

무열왕	최초의 진골 출신 왕
문무왕	나당 전쟁에서 승리하여 삼국 통일 완성 → 무열왕계 직계 후손의 왕위 계승 확립
신문왕	통치 체제 정비, 관료전 지급, 녹읍 폐지, 국학 설치

11 왜 틀렸지? ③ 신문왕 대에는 집사부와 시중(중시)을 중심으로 정치를 운영하였다. 이로 인해 귀족 회의 기구인 화백 회의와 그 장관인 상대등의 역할은 축소되었다.

12 (1) ㉠ 9주 ㉡ 9서당

(2) **예시답안** 삼국 통일 이후 신라는 민족을 통합하기 위해 위 정책들을 실시하였다.

채점 기준	
상	민족 통합을 서술한 경우
하	위의 내용을 전혀 서술하지 못한 경우

13 왜 틀렸지? ④ 문왕의 업적이다.

14 인안, 대흥, 보력, 건흥은 발해의 연호이다. 발해는 연호를 사용하여 중국과 대등한 국가임을 표방하였다.

15 왜 틀렸지? ⑤ 각 지방의 촌락은 대부분 말갈인으로 구성되었다.

16 자료는 신라 말의 정치적 혼란을 보여 준다. 혜공왕 피살 이후 진골 귀족 간의 왕위 쟁탈전이 심화되었다.

17 제시된 자료는 원종과 애노의 난에 대한 설명이다. 원종과 애노의 난은 진성 여왕 대에 조세 납부 독촉이 심해지자 상주(사벌주)를 근거로 일어난 봉기이다.

18 제시된 자료는 6두품 세력에 관한 설명이다.

> **왜 틀렸지?** ① 진골 귀족에 대한 설명이다.

신라 말 새로운 세력의 성장

호족	• 배경: 중앙의 지방 통제력 약화로 지방에서 성장 • 특징: 독자적 군사 보유, 스스로 성주 또는 장군이라 칭함
6두품	• 특징: 골품제로 인해 관직 승진의 한계, 일상생활에서의 차별 • 골품제 및 현실 비판, 호족과 함께 새로운 사회 건설 추진

19 **왜 틀렸지?** ④ 호족은 6두품 세력과 함께 새로운 사회 건설을 추진하였다.

20 (1) 풍수지리설(풍수지리 사상)

(2) **예시답안** 수도인 금성을 벗어나 다른 지방의 중요성을 강조하였기 때문에 호족의 사상적 기반이 되었다.

	채점 기준
상	풍수지리 사상이 지방의 중요성을 강조하였음을 서술한 경우
하	위의 내용을 전혀 서술하지 못한 경우

21 통일 신라 말에는 중앙의 지방 통제력이 약해져 수도인 금성과 그 주변 지역을 제외한 지방은 대부분 호족이 지배하게 되었다.

> **왜 틀렸지?** ① 후고구려, ② 후백제, ③ 궁예, ④ 견훤에 대한 설명이다.

22 **왜 틀렸지?** ㄱ. 주로 3층 석탑이 만들어졌다. ㄷ. 선종의 유행으로 승탑과 탑비가 만들어졌다.

23 **왜 틀렸지?** ③ 발해는 유교를 중요하게 여겨 통치 이념에 반영하였고 6부의 명칭에도 활용하였다.

24 (가)는 고구려의 영향을 받은 무덤 천장 축조 방식이다. (나)는 고구려의 영향을 받은 기와이다. (다)는 발해 수도인 상경성의 구조로 당의 수도를 모방한 것이다.

25 **왜 틀렸지?** ① 벽란도는 고려 시대의 무역항이다. ② 신라와 발해는 건국 초기 대립하였으나, 이후 신라도를 통하여 꾸준히 교류하였다. ④ 울산항은 신라의 무역항이다. ⑤ 발해관은 당의 산둥반도에 설치된 발해인의 숙소이자 사신 접대 장소였다.

Ⅲ 고려의 성립과 변천

01 고려의 후삼국 통일과 통치 체제의 정비

STEP 1 개념 확인
058쪽

01 ㉠ 민족 통합 ㉡ 북진 **02** (1) ㄹ (2) ㄴ (3) ㄷ (4) ㄱ
03 (1) ㉡ (2) ㉢ (3) ㉠ **04** (1) 유교 (2) 사심관 **05** (1) ○ (2) ✕
(3) ○ **06** (1) 국자감 (2) 음서

STEP 2 대표 문제
058~060쪽

01 ② **02** ④ **03** ④ **04** ① **05** ④ **06** ③ **07** ④
08 ④ **09** ① **10** ④ **11** ③ **12** ④ **13** ④

01 ㄱ. 고려 건국(918), ㄴ. 송악 천도(919), ㄹ. 견훤의 귀순(935), ㄷ. 신라의 항복(935), ㅁ. 후백제 멸망(936)이다.

02 제시된 자료는 태조가 남긴 훈요 10조이다.

> **왜 틀렸지?** ①, ②, ⑤ 광종, ③ 성종의 업적이다.

태조의 정책과 왕권의 안정

태조	• 민생 안정 정책: 세금 감면, 흑창 설치(빈민 구제) • 민족 통합 정책: 신라, 후백제 백성 및 발해 유민 포용 • 북진 정책: 서경 중시, 영토 확보(청천강~영흥만) • 호족 정책: 혼인 정책, 사성 정책, 사심관 제도, 기인 제도
광종	• 과거제 실시 • 노비안검법 시행 • 관리의 공복 제정 • 광덕, 준풍 등 연호 사용
성종	최승로의 시무 28조 수용 → 지방관 파견, 중앙 정치 기구 개편(2성 6부), 학교 제도 정비(국자감)

03 ㉠은 사심관, ㉡은 기인이다.

> **왜 틀렸지?** 문벌은 고려 중기의 지배층으로 여러 대에 걸쳐 고위 관직을 역임한 세력이다.

04 제시된 자료는 고려로 망명한 발해의 세자와 유민을 태조가 받아들이는 내용이다. 태조는 신라, 후백제의 백성과 발해의 유민을 포용하는 민족 통합 정책을 펼쳤다.

05 제시된 자료는 광종이 실시한 노비안검법이다.

> **왜 틀렸지?** ①, ②, ⑤ 태조, ③ 성종의 정책이다.

06 밑줄 친 '이 왕'은 광종이다. 광종은 왕권을 강화하여 '광덕', '준풍' 등의 연호를 사용하였다.

> **왜 틀렸지?** ③ 태조의 업적이다.

07 제시된 자료는 최승로의 시무 28조이다. 최승로의 건의안을 수용하여 성종은 전국에 12목을 설치하고 지방관을 파견하였다.

08 왜 틀렸지? ① 삼사, ② 중서문하성, ③ 식목도감, ⑤ 중추원이다.

고려의 중앙 정치 제도

2성	• 중서문하성: 국가 정책 심의·결정 • 상서성: 6부를 두어 정책 집행
중추원	군사 기밀, 왕명 출납 담당
어사대	관리의 비리 감찰
삼사	국가 재정의 출납, 회계 담당
회의 기구	• 도병마사: 국방, 군사 문제 논의 • 식목도감: 제도, 시행 규칙 제정

09 빗금 친 지역은 양계이다.

왜 틀렸지? ㄷ. 5도에 대한 설명이다.

10 왜 틀렸지? ④ 고려 시대에는 지방관이 파견되는 주현보다 지방관이 파견되지 않은 속현이 많았다.

고려의 지방 행정 제도

5도	일반 행정 구역, 안찰사 파견
군·현	주현(지방관 ○)과 속현(지방관 ×) → 주현〈속현
양계	국경 지역에 설치, 병마사 파견
특수 행정 구역	• 향·부곡·소 존재 • 일반 군현에 비해 차별 대우를 받음

11 ㉠은 2군, ㉡은 주현군, ㉢은 주진군이다.

왜 틀렸지? 9서당 10정은 통일 신라의 군사 제도이다.

12 왜 틀렸지? ④ 문과 중 명경과에 대한 설명이다. 제술과는 문학적 재능과 정책들을 시험하였다.

13 ㉠은 국자감이다.

왜 틀렸지? ① 고구려, ② 통일 신라, ⑤ 발해의 교육 기관이다. ③ 고려의 지방 교육 기관이다.

STEP 3 주관식·서술형 061쪽

01 (1) 서경

(2) 예시답안 태조는 서경을 중시하고 북진 정책을 추진하였다. 그 결과 청천강에서 영흥만 유역까지 고려의 영토를 넓혔다.

채점 기준	
상	북진 정책과 청천강부터 영흥만까지 영토 확장을 모두 서술한 경우
하	위의 내용 중 한 가지만 서술한 경우

02 (1) ㉠ 불교 ㉡ 유교

(2) 예시답안 중앙 정치 기구를 개편하였다(2성 6부를 정비하였다). 12목을 설치하고 지방관을 파견하였다. 학교 제도를 정비하였다(개경에 국자감을 설치하였다).

채점 기준	
상	위의 내용 중 두 가지를 모두 서술한 경우
하	위의 내용 중 한 가지만 서술한 경우

03 (1) (가) 도병마사(식목도감) (나) 식목도감(도병마사)

(2) 예시답안 도병마사는 국방과 군사 문제를 논의하는 기구였고, 식목도감은 제도와 시행 규칙을 만드는 기구였다.

채점 기준	
상	도병마사와 식목도감의 기능을 모두 서술한 경우
하	위의 내용 중 한 가지만 서술한 경우

04 (1) (가) 음서 (나) 과거

(2) 예시답안 왕족이나 공신의 후손, 5품 이상 관료의 자손을 시험을 거치지 않고 관료로 임명하는 제도이다.

채점 기준	
상	고위 관료의 자손을 시험을 거치지 않고 관료로 임명하는 제도임을 서술한 경우
하	위의 내용을 전혀 서술하지 못한 경우

02 무신 정권의 성립과 고려 전기의 대외 관계

STEP 1 개념 확인 064쪽

01 (1) ㄴ (2) ㄱ (3) ㄹ (4) ㄷ **02** ㉠ 풍수지리설 ㉡ 유교
03 (1) 만적 (2) 최충헌 **04** (1) ㉡ (2) ㉠ (3) ㉢ **05** (1) 별무반
(2) 거란 **06** (1) ○ (2) ○ (3) ×

STEP 2 대표 문제 064~066쪽

01 ③ **02** ④ **03** ① **04** ⑤ **05** ⑤ **06** ④ **07** ③
08 ⑤ **09** ④ **10** ② **11** ④ **12** ③

01 (가)는 이자겸으로 대표적인 문벌이다.

왜 틀렸지? ①, ② 묘청, ④ 이의방, 정중부, ⑤ 최충헌에 대한 설명이다.

02 제시된 인물은 묘청이다.

왜 틀렸지? ㄱ, ㄷ. 김부식 등 개경 세력의 주장이다.

서경 세력과 개경 세력

	서경 세력	개경 세력
인물	묘청, 정지상	김부식
사상	풍수지리설	유교
주장	• 서경 천도 주장 • 금 정벌 주장	• 서경 천도 반대 • 금에 사대 주장

03 무신 정변은 무신에 대한 차별과 의종의 실정, 문신의 권력 독점으로 발생하였다.

04 ㉠은 교정도감, ㉡은 정방, ㉢은 삼별초이다.

> 왜 틀렸지? 중방은 무신의 회의 기구로, 무신 집권 초기에 국가의 중요한
> 일을 결정하였다. 도방은 무신 정권의 사병 집단이다.

무신 정권기의 정치 기구	
중방	무신의 회의 기구
도방	무신의 사병 집단
교정도감	최충헌이 설치, 국가의 중요 정책 결정
정방	최우가 설치, 관리의 인사권 행사
삼별초	최우가 설치, 무신의 군사적 기반
서방	최우가 설치, 문신 등용

05 왜 틀렸지? ㄱ, ㄴ. 통일 신라 시기에 일어난 사건이다.

06 ㄷ. 이자겸의 난(1126), ㄹ. 묘청의 서경 천도 운동(1135), ㄱ. 무신
정변(1170), ㄴ. 만적의 봉기(1198)이다.

07 (가)는 강동 6주로, 서희가 거란의 장수 소손녕과 외교 회담을 통해
획득한 지역이다.

08 ㉠은 여진, ㉡은 거란이다.

> 왜 틀렸지? ③, ④ 여진에 대한 설명이다.

고려와 거란·여진의 관계	
거란	• 1차 침입: 서희의 외교 회담 → 강동 6주 획득 • 2차 침입: 양규의 활약 • 3차 침입: 강감찬의 활약(귀주 대첩)
여진	• 윤관과 별무반이 여진 정벌 → 동북 9성 축조 • 금 건국 이후: 이자겸이 금의 사대 관계 요구 수용

09 왜 틀렸지? ①, ③ 고려의 여진 정벌에 대한 설명이다. ②, ⑤ 거란의 침략
을 물리친 이후에 대한 설명이다.

10 ㉠은 금이다.

> 왜 틀렸지? ③, ⑤ 거란에 대한 설명이다. ④ 묘청에 대한 설명이다.

11 왜 틀렸지? ㄱ. 거란, 여진과도 교류하였다. ㄷ. 통일 신라에 대한 설명이다.

12 (가)는 송, (나)는 거란, (다)는 여진, (라)는 일본, (마)는 아라비아 상인
이다.

> 왜 틀렸지? ③ 송과 거란의 대장경이 고려의 대장경 편찬에 영향을 끼
> 쳤다.

STEP **3** 주관식·서술형　067쪽

01 (1) (가) 묘청 (나) 김부식

(2) 예시답안 서경으로 수도를 옮겨야 한다. 왕을 황제로 칭하고 연
호를 사용해야 한다. 금을 정벌해야 한다.

	채점 기준
상	위의 내용 중 두 가지를 모두 서술한 경우
하	위의 내용 중 한 가지만 서술한 경우

02 (1) (가) 망이·망소이 (나) 만적

(2) 예시답안 무신 간의 권력 다툼으로 인해 지방 통제력이 약화되었
다. 지배층의 수탈이 심해져 농민의 고통이 극심하였다. 천민 출신
집권자가 등장하면서 농민과 천민의 신분 상승 욕구를 자극하였다.

	채점 기준
상	위의 내용 중 두 가지를 모두 서술한 경우
하	위의 내용 중 한 가지만 서술한 경우

03 (1) 거란

(2) 예시답안 고려는 고구려를 계승하였기 때문에 나라 이름을 고려
라고 하였다. 현재 여진이 길을 막고 있어 거란과 국교를 맺지 못하
고 있다. 여진을 물리친다면 국교를 맺을 수 있을 것이다.

	채점 기준
상	키워드를 활용하여 타당한 근거를 제시하면서 반박문을 서술한 경우
하	위의 내용을 전혀 서술하지 못한 경우

04 (1) ㉠ 별무반 ㉡ 금

(2) 예시답안 당시 정권을 잡고 있던 이자겸 등은 금과의 전쟁을 피
하고, 자신들의 권력을 유지하기 위해 금의 군신 관계 요구를 받아
들였다.

	채점 기준
상	권력 유지를 원했던 이자겸이 금의 군신 관계 요구를 수용하였음을 서 술한 경우
하	위의 내용을 전혀 서술하지 못한 경우

03 고려의 대몽 항쟁 ~
04 몽골의 간섭과 고려의 개혁

STEP **1** 개념 확인　070쪽

01 (1) ㄴ (2) ㄷ (3) ㄱ (4) ㄹ　　**02** (1) ○ (2) ○ (3) ✕

03 (1) 정동행성 (2) 몽골풍　　**04** (1) 쌍성총관부 (2) 전민변정도감

05 ㉠ 권문세족 ㉡ 신진 사대부　　**06** (1) ㉠ (2) ㉢ (3) ㉡

STEP **2** 대표 문제　070~072쪽

01 ④　**02** ③　**03** ②　**04** ①　**05** ③　**06** ③　**07** ⑤

08 ②　**09** ④　**10** ①　**11** ③　**12** ①　**13** ④

01 왜 틀렸지? ㄱ, ㄷ. 몽골이 침략하기 전에 일어난 사건이다.

02 처인성 전투(1232)는 몽골의 1차 침략 이후에 일어난 사건이다.

왜 틀렸지? 고려 건국(918), 무신 정변(1170), 몽골의 1차 침략(1231), 개경 환도(1270), 공민왕 즉위(1351), 위화도 회군(1388)이다.

03 왜 틀렸지? ㄴ, ㄹ. 거란의 침략 당시 고려의 대응에 대한 설명이다.

04 (가)는 삼별초이다.

왜 틀렸지? ㄷ. 최우가 조직한 부대이다. ㄹ. 별무반에 대한 설명이다.

05 밑줄 친 '이 시기'는 원 간섭기이다.

왜 틀렸지? ③ 명이 원을 북쪽으로 쫓아낸 후 고려에 철령위 설치를 통보 하자 최영은 요동 정벌을 추진하였다.

06 제시된 자료는 공민왕의 영토 회복과 관련된 지도이다.

왜 틀렸지? ③ 공민왕은 정방을 폐지하여 인사권을 장악하였다.

원 간섭기와 공민왕의 개혁 정치

원 간섭기	공민왕의 개혁 정치
정동행성 설치	정동행성 축소
쌍성총관부 설치	쌍성총관부 공격(영토 회복)
왕실의 호칭, 관제 격하	왕실의 호칭, 관제 복구
권문세족의 성장	기철 등 권문세족 제거, 전민변정도 감 설치

07 ㉠은 전민변정도감이다.

08 제시된 자료와 관련된 정치 세력은 권문세족이다.

왜 틀렸지? ㄴ. 신진 사대부, ㄹ. 신흥 무인 세력에 대한 설명이다.

09 (가)는 신진 사대부, (나)는 신흥 무인 세력이다.

10 (가)는 신진 사대부이다.

왜 틀렸지? ② 신흥 무인 세력, ③, ⑤ 권문세족, ④ 무신에 대한 설명이다.

고려의 정치 세력

호족	신라 말 지방에서 성장, 고려 건국에 기여
문벌	과거와 음서로 여러 대에 걸쳐 고위 관직 차지
무신	문신에 비해 정치적·경제적 차별을 받음 → 정변을 통해 권력 차지
권문세족	• 원의 세력을 배경으로 권세를 누림 • 음서를 통해 관직 진출, 대농장 소유
신흥 무인 세력	홍건적과 왜구의 침략을 격퇴하면서 성장
신진 사대부	성리학 수용, 과거를 통해 관직 진출, 공민왕의 개혁 정치에 적극 참여

11 (가)는 홍건적, (나)는 왜구이다.

왜 틀렸지? ③ 홍건적에 대한 설명이다.

12 제시된 자료는 위화도 회군과 관련된 지도이다. 요동 정벌에 반대한 이성계는 위화도 회군을 단행하여 우왕과 최영을 제거하고 정권을 장악하였다.

13 ㄴ. 공민왕 즉위(1351), ㄹ. 쌍성총관부 수복(1356), ㅁ. 최영의 요동 정벌 추진(1388), ㄷ. 위화도 회군(1388), ㄱ. 조선 건국(1392)이다.

STEP 3 주관식·서술형

01 (1) 삼별초

(2) 예시답안 고려 정부가 몽골과 강화를 맺고 개경으로 환도하였다.

채점 기준	
상	위의 내용을 모두 서술한 경우
하	위의 내용을 전혀 서술하지 못한 경우

02 (1) 쌍성총관부

(2) 예시답안 기철 등 친원 세력을 제거하였다. 정동행성을 축소하였다. 쌍성총관부를 공격하여 철령 이북의 땅을 회복하였다. 변발 등 몽골풍을 금지하였다. 신돈을 등용하여 전민변정도감을 설치하고 개혁을 추진하였다. 성균관을 개편하여 개혁을 뒷받침할 인재를 양성하였다.

채점 기준	
상	위의 내용 중 두 가지를 모두 서술한 경우
하	위의 내용 중 한 가지만 서술한 경우

03 (1) (가) 권문세족 (나) 신진 사대부

(2) 예시답안 성리학을 수용하였다. 주로 과거를 통해 중앙 관리로 진출하였다. 권문세족을 비판하였다. 명과 우호 관계를 유지할 것을 주장하였다.

채점 기준	
상	위의 내용 중 두 가지를 모두 서술한 경우
하	위의 내용 중 한 가지만 서술한 경우

04 (1) 위화도 회군, 이성계

(2) 예시답안 위화도에서 군대를 돌려 개경으로 간 이성계는 우왕과 최영을 제거하고 정권을 장악하였다.

채점 기준	
상	위의 내용을 모두 서술한 경우
하	위의 내용을 전혀 서술하지 못한 경우

05 고려의 생활과 문화

STEP 1 개념 확인

01 (1) × (2) ○ **02** ㉠ 의천 ㉡ 지눌 **03** (1) 최충 (2) 안향
04 (1) ㉢ (2) ㉡ (3) ㉣ (4) ㉠ **05** (1) 나전 칠기 (2) 팔만대장경
06 (1) ㄱ (2) ㄷ (3) ㄹ (4) ㄴ

STEP 2 대표 문제

01 ① 02 ③ 03 ⑤ 04 ② 05 ⑤ 06 ③ 07 ④

08 ③ 09 ③ 10 ② 11 ② 12 ④ 13 ③

01 ㉠은 양인, ㉡은 천인이다.

> **왜 틀렸지?** ② 천인, ③, ④, ⑤ 양인에 대한 설명이다.

02 고려 시대에는 부모가 자녀에게 재산을 균등하게 분배하는 자녀 균분 상속이 원칙이었다.

03 **왜 틀렸지?** ⑤ 고려 시대에는 아들, 딸 구분 없이 재산 상속이 이루어졌고, 제사를 지냈다.

04 (가)는 의천, (나)는 지눌이다.

> **왜 틀렸지?** ㄴ. 혜초, ㄹ. 원효에 대한 설명이다.

의천과 지눌

의천	지눌
• 해동 천태종 개창	• 수선사 결사 운동 전개
• 교종 중심 선종 통합 주장	• 선종 중심 교종 포용 주장

05 ㉠은 풍수지리설이다.

06 ㉠은 성리학이다.

> **왜 틀렸지?** ㄱ. 도교, ㄹ. 풍수지리설에 대한 설명이다.

07 제시된 자료는 성리학자인 박초가 불교의 폐단을 비판하며 개혁안을 제시하는 내용이다.

08 (가)는 『삼국사기』, (나)는 『삼국유사』이다.

> **왜 틀렸지?** ㄱ. 『삼국유사』, ㄹ. 『삼국사기』에 대한 설명이다.

『삼국사기』와 『삼국유사』

	『삼국사기』	『삼국유사』
저자	김부식	일연
특징	• 유교적 합리주의 사관 • 현존하는 가장 오래된 역사서	• 고대 불교 설화, 신화 등 수록 • 고조선 건국 이야기 수록

09 (가)는 이규보의 『동명왕편』, (나)는 이승휴의 『제왕운기』이다.

10 2 - 고려 시대에는 승탑이 많이 제작되었다. 3 - 불국사 3층 석탑은 통일 신라의 대표적인 석탑이다.

11 ㉠은 『직지』이다.

12 제시된 자료는 개성 경천사지 10층 석탑에 대한 내용이다.

> **왜 틀렸지?** ① 경주 불국사 3층 석탑, ② 구례 화엄사 4사자 3층 석탑, ③ 여주 고달사지 승탑, ⑤ 평창 월정사 8각 9층 석탑이다.

13 **왜 틀렸지?** 갑 - 고려 초기에는 순청자가 주로 제작되었고, 12세기 초에 상감 청자를 만들었다. 정 - 『직지』는 현재 프랑스국립도서관에 보관되어 있다.

STEP 3 주관식·서술형

01 (1) 일부일처제

(2) **예시답안** 남녀 구분 없이 부모로부터 균등하게 재산을 상속받았다. 남녀 구분 없이 부모를 모시고 제사를 지냈다. 호적에는 남녀 구분 없이 태어난 순서대로 기재하였다. 여성이 한 집안의 호주가 되기도 하였다. 여성은 자신의 재산을 가지고 사회 활동을 하였다. 사위가 처가의 호적에 오르거나 처가살이를 하는 경우가 많았다.

채점 기준	
상	위의 내용 중 두 가지를 모두 서술한 경우
하	위의 내용 중 한 가지만 서술한 경우

02 (1) ㉠ 성리학 ㉡ 이제현

(2) **예시답안** 신진 사대부는 성리학을 바탕으로 권문세족의 비리와 불교의 폐단을 비판하며 고려 사회를 개혁하고자 하였다.

채점 기준	
상	신진 사대부가 성리학을 수용하여 고려 사회를 개혁하고자 하였다는 내용을 서술한 경우
하	위의 내용을 전혀 서술하지 못한 경우

03 (1) ㉠ 『동명왕편』 ㉡ 『삼국유사』

(2) **예시답안** 무신 정변과 몽골의 침략을 거치면서 자주 의식을 강조하기 위해 편찬하였다.

채점 기준	
상	자주 의식을 강조(반영)하기 위해 편찬하였다는 내용을 서술한 경우
하	위의 내용을 전혀 서술하지 못한 경우

04 (1) (가) 팔만대장경 (나) 『직지』

(2) **예시답안** 고려는 국가 차원에서 대장경을 만들고 불교 서적을 간행하면서 인쇄술이 크게 발달하였다.

채점 기준	
상	위의 내용을 모두 서술한 경우
하	위의 내용을 전혀 서술하지 못한 경우

대단원 마무리 문제

01 ① 02 ㉠ 거란 ㉡ 서경 03 ① 04 ① 05 ① 06 ②

07 ④ 08 ⑤ 09 ① 10 ⑤ 11 ② 12 ① 13 ㉠ 별무반 ㉡ 동북 9성 14 ① 15 ⑤ 16 삼별초 17 ③ 18 ⑤

19 ⑤ 20 ③ 21 ① 22 해설 참조 23 ④ 24 ④ 25 ②

01 ㄱ. 고려 건국(918) - ㄴ. 공산 전투(927) - ㄷ. 견훤의 귀순(935) - ㄹ. 신라의 항복(935) - ㅁ. 후백제 멸망(936)이다.

03 4, 5 - 태조의 정책에 대한 설명이다.

04 제시된 자료는 최승로가 성종에게 올린 시무 28조이다.

> **왜 틀렸지?** ① 광종의 정책에 대한 설명이다.

05 ㉠은 어사대, ㉡은 도병마사이다.

왜 틀렸지? | ② 상서성, ③ 삼사, ④ 중추원, ⑤ 도병마사와 식목도감에 대한 설명이다.

06 빗금 친 지역은 경기와 5도이다.

왜 틀렸지? | ② 양계에 대한 설명이다.

07 법률, 의학 분야의 기술관 지원자는 잡과에 응시하였다.

08 ㉠은 문벌이다.

왜 틀렸지? | ① 호족, ② 권문세족, ③ 무신, ④ 신흥 무인 세력에 대한 설명이다.

09 ㉠은 묘청의 서경 천도 운동이다.

10 (가)는 중방, (나)는 교정도감, (다)는 정방이다.

11 제시된 자료는 만적의 봉기이다. 천민 출신 집권자가 등장하면서 천민의 신분 상승 욕구를 자극하였다. 이로 인해 천민의 봉기가 발생하였다.

12 ㉠은 거란이다.

왜 틀렸지? | ② 거란은 발해를 멸망시켰다. ③ 여진, ④, ⑤ 몽골에 대한 설명이다.

14 **왜 틀렸지?** | 병 – 고려 시대에는 벽란도가 국제 무역항으로 번성하였다. 정 – 거란의 침략 이후에 고려와 거란은 국교를 맺고 교류하였다.

15 **왜 틀렸지?** | ⑤ 고려 정부는 몽골의 침략을 물리치기 위해 팔만대장경을 제작하였다.

17 **왜 틀렸지?** | ③ 위화도 회군은 원 간섭기 이후에 일어난 사건이다.

18 제시된 자료는 공민왕의 개혁에 대한 내용이다.

왜 틀렸지? | ㄱ. 최우에 대한 설명이다. ㄴ. 쌍성총관부를 공격하여 철령 이북의 땅을 회복하였다.

19 ㉠은 신진 사대부, ㉡은 신흥 무인 세력, ㉢은 권문세족이다.

20 **왜 틀렸지?** | ①, ② (나) 이후에 일어난 사건이다. ④, ⑤ (가) 이전에 일어난 사건이다.

21 **왜 틀렸지?** | ① 고려의 여성은 일상생활에서는 남성과 지위가 거의 대등하였지만, 관직 진출 등 사회 활동에는 제한이 있었다.

22 (1) (가) 의천 (나) 지눌

(2) **예시답안** 의천은 교종을 중심으로 선종을 통합해야 한다고 주장하였다. 지눌은 선종을 중심으로 교종을 포용해야 한다고 주장하였다.

채점 기준	
상	의천과 지눌의 주장을 모두 서술한 경우
하	위의 내용 중 한 가지만 서술한 경우

23 무신 정변 이후 자주 의식을 반영하여 편찬한 역사서로는 이규보의 『동명왕편』, 이승휴의 『제왕운기』, 일연의 『삼국유사』가 있다.

24 제시된 자료는 부석사 무량수전에 대한 설명이다.

왜 틀렸지? | ① 여주 고달사지 승탑, ② 평창 월정사 8각 9층 석탑, ③ 개성 경천사지 10층 석탑, ⑤ 경주 불국사이다.

25 **왜 틀렸지?** | ㄱ. 『직지』는 금속 활자본이다. ㄹ. 여주 고달사지 승탑은 승려의 사리를 모신 승탑이다.

고려의 문화

건축	주심포 양식, 배흘림기둥(부석사 무량수전)
석탑	다각 다층탑 유행(개성 경천사지 10층 석탑), 승탑 제작
불상	거대 석불(논산 관촉사 석조 미륵보살 입상) 및 대형 철불 제작
인쇄술	• 목판 인쇄술: 초조대장경, 팔만대장경 • 금속 활자: 『상정고금예문』, 『직지』
공예	상감 청자, 나전 칠기, 은입사 기법

Ⅳ 조선의 성립과 발전

01 통치 체제 정비와 대외 관계

088쪽

STEP 1 개념 확인

01 (1) 위화도 회군 (2) 과전법 　**02** ㉠ 호패법 ㉡ 사병 　**03**
(1) ㉡ (2) ㉠ (3) ㉢ 　**04** (1) 3사 (2) 의정부 　**05** (1) × (2) ○
(3) ○ 　**06** (1) ㄱ (2) ㄴ (3) ㄷ (4) ㄹ

STEP 2 대표 문제

088~090쪽

01 ④ 　**02** ② 　**03** ② 　**04** ④ 　**05** ④ 　**06** ④ 　**07** ②
08 ④ 　**09** ③ 　**10** ② 　**11** ① 　**12** ② 　**13** ② 　**14** ④
15 ④

01 ㄹ. 위화도 회군(1388), ㄷ. 과전법 실시(1391), ㅁ. 정몽주 등 반대
세력 제거, ㄴ. 조선 건국(1392), ㄱ. 한양 천도(1394)이다.

02 과전법은 경기 지역의 토지에 한해 전·현직 관리에게 수조권을 나
누어 주던 제도이다.

　왜 틀렸지? | ② 현직 관리에게만 수조권을 나누어 준 제도는 직전법이다.

03 제시된 자료와 관련된 인물은 태종이다.

　왜 틀렸지? | ㄴ, ㄷ. 세조에 대한 설명이다.

국가 기틀의 확립

태조	소수의 공신과 함께 정치
태종	사병 혁파, 호패법 실시
세종	집현전 설치, 경연 활성화, 재상에게 많은 권한을 부여
세조	집현전과 경연 폐지, 직전법 실시, 국방력 강화
성종	홍문관 설치, 『경국대전』 완성

04 제시된 자료는 16세 이상의 모든 남자에게 발급된 신분증인 호패이
다. 태종은 호패법을 시행하여 인구를 파악하고 국가 재정을 안정시
키고자 하였다.

05 (가)는 의정부, (나)는 3사이다.

　왜 틀렸지? | ② 승정원과 의금부, ③ 의금부, ⑤ 고려의 삼사에 대한 설명
이다.

06 왕권을 뒷받침하는 기구는 왕의 비서 기관인 승정원과 특별 사법 기
관인 의금부이다.

07 ㉠은 사헌부, ㉡은 사간원, ㉢은 홍문관이다.

　왜 틀렸지? | 의정부는 나랏일을 총괄하는 통치 기구이다.

08 ㉠은 성종 때 완성된 『경국대전』이다.

　왜 틀렸지? | ① 세조 때 편찬하기 시작하였다. ② 『조선왕조실록』, ③ 『주
자가례』에 대한 설명이다. ⑤ 세종에 대한 설명이다.

---

09 ㄱ. 조선 시대에는 향·부곡·소가 군·현으로 승격되었다. ㄹ. 대부
분의 군현에는 수령을 파견하였다.

조선의 지방 행정 제도

8도	관찰사 파견, 도 아래 부·목·군·현 설치
군·현	• 대부분의 군현에 수령 파견, 향리는 수령 보좌 • 향·부곡·소가 일반 군현으로 승격
유향소	지방 양반의 자치 기구, 수령 보좌, 향리 감찰

10 ㉠은 유향소이다.

　왜 틀렸지? | ㄴ. 향리, ㄹ. 수령에 대한 설명이다.

11 ㉠은 군역, ㉡은 5위이다.

　왜 틀렸지? | 요역은 국가가 백성의 노동력을 징발하는 제도이다. 지방에
파견된 병마절도사는 육군을 지휘하였고, 수군절도사는 수군을 지휘하였다.

12 제시된 자료는 봉수대이다.

　왜 틀렸지? | ① 봉수제로 인해 국방력과 중앙 집권 체제가 강화되었다. ④
조운 제도에 대한 설명이다. ⑤ 봉수제는 낮에는 연기, 밤에는 불을 피워 위
급한 소식을 전달한 제도이다.

13 왜 틀렸지? | ② 문과는 주로 양반의 자제가 응시하였다.

14 제시된 자료는 4군 6진 개척에 대한 지도이다.

　왜 틀렸지? | ㄱ. (가)는 최윤덕이 개척한 4군이다. ㄷ. 세종 때 여진족을 정
벌하고 개척한 지역이다.

15 왜 틀렸지? | ④ 조선은 명에 대해 사대 정책을 펼쳤다.

조선의 대외 관계와 외교 정책

사대		태종 이후 명과 친선 관계 유지, 조공과 책봉의 형식으로 이루어짐
교린	여진	• 회유책: 귀순 장려, 무역소 설치 • 강경책: 세종 때 4군 6진 개척(김종서, 최윤덕)
	일본	• 회유책: 3포 개방 • 강경책: 세종 때 쓰시마섬 토벌(이종무)

STEP 3 주관식·서술형

091쪽

01 (1) (가) 호전 (나) 예전
(2) 예시답안 『경국대전』, 중앙 및 지방 통치 제도를 마련하였다. 중
앙 집권 체제를 완성하였다. 유교적 법치 국가의 토대를 마련하였다
(유교 중심의 국가 통치 질서를 확립하였다).

	채점 기준
상	법전의 명칭과 법전 편찬의 의의를 모두 서술한 경우
하	위의 내용 중 한 가지만 서술한 경우

02 (1) ㉠ 사헌부 ㉡ 사간원 ㉢ 홍문관
(2) 예시답안 3사, 권력 독점과 관리의 부정을 막기 위해 설치하였다.

	채점 기준
상	3사와 3사를 설치한 목적을 모두 서술한 경우
하	위의 내용 중 한 가지만 서술한 경우

03 (1) 유향소

(2) **예시답안** 고려의 특수 행정 구역이었던 향·부곡·소가 군·현으로 승격되었다(통합되었다). 고려 시대에 비해 향리의 지위가 낮아졌다. 고려 시대에는 지방관이 파견되지 않은 속현이 많았으나, 조선 시대에는 대부분의 군현에 수령이 파견되었다.

채점 기준	
상	위의 내용 중 두 가지를 모두 서술한 경우
하	위의 내용 중 한 가지만 서술한 경우

04 (1) 여진

(2) **예시답안** 귀순한 여진족에게 관직과 토지를 주었다. 국경 지방에 무역소를 설치하여 교역을 허용하였다.

채점 기준	
상	위의 내용을 모두 서술한 경우
하	위의 내용 중 한 가지만 서술한 경우

02 사림의 성장과 문화의 발달

094쪽

STEP 1 개념 확인

01 (1) ㄴ (2) ㄱ (3) ㄷ (4) ㄹ **02** ㉠ 현량과 ㉡ 중종반정
03 (1) 이조 전랑 (2) 서원 **04** (1) ㉠ (2) ㉢ (3) ㉡ **05** (1) ○
(2) × (3) ○ **06** (1) 천상열차분야지도 (2) 혼일강리역대국도지도

STEP 2 대표 문제

094~096쪽

01 ③ **02** ② **03** ② **04** ② **05** ⑤ **06** ④ **07** ②
08 ④ **09** ② **10** ① **11** ② **12** ②

01 밑줄 친 인물은 한명회로, 대표적인 훈구 세력이다.

왜 틀렸지? ①, ②, ④, ⑤ 사림에 대한 설명이다.

02 밑줄 친 세력은 사림이다.

왜 틀렸지? ㄴ, ㄹ. 훈구에 대한 설명이다.

03 제시된 사건은 연산군 대에 일어난 무오사화이다.

04 **왜 틀렸지?** ①, ⑤ 연산군, ③ 명종, ④ 중종 시기에 일어난 사건이다.

사화의 발생과 전개

연산군	무오사화	김종직의 「조의제문」을 계기로 발생
	갑자사화	폐비 윤씨 사건을 구실로 발생
중종	기묘사화	조광조의 개혁 정치(현량과 실시, 소격서 폐지, 위훈 삭제 등)를 계기로 발생 ➡ 조광조 등 사림 제거
명종	을사사화	외척 간의 권력 다툼으로 발생

05 ㉠은 현량과, ㉡은 소격서이다.

왜 틀렸지? 위훈 삭제는 중종반정 당시 거짓으로 공을 만들어 공신이 된 사람들의 공신 자격을 취소하는 것을 의미한다.

06 ㉠은 이조 전랑, ㉡은 동인, ㉢은 서인이다.

07 ㉡은 동인, ㉢은 서인이다.

왜 틀렸지? ① 서인, ③ 동인, ④ 훈구에 대한 설명이다. ⑤ 사화는 훈구와 사림이 정치적으로 대립하면서 사림이 피해를 입은 사건이다.

08 ㉠은 백운동 서원이다.

왜 틀렸지? ① 안향을 모시기 위해 세워졌다. ② 성균관, ③ 가묘 혹은 사당, ⑤ 향약에 대한 설명이다.

09 ㉠은 향약이다.

왜 틀렸지? ㄴ, ㄹ. 서원에 대한 설명이다.

10 병 – 「천상열차분야지도」는 태조 때 만들어졌다. 정 – 「칠정산」은 중국과 이슬람의 역법을 참고하여 한성을 기준으로 편찬한 역법서이다.

11 **왜 틀렸지?** ㄴ. 「동국통감」은 고조선부터 고려 말까지의 역사를 정리한 서적이다. ㄹ. 「국조오례의」는 국가 행사의 의례를 정리한 서적이다. 효자·충신·열녀에 대한 내용을 정리한 서적은 「삼강행실도」이다.

조선 전기의 서적

역사서	• 「고려사」, 「고려사절요」: 고려의 역사 정리 • 「동국통감」: 고조선~고려 말까지의 역사 정리 • 「조선왕조실록」: 이전 왕의 통치 기록 정리
지리서	「동국여지승람」: 지방의 역사, 자연환경 등을 정리
역법서	「칠정산」: 한성을 기준으로 제작
농서	「농사직설」: 우리나라 실정에 맞는 농사법 정리
의서	• 「향약집성방」: 우리나라 약재를 활용한 질병 치료법 정리 • 「의방유취」: 의학 백과사전

12 ② 고려 시대의 청자이다.

왜 틀렸지? ① 백자 병, ③ 분청사기 물고기무늬 병, ④ 강희안의 「고사관수도」, ⑤ 안견의 「몽유도원도」이다.

조선 전기의 예술

공예	• 건국 초: 분청사기 유행 • 16세기 이후: 백자 유행
그림	• 도화서 화원: 「몽유도원도」(안견) • 양반: 「고사관수도」(강희안)

STEP 3 주관식·서술형

097쪽

01 (1) (가) 현량과 실시 (나) 위훈 삭제

(2) **예시답안** 조광조의 개혁은 훈구의 반발을 샀고, 중종에게 큰 부담이 되었다. 결국 중종과 훈구는 사화를 일으켜 조광조를 비롯한 사림을 제거하였다(기묘사화).

채점 기준	
상	훈구의 반발과 개혁에 부담을 느낀 중종이 사화를 일으켜 조광조를 비롯한 사림을 제거하였다는 내용을 모두 서술한 경우
하	사화가 발생하였다만 서술한 경우

02 (1) ㉠ 서원 ㉡ 향약

(2) **예시답안** 정치 – 사림은 서원과 향약을 바탕으로 향촌에서 세력을 키웠고, 이후 선조 때 중앙 정치를 주도하게 되었다(사림의 정치적 기반이 강화되었다). 사회 – 향촌 사회에 성리학적 질서가 보급되었다.

채점 기준	
상	정치, 사회의 변화를 모두 서술한 경우
하	위의 내용 중 한 가지만 서술한 경우

03 (1) 훈민정음

(2) **예시답안** 한자는 배우기가 어려워 지배층만 사용하였고, 대부분의 백성은 글자를 몰라 일상생활에 어려움을 겪었다. 이에 세종은 누구나 쉽게 배울 수 있는 글자인 훈민정음을 창제하였다.

채점 기준	
상	한자는 백성이 배우기 어려웠기에 누구나 쉽게 배울 수 있는 글자를 만들었음을 서술한 경우
하	위의 내용을 전혀 서술하지 못한 경우

04 (1) ⑺ 앙부일구(해시계) ⑻ 「천상열차분야지도」

(2) **예시답안** 왕의 권위를 높이고 농업을 발전시키기 위하여 천문학이 발달하였다.

채점 기준	
상	위의 내용을 모두 서술한 경우
하	위의 내용을 전혀 서술하지 못한 경우

03 왜란·호란의 발발과 영향

STEP 1 개념 확인 100쪽

01 (1) ㄹ (2) ㄴ (3) ㄱ (4) ㄷ **02** (1) ㉠ (2) ㉢ (3) ㉡ **03** (1) 곽재우 (2) 도쿠가와 이에야스 **04** (1) × (2) ○ (3) ○ **05** ㉠ 친명배금 ㉡ 후금 ㉢ 군신 **06** (1) 청 (2) 북학론

STEP 2 대표 문제 100~102쪽

01 ⑤ **02** ⑤ **03** ④ **04** ④ **05** ⑤ **06** ③ **07** ⑤ **08** ⑤ **09** ④ **10** ② **11** ② **12** ② **13** ①

01 **왜 틀렸지?** ㄱ, ㄴ. 왜란 이후의 상황이다.

02 ㅁ. 선조의 의주 피란(1592. 6.), ㄷ. 한산도 대첩(1592. 7.), ㄹ. 평양성 탈환(1593. 1.), ㄴ. 행주 대첩(1593. 2.), ㄱ. 명량 대첩(1597. 9.)이다.

임진왜란의 전개

임진왜란	일본군의 부산진, 동래성 함락 → 선조의 의주 피란 → 한산도 대첩(이순신) → 진주 대첩(김시민) → 조·명 연합군의 평양성 탈환 → 행주 대첩(권율) → 일본이 휴전 회담 제의 → 휴전 회담 결렬
정유재란	일본의 재침입(정유재란) → 명량 대첩 → 도요토미 히데요시 사망 → 노량 해전

03 **왜 틀렸지?** ④ 이순신이 노량 해전에서 일본군을 물리치면서 전쟁은 끝이 났다.

04 제시된 자료를 통해 임진왜란 이후 농경지가 황폐해지면서 세금을 거둘 수 있는 토지 면적이 줄어든 것을 알 수 있다.

왜 틀렸지? 을 – 경상도의 토지 면적 변화가 가장 크기 때문에 전쟁 피해가 큰 지역이었다고 유추할 수 있다. 병 – 그래프에서 정부가 거둔 세금의 액수는 알 수 없다.

05 **왜 틀렸지?** ⑤ 임진왜란 발발 직전의 상황이다.

06 **왜 틀렸지?** ③ 일본에서 담배가 조선에 들어왔다.

07 광해군은 강성한 후금과의 충돌을 피하기 위해 명과 후금 사이에서 중립 외교를 펼쳤다.

08 서인의 주도로 정변이 일어나 광해군이 쫓겨나고 인조가 왕위에 올랐다(인조반정).

09 ⑺는 정묘호란, ⑻는 병자호란이다.

왜 틀렸지? ①, ② 병자호란, ③ 정묘호란, ⑤ 임진왜란에 대한 설명이다.

정묘호란과 병자호란

	정묘호란	병자호란
배경	인조와 서인의 친명배금 정책	조선이 청의 군신 관계 요구 거부
전개	• 인조의 강화도 피란 • 이립, 정봉수 등의 의병이 항전	• 임경업이 백마산성에서 항전 • 인조가 남한산성에서 항전 • 삼전도에서 항복
결과	후금과 형제 관계 체결	청과 군신 관계 체결

10 청이 군신 관계를 요구하자 조선에서는 척화론과 주화론이 대립하였다. 이후 척화론이 우세하자 청이 조선을 침략하였다.

왜 틀렸지? ①, ③, ④ ⑻ 이후의 상황이다. ⑤ ⑺ 이전의 상황이다.

11 ⑺는 척화론(주전론), ⑻는 주화론이다.

왜 틀렸지? ① 주화론에 대한 설명이다. ③, ④, ⑤ 척화론에 대한 설명이다.

척화론과 주전론

	주화론	척화론(주전론)
대표 인물	최명길	윤집, 김상헌
주장	청과 화의할 것을 주장(나라를 보전해야 한다는 실리적인 입장)	청에 맞서 싸울 것을 주장(명분과 의리를 중시하는 입장)

12 **왜 틀렸지?** ㄴ. 북학론, ㄹ. 광해군의 중립 외교에 대한 설명이다.

13 효종은 적극적으로 북벌을 추진하여 성곽을 수리하고 군사력을 강화하였다.

왜 틀렸지? ② 광해군, ③ 인조에 대한 설명이다.

STEP 3 주관식·서술형

01 (1) 의병

(2) **예시답안** 익숙한 지형을 활용하여 적은 병력으로도 일본군에게 타격을 줄 수 있었다.

채점 기준	
상	위의 내용을 모두 서술한 경우
하	위의 내용을 전혀 서술하지 못한 경우

02 (1) 임진왜란

(2) **예시답안** 인구가 줄었다. 농경지가 황폐해졌다. 국가의 재정이 어려워졌다. 불국사, 경복궁, 사고 등이 불타고 약탈당하는 등 문화재가 손실되었다. 신분 질서에 변화가 나타났다.

채점 기준	
상	위의 내용 중 세 가지를 모두 서술한 경우
중	위의 내용 중 두 가지만 서술한 경우
하	위의 내용 중 한 가지만 서술한 경우

03 (1) (가) 척화론(주전론) (나) 주화론

(2) **예시답안** (가)의 입장: 임진왜란 때 명이 조선을 도와주었기 때문에 명을 돕고 청에 맞서 싸워야 한다.

(나)의 입장: 청의 국력이 강하기 때문에 화의를 맺어 청의 침략을 막고 조선을 지켜야 한다.

채점 기준	
상	(가)와 (나) 중에서 하나의 입장을 선택하고 타당한 근거를 들어 서술한 경우
하	하나의 입장을 선택했지만 타당한 근거를 들어 서술하지 못한 경우

04 (1) 북벌

(2) **예시답안** 국력이 강한 청을 정벌하는 것이 어려웠다. 잇따른 전쟁과 무거운 세금으로 인해 국가의 재정이 넉넉하지 않았고, 백성의 삶이 힘들었다.

채점 기준	
상	국력이 강한 청을 정벌하는 것이 어려웠고, 국가의 재정이 부족했음을 서술한 경우
하	위의 내용 중 한 가지만 서술한 경우

대단원 마무리 문제

01 ③ **02** ④ **03** ⑤ **04** ③ **05** 해설 참조 **06** ③
07 ① **08** ③ **09** ③ **10** ⑤ **11** ③ **12** 해설 참조
13 ② **14** ③ **15** ④ **16** ③ **17** ② **18** 「혼일강리
역대국도지도」 **19** ① **20** ③ **21** 통신사 **22** ② **23** 해설
참조 **24** ⑤

01 **왜 틀렸지?** ③ 정몽주 등 새 왕조 교체에 반대한 세력이 제거되었다.

02 밑줄 친 인물은 정도전이다.

왜 틀렸지? ① 태종, ② 세종, ③ 조광조에 대한 설명이다. ⑤ 정도전은 재상 중심의 정치를 강화해야 한다고 주장하였다.

03 제시된 자료는 4군 6진에 대한 지도이다. 4군 6진을 개척한 왕은 세종이다.

왜 틀렸지? ①, ③ 성종, ② 세조, ④ 태종의 업적이다.

04 2 - 3사는 사헌부, 사간원, 홍문관이다. 3 - 사헌부는 관리의 비리를 감찰하는 기구이다. 간쟁을 담당하는 기구는 사간원이다.

05 **예시답안** 수령을 도왔다. 향리의 비리를 감찰하였다. 백성을 교화하였다. 유교 질서를 보급하였다.

채점 기준	
상	유향소의 역할을 두 가지를 모두 서술한 경우
하	위의 내용 중 한 가지만 서술한 경우

06 **왜 틀렸지?** ① 각 도에는 관찰사가 파견되었다. 수령은 군현에 파견되었다. ②, ④, ⑤ 고려 시대에 대한 설명이다.

조선과 고려의 지방 행정 제도

고려	조선
5도에 안찰사 파견	8도에 관찰사 파견
도 아래 주·군·현 설치	도 아래 부·목·군·현 설치
지방관이 파견되지 않은 속현 존재	대부분의 군현에 지방관(수령) 파견
향리가 실질적인 행정 업무 담당	고려 시대에 비해 향리의 지위가 낮아짐
특수 행정 구역 존재	특수 행정 구역이 군현으로 승격

07 **왜 틀렸지?** ② 수군절도사는 지방에 파견되었다. ③ 2군은 고려의 중앙군이다. 조선의 중앙군은 5위이다. ④ 봉수제에 대한 설명이다. ⑤ 군역은 16세 이상 60세 미만의 양인 남자에게 부과되었다.

08 제시된 자료는 조선의 과거 제도에 대한 표이다.

왜 틀렸지? ① 고려 시대의 과거 제도에 대한 설명이다. ② 과거는 3년마다 정기적으로 시행되었다. ④ 문과는 주로 양반의 자제가 응시하였다. ⑤ 소과에 합격해야 대과에 응시할 수 있는 자격이 주어졌다.

09 (가)는 명, (나)는 여진, (다)는 일본이다.

왜 틀렸지? ③ 세종은 이종무를 보내 왜구의 근거지인 쓰시마섬을 토벌하였다.

10 (가)는 훈구, (나)는 사림이다.

왜 틀렸지? ⑤ (가), (나)가 대립하면서 사화가 발생하였다.

11 ㄴ. 무오사화(1498), ㄷ. 갑자사화(1504), ㄱ. 중종반정(1506), ㅁ. 기묘사화(1519), ㄹ. 을사사화(1545)이다.

12 (1) 조광조

(2) **예시답안** 조광조는 인재를 추천하여 간단한 시험을 통해 관리로 채용하는 현량과 실시를 주장하였다. 거짓으로 공을 만들어 공신이 된 사람들의 공신 자격을 취소해야 한다고 주장하였다. 도교 행사를 주관하는 관청인 소격서 폐지를 주장하였다.

채점 기준	
상	조광조의 정책 세 가지를 모두 서술한 경우
중	위의 내용 중 두 가지만 서술한 경우
하	위의 내용 중 한 가지만 서술한 경우

13 왜 틀렸지? | ② 서인은 이이와 성혼의 학문을 계승하였다.

14 (가)는 서원, (나)는 향약이다.

왜 틀렸지? | ③ 주세붕은 최초로 백운동 서원을 세웠다.

15 왜 틀렸지? | ㄱ. 『칠정산』은 역법서이다. ㅁ. 『조선왕조실록』은 역사서이다.

조선 전기의 서적

역사서	『고려사』, 『동국통감』, 『조선왕조실록』
지리서	『세종실록지리지』, 『동국여지승람』
역법서	『칠정산』
농서	『농사직설』
의서	『향약집성방』, 『의방유취』
법전	『경국대전』

16 왜 틀렸지? | (가) 해시계인 앙부일구이다. (라) 자동 물시계인 자격루이다.

17 조선은 농업 기술을 발전시켜 백성의 생활을 안정시키기 위해 과학 기구를 제작하였다.

19 제시된 자료와 관련된 전쟁은 임진왜란이다.

왜 틀렸지? | ① 명량 대첩은 휴전 협상이 결렬되고 정유재란이 발발한 이후에 일어났다.

20 왜 틀렸지? | ①, ②, ④ (나) 이후에 일어난 사실이다. ⑤ (가) 이전에 일어난 사실이다.

22 왜 틀렸지? | ①, ④ (마) 시기에 대한 설명이다. ③ 병자호란 이후 북학론이 등장하였다. ⑤ (다) 시기에 대한 설명이다.

호란의 발발과 영향

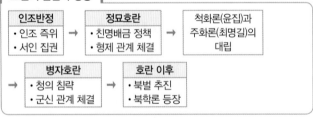

23 예시답안 광해군은 강성한 후금과의 충돌을 피하기 위해 명과 후금 사이에서 중립 외교를 펼쳤다.

채점 기준	
상	광해군의 중립 외교를 서술한 경우
하	위의 내용을 전혀 서술하지 못한 경우

24 제시된 자료는 척화론과 주화론의 대립에 대한 내용으로 (마) 시기에 해당한다.

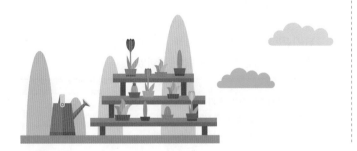

V 조선 사회의 변동

01 조선 후기의 정치 변동

STEP 1 개념 확인
112쪽

01 (1) ㄴ (2) ㄱ (3) ㄷ **02** ㉠ 영정법 ㉡ 대동법 ㉢ 균역법
03 (1) ㉠, ㉡, ㉢ (2) ㉢, ㉣ **04** (1) 예송 (2) 환국 **05** (1) ✕
(2) ◯ **06** (1) 홍경래 (2) 삼정

STEP 2 대표 문제
112~114쪽

01 ③ **02** ③ **03** ③ **04** ③ **05** ⑤ **06** ⑤ **07** ②
08 ② **09** ② **10** ⑤ **11** ④ **12** ④

01 조선 후기에는 비변사가 상설 최고 합의 기구로 변화하면서 의정부와 6조가 유명무실화되었다. 또한 군사 제도는 중앙군은 5군영, 지방군은 속오군을 중심으로 개편되었다.

왜 틀렸지? | ㄴ. 조선 후기에는 비변사의 기능이 강화되면서 왕권이 약화되었다. 제시된 내용은 조선 전기 태종, 세조 때의 일이다. ㄷ. 훈련도감은 중앙군으로 직업 군인인 삼수병으로 편제되었다.

02 ㉠은 비변사이다. 중종 때 왜구와 여진의 침입에 대비하기 위해 임시로 설치하였고, 명종 때 상설화되었으며, 임진왜란을 거치며 최고 정치 기구로 기능이 확대되었다.

03 대동법은 광해군 무렵에 처음 시행되었으며, 지주들의 반대로 전국적인 실시에 100년 가까운 시간이 걸렸다.

왜 틀렸지? | ① 영정법. ②, ④ 균역법에 대한 설명이다.

04 (가)는 예송, (나)는 환국이다. 환국의 결과 일당전제화 추세가 나타나며 붕당 정치의 기반이 붕괴되었다.

왜 틀렸지? | ① 예송은 왕실의 예법 문제를 계기로 일어난 논쟁으로 둘째 아들로 즉위한 효종의 정통성에 대한 시각의 차이에서 비롯되었다. ②, ④ 환국에 대한 설명이다. ⑤ 환국의 결과 3사의 언론 기능이 변질되고, 공론보다는 자기 붕당의 입장이 중시되었다.

05 예송은 왕실 예법과 효종의 왕위 계승에 대한 두 붕당 간 입장 차이가 드러난 사건이었다.

왜 틀렸지? | ① (가) 서인, (나) 남인의 주장이다. ② 예송을 나타낸 것이다. ③ 서인이 인조반정을 주도하였다. ④ 예송의 결과 서인과 남인의 대립이 치열해졌다.

06 환국은 왕권을 강화하기 위해 숙종이 의도적으로 집권 붕당을 급격하게 교체한 사건을 말한다. 환국 과정에서 서인은 남인에 대한 처벌을 두고 노론과 소론으로 분열하였다.

왜 틀렸지? | ㄱ. 동인과 서인의 분열. ㄴ. 사화에 대한 설명이다.

07 탕평책과 관련된 영조의 발언이다. 붕당 간 대립이 왕권까지 위협하는 상황에 이르자 탕평책이 제기되었고, 영조와 정조 때 본격적으로 시행되었다.

왜 틀렸지? | ① 환국의 영향. ③ 숙종 때 제시되었으나 시행되지는 못하였다. ④ 영조는 이조 전랑의 권한을 약화하였다. ⑤ 영조에 대한 설명이다.

08 제시된 자료는 탕평비로, 영조가 성균관 앞에 세운 비석이다.

왜 틀렸지? | ㄴ, ㄹ. 정조가 시행한 정책이다.

영조와 정조의 정책

영조	• 탕평파 육성, 탕평비 건립, 이조 전랑 권한 약화, 서원 정리 • 균역법, 노비종모법, 청계천 정비
정조	• 남인과 소론까지 적극 등용 • 규장각 정비, 초계 문신제, 장용영 설치, 수원 화성 건설

09 제시된 문화유산은 화성 팔달문이다. 수원 화성은 정조가 자신의 정치적 이상을 구현하기 위해 건설한 계획도시이다.

왜 틀렸지? | ② 균역법은 영조 때 시행되었다.

10 (개)는 왕실과 혼인을 맺은 노론의 몇몇 가문이 권력을 장악한 세도 정치 시기이다.

왜 틀렸지? | ⑤ 삼정의 문란으로 백성의 생활이 어려워지자 정부는 암행어사를 파견하고, 삼정이정청을 설치하는 등 문제를 해결하려고 하였으나, 큰 성과를 거두지 못하였다.

11 (개)는 홍경래의 난으로, 서북 지역에 대한 차별에 항의하여 봉기하였다.

왜 틀렸지? | ④ 청천강 이북 대부분 지역을 장악하였으나 정주성 싸움에 패배하며 진압되었다.

12 임술 농민 봉기에 대한 자료이다. 삼정의 문란에 항의하여 단성, 진주를 시작으로 전국에서 봉기가 폭발하였다. 정부는 삼정이정청을 설치하여 삼정의 문란을 개선하려 하였으나 큰 효과는 없었다.

STEP 3 주관식·서술형 115쪽

01 (1) 대동법

(2) **예시답안** 공물을 토지 면적에 따라 쌀, 옷감, 동전 등으로 징수하였다.

(3) **예시답안** 왕실이나 관청에 필요한 물품을 공급하는 공인이 등장하였다. 공인은 대규모로 물품을 거래하며 상품 화폐 경제의 발전에 기여하였다.

채점 기준	
상	대동법의 내용, 공인의 등장과 상품 화폐 경제의 성장을 모두 서술한 경우
하	위의 내용 중 한 가지만 서술한 경우

02 (1) 정조

(2) **예시답안** 붕당의 갈등을 해결하는 것이 아닌 강력한 왕권으로 억누르는 것이었다.

채점 기준	
상	위의 내용을 모두 서술한 경우
하	위의 내용을 전혀 서술하지 못한 경우

03 (1) ㉠ 전정 ㉡ 군정 ㉢ 환곡(환정)

(2) **예시답안** 세도 정치로 정치 기강이 무너지고 관리들의 부정부패가 심해져 삼정의 문란이 나타났다.

채점 기준	
상	세도 정치와 부정부패를 모두 서술한 경우
하	위의 내용 중 한 가지만 서술한 경우

04 (1) 홍경래의 난

(2) **예시답안** 평안도 지역 차별과 세도 정권의 수탈에 저항하여 봉기하였다.

채점 기준	
상	평안도 지역 차별, 세도 정치의 수탈을 모두 서술한 경우
하	위의 내용 중 한 가지만 서술한 경우

02 조선 후기 경제와 사회의 변화

STEP 1 개념 확인 118쪽

01 (1) ㄱ (2) ㄹ (3) ㄴ (4) ㄷ　　**02** ㉠ 경강상인 ㉡ 송상

03 (1) 모내기법 (2) 사상 (3) 민영 수공업　　**04** (1) × (2) ×

05 (1) 공명첩 (2) 노비종모법 (3) 순조

STEP 2 대표 문제 118~120쪽

01 ⑤　**02** ⑤　**03** ③　**04** ②　**05** ③　**06** ⑤　**07** ①

08 ③　**09** ②　**10** ④　**11** ③　**12** ④

01 제시된 농법은 모내기법으로 조선 후기에 널리 보급되었다. 이 시기 밭농사에서는 골뿌림법이 확산되었다.

왜 틀렸지? | ⑤ 모내기법의 보급으로 일부 농민은 부농으로 성장하였지만, 대다수 농민은 땅을 잃고 머슴이 되거나 다른 사람의 토지를 농사지었으며, 일부는 도시로 가 임노동자가 되었다.

02 자료는 조선 후기 김홍도가 그린 대장간 그림이다. 조선 후기에는 민영 수공업이 발달하였으며, 수공업자들이 모여 마을을 형성하고 물품을 생산하기도 하였다.

왜 틀렸지? | ① 보부상은 상인이다. ② 장인 등록제가 폐지되고 민영 수공업이 번영하였다. ③ 민간 주도 광산 개발이 확대되었다. ④ 소는 고려 시대의 특수 행정 구역이다.

03 송상에 대한 설명이다.

왜 틀렸지? | (가)는 의주의 만상으로, 청과의 무역을 통해 성장하였다. (나)는 유상이다. (라)는 경강상인으로 한강의 운송업을 장악하고 물길을 따라 서남해 연안을 돌아다니며 상품의 유통에 관여하였다. (마)는 내상으로 일본과 교역하였다.

04 조선 후기 정조 때 육의전을 제외한 시전 상인의 금난전권을 폐지하여 자유로운 상업 활동을 허용하면서, 사상의 활동이 더욱 활발해졌다.

05 조선 후기 성리학적 질서가 향촌에 정착되며 가족 제도는 부계 위주로 재편되었다. 양자를 들이는 것이 일반화되었고, 여성은 출가외인으로 여겨져 딸을 덜 중요하게 대우하였다.

06 성리학적 사회 질서가 강화되면서 여성의 정절이 강요되었다. 남녀의 구분이 강화되었고, 여성의 지위는 낮아졌다. 여성은 시집을 가서 신랑 집에서 생활하게 되며 출가외인으로 인식되었다.

07 조선 후기에는 성리학적 사회 질서가 강화되면서 부계 중심의 가족 제도가 강화되었고, 양자를 들여 가문을 잇게 하는 일이 일반화되었다.

왜 틀렸지? | ② 동성 마을이 늘어났다. ③ 재산은 적장자 위주로 상속되었다. ④ 혼례 후 신랑 집에서 생활하는 경우가 많아졌다. ⑤ 족보도 부계 위주로 편찬되었다.

08 조선 후기 부계 중심 가족 질서가 강화되면서 재산과 제사를 큰아들에게 몰아주는 적장자 중심 상속 제도가 확대되었다. 부계 혈통을 잇는 것이 중시되어 양자를 들이는 것이 일반화되었으며, 족보 역시 부계 위주로 편찬되었다. 신부가 신랑 집으로 가 생활하는 결혼 풍습이 확대되며 동성 마을이 확대되었다.

09 조선 후기에는 양반층이 분화하여 대다수 양반은 향반이나 잔반이 되었고, 부유한 상민층이 신분 상승을 하여 양반 수가 증가하고 상민 수가 감소하였다. 이에 따라 양반 중심 신분 질서는 크게 흔들렸다.

왜 틀렸지? | ㄴ. 기술직 중인들의 소청 운동은 실패하였다. ㄹ. 노비종모법은 양인의 수를 늘리기 위한 정책이다.

조선 후기 신분 제도의 동요

양반	붕당 정치의 변질로 대다수 양반이 향반, 잔반이 됨
중인	서얼이 문과 응시 및 주요 관직 진출 요구, 기술직 중인의 소청 운동
상민	공명첩, 납속, 족보 구매 및 위조 등으로 양반 신분 획득 → 상민 수 감소
천민	노비종모법(영조), 공노비 해방(순조)

10 조선 후기 경제력을 쌓은 상민들은 각종 방법을 동원해 양반 신분을 얻었다. 그 결과 양반의 수가 늘어난 반면, 상민의 수는 줄어들어 양반 중심 신분 질서가 동요하게 되었다.

11 제시된 자료는 공명첩으로 조선 정부가 부족한 재정을 보충하기 위해 판매한 관직 임명장이다.

왜 틀렸지? | ① 신분 질서의 동요로 양반 신분을 얻는 경우가 많아지며 상민의 수가 줄어들었다. ② 순조 때 공노비를 해방하였다. ④ 붕당 정치가 변질되며 양인의 정치 참여 폭은 점점 좁아졌다. ⑤ 기술직 중인의 소청 운동은 실패하였다.

12 새롭게 성장한 부농층(신향)은 경제력을 바탕으로 지방관과 손을 잡고 기존 양반의 권위에 도전하였다. 이 결과 향촌에서 기존 양반의 권위가 동요하였으나 신향도 향촌 사회의 주도권을 장악하지는 못하였고, 지방관의 권한이 강화되었다.

---

01 (1) 모내기법

(2) **예시답안** 김매기에 필요한 노동력이 줄어들었다. 생산량이 늘었다. 벼와 보리의 이모작이 가능해졌다.

채점 기준	
상	노동력 절감, 생산량 증가, 이모작을 모두 서술한 경우
중	위의 내용 중 두 가지만 서술한 경우
하	위의 내용 중 한 가지만 서술한 경우

02 (1) 공명첩

(2) **예시답안** 부유한 상민이 공명첩을 구매하여 양반이 되면서 양반의 수가 늘어나고, 상민의 수가 줄어들어 양반 중심의 신분 질서가 크게 동요하였다.

채점 기준	
상	신분 질서의 동요를 서술한 경우
하	위의 내용을 전혀 서술하지 못한 경우

03 **예시답안** 성리학적 사회 질서가 강화되면서 부계 중심의 가족 제도가 강화되었다.

채점 기준	
상	성리학적 사회 질서의 강화를 서술한 경우
하	위의 내용을 전혀 서술하지 못한 경우

04 (1) 공노비

(2) **예시답안** 양인의 수를 늘려 국가 재정을 확충하고자 하였다.

채점 기준	
상	양인 증가, 국가 재정 확충을 서술한 경우
하	위의 내용 중 한 가지만 서술한 경우

---

03 학문과 예술의 새로운 경향

01 ㉠ 연행사 ㉡ 기유약조 ㉢ 통신사   **02** (1) ㄷ (2) ㄹ (3) ㄱ (4) ㄴ   **03** (1) ○ (2) × (3) ○   **04** (1) 진경 산수화 (2) 풍속화 (3) 청화 백자   **05** (1) 서민 (2) 사설 (3) 탈춤

01 ③   **02** ④   **03** ①   **04** ④   **05** ⑤   **06** ③   **07** ②
08 ④   **09** ②   **10** ②   **11** ⑤   **12** ①

01 조선은 중국, 일본, 서양 표류인 등을 통해 서양 문물을 접하기 시작하였다. 그중 가장 주된 통로는 청에 파견한 연행사를 통해서였다. 연행사를 통해 서양의 발달된 문물을 경험하면서 청의 문물을 수용해야 한다는 북학론이 제기되었다. 한편 일본과는 왜란 후 국교를 단절하였으나, 에도 막부의 요청으로 기유약조를 맺어 교역을 재개하고 통신사를 파견하였다. 통신사는 19세기 초까지 12차례 파견되며 양국의 평화 관계를 유지하는 데 기여하였다.

　왜 틀렸지? ① 사대 관계에 따라 파견하였다.

02 (가)는 연행사, (나)는 통신사이다. 연행사는 사대 관계에 따라 청의 수도인 연경으로 파견된 사신, 통신사는 일본에 파견된 사신이다.

　왜 틀렸지? ㄱ. 서학이 전래되었다. ② 사대 관계에 따라 공식적으로 파견되었다.

03 천주교에 대한 설명이다. 천주교는 처음 학문으로 수용되었으나, 18세기 후반 남인 계열 학자들에 의해 신앙으로 수용되기 시작했다. 이후 평등사상과 내세 신앙을 내세워 양반 중심 질서에서 소외된 중인, 상민, 여성을 중심으로 확산되었다.

　왜 틀렸지? ② 동학, ⑤ 미륵 신앙에 대한 설명이다.

04 제시된 자료는 유형원의 주장으로 농업 중심 개혁론이다.

　왜 틀렸지? ①, ⑤ 상공업 중심 개혁론의 주장이다. ② 상공업 중심 개혁론자인 홍대용의 주장이다. ③ 실학도 성리학을 바탕으로 하였다.

실학

농업 중심 개혁론	• 토지 제도 개혁을 통한 농촌 사회 안정 주장 • 유형원, 이익, 정약용 등
상공업 중심 개혁론(북학파)	• 상공업 진흥, 기술 개발, 청의 선진 문물 도입 • 박제가, 박지원, 유수원, 홍대용 등

---

05 실학은 성리학을 바탕으로 하되 실용적, 실증적인 태도로 현실 문제 해결을 추구하는 새로운 학풍이었다. 실학자 중 북학파는 청의 선진 문물을 배워 부국강병을 이룰 것을 주장하였다.

　왜 틀렸지? ② 우리 문화에 대한 자부심을 가지고 있었다. ④ 실학자들이 대체로 정권에서 밀려나 있어 정부 정책에 적극적으로 반영되지 못했다.

06 생산을 자극하기 위해 소비를 늘려야 한다는 박제가의 주장이다.

07 박지원은 수레와 선박, 화폐의 이용을, 정약용은 공동 농장을 공동 경작해 노동량에 따라 수확물을 나눌 것을 주장하였다.

　왜 틀렸지? ㄴ. 박제가, ㄹ. 이익의 주장이다.

08 ㉠은 국학이다. 조선 후기에는 우리 역사와 지리, 언어를 연구하는 국학이 발달하였다.

　왜 틀렸지? ② 신경준, ③ 김정호, ⑤ 이중환이 제작하였다.

09 (가)는 풍속화, (나)는 민화이다. 풍속화는 일상생활을 생동감 있게 표현하였다.

　왜 틀렸지? ③ 민화에 대한 설명이다. ④ 형식에 구애받지 않고 자유롭게 제작되었다. ⑤ 풍속화의 대표적인 화가들이다.

10 제시된 그림은 정선이 그린 「인왕제색도」로 진경 산수화의 대표적인 작품이다.

　왜 틀렸지? ① 정선이 개척하였다. ③, ④ 민화에 대한 설명이다. ⑤ 우리나라의 자연을 사실적으로 표현하였다.

조선 후기 문화의 새 경향

한문학	사회 부조리 및 양반 풍자하는 내용 등장
회화	• 진경 산수화: 우리 자연을 사실적으로 묘사, 정선 등 • 풍속화: 일상생활을 생동감 있게 표현, 김홍도, 신윤복 등 • 민화: 서민의 소망을 담은 장식적 그림
자기	백자 일반화, 청화 백자 유행
서민 문화	• 배경: 서민의 경제력 상승(상품 화폐 경제 발달), 서민 의식 성장(서당 교육 보급) • 내용: 한글 소설, 사설시조, 판소리, 탈춤 등 유행

---

11 조선 후기에는 사회 부조리를 비판하고 양반을 풍자하는 한문학이 등장하였으며, 서민의 소망을 담은 민화가 유행하였다.

　왜 틀렸지? ㄱ. 분청사기가 쇠퇴하고 청화 백자가 유행하였다. ㄴ. 진경 산수화는 우리 자연을 사실적으로 그리는 화풍이다.

12 제시된 설명은 조선 후기 서민 문화가 등장할 수 있었던 배경에 대한 것이다.

　왜 틀렸지? ① 조선 전기에 대한 설명이다.

STEP 3 주관식·서술형　127쪽

01 (1) 「곤여만국전도」

(2) **예시답안** 조선 지식인들의 세계관이 확대되어 중국 중심의 세계관에서 벗어나는 데 영향을 끼쳤다.

채점 기준	
상	세계관 확대를 서술한 경우
하	위의 내용을 전혀 서술하지 못한 경우

02 (1) 천주교(서학)

(2) **예시답안** 조상의 제사를 거부하였다. 신분 질서를 부정하였다.

채점 기준	
상	제사 거부, 신분 질서 부정을 모두 서술한 경우
하	위의 내용 중 한 가지만 서술한 경우

03 (1) 진경 산수화

(2) **예시답안** 중국 화첩의 모방에서 벗어나 우리나라의 자연을 있는 그대로 묘사하였다.

채점 기준	
상	우리나라의 자연을 있는 그대로 묘사하였음을 서술한 경우
하	위의 내용을 전혀 서술하지 못한 경우

04 **예시답안** 사회·경제적 변동으로 서민의 경제력이 상승하고, 서당 교육의 확대를 통해 서민의 의식이 높아지면서 서민 문화가 발달하였다.

채점 기준	
상	서민 경제력 상승, 서당 교육 확대에 따른 서민 의식 발달을 모두 서술한 경우
하	위의 내용 중 한 가지만 서술한 경우

대단원 마무리 문제

01 ③　　02 해설 참조　　03 ⑤　　04 ③　　05 ③　　06 ③

07 ④　　08 ②　　09 ③　　10 전정, 군정, 환곡(환정)　　11 ②

12 ⑤　　13 ⑤　　14 ⑤　　15 ③　　16 ⑤　　17 ④　　18 ④

19 ④　　20 김정호　　21 ①　　22 ②　　23 해설 참조

01 양 난 이후 비변사의 기능이 확대되었으며, 군제가 개편되었다. 중앙군은 5군영 체제, 지방군은 속오군 체제가 도입되었다.

　왜 틀렸지? | ① 왕권은 약화되었다. ② 임진왜란 과정에 설치되었다. ④ 속오군에 대한 설명이다. ⑤ 속오군은 양반까지 포함하여 편제되었다.

02 ⑴ 대동법
⑵ 예시답안 토지를 많이 가지고 있던 지주들의 반대로 전국적으로 시행되는 데 약 100년이 걸렸다.

채점 기준	
상	지주의 반대를 서술한 경우
하	위의 내용을 전혀 서술하지 못한 경우

03 예송 논쟁은 현종 때의 일이다. 그 사이 인조, 효종 시기에는 서인이 주도하고 남인이 참여하는 붕당 정치가 전개되었다.

04 제시된 사건은 예송이다. 차남으로 즉위한 효종과 효종비의 장례 당시 어떻게 예법을 적용할 것인가를 두고 서인과 남인이 충돌하였다.

　왜 틀렸지? | ①, ④ 환국에 대한 설명이다.

05 환국은 급격하게 집권 붕당이 교체되는 현상을 말한다. 이 과정에서 각 붕당은 상대 붕당이 재기하지 못하도록 철저한 탄압을 가하여 공존을 전제로 하는 붕당 정치가 변질되었다.

　왜 틀렸지? | ③ 세도 정치에 대한 설명이다.

06 자료는 영조 때 세운 탕평비이다. 영조는 청계천을 정비하여 청계천이 범람하는 것을 막고 도시 빈민의 삶을 개선하였다.

07 제시된 자료는 수원 화성으로 정조가 자신의 정치적 이상을 실현하기 위해 건설하였다.

　왜 틀렸지? | ④ 정조는 군사적 기반을 마련하기 위해 장용영을 설치하였다.

08 강력한 왕권으로 붕당 간 대립을 억제하였지만, 붕당 간 대립을 근본적으로 해결하지 못하였다는 것이 탕평 정치의 한계이다.

09 세도 정치는 외척을 비롯한 일부 노론 가문이 정치권력을 독점하고 국가를 운영하던 것이었다. 정치 참여의 폭이 극히 좁아지며 대부분의 양반이 정치에 참여하지 못하고 몰락하였다.

11 홍경래의 난은 평안도 지역 차별, 세도 정치의 수탈이 원인이 되어 일어났다.

12 자료는 임술 농민 봉기 때의 요구 사항이다. 임술 농민 봉기 당시 농민은 스스로 사회 모순을 지적하고 해결을 요구하는 구체적인 행동을 하였다. 이를 통해 농민의 사회의식이 성장하였음과 함께 임술 농민 봉기가 농민의 사회의식이 한 단계 더 성장하는 데 기여하였다는 것을 알 수 있다.

　왜 틀렸지? | ①, ④ 홍경래의 난에 대한 설명이다. ② 삼정이정청이 설치되었으나, 삼정의 문란을 근본적으로 해결하지는 못하였다.

13 모내기법의 시행으로 노동력이 절감되며 더 많은 농지를 경작할 수 있게 되었다. 이에 일부 농민들은 더 많은 토지를 소유하고 부농이 되었다. 반대로 많은 농민들은 토지를 상실하고 몰락하였다.

14 제시된 그림은 모내기법이다.

　왜 틀렸지? | ⑤ 밭농사의 골뿌림법에 대한 설명이다.

15 제시된 자료는 조선 후기에 널리 사용된 상평통보이다.

　왜 틀렸지? | ③ 경강상인은 한강의 운송업을 장악한 상인이었다. 일본과의 교역으로 성장한 상인은 내상이다.

16 조선 후기 가족 제도는 부계 중심, 그중에서도 적장자를 중심으로 변화하였다.

　왜 틀렸지? | ④ 남자 형제들 사이에서도 차별이 존재해 적장자가 대부분의 재산을 상속받았다.

17 부유한 상민들이 양반 신분을 얻으며 양반 중심 신분 질서가 크게 동요하였다. 이에 양반이 늘고 상민이 줄어들며 국가 재정이 압박받았고, 정부는 양인을 확보하려 노비종모법, 공노비 해방 등을 실시하였다.

18 최제우가 서학과 서양 세력의 침투에 대항하여 동학을 창시하였다.

　왜 틀렸지? | ㄱ. 정부는 동학을 탄압하여 최제우를 사형하였다.

19 (개)는 유형원의 주장으로 토지 제도의 개혁을, (나)는 박제가의 주장으로 소비의 확대를 주장하고 있다. 실학은 사회·경제적 동요에 따른 조선의 문제를 개혁하고자 하였다.

21 제시된 자료는 조선 후기에 유행한 청화 백자이다.

　왜 틀렸지? | ① 조선 후기에는 서민 문화가 발달하면서 형식에 얽매이지 않고 감정을 표현하는 사설시조가 유행하였다.

22 (개)는 풍속화, (나)는 민화이다. 풍속화는 서민의 일상생활을 주제로 그린 그림이다. 민화는 서민의 소망을 반영한 그림으로 이름 없는 화가들이 주로 그렸다.

23 예시답안 상품 화폐 경제의 발달로 서민의 경제력이 상승하였고, 서당 교육의 확대로 서민 의식이 성장하였다.

채점 기준	
상	상품 화폐 경제 발달에 따른 서민의 경제력 상승, 서당 교육 확대에 따른 서민 의식 상승을 모두 서술한 경우
하	위의 내용 중 한 가지만 서술한 경우

VI 근·현대 사회의 전개

01 국민 국가 수립을 위한 다양한 노력

STEP 1 개념 확인
138쪽

01 (1) ㄹ (2) ㄷ (3) ㄴ (4) ㄱ **02** ㉠ 무단(헌병 경찰) ㉡ 문화 ㉢ 민족 말살 **03** (1) ㉢ (2) ㉣ (3) ㉡ (4) ㉠ **04** (1) 을사늑약 (2) 의열단 **05** (1) ○ (2) × **06** (1) 러시아 (2) 독립신문 (3) 구본신참

STEP 2 대표 문제
138~140쪽

01 ⑤ **02** ⑤ **03** ② **04** ② **05** ⑤ **06** ② **07** ⑤
08 ④ **09** ④ **10** ⑤ **11** ③ **12** ③ **13** ③ **14** ⑤
15 ③

01 제시된 내용은 강화도 조약으로 조선이 외국과 맺은 최초의 근대적 조약이자 불평등 조약이다.

왜 틀렸지? ① 운요호 사건을 계기로 체결되었다. ② 일본과 맺었다. ③ 고종이 친정을 한 뒤 맺었다. ④ 을사늑약에 대한 설명이다.

02 동학 농민 운동, 아관 파천, 갑신정변은 (라), 을사늑약은 (마) 시기에 일어났다.

03 제시된 내용은 동학 농민 운동의 전개 과정이다. 동학 농민군이 추진한 개혁은 이후 실시된 갑오개혁에 영향을 주었다.

왜 틀렸지? ① 독립 협회, ③ 임오군란, ⑤ 광무개혁에 대한 설명이다.

04 제시된 건축물은 독립 협회가 세운 독립문이다.

왜 틀렸지? ② 대한 제국의 광무개혁에 대한 설명이다.

05 ㄷ. 한일 의정서(1904), ㄱ. 을사늑약(1905), ㄹ. 고종 강제 퇴위(1907), ㄴ. 국권 피탈(1910)의 순서로 일어났다.

06 을사늑약 이후 신돌석 등 평민 의병장이 활약하였다.

왜 틀렸지? ① 군대 해산 이후 해산 군인이 의병에 가담하였다. ③ 신민회에 대한 설명이다. ④ 군대 해산 이후 의병에 대한 설명이다. ⑤ 애국 계몽 운동에 대한 설명이다.

07 1910년대 일제는 조선 총독부를 설치하고, 헌병 경찰을 앞세워 무단 통치를 실시하였다.

왜 틀렸지? ①, ④ 1930년대 일제의 침략 전쟁 이후, ②, ③ 1920년대 일제의 통치 방침이다.

일제의 식민 통치

1910년대	무단 통치(헌병 경찰 통치)
1920년대	'문화 통치'
1930년대 이후	민족 말살 통치, 황국 신민화 정책

08 물산 장려 운동에 관한 자료이다.

왜 틀렸지? ㄱ, ㄷ. 민립 대학 설립 운동에 관한 설명이다.

09 제시된 자료는 신간회의 강령이다. 신간회는 자치론에 반대하는 비타협적 민족주의 세력과 사회주의 세력이 연합하여 창립하였다.

왜 틀렸지? ㄱ. 항일 의병 활동, ㄷ. 6·10 만세 운동에 대한 설명이다.

10 김좌진이 이끄는 북로 군정서군과 봉오동 전투에 참여하였던 연합 부대는 청산리 지역에서 여러 차례 전투를 벌인 끝에 일본군을 크게 물리쳤다.

11 대한민국 임시 정부는 충칭에 정착한 이후, 지청천을 사령관으로 하는 한국 광복군을 창설하였다(1940).

12 의열단은 만주에서 김원봉 등이 조직하였으며 일제의 주요 기관을 폭파하고 고위 관리와 친일파를 처단하는 활동을 하였다. 나석주가 동양 척식 주식회사에 폭탄을 투척한 것이 대표적인 의거이다. 한인 애국단은 김구가 조직하여 의열 투쟁에 나섰다. ㄷ의 윤봉길 외에도 이봉창이 도쿄에서 일본 국왕을 향해 폭탄을 던지는 등의 활동을 하였다.

의열 투쟁

의열단	김원봉 등이 조직, 일제 주요 기관 폭파 및 친일파 처단 활동
한인 애국단	김구가 조직, 이봉창·윤봉길 의거

13 (가)는 찬탁 운동, (나)는 반탁 운동의 사진이다. 김구, 이승만 등의 우익 세력은 신탁 통치 반대 운동을 전개하였다.

왜 틀렸지? ④ (가) 사진과 관련된 좌익 세력의 주장이다.

14 대한민국 건국 강령은 8·15 광복 이전에 발표되었다.

15 38도선 이남에서 우리 역사 최초의 총선거인 5·10 총선거가 실시되어 제헌 국회가 구성되었고, 제헌 국회에서는 간접 선거로 이승만 대통령을 선출하였다.

왜 틀렸지? ㄱ. 여운형과 김규식이 주도하였다. ㄹ. 유엔에서 결정하였다.

STEP 3 주관식·서술형
141쪽

01 (1) 강화도 조약

(2) **예시답안** 제7조의 자유로운 해안 측량권과 제10조의 영사 재판권이 주권 침해의 내용으로 불평등 조약이다.

채점 기준	
상	해안 측량권과 영사 재판권 두 가지 근거를 들어 서술한 경우
하	해안 측량권과 영사 재판권 중 한 가지만 서술한 경우

02 (1) 헌의 6조

(2) **예시답안** 황제권을 제한하고, 의회를 중심으로 하는 정치를 지향하였다.

채점 기준	
상	의회 중심 정치를 서술한 경우
하	위의 내용을 전혀 서술하지 못한 경우

03 (1) 전제 군주제(전제 왕권)

(2) **예시답안** 구본신참을 원칙으로 황제권을 강화하였다. 상공업을 진흥하였다. 지계를 발급하였다.

채점 기준	
상	개혁의 원칙과 개혁 내용 세 가지를 모두 서술한 경우
중	개혁의 원칙과 내용 중 한 가지만 서술한 경우
하	개혁의 원칙만 서술한 경우

04 (1) 미국

(2) **예시답안** 선거가 가능한 지역에서만 선거를 실시하여 정부를 구성하기로 결정하였다.

채점 기준	
상	선거 가능 지역에서만 선거를 실시하기로 하였음을 서술한 경우
하	위의 내용을 전혀 서술하지 못한 경우

02 민주주의의 발전

STEP 1 개념 확인
144쪽

01 (1) ㄴ (2) ㄱ (3) ㄷ **02** ㉠ 직선제 ㉡ 사사오입 ㉢ 유신
03 (1) ㉠ (2) ㉢ (3) ㉡ **04** (1) 유신 헌법 (2) 박종철 (3) 직선제
05 (1) ○ (2) × (3) × **06** (1) 4·19 혁명 (2) 5·18 민주화 운동
(3) 6월 민주 항쟁

STEP 2 대표 문제
144~146쪽

01 ② **02** ④ **03** ③ **04** ⑤ **05** ⑤ **06** ③ **07** ④
08 ③ **09** ③ **10** ④ **11** ② **12** ④ **13** ① **14** ⑤
15 ②

01 제시된 헌법은 통합된 대한민국 임시 정부에서 제정한 대한민국 임시 정부 헌법이다. 주권 재민과 삼권 분립에 입각한 민주 공화제를 규정하였다.

왜 틀렸지? ① 민주 공화제를 채택하였다. ③, ④ 대한민국 임시 정부에서 1919년에 제정하였다. ⑤ 4·19 혁명 이후 개헌에 대한 설명이다.

02 제시된 헌법은 제헌 헌법이다. 제헌 헌법은 제헌 국회에서 제정되었으며, 3·1 운동의 독립 정신과 대한민국 임시 정부의 정통성을 계승하였음을 밝히고 있다.

주요 개헌과 민주화 운동

1948	제헌 헌법 제정, 대한민국 정부 수립
1952	발췌 개헌: 대통령 직선제
1954	사사오입 개헌: 초대 대통령에 한해 중임 제한 폐지
1960	3·15 부정 선거 ➡ 4·19 혁명
1961	5·16 군사 정변
1969	3선 개헌: 대통령 3선 가능
1972	유신 헌법: 대통령 간선제, 중임 제한 폐지
1979	부마 민주 항쟁 ➡ 10·26 사태 ➡ 12·12 사태
1980	5·18 민주화 운동
1987	4·13 호헌 조치 ➡ 6월 민주 항쟁

03 제시된 개헌은 발췌 개헌이다. 발췌 개헌에서는 대통령 직선제를 규정하였다.

왜 틀렸지? ① 4·19 혁명 이후의 개헌, ④, ⑤ 사사오입 개헌에 대한 설명이다.

04 사사오입 개헌에서는 초대 대통령에 한해 중임 제한을 두지 않는다고 규정하였다.

왜 틀렸지? ① 발췌 개헌, ② 3·15 부정 선거 이전, ③ 유신 헌법, ④ 4·19 혁명 이후 개헌안의 내용이다.

05 4·19 혁명 때의 상황이다.

왜 틀렸지? ㄱ. 5·18 민주화 운동, ㄴ. 10·26 사태이다.

06 3·15 부정 선거는 이승만 정부, 3선 개헌은 박정희 정부 때 장기 집권을 목적으로 일어났다.

07 박정희가 이끄는 일부 군부 세력은 5·16 군사 정변을 일으켜 정권을 잡았다.

08 (가)는 박정희 정부 때이다.

왜 틀렸지? ③ 12·12 사태는 1979년 10·26 사태 이후에 일어났다.

09 유신 헌법에서는 대통령의 임기를 6년으로 하였으며, 대통령에게 긴급 조치권을 부여하였다.

왜 틀렸지? ㄱ. 대통령을 통일 주체 국민 회의에서 선출하도록 하였다. ㄹ. 대통령의 중임 제한을 없앴다.

10 박정희 정부는 경제 개발에 필요한 자금을 마련하기 위해 한일 협정을 체결하고, 베트남에 국군을 파병하였다.

11 1979년 부산과 마산에서는 대규모 시위가 일어났으며(부마 민주 항쟁), 그해 박정희 대통령이 피살되면서 유신 체제는 막을 내렸다(10·26 사태).

12 자료는 5·18 민주화 운동 당시 궐기문이다.

13 신문 기사는 6·29 민주화 선언에 대해 보도한 것이다. 6월 민주 항쟁의 결과 대통령 후보였던 노태우가 6·29 민주화 선언을 발표하였다.

왜 틀렸지? ㄷ. 4·19 혁명, ㄹ. 12·12 사태 이후이다.

14 **왜 틀렸지?** ㄱ. 김영삼 정부, ㄴ. 노태우 정부 때 있었던 사실이다.

15 ㄱ. 4·19 혁명(1960), ㄷ. 5·18 민주화 운동(1980), ㄴ. 6월 민주 항쟁(1987)의 순서이다.

STEP 3 주관식·서술형
147쪽

01 (1) (가) 발췌 개헌 (나) 사사오입 개헌

(2) **예시답안** 이승만 대통령이 장기 집권(독재)을 하기 위해 개헌을 추진하였다.

채점 기준	
상	장기 집권을 서술한 경우
하	위의 내용을 전혀 서술하지 못한 경우

02 (1) 유신 헌법

(2) **예시답안** 대통령의 권한을 강화하고 장기 독재 체제를 구축하고자 헌법을 개정하였다.

	채점 기준
상	유신 헌법 제정의 목적을 서술한 경우
하	위의 내용을 전혀 서술하지 못한 경우

03 (1) 5·18 민주화 운동

(2) **예시답안** 계엄 철폐와 신군부 퇴진, 민주주의 회복을 주장하였다.

	채점 기준
상	5·18 민주화 운동 당시 시위대의 주장을 두 가지 서술한 경우
하	위의 내용 중 한 가지만 서술한 경우

04 (1) 6월 민주 항쟁

(2) **예시답안** 5년 단임의 대통령 직선제로 선출하게 되었다.

	채점 기준
상	대통령 직선제를 서술한 경우
하	위의 내용을 전혀 서술하지 못한 경우

03 자본주의와 사회 변화

STEP 1 개념 확인
150쪽

01 (1) ㄷ (2) ㄴ (3) ㄱ　**02** ㉠ 경공업 ㉡ 중화학　**03** (1) ㉠

(2) ㉢ (3) ㉡ (4) ㉣　**04** (1) 회사령 (2) 신자유주의　**05** (1) ×

(2) ○ (3) ○　**06** (1) 국채 보상 운동 (2) 산미 증식 계획 (3) 전태일

STEP 2 대표 문제
150~152쪽

01 ①　**02** ⑤　**03** ④　**04** ③　**05** ②　**06** ②　**07** ②

08 ③　**09** ④　**10** ④　**11** ③　**12** ④　**13** ⑤　**14** ①

01 (가)는 조일 수호 조규 부록, (나)는 조일 무역 규칙이다. 일본 상인은 개항 이후 이들 조약을 바탕으로 조선과의 무역을 독점해 나갔다.

왜 틀렸지? ① 임오군란 이전에 맺었다.

02 고종이 러시아 공사관으로 처소를 옮긴(아관 파천) 이후 러시아의 이권 침탈이 심화되었고, 열강도 최혜국 대우를 내세워 이권을 침탈하였다.

03 개항 이후 열강의 이권 침탈에 맞서 경제적 구국 운동이 일어났다.

왜 틀렸지? ④ 국채 보상 운동은 대구에서 시작되었다.

04 자료는 국채 보상 운동 취지서이다. 국채 보상 운동은 일본이 차관을 강요하여 대한 제국이 막대한 빚을 지게 되자, 서상돈 등이 중심이 되어 대구에서 시작한 모금 운동이다. 대한매일신보 등 언론의 홍보로 전국으로 확대되었으나 일본의 방해로 성공하지 못했다.

05 **왜 틀렸지?** ② 1910년대에는 회사령을 발표하여 한국인의 기업 설립을 억제하였다.

일제의 수탈

1910년대	토지 조사 사업, 회사령(허가제)
1920년대	산미 증식 계획
1930년대 이후	병참 기지화 정책, 국가 총동원법 제정

06 자료는 1920년대 산미 증식 계획에 대한 설명이다.

07 일제는 침략 전쟁 과정에서 인적 자원을 수탈하여 징용, 징병, 일본군 '위안부' 등으로 동원하였고, 쌀·금속 등을 공출하고 식량 배급제를 실시하였다.

왜 틀렸지? ㄴ. 토지 조사 사업, ㄹ. 회사령은 1910년대이다.

08 제시된 내용은 모두 이승만 정부 시절에 있었던 사건이다. 이승만 정부 때는 미국의 원조 물자를 기반으로 한 소비재 산업이 발달하였는데 특히 삼백 산업(제당, 제분, 면방직)이 발달하였다.

09 사진은 100억불 수출 기념 아치, 경부 고속 국도 개통식으로 박정희 정부 때의 일이다. 박정희 정부는 정부 주도, 수출 위주의 경제 정책을 폈다.

10 1980년대 중반 전 세계적인 3저 호황(저달러, 저유가, 저금리)으로 한국 경제는 호황을 누렸다.

11 제시된 내용은 외환 위기와 관련된 것이다. 외환 위기를 극복하기 위해 정부는 강도 높은 구조 조정을 하였고, 국민은 금 모으기 운동 등을 벌여 위기를 극복하였다.

12 **왜 틀렸지?** ④ 1970년대 말에 대한 설명이다.

광복 이후 경제의 발전

이승만 정부	미국의 원조로 삼백 산업 발달
박정희 정부	• 국가 주도 경제 성장 • 제1·2차 경제 개발 정책: 경공업 중심, 수출 주도 산업 • 제3·4차 경제 개발 정책: 중화학 공업 중심, 한강의 기적
3저 호황	1980년대 중반 저달러, 저유가, 저금리로 호황
외환 위기	국제 통화 기금에 구제 금융 요청(1997)

13 1960년대 정부 주도의 수출 중심 경제 육성 정책으로 많은 노동자들이 희생되었다.

14 최근에는 사회 양극화 현상, 청년 실업, 비정규직 문제 등 새로운 사회 문제가 등장하였다.

STEP 3 주관식·서술형
153쪽

01 (1) **예시답안** (가) 조선의 개항장에서 일본 화폐를 사용할 수 있었다. (나) 일본 상인이 조선의 곡식을 무제한으로 유출할 수 있다.

	채점 기준
상	(가), (나)를 통해 알 수 있는 일본 상인의 특권을 모두 서술한 경우
하	두 가지 중 한 가지만 서술한 경우

(2) **예시답안** 일부 지주는 곡식을 수출하여 재산을 축적하였다. 대다수 백성은 일본 상인이 곡물을 수입해 가면서 곡물 가격이 폭등하여 생활이 어려워졌다

채점 기준	
상	위의 내용 중 한 가지를 바르게 서술한 경우
하	위의 내용을 전혀 서술하지 못한 경우

02 (1) 국채 보상 운동

(2) **예시답안** 일본이 대한 제국에 막대한 차관을 도입하도록 강요하여 대한 제국이 일본에 경제적으로 예속되었다.

채점 기준	
상	국채 보상 운동의 배경을 바르게 서술한 경우
하	위의 내용을 전혀 서술하지 못한 경우

03 (1) 토지 조사 사업

(2) **예시답안** 지세 수입이 증가하였다. 미신고 토지를 차지하였다.

채점 기준	
상	지세 수입 증가, 미신고 토지 차지를 모두 서술한 경우
하	위의 내용 중 한 가지만 서술한 경우

04 **예시답안** 저달러, 저유가, 저금리로 맞은 경제적 호황이다.

채점 기준	
상	저달러, 저유가, 저금리를 모두 서술한 경우
중	위의 내용 중 두 가지만 서술한 경우
하	위의 내용 중 한 가지만 서술한 경우

04 평화 통일을 위한 노력

STEP 1 개념 확인
156쪽

01 ㉠ 서울　㉡ 인천 상륙　㉢ 중국군　　**02** (1) ② (2) ⓒ (3) ㉠
(4) ㉡　　**03** (1) ㄷ (2) ㄴ (3) ㄱ　　**04** (1) 노태우 (2) 평양
05 (1) ○ (2) ○ (3) ×　　**06** (1) 인천 상륙 작전 (2) 평화

STEP 2 대표 문제
156~158쪽

01 ②　**02** ②　**03** ②　**04** ①　**05** ⑤　**06** ②　**07** ⑤
08 ③　**09** ①　**10** ④　**11** ④　**12** ①　**13** ②　**14** ③

01 제시된 (가)는 미국의 국무 장관 애치슨이 발표한 미국의 태평양 지역 방위선이다. 여기에서 대한민국과 타이완이 배제되었다.

　왜 틀렸지? ① 휴전선, ③ 닉슨 독트린에 대한 설명이다.

02 **왜 틀렸지?** ② 유엔 안전 보장 이사회에서 북한의 남침을 침략 행위로 규정하고 유엔군의 파병을 결정하였다.

03 밑줄 친 '이 작전'은 인천 상륙 작전이다.

04 (가)는 북한의 남침, (나)는 1·4 후퇴이다. 이 사이에는 인천 상륙 작전, 중국군 참전 등의 일이 일어났다.

05 6·25 전쟁은 ㄹ. 북한군의 남침과 서울 함락, ㄴ. 인천 상륙 작전, ㄱ. 중국군 개입과 1·4 후퇴, ㄷ. 전선의 고착화와 정전 회담의 단계로 진행되었다.

06 6·25 전쟁으로 수많은 인명 피해가 났으며, 국토가 황폐화되었다. 그리고 남북한의 적대감과 대결 구도가 심화되었다.

　왜 틀렸지? ㄴ. 정전 협정이 체결되었다. ㄷ. 냉전 체제가 심화되었다.

07 제시된 자료는 7·4 남북 공동 성명이다. 7·4 남북 공동 성명에서는 자주, 평화, 민족적 대단결의 통일 원칙을 밝혔다.

남북한의 교류

박정희 정부	7·4 남북 공동 성명(1972)
노태우 정부	유엔 동시 가입, 남북 기본 합의서, 한반도 비핵화 공동 선언
김대중 정부	최초의 남북 정상 회담(2000), 6·15 남북 공동 선언
노무현 정부	남북 정상 회담(2007), 10·4 남북 공동 선언
문재인 정부	판문점 회담, 판문점 선언

08 1980년대 이산가족 고향 방문, 예술 공연단 상호 교환이 이루어졌다. 그리고 노태우 정부 때 남북한 유엔 동시 가입, 남북 기본 합의서 채택, 한반도 비핵화 공동 선언 등이 이루어졌다.

09 제시된 자료는 남북 기본 합의서이다. 남북 기본 합의서로 남북은 상대방의 체제를 인정하고, 무력 침략을 하지 않기로 합의하였다.

10 시간 순서상 (가)에 들어갈 내용은 2000년 남북 정상 회담이다.

11 제1차 남북 정상 회담에서 발표된 6·15 남북 공동 선언에 대한 내용이다.

12 2000년 분단 이후 최초로 평양에서 남북 정상 회담이 열렸다. 이후 남북 교류 협력 활성화를 위해 금강산 육로 관광, 개성 공단 설치, 경의선 복구 등이 이루어졌다.

13 박정희 정부 때 7·4 남북 공동 성명, 노태우 정부 때 남북 기본 합의서와 한반도 비핵화 공동 선언이 발표되었다.

　왜 틀렸지? ㄴ. 노태우 정부, ㄹ. 김대중 정부 때 최초의 남북 정상 회담을 가졌다.

14 ㄹ. 7·4 남북 공동 성명(1972), ㄱ. 남북 기본 합의서(1991), ㄴ. 6·15 남북 공동 선언(2000), ㄷ. 제2차 남북 정상 회담(2007) 순으로 이루어졌다.

STEP 3 주관식·서술형
159쪽

01 (1) 애치슨 라인

(2) **예시답안** 미국의 태평양 지역 방위선에서 대한민국을 제외하였다.

채점 기준	
상	미국의 태평양 지역 방위선에서 대한민국을 제외한 것을 서술한 경우
하	위의 내용을 전혀 서술하지 못한 경우

02 (1) ㉠ 인천 상륙 작전 ㉡ 중국군

　(2) **예시답안** 이산가족과 전쟁고아가 발생하였다. 국토가 황폐화되었다. 수많은 인명 피해를 낳았다. 남북한 사이의 적대감과 대결 구도가 심화되어 분단이 고착화되었다. 남북한의 독재 체제가 확고해졌다. 미국과 소련을 중심으로 한 냉전 체제가 강화되는 계기가 되었다. 등

채점 기준	
상	6·25 전쟁의 영향을 세 가지 이상 서술한 경우
중	6·25 전쟁의 영향을 두 가지만 서술한 경우
하	6·25 전쟁의 영향을 한 가지만 서술한 경우

03 (1) 7·4 남북 공동 성명

　(2) **예시답안** 자주, 평화, 민족적 대단결이다.

채점 기준	
상	자주, 평화, 민족적 대단결의 3대 원칙을 모두 서술한 경우
중	자주, 평화, 민족적 대단결의 3대 원칙 중 두 가지만 서술한 경우
하	자주, 평화, 민족적 대단결의 3대 원칙 중 한 가지만 서술한 경우

04 (1) 6·15 남북 공동 선언

　(2) **예시답안** 경의선 복구, 개성 공단 건설, 금강산 육로 관광 등이다.

채점 기준	
상	남북 교류의 내용을 두 가지 이상 서술한 경우
하	남북 교류의 내용을 한 가지만 서술한 경우

대단원 마무리 문제

01 ②　**02** ②　**03** ④　**04** ②　**05** 신민회　**06** 해설 참조
07 ①　**08** ②　**09** ⑤　**10** ③　**11** ④　**12** ④　**13** 유신 헌법
14 ⑤　**15** 해설 참조　**16** ①　**17** ④　**18** ⑤　**19** ③　**20** ②
21 ④　**22** ④　**23** ④

01 (가)에 들어갈 사건은 신미양요이다. 신미양요는 제너럴 셔먼호 사건을 계기로 미군이 강화도를 침입한 사건이다.

　왜 틀렸지? ①, ④ 동학 농민 운동 당시, ③ 1905년, ⑤ 1875년이다.

02 1880년대 정부의 개화 정책에 대한 반발로 임오군란이 일어났다. 그리고 청이 임오군란을 진압하면서 조선의 내정에 간섭하였다.

03 ㉠은 동학 농민 운동을 이끈 전봉준이다.

　왜 틀렸지? ① 서재필, ② 최익현 등, ③ 고종, ⑤ 최익현에 대한 설명이다.

04 (가)는 독립 협회가 관민 공동회에서 결의한 헌의 6조이고, (나)는 대한 제국 시기 반포한 대한국 국제이다.

　왜 틀렸지? ② 홍범 14조에 대한 설명이다.

06 (1) 을사늑약

　(2) **예시답안** 대한 제국의 외교권을 박탈하고, 통감부를 설치하였다.

채점 기준	
상	을사늑약의 내용 두 가지를 모두 서술한 경우
하	을사늑약의 내용 중 한 가지만 서술한 경우

07 제시된 내용은 김구의 활동이다.

08 제시된 글은 3·1 운동에 대한 설명이다.

　왜 틀렸지? ① 국채 보상 운동, ③ 6·10 만세 운동, ⑤ 물산 장려 운동이다.

09 ㄷ. 봉오동 전투(1920. 6.), ㄹ. 청산리 대첩(1920. 10.), ㄱ. 조선 의용대 조직(1938), ㄴ. 한국 광복군 창설(1940) 순이다.

10 자료는 신간회의 강령이다. 1920년대 '문화 통치'로 일부 민족주의 세력이 자치론을 주장하자 일제와 타협을 거부한 비타협적 민족주의 세력과 사회주의 세력이 연대하여 신간회를 창립하였다.

　왜 틀렸지? ⑤ 동학 농민 운동에 대한 설명이다.

11 8·15 광복 이후 통일 정부 수립을 위한 노력 과정에서 좌우 합작 운동, 남북 협상, 제주 4·3 사건 등이 일어났다.

12 제시된 내용은 4·19 혁명의 의의이다.

　왜 틀렸지? ① 5·18 민주화 운동, ② 6월 민주 항쟁, ③ 한일 협정 반대 시위, ⑤ 5·16 군사 정변이다.

14 자료는 5·18 민주화 운동과 관련된 것이다. 전두환을 비롯한 신군부 세력은 12·12 사태 이후 민주화 운동을 탄압하였다.

　왜 틀렸지? ① 이승만 정부, ②~④ 박정희 정부 시절에 있었던 일이다.

15 (1) 4·13 호헌 조치

　(2) **예시답안** 6월 민주 항쟁으로 정부는 6·29 민주화 선언을 발표하였다. 이에 따라 대통령 간선제가 직선제로 바뀌었다.

채점 기준	
상	6월 민주 항쟁과 그 결과를 서술한 경우
하	6월 민주 항쟁과 그 결과 중 한 가지만 서술한 경우

16 개항 이후 열강의 이권 침탈에 맞서 경제적 구국 운동이 일어났다.

　왜 틀렸지? ㄷ. 시전 상인들은 외국 상점 퇴거를 요구하면서 가게 문을 닫았다. ㄹ. 국채를 갚기 위해 모금 운동을 하였다.

17 일제는 1910년대는 토지 조사 사업과 회사령, 1920년대는 산미 증식 계획, 1930년대 이후에는 병참 기지화 정책을 펼쳤다.

　왜 틀렸지? ④ 회사령 폐지는 1920년대의 일이다.

18 제시된 편지는 전태일이 쓴 것이다. 1960년대 경공업 위주의 수출 주도형 경제 정책으로 경제가 성장하였으나 다수의 노동자들은 저임금과 장시간 노동, 열악한 노동 환경으로 고통받았다. 이에 대한 저항으로 전태일은 근로 기준법 준수를 외치며 분신하였다.

19 ㄱ. 박정희 정부(1965), ㄷ. 박정희 정부(1970), ㄹ. 김영삼 정부(1996), ㄴ. 김대중 정부 때의 일이다.

20 (가)는 인천 상륙 작전이다. 인천 상륙 작전 이후 국군과 유엔군은 서울을 수복하고 압록강 유역까지 진격하였다. 한편 수세에 몰린 북한군을 지원하기 위해 중국군이 전쟁에 개입하였으며, 전쟁이 교착 상태에 빠지자 유엔군과 북한군, 중국군 사이에 정전 회담이 시작되었다.

　왜 틀렸지? ② 인천 상륙 작전 이전의 사실이다.

21 자료는 1972년에 발표된 7·4 남북 공동 성명이다.

22 **왜 틀렸지?** ① 문재인 정부, ② 1953년, ③ 노태우 정부, ⑤ 박정희 정부 때의 일이다.

23 **왜 틀렸지?** ④ 노태우 정부 때인 1991년에 남북이 동시에 유엔에 가입하였다.

실력 확인 문제책

I 선사 문화와 고대 국가의 형성

01 선사 문화의 변천과 국가의 등장

02~05쪽

실력 확인 문제

01 ① 02 ③ 03 ① 04 ③ 05 ③ 06 ① 07 ⑤
08 ② 09 ② 10 ⑤ 11 ② 12 ⑤ 13 ③ 14 ②
15 ① 16 ④ 17 ③ 18 ④ 19 반달 돌칼, 청동기 시대
20 위만 21 해설 참조 22 부여

01 제시된 자료는 구석기 시대의 유적지를 나타낸 지도이다. 구석기 시대에는 돌을 떼어 만든 뗀석기를 사용하고 사냥과 채집으로 식량을 얻었다. 또한 동굴이나 강가의 막집에 살았으며 먹을 것을 찾아 이동 생활을 하였다.

왜 틀렸지? | ① 신석기 시대에 대한 설명이다.

02 간석기는 신석기 시대에 사용된 도구이다.

왜 틀렸지? | ③ 고인돌은 청동기 시대에 만들어졌다.

03 신석기 시대에는 가락바퀴를 이용해 실을 뽑아 옷을 만들어 입었다.

04 움집은 신석기 시대의 주거지이다.

왜 틀렸지? | ③ 경기도 연천 전곡리는 구석기 시대의 유적지이다.

05 청동기 시대에는 무늬가 없는 민무늬 토기가 주로 사용되었다.

왜 틀렸지? | ③ 빗살무늬 토기는 신석기 시대의 유물이다.

06 청동기 시대에는 권력과 재산이 많은 사람이 족장(군장)이 되어 부족을 이끌었고, 지배층이 죽으면 고인돌을 만들었다.

07 청동기 시대에는 농업 생산력이 향상되어 인구가 증가하고 사유 재산이 생겨났다. 이에 계급이 발생하고 정복 전쟁이 확대되었는데, 이러한 청동기 문화를 바탕으로 고조선이 성립하였다.

왜 틀렸지? | ①, ②, ③, ④ 철기 문화를 바탕으로 성립하였다.

08 비파형 동검과 탁자식 고인돌이 분포된 지역을 통해 고조선의 문화 범위를 추측할 수 있다.

왜 틀렸지? | ㄴ. 주먹도끼, ㄹ. 민무늬 토기이다.

09 단군 이야기에는 건국 이념인 홍익인간 이념과 농경 사회, 제정일치 사회, 특정 동물 숭배 등의 사회 모습이 나타나 있다.

왜 틀렸지? | ② 고조선의 8조법을 통해 알 수 있는 사회 모습이다.

10 고조선은 ㄷ. 기원전 4세기경 중국의 연과 대립할 만큼 강성하였고, ㄴ. 기원전 2세기경에는 위만이 집권하였다. 이후 ㄱ. 한 무제가 침입하여 멸망하였고, ㄹ. 일부 지역에는 한 군현이 설치되었다.

11 명도전을 통해 철기 시대에 고조선이 중국과 활발히 교류하였음을 알 수 있다.

12 고조선의 8조법을 통해 생명 중시, 노동력 중시, 농경 사회, 계급 사회, 화폐 사용 등을 알 수 있다.

13 제시된 유물은 세형 동검으로 한반도만의 독자적인 청동기 문화를 보여 주는 유물이다. 주로 한반도에서 출토되어 '한국식 동검'이라고도 불린다.

왜 틀렸지? | ㄱ. 반달 돌칼, ㄹ. 비파형 동검에 대한 설명이다.

14 왜 틀렸지? | ② 철은 청동보다 늦게 발견되었지만, 매장량이 많고 단단해서 무기와 농기구 등 다양한 용도로 사용되었다.

15 독무덤은 철기 시대의 대표적인 무덤으로 항아리나 독을 연결하여 만들었다.

16 부여는 영고, 고구려는 동맹, 동예는 무천이라는 제천 행사가 있었다.

17 옥저와 동예는 왕이 없고 읍군이나 삼로라는 군장이 다스렸다. 옥저는 가족이 죽으면 시신을 임시로 묻어 두었다가 나중에 뼈를 모아 무덤에 매장하는 가족 공동 묘의 풍습이 있었다.

왜 틀렸지? | ㄱ. 고구려, ㄹ. 삼한에 대한 설명이다.

18 왜 틀렸지? | ④ 삼한은 정치적 지배자인 신지, 읍차와 종교를 주관하는 천군이 각각 존재했던 정치와 종교가 분리된 사회였다.

21 예시답안 다른 마을의 경계를 침범하면 노비나 소, 말 등으로 배상하게 하는 풍습이다.

채점 기준	
상	위의 내용을 모두 서술한 경우
하	위의 내용을 전혀 서술하지 못한 경우

02 삼국의 성립과 발전

06~09쪽

실력 확인 문제

01 ④ 02 ④ 03 ③ 04 ② 05 ② 06 ③ 07 ②
08 ④ 09 ⑤ 10 ⑤ 11 ③ 12 ② 13 ① 14 ③
15 ② 16 ⑤ 17 ① 18 화랑도 19 해설 참조
20 해설 참조

01 밑줄 친 '이 국가'는 고구려이다. 고구려는 ㄴ. 건국 초기 국내성으로 도읍을 옮겼다. 이후 ㄷ. 5부를 행정적 성격으로 개편하였다. ㄱ. 미천왕 대에는 낙랑군을 복속하였으나, 이후 ㄹ. 백제의 침입으로 고국원왕이 전사하면서 국가적 위기를 맞이하였다.

02 소수림왕은 위기 극복을 위해 전진에서 불교를 받아들이고, 태학을 세워 인재를 양성하였으며, 율령을 반포하여 통치 조직을 정비하였다.

왜 틀렸지? | ㄹ. 장수왕 때의 일이다.

03 백제의 석촌동 고분은 고구려의 돌무지무덤(장군총)과 무덤의 모양이 유사하다. 이를 통해 백제의 건국 세력이 고구려 계통임을 추측할 수 있다.

04 (가)는 근초고왕이다. 근초고왕은 북쪽으로는 고구려를 공격하여 황해도 일부를 차지하였고, 남쪽으로는 마한의 남은 세력을 정복하여 남해안까지 진출하였다.

> **왜 틀렸지?** ① 침류왕, ③ 성왕, ④ 고이왕, ⑤ 무령왕에 대한 설명이다.

05 ㄱ. 고이왕, ㄴ. 근초고왕, ㄷ. 성왕, ㄹ. 무령왕에 관한 설명이다.

06 김씨의 왕위 세습을 확립하였다는 점에서 내물왕에 대한 설명임을 알 수 있다. 내물왕은 왕의 칭호를 대군장을 뜻하는 '마립간'으로 바꾸었다. 신라의 왕호는 중앙 집권화 과정에서 거서간 → 차차웅 → 이사금 → 마립간 → 왕의 순서로 바뀌었다.

07 호우명 그릇에 광개토 대왕을 뜻하는 글자가 적혀 있어 신라와 고구려의 긴밀한 관계를 알 수 있다.

> **왜 틀렸지?** ① 칠지도는 백제와 왜의 교류를 알 수 있는 유물이다. ③ 단양 신라 적성비는 신라가 고구려 지역을 점령하였음을 알 수 있는 유물이다. ④ 무령왕릉은 백제가 중국 남조의 양과 교류하였음을 알 수 있는 유적이다. ⑤ 석촌동 고분은 백제 건국 세력이 고구려 계통임을 알 수 있는 유적이다.

08 신라는 한반도 동남쪽에 위치하였기 때문에 중국의 선진 문물을 수용하는 데 어려움이 있어 백제와 고구려에 비해 발전이 늦었다.

09 제시된 유물은 덩이쇠이다. 낙동강 유역의 변한 지역에서 성립한 가야는 농경과 철기 문화를 바탕으로 성장하였으나, 중앙 집권 국가로 발전하지 못하고 신라에 병합되었다.

10 (가)는 광개토 대왕이다. 광개토 대왕은 신라에 침입한 왜를 격퇴한 후 신라에 대한 영향력을 확대하였고, 만주와 요동 지역 대부분을 차지하였다. 또한 '영락'이라는 연호를 사용하여 중국과 대등하다는 자신감을 나타냈다.

> **왜 틀렸지?** ㄱ, ㄴ. 장수왕에 대한 설명이다.

11 장수왕이 수도를 평양으로 옮기고 남진 정책을 추진하자 위기를 느낀 백제와 신라는 동맹을 맺어 이에 대항하였다. 그러나 한성이 함락되면서 백제는 한강 유역을 상실하고 웅진으로 수도를 옮겼다.

12 무령왕은 22담로에 왕족을 파견하고, 중국 남조와 활발하게 교류하며 백제 중흥의 발판을 마련하였다.

> **왜 틀렸지?** ① 문주왕, ③ 동성왕, ④, ⑤ 성왕이다.

13 성왕은 신라와 연합하여 일시적으로 한강 유역을 되찾았으나 신라의 배신으로 빼앗기고 관산성에서 전사하였다.

> **왜 틀렸지?** ㄴ. 침류왕, ㄹ. 고이왕에 대한 설명이다.

14 불교를 공인하였다는 내용에서 ㉠에 들어갈 왕이 법흥왕임을 알 수 있다.

> **왜 틀렸지?** ③ 지증왕에 대한 설명이다.

15 (가)는 대가야, (나)는 금관가야이다.

> **왜 틀렸지?** ② 광개토 대왕의 공격으로 쇠퇴한 것은 금관가야이다.

16 (가)는 진흥왕이다. 진흥왕은 화랑도를 국가적인 조직으로 정비하였고, 적극적인 영토 확장에 나서 정복한 지역에 단양 신라 적성비와 4개의 순수비를 세웠다.

> **왜 틀렸지?** ㄱ, ㄴ. 지증왕에 대한 설명이다.

17 삼국은 건국 초기에 연맹 국가의 형태로 시작하였으나 영토 확장, 왕위 세습, 불교 수용, 율령 반포 등을 통해 중앙 집권 국가로 성장하였다. 자료에서 왕위에 오른 사람이 이전 왕의 아들이라는 점에서 왕위 세습의 특징을 알 수 있다.

19 (1) 마립간
(2) **예시답안** 낙동강 동쪽에 위치한 진한 지역을 대부분 차지하였다. 김씨의 왕위 세습을 확립하였다.

채점 기준	
상	위의 내용을 모두 서술한 경우
하	위의 내용 중 한 가지만 서술한 경우

20 (1) 담로
(2) **예시답안** 무령왕은 22담로에 왕족을 파견함으로써 지방에 대한 통제를 강화하고자 하였다.

채점 기준	
상	지방에 대한 통제를 강화하기 위한 목적을 서술한 경우
하	위의 내용을 전혀 서술하지 못한 경우

03 삼국의 문화와 대외 교류

실력 확인 문제 10~13쪽

01 ②	02 ③	03 ②	04 ①	05 ④	06 ⑤	07 ④
08 ③	09 ③	10 ③	11 ②	12 ③	13 ①	14 ③
15 ①	16 ①	17 ⑤	18 ㉠ 불교 ㉡ 도교			
19 스에키		20 해설 참조				

01 삼국은 중앙 집권 체제를 확립하는 과정에서 사상적 통합 및 왕권 강화를 위해 불교를 받아들였다.

02 금동 연가 7년명 여래 입상은 뒷면에 고구려의 연호로 추정되는 '연가'라는 글이 새겨져 있다.

> **왜 틀렸지?** ② 서산 용현리 마애 여래 삼존상, ④ 경주 배동 석조 여래 삼존 입상에 대한 설명이다.

03 산수무늬 벽돌과 강서 대묘의 현무도는 도교와 관련된 유물이다.

> **왜 틀렸지?** ①, ④ 불교, ③, ⑤ 유학에 대한 설명이다.

04 임신서기석에는 신라의 청년이 유학 공부를 열심히 하겠다고 다짐한 내용이 적혀 있어 신라의 유학 발달에 대해 알 수 있다.

05 삼국은 나라의 역사를 정리하고 왕의 권위를 높이기 위하여 역사서를 편찬하였다.

> **왜 틀렸지?** ㄱ. 천문학의 발달 목적, ㄷ. 불교의 수용 목적이다.

06 첨성대는 신라 선덕 여왕 때 만들어졌으며 천문 관측기구로 추정된다. 신라의 과학 기술 발달을 잘 보여 주는 유물이다.

07 삼국 시대 사람들은 신분에 따라 생활 모습이 달랐다. 귀족은 주로 기와집에 살고 비단옷과 명주옷을 입었으며, 평민은 주로 귀틀집이나 초가집에 살고 베로 만든 옷을 입었다.

08 백제는 한성 시기에 고구려와 유사한 돌무지무덤을 축조하였고, 웅진 시기에는 굴식 돌방무덤과 중국 남조의 영향을 받은 벽돌무덤을 축조하였다. 대표적인 벽돌무덤으로는 무령왕릉이 있다.

왜 틀렸지? ㄱ. 신라는 초기에 돌무지덧널무덤을 축조하였다. ㄹ. 고구려는 초기에 돌무지무덤을 축조하였으나 점차 굴식 돌방무덤을 축조하였다.

09 장군총은 돌무지무덤 양식으로 백제 석촌동 고분 또한 고구려의 영향을 받은 돌무지무덤 양식으로 축조되었다.

왜 틀렸지? ㄱ. 돌무지무덤 양식은 고구려 초기에 주로 축조되었다. ㄹ. 벽돌무덤에 대한 설명이다.

10 (가)는 신라 초기에 만들어진 돌무지덧널무덤, (나)는 널방을 돌로 쌓은 굴식 돌방무덤, (다)는 고구려와 백제 초기에 만들어진 돌무지무덤이다. 굴식 돌방무덤에는 천장과 벽면이 있어 벽화를 그릴 수 있었다.

왜 틀렸지? ① 돌무지무덤, ②, ⑤ 벽돌무덤, ④ 돌무지덧널무덤에 대한 설명이다.

11 삼국은 현세의 삶이 사후 세계에도 이어진다고 믿었기 때문에 시신과 함께 노비나 부장품을 묻기도 하였다. 굴식 돌방무덤 벽면에는 생활 모습 등을 벽화로 그렸고, 고구려는 후기에 도교의 방위신을 그려 넣기도 하였다.

12 삼국의 사람들은 생활 모습이나 풍속 등을 벽화로 남겼다. 현무도는 도교의 방위신을 표현한 것으로 삼국의 신앙 생활을 알 수 있다.

왜 틀렸지? ㄱ. 삼국의 사람들은 인물을 그려 생활 모습을 표현하였다. ㄹ. 고구려는 후기에 도교의 영향으로 도교의 방위신을 그렸다.

13 아프라시아브 궁전 벽화에는 고구려 사신으로 추정되는 인물이 그려져 있어 고구려와 서역의 교류를 알 수 있다. 경주 황남동 상감 유리구슬에는 서역인이 그려져 있고, 황남대총에서 출토된 유리병은 페르시아에서 유행한 모양으로 신라와 서역의 교류를 알 수 있다.

14 **왜 틀렸지?** ③ 가야는 바다를 통해 중국과 왜와 교류하였다.

15 삼국은 중국과 서역에서 수용한 문화를 독자적으로 발전시켜 일본에 전파하였다. 이는 일본의 고대 문화 형성에 기여하였다.

16 가야 토기의 영향을 받아 일본에서는 스에키 토기가 제작되었다. 일본은 삼국과 가야에서 문화를 전파받아 고대 문화를 형성하였다.

17 고구려 수산리 고분 벽화와 일본 다카마쓰 고분 벽화는 인물의 의상 및 화풍이 비슷하여 일본에 삼국의 문화가 전파되었음을 알 수 있다.

20 (1) 첨성대

(2) **예시답안** 삼국은 왕을 하늘과 연결하여 왕의 권위를 높이고 농업을 발전시키기 위해 천문학을 중시하였다.

채점 기준	
상	왕의 권위 상승과 농업 발전의 목적을 서술한 경우
하	위의 내용 중 한 가지만 서술한 경우

II 남북국 시대의 전개

01 신라의 삼국 통일과 발해의 건국

실력 확인 문제

14~17쪽

01 ⑤	02 ③	03 ④	04 ①	05 ⑤	06 ②	07 ③
08 ⑤	09 ②	10 ②	11 ⑤	12 ④	13 ②	14 ③
15 ④	16 ④	17 ①	18 ③	19 황산벌		
20 해설 참조	21 해설 참조					

01 6세기 말~7세기경 동아시아의 정세를 나타낸 지도이다. 신라가 한강 유역을 차지하자 백제와 고구려는 연합하여 신라를 공격하였고, 이에 신라는 수에 도움을 요청하였다. 이후 동아시아에서는 돌궐-고구려-백제-왜의 연합 세력과 신라-수(당)의 연합 세력이 대립하게 되었다.

02 수 양제가 113만 대군을 이끌고 고구려를 공격하였으나 요동성 함락에 실패하였다. 이에 우중문에게 30만 별동대를 주어 평양성을 공격하게 하였으나, 고구려의 을지문덕은 이들을 살수로 유인하여 물리쳤다.

03 고구려가 당의 침입에 대비하여 국경에 천리장성을 쌓을 때 연개소문이 관리·감독을 맡으며 세력을 키웠다. 이후 정변을 일으켜 실권을 장악한 뒤 당에 강경한 정책을 펼쳤다. 당 태종은 연개소문의 정변을 구실로 고구려를 침입하였다.

04 고구려는 험한 산세를 이용하여 산성을 쌓았고, 이들을 연결한 집단 방어 체제를 구축하였다. 또한 요동 지역의 풍부한 철광석으로 생산한 철제 무기는 고구려를 수와 당의 전쟁에서 승리로 이끌었다.

05 ㄱ. 고구려 멸망(668), ㄴ. 고구려 멸망 이후, ㄷ. 안시성 전투(645), ㄹ. 살수 대첩(612)이다.

06 고구려가 수·당 전쟁을 하는 동안 백제와 신라의 대립이 격화되었고, 이 과정에서 신라와 당의 연합이 이루어졌다.

07 백제의 부흥 운동 과정에서 일어난 백강 전투에 관한 자료이다. 복신, 도침, 부여풍, 흑치상지는 백제 부흥 운동을 이끈 인물이고, 안승은 고구려 부흥 운동을 이끈 인물이다.

08 계백은 황산벌에서 신라의 김유신이 이끄는 군대에 맞서 싸웠다.

왜 틀렸지? ① 신문왕, ② 성왕, ③ 김춘추, ④ 의자왕에 대한 설명이다.

09 연개소문 사후 아들들의 권력 다툼으로 인하여 정치가 혼란하였다. 이를 틈타 나당 연합군이 평양성을 공격하여 고구려는 멸망하였다. 이후 당은 고구려의 옛 중심지인 평양에 안동도호부를 설치하여 한반도 전체를 지배하고자 하였다. 검모잠, 고연무 등은 안승을 왕으로 추대하며 고구려 부흥 운동을 전개하였으나 실패하였다.

왜 틀렸지? ② 주류성과 임존성은 백제 부흥 운동의 근거지이다.

10 당이 한반도 전체를 지배하기 위해 백제의 옛 중심지에 웅진도독부, 신라 땅에 계림도독부, 고구려의 옛 중심지에 안동도호부를 설치하였다. 이에 신라는 당을 몰아내기 위해 전쟁을 벌였다.

11 밑줄 친 '나라'는 안승이 금마저에 세운 보덕국이다.

12 왜 틀렸지? ④ 안동도호부는 당이 고구려의 옛 중심지인 평양에 설치한 기관이다.

13 매소성과 기벌포 전투에 관한 지도로 신라와 당의 전쟁을 나타낸다.

14 ㄱ. 나당 연합(648), ㄴ. 나당 전쟁(670~676), ㄷ. 백강 전투(663), ㄹ. 고구려 멸망(668) 이후이다.

15 자료는 삼국 통일을 바라보는 신채호의 입장으로 삼국 통일의 한계에 관한 내용이다. 신라는 삼국 통일 과정에서 외세인 당을 이용하여 대동강 이북의 고구려 땅 대부분을 차지하지 못하였다.

16 신라는 삼국 통일 과정에서 고구려, 백제 유민과 힘을 합쳐 당을 몰아내는 자주 의식을 보였다. 통일 이후에는 고구려와 백제의 문화를 수용하면서 새로운 민족 문화가 발전할 수 있는 토대를 마련하였다.

17 ㉠은 발해이다. 조선 후기 실학자 유득공은 발해의 역사를 우리나라 역사로 인식하면서 통일 신라와 발해를 남북국의 역사로 보아야 한다고 주장하였다.

18 제시된 자료는 발해 사신과 관련된 목간으로 당시 일본은 발해에 보낸 사신을 '견고려사'라 하였다. 이를 통해 발해의 고구려 계승 의식을 알 수 있다.

20 (1) 안동도호부

(2) 예시답안 당은 도독부와 도호부를 설치하여 한반도 전체를 지배하고자 하였다.

채점 기준	
상	한반도 전체를 지배하려는 의도를 서술한 경우
하	위의 내용을 전혀 서술하지 못한 경우

21 예시답안 건국의 주도 세력이 고구려 유민이다. 지배층의 대부분이 고구려인이다. 고구려 옛 땅에 발해를 건국하였다. 일본에 보낸 외교 문서에 '고려 국왕'이라 하였다. 일본이 발해에 보낸 사신을 '견고려사'라 하였다. 등

채점 기준	
상	위의 내용 중 세 가지를 서술한 경우
중	위의 내용 중 두 가지만 서술한 경우
하	위의 내용 중 한 가지만 서술한 경우

01 ②	02 ②	03 ③	04 ①	05 ④	06 ②	07 ⑤
08 ③	09 ②	10 ③	11 ④	12 ③	13 ④	14 ③
15 ⑤	16 ①	17 ②	18 ③	19 관료전	20 주자감	
21 해설 참조						

01 문무왕 대에는 나당 전쟁에서 승리하고 삼국 통일을 완성하며 왕권이 강화되었다. 이후 무열왕 직계 후손의 왕위 계승이 확립되었다.

왜 틀렸지? ① 시중의 역할은 확대되었다. ③ 신라 말에 대한 설명이다. ④ 화백 회의 기능은 약화되었다. ⑤ 6두품 세력은 왕을 도와 행정 실무를 담당하면서 성장하였다.

02 문무왕은 나당 전쟁을 승리로 이끌어 삼국을 통일하였으며 이후 무열왕 직계 후손들이 왕위를 계승하게 되었다.

03 신문왕은 귀족의 경제적 기반을 약화하기 위하여 관료전을 지급하고 녹읍을 폐지하였다.

왜 틀렸지? ㄱ. 관료전, ㄹ. 녹읍에 대한 설명이다.

04 ㉠은 신문왕이다. 신문왕은 인재 양성을 위하여 국학을 설치하였다.

왜 틀렸지? ② 무열왕, ③ 원성왕에 대한 설명이다. ④, ⑤ 신문왕은 녹읍을 폐지하고 관리에게 관료전을 지급하였다.

05 9주는 신라, 옛 고구려, 옛 백제의 땅에 3개씩 설치하여 신라의 민족 통합 의지를 보여 준다.

왜 틀렸지? ① 발해의 지방 행정 구역이다. ② 발해 6부의 명칭에 유교 덕목을 반영하였다. ③ 토착 세력은 촌을 다스리고 군현에는 지방관을 파견하였다. ⑤ 10정은 각 주에 1정씩, 국경 지역인 한주에 2정을 두었다.

06 신라는 수도 금성이 동남쪽에 치우친 약점을 보완하기 위하여 5소경을 설치하였다. 5소경에는 옛 삼국의 지배층을 거주하게 하여 지방 세력을 견제하였고, 지방 문화의 중심지로 삼았다.

07 ㄱ, ㄴ. 무왕, ㄷ, ㄹ. 문왕의 업적이다.

08 왜 틀렸지? ③ 주자감은 발해의 최고 교육 기관이다. 서적과 외교 문서를 담당하는 기구는 문적원이다.

09 ㄱ. 무왕 시기, ㄴ. 발해의 멸망, ㄷ. 선왕 시기, ㄹ. 문왕 시기이다.

10 발해는 지배층의 분열로 거란의 공격을 막지 못하고 멸망하였다.

11 신라 말에는 진골 귀족 간의 왕위 다툼이 심화되어 150여 년 동안 20여 명의 왕이 교체되었다. 이 상황에서 귀족이 대토지를 소유하며 중앙 재정이 악화되자 농민 수탈이 심해졌다.

왜 틀렸지? ㄱ. 신문왕 시기에 해당한다. ㄷ. 원성왕은 개혁을 위하여 독서삼품과를 시행하였으나 실패하였다.

12 김헌창의 난에 관한 내용이다. 아버지가 왕이 되지 못한 것에 불만을 품은 김헌창은 웅천주(공주) 지역에서 봉기를 일으켰다.

13 왜 틀렸지? ① 호족은 선종을 사상적 기반으로 삼았다. ② 진골, ③, ⑤ 6두품에 대한 설명이다.

14 밑줄 친 '나'는 최승우로 6두품 세력이다.
　왜 틀렸지? ③ 호족에 대한 설명이다.

15 제시된 자료는 화순 쌍봉사 철감선사 승탑으로 신라 말에는 선종의
유행으로 승려의 사리를 담은 승탑이 많이 제작되었다.
　왜 틀렸지? ① 교종, ②, ③ 풍수지리설, ④ 유학에 대한 내용이다.

16 9세기 말 중앙의 지방 통제력이 약해지면서 호족이 각자의 지역을
지배하게 되었다. 이 과정에서 900년에 견훤이 후백제를, 901년에
궁예가 후고구려를 건국하였다.

17 양길의 부하로 있다가 독립한 궁예는 경기도와 강원도 일대를 장악
한 후 송악을 도읍으로 후고구려를 세웠다. 건국 이후 나라 이름을
마진으로 바꾸고 철원으로 수도를 옮기기도 하였다.
　왜 틀렸지? ② 후백제에 대한 설명이다.

18 ㄱ. 나당 전쟁(670~676), ㄴ. 발해 건국(698), ㄷ. 후백제 건국
(900), ㄹ. 후고구려 건국(901), ㅁ. 원종과 애노의 난(889)이다.

21 (1) (가) 9주 (나) 9서당
(2) 예시답안 통일 신라는 9주를 신라, 고구려, 백제의 땅에 각각 3개
씩 설치하고, 중앙군인 9서당에 신라인, 옛 고구려인, 옛 백제인, 말
갈인을 포함하여 민족 통합을 이루고자 하였다.

	채점 기준
상	민족 통합을 이루고자 하는 목적을 서술한 경우
하	위의 내용을 전혀 서술하지 못한 경우

03 남북국의 문화와 대외 관계

실력 확인 문제
22~25쪽

01 ④　**02** ④　**03** ④　**04** ⑤　**05** ②　**06** ⑤　**07** ③
08 ④　**09** ①　**10** ②　**11** ①　**12** ②　**13** ⑤　**14** ④
15 ①　**16** ④　**17** 설총　**18** 해설 참조　**19** 해설 참조

01 원효는 화쟁 사상을 통해 종파 간의 조화를 이루기 위해 노력하였다.
　왜 틀렸지? ㄱ, ㄷ. 의상에 대한 설명이다.

02 ㉠은 의상이다. 의상은 당에서 화엄학을 공부하고 돌아와 화엄 사상
을 정립하였고, 부석사 등 여러 사원을 창건하였다.

03 『왕오천축국전』은 혜초가 인도와 주변 지역을 여행하고 기록한 것
이다.

04 왜 틀렸지? ⑤ 현재 남아 있는 범종 중 가장 오래된 것은 상원사 동종이
다. 성덕 대왕 신종은 우리나라에서 가장 큰 범종이다.

05 불국사 3층 석탑에서 발견된 『무구정광대다라니경』이다. 세계에서 가
장 오래된 목판 인쇄물로 당시 인쇄술과 제지술의 발달을 알 수 있다.

06 통일 신라는 왕권을 강화하고 체제를 안정시키기 위해 유학을 보급
하였다.

07 왜 틀렸지? ③ 『화랑세기』는 김대문이 저술하였다.

08 왜 틀렸지? ④ 모줄임천장 구조는 고구려 양식을 계승한 것이다.

09 발해의 수막새와 온돌 유적은 고구려의 것과 형태가 비슷하여 발해
가 고구려 문화를 계승하였음을 알 수 있다.
　왜 틀렸지? ㄷ. 당 문화의 영향을 보여 준다. ㄹ. 신라 말 선종의 유행을
알 수 있다.

10 왜 틀렸지? ㄴ. 6부의 명칭에는 유교적 덕목을 반영하였다. ㄹ. 통일 신라
의 불교에 대한 설명이다.

11 왜 틀렸지? ②, ③, ④, ⑤ 통일 신라의 불교문화이다.

12 왜 틀렸지? ② 발해는 유학 교육을 위하여 주자감을 설치하였다. 국학은
통일 신라의 유학 교육 기관이다.

13 (가) 발해관, (나) 법화원, (다) 당항성, (라) 울산항이다. 통일 신라의 서
해안 부근에 위치한 당항성과 수도 금성 부근에 위치한 울산항은 국
제 무역항으로 번성하였다. 특히 울산항에는 아라비아 상인도 왕래
하였다.

14 왜 틀렸지? ④ 장보고는 청해진을 설치하여 해적을 소탕하고 당-신라-
일본을 연결하는 해상 무역을 장악하였다. 신라도는 발해가 대외 교류를 위
해 설치한 5개의 교통로 중 하나이다.

15 ㄱ. 당의 산둥반도에는 발해인의 숙소이자 사신을 접대할 수 있는
발해관이 있었다. ㄴ. 일본과는 건국 초기 신라와 당을 견제하기 위
하여 교류하였고 이후에도 꾸준히 교류하였다.
　왜 틀렸지? ㄷ. 신라와는 건국 초기 대립하였으나 이후 신라도를 설치하
여 교류하였다. ㄹ. 발해는 당과 건국 초기에 대립하였으나 문왕 때 우호 관
계를 맺고 이후 교류하였다.

16 왜 틀렸지? ④ 발해는 건국 초기 신라와 대립하였으나 이후 신라도를 설
치하여 교류하였다.

18 예시답안 괘릉의 무인석은 신라인과는 다른 서역인의 모습을 하고
있고, 유리그릇은 서역의 유리 공예 기술이 반영된 것이다. 이를 통
해 통일 신라와 서역이 교류하였음을 알 수 있다.

	채점 기준
상	위의 내용을 모두 서술한 경우
하	위의 내용을 전혀 서술하지 못한 경우

19 예시답안 모줄임천장 구조는 고구려 무덤의 천장 축조 방식이다. 발
해의 무덤에서도 모줄임천장 구조가 발견되어 발해가 고구려 문화
를 계승하였음을 알 수 있다.

	채점 기준
상	위의 내용을 모두 서술한 경우
하	위의 내용을 전혀 서술하지 못한 경우

III 고려의 성립과 변천

01 고려의 후삼국 통일과 통치 체제의 정비

실력 확인 문제

26~29쪽

01 ⑤	02 ①	03 ②	04 ④	05 ③	06 ④	07 ③
08 ④	09 ⑤	10 ①	11 ②	12 ④	13 ④	14 ④
15 ①	16 ①	17 ④	18 ②	19 ⑤	20 해설 참조	

21 해설 참조　　　　22 ㉠ 도병마사 ㉡ 식목도감 23 해설 참조

01 ㄱ. 고려 건국(918), ㅁ. 고창(안동) 전투(930), ㄷ. 견훤의 귀순 (935), ㄴ. 신라의 항복(935), ㄹ. 후백제 멸망(936)이다.

02 제시된 자료는 태조가 남긴 훈요 10조이다.
왜 틀렸지? ② 광종, ③, ⑤ 성종, ⑤ 최우에 대한 설명이다.

03 제4조, 제5조는 태조가 시행한 북진 정책과 관련 있다.

04 **왜 틀렸지?** ㄱ, ㄷ. 광종의 정책이다.

05 밑줄 친 '그'는 광종이다.
왜 틀렸지? ① 성종, ② 최충헌, ④ 태조, ⑤ 광개토 대왕의 업적이다.

06 ㉠은 노비안검법, ㉡은 과거제이다.

07 **왜 틀렸지?** ①, ②, ④, ⑤ 태조에 대한 설명이다.

08 제시된 자료는 최승로가 성종에게 건의한 시무 28조이다.

09 성종은 최승로의 시무 28조를 받아들여 유교 이념에 입각한 통치 체제를 마련하였다.

10 **왜 틀렸지?** ② 중추원, ③ 도병마사에 대한 설명이다. ④ 대간은 중서문하성의 일부 관리와 어사대로 구성되어 있었다. ⑤ 도병마사와 식목도감은 고려의 독자적 회의 기구이다.

11 (가)는 도병마사, (나)는 상서성이다.
왜 틀렸지? ① 식목도감, ③ 중서문하성, ④ 삼사에 대한 설명이다. ⑤ 도병마사와 식목도감은 독자적 회의 기구이다.

12 ㉠은 중추원, ㉡은 중서문하성, ㉢은 대간이다.

13 **왜 틀렸지?** ① 5도에는 안찰사가 파견되었다. ② 국경 지역에 양계를 설치하였다. ③ 양계에는 주진군이 주둔하였다. ⑤ 2군은 왕을 호위하는 임무를 담당하였다.

14 빗금 친 지역은 양계이다.
왜 틀렸지? ① 풍수지리설에 따라 설치된 지역이다. ② 고려의 일반 행정 구역이다. ③ 고려 성종 시기에 정비된 지방 행정 구역이다. ⑤ 통일 신라의 지방 행정 구역이다.

15 빗금 친 지역은 양계이다.
왜 틀렸지? ② 북계와 동계로 나뉘어 있었다. ⑤ 5도에 대한 설명이다.

16 고려 시대에는 지방관이 파견되지 않은 속현이 있었다. 주현의 지방관이 속현을 관할하였지만 실질적인 행정 업무는 향리가 담당하였기 때문에 향리의 영향력이 상대적으로 강하였다는 것을 알 수 있다.

17 **왜 틀렸지?** ㄱ. 성종에 대한 설명이다. ㄷ. 고려 중기에 사학의 유행으로 관학이 쇠퇴하자 정부는 관학 진흥책을 펼쳤다.

18 (가)는 음서, (나)는 과거이다.
왜 틀렸지? ① 고려 후기로 갈수록 과거가 중요해졌다. ③ 음서에 대한 설명이다. ④ 양인 이상이면 응시할 수 있었다. ⑤ 천거에 대한 설명이다.

19 ㉠은 과거이다.
왜 틀렸지? ⑤ 문과 중 명경과에 대한 설명이다. 제술과는 문학적 재능과 정책들을 시험하였다.

20 (1) 최승로
(2) **예시답안** 성종은 12목을 설치하여 지방관을 파견하였다.

채점 기준	
상	위의 내용을 모두 서술한 경우
하	위의 내용을 전혀 서술하지 못한 경우

21 **예시답안** 호족이 불법으로 차지한 노비를 양인으로 해방하는 제도이다.

채점 기준	
상	위의 내용을 모두 서술한 경우
하	위의 내용을 전혀 서술하지 못한 경우

23 **예시답안** 특수 행정 구역민들은 군현 지역에 거주하는 사람에 비해 세금을 많이 냈다. 거주 이전에 제한이 있었다.

채점 기준	
상	위의 내용 중 한 가지를 서술한 경우
하	위의 내용을 전혀 서술하지 못한 경우

02 무신 정권의 성립과 고려 전기의 대외 관계

실력 확인 문제

30~33쪽

01 ④	02 ②	03 ⑤	04 ③	05 ⑤	06 ③	07 ④
08 ②	09 ⑤	10 ①	11 ①	12 ⑤	13 ④	14 ②
15 ③	16 ⑤	17 ③	18 해설 참조		19 해설 참조	

20 ㉠ 강동 6주 ㉡ 동북 9성

01 ㉠은 문벌이다.
왜 틀렸지? ㄱ. 무신, ㄷ. 신진 사대부에 대한 설명이다.

02 ㉠은 묘청, ㉡은 김부식이다.

03 ㉠은 묘청이다.
왜 틀렸지? ㄴ. 김부식 등 개경 세력의 주장이다.

실력 확인 문제책

04 제시된 자료는 묘청 등 서경 세력이 서경 천도를 주장하는 내용이다. 묘청은 개경 세력의 반대로 서경 천도가 좌절되자 서경에서 반란을 일으켰다(묘청의 난, 1135).

[왜 틀렸지?] 고려 건국(918), 귀주 대첩(1019), 이자겸의 난(1126), 무신 정변(1170), 몽골의 1차 침략(1231), 위화도 회군(1388)이다.

05 [왜 틀렸지?] ⑤는 무신 정변 이후의 상황에 대한 설명이다.

06 (가)는 최충헌, (나)는 최우이다.

[왜 틀렸지?] ①, ② 최우, ④ 이의방, 정중부 등에 대한 설명이다. ⑤ 무신 정권 초기에 대한 설명이다.

07 [왜 틀렸지?] ① 최우가 설치하였다. ② 도방은 경대승 때 설치되었다. ③ 중방은 무신 정권 초기의 회의 기구였다. ⑤ 교정도감은 최충헌이 설치한 기구이다.

08 [왜 틀렸지?] ①, ④, ⑤ (나) 이후에 일어난 사실이다. ③ (가) 이전에 일어난 사실이다.

09 (가)는 망이·망소이의 봉기, (나)는 만적의 봉기이다. 무신 집권기에 무신 간의 권력 다툼으로 정치적 혼란이 계속되어 지방 통제력이 약화되자 농민과 천민의 봉기가 곳곳에서 발생하였다.

10 (가)는 거란(요)이다.

[왜 틀렸지?] ② 왜구, ③ 여진, ④, ⑤ 몽골에 대한 설명이다.

11 ㉠은 송, ㉡은 거란, ㉢은 여진이다.

12 ㉢은 여진이다.

[왜 틀렸지?] ①, ②, ④ 거란, ③ 몽골에 대한 설명이다.

13 제시된 자료는 서희의 외교 회담으로 획득한 강동 6주에 대한 지도이다.

14 ㉠은 별무반이다.

[왜 틀렸지?] ③ 삼별초는 최씨 무신 정권의 호위 부대이다. ④ 주진군은 양계에 배치된 지방군이다. ⑤ 2군 6위는 고려의 중앙군이다.

15 금이 고려에 군신 관계를 강요하자, 당시 정권을 잡고 있던 이자겸은 금과의 전쟁을 피하기 위해 금의 요구를 수용하였다.

16 [왜 틀렸지?] ㄱ. 송은 거란, 여진 등을 견제하기 위해 고려와 교류하였다. ㄴ. 아라비아 상인을 통해 고려가 서방 세계에 알려졌다.

17 ㉠은 벽란도이다.

[왜 틀렸지?] ①, ② 당항성과 울산항은 통일 신라 시대의 국제 무역항이다.

18 (1) 무신 정변

(2) **예시답안** 무신은 경제적·사회적 차별을 받았다(문신이 군대의 최고 지휘관을 맡았다, 무신은 관직의 승진에 제한이 있었다, 무과가 거의 시행되지 않았다). 의종이 사치와 향락에 빠졌고, 일부 문신이 국정을 주도하였다.

채점 기준	
상	위의 내용 중 두 가지를 모두 서술한 경우
하	위의 내용 중 한 가지만 서술한 경우

19 (1) (가) 교정도감 (나) 정방

(2) **예시답안** (가) 교정도감은 국가의 중요 정책을 결정하는 기구이다. (나) 정방은 관리의 인사권을 행사하는 기구이다.

채점 기준	
상	위의 내용을 모두 서술한 경우
하	위의 내용 중 한 가지만 서술한 경우

---

03 고려의 대몽 항쟁 ~
04 몽골의 간섭과 고려의 개혁

실력 확인 문제

34~37쪽

01 ⑤	02 ⑤	03 ③	04 ④	05 ⑤	06 ④	07 ②
08 ④	09 ④	10 ③	11 ③	12 ②	13 ③	14 ⑤
15 ③	16 ②	17 ④	18 해설 참조		19 해설 참조	
20 ㉠ 권문세족 ㉡ 신진 사대부				21 ㉠ 정몽주 ㉡ 정도전		

---

01 [왜 틀렸지?] ⑤ (라) 시기에 대한 설명이다. 고려 정부가 개경 환도를 결정하자 삼별초는 이를 거부하고 진도, 제주도로 이동하며 항전하였다.

02 ㄷ. 박서의 귀주성 항전(1231), ㄴ. 최우의 강화도 천도(1232), ㄱ. 처인성 전투(1232), ㄹ. 고려·몽골 연합군의 삼별초 진압(1273)이다.

03 ㉠은 삼별초이다.

[왜 틀렸지?] ① 별무반은 여진 정벌을 목적으로 만든 부대이다. ④ 주현군은 5도에 배치된 지방군이다. ⑤ 2군 6위는 고려의 중앙군이다.

04 (가)는 삼별초이다. 삼별초는 개경 환도에 반대하며 항전을 이어 갔다. 이후 고려 정부와 몽골 연합군에게 진압되었다.

05 [왜 틀렸지?] ⑤ 신흥 무인 세력은 홍건적과 왜구의 침입을 격퇴하는 과정에서 성장하였다.

06 제시된 자료는 원 간섭기에 대한 설명이다.

07 제시된 자료는 원 간섭기의 모습이다.

[왜 틀렸지?] ② 원 간섭기 이전의 모습이다.

08 제시된 자료는 원 간섭기에 대한 설명이다.

[왜 틀렸지?] ④ 공민왕의 개혁 정책에 대한 설명이다.

09 ㉠은 권문세족이다.

10 ㉠에 들어갈 정치 세력은 권문세족이다.

[왜 틀렸지?] ③ 신진 사대부에 대한 설명이다.

11 ㉠은 신돈이다.

12 제시된 자료는 공민왕이 회복한 철령 이북의 영토이다.

> **왜 틀렸지?** ㄱ. 공민왕은 정방을 폐지하였다. ㄷ. 광종에 대한 설명이다.

13 제시된 자료는 전민변정도감 설치에 대한 설명이다.

14 제시된 정책은 공민왕 시기에 시행되었다.

15 (가)는 권문세족, (나)는 신진 사대부이다.

> **왜 틀렸지?** ㄱ. 신진 사대부에 대한 설명이다. ㄹ. 신흥 무인 세력에 대한 설명이다.

16 제시된 자료는 홍건적과 왜구의 격퇴에 대한 지도이다. 홍건적과 왜구의 침입을 격퇴하면서 신흥 무인 세력이 성장하였다.

17 제시된 자료는 위화도 회군에 대한 지도이다.

> **왜 틀렸지?** ㄱ. 최영은 요동 정벌에 찬성하였다. ㄷ. 명은 철령 이북의 땅을 자신의 영토라 주장하였다.

18 **예시답안** 강화도, 몽골군은 해전에 약했기 때문이다.

	채점 기준
상	강화도와 몽골이 해전에 약했다는 내용을 모두 서술한 경우
하	위의 내용 중 한 가지만 서술한 경우

19 (1) 전민변정도감

(2) **예시답안** 기철 등 친원 세력을 제거하였다. 정동행성을 축소하였다. 쌍성총관부를 공격하여 철령 이북의 땅을 회복하였다. 관제를 복구하였다. 명과 우호 관계를 맺었다. 변발 등의 몽골풍을 금지하였다. 정방을 폐지하였다.

	채점 기준
상	위의 내용 중 세 가지를 모두 서술한 경우
중	위의 내용 중 두 가지만 서술한 경우
하	위의 내용 중 한 가지만 서술한 경우

05 고려의 생활과 문화

실력 확인 문제

38~41쪽

01 ④	02 ③	03 ①	04 ③	05 ③	06 ④	07 ②
08 ③	09 ⑤	10 ⑤	11 ④	12 ④	13 ①	14 ①
15 ④	16 ③	17 ⑤	18 ③	19 조혼		
20 해설 참조		21 ㉠ 삼국유사 ㉡ 삼국사기				
22 상감 청자						

01 **왜 틀렸지?** ① 양민은 과거에 응시할 수 있었다. ② 천인 중 노비, ③ 양인 중 중류층, ⑤ 양인 중 문벌에 대한 설명이다.

02 **왜 틀렸지?** ㄱ. 백정은 양인에 속하였다. ㄹ. 향·부곡·소의 주민은 양인에 속하였다.

03 ㉠은 의창이다.

> **왜 틀렸지?** ② 매를 기르는 관청이다. ③ 최우가 인사권을 장악하기 위해 설치한 기구이다. ④ 의료 기관이다. ⑤ 공민왕이 내정 개혁을 추진하기 위해 설치한 기구이다.

04 **왜 틀렸지?** ㄱ. 고려 시대의 여성은 이혼과 재혼이 가능하였다. ㄹ. 가족 구성은 소가족이 중심을 이루었다.

05 **왜 틀렸지?** ㄴ. 혼인 후에 부부의 재산은 어느 한쪽으로 합치지 않았다. ㄷ. 사위나 외손자는 음서의 혜택을 받을 수 있었다.

06 고려의 여성은 사회 활동에는 제한이 있었지만, 일상생활에서는 남성과 거의 대등한 위치에 있었다.

07 제시된 자료와 관련된 인물은 의천이다.

> **왜 틀렸지?** ① 의상, ③ 혜초, ④ 지눌, ⑤ 원효에 대한 설명이다.

08 ㉠은 의천, ㉡은 지눌이다.

09 ㉠은 풍수지리설이다.

10 『삼국사기』에 대한 설명이다.

> **왜 틀렸지?** ② 『동명왕편』, ③, ④ 『삼국유사』에 대한 설명이다.

11 **왜 틀렸지?** ④ 『동명왕편』은 고구려 계승 의식을 반영한 서적이다.

12 ④는 통일 신라 때 조성된 불국사 3층 석탑(석가탑)이다.

> **왜 틀렸지?** ① 청동 은입사 표류수금문 정병, ② 청자 상감운학문 매병, ③ 논산 관촉사 석조 미륵보살 입상, ⑤ 개성 경천사지 10층 석탑이다.

13 **왜 틀렸지?** 병-석굴암은 통일 신라 때 만들어진 석굴 사원이다. 정-고려 시대의 궁궐은 남아 있지 않지만 부석사 무량수전 등이 남아 있어 고려의 건축 양식을 엿볼 수 있다.

14 밑줄 친 '새로운 유학'은 성리학이다.

> **왜 틀렸지?** ②, ④ 풍수지리설, ③ 도교, ⑤ 불교에 대한 설명이다.

15 ㉠은 팔만대장경판이다.

16 고려 시대 인쇄술의 발달을 보여 주는 대표적인 문화재는 금속 활자본인 『직지』이다.

17 ㉠은 논산 관촉사 석조 미륵보살 입상이다.

> **왜 틀렸지?** ① 발해, ② 통일 신라, ③ 고구려, ④ 백제의 불상이다.

18 **왜 틀렸지?** 1-『상정고금예문』은 금속 활자본이다. 3-고려 시대에는 승탑이 제작되었다. 5-나전 칠기에 대한 설명이다.

20 (1) 지눌

(2) **예시답안** 지눌은 선종을 중심으로 교종을 포용해야 한다고 주장하였다.

	채점 기준
상	위의 내용을 모두 서술한 경우
하	위의 내용을 전혀 서술하지 못한 경우

IV 조선의 성립과 발전

01 통치 체제 정비와 대외 관계

실력 확인 문제
42~45쪽

01 ② 02 ⑤ 03 ③ 04 ① 05 ② 06 ② 07 ②
08 ⑤ 09 ③ 10 ③ 11 ④ 12 ② 13 ① 14 ②
15 ③ 16 ④ 17 ③ 18 ③ 19 해설 참조
20 해설 참조 21 ㉠ 4군 6진 ㉡ 쓰시마섬

01 왜 틀렸지? | ① 직전법에 대한 설명이다. ③ 권문세족이 불법적으로 차지한 농장을 몰수해 토지를 재분배하였다. ④ 경기 지역의 토지에 한해서 지급하였다. ⑤ 녹읍에 대한 설명이다.

02 왜 틀렸지? | ①, ③ (나) 이후의 사실이다. ②, ④ (가) 이전의 사실이다.

03 한양 천도는 고조선 계승 의식과 무관하다. 태조는 고조선 계승 의식을 반영하여 국호를 '조선'이라고 하였다.

04 왜 틀렸지? | ㉠은 종묘, ㉡은 사직단이다.

05 ㉠은 이방원(태종)이다.

왜 틀렸지? | ㄴ. 세조, ㄹ. 세종의 업적이다.

06 제시된 유물은 호패이다. 태종은 호패법을 실시하여 인구를 파악하고 세금 징수 및 군역 부과의 기초 자료를 마련하였다.

07 ㉠은 집현전, ㉡은 경연이다.

08 밑줄 친 '그'는 세조(수양 대군)이다.

왜 틀렸지? | ⑤ 세조는 경연을 폐지하였다.

09 ㉠은 『경국대전』이다.

왜 틀렸지? | ③ 집현전은 세조 때 폐지되었다.

10 (가)는 사헌부, (나)는 사간원, (다)는 홍문관이다.

왜 틀렸지? | 집현전은 세종 때 설치된 학문 연구 기관으로, 세조 때 폐지되었다. 이후 성종 때 집현전을 계승한 홍문관이 설치되었다.

11 권력의 독점과 부정을 방지하기 위해 3사를 설치하였다.

왜 틀렸지? | ① 의금부, 승정원, ⑤ 6조에 대한 설명이다.

12 ㉠은 봉수제이다.

왜 틀렸지? | ⑤ 조운 제도는 세금으로 거둔 곡식을 운송하는 제도이다.

13 ㉠은 수령이다.

왜 틀렸지? | ② 향리는 수령을 보좌하는 직책이다. ③ 관찰사는 8도에 파견되었다. ④, ⑤ 병마절도사와 수군절도사는 지방에 파견되어 각각 육군과 수군을 지휘하였다.

14 왜 틀렸지? | ① 병마절도사, ③, ⑤ 유향소, ④ 관찰사에 대한 설명이다.

15 조선 시대에는 양반 자치 기구인 유향소가 설치되었다. 유향소는 수령을 돕고 향리의 비리를 감찰하는 역할을 하였다.

왜 틀렸지? | ①, ②, ④, ⑤ 고려 시대의 지방 행정 조직에 대한 설명이다.

16 왜 틀렸지? | ㄱ. 음서 출신은 고위 관직에 오르는 것이 어려웠다. ㄷ. 과거 중 문과는 주로 양반의 자제가 응시하였다.

17 (가)는 명, (나)는 여진, (다)는 일본이다.

왜 틀렸지? | ① 태조 때 요동 정벌을 추진하였다. ② 일본에 대한 설명이다. ④ 세종 때 이종무가 쓰시마섬을 토벌하였다. ⑤ 여진에 대한 설명이다.

18 제시된 자료는 세종의 명으로 최윤덕과 김종서가 여진을 정벌한 후 개척한 4군 6진 지역에 대한 지도이다.

왜 틀렸지? | ②, ④ 일본에 대한 설명이다.

19 (1) 과전법
(2) 예시답안 신진 관리들의 경제 기반을 마련하기 위해 실시하였다.

채점 기준	
상	위의 내용을 모두 서술한 경우
하	위의 내용을 전혀 서술하지 못한 경우

20 (1) (가) 의정부 (나) 6조
(2) 예시답안 의정부는 국정을 총괄하는 최고 통치 기구이고, 6조는 나라의 주요 업무를 집행하는 기구이다.

채점 기준	
상	위의 내용을 모두 서술한 경우
하	위의 내용을 전혀 서술하지 못한 경우

02 사림의 성장과 문화의 발달

실력 확인 문제
46~49쪽

01 ④ 02 ④ 03 ⑤ 04 ④ 05 ③ 06 ⑤ 07 ⑤
08 ② 09 ① 10 ④ 11 ③ 12 ⑤ 13 ③ 14 ①
15 ⑤ 16 ② 17 ② 18 ② 19 ㉠ 사화 ㉡ 붕당
20 ㉠ 동인 ㉡ 서인 21 해설 참조 22 해설 참조

01 밑줄 친 '이들'은 사림이다.

왜 틀렸지? | ④ 훈구에 대한 설명이다.

02 제시된 자료는 중종 대에 조광조 등 사림 세력이 제거된 기묘사화에 대한 설명이다.

03 왜 틀렸지? | ⑤ (다) 시기에 해당한다.

04 (가)는 현량과 실시, (나)는 위훈 삭제이다.

왜 틀렸지? | 조광조는 도교 행사를 주관하는 관청인 소격서를 폐지할 것을 주장하였다.

05 사림은 외척의 정치 참여 문제와 이조 전랑의 임명 문제를 둘러싸고 내부 갈등을 겪었다. 결국 사림은 동인과 서인으로 나뉘어 붕당을 형성하였다.

06 ㉠은 향약이다.

왜 틀렸지? ⑤ 서원에 대한 설명이다.

07 1 – 최초의 서원은 백운동 서원이다.

08 밑줄 친 '그'는 이황이다.

09 병 – 가정에서 지켜야 할 예법을 정리한 서적은 『주자가례』이다.
정 – 양반은 집안에 가묘와 사당을 세웠다.

10 ㉠은 훈민정음이다.

왜 틀렸지? ㄱ. 『삼강행실도』, 『소학』, 『용비어천가』 등을 편찬하였다. ㄷ. 행정 실무를 담당하는 하급 관리에게 배우게 하였다.

11 왜 틀렸지? ⑤ 『동국통감』에 대한 설명이다. 『조선왕조실록』은 이전 왕의 통치 기록을 정리한 서적이다.

12 제시된 서적들은 조선 전기에 편찬된 역사서로, 조선 건국의 정당성과 유교적 통치 이념을 강조하기 위해 편찬되었다.

13 제시된 자료는 태종 때 제작된 「혼일강리역대국도지도」로, 현존하는 동양에서 가장 오래된 세계 지도이다.

왜 틀렸지? ② 「천상열차분야지도」, ⑤ 「동국여지승람」에 대한 설명이다.

14 ㉠은 『농사직설』이다.

15 ㉠은 백자이다.

왜 틀렸지? ① 청동 은입사 포류수금문 정병(고려), ② 청자 참외 모양 병(고려), ③ 청자 상감운학문 매병(고려), ④ 분청사기 물고기무늬 병(조선), ⑤ 백자 병(조선)이다.

16 왜 틀렸지? ② 자격루에 대한 설명이다. 측우기는 강우량을 측정하는 기구이다.

17 (가)는 「몽유도원도」, (나)는 「고사관수도」이다.

왜 틀렸지? ① 도화서 화원, ③ 양반 사대부가 그린 그림이다. ⑤ 조선 전기에는 양반 문화가 발달하였다.

18 조선 전기에는 금속 활자가 개량되어 태종 때는 계미자, 세종 때는 갑인자가 주조되었다.

21 (1) 『주자가례』

(2) 예시답안 일상생활에 성리학적 질서가 보급되었다.

채점 기준	
상	위의 내용을 모두 서술한 경우
하	위의 내용을 전혀 서술하지 못한 경우

22 예시답안 조선 전기에는 백성이 주로 농사를 지었기 때문에 정부는 농업 기술의 발달에 힘을 기울였다. 가뭄과 홍수 피해를 줄이기 위해 측우기를 제작하여 강우량을 측정하였고, 해시계인 앙부일구를 제작하여 시간을 측정하였다.

채점 기준	
상	제시된 유물의 역할과 농업 진흥을 연결하여 서술한 경우
하	농업 기술 발달을 위해서이다만 서술한 경우

---

03 왜란·호란의 발발과 영향

50~53쪽

실력 확인 문제

01 ⑤	02 ⑤	03 ⑤	04 ⑤	05 ⑤	06 ⑤	07 ③
08 ③	09 ④	10 ②	11 ③	12 ③	13 ⑤	14 ⑤
15 ④	16 ③	17 ①	18 ⑤	19 ①		

20 ㉠ 도요토미 히데요시 ㉡ 도쿠가와 이에야스　**21** 해설 참조
22 ㉠ 정묘호란 ㉡ 병자호란

01 제시된 자료와 관련된 전쟁은 임진왜란이다.

왜 틀렸지? ①, ②, ③, ④ 임진왜란 이후의 상황에 대한 설명이다.

02 ㉠은 이순신이다. 이순신은 수군을 이끌고 옥포를 시작으로 당포, 한산도에서 승리를 거두었다. 조선은 수군의 승리로 전라도의 곡창 지대를 지킬 수 있었다.

03 제시된 인물들은 임진왜란 당시 의병 활동을 전개하였다.

04 왜 틀렸지? ㄱ. 선조는 광해군을 세자로 책봉하였다. ㄴ. 행주 대첩 이후 일본은 휴전을 제의하였다.

05 왜 틀렸지? ① 임진왜란 직전 일본의 상황이다. ② 정묘호란의 결과이다. ③ 조선의 도자기 기술이 일본에 전파되었다. ④ 불국사, 사고 등의 문화재가 훼손되었다.

06 왜 틀렸지? ⑤ (나) 이후의 사실이다.

07 왜 틀렸지? ③ 훈련도감은 임진왜란 당시 일본과의 휴전 회담 기간에 설치되었다.

08 제시된 자료는 명량 대첩에 대한 설명이다. 명량 대첩은 정유재란 이후에 일어났다.

09 왜 틀렸지? ④ 광해군에 대한 설명으로 (다) 시기에 해당한다.

10 왜 틀렸지? 을 – 광해군은 중립 외교를 펼쳤다. 정 – 광해군이 왕위에서 쫓겨나고 인조가 왕위에 올랐다.

11 왜 틀렸지? ③ (나) 이후의 사실이다.

12 ㄷ. 인조반정(1623), ㄴ. 정묘호란(1627), ㅁ. 조선과 후금의 형제 관계 수립(1627), ㄹ. 후금이 '청'으로 국호 변경(1636), ㄱ. 병자호란(1636)이다.

13 제시된 자료는 삼전도비에 대한 설명이다. 삼전도비는 병자호란 이후 세워진 비석이다.

왜 틀렸지? ㄱ. 병자호란 이후 조선은 청과 군신 관계를 맺었다. ㄴ. 정묘호란에 대한 설명이다.

14 ㉠은 척화론(주전론), ㉡은 주화론이다. 척화론과 주화론은 병자호란 직전 청의 군신 관계 요구에 대한 이견으로 대립하였다.

15 ㉠은 척화론(주전론), ㉡은 주화론이다.

왜 틀렸지? ④ 북학론은 청의 문물을 배워 부국강병을 이루자는 주장이다.

16 제시된 자료와 관련된 인물은 효종이다.

왜 틀렸지? ㄱ. 서인의 지지를 받았다. ㄹ. 소현 세자에 대한 설명이다.

17 당시 청의 국력이 강하였고, 잇따른 전쟁으로 인해 재정이 부족했기 때문에 효종 사후 사실상 북벌은 중단되었다.

18 밑줄 친 '그'는 소현 세자이다.

19 왜 틀렸지? | ② 주화론, ③ 친명배금 정책, ④ 북벌론, ⑤ 척화론(주전론)에 대한 설명이다.

21 (1) 중립 외교

(2) 예시답안 찬성 – 나날이 힘이 세지는 후금에게 함부로 대항하였다가는 조선이 위험에 처할 수 있다.

반대 – 명은 임진왜란 때 조선을 도와준 나라이기 때문에 명의 요청을 거절하는 것은 명을 배반하는 것이다.

채점 기준	
상	찬성, 반대 중 하나의 입장을 선택하고 근거를 들어 서술한 경우
하	선택한 입장에 대한 명확한 근거를 서술하지 못한 경우

V 조선 사회의 변동

01 조선 후기의 정치 변동

01 ④	**02** ③	**03** ③	**04** ⑤	**05** ⑤	**06** ④	**07** ③
08 ②	**09** ⑤	**10** ⑤	**11** ①	**12** ③	**13** ⑤	**14** ②
15 ①	**16** ④	**17** ④	**18** ②	**19** ①	**20** 해설 참조	
21 세도 정치	**22** 해설 참조					

01 ㉠ 비변사, ㉡ 5군영, ㉢ 균역법이다.

왜 틀렸지? | ③ 양반에서 천민까지 모든 신분이 포함된 것은 속오군이다. ⑤ 영정법에 대한 설명이다.

02 훈련도감은 중앙군으로 임진왜란 초기 패전에 대처하기 위해 설치되었다. 포수, 사수, 살수의 삼수병으로 구성되었으며 급료를 받는 직업 군인으로 편제되었다.

03 제시된 자료는 대동법의 실시로 바뀐 공납의 납부 방식을 보여 주는 것이다.

04 제시된 자료는 균역법과 관련된 것이다. 균역법은 영조 때 시행되었다.

05 ㄹ. 선조, ㄷ. 인조(광해군), ㄱ. 현종, ㄴ. 숙종 때 있었던 일이다.

06 제시된 자료는 예송이다. 서인은 예법의 적용에 예외는 있을 수 없다고 보았고, 남인은 왕실의 예법은 일반 사대부의 예법과 다르다고 보았다.

07 환국에 대한 설명이다.

08 환국을 거치며 붕당 간 대립이 극에 달하며 정치적으로 큰 혼란이 발생하였다. 영조는 붕당의 대립을 억제하고 왕권을 강화하기 위해 탕평책을 제시하였다.

왜 틀렸지? | ⑤ 세도 정치에 대한 설명이다.

09 (가)는 숙종 때의 환국과 정조 때의 장용영 설치 사이의 시기로 영조 때에 해당한다. 영조는 탕평책을 실시하여 이조 전랑의 인사권을 약화시켰다.

10 (가)는 환국, (나)는 탕평 정치, (다)는 세도 정치 시기이다.

왜 틀렸지? | ⑤ 세도 가문은 비변사와 주요 군영을 장악하고 정치를 주도하였다.

12 제시된 자료는 탕평비로 영조 때 세웠다.

왜 틀렸지? | ①, ④ 정조의 개혁이다. ⑤ 영정법은 인조 때 시행되었다.

13 제시된 정책은 정조 때 시행된 정책이다. 정조는 왕권을 뒷받침하기 위해 장용영을 설치하였다.

14 제시된 인물은 정조이다. 정조 때 규장각 정비, 초계 문신제 실시, 장용영 설치, 수원 화성 건설 등이 이루어졌다.

왜 틀렸지? | ② 영조 때 청계천 정비를 실시하였다.

15 왜 틀렸지? | ㄷ, ㄹ. 영조의 정책이다.

16 제시된 시기에는 일부 가문이 권력을 장악하는 세도 정치가 이루어졌다.

왜 틀렸지? ① 일부 가문이 권력을 장악하면서 붕당 간의 대립은 거의 사라졌다. ② 노론 계열 외척 가문이 권력을 장악하였다. ③ 국왕의 권한은 약화되었다. ⑤ 다수의 양반이 중앙 정치에서 밀려났다.

17 세도 정치로 대다수의 양반은 정치에 참여하지 못하고 몰락하였다. 관리들의 백성 수탈은 더욱 심해졌으며, 사회 동요 속에서 농민들은 예언 사상을 믿었다.

18 유계춘이 삼정 문란 시정을 요구하는 것으로 보아 임술 농민 봉기에 대해 묻는 문제임을 추론할 수 있다. 임술 농민 봉기는 삼정의 문란의 시정을 요구하며 일어난 농민 봉기이다.

19 제시된 지역은 평안도이다. 평안도의 몰락 양반이었던 홍경래는 지역 차별과 세도 정권의 수탈에 반발하여 봉기를 일으켰다.

20 예시답안 대동법의 시행 결과 백성의 공납 부담이 감소하였으며, 공인이 등장하여 상품 화폐 경제의 발달에 기여하였다.

채점 기준	
상	대동법과 대동법의 의의를 두 가지 서술한 경우
중	대동법의 의의 두 가지만 서술한 경우
하	대동법만 서술한 경우

22 (1) 삼정의 문란
(2) 예시답안 정부는 삼정의 문란을 해결하기 위해 삼정이정청을 설치하였으나, 큰 성과를 거두지는 못하였다.

채점 기준	
상	삼정이정청의 설치와 성과를 거두지 못한 것을 서술한 경우
하	위의 내용 중 한 가지만 서술한 경우

02 조선 후기 경제와 사회의 변화

실력 확인 문제

58~61쪽

01 ④	02 ④	03 ①	04 ②	05 ④	06 ②	07 ②
08 ①	09 ⑤	10 ④	11 ②	12 ②	13 ⑤	14 ⑤
15 ③	16 ②	17 ④	18 ②	19 해설 참조		
20 해설 참조		21 공인	22 해설 참조			

01 왜 틀렸지? ④ 모내기법의 보급으로 김매기에 필요한 노동력이 크게 줄었다.

02 제시된 그림은 모내기법을 나타낸 것이다. 모내기법은 농사에 필요한 노동력을 줄이고, 더 많은 생산을 거둘 수 있어 농촌 사회에 일반화되었다.

03 제시된 '이 농법'은 모내기법이다. 논농사에서 모내기법이 도입되며 벼와 보리의 이모작이 가능해지는 등 생산량이 급증하였다. 이는 농민들이 더 많은 땅을 경작하도록 하거나, 남는 쌀을 시장에 내다 팔아 쌀의 상품화를 촉진하는 등의 변화를 가져왔다.

04 (가)는 개성을 중심으로 활동한 송상이다. 송상은 인삼 판매권을 장악하고 전국에 송방을 설치하여 유통망을 관리하였다.

왜 틀렸지? ① 보부상, ③ 경강상인, ④ 만상, ⑤ 내상에 대한 설명이다.

05 왜 틀렸지? ④ 정부는 시전 상인이 가지고 있던 금난전권을 폐지하여 자유로운 상업 활동을 허용하였다.

06 왜 틀렸지? ㄴ. 도시 인구가 증가하였다. ㄹ. 관영 수공업이 쇠퇴하고 민영 수공업이 발달하였다. ㅂ. 정부에서는 민간의 광산 개발을 허용하고 세금을 징수하였다.

07 제시된 자료는 조선 후기의 풍속화이다.

왜 틀렸지? ② 노비 제도는 1894년 갑오개혁으로 폐지되었다.

08 왜 틀렸지? ① 조선 후기 성리학적 질서가 강조되면서 여성의 재가는 엄격히 금지되었다.

09 양 난 이후 성리학적 사회 질서가 강화되면서 적장자 중심의 상속제가 일반화되었다. 그 과정에서 여성은 제사와 재산의 상속에서 차별받았다.

10 신부 집에서 혼인한 뒤 신랑 집으로 가서 생활하는 혼인 방식은 조선 후기의 모습이다. 조선 후기에는 성리학적 질서가 강조되면서 여성의 재가가 더욱 엄격히 금지되었다.

12 제시된 자료는 공명첩이다. 공명첩은 관직을 받는 사람의 이름 쓰는 곳이 비어 있는 관직 임명장으로 조선 정부가 부족한 재정을 보충하기 위해 발급하였다.

왜 틀렸지? ② 족보에 대한 설명이다.

13 제시된 신분 계층은 서얼이다. 서얼은 지속적으로 문과 응시와 주요 관직 진출을 허용해 달라는 집단 상소 운동을 전개하였다. 그 결과 정조 때 일부 서얼이 규장각 검서관으로 등용되었고, 점차 서얼의 주요 관직 등용이 허가되었다.

14 제시된 자료는 순조 때 이루어진 공노비 해방과 관련된 것이다. 순조는 공노비를 해방하여 양인을 확보하려 하였다.

15 노비는 주인에게 돈을 주고 노비 신분에서 벗어나거나, 납속을 통해 면천되었다. 가장 쉬운 방법은 도망가는 것이었다.

16 조선 후기에는 신분제가 동요하면서 양반 중심의 신분 질서가 흔들렸다.

왜 틀렸지? ㄴ. 기술직 중인의 소청 운동은 실패하였다. ㄹ. 노비종모법으로 어머니가 양인이면 그 자녀도 양인으로 인정받게 되었다.

17 새로 성장한 부농층과 기존 양반의 다툼으로 양반의 향촌 사회 지배력이 약화되었지만, 부농층도 완전히 향촌 사회를 장악하지는 못하였다. 그 결과 지방관의 권한이 강화되었다.

18 조선 후기에는 양반의 수가 증가하고 몰락 양반이 늘면서 향촌 사회에서 양반의 권위가 흔들렸다.

왜 틀렸지? ② 문중의 결속을 다지기 위해 부계 중심의 족보 편찬, 사우와 서원의 건립 등이 이루어졌다.

19 **예시답안** 모내기법이 일반화되며 적은 노동력으로 많은 토지를 경작할 수 있게 되어 일부 농민은 넓은 토지를 경작하면서 부를 쌓았다. 하지만 대다수의 농민은 토지를 잃고 머슴이나 소작농이 되거나, 품삯을 받고 일하는 임노동자가 되었다.

채점 기준	
상	일부 농민은 부를 쌓고, 대다수 농민은 머슴이나 소작농, 임노동자가 된 것을 서술한 경우
하	위의 내용 중 한 가지만 서술한 경우

20 **예시답안** 사상이 더욱 활발하게 성장할 수 있었다.

채점 기준	
상	사상의 성장을 서술한 경우
하	위의 내용을 전혀 서술하지 못한 경우

22 **예시답안** 부를 축적한 평민들은 갖은 방법을 동원해 신분 상승을 추구하였다. 그 결과 양반의 수가 늘어나고 상민의 수가 줄어 양반 중심의 신분 질서가 동요하였다.

채점 기준	
상	상민들이 신분 상승을 추구한 결과 양반의 수가 늘어나고 상민의 수가 줄어 양반 중심 신분 질서가 동요하였다는 내용을 서술한 경우
하	위의 내용을 전혀 서술하지 못한 경우

03 학문과 예술의 새로운 경향

실력 확인 문제

62~65쪽

01 ⑤	02 ②	03 ⑤	04 ⑤	05 ①	06 ①	07 ④
08 ③	09 ⑤	10 ④	11 ②	12 ③	13 ④	14 ①
15 ②	16 ②	17 ③	18 통신사	19 진경 산수화		
20 해설 참조						

01 (가)는 연행사이다. 조선은 연행사를 통해 청과 교류하며 청의 발달된 문물을 접했고, 청의 문물을 수용하자는 주장도 제기되었다.

02 **왜 틀렸지?** ② 이종무가 쓰시마섬을 정벌한 것은 조선 초 세종 때의 일이다.

03 일본은 경제적·문화적·정치적 필요성에 따라 조선에 통신사 파견을 요청하였다. 그러나 일본이 조선과 조공 책봉 관계를 형성한 것은 아니었다.

04 제시된 자료는 「곤여만국전도」이다. 「곤여만국전도」는 조선 지식인의 세계관이 확대되는 데 영향을 주었다.

05 제시된 내용은 천주교와 관련된 것이다. 천주교는 18세기 후반 남인 계열의 학자를 중심으로 종교로 수용되었다.
왜 틀렸지? ② 성리학, ④ 동학에 대한 설명이다.

06 최제우가 동학을 창시하였으나 정부의 탄압으로 처형되었다.

07 실학은 성리학을 부정하지 않았다. 성리학을 바탕으로 새로운 사상과 문물을 수용하여 실증적, 실용적인 입장에서 조선의 사회 모순을 개혁하고자 하였다.

08 정약용의 여전론에 대한 자료이다. 정약용을 비롯한 농업 중심 개혁론자들은 토지 소유의 불균형으로 인해 조선 사회가 혼란에 빠졌다고 보고 토지 재분배를 통한 자영농 육성을 추구하였다.

09 박제가의 주장으로 상공업 중심 개혁론에 대한 자료이다. 상공업 중심 개혁론자들은 상공업의 진흥과 기술 개발을 통한 부국강병을 추구하였다.

10 **왜 틀렸지?** ④ 농업 중심 개혁론은 토지 소유의 불균형이 사회 모순의 원인이라 보고 토지 제도의 개혁을 주장하였다.

11 **왜 틀렸지?** ① 유득공의 『발해고』, ③ 이중환의 『택리지』, ④ 신경준의 『훈민정음운해』, ⑤ 「곤여만국전도」에 대한 설명이다.

12 조선 후기 문화에서는 우리나라의 고유한 문화를 표현하려는 경향이 나타났다. 진경 산수화가 대표적으로, 중국의 화풍을 모방하던 단계에서 벗어나 우리의 자연을 묘사하였다.

13 조선 후기에는 민화와 함께 풍속화가 그려졌다.
왜 틀렸지? ① 「고사관수도」, ② 「초충도」, ③ 「묵죽도」, ⑤ 「몽유도원도」는 조선 전기의 작품이다.

14 조선 후기에는 백자가 널리 사용되어 일상생활 용품도 백자로 만들었다. 또한 청화 백자가 유행하였으며 서민들은 주로 옹기를 사용하였다.

15 제시된 그림은 판소리 공연 모습이다.
왜 틀렸지? ② 신분 질서의 동요로 양반의 향촌 사회 지배력이 약화되었다. 양반 중심 신분 질서의 동요는 서민 문화에도 반영되어 양반을 풍자하는 내용의 작품이 많이 등장하였다.

16 한글 소설과 사설시조, 판소리와 탈춤은 대표적인 서민 문화의 일종이다. 서민 문화는 서민 의식의 성장에 기여하였다.

17 제시된 내용은 탈춤 공연이다. 조선 후기에는 한글 소설이 크게 유행하였다. 시조는 형식이 엄격하였던 평시조보다 긴 문장으로 솔직한 감정을 드러내는 사설시조가 유행하였다. 그림에서는 서민의 일상적 소망을 담은 민화가 유행하였다.

20 **예시답안** 서민 문화가 대두하게 된 배경으로는 크게 두 가지를 들 수 있다. 먼저 상품 화폐 경제가 발달하며 서민의 경제력이 상승하였다. 둘째는 서당 교육이 서민 계층까지 확대되면서 서민의 의식 수준이 향상되었다. 이는 서민들이 주도하고 향유하는 서민 문화의 발달로 이어졌다.

채점 기준	
상	서민 문화의 대두 배경을 제시어 두 가지를 사용하여 서술한 경우
하	서민 문화의 대두 배경을 제시어 중 한 가지를 사용하여 서술한 경우

VI 근·현대 사회의 전개

01 국민 국가 수립을 위한 다양한 노력

01 ⑤   02 ⑤   03 ③   04 ④   05 ①   06 ①   07 ③
08 ①   09 ②   10 ①   11 ①   12 ④   13 ①   14 ⑤
15 ⑤   16 ④   17 ①   18 ②   19 ①   20 해설 참조
21 만민 공동회   22 조선 건국 준비 위원회

01 흥선 대원군이 세운 척화비의 내용이다. 흥선 대원군은 왕권 강화와 민생 안정을 위해 경복궁 중건, 비변사 혁파, 호포제 실시, 서원 정리 등을 하였고, 대외적으로는 통상 수교 거부 정책을 펼치며 척화비를 세웠다.

02 제시된 사건은 급진 개화파가 추진한 갑신정변이다.

03 반봉건, 반외세를 주장하며 일어난 동학 농민 운동의 주장이다. 이들의 요구는 갑오개혁에 일부 반영되었다.

04 제1차 갑오개혁 때 설치된 군국기무처이다.
왜 틀렸지? ① 전주 화약 당시 정부가 설치한 개혁 기구, ② 전주 화약 당시 농민군이 설치한 개혁 기구, ③ 재정 기구, ⑤ 개항 당시 개화 정책을 주도하기 위해 설치한 기구이다.

05 왜 틀렸지? ㄷ, ㄹ. 흥선 대원군 시기로 개항 이전이다.

06 아관 파천 후 경운궁으로 돌아온 고종은 황제 즉위식을 열어 대한 제국의 수립을 선포하였다. 연호를 광무라 하였으며 광무개혁을 추진하였다.

07 광무개혁 당시 대한 제국은 구본신참을 원칙으로 점진적인 개혁을 추진하였다. 대한국 국제를 반포하여 황제권을 공고히 하였고, 근대적 토지 소유 문서인 지계를 발급하였으며 상공업 진흥 정책을 펼쳤다. 외국에 유학생을 파견하고 학교를 세워 인재를 양성하는 등 부국강병을 꾀하였다.

08 안창호, 양기탁, 이승훈 등은 국권 회복과 공화정 수립을 목표로 신민회를 조직하여 활동하였다. 신민회는 비밀 단체로서 경제·문화적 실력 양성 운동은 물론 만주에 독립운동 기지를 건설하여 독립 전쟁을 준비하였다.

09 하얼빈에서 이토 히로부미를 처단한 인물은 안중근이다.

10 러일 전쟁 이후 일본이 을사늑약을 강요하였다. 이로 인해 대한 제국은 외교권을 빼앗겼고, 통감부가 설치되었다. 고종은 을사늑약의 부당함을 알리기 위해 헤이그에 특사를 파견하였으나 결국 강제 퇴위되었다.

11 1919년 3·1 운동 이후 일제는 '문화 통치'를 실시하였다.

12 ㉠은 신간회이다. 신간회는 자치론에 반대하던 비타협적 민족주의자와 사회주의자들이 연합하여 창립하였다.
왜 틀렸지? ② 자치론, ③ 물산 장려 운동, ⑤ 6·10 만세 운동이다.

13 (가)는 충청에서 창설된 한국 광복군이다. 지청천을 사령관으로 인도·미얀마 전선에서 영국군을 도와 연합군의 일원으로 작전을 수행하였고, 미국과 함께 국내 진공 작전을 준비하였으나 실행에 옮기지는 못하였다.

14 일제는 만주 사변(1931) 등 침략 전쟁을 일으키면서 한국인을 통제하고 침략 전쟁에 동원하고자 민족 말살 통치를 실시하였다.

15 ㅁ. 38도선 분할과 미군과 소련군의 한반도 주둔, ㄷ. 미소 공동 위원회 결렬, ㄹ. 유엔의 남북한 총선거 결의, ㄱ. 남북 협상, ㄴ. 5·10 총선거와 대한민국 정부 수립의 순서이다.

16 유엔 소총회에서 선거 가능한 지역에서만 선거를 실시할 것이 결정되었다. 이에 반발해 남북 협상과 제주 4·3 사건이 일어났다.

17 1945년 12월, 미국, 영국, 소련의 대표가 모인 모스크바 3국 외상 회의에서 한반도에 임시 민주주의 정부를 세우고 최고 5년간의 신탁 통치를 실시한다는 내용이 결정되었다.

18 왜 틀렸지? ② 대한민국 정부 수립은 5·10 총선거 이후이다.

19 김구와 김규식은 통일 정부 수립을 위해 북한의 김두봉, 김일성에게 남북한 정치 지도자 간의 정치 협상을 제안하는 편지를 보냈다. 그 뒤 김구와 김규식은 평양에서 열린 남북 협상에 참여하였으나 성과를 거두지는 못하였다.

20 예시답안 조선이 외국과 맺은 최초의 근대적 조약이다. 불평등 조약이다.

채점 기준	
상	외국과 맺은 최초의 근대적·불평등 조약을 모두 서술한 경우
하	두 가지 중 한 가지만 서술한 경우

02 민주주의의 발전

01 ②   02 ①   03 ①   04 ④   05 ⑤   06 ④   07 ⑤
08 ④   09 ①   10 ⑤   11 ③   12 ③   13 ④   14 ⑤
15 ④   16 ③   17 ④   18 ③   19 3·15 부정 선거
20 5·16 군사 정변   21 유신 헌법   22 해설 참조

01 제시된 헌법은 제헌 헌법으로 제헌 국회가 제정하였으며, 민주 공화국과 삼권 분립의 원칙을 담고 있다.

02 ㉠은 제헌 헌법으로 3·1 운동의 독립 정신과 대한민국 임시 정부의 정통성을 계승하였으며, 주권 재민의 원칙과 모든 국민이 평등하다는 내용이 포함되어 있다.

03 제시된 사건은 이승만 정부 때 일어난 사건들이다.

04 1954년 초대 대통령에 한하여 중임 제한을 적용하지 않도록 한 사사오입 개헌에 대한 내용이다.

05 노트 필기는 4·19 혁명에 대한 것이다. 4·19 혁명의 배경은 이승만 정권의 장기 집권과 1960년 정·부통령 선거에서 대대적인 부정이 일어났기 때문이다.

06 박정희를 비롯한 군부 세력은 5·16 군사 정변으로 권력을 잡았다. 박정희 정부는 한일 협정, 베트남 파병, 서독에 광부와 간호사 파견 등으로 경제 성장에 필요한 자금을 마련하였다.
> 왜 틀렸지? ①, ⑤ 이승만 정부, ② 신군부 집권 시기, ③ 광복 이후인 1948년에 일어난 사건이다.

07 (가)는 박정희 정부 때이다.
> 왜 틀렸지? ⑤ 4·19 혁명 직후의 일이다.

08 박정희 정부 시기에는 3선 개헌, 유신 헌법 공포 등이 있었다.
> 왜 틀렸지? ㄱ. 이승만 정부, ㄷ. 전두환 정부 때의 일이다.

09 박정희 정부는 유신 헌법을 제정하여 대통령에게 국회 해산권, 긴급 조치권 등 강력한 권한을 부여하였다. 이에 1979년 부산과 마산에서 유신에 반대하는 반정부 시위가 일어났다(부마 민주 항쟁).
> 왜 틀렸지? ② 전두환 정부, ③ 박근혜 정부, ④ 신군부 집권 시기, ⑤ 이승만 정부 때의 일이다.

10 (가)는 유신 헌법이다. 유신 헌법으로 대통령을 통일 주체 국민 회의에서 간선제 방식으로 선출하였고, 대통령에게 국회 해산권, 긴급 조치권 등 강력한 권한을 부여하였다.

11 4·19 혁명이 일어나 장면 내각이 수립되었으나, 이후 박정희 등 군부 세력이 권력을 장악하였다.

12 ㄷ. 3·15 부정 선거, ㄱ. 4·19 혁명, ㅁ. 부마 민주 항쟁, ㅂ. 5·18 민주화 운동, ㄹ. 4·13 호헌 조치, ㄴ. 6월 민주 항쟁의 순서이다.

13 5·18 민주화 운동과 관련된 자료이다.

14 유신 체제가 무너진 후 전두환을 중심으로 한 신군부 세력은 12·12 사태를 일으켜 권력을 장악하였다. 이에 반대하여 5·18 민주화 운동이 일어났다.

15 두 사건 모두 전두환 등 군부 세력의 비리와 독재에 저항한 민주화 운동이다.

16 1987년 6·29 민주화 선언과 관련된 내용이다. 이에 따라 5년 임기의 대통령 직선제를 기초로 하는 헌법 개정이 이루어졌다.

17 1987년 6월 민주 항쟁 당시 국민들의 요구 사항이다.

18 왜 틀렸지? ㄱ. 김대중 정부, ㄹ. 이명박 정부에 대한 설명이다.

22 예시답안 전두환 정부는 4·13 호헌 조치를 통해 선거인단에 의한 대통령 간접 선거제를 유지하려 하였으나, 국민들은 대통령 직선제를 요구하였다.

채점 기준	
상	4·13 호헌 조치의 대통령 간선제와 국민의 대통령 직선제 요구를 모두 서술한 경우
하	위의 내용을 전혀 서술하지 못한 경우

03 자본주의와 사회 변화

실력 확인 문제
74~77쪽

01 ④	02 ⑤	03 ③	04 ③	05 ②	06 ④	07 ②
08 ③	09 ④	10 ①	11 ③	12 ②	13 ④	14 ⑤
15 ②	16 ②	17 ④	18 ②	19 해설 참조		

20 산미 증식 계획 **21** 3저 호황

01 강화도 조약 이후 개항 초기에는 개항장을 중심으로 무역이 이루어졌다. 임오군란 이후에는 청 상인의 조선 진출이 본격화되었으며, 아관 파천 이후에는 러시아를 중심으로 한 열강이 이권을 침탈하였다.
> 왜 틀렸지? ④ 개항 초기에는 일본 상인이 조선과의 무역을 장악하였다.

02 개항 직후 일본 상인이 개항장을 중심으로 무역을 전개하였다. 임오군란 이후에는 청의 정치적 영향력이 강화되면서 청 상인의 진출이 활발해져 청·일 상인의 경쟁이 심화되었다.
> 왜 틀렸지? ①, ② 아관 파천 이후, ③ 강화도 조약 이전의 사실이다. ④ 일본으로 쌀이 수출되면서 쌀값이 폭등하기도 하였다.

03 아관 파천으로 국가의 위신이 크게 추락하였으며 각국의 이권 침탈이 가속화되었다.
> 왜 틀렸지? ①, ④ 대한 제국 시기, ② 흥선 대원군 시기이다.

04 일본이 황무지 개간권을 요구하자 보안회가 이를 저지하였다.
> 왜 틀렸지? ①, ② 일본으로 곡물이 빠져나가면서 쌀 가격이 폭등하자 방곡령을 내렸다. ⑤ 러시아의 절영도 조차 요구는 독립 협회의 활동으로 철회되었다.

05 국채 보상 운동에 대한 설명이다.

06 토지 조사 사업에 대한 설명이다.

07 ㉠은 동양 척식 주식회사이다.

08 1920년대 산미 증식 계획으로 쌀 생산량은 증가하였지만, 일제가 계획한 목표량에는 미치지 못하였다. 그런데도 일제는 계획한 대로 쌀을 가져가 한국인들의 식량 사정은 더욱 나빠졌다.
> 왜 틀렸지? ③ 토지 조사 사업에 대한 설명이다.

09 일제는 1930년대 이후 침략 전쟁을 확대하면서 병참 기지화 정책을 펼쳤다. 또한 침략 전쟁에 한국인을 동원하고 각종 물자를 빼앗아 갔다.
> 왜 틀렸지? ㄱ, ㄷ. 1910년대에 실시한 정책이다.

10 이승만 정부 시기 미국의 원조를 바탕으로 삼백 산업이 발달하였다.

11 제시된 사진은 경부 고속 국도로 박정희 정부 시기에 건설되었다.

12 박정희 정부는 한일 협정, 베트남 파병 등으로 외국 자본을 유치하였으며 1960년대 경공업 중심의 수출 산업을 육성하였다.
> 왜 틀렸지? ㄴ. 3저 호황은 1980년대이다. ㄷ. 외환 위기는 1997년이다.

13 1980년대 중반 3저 호황으로 매년 10% 이상의 경제 성장률을 기록하였다.

14 ⊙은 외환 위기이다.

15 1998년 출범한 김대중 정부는 외환 위기 극복을 위해 공기업의 민영화, 외국 자본 유치, 기업과 금융의 구조 조정 등에 힘썼다.
　왜 틀렸지? ㄴ, ㄹ. 박정희 정부 시기이다.

16 (가) 박정희 정부, (나) 전두환 정부, (다) 김영삼 정부, (라) 김대중 정부이다.

17 1960년대 이후 급속한 경제 성장의 이면에는 노동자들의 낮은 임금과 장시간 노동, 열악한 노동 조건이 있었다. 노동 운동은 1970년 전태일의 분신 이후 본격화되었다.

18 **왜 틀렸지?** ② 서울 올림픽은 1988년에 개최되었다.

19 (1) 국채 보상 운동
　(2) **예시답안** 국채 보상 운동은 국민의 성금을 모아 나라의 빚을 갚고 국권을 회복하자는 운동이다.

채점 기준	
상	나랏빚을 갚아 국권을 회복하려고 한 것을 서술한 경우
하	위의 내용을 전혀 서술하지 못한 경우

04 평화 통일을 위한 노력

실력 확인 문제　　　　　　　　　　**78~81쪽**

01 ②	02 ①	03 ⑤	04 ①	05 ③	06 ③	07 ③
08 ⑤	09 ①	10 ⑤	11 ③	12 ①	13 ④	14 ⑤
15 ④	16 ⑤	17 ④	18 해설 참조			

19 7·4 남북 공동 성명, ⊙ 자주 ⓒ 평화 ⓒ 민족적 대단결
20 6·15 남북 공동 선언

01 ⊙은 미국의 국무 장관 애치슨이 발표한 애치슨 라인이다. 여기서 한국은 미국의 태평양 지역 방위선에서 제외되었다.

02 (가)는 인천 상륙 작전 이후 국군과 유엔군의 반격, (나)는 전선의 고착화와 정전 회담의 진행이다. (가)와 (나) 사이 중국군의 개입과 흥남 철수, 1·4 후퇴 등이 일어났다.

03 (가) 북한군의 남침으로 국군이 낙동강 유역까지 후퇴, (나) 인천 상륙 작전으로 국군과 유엔군의 반격을 나타내는 지도이다.

04 (가) 시기에는 흥남 철수, 1·4 후퇴 등이 일어났다.

05 **왜 틀렸지?** ③ 6·25 전쟁 이후 이승만 정부는 반공을 앞세워 정권 연장에 힘썼다.

06 6·25 전쟁은 ㄴ. 북한의 남침, ㅁ. 유엔군 파병 결의, ㄹ. 인천 상륙 작전, ㄷ. 중국군의 참전, ㄱ. 정전 회담의 순서로 진행되었다.

07 자료는 7·4 남북 공동 성명이다. 7·4 남북 공동 성명에서 남북한은 자주, 평화, 민족적 대단결의 통일 원칙에 합의하였고, 이는 이후 남북한 교류 협력의 기본 원칙이 되었다.
　왜 틀렸지? ①, ② 6·15 남북 공동 선언, ④, ⑤ 남북 기본 합의서에 대한 설명이다.

08 (가)는 박정희 정부 시기이다. 박정희 정부 시기 남북이 7·4 남북 공동 성명을 통해 자주, 평화, 민족적 대단결이라는 통일의 3대 원칙에 합의하였다.

09 제시된 내용은 남북 기본 합의서이다.

10 노태우 정부는 사회주의 정권이 붕괴하자 북방 외교를 추진하여 소련, 동유럽 사회주의 국가 등과 수교를 하였다.
　왜 틀렸지? ㄱ. 문재인 정부, ㄴ. 김대중 정부 때이다.

11 제시된 자료는 남북 기본 합의서로 노태우 정부 때 합의되었다.
　왜 틀렸지? ① 박정희 정부, ②, ④ 김대중 정부, ⑤ 이명박 정부 때의 일이다.

12 ⊙ 정부는 김대중 정부이다. 김대중 정부는 대북 화해 협력 정책을 적극적으로 추진하여 분단 이후 최초로 남북 정상 회담을 평양에서 개최하였다.

13 2000년 김대중 대통령이 평양을 방문하여 김정일 국방 위원장과 최초로 남북 정상 회담을 열고 6·15 남북 공동 선언을 발표하였다.

14 2000년 제1차 남북 정상 회담이다. 6·15 남북 공동 선언 발표 이후 남과 북은 올림픽 공동 입장, 이산가족 방문단 교환, 개성 공단 건설, 금강산 육로 관광, 경의선 복구 등 교류를 강화하였다.
　왜 틀렸지? ① 7·4 남북 공동 성명으로 박정희 정부 시기, ②, ③, ④ 노태우 정부 시기의 일이다.

15 노무현 정부는 제2차 남북 정상 회담을 개최하고 10·4 남북 공동 선언을 발표하였다.

16 **왜 틀렸지?** ⑤ 10·4 남북 공동 선언은 노무현 정부 때 발표된 것으로 남북 간 군사적 적대 관계 해소, 평화 체제 구축을 합의하였다. 남북한 유엔 동시 가입은 노태우 정부 때이다.

17 ㄴ. 7·4 남북 공동 성명, ㄹ. 남북한 유엔 동시 가입, ㄱ. 남북 기본 합의서, ㄷ. 6·15 남북 공동 선언의 순으로 이루어졌다.

18 **예시답안** 북한의 남침을 침략 행위로 규정하였다. 유엔군 파병을 결의하였다.

채점 기준	
상	두 가지를 모두 옳게 서술한 경우
하	한 가지만 옳게 서술한 경우

MEMO

올쏘

All about Society

중학 역사 ❷

All about Society